湖南文化史

伍新福 著

岳麓書社·长沙

湖南省社会科学基金重大委托项目

湖南省社会科学院（湖南省人民政府发展研究中心）
哲学社会科学创新工程资助项目

湖南省文史研究馆湘学研究系列丛书

序 言

几千年来，湖南境内各民族彼此交融，共同创造了悠久灿烂的中华文化中一支颇具特色的地域文化——湖南文化。全面、系统地梳理、研究这一地域文化的发展演变史，揭示其不同历史阶段的表现特色与成就，总结其发展变化规律，对于加深对湖南历史文化的了解，弘扬湖湘文化的优良传统，促进当代湖南的文化建设，均不无裨益。

一

湖南文化，源远流长，早在距今20多万年前的旧石器时代，湖南境内就已有人类活动。西周末年到春秋战国时代，楚国兴起于南方，湖南被逐步纳入楚国的版图。长沙楚墓出土的楚帛书、帛画等，均充分显示了当时湖南境内文化的高度发达。秦汉以降，随着国家大一统局面的开创和发展，湖南文化开始了与中原文化的交流、融合。中唐以后，湖南出现了著名的流寓文学，产生怀素、欧阳询等书法家。两宋时期，湖南成为理学的发源地，以胡安国、胡宏父子为代表的湖湘学派是当时一支重要的地方理学派别，创办的岳麓书院后来发展成为全国四大书院之一。明清时期，湖南文化进一步发展，并逐步形成了以经世致用为特色的湘学。

19世纪中叶以后，湖南文化出现了新的发展高峰，它以陶澍、魏源开其端，以曾国藩、罗泽南等湘军将领继其后，使湖南文化的影响力大为扩大。此后以谭嗣同、唐才常等为代表的湖南维新人才群体，以黄兴、宋教仁等为代表的湖南资产阶级革命派人才群体，以毛泽东、刘少奇等为代表的湖南无产阶级革命家人才群体，承前启后，将湖南人的精神发挥到淋漓尽致的同时，也将湖南文化的张力发展到新的高峰，形成了“一本湘人奋斗篇，半部中国近代史”这一独特的文化现象，引起了学术界的广泛研究。

但是，需要指出的是，目前学术界已有的关于湖南文化史的研究，尚十分单薄，主要还是将视角集中在近代，也即第一次鸦片战争以后。对于湖南这一独特的地域文化之发生、发展、演变的过程和历史规律，则研究的还很不够。对这个历史过程进行系统梳理，不仅有益于对湖南文化史本身的研究，也有助于学术界在此基础上开展对湖南地方史其他方面的研究。正是在这个意义上，伍新福老先生的这部新作《湖南文化史》，不仅是湘学和湖南地方文化史研究领域内的填补空白之作，也是值得研究湘学和湖南地方史学者重视的一部力作。

二

该书内容上起原始社会，下迄1911年辛亥革命，系统梳理了湖南地域文化史发生、发展、演变的全部过程，全面阐述了它在古代、近代各方面的成就，涵盖文学艺术、教育与人才、科技工艺、经学理学、史学地学、哲学与社会思潮、宗教信仰与风俗习惯等诸多领域，不仅重点阐述了以汉民族为主要载体和具有湖南地区特色的中华传统文化，还尽可能发掘和介绍了土家、苗、瑶、侗等湖南各土著少数民族特有的民族文化，在全面记述历代湖湘文化精英在各文化领域的成就和建树之外，还着力搜集和记述了民间和社会大众在文化领域内的创作和传承。诸如民间口头文学与民间工艺、民间信仰崇拜、生活习俗与民族风情等内容，在书中占有相当的篇幅。全书在文字叙述之余，还选配了100多幅文物和历代书画、碑刻作品图片，可说是一部图文并茂、学术性与可读性兼顾的佳作。

特别值得一提的是，作者广征博引，通过运用各类历史文献、各种考古资料和口述史料，钩沉发微，审慎考辨和研究，不仅系统梳理了湖南文化史的源流、演变，还对学术界过去一些存在谬误的观点进行了厘清。比如“潇湘”一词，一般皆以其为湖南的地域性简称，经伍老考证，认为此二字乃是古代对湘江的一种美誉，称赞湘江之水特别清澈。这些考证和分析，对于正确认识和了解古代湖南的有关文化与习俗，均不无裨益。

三

伍老早年毕业于湖南师范学院历史系，先后在湖南师范学院、湘潭大学等校任教，1980年调省社会科学院后，曾任历史研究所所长，并兼任中国史学会、中国民族史学会理事，湖南省历史学会理事长和苗学学会会长等多个学术职务。

在历史研究所工作期间，伍老在湖南地方史，尤其是苗族史领域内勤奋耕耘，取得了十分丰硕的成果，出版了《苗族史》《中国苗族通史》《苗族文化史》《苗族历史探考》《苗族史研究》《湖南通史》（主编古代卷）《湖南民族关系史》等10余部专著。其中，《苗族史》荣获第七届国家图书奖，《湖南通史》获湖南省第三届社科优秀成果一等奖，《中国苗族通史》获贵州省第八届“五个一工程”优秀著作一等奖，产生了广泛的社会影响，收到了很好的社会效益。

伍老在退休之后，老骥伏枥，笔耕不辍，发表或出版了众多学术成果，这部70多万字的《湖南文化史》著作的完成，就是伍老近几年来辛勤伏案的心血结晶。伍老这种“不知老之将至”的忘我研究精神和治学态度，是我院和学术界的宝贵精神财富。2014年3月，省委常委、宣传部部长许又声同志在全省社科联系统工作会议上，就如何做好新形势下哲学社会科学工作提出了新的要求，提出要努力打造好“湘”字号社科品牌，希望把湘学研究院建设成为地域文化研究的重要品牌、扩大湖南影响的重要载体、培育湖南人才的重要平台。伍老这部具有开拓性的力作，可以说是我院和我省湘学研究的又一重要成果，对进一步推进湘学研究具有重要的促进作用，也为新形势下推进湖南文化强省战略的实施提供了有益的参考资料。

学术研究既是一项艰苦的工作，也是一项让人充满乐趣的事业。在伍老以八十高龄完成的这部《湖南文化史》即将付梓之际，我祝愿伍老健康长寿，也希望我们年轻一代的科研人员向伍老学习，为繁荣哲学社会科学作出更大贡献。是为序。

湖南省社会科学院院长刘建武

2015年4月

目 录

绪 论

湖南文化，或称“湖湘”文化，属特定的地域文化。作为中华文明和中国文化的一部分，湖南文化与中原及全国其他地域文化，具有许多共性和共同元素。但作为一个相对独立的地域文化，又必然会有不少自己的特色。而这种特色，则是由湖南所处的自然地理、生态环境和人文环境，以及特定的历史条件和历史发展进程所决定的。

（一）

湖南，地处长江中游南部，东经108°47′~114°15′、北纬24°38′~30°08′，属亚热带地区。东西直线距离最宽667公里，南北直线距离最长774公里，土地面积21.18万平方公里，占全国国土面积的2.2%，在目前全国31个省(区)、市中居第10位。据2010年人口普查统计，全省人口为65，683，722人，占全国总人口的4.9%，居第七位。其中，除汉族外，还有土家、苗、侗、瑶、回、白、壮、维吾尔等少数民族657.53万多人，超过全省总人口的10%，为中国内地一个多民族聚居的省区。

湖南北部，为洞庭湖平原，与湖北为邻；东以幕阜山、罗霄山脉，与江西交界；西为云贵高原边缘，与贵州、重庆接壤；南有五岭山脉横亘，与两广相衔。全境东、南、西三面环山，南高北低，向中倾斜，朝北开口，形成特有的马蹄形状，自为一体。武陵山脉和雪峰山脉，由西南向东北斜贯其间，成为湘东与湘西两个部分的天然分野。湘中除南岳主峰海拔1290米之外，一般为波状起伏的丘陵和河谷盆地，海拔均在200~500米。北部以洞庭湖为中心，由冲积平原和浅丘平原组成滨湖盆地，海拔一般在50米以下。全境具有山地、丘陵、岗坡、谷地、平原等多种地貌类型，这也就形成湖南自然资源的丰富和多样化。湖南水系发达，湘、资、沅、澧四水由南向北、自西而东，纵贯全境，纳大小溪河5000余条，汇注于洞庭湖和长江，流域总面积为26.28万平方公里。气候属亚热带季风性湿润气候，年平均气温为17℃左右，年平均降水量在1300～1600毫米，全年无霜期约260～300天，年日照时数为1300至1800小时。这构成湖南气候温和湿润、四季分明、雨水充沛、光热资源丰富等特点，适宜于农耕和各类动植物的生存成长。湖南地下矿藏也相当丰富，特别是有色金属和稀有金属在全国占有重要地位，素称"有色金属之乡"。正是这类自然地理特点和具体的生态环境，自古以来为湖南人的生产生活和历史文化的创造发展，提供了空间和条件。

湖南的不同地区，所处的自然地理环境和生存条件存在差异，这直接导致各地区的生活方式和历史文化发展各具特色。如湘北洞庭湖滨和湘、资、沅、澧四水下流平原与低丘地区，土地肥沃，雨量充足，水面宽阔，交通便利，农耕渔业发展条件优越，早在春秋时代即已成楚国粮仓，素有"鱼米之乡"的声誉，是典型的稻作农耕兼渔业的生产生活方式和文化类型；湘中和湘、资二水中游地区，丘陵与河谷盆地相间，主要宜于稻谷农耕，但多种经济作物发展条件亦很优越，而由于地处湖南中部，自古以来即成为湖南政治、经济和文化发展的中心；湘西、湘南和湘东山区，又是一种类型，这里山多田少，溪洞纵横，交通阻隔，且多为少数民族聚居地，靠山吃山，旱土作物和狩猎、林木经济所占比重大，生产生活方式和历史文化都另具特色。

（二）

目前在湖南境内所发现的人类活动最早的遗迹，属20多万年前的旧石器时代。这可视为湖南历史的开端。湖南的先民们，同各地各民族的先民一样，曾经历了漫长的原始社会。从考古文化看，包括旧石器时代和新石器时代。在数十万年间，湖南先民创造了丰富的旧石器文化，并于1万年前左右率先发明人工种植稻谷，开始进入新石器时代原始农耕生活。在新石器时代的数千年中，先民们以简陋的生产工具，同大自然作顽强斗争，艰难地开发三湘大地，创造和发展了原始文化与原始农耕文明，而在某些方面还领先于全国，为中华文化与中华文明的最初缔造作出了贡献。

新石器时代末，大约五六千年前，中国经历了"三皇""五帝"的传说时代。约公元前21世纪，大禹传位于子启，建立中国第一个世袭制的夏王朝。后在黄河中下游和中原地区，又先后建立商、周两个王朝。公元前770年周平王东迁洛阳后，史称东周，进入春秋战国时代。在夏、商、西周三代，湖南虽被《禹贡》列入中国“九州”之“荆州”，中原王朝也多次“南巡”“南征”，华夏炎黄族某些支系在不断南迁，但湖南全境大体仍处“要服”与“荒服”之列，为“蛮夷”民族聚居之地。在这1000多年间，湖南各土著族群，从新石器时代逐步过渡到青铜器时代，创造了具有地方和民族特色的青铜文化。同时商周青铜器大量流入湖南，湖南文化的某些因素也进入北方和中原地区，中原文化和湖南本土文化已开始了交流的进程。

从西周末年和春秋时代开始，楚国兴起于南方，湖南逐步归入楚国的版图，设置黔中郡及临湘（长沙）、舞阳等县邑，此外还有罗子国、麋子国等封君属国，湖南开始有了正式的行政建置和行政管理体制。在此后的数百年间，楚人融合部分当地土著居民成为了湖南境内的主体居民，楚文化在湖南获得了很大的发展。伟大的爱国诗人屈原在沅湘间创作的大量诗篇，长沙楚墓出土的珍稀楚帛书、帛画等，均充分显示了湖南楚文化的成就，对后来的湖湘文化乃至整个中华文化的发展，产生了重大影响。同时，在中原文化和楚文化的影响下，湖南土著的“蛮”“濮”和“越”“巴”各族，开始了原始氏族社会解体和进入封建化的过程，各族原有的民族文化也获得了新的发展，并与楚文化一道，共同构成秦汉后形成和发展起来的湖南古代文化之源。

自秦始皇统一六国和秦、汉中央集权的封建帝国建立后，湖南各民族进入了祖国多民族的大家庭，三湘大地成为中国不可分割与极为重要的组成部分。秦在湖南置长沙、黔中、洞庭等郡及临湘（长沙）、罗、武陵、益阳、湘南、郴、耒阳、零陵等县。两汉时，湖南分置长沙、武陵、桂阳、零陵四郡（国）。另有湘南江华、江永等部分地区，属于苍梧郡。秦汉王朝，特别是两汉，政治上开创和初步发展了国家大一统的局面，全国统一的汉民族得以形成和发展，社会经济和思想文化空前繁荣，中国封建社会进入最初的发展和兴盛时期，在中国历史发展中占有重要的地位。

在秦汉400多年间，由于国家的统一，南北交流的加强，湖南封建经济和文化同样获得显著发展。马王堆汉墓出土的数以千计的珍贵文物，充分反映了当时湖南和长沙地区经济社会和文化发展的水平。正是在此期间，湖南已“华夏化”的楚人，及部分原土著居民与南下的华夏族人逐步融合，形成了湖南的汉民族；同时楚文化和土著民族文化，与中原华夏文化及其他地域文化，相互吸收与融合，在湖南开始形成具有特色的古代湖湘地域文化。以蔡伦、胡腾等为代表的湖南古代人才，初露头角，以自己的聪明才智与文治武功，在中国历史发展中作出了贡献。而长沙国太傅贾谊，长沙太守张机，政绩斐然的桂阳太守卫飒、茨充等，这批早期入湘的中原和外籍名人，又积极促进和影响了湖南经济社会和文化的发展。

从220年至589年，中国经历了三国、魏晋和南北朝时期。在这数百年间，国家大多处于分裂状态，政局动荡不安，战乱频仍，而北方和中原地区尤甚。但在国家和民族不断动荡、变迁中，周边民族同中原民族、北方民族与南方诸族，相互间的接触、交流与融合，却得到进一步加强，以汉族为主体的中华民族日益发展壮大，经济社会仍有新的发展，而文化科技方面的发展和成就更为突出。

在三国、魏晋和南北朝时期，最初魏、蜀、吴争夺湖南四郡，又一度以资江为界，湖南东部属吴，西部归蜀汉，而后湖南全境均归入孙吴。西晋曾短期统一。后湖南又依次归于东晋和宋、齐、梁、陈诸王朝。这一时期，由于全国政治、经济和文化重心的逐步南移和北方人口的南迁，湖南相对而言受战祸兵燹较小，社会比较安定，因此湖南经济得到进一步开发和发展，文化方面的发展和进步也较为突出。如，在湖南古代历史上产生了以桓阶、刘巴、蒋琬、黄盖等为代表的第一个人才群，出现了第一位史籍有载和作品传世的诗人阴铿，出现了湖南最早的具有朴素唯物论和辩证法观点的哲学家罗含，还有一批在中国思想文化史上颇有影响的“玄学”家、史地学家。道教、佛教也正是在这一时期传入湖南，深刻影响了湖湘古代文化的发展。

隋唐五代时期，虽历经农民大起义、安史之乱、藩镇割据以及五代十国的政权更替等，但李唐王朝所建立的全国统一的封建帝国，曾维持了近300年。由于长期政治统一，国势强盛，经济社会和文化获得空前发展，特别是在盛唐时期，中国封建社会达到了高度繁荣的阶段，创造了中国古代文化一段特别辉煌的历史，对后世影响甚大，以至时至今日，海外仍多习称中国人为“唐人”。

湖南同全国大多数地区一样，在隋唐时代，随着经济社会的发展，古代湖湘文化也进入一个新的发展阶段。诸如欧阳询、欧阳通父子“欧体”书法的创造，湘籍僧人怀素“狂草”的成就，由欧阳询主纂的《艺文类聚》大型类书的问世，刘蜕、李群玉等人的诗词创作，长沙铜官窑瓷器釉下彩技术的发明，佛、道二教在湖南所得到的弘扬和发展等，无不显示出湖南文化在中国古代传统文化中的地位和作用。毋庸讳言，与中原及东部地区比较，当时的湖南还存在差距，中原王朝仍视湖南为蛮荒瘴烟之地，故常常成为朝廷“罪臣”贬谪之所。但也正因如此，王昌龄、元结、阳城、刘禹锡、柳宗元等都先后谪迁湖南各地为官；李白的“流放”地“夜郎”地处湘黔边，他两次历游湖湘；韩愈贬连州，与湘南毗连，他一度逗留于湖南；杜甫晚年失意落魂，湖南成其最后的归宿地。这样一批中国历史上最著名的大文豪以至“诗仙”“诗圣”，集聚湖湘，都与湖南结下了不解之缘，他们在当地的“兴教”“化俗”及其诗文创作活动，对湖南文化的发展兴盛和风尚传统的演化、提高，均产生了深远的影响。这在我国其他文化区域是极为少见的。

五代时期，马殷入据湖南，以潭州（今长沙）为首都建立楚国。这是湖南境内历史上唯一的以长沙为中心所建立的国家政权。在近60年间，马楚政权大体起到了“保境安民”的作用，加之经济方面采取了奖励农桑、注重水利、加强“茶马交易”等诸多措施，文化方面则组建“天策府”，广收入才等，这促使湖南的经济和文化在唐代的基础上，能继续有新的发展。

北宋、南宋时期，是中国也是湖南古代文化发展的一个特别重要的时期。宋王朝在中国历史上虽然是相对弱势的王朝，特别是北方有辽、金政权与之对峙，长期相互争战。但它继“五代十国”分裂之后，重建了统一的中央集权政治，推行与民休息、劝课农桑等政策措施，还曾一度进行某些改革，这有利于经济和文化的发展。而在文化发展方面，还出现了一些繁荣的景象。如“宋词”继“唐诗”而兴起，欧阳修、苏东坡等一批诗文大家的涌现；二程、朱熹等名儒的出世，与“理学”的创立和传播；留名后世的宋代“四大书院”，与书院教育的推广发展等等，均可圈可点。

在两宋时期，湖南随着各地经济得到进一步开发，发展速度的加快，文化也呈现出前所未有的发展势头。湖南是宋代理学的最初策源地，其开山大师就是湖南道县的周敦颐；继之，胡安国、胡宏父子在湖南讲学传道，朱熹、张栻在湖南的“会讲”和办学兴教，作为理学“南脉”的“湖湘学”开始兴起；书院的发展，“四大书院”中长沙岳麓、衡阳石鼓即居其二。在其他的文化领域，如文学、艺术、经学、史地学、宗教等，宋代湖南也均有足以称道的成就和贡献。此外，由于宋王朝“开梅山”、治理“南北江诸蛮”，对湖南原土著民族地区进行开发，这些土著民族所保持的民族文化，在宋代也开始引起关注。曾为官辰州（治所在今沅陵县）的朱辅就其所见所闻，特撰写《溪蛮丛笑》一书，第一次系统记述了沅水中上游古“五溪”地区的民族风土人情。

元代，入主中原王朝的蒙古贵族统治者，所奉行的民族歧视、民族压迫，以及经济掠夺政策，对全国和湖南地区社会经济、政治和文化的发展，都产生了消极影响。但为了维持和巩固自己的统治，在元世祖忽必烈在位时和元朝前期，采取了一系列加强中央集权、建立行省和完善地方行政体制、恢复和发展农业生产等政策措施，均有利于经济社会的发展。同时，元朝统治者并没有完全排斥中国传统文化，如对先朝的某些典章制度，对传统儒学和佛、道二教，以及科举选士等，基本上均加以继承、利用，有的还有所发展完善。这对于中国古代文化的继续发展还是有利的。而元王朝统治地域空前的扩大，南北大一统局面的形成与东西各民族交流的加强，更对湖南和全国经济和文化的发展起了积极作用。在中国古代文化领域，“元曲”的产生和发展，堪与“唐诗”“宋词”媲美；自然科学技术的发展，更是元代的一大贡献；与佛、道二教继续得到发展的同时，西方基督教和伊斯兰教也开始在中国内地传播，促进中国文化的发展更为多元化。

古代湖南文化在元代数十年间，也获得了新的发展。宋代列为“四大书院”的岳麓书院和石鼓书院，得到恢复重建，再度兴盛；在文学、史学方面湖南培养了一批优秀人才，如翰林学士、编修辽、宋、金三史的总裁官欧阳玄，即其中杰出代表；“工散曲”的冯子振则是中国南方少有的著名词曲作家；曾世荣在中国传统医学方面的成就和贡献也足以称道。

明王朝继承了元朝的大一统局面，延续了近300年的统治。长期相对稳定的政治环境，明前期所采取与实行的加强中央集权、完善行省和地方军政体制、整顿吏治、奖励垦荒、劝课农桑、兴学重教等一系列政策措施，使中国封建社会的政治、经济和文化，都获得了新的发展。至明中后期，商品货币经济空前发展起来，在东南地区某些手工行业甚至出现了资本主义的萌芽。在文化领域，诸如各级官学和书院教育的大发展，取代宋“程朱理学”的“阳明学”（“心学”）的创立和传播，《大明会典》、历朝《实录》和《大明一统志》等大型典籍的编纂，宋濂、王祎、方孝孺、李东阳等人的经史著述和古文诗词成就等，在中国文化史上均占有重要地位。

元末明初的战乱，曾造成湖南地区人口的大变迁。原汉唐以来的土著居民大量流失，江西、江浙等地人口大批迁入，史称“江西填湖南”。这些外地移民的进入，对于湖南经济的开发和文化多元化的发展影响甚大。近代学者谭其骧、林增平都曾注意到“湖南人”的性格和湖南文化中这种“移民”因素。在明代，湖南人口和耕地面积都有较大增加，经济发展，特别是农业和粮食生产获得很大发展，以至在民间产生了“湖广熟，天下足”的谚语。文化领域，官学和书院教育较宋元更有发展，经过科举进入仕途的人才较宋元大为增多；刘三吾、茹瑺、夏原吉、李东阳、杨一清等一大批人才登上历史舞台，他们不仅是明代官高位显的政治人物，而且也都是湖南颇有成就的文学家、经史学者；湖南长沙等地和岳麓等书院，是明代大儒王阳明及王门弟子传播和弘扬“阳明学”的重要场所；明代《实录》《会典》等典籍的编纂，都无不汇注了湘籍人士的大量心血。进入明代后，道教趋于衰落，湖南与全国均如此，但佛教获得继续发展，伊斯兰教也开始在湖南传播。由于土司制度的实施，特别是对“苗疆”的武力镇压和“边墙”封锁，湖南一些少数民族聚居地区的经济文化发展受到消极影响。但在明代数百年间，随着宋元以来土家、苗、侗、瑶等单一民族的形成和发展，湖南境内的这些民族的各具特色的民族文化也继续得到传承和发展。

由满族贵族建立的清王朝取代明王朝后，中国的经济社会和文化在明代逐步形成的那种发展势头，曾一度受阻。但在清代的前中期，清朝统治者较有作为，特别是康熙、雍正和乾隆在位时，文治武功达到鼎盛时期，中国统一的多民族国家和封建经济得到继续独立的发展。文化发展方面，大规模的“文字狱”曾产生了消极的影响，但整体上看满族统治者还是注重吸收和继承中国传统文化，推崇儒学，重视教育，所以中国古代文化又再次获得新的发展，经历了它最后的繁荣时期。

在李自成、张献忠余部和南明势力的反抗，以及吴三桂的叛乱相继平定之后，湖南社会一直相对比较安定，经济又有所发展，古代湖南文化也再次呈现某种兴盛繁荣的局面。各级儒学和书院的增修、新建为数不少，各类义学的大量设置，尤其是雍正时湖南单独设立行省与湖南、湖北乡试分闱之后，学校教育和科举业加速发展，湘籍进士、举人大量增加。湖南的传统经学和以“经世致用”为主旨的“湖湘学”、史地学、古文诗词创作、书画艺术，以及医学等，在清前中期均得到了发展。王夫之的哲学、史学巨著主要都是在清前期完成的。此后，李文炤、王文清、陈鹏年、罗典、黄本骥、陶澍等，湖南一批儒士名臣和汉学家、诗文作家、史地学者，还有画家髡残、医学家周学霆等，在清前中期相继著名于世，他们的学术成就和传世作品，无不促进了湖南文化的发展，在中国文化史上作出了难能可贵的贡献。佛、道二教总体上已逐渐衰落，但南岳等地的名寺古刹和著名道观，入清后依然香火兴盛，出现了一批高僧、名道，以及在佛、道学研究上作出成绩的世俗“居士”。清前中期湖南新建的清真寺不少，伊斯兰教获得相当大的发展；外来的天主教和基督教在清前期开始传入湖南。在少数民族聚居地区，清王朝实行“改土归流”，开拓“苗疆”，设置经制府、县（厅），并普遍兴教办学，还实行某些优惠政策，土家、苗、侗、瑶等民族的文化也有显著发展，同时习俗风化开始发生某些新的变迁。

1840年，中英鸦片战争爆发。继之，是中英法第二次鸦片战争、中法战争、中日甲午战争、“八国联军”入侵等。清政府与西方和日、俄列强，签订一系列不平等条约，割地赔款，丧权辱国。从此，中国独立发展的道路被阻断，一步步被半殖民地和殖民地化，中国社会开始由古代进入近代的转型时期。在清后期的数十年间，大规模的太平天国革命最终被镇压，义和团运动以失败告终，戊戌变法遭到扼杀，腐朽的清王朝的统治得以继续维持，但内外交困，危机四伏，国家民族濒临危亡关头；另一方面，资本主义列强经济势力和西方文化侵入，“洋务”运动和近代工业的兴起，自给自足的封建经济逐步解体，中国经济社会和思想文化逐步向近代化的方向发展和演化。

由于地处中国内陆，湖南直接受列强侵略势力影响和进入近代化进程的时间，较东南沿海地区为晚。但近代湖南的历史发展却很有特点，而最为突出的是湖南前所未有的近代人才群体的涌现，他们直接影响了湖南乃至中国历史的发展。一方面，湘军的勃兴，以所谓“中兴名臣”曾国藩、左宗棠、彭玉麟、胡林翼为代表的一大批湘军将才登上历史舞台，他们位高权重，以“忠义”相标榜，这更加重了湖南的保守和守旧的倾向。而这批湘军将才们，多出身儒士，精通经史，工于诗文，在经学、文学、教育等方面，都颇有成就和贡献；有的还注重向西方学习，率先投身“洋务”，这对湖南近代经济、文化和社会思潮的发展都产生了很大影响。另一方面，湖湘学的经世思想传统与近代思潮相结合，最先产生了力主维新变革、“师夷长技以制夷”的爱国思想家魏源，其后湖南涌现了谭嗣同、唐才常、陈天华、黄兴、宋教仁等一大批维新变法志士和民主革命先行者。致使戊戌变法前后湖南走在维新变法的最前列，成为全国“最富有朝气”的省份之一。而以谭嗣同为首的“六君子”惨遭杀害，更促使陈天华、唐才常和黄兴等湖南和中国革命志士毅然走上反清革命的道路。正是他们引领着湖南近代思想和文化发展的时代潮流。此外，王先谦、王闿运等，政治上虽趋于保守，但亦属近代难得的人才，他们在传统经学、汉学和史地学等学科领域均有突出成绩。宗教方面，清后期的湖南亦颇为人们关注。随着与西方列强不平等条约的签订，西方传教士纷纷来华传教，进入湖南的传教士日益增多，天主教、基督教势力在湘迅速发展，加之部分传教士和教会人员仗势欺人，为非作歹，导致教群矛盾激化，全国各地不断发生反洋教和捣毁教会事件，史称“教案”。湖南是发生教案较多的地区。湖南所发生的教案，特别是周汉的反洋教斗争，在全国产生了相当大的影响。由于社会经济与思想文化领域的近代化趋势的发展，各地各民族人民的社会生活方式和习俗风尚受到冲击和影响，也在较快地发生一些变迁与演化。这在清后期的湖南，同样也较为明显。

（三）

《湖南文化史》采用通史章节体例，按时代和朝代发展顺序，设置八大章，又可分为三大篇。第一、二章，自数十万年前湖南最初的人类文化遗迹，至秦始皇统一六国，包括湖南的原始文化、商和西周的湖南青铜文化、先秦的湖南楚文化和土著蛮、越文化。主要记述湖南地域文化最初的源头，阐明湖湘文化源远流长。可作为源流篇。第三至第七章，起自秦汉统一国家建立发展，迄于由盛而衰的清王朝中期和鸦片战争前，按朝代发展顺序，分设“秦汉至南北朝”“隋唐五代”“两宋”“元明”“清代前中期”，凡五大章。为湖南文化的古代篇。基本内容，包含教育与人才、科技工艺、经学哲学、文学艺术、史学地学、宗教信仰、社会民情风俗等诸文化领域，系统记述湖南地域文化在古代的兴起、发展和盛衰沿革的历史过程，全面介绍湖南古代各民族在各文化领域的成就和贡献，并阐明湖南古代文化的一些基本特质和精神，及其在中华文明发展史与中国古代文化史上的地位和作用。第八章，从 1840 年鸦片战争爆发，至 1911 年辛亥革命前夕，属于近代篇。本章不再按中国近代史传统划分时期，而是依据不同内容和不同领域，分节记述湖南近代文化的发展与演化历程，及其在各领域所取得的进展和成就。并在传统文化各领域之外，特加设“近代思潮”一节，集中介绍与阐述在中国进入近代历史时期后，湖南社会和思想文化界近代思想与理论观念的形成、发展与嬗变。此外，还增加了报刊、图书出版和书局、戏剧与戏班等近代兴起的文化产业，这更能反映湖南近代文化发展的一些新的特点。

湖南文化源远流长，许多因素数千年来传承不绝。如湖南素以农业大省著称，为中国稻米的重要产地，农耕稻作文化特别丰富、发达。而早在1万年前左右的道县玉蟾岩文化遗址，即发现了人工培植的稻谷种子，这表明湖南的先民已开始进入原始农耕生活，八九千年前澧县八十垱遗存的大量稻谷，六七千年前澧县城头山的稻谷、稻田遗存及骨耒、骨耜的发现，更说明湖南已有成熟的原始农耕稻作文明。又如，远古“苗蛮”先民蚩尤部落和先秦时代的“楚人”，即创立了“巫鬼教”，崇巫信鬼。而近代以来在湖南各地依然有大批民间巫师，汉族称“老司”，土家族称“梯玛”，苗族叫“巴代”，他们知识丰富，特别受人尊崇；湖南民间虔信鬼神，各类祭祀，经久不衰；湖南各地特别是少数民族地区，至今仍有大量遗存的“巫傩”文化等。这些都明显可以溯源于古“苗蛮”和“楚人”文化。还有，7000年前的黔阳高庙文化遗址，在国内首次出土了用于祭祀的有凤鸟、太阳图饰的陶制神器。这种对凤、太阳的崇拜，乃是湖南和整个中华传统文化的重要元素，而湖南的高庙文化应是其最初的源头。正因如此，本书特将湖南文化史上溯到“史前”的原始时代与先秦时代，以阐明湖南文化的最初渊源。这突破了此前“文化史”的一般框架和范畴。

湖南系中国统一国家的有机组成部分，湖南文化自然也就是中华文明和中国文化的一部分。局部离不开整体，个性寓于共性。本书各章节，均首先提要介绍各相关时期全国历史和文化发展的基本状况，构成湖南文化发展的历史背景和客观条件。而在具体文化事项的记述中，注意阐明湖南与全国及其他地区的关联和相互影响。如关于宋代理学的兴起及其在湖南的传播，从湖南的角度首先记述周敦颐的学术思想和成就，肯定其宋代理学的开山大师的地位和作用；继之，对胡安国、胡宏父子在湖南的讲学及其学术思想，朱熹、张栻会讲岳麓，在湖南的办学布道，均作了较大篇幅的记述，充分肯定他们在道学“南脉”——“湖湘学”形成中的贡献和作用。而正是“湖湘学”与“闽学”“伊洛”之学等，相辅相成，共同构成了宋代的程朱“理学”。

湖南是一个以汉族为主体的多民族聚居地区，湖南文化是一体多元的多层面的文化。本书重点阐述以汉民族为主要载体的湖南中华传统文化，同时尽可能发掘和介绍土家、苗、瑶、侗等湖南各土著少数民族的民族文化；在全面记述历代文化阶层在各文化领域的成就和建树之外，还着力搜集、记述民间和社会大众的各类文化事项和在文化领域的创作与传承。诸如各民族民间口头文学、民间工艺、民间信仰崇拜、社会生活习俗、少数民族风情等内容，在书中均占有相当的篇幅，内容覆盖面较以往的各种文化史更加广泛。

本书在资料方面，钩沉发微、广征博引，尽力查阅和运用各类历史文献资料，同时大量收集和使用了各种文物考古资料、口碑资料。此外，还为各章节的相关内容，选配近百幅文物和历代书画原物图片，以求图文并茂。凡书中所采用的资料，均作过精慎的考辨和诠释，以求正确记述各类文化事项和历史事实。对过去存在的某些误解，或含混不清的问题，加以厘清，并阐发了作者个人的一些见解。如唐宋以来的古诗，多有长沙“三十六湾”之说，经资料考辨，实际是在湘阴县境内，湘江经过三十六个曲折，汇入洞庭湖；又如所谓“潇湘”，查证史料，是谓过去湘江之水特别清澈，是古代对湘江的一种美誉，而非对湖南的一种地域性称呼；再如，衡山南岳神庙，初始祭祀的是南岳衡山的山岳之神，唐代封其为司天“真君”，宋代始封之为南岳“司天昭圣帝”，所祭祀的并非远古传说的祝融；还有，经查证，五月五日“端午节”包粽子习俗，最初是发端于东汉时的长沙人。诸如此类的考辨和论证，均应有其学术价值，对于正确了解和认识湖南古代文化与习俗或不无裨益。

文化史的内容相当广博，且涉及多门学科领域，要真正撰写好一部系统全面的文化史并不容易。《湖南文化史》只能说是初具规模，完成了基础的铺垫工程。或由于资料的局限，或囿于作者自己的知识结构，挂一漏万，疏误难免。后来者定能进一步完善、升华。

第一章　湖南远古人类与原始文化

（约20万年前至公元前21世纪）

从考古资料看，人类大约出现于地质年代的第四纪早更新世初期，即300多万年前。中国境内最早的人类，云南的“元谋人”和北京地区的“北京人”，分别距今170万年和80万年前左右，属早更新世后期和中更新世初期。湖南境内最早的人类活动，出现于20多万年以前，即中更新世的后期。湖南的原始人类和先民，与世界各地和中国境内的各民族一样，曾经历了漫长的原始时代，创造了丰富的旧石器文化和新石器文化，并且于旧石器时代末和新石器时代初，即距今一万多年前至八九千年前，率先发明了人工种植稻谷，开始进入原始农耕生活。在新石器时代的数千年间，先民们顽强地同大自然斗争，三湘大地日渐开发，大面积古稻田和大量谷物遗迹的出现，以及古城墙、壕沟和大型聚落、祭祀坑等考古文化遗址的发现，说明原始农耕生活和原始文化的发展达到了相当高的水平，某些方面在全国还居于领先地位。这是湖南历史发展的开端，也是湖南文化最初的源头。

第一节　湖南旧石器文化

旧石器时代是人类历史的最早阶段，时间大致与地质上的更新世相当，即从200万~300万年前延续到距今1万年左右全新世开始。所谓“旧石器”，是指人类最初以打击方法制造的未经磨制加工的粗糙石器。在旧石器时代的数百万年间，古人类以这种石器为主要工具，进行采集和狩猎，过着穴居野处、茹毛饮血的极其原始的生活。

一、湖南旧石器文化的发现

20世纪80年代中期以前，湖南的旧石器时代的文化考古还是一块空白。长时期内学术界一直以湖南发现的最早的新石器文化遗址的年代，作为湖南人类活动历史的开端。湖南旧石器文化考古的新发现，才填补了空白，由此人们的观念一新，湖南人类历史的开端从新石器时代上推到了旧石器时代。

1987年5月，在全省文物普查中，新晃侗族自治县发现旧石器地点8处，即江口、曹家溪、柏树林、新村、沙湾、长乐坪、十家坪、石鸟溪，采集到砍砸器、刮削器、尖状器、石片、石核等实物100余件。出土旧石器的这8个地点，均分布于沅水支流㵲水河两岸的一级阶地和二级阶地之上。6月中旬，湖南省考古工作者对柏树林的旧石器地点进行了试掘，出土旧石器20余件，其中以砍砸器居多，另有少量的刮削器、尖状器等，原料为砂岩、石英岩和石英等砾石。这些旧石器全部出土于二级阶地的网纹红土层内，在网纹红土层上面叠压一层新石器时代文化堆积，地层关系明确，距今约5万~10万年。①

同年，湖南省及有关地、县文物普查队又在怀化、辰溪、黔阳、澧县、石门、津市、临澧、桑植等市县发现旧石器地点30多处。这些地点分布在沅水、澧水流域的河流阶地上。采集的石器标本数百件，有石核、石片、砍砸器、刮削器、大尖状器（包括三棱尖状器）、石球等。（插图1）石器的岩质以变质砂岩为主，其次为石英岩，少量石英。器具以大型砾石石器为主，风格与广西百色地区的旧石器类似。有一部分地点的石器以大尖状器为特点，与华北地区丁村文化类型接近。大部分标本均直接采集于河流两岸的一至四级阶地的堆积层中。据湖南第四纪河流阶地的研究成果判断，一级阶地为棕黄色亚黏土，属更新世晚期，二级阶地为橘红色网纹土，属晚更新世早期或中更新世晚期，三、四级阶地为网纹红土，为更新世中期。因此，这些石器按出土的地层关系，早的应处于更新世中期，晚的则处于更新世晚期，分别属于旧石器时代的早、中、晚三期。其上限至少应早于10万年前，下限不晚于1万年前。此外，在澧县、石门、慈利还发现以盘状器为特征的打击石器遗址，其地层为澧水一级阶地的上层堆积——棕褐色亚黏土，这已是全新世堆积。但地层中不见陶器和磨制石

---

①湖南省文物普查办公室：《文物普查简报》第8期，1987年8月编印。

器。这类遗址可能代表一种由旧石器向新石器过渡的文化类型。①

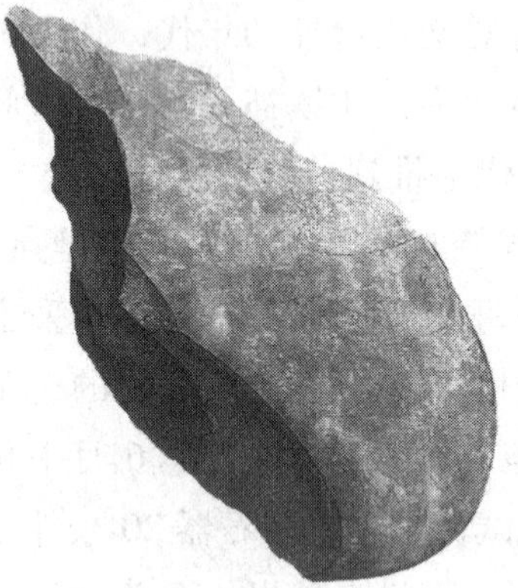

插图 1-1　砾石三棱大尖状器

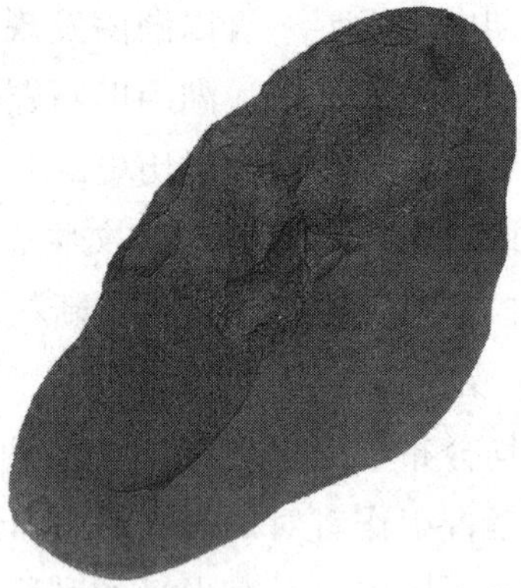

插图 1-2　侧刃砾石砍斫器

插图 1-3　舌刃砍斫器

插图 1-4　石球

①参见袁家荣：《湖南旧石器文化遗存》，载《中国考古学年鉴》，文物出版社，1988 年。

二、湖南旧石器文化遗存

自 1987 年新晃等地第一批旧石器时代文化遗址发现以后，湖南文物考古工作者又相继普查出数以百计的旧石器遗址，并进行了初步的发掘工作，出土了数以千计的旧石器标本。遗址分布仍以沅、澧流域为多，但已进一步扩展到湘、资水流域。现择其中有代表性的遗址发掘资料简介如下：

怀化地区巫水、渠水、辰水沿岸旧石器遗址。会同县境内，有位于沅水支流渠水左岸二级阶地的连山乡坛子墙，位于沅水另一支流巫水右岸三级阶地的黄茅乡沙田；靖州境内，有位于渠水右岸一级阶地的江东乡彭家溪；麻阳境内，有位于沅水支流辰水右岸二级阶地的江口镇亭子溪等处。在这批旧石器地点，采集到砍砸器、刮削器等 20 多件。石器均采集于河流沿岸的第四纪红色黏土、网纹红土或黄色亚黏土层中，石料多为黄色砂岩砾石和石英砂砾石，仅坛子墙一处主要为红色石英岩砾石。制作方式均为单向多次锤击法，倾斜角一般大于 120°，未见修整痕迹。从器型及制作方式分析，除坛子墙一处外，其余几处的文化因素均与已经发现的沅水中上游干流及支流的旧石器文化因素基本一致，但时代有早晚之分，最早的上限可到旧石器时代中期。

芷江县小河口旧石器遗址。该遗址处于沅水上游沅水河右岸的二级阶地上。面积约 5000 平方米，清理 240 平方米。文化堆积层厚 1 ~ 2 米。石器均出土于第四纪棕色亚黏土层中，共 129 件，有砍砸器、刮削器、小尖状器，以及石砧、石锤、石核，还有石片和未加工的砾石原料。其中以砍砸器居多。石器的原料均为砂岩或石英岩砾石。多以锤击法朝一面打制而成，未发现有第二次加工的现象。从石器的原料、加工方法和器型看，均与沅水中上游的新晃大桥溪、长乐坪等旧石器地点相一致，但与贵州、云南等地洞穴中的旧石器不同。其时代应为旧石器时代晚期，距今约 1 万 ~ 5 万年。在遗址近河口处的地层中，石制器较密集，并可见石锤、石砧和未加工的石料，被打击破裂的石片，有的还能与石核复原。该地点原来很可能是一处石器加工场。

津市虎爪山旧石器遗址。该遗址位于津市老城区东约 4 公里的澧水右岸、洞庭湖西岸平原区。发掘面积 65 平方米。石器出土于四级阶地的网纹红土中，石器原料均为石英砂岩砾石，制品类型有石片、石核、砍砸器、刮削器、石珠等。石器浑厚、粗陋，均为锤击法制作与加工。根据所处的地质、地貌判断，虎爪山旧石器遗址的地质时代为中更新世，其文化时代为早期旧石器后一阶段，即距今10万年以上。

“石门人”和燕儿洞旧石器文化遗址。石门县燕儿洞遗址位于澧水支流渫水河畔，其东南距县城约20公里，由两个洞穴组成。1992年12月，在试掘中发现一件人类右侧股骨中部残段化石。继之又发现牙齿等化石。这是湖南第一次发现的人类化石，也是迄今为止湖南境内所发现的唯一的古人类化石。经测量，股骨髓腔矢径指数较北京猿人大得多，而与山顶洞人的该项指数相近。各种观察特征则与现代人接近，应属于“智人”化石。考古界称之为“石门人”。生活年代约距今1万至5万年前。伴随出土的文化遗物，主要为打制石器，其次是骨器。考古年代属旧石器时代晚期。石器有稍大型的砍斫器、刮削器、石锤等，还有细小刮削器。（插图2）石料采集于河滩，除刮削器用黑燧石砾石制成外，其余石器的原料均为砂岩或石英砾石。打制方法系直接锤击、单面打制。骨制品目前能确认的很少，有类似矛、标枪、鱼叉等器物，制作方法简单，一般用劈裂或破裂的动物管状骨片稍作刮磨而成。未发现灰坑和房屋建筑遗迹。

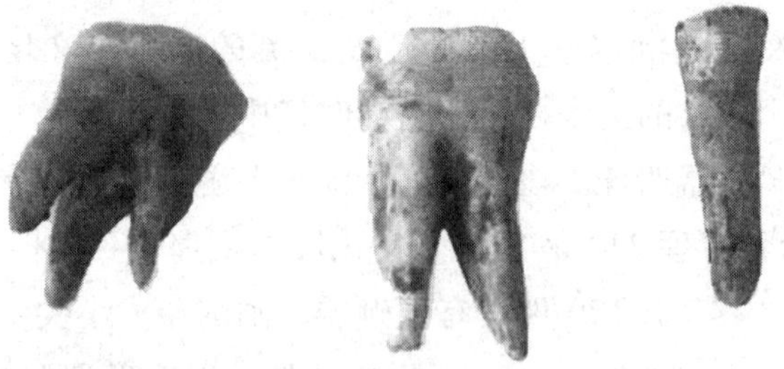

插图2–1　燕儿洞出土的晚期“智人”化石

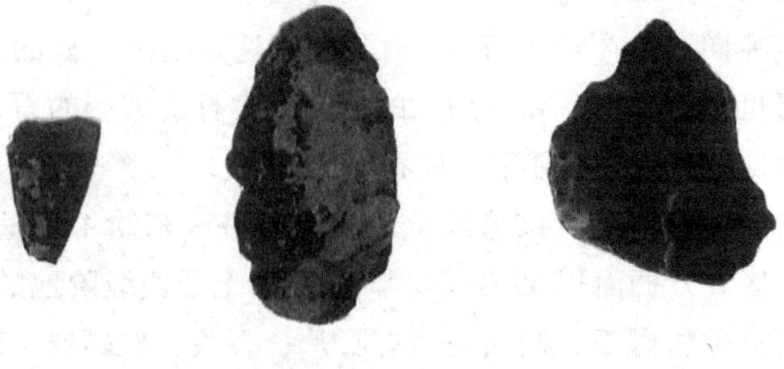

插图2–2　燕儿洞出土的旧石器

澧县鸡公垱旧石器遗址。该遗址位于澧县县城南约3公里处的洞庭湖西岸平原的南缘、澧水右岸的二级阶地上。发掘200平方米。文化遗物出土于阶地上部网纹红土土堆积中，石器品类有石核、石片、砍斫器、刮削器、尖状器、大尖状器、石球、石锤、石砧等。石器均以河床砾石为原料，岩性主要为石英砂岩，次为砂岩、石英、燧石。制作方法均为锤击法。其中大棱尖状器富有特色，三棱尖类似丁村大尖状器，但其采用长条砾石加工而成的浑厚器身又明显不同于厚石片加工的丁村三棱大尖状器。石器在地层中的分布一般均较为零散，但在一个16平方米、深15~20厘米范围的土层中却发现150多件石制品，这可能为古人类一个较固定的集中生活的遗址。根据遗址堆积的地貌地层以及文化遗物判断，鸡公垱遗址的地质年代大致为晚更新世的早期，文化时代属旧石器时代中期。

安化县小淹镇及益阳县新市渡旧石器遗址。小淹遗址位于资水中游北岸一级台地上。石器被叠压在第四纪红色网纹土和次生黄土之中。采集的石器有砍砸器、刮削器、石片等，石质为砾石，加工方法系从一面多次打击而成。新市渡遗址位于资水支流滤溪河二级台地上，采集的石器有砍砸器、刮削器等，石质为燧石，地层为第四纪红色网纹土。小淹遗址的时代应属旧石器时代末期，距今约2万~3万年前。新市渡遗址的时代要稍早一些。①

浏阳县永安镇发现的旧石器时代石器。1991年8月在浏阳县永安镇中学基建工地发现了一批打制石器，较典型的有大尖状器和砍砸器，石质为石英细砂岩。经湖南省和长沙市考古工作者实地考察，这批石器出土于海拔65米的小山丘上，距湘江支流捞刀河约1000米，多采用锤击法初步加工，一次成形，且以单面打击为主，全部以河床砾石为原料；出土地层为第四纪网纹红土，地质年代属中更新世晚期或晚更新世早期。据此初步认定其相对年代距今15万~20万年，甚至更早些。②

以上湖南境内所发现的旧石器遗址和遗存，从地质上判断，最早为中更新世后期，最晚的在更新世晚期与全新世之交；就文化时代而言，最早的遗址属

---

①参见邓建强、向军：《安化县小淹及益阳县新市渡旧石器地点》，载《中国考古学年鉴》，1989年。

②魏涛、李鄂权等：《长沙地区首次发现旧石器时代的石器》，见1991年12月28日《长沙晚报》。

旧石器时代早期的后一阶段，最晚的属旧石器时代晚期和向新石器时代的过渡期。其历史年代约始于10万~20万年以前，而迄于1万年前左右。

三、旧石器时代湖南古人类文化特征

据现有的考古资料分析，湖南各地旧石器遗址出土的石器，整体上不仅具有旧石器文化的基本因素，而且表现了我国南方旧石器文化的某些共同特征。例如，石器制造以锤击法和单面多次打击为主，器型以砍砸器、刮削器、尖状器和石片居多，原料多为河床砾石等。但不同地区又各有特点，特别是沅水中上游和澧水中下游两大地区之间，文化面貌上的差异更为明显。例如，石器原料沅水中上游地区纯粹是河床砂岩、石英岩砾石，澧水中下游地区除河床砂岩、石英岩砾石外，也有燧石；沅水中上游石器类型组合相对单调，而澧水中下游石器的品类较多；三棱大尖状器是澧水中下游旧石器遗址的最典型的器物，沅水中上游地区则未见大尖状器。

从已发现的文化遗址和遗存来看，旧石器时代湖南境内的古人类在生产和生活状况方面与其他地方的古人类大致相同。粗糙的砍砸器、刮削器和尖状器等，再加上木棒，显然只能适用于采集和狩猎，原始农业当时还不可能产生。各个遗址均未发现房屋建筑遗址，旧石器时代中期以后的个别遗址土层中有红色火烧土颗粒，但未发现灰坑，这说明湖南的古人类当时过的也是穴居野处、茹毛饮血的原始生活。他们大概也是以血缘关系和杂婚为基础，组成一些不大的原始群体。这些原始群体大多栖息于河流两岸的台地和山丘上，以简单粗糙的石器和木棒为工具，游荡于附近的树林和灌丛之中，采集果子，挖掘植物块根，猎取禽兽，有时也在河边浅水和小溪流中捕捉鱼虾，以充食物。他们还得依赖群体的力量，驱赶猛兽，同大自然各种天敌斗争，保卫自己，求得生存。湖南的古人类，就是如此度过数万年乃至数十万年的悠悠岁月，为开拓和征服三湘四水，为创造湖南的文明，在历史上迈出了最初的也是最艰难的一步。

第二节　湖南新石器文化

地质年代由更新世进入全新世时，即在距今1万年前左右，人类社会的历

史发展开始了一个新的时代——新石器时代。① 这一时代的基本特征，是经第二次加工的磨制石器和陶器的产生，以及原始农业和家畜饲养的出现。湖南的原始先民从旧石器时代跨进新石器时代的时间，20 世纪 70 年代以来一直被确定为距今 7000 年左右。最近 20 年的考古新发现，将湖南新石器文化的上限往前推移了 2000 多年，即推到距今 9000 多年以前。

据初步统计，湖南已发现的新石器文化遗址共达 900 多处。② 不仅数量多，而且分布范围很广，特别是新石器时代晚期遗址，遍布全省各地。与中原和邻近其他省相比，湖南新石器文化既有其自身的特色，也反映了某些共同的发展规律。由于省内各地自然环境的差异，以及受周围地区不同文化系统的影响，湖南各地的新石器文化的内涵和风格往往又各有特点，发展很不平衡。根据现有的资料，考古学界将湖南的新石器文化划分为几个大的区域，即澧水中下游和洞庭湖区，湘、资水中游和湘中区，沅水中上游和湘西区，以及湘东、湘南区。其中澧水中下游和洞庭湖区新石器文化遗址发掘得很多，发展序列又最清楚，故考古学界又将这一区域的新石器文化分为皂市下层文化（或称前大溪文化）、大溪文化、屈家岭文化和长江中游龙山文化四个大阶段。资水中游和湘中区、沅水中上游和湘西区的发展序列大致相近于澧水中下游和洞庭湖区。湘东、湘南区，由于资料较少，其文化面貌还比较模糊。总的来说，目前所掌握的不同地区、不同发展阶段的考古发掘资料，已大体反映了湖南整个新石器文化发展的面貌，并使我们能借助这些考古资料，窥见湖南的原始先民在这一时代的生产生活的基本状况及其原始文化发展的基本线索。

一、早期新石器文化

湖南境内已发现不少新石器早期文化遗址。如：道县玉蟾岩遗址，澧县彭头山、李家岗、黄家岗遗址，石门县皂市下层文化遗址，临澧县沙堤荷家台、余家铺、金鸡岗、胡家屋场、王家祠堂等遗址，长沙县南托大塘遗址等。其中，时代最早的是道县玉蟾岩和澧县彭头山遗址，而最具代表性的为石门皂市下层遗址，故考古界多将湖南早期的新石器文化统称为皂市下层文化。从分布地域

①在我国北部和欧亚其他一些地区，还在新石器时代和旧石器时代之间单独划出一个“细石器”时代。

②见湖南省博物馆：《湖南省文物普查成果暨考古新发现展览简介》，1988 年编印。

看，湖南早期新石器文化遗址大多集中于澧水中下游沿岸至洞庭湖滨的台地和丘陵上，湘中地区和湘、资流域也有发现。

道县玉蟾岩遗址。位于道县西北20公里的寿雁镇，属洞穴遗址。先后经三次发掘，1995年被列为全国十大考古发现之一。遗址文化堆积层厚1.2～1.8米。出土遗物主要为打制石器，还有骨、牙、蚌壳制品及大量动物遗骸，呈现出旧石器文化向新石器文化过渡的特征。年代约为1万多年前。发现了火候很低、质地疏松、外表呈黑褐色的陶器碎片。经鉴定，是世界上至今所发现的最早的陶片。在发掘中先后两次发现有稻谷遗存，经鉴定为人工栽培稻种，但还保留了野生稻的特征。这是目前世界上所发现的最早的人工栽培水稻标本，可视为湖南和中国南方水稻耕作的发端。

澧县彭头山新石器时代遗址。该遗址位于洞庭湖西北边缘，据采集的陶片碳素年代测定，距今为9100～8250年前，是迄今湖南和整个长江中游最古老的新石器时代遗址之一。经发掘，在遗址居住区周围发现成批墓葬，并发现部分房址。出土大量陶片，且有近百件可供修复的器物。陶器以夹砂夹碳为主，胎黑色，外表红褐相间，多饰绳纹、戳印纹、刻划纹，还有相当数量的器表通体饰红陶衣。主要器类是釜、罐、高领罐、双耳罐、深腹罐、碗、盘、支座等，在晚期地层中还有一定数量的三足器。出土的石器分为三类，即磨制石器、燧石器与打制石器。磨制石器有斧、管、棒形坠饰等，大多通体磨光，形态规整。此外，遗址还出土了大颗粒植物种子，并在红烧土块及支座残断面中观察到了稻谷壳的痕迹，这说明当时在地势宽阔平坦的湖沼地带边缘，已有以稻作为主的原始农业的存在。①

八十垱聚落遗址。位于澧县城北约20公里处的梦溪镇五福村，澧水支流涔水之阳，澧阳平原北部边沿地带。经碳14测定，大约距今7540～7100年前，属彭头山文化晚期阶段。出土的陶器以夹碳胎红褐陶为主，有少量灰褐陶或夹细砂陶。器型不规整，比较简单，以圜底器为主，少量三足器。器物主要为各式深腹罐、高领罐、盘、钵、支座、三足器等。纹饰以绳纹为主，有粗绳纹和细绳纹两种。此外，有指甲纹、戳印纹、弦纹，以及刻划组合纹。八十垱遗址最重要的是在仅数平方米范围内，出土稻谷和大米1.5万粒以上（插图3）；在

①参见裴安平：《澧县彭头山新石器时代遗址》，载《中国考古学年鉴》，1989年。

遗址附近的古河道黑色淤泥层内，发现大量有机物和可以辨认的上百种植物，如莲、菱、桃等，数十种动物与家畜骨骼，以及木耒、木铲、骨铲等农耕工具。此外，还有聚落的外围墙和围沟遗迹。围沟开凿年代分早、晚两期，早期围沟还早于围墙。围沟、围墙均为封闭式的，未发现缺口或通道，具有明显的防护和排水作用。7000多年前这种人工开挖的壕沟和用土方筑成的土围墙的出现，说明那时该地的社会经济发展已有相当水平，集聚的人口数量较多，已形成初具规模的村社和聚落。

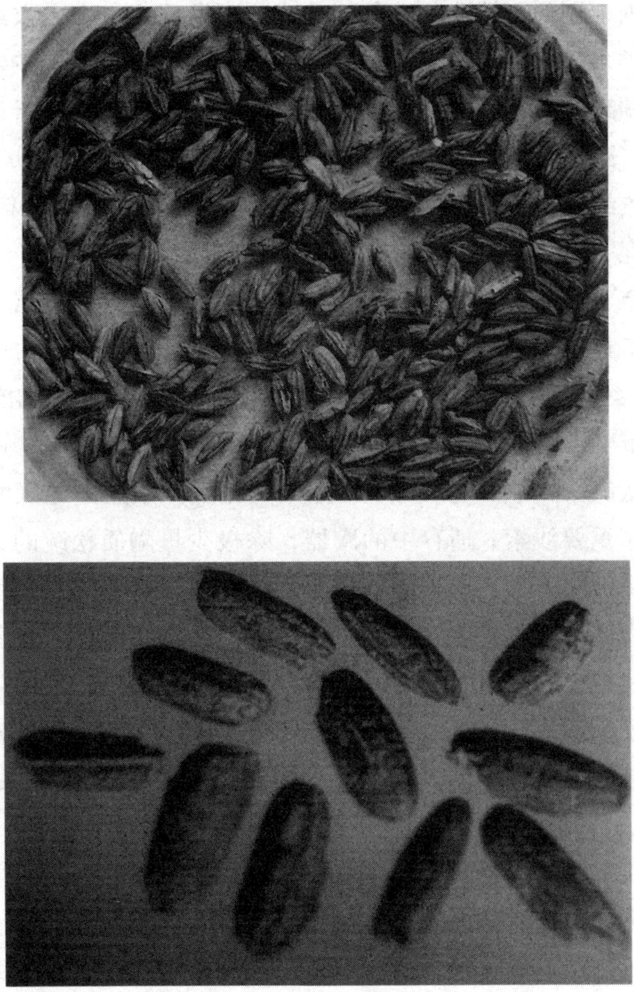

插图3　八十垱文化遗址稻谷大米

石门县皂市下层新石器遗址。堆积层分五层，其中第五层为新石器遗存。石器有砾石类和燧石类。砾石类，多为青色长岩和砂质灰岩，一般都经打磨，有石斧、石锛、石凿、网坠、盘状器、砺石；燧石类，除少量可见压制痕迹外，其他均系打制而成，有细石核石片、小石片、刮削器、打击石片。出土的陶器为手制，许多器物的内壁可见手指按窝痕迹，胎骨厚薄不均，火候不匀，器表颜色斑驳。陶系几乎全为红陶。此外，有少量由胎骨内植物质碳化所致的夹炭陶片。有些陶片剖面可看到明显的层次，疑为贴塑而成。陶器装饰主要采用打印、压印、刻划、剔刻、镂孔、戳印等方法。还发现少量在白衣红陶上绘彩的做法。陶器器类多为圜底器、圈足器和平底器，不见三足器。主要器型有直口高领罐、高弧领罐、高领折肩罐、弁口罐、双耳罐、盘口罐、折沿罐、敞口筒腹罐、直腹罐、圈足盘、器座、釜、钵、杯形器、陶饼、支垫等，但均为残片，能复原者甚少。经鉴定，动物种类包括梅花鹿、水牛以及羊、豪猪、老鼠、麂、龟等。其中以麂、水牛和猪的牙齿居多。

在石门皂市下层的遗存中，不仅有一批富有特征的日用陶器，而且还有为数不少的生产工具，包括砾石磨制石器和燧石打制、压制而成的小型石器（细石器）。从细石器的加工方法和功能看，同中原以及西樵山等地的细石器都很接近。因此，皂市下层出土的小型燧石工具应归入“细石器传统”的范畴。这一发现对于重新认识长江中游地区的早期原始文化及探索这一地区的“细石器传统”问题提供了重要线索。遗存中的陶器，除极少量陶质松疏的夹炭陶和暗色陶外，基本上属于红陶系，器类简单，制作粗放，火候不匀，颜色斑驳而纹饰丰富。这一器物群与其所共存的石器、细石器一起构成了一种明显有别于长江中上游已发现并被公认的大溪文化、屈家岭文化的原始文化遗存。其碳 14 年代，测定为距今 6920±200 年前，参考树轮校正年代的新表，年代范围应在距今 7900～7200 年前。石门皂市下层遗存的年代，明显早于大溪文化、屈家岭文化。①

湖南早期新石器文化遗址分布集中的澧水中下游石门、临澧、澧县一带，正处于大溪文化的分布范围之内，两者的地域有所重合，有的遗址，两个时期的文化堆积层甚至直接叠压在一起。如临澧县荷家台遗址，大溪文化层就直接

①参见湖南省博物馆：《湖南石门县皂市下层新石器遗存》，载《考古》1986 年第 1 期。

叠压在皂市下层文化堆积层之上。从部分器物形态看，也往往显示出一定的联系。但如果将这一区域的早期新石器文化遗存与大溪文化相比较，无论就器型、纹饰等具体因素而言，还是就文化的总风格而言，两者的差别又是比较明显的，而早期新石器文化遗存的绝对年代也早于大溪文化。所以考古学界由此推断，以皂市下层为代表的湖南早期新石器遗存，是一种早于大溪文化，并与大溪文化有一定的渊源关系的新石器文化，或称之为“前大溪文化”。

洪江市（原黔阳县）高庙文化遗址。这是近20年在湖南境内沅水中上游地区所发现的最重要的早期新石器文化遗址。遗址位于洪江市安江镇东北约5公里的岔头乡岩里村，地处沅水中游北岸的一级台地上，分布面积约3万平方米，下层称“高庙文化”。其年代上限距今约7800年，而最晚遗存的年代下限大致距今6800年左右。从1991年至2005年经过三次发掘，出土的生产工具，数量巨大的是用锤击法单面打制的砍斫器和用作刮削工具的各类石片石器，以及大量的扁平亚腰形石网坠。磨制石器如斧和石锛等数量很少。此外，出土有石磨盘和磨棒等食物加工工具，石锤、石砧、砺石等石器加工工具，以及小石锛、小石凿等磨制工具。出土的骨、牙、蚌器，有用于引孔、缝制的骨针、骨椎，用于切割的骨匕，用于装饰的骨簪、象牙雕饰、穿孔蚌壳等，还出土了大量的圆形、扁圆形或扁椭圆形的石球。陶器皆手制，部分可见泥片贴塑法，器物内壁偶见刮削泥痕。器壁厚薄较均匀、规整，不过火候很不均匀。绝大部分陶器为褐红色与灰褐色相间，多夹砂陶，泥质陶很少。白陶制品均含细小的石英砂末。陶器的主要造型是圜底器和圈足器，不见三足器和尖底器。器类主要有釜、罐、盘、钵、簋、碗、杯等，其中前三类的形制特别丰富，而罐类器型多达十余种。陶器装饰是“高庙文化”最突出的特征之一。在罐类器的颈、肩部，钵、盘和簋形器的上腹部，通常都饰有由戳印篦点纹组成的各种图案，最具代表性的是形态各异的凤鸟纹、獠牙兽面纹和八角星纹，以及平行带状纹、连线波折纹等。（附图1、2）绝大部分器物的腹部都饰有绳纹。陶器装饰中的另一特色，是填彩与彩绘艺术的出现。在部分陶器上戳印的凤鸟纹和兽面纹，其凹下的图案部分被填涂上朱红色或黑色的矿物颜料。有一件白陶簋的外底还彩绘有太阳的图像。但不是所有出土的陶器都饰有这几种图像，它们只是很有规律地出现在某几类固定形制的器物上，而且其陶质都有专门的讲究。考古学界认为以凤鸟、獠牙兽、太阳、星象为饰的陶器，应是当时人类用于宗教礼仪活动的“艺术神器”。① 居住遗迹均为挖洞立柱的排架式木构地面建筑。长方形两开间和三开间的结构，方向朝东或朝东南，房屋面积20~40平方米不等，有的还设置有专门的厨房。堆积物中残留大量猪、牛、羊、鹿、麂、熊、象、犀牛、貘、獾、猴等数十种陆生动物骨骼，以及龟、鳖、螺、贝、蚌等水生动物和鱼类遗骨。经对出土的猪颌骨进行鉴定，它们已是被驯养的家猪。发掘的墓葬，多为竖穴土坑侧身屈肢葬，头朝东，面北，墓底无随葬品。在一座墓的人骨架下发现有编织的方孔竹席铺于墓底。在遗址的正中部第八层面上，发现大型的祭祀遗迹，包括主祭（司仪）场所，一个正面由4个主柱洞组成的、略呈八字状的“双阙”式建筑；39个牲祭坑，其中一个为人祭坑；与祭祀场所相系的附属建筑，如议事或休息的房子、窖穴等。

综观已发现的湖南早期新石器文化的考古资料，当时湖南的先民主要生活在洞庭湖边缘和澧水中下游，以及湘、资、沅水流域河谷地带。人们开始学会石器磨制技术和烧制陶器的技术，但磨制石器尚少，主要使用燧石打制、压制而成的石器；陶器为手制，方法是贴塑法，制作粗糙，器型简单，火候不高，多为夹砂和夹碳红陶。生产工具除砍砸器、刮削器、尖状器外，还出现了石斧、石锛、石凿、渔网坠等，品类较旧石器时代为多；陶器主要为生活用具，品类以釜、罐、钵等炊器和容器为多，器型多圜底、圈足和平底器，尚未见湖南新石器文化中盛行的三足器。在最早的彭头山遗址就发现了房屋遗址，居住区附近有成批墓葬；出土了大颗植物种子，在红烧土块和陶器残片断面中有稻谷壳的痕迹。八十垱遗址发现的大量稻谷和大米，以及木耒、木铲、骨铲等农耕工具。在皂市下层遗址的堆积层中，发现了大量的鹿、羊、水牛、猪、龟等动物残骨，而其中以猪、牛、鹿的残骨为最多。这说明湖南的原始先民在进入早期新石器时代后，即从距今约9000年前至7000年前间，生产力的水平已较旧石器时代有显著提高；渔猎和采集经济虽仍占有重要地位，但以种植水稻为主的原始稻作农业和牛、猪等动物的饲养业均已经产生和发展起来。同时人们学会建筑房屋，储备食物，从茹毛饮血变为炊煮熟食，开始过着定居的原始农耕生活。从社会组织看，氏族部落制度可能已产生并发展起来，人们按氏族或家族为单位聚居，开始形成人数较多的聚落，共同劳动，共同生活，居住区附近成

①参见贺刚：《高庙遗址的发掘与相关问题的初步研究》，载《湖南省博物馆馆刊》第2期，2005年。

批的墓葬大概就是氏族的共同墓地。高庙文化遗址所发现的大规模祭祀场所，以及饰有凤鸟、獠牙兽、太阳、星象图像的用于祭祀的“神器”，说明当时湖南，至少是在沅水中上游地区，已产生了原始宗教信仰和对自然神祇的崇拜。而高庙文化的这种宗教信仰及宗教艺术，特别是凤鸟、獠牙兽与八角星等神像图案，后来逐步向长江中下游、黄河流域以至更遥远的辽河流域流布和辐射。

二、湖南大溪文化

在距今6500年前左右，湖南的新石器文化发展到一个新的阶段——大溪文化阶段。所谓大溪文化，是以最先在四川巫山县大溪发掘的文化遗址命名的一种新石器文化，分布范围由川东、鄂西三峡地区、江汉平原，往东延伸至湖北中部、东部，向南扩展到湖南。大溪文化遗址在湖南最集中的地区是澧水中下游和洞庭湖西北边缘地带。近几年来，在沅水流域的常德、桃源、辰溪、麻阳，湘江中下游的汨罗、平江、长沙、株洲，以及湘南，都发现有属于大溪文化范畴和相当或相近于大溪文化的新石器文化遗址。

澧水下游和洞庭湖西部，最具代表性的大溪文化遗址是澧县三元宫、城头山和安乡汤家岗、划城岗等遗址。

澧县梦溪三元宫遗址。发现灰坑12座，墓葬23座。遗址的文化层分早、中、晚三期，早、中期属大溪文化范畴。出土的陶器，早期以泥质红陶为主，陶器表面多磨光，施以红陶衣，纹饰种类较少，主要为刻划纹、戳印纹和粗弦纹，其中有一种呈指甲形交错的戳印纹具有特色。器型也较简单。生产工具有陶纺轮，生活用具多为圈足碗、圜底釜、圆腹直口圜底锅、敛口圆腹圜底钵、直腹圜底尊、矮领罐、器盖等。未见三足器和平底器。陶器全部为手制。中期，仍以泥质红陶为主，但出现了较多的泥质灰陶，还有极少的泥质黑陶和泥质白陶，并出现彩陶。生产工具有陶纺轮。生活用具种类增多，有碗、盆、罐、豆、釜、尊、瓮、杯、漏壶、器座、器盖、陶球、圆陶片等，出现了三足器（鼎）和平底罐。（附图3）纹饰主要有条纹、绳索纹、点纹、网纹、细弦纹，还出现了瓦棱纹和鹰嘴式的突钮、鸡冠形把手等。陶器为手制，泥条盘筑法制成的器物较多。石器，均为生产工具，早期文化层未见出土，中期出土的有石斧、石锛、石凿、石杵、砺石。质料多为青色闪长岩和辉长岩。

在中期文化层中，普遍含有大块红烧土，有几个探方内，红烧土分布成片。这些红烧土块上，留有竹竿、木棒和芦苇的印痕。在红烧土中，还发现有稻草、谷壳腐朽后留下的空洞。这些应为建筑遗迹。在一个探方东南角的6～7平方米范围内，清理出6排柱洞，共25个。据推测，这些柱洞是中期或晚期的房屋建筑遗迹。

12座灰坑，属于早期的有3座，中期的有7座。出土有成堆的陶片及大块牛肩胛骨、牛肋骨、牛头骨、猪牙床、羊下颚骨，还有一节鳃鱼的脊骨。陶器较完整并能辨认出器型的有釜、碗、器盖、罐、缸等。据发掘者推测，此灰坑可能曾为住人的地穴，或作贮藏之用。

遗址的西部属墓葬区。墓葬以下有厚30～65厘米的文化层，出土陶片以泥质红陶为主，还有少量彩陶和灰陶，不见黑陶，可能属中期文化层。据初步分析，23座墓葬中，有4座墓时间可早到中期，其余均属晚期。从中期4座墓看，随葬物品中，生产工具有石铲、石斧、陶纺轮，生活器皿有鼎、豆、壶、罐、盆、碗、盂、瓶等。其中矮圈足豆、扁尖形足鼎、红陶纺轮、折沿盆均与中期遗址出土的相同，或很接近。①

城头山遗址。城头山在澧县城西北约12公里处，1978年发现古城遗址，1996年冬发现古稻田。城址在澧阳平原西北部，一个叫徐家岗的平头岗地的南端。现地面可见夯土城墙和环绕城墙的护城河遗迹。城墙高出城外平地5～6米，呈相当规整的圆形，内径314～324米，面积约8万平方米，护城河宽35～50米。城墙分为12层，其中第十二层，为最早一期城墙，它与环绕整个城墙的壕沟同时建造，并利用壕沟取土筑城。所出土的陶片和碳14数据证明，这期最早的城墙筑于大溪文化一期，时间已超过6000年，是中国目前所见的最早的城墙。第八层为第二期城墙，时代大致为大溪文化中晚期，距今5600～5300年。墙体基脚宽26.8米，高4.8米，顶宽20米。环城至今仍保留有因取土筑墙所形成的部分护城河。

1996年冬，在解剖东城墙时，在第一期城墙和最早的文化层之下生土之上，露出青灰色纯净的静水沉积，有很强的黏性。参与发掘的当地农民认为这是稻田土。这层泥土表面整平之后，显现出清楚的因一干一湿而形成的龟裂纹。从挖取的部分土样中拣选出稻梗和根须，同现在的稻田中所拔取的比较，几乎没有区别。从剖面观察，可以看出一根根往下伸展的根须或留下的痕迹，可辨

①参见湖南省博物馆：《澧县梦溪三元宫遗址》，载《考古学报》1979年第4期。

出当时采用的是撒播。1997 年，又清理出由西北向东南走向的三条田埂。三条田埂之间形成两丘田。经测定，稻田上层标本年代为距今 4320～3985 年；稻田下层泥土标本，距今 6629±896 年。这表明城头山的古稻田不仅在国内，而且在全世界范围内，都是目前已经发掘出来的年代最早的稻田。同时，在城头山遗址首次发现用于耕作的骨耒、骨耜。（插图 4）

插图 4　城头山大溪文化骨耒、骨耜

安乡县汤家岗遗址。文化层分上、中、下三层。经试掘，发现有涂泥墙和红烧土面建筑，还有随葬物很简单的墓葬群。下层，石器发现一种椭圆形的敲砸器，陶器以手制为主，有釜、盂、钵等圜底器和簋形器、壶等圈足器，未见平底与三足器。陶质有泥质红陶、灰陶、棕色磨光陶和夹砂陶，各占四分之一左右。部分器表涂红衣绘黑彩，也发现少量圆圈印纹和刻划纹。中层的灰土中发现墓葬群，典型随葬物有深腹圜底釜、刻划纹簋形器、印纹白陶盘、圜底钵、瓦棱纹深腹圜底尊等。据初步统计，中层出土的泥质红陶占 68.3%，棕灰色陶占 1.7%，还有少量夹砂红陶、黑色磨光陶和细砂白陶等，彩陶有黑彩和红彩，并发现了矿物颜料——赭石。白陶上的纹饰多用各种小戳印及三角、网状等压印组成，图案富有变化。上层出土了较多的三足器、镂空高足豆、夹砂绳纹大口缸，还发现有人面形、狗形的泥塑。石器工具仍然很少，除椭圆形敲砸器外，只发现少量残缺的锛、铲。从年代看，汤家岗遗址大体相当于梦溪三元宫遗址的早、中期，属大溪文化范畴。

安乡县划城岗遗址早期文化遗存。文化层可分为早一期、早二期、中一期、中二期、晚期。早一期，发掘陶窑 1 座，结构分火道、火膛、烟囱三部分，火膛下半部挖在生土中，上半部用大块红烧土垒成。窑内发现残支垫数个。发现房址 1 座，距地表 1.3 米，现存一层平整的红烧土硬面，南北长 3.5 米、宽 3 米。在红烧土面上发现 4 个柱洞。因未全部揭露，房址的规模和形状不详。出土遗物，生产工具有石斧、长条形石刀、石钺等。（插图5）生活用具全为陶器，陶质以泥质红陶和细砂红陶为主，其次为泥质褐胎黑皮陶和细砂白陶，均为手制；纹饰有彩陶、刻划纹、模印纹、戳印纹、瓦棱纹和镂孔等，其中以彩陶和刻划纹最多，其他均较少。陶器多为圜底器和圈足器，有少量豆形器，未见三足器和平底器。器型有釜、钵、罐、碗、器盖、豆、甑等。早二期，发掘灰坑3个，坑内为一次堆积；墓葬3座，骨架已腐朽无存，均以陶器随葬。出土遗物，生产工具仅有石锛4件；生活用具均为陶器。陶质以泥质红陶为最多，细砂红陶次之，泥质黑陶和泥质灰陶较少。陶器绝大多数为素面，彩陶比早一期减少，花纹也较简单，主要为平行条纹、横人字纹，其次为陶索纹、网纹，有刻划纹、戳印纹、横印纹、镂孔，还有少量细弦纹、绳纹。器物多为圈足器，其次为圜底器，有一定数量的平底器和极少数三足器。从器型看，有斧、罐、簋形器、豆、瓶、壶、鼎、器盖等。

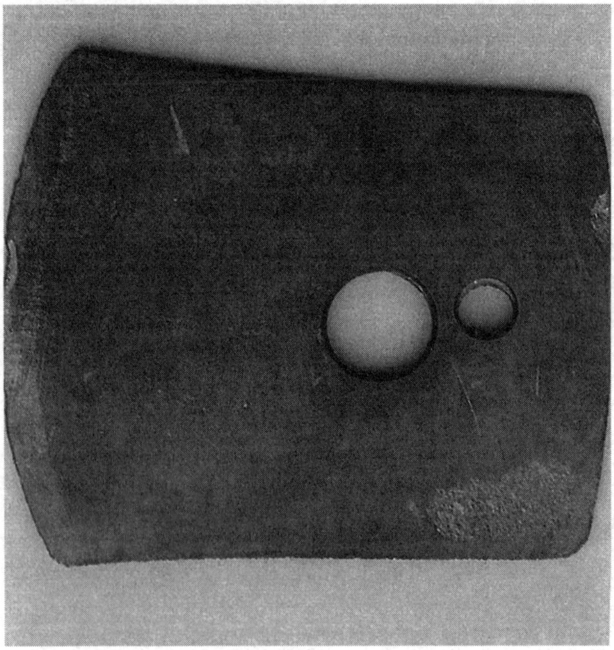

插图5　划城岗文化遗址石钺

划城岗遗址早期文化遗存，以泥质红陶为主，流行彩陶，纹饰多陶索纹、刻划纹、网纹、平行条纹，多圜底器和圈足器，而少三足器和平底器，这都属长江中游地区大溪文化的特征。早一期，基本上不见泥质黑陶和灰陶，不见鼎和平底器，有较多的刻划和戳印纹饰，最迟应属大溪文化中期遗存。早二期，有一定数量的平底器、三足器，少量的泥质黑陶和灰陶，彩陶减少，纹饰简化，多平行条纹和横人字纹，偶见篦纹和细弦纹，出现小口长颈壶、直壁瓶、高圈足簋、腹部压印弦纹的鼎，据此考古学界认为应属大溪文化较晚阶段的遗存。①

长沙县南托大塘遗址。可作为湘江流域和湘中地区相近于大溪文化的新石器文化的代表。石器以石斧为主，多以燧石打磨而成，也有用页岩磨制和卵石加工而成的。还有石凿、石镰、石锛等。陶器种类较多，分泥质和夹砂两类，有炊器、盛食器、盛水器等数种，纹饰多样化，素面仅占三分之一。这些陶器，制作精细，纹饰精美，造型美观。其文化面貌与分布在湘西北澧水流域及江汉平原的大溪文化有相似之处，但又不尽相同。②

湘西地区和沅水中上游相当于大溪文化的新石器文化遗址，发现最早的是泸溪浦市遗址，该遗址位于沅水中游西岸。出土石器数量最多的是砸开卵石，将刃部稍事琢磨的石斧、石锛，另外还有相当数量燧石打击形成的石片、石镰，有两件可见第二步加工痕迹。陶器几乎全部为圈足器和圜底器，器型有盆、钵、釜、盘、罐等，有彩陶，有白陶，这些都和洞庭湖区大溪文化（特别是中期偏早）相接近。但发现极多的薄胎夹砂褐陶或红陶绳纹罐，还有一定数量橙黄陶上施赭色彩的陶罐，这又是洞庭湖区大溪文化中所未见的，而其陶质、陶色和风格却相当接近贵州某些洞穴中所出新石器时代的彩陶。浦市遗址所反映的沅水中上游较早的新石器时代的面貌，既与大溪文化有较密切的联系，但又有显著区别。③

1988 年在麻阳县火车站发掘的新石器时代遗址，为弄清大溪文化时期的湘西和沅水中上游地区新石器文化面貌提供了不少新的资料。出土有石斧、石锛、石锄、砺石、石钻、石锤、石凿及夹砂红、褐、黑、白色陶片等遗物，并发现有灰坑、窝棚建筑柱洞及石器制造场地。文化堆积层可分为上下两层。如第四探方，上层（晚期）出土有残石器及零散出土的陶片，有夹砂夹炭黑陶、夹砂褐陶、红陶及白陶残片，部分有陶衣。纹饰有篦点纹、几何印纹、旋纹、乱绳纹等。器型有釜、罐、盆类，不见三足器、尖底器和平底器。陶质普遍夹砂，

①参见湖南省博物馆：《安乡划城岗新石器时代遗址》，载《考古学报》1983 年第 4 期。

②黄纲正：《挖掘出土长沙地区迄今最早的人类活动遗址》，《长沙年鉴》1987 年，《长沙市志》编委会办公室编印。

③参见何介钧：《湖南省博物馆三十年来的考古发掘与研究》，载《湖南省博物馆开馆三十周年纪念文集》。

且多几何印纹；石器多，器型厚重，有打制的大型石锄，制作方式多为打制、琢制，少量磨制或仅磨刃部。这是该遗址的显著特色。其时代大体相当于大溪文化早期。①

根据目前已发现的考古资料分析，大溪文化时期，湖南的先民们仍主要活动于澧水中下游和洞庭湖平原区，其次为沅水、湘江等流域河谷地带，居住地一般都是在靠近水边或临近丘陵的台地上。

由于遗址分布的地区不同，出土的遗物各具特色，甚至呈现着不同的文化类型。特别是湘西沅水中上游的大溪文化时代的文化遗存，与澧水中下游和洞庭湖西北边缘的大溪文化遗存差异更大。但同皂市下层即前大溪文化阶段比较，进入大溪文化阶段以后，湖南各地区的生产力普遍都有所提高。

石器制作较前精致，以燧石为原料打制和磨制的石器增多，并增添了不少生产工具种类，如石铲、石杵、石锄、石镰、石砧、石锤、石片、砺石等。有的已有第二步加工的痕迹。陶器仍是手制，但已普遍流行泥条盘筑法，晚期出现慢轮修整。前期以泥质或夹砂红陶为主，中期以后出现灰陶、黑陶、白陶和彩陶。从器型看，种类增多，出现了豆、尊、杯、壶、碗等新的器皿，后期出现了三足器（鼎）和平底罐。专门用于农耕的工具——石锄、石铲、石镰、石杵等大批出土；三元宫遗址中发现大量稻草、谷壳遗迹；城头山发现古稻田；与三元宫遗址时代相当的华容车轱山早期遗存的灰坑中，还发现成片的碳化大米。这些材料都说明，进入大溪文化阶段以后，湖南的先民们利用河湖平原、谷地的土壤疏松肥沃、水源充足等优越条件，开始广泛地种植水稻，原始农业获得了初步发展。与此同时，渔猎仍占重要地位，牲畜的饲养业也有发展。大批牛、猪、羊骨和鱼脊骨的发现，狗形泥塑的出土，说明了这一点。陶纺轮是用来进行纺织的，它的出现和日趋增多，说明在大溪文化阶段，为了御寒或捕鱼的需要，湖南的先民们已开始从事纺线编结等原始的纺织劳动。

原始农业和家畜饲养业的发展，使人们能过着比较稳定的生活。房屋建筑遗迹和灰坑的大批发现，各种炊具、盛食器、贮藏器的明显增多，特别是城头山古城墙遗址的发现，都是定居生活的表现。

三元宫遗址和安乡汤家岗遗址所发掘的墓葬群，应是氏族公社的公共墓地。

①曾志鸿：《麻阳县火车站新石器时代遗址》，载《中国考古学年鉴》，1989 年。

从发掘情况看，墓葬排列整齐密集，随葬品比较简单，多为陶器和生活用具，也有少数随葬斧、锛、纺轮等生产工具。一般女性墓的随葬品较男性墓丰富。葬式一般为仰身直肢葬，儿童多为瓮棺葬，且多葬在女性墓侧。这可能是当时的湖南先民们，过着以母性为中心的母系氏族公社生活的一些反映。

三、湖南屈家岭文化

大约距今5000年前，湖南的新石器文化又进入了另一个新的发展阶段——屈家岭文化阶段。所谓屈家岭文化，是以湖北京山屈家岭文化遗址命名的长江中游的一种新石器文化。一般认为屈家岭文化是大溪文化的继承和发展。其分布地域大致与大溪文化相当，只是范围更宽，特别是北界已直达河南的西南部。

湖南的屈家岭文化遗址，比较集中的地区仍然在澧水中下游和洞庭湖西北边缘，发现较早并且有代表性的有三元宫遗址晚期遗存、安乡划城岗遗址中期遗存、华容长岗庙遗址等。近几年来，在湘中、湘西和湘南，也陆续发现了一些相当于屈家岭文化时期的遗址，而在澧水中下游地区又有一些新的重要遗址的发现。下面择要介绍几个典型遗址的发掘资料。

澧县三元宫遗址晚期文化层。其中出土的遗物，生产工具类有陶纺轮、石斧、石锛、石凿、砺石；生活用具有碗、豆、鼎、尊、杯、瓶、壶、甑、陶球、陶环。石制生产工具，磨制较精致，钻孔和切割技术已较发达，锛、凿等小型加工工具增多。陶器以泥质黑陶为主，有较多的薄胎黑陶，这些黑陶的底部有明显的轮制痕迹。其次为泥质红陶和泥质灰陶。夹砂红陶最少，但较前二期数量多。纹饰流行细弦纹，附加堆纹比较多，还有新出现的篮纹。彩陶已绝迹。只有少量硃绘黑陶，器型似小瓶，表面磨光，因绘纹大多与泥土粘连、剥蚀，不辨纹饰。

三元宫遗址所发掘的23座墓，大多数属于晚期墓葬，均埋在文化层中，未见墓坑和葬具的痕迹。头朝东，由于人骨已腐朽，葬式不详。随葬器物列于死者两侧，最多的有23件，大多数10件左右，最少的只有4件。随葬物中生产工具种类不多，有石铲、石斧、石锛、陶纺轮。质地有玉、石和陶器三种。石器多数有长期使用的痕迹，小部分刃部完整无损，其中穿孔石铲、小玉斧、小玉锛等制作很精细。生活器皿均是陶器，共233件。以灰陶最多，黑陶次之，红陶最少。绝大部分为泥质陶，夹砂陶极少。大部分为实用的生活器皿，只有器型很小的鼎、甑，似专为随葬而制作的明器。主要是手制，器型不规整，有的碗和细颈壶，胎薄，器型规整，表面光滑，则是经慢轮修整的。纹饰以镂孔最常见，还有弦纹、竹节纹、篮纹和鹰嘴式钮等，未见绳纹。从器型分，有鼎、豆、壶、盂形器、罐、碗、钵、盆、尊、瓶、缸、杯、盂、器盖等。其中以鼎、豆、壶为最多，罐、瓶、碗、盂次之。鼎上一般置甑，甑上有盖。三足器仅见鼎一种，圈足器最多，尖底器仅有尊一种。与属于大溪文化的三元宫早、中期比较，三元宫晚期的陶器，已从泥质红陶为主发展成为泥质黑陶为主，而且有相当数量的薄胎黑陶，表面光滑。不见彩陶，而出现了硃绘黑陶，大量流行镂孔，出现具有时代意义的篮纹和轮制陶器，鼎、豆、壶数量居多，均反映了屈家岭文化的特征。有相当多的陶器，如折壁盘的豆、扁鼓腹或折腹的壶、盂形器和高圈足杯等，都是屈家岭文化的典型器型。三元宫遗址晚期无疑属屈家岭文化范畴，但也有某些地方特点，如圈足多较高，壶的形制多样，长颈折肩尊也独具风格，未见屈家岭遗址的典型器物之一的彩陶纺轮。①

澧县宋家台遗址。发现一组屈家岭文化的红烧土房基面和 25 座同期墓葬。红烧土房基面保存较好，东西长约 27.7 米，南北宽约 11.80 米。房基面用红烧土碎块铺垫，厚度 10 ~60 厘米不等，视其原始地貌而定。房基面中间有两条近东西向的排水沟，并夹一条走道，从而将房基面分为南北两部分。面上清理出的柱洞将南北部分各分隔成 4 个房间。门朝南开。倒坍在房基面上的大块红烧土块有明显夹木（或竹）的痕迹，说明房屋建筑是采用木（或竹）骨泥身烘烧而成的红烧土墙。地层中还出土有编织竹帘，可能是作为房间的隔墙。从房屋建筑的整体性施工、布局来看，这组房子可能是一个家族住房，是宋家台原始聚落的一个基层单位。如此大面积的保存较好的红烧土房基面在长江中游屈家岭文化中是比较罕见的，为研究湖南和整个长江中游地区屈家岭文化时期的建筑技术、生产水平以及所反映的社会组织、经济关系等，提供了宝贵的考古资料。墓葬中除 3 座瓮棺葬外，其余均为东西向长方形土坑墓。墓葬间隔较密，重叠排列。随葬品有石锛、石凿、陶鼎、罐、折腹壶、簋、杯、甑、碗、小口直壁瓶等。个别墓随葬有猪牙。依残骨摆放情况判断，葬式多侧身屈肢葬，头东向。有的墓葬肢骨零乱，或单肢，或肢骨衔接不相称，或头骨居坑中心位置，应为二次葬。②

---

①参见湖南省博物馆：《澧县梦溪三元官遗址》，载《考古学报》1979 年第 4 期。

②袁家荣：《澧县宋家台新石器时代遗址》，载《中国考古学年鉴》，1988 年。

湘乡岱子坪遗址。湘中地区相当于屈家岭文化的新石器文化遗址，发现最早和具有代表性的是湘乡岱子坪遗址。文化遗存分为三期，下层即第一期遗存相当于屈家岭文化中晚期，发现墓葬2座，其中一座，墓坑不清，不见骨架，随葬器共48件，种类有豆、壶、四系带盖簋和残石铲。陶豆为泥质红陶，其他均为磨光泥质黑陶。另一座墓葬，为长方形土坑竖穴，方向为东西向。随葬品有陶壶、豆、甑、罐、鼎、贯耳壶等，共14件，全为泥质磨光黑陶。第一期遗存出土器物，石器有石斧、石锛、石凿、穿孔石铲；陶器有鼎（盘形和釜形两类）、豆、壶、罐、簋、甑、器盖、钺形陶器。以夹砂褐陶为主，次为泥质黑陶、夹砂红陶等；纹饰中绳纹和篮纹较多，其次为凸弦纹及锯齿状宽带堆纹，另有少量的镂孔、篦划纹等。鼎足上窝洞和刻划纹流行。出土的一件陶罐中，残存碎骨。

岱子坪一期遗存与石峡文化比较，二者之间相同因素较多。如石峡文化中的肋鼎、三足盘，岱子坪遗址也有出土；岱子坪一期常见的圆锥形、上有圆窝和刻划凹槽的鼎足，石峡也曾发现；石峡文化的圈足盘和豆多为子母口和向上折沿，岱子坪一期的豆，也具有相同风格。石峡文化和岱子坪遗址诸多相同的因素，至少说明两者的联系紧密。

岱子坪一期遗存与屈家岭文化比较，也有不少相近和相似的因素，但二者的差别也较明显。如岱子坪一期出土的器盖、豆、壶，与三元宫遗址屈家岭晚期墓葬中出土的同类器物比照，相似的程度很大。另外，岱子坪一期墓中出土的鼎、甑，与湘西北地区屈家岭文化早期偏晚的墓葬中所出相近。但三元宫屈家岭文化晚期墓葬以灰陶为主，而岱子坪一期墓以黑陶为主；岱子坪一期陶器以绳纹为多，而三元宫晚期未见绳纹。

湘乡岱子坪一期遗存所代表的应是一种相当于屈家岭文化，但又同岭南石峡文化关系密切，具有地区特色的湘中新石器文化。

长沙县腰塘遗址。该遗址与湘乡岱子坪遗址在文化内涵方面十分近似，与石峡文化有诸多相同因素，同样反映了湘江中游湘中地区新石器文化的地区特点。文化遗存可分为三期，第二期相当于岱子坪一期，即屈家岭文化晚期，第一期则更早一些。

第一期，陶器以夹砂红陶为主，有部分夹砂褐胎陶，少量泥质红陶。器型有夹砂粗陶釜形鼎、泥质红陶矮柄豆，鼎足类型较多，有镬形鼎足，有上部饰按窝或竖斜划纹的圆锥形或扁平鸭嘴形鼎足。纹饰简单，有锯齿状附加堆纹、弦纹、划纹、按窝纹。石器有双面穿孔的扁平石铲。

第二期，陶系仍以夹砂陶为主，黑陶有较多增加，多为泥质灰胎或红胎的内外施黑衣的黑陶。器型以釜形鼎最多，新出现宽扁瓦状足三足盘和双层平台式柄座的陶豆，弇口、口壁转折处形似子口的浅盘豆。其他器型有卷沿罐、折沿罐、圈足碗、敛口盆等。纹饰除第一期原有的以外，新增加绳纹、篮纹、镂孔。石器中新出现扁平体柳叶形石镞、扁平石磷。第二期还发现半地穴式房基一座，房坑深入地面一米，呈口大底小的椭圆形。黄褐土覆盖整个房坑，形成中间低、四边高的椭圆形锅底状。房坑东部，黄褐土之上有数块大块红烧土砖块和陶釜残片。黄褐土之上覆盖一层面积同样大小的黑色灰土。黑灰土细如烟灰，土质疏松，包含物稀少，厚20厘米，也呈中间低、四周高的椭圆形锅底状，可能是当时的茅草之类的屋顶焚烧倒塌所致。

据比较，腰塘二期的三足盘与石峡一期墓葬所出完全相同；岱子坪一期特有的镬形鼎足、双层平台式柄座豆、折壁子口浅盘豆，在腰塘二期遗存中也是常见之物。①

怀化高坎垄遗址。湘西地区和沅水中上游属屈家岭文化时期的新石器文化遗存，经正式发掘的有怀化市高坎垄墓地。清理成人墓葬49座，瓮棺葬2座。墓坑多为长方形土坑竖穴，墓底距现有地表1米左右。出土一大批石器、陶器和少量玉器等随葬品，有的墓葬随葬石器10余件。石器生产工具有长条形的较大型的石斧（即有肩石斧）、小型的近方形石斧，还有带肩石锛、圭形石凿、石刀、石铲、纺轮等。陶器有大型单耳罐、单耳或双耳直壁杯、曲腹杯、圈足碗、圈足盆、盘口直壁簋，以及豆、瓮、陶纺轮等。器型较大，轮制，多黑皮陶系，有的饰有凸、凹弦纹，有少量彩陶。此外还出土有玉璜、玉铲、石镯、石玦等。

从出土文化遗物的种类和特征分析，考古界初步认定，高坎垄遗址的文化属性，仍未超出长江中游新石器时代文化的范畴。其中出土的曲腹杯、圈足碗、豆等器物与屈家岭文化有密切的关系。同时，也有属于华南新石器时代文化中常见的肩石斧等器物。此外，出土的大型单耳罐，形制特殊，似为当地地方文化的固有风格。②

---

①参见何强：《长沙县腰塘新石器时代遗址》，载《中国考古学年鉴》，1989年。

②参见贺纲：《怀化市高坎垄新石器时代墓地》，载《中国考古学年鉴》，1985年。

此外，1985 年—1987 年文物普查中，郴州地区的永兴、安仁、桂东等县，也发现了相当于屈家岭文化时期的新石器文化遗址。这批遗址均分布在湘江水系上游的河流和小溪两岸的台地山坡及山顶部。发现的遗物主要有：石斧、石凿、石锛、石球、石环、石箭镞、石刀、陶釜、陶壶、陶罐、陶珠、陶网坠等。石器质地以河卵石、石灰石为主。陶器以泥质灰陶为多，有少量红陶、黑陶。陶片纹饰有粗刻划纹、戳印纹等。少数陶器标本可能上溯到大溪文化时期。①

屈家岭文化时期，湖南境内的澧水中下游和洞庭湖区、湘中、湘西、湘南等几大区域的新石器文化呈现着比较明显的地方性差别。但同时它们与屈家岭文化均有不同程度的联系，大体仍可归为长江中游新石器文化的范畴。依据考古资料判断，屈家岭文化时期，湖南地区的石制生产工具又有所改进，种类也有增加。例如，石铲双面穿孔，可以加上木柄增添力度并系得更牢固；出现了磨制精致，便于钻孔、切割的小型锛、凿等加工工具，以及适用于砍伐森林、开辟荒地的大型石斧和有肩石斧等新的工具。陶器的制作虽仍多为手制，但已出现慢轮修整。城头山和高坎垄遗址还出土了玉铲、玉斧、玉锛、玉璜、玉玦等玉器和玉制工具。（附图 4）这些新的因素无疑都进一步提高了生产力的水平。

由于生产力的提高，原始农业和家畜饲养获得了新的发展。洞庭湖区和河谷盆地，以种植水稻为主的粮食生产进一步发展，产量增多。大型缸、罐、尊的大批出土，说明谷物和其他食品的储存已成普遍现象。有些精致的小陶器，如小瓶、小壶和杯等，显然属于酒器，说明粮食已有剩余，可以酿酒。大型石斧和有肩石斧的使用，使一些丘陵和山坡地得到了开发。长沙县腰塘遗址出土的石镞，郴州地区屈家岭文化时期遗址出土的石箭镞、陶网坠，反映了渔猎在日常生活中仍占有重要地位，出土的陶纺轮形式多样，数量增加，并用来作为随葬品，说明原始纺织已有一定程度的发展。

澧县宋家台遗址发现的房基很有代表性。一方面是建筑面积较大，另一方面又保存得比较完整，从柱洞分布的规整、合理，以及出土的木（竹）骨泥身的红烧土墙和竹帘来看，在屈家岭文化时期，湖南先民的建筑房屋的技术已大有发展。整个房屋由南北两部分和 8 个房间组成，估计居住人数至少在 10 人以

---

①参见龙福廷、彭全林：《郴州地区新石器时代遗址》，载《中国考古学年鉴》，1988 年。

上，这是一个人数不少的家族或大家庭。从三元宫墓葬群的随葬品看，数量多少的差别已较悬殊，说明开始产生了私有财产和贫富不均的现象。由此可以推断，在宋家台遗址发现的这类结构房屋中共同生活的，应是父系制家族或父系制大家庭。也就是说，屈家岭文化时期，随着原始农业和家畜饲养业的发展以及私有财产的出现，湖南的先民们已逐步实现了从母系氏族社会到父系氏族社会的转变。

四、湖南龙山文化

大约公元前2400年，湖南的新石器文化进一步发展到长江中游龙山文化阶段。所谓龙山文化原是以山东章丘县龙山遗址命名的黄河流域新石器时代晚期文化。20世纪50年代末至60年代初，开始在长江中游一些屈家岭文化遗存之上，发现叠压着另一种新石器文化，方格纹、轮制陶器和鬶的出现可作为这一文化的三大标志。由于郧县青龙泉遗址三期文化发现最早，故考古界又常称这种文化为“青龙泉文化”。因长江中游的这类文化遗存与黄河流域的龙山文化有一定的联系，从20世纪70年代以来，一般又称之为“长江中游龙山文化”。它代表的实际上就是长江中游新石器时代晚期的文化遗存。

从目前已发现的遗址来看，长江中游龙山文化的分布范围比屈家岭文化更广阔，特别是向东北部和南部有相当大的扩展。在湖南境内已发现或已发掘的这一阶段的遗址、墓葬，总数达100处以上。原大溪文化和屈家岭文化遗址密集的澧水中下游和洞庭湖区，分布仍较集中。其次是湘水、资水中下游和湘中地区。在湘东、湘南和湘西地区，也先后发现了属于或相当于长江中游龙山文化范畴的遗址。

澧水中下游及洞庭湖西北部的龙山文化遗存，发掘较早、材料发表较多的有安乡划城岗遗址晚期和华容车轱山遗址晚期。而近几年在文物普查中临澧县所发现的龙山文化遗址，数量多，分期比较明确，为更全面认识这一区域的龙山文化面貌又提供了不少新材料。

安乡划城岗遗址晚期文化遗存，发现房址1座，距地表0.8米，有9个柱洞。1—6号柱洞似组成房屋的门道，外宽内窄，为地面建筑。发现有长度不等的长条形地槽，似为木板腐朽后留下的痕迹。门道入口处偏北有一方形洞穴，四壁硬结，周围有大量黑灰、炭渣和红烧土粒，可能是灶坑。距这一房址10～20厘米处，发现一圆形转角地槽，可能是另一房屋建筑的遗迹。发掘了3个灰坑和16座墓葬。墓葬品一般3～4件，最多的6件，最少的仅1件。

出土的遗物，生产工具数量很多，超过早、中期。石质工具有斧、锛、凿、铲、镞和砺石等。陶质工具有陶纺轮22件，其中15件为泥质红陶，7件为泥质黑陶。生活用具均为陶器，大部分为手制，已开始使用轮制。陶制与前一期比较，夹砂红陶增多。纹饰中新出现有拍印的方格纹，其中分长方格、斜方格和正方格几种。其他纹饰有篮纹、绳纹、附加堆纹、戳印纹、刻划纹和镂孔等。陶器以圈足器和平底器最多，其次为三足器，有少量凹底器。器型有罐、杯、盘、碗、器盖、豆、壶、缸、钵、鼎、鬶、甑、盂、澄滤器、器座等。其中杯、碗等食器小而精巧，罐、缸、鼎等炊、盛器，胎厚而器型粗大。扁平足鼎和豆的数量很多，具有代表性的器物有扁圆腹壶、厚胎喇叭形杯、平底出边碗、粗大圈足盘等。本期出现的鬶，细长颈，前端捏成短流，颈下接錾。这种鬶是长江中游地区龙山文化最具特征的器物。此外，还出土有陶鸟、陶环等玩具和装饰品。①

华容车轱山晚期遗存，文化层堆积厚，出土物丰富。石器、陶器的数量均比早期多。生产工具，石器有斧、锛、镞、凿、砧、弹丸，磨制精良，个体多为中小型，镞的数量较多，且均磨光。陶质工具有陶纺轮，数量较多，大多为泥质红陶，一般较粗糙，个别制作精细，有纹饰。生活用具全为陶器，以夹砂红陶为多，次为泥质灰陶与黑陶，还有泥质红陶、夹砂褐陶等。陶器制作出现快轮技术，在盘、碗底部有清晰可见的偏心涡纹，但大部分陶器仍为手制。纹饰以绳纹、方格纹为多，还有篮纹、按窝、弦纹、附加堆纹、编织纹、镂孔等。三足器仍为大宗，圈足器次之，平底器增多，有不少凹底器物。器型既有厚胎粗大的缸、瓮、罐，又有小巧薄胎的杯、碗、盖。盆形大鼎、扁宽“麻面”鼎足、圈足盘、绳纹罐、长颈壶、鬶为最具代表性的器物。②

临澧县的龙山文化遗址，已发现42处，出土的遗物有石器和陶器。石器暂时还不能分期，部分为收集品，得自采集点的又未见共出陶片。石料多为灰绿色砂岩。器型有斧、铲、锛、凿、镞、网坠等。斧多是刃部磨光，其余部位仅琢平或粗磨。铲、锛、凿一般均通体磨光，镞为三棱锋、圆柱状铤。早期陶器，

---

①《安乡划城岗新石器时代遗址》。

②湖南省岳阳地区文物工作队：《华容车轱山新石器时代遗址第一次发掘简报》，载《湖南考古辑刊》第3集。

有鼎、鼎足、釜、豆、鬶、缸、盆等，盛行篮纹，出现方格纹。晚期陶器除鼎、豆、盆、鬶外，出现罐、瓮、杯、碗等新器型，各种器别形态复杂，纹饰中出现绳纹、交错篮纹和正方格纹。

临澧的龙山文化早期遗存，表现出与屈家岭文化的紧密联系。如鼎多为夹砂或粗泥红陶，宽折沿，其他器物多见灰胎黑皮或灰胎黄白皮陶，仍盛行横、斜篮纹。但龙山文化早期遗存也出现了一些新的因素，如炊器以鼎为主，出现鬶和方格纹。早期遗存与晚期遗存之间表现出继承发展关系。如鼎口沿变窄，内沿台棱凸出；折沿盆口沿变窄，仍可见卷贴沿盆；纹饰由多斜方格纹而变为多正方格纹，并出现绳纹。据考古界判断，它的晚期遗存年代大致相当于划城岗遗址的晚期，早期遗存则早于划城岗龙山文化遗存。这就填补了澧水流域龙山文化遗存的一段空白。①

岱子坪遗址二、三期，是目前经正式发掘的长江中游龙山文化最南端的一处遗存。第二期属这一文化的较早阶段，同屈家岭文化尚有明显的联系，第三期的年代稍晚。

第二期遗存有墓葬95座，出陶器400余件，石器2件，玉器1件。墓葬均为长方形浅竖穴，坑很小。坑底积满草木灰、炭渣，并夹杂大量烧烤并经击碎的兽骨，不见人骨。从墓坑的大小和坑内堆积物推测，很可能为二次葬。其中有7座墓无随葬器物，88座均有多少不等的随葬品，最多的17件，最少的仅1件。随葬石器、玉器的墓仅3座，出土玉簪1件、石锛2件。出土陶器多为实用器，间有小型明器，以泥质黑陶最多，夹砂褐陶、泥质灰陶、泥质红陶次之，有少量夹砂红陶、薄胎黑陶和黄陶。器物以素面为主，纹饰中有较多的拍印绳纹，有很少数量的弦纹、镂孔、刻划纹、压印纹。器型种类有鬶、钵、碗、釜、鼎、罐、盂、豆、杯、器盖、壶等。

第三期遗存，没有发现墓葬，出土遗物，石器较多，计有石斧、石磷、石刀、石铲、石镞等共43件。陶器仍以泥质黑陶和夹砂褐陶为主，其次为夹砂红陶，另有少量泥质灰陶、泥质红陶、夹砂灰陶及泥质黄陶。纹饰以绳纹为主，比较突出的变化是出现较多的方格纹。另有少量刻划纹、凹弦纹、戳印纹、镂孔、窝纹、篦划纹等。器型种类有鬶、鼎、豆、罐、盂、杯、器盖、器座、澄

①湖南省文物考查办公室、湖南省文物考古研究所：《湖南临澧古遗址普查报告》，载《考古》1988年第3期。

滤器等。此外，还出土泥质红陶的陶纺轮3件。

岱子坪第二、三期遗存，时代上虽有早晚之分，但文化性质、面貌却是很接近的，表明其时代是相互衔接的。在这两期的地层和墓葬中所出土的一系列典型器物，如长颈、捏流冲天鬶，原胎喇叭形杯，高直圈足盂，各种形式的豆、钵、罐，扁平足的釜形和盆形鼎，多种形式的壶、澄滤器，在长江中游地区龙山文化遗址里都是常见的。除具有长江中游龙山文化的共性外，岱子坪二、三期遗存还有它鲜明的地方特色。如全部为二次葬，而其他遗址多仰身直肢葬或蹲式屈肢葬；夹砂褐陶釜特别多，几乎每座都有，有多至一墓五件的，但在其他长江中游龙山文化类型的遗址中却极少见。岱子坪遗址的陶器纹饰以绳纹为主，而其他遗址则多篮纹。①

湘中地区和湘江中下游龙山文化遗存，除湘乡岱子坪二、三期外，近年来在文物普查工作中长沙境内发现的团里山等六处遗址，也具有一定的代表性。采集的遗物有石器和陶器。石器有石斧，数量较多，磨制光滑；石锛，形式多样，其中有的形体极小，磨制精致；石铲，有穿孔；石镞，形体小，前锋皆呈三角形，有铤。此外还有石凿、砺石、靴形石器等。陶器，以夹砂灰陶与夹砂红陶为主，泥质陶极少。纹饰流行方格纹、绳纹、弦纹、篮纹以及间断绳纹、绳纹组成的网格纹等。器型有鼎、罐、盆、陶拍等。另有部分方格纹、细绳纹、篮纹及弦纹的各种陶片。② 以腰塘遗址为代表的长沙地区屈家岭文化，从内涵到器型和纹饰同湘乡岱子坪一期相同或相似之处甚多，都明显反映出同江西山背文化和岭南石峡文化的联系。但从团里山等遗址来看，长沙地区这一阶段的文化同岱子坪遗址二、三期已有显著的区别，而更多地表现出同长江中游龙山文化的联系。例如，灰陶在陶系中所占比例上升，方格纹和绳纹盛行等。这些都是长江中游龙山文化的特征。

浏阳樟树潭遗址和平江献冲舵上坪遗址，是湘东北地区的发现较早的新石器时代文化遗址。樟树潭遗址，1964年调查时，采集了不少石器和陶器。石器以斧最多，共39件。其中打制石斧24件，磨制石斧15件。此外，有石锛、石

①参见湖南省博物馆：《湘乡岱子坪新石器时代遗址》，载《湖南考古辑刊》第二集，岳麓书社，1984年9月。

②长沙市文物工作队：《长沙县新石器时代遗址普查简报》，载《湖南考古辑刊》第五集；《求索》增刊，1989年12月。

凿、石矛、石镞、刮削器等。陶器均为残片，以夹砂红陶为主，还有夹砂灰白陶、细泥灰陶、黑皮褐胎陶、灰色硬陶等。纹饰有粗绳纹、细绳纹、方格纹、附加堆纹、印纹等。可识别的器型有：三足器，仅有口缘部分，可能是鼎类；足一件，仅存上部；蹄形圆柱式器足二件，上部均已断缺；大口器残片4件。此外，还有厚底碗、罐、豆等残片。① 献冲舵上坪遗址，出土的石器，以小型尖锥形石钻、长方形扁平穿孔石刀、弧形穿孔耘田器、扁平四棱形石矛，以及大量的小型雕刻器等为代表器型。石镞发达，多为四棱柳叶形镞和三棱形圆铤镞。陶器以手制为主，火候不高。多为灰陶、灰褐陶，也有褐胎黑陶。纹饰以拍印的菱形纹、篮纹和方格纹为主。器型简单，最有代表性的器型是大口带流直腹平底尊、扁平足鼎、小口平沿平底矮圈足的厚胎盂形器和捏流高颈细长袋足的泥质红陶鬶。②

益阳陆贾山（一作鹿角山）新石器时代遗址，是资水流域有代表性的新石器时期文化遗存。收集和试掘出土的石器有斧、锛、锄、铲、镰、凿、镞和砺石等。器型比较细小，石质除砺石为千枚岩和砂质板岩外，其他全系板岩打磨而成。以打制为主，或在刃口略加磨光，通体磨光的不多。陶器以黑砂陶为主，次为泥质黑陶与泥质褐色陶。此外还有泥质红陶、泥质灰陶及少量的夹砂红陶。红陶外壁往往敷有黑衣。火候很低，无完整器物。纹饰以方格纹为主，有少量粗绳纹，或方格划纹。能辨出器型的有黑砂胎龠口侈唇鬴和夹砂红陶平底器（罐类）二件。胎壁一般厚0.5厘米，有手制和轮制两件。不见印纹硬陶。③

从20世纪80年代发掘的益阳县石湖、新兴遗址，可以更清楚地看出资水中下游地区新石器时代晚期的文化面貌。

石湖遗址试掘中发现陶窑1座，陶灶1座，灰坑2个，墓葬3座，靠陶灶的西南边60厘米处，清理出一堵生土墙基。遗址的文化遗存可分早、晚二期。晚期地层出现青铜器，可能已是商代遗存。早期文化遗存，生产工具类有陶纺轮和石器。石质有砂岩、板岩。器型有斧、锛、铲、镞、砺石、石棒等。生活用具均为陶器，多数采用轮制。陶质有夹砂红陶、灰陶、泥质红陶、橙红陶、

---

①湖南省博物馆：《浏阳樟树潭新石器时代遗址调查》，载《考古》1965年第7期。

②湖南省博物馆：《三十年来湖南文物考古工作》，载《文物考古工作三十年》，文物出版社，1979年。

③湖南省博物馆：《益阳鹿角山发现新石器时代遗址》，载《考古》1965年第10期。

磨光黑皮陶等。其中以泥质灰陶和黑陶占多数，夹砂红陶比重也较大。纹饰有绳纹、篮纹、附加堆纹、压印纹、刻划纹、弦纹、正方格纹、斜方格纹以及镂孔等。器型有鬶、壶、釜、罐、盆、器座、瓶、豆、杯等多圈足器和平底器，极少三足器，有部分凹底器。装饰品有玉环、玉串饰各一件。

新兴遗址经试掘，出土的文化遗物中生产工具有石斧、石锛，生活用具均为陶器。陶器胎质有泥质灰陶、红陶、黑胎红皮陶，以及夹砂红陶、黑陶等。能辨认出的器型有盂、罐、釜、器盖等。还发现有泥质黑陶平底以及灰陶粗豆柄、夹砂陶釜、红陶高领罐口沿等。

石湖遗址早期文化层，出土的厚胎泥质红陶杯以及夹砂红陶侈口釜，与湘乡岱子坪龙山文化墓葬中出土的陶釜、陶杯造型相同。遗址中发现的器型小巧肥矮的黑陶鬶是龙山文化的典型器物。从陶器制作方法来看，已普遍用轮制。纹饰以方格纹、绳纹为多，篮纹、刻划纹也占一定比例。这些均具有湖南地区龙山文化的特点。

新兴遗址出土的泥质红陶壶，与平江献冲舵上坪遗址中出土的夹砂盂形器造型完全相同，在安乡划城岗晚期文化遗址中也可见到同样的器型。陶器纹饰有方格纹、篮纹、绳纹和少量附加堆纹，与石湖遗址早期遗存的陶器纹饰类似。此外，出土的厚胎侈口红陶杯、黑陶折腹壶与石湖遗址出土的也都相似，说明新兴遗址的年代与石湖遗址早期文化遗存基本相同，也属于湖南地区的龙山文化范畴。①

沅水中上游地区新石器时代晚期遗存，有靖州斗篷坡遗址，通道大荒遗址，麻阳步云坪、马路叉遗址，辰溪上溪湾遗址，沅陵青龙包遗址等。其时代大体与长江中游的龙山文化相当。这期的文化面貌比较复杂。根据不同特征，大体可分为南北两大文化区。麻阳、怀化以上为南区，出土文物个性极强，明显看出是一批土著文化的代表遗存。麻阳、辰溪以下为北区，其文化遗存虽也仍具有明显的地方特色，但与长江中游龙山文化呈现出较多相同或相似之处，考古界推测，这可能同舜、禹征“三苗”，中原部落和中原文化的南进有关。

靖州斗篷坡遗址可为南区代表。经试掘，出土石器有：斜刃石斧、扁平穿孔石斧、长条形石刀、石箭镞等。陶器以夹砂褐陶居多，有一部分夹砂红陶和

①参见益阳地区文物工作队盛定国：《益阳县石湖、新兴古遗址的调查试掘》，载《湖南考古辑刊》第三集。

夹砂灰陶，陶质较疏松，制作较粗糙，一部分陶器仍为手制，但也有轮制产品，可能与时代早晚有关。陶器的器型主要有釜、罐、壶、豆、碗、钵、支座和纺轮等。以圈足器和圜底器居多，有少量平底器，不见三足器。纹饰以绳纹和刻划的条纹为主，有部分曲折纹、网状纹、弦纹、瓦棱纹和篮纹。

靖州斗篷坡遗址的文化面貌，无论是石器还是陶器，其作风显然与洞庭湖区不同，与两广和云贵地区的新石器文化也有区别，表现着鲜明的地方特色。20 世纪 80 年代对该遗址进行了大面积发掘工作，已清理墓葬 180 余座，房屋基址数座，出土一大批个性很强的文化遗物，资料正在整理之中。

北区的遗址尚未正式发掘，但从普查采集的标本看，主要表现有下列特点：第一，这批遗址均位于沅水及其支流两岸的台地上，地势平坦，面积较大，如麻阳步云坪遗址位于锦江右岸，总面积约 10 万平方米；辰溪上溪湾遗址位于沅水右岸，面积在 1 万平方米以上。第二，出土的石器相对较少，品种单一，除一些打制石块和石片外，只见打制石斧和磨制石斧，不见其他石器。第三，陶器以夹砂红陶、夹砂褐陶居多，同时可见夹砂黑陶、夹砂灰陶、夹砂黄陶和少量的泥质黑陶，器型有釜形器、罐、豆、高足杯、圈足器、三足器、鬶、鼎足等。其中鬶、鼎足与岱子坪出土的同类器物很相似。纹饰常见的有方格纹、瓦棱纹、绳纹、网纹、弦纹和各种刻划的条形纹饰。①

在相当于长江中游龙山文化时期，湘江中上游和湘南地区还存在一种具有明显的地方特点的新石器文化。发现较早和具有代表性的遗址，有安仁南坪何古山、安平司遗址，南岳师古坡彭家岭遗址。

南坪何古山遗址出土的遗物，陶器类，以夹砂红陶出土最多，器型多敛口器、圈足小碗、折唇罐形器、鼎、鬲、豆、纺轮和圆饼等，多为素面，也有粗细绳纹、凹弦纹、方格纹、斜格纹等。泥质红陶出土较少，陶土较细不掺沙粒，器型有矮圈足小碗、侈口束颈圆肩罐、豆、纺轮和球等，饰纹有绳纹和凹弦纹。黑衣缸陶和夹砂灰陶，数量不多，器型有折唇罐、豆、鬲腿等。饰纹有方格纹、弦纹、绳纹。此外，有大量印纹硬陶，多出土于上层。灰胎，火候高，纹饰有方格纹和几何形印纹。器型以折唇敛口器为最多，绝大部分为红砂陶，与长沙早期楚墓中出土的陶鬲口沿很相似。还有折唇罐、鬲、碗、豆、鼎、纺轮、穿

①参见舒向今：《怀化地区原始文化综述》，载《湖南考古辑刊》第五集。

孔器、圆饼及陶残片等。石器，有斧、锛、凿、箭镞、刀和石环，石质有砂岩、水成岩、页岩、花岗岩等，大都是磨制的。在地面采集的遗物相当丰富，一般均与发掘出土的相同。其中陶器有印纹陶片、鼎足、纺轮等，石器有镞、穿孔石刀、扁平石凿、石锛、石锤、砺石。在地面还采集到铜戈一件，呈圆椭形，援上有圆点纹和几何纹。

安平司遗址从暴露的灰层中采集到15件石器和大量陶片。石器有锛、凿、刀、砺石等，一般均磨制而成。陶片大都是粗砂红陶和黑、灰砂陶，外表粗糙，纹饰已剥落，能辨出的器型有鬲、钵、盆、碗等。有一件完整的纺轮，与何古山出土的形制同，火候稍高。①

彭家岭遗址，出土石器有斧、锛等，皆砂岩及板岩琢打磨制而成。采集的陶片中有印纹硬陶，夹砂灰陶、夹砂红陶、夹砂黑陶、夹砂米色陶和泥质米色陶、泥质灰陶、泥质红陶等。灰陶及印纹硬陶多出在上层，红陶多压在下层。纹饰有回纹、菱形纹、人字纹、波浪纹、绳纹、篮纹、方格纹、弦纹、附加堆纹及镂孔装饰等，其中以方格纹较多。器型能辨认出的有罐、釜、壶及锅形器等。从初步调查的层次关系看，上层以印纹硬陶为主，下层以夹砂红陶等软陶为主，可能代表同一文化的两个相互衔接的阶段。②

龙山文化时期，即新石器时代晚期，湖南境内各文化遗存，大多数不同程度地表现出长江中游龙山文化的一些基本特征，可以归于同一文化范畴。而湖南这一时期的文化遗存，同前一期屈家岭文化有着密切的联系，不少遗址都是龙山文化遗存叠压在屈家岭文化遗存之上。如划城岗、车轱山、岱子坪等遗址均如此。从器物的器型和风格也可以明显看出从屈家岭文化到龙山文化的发展演化。但同时，湖南境内还出现了另具特点的属于其他文化范畴的文化遗址。这包括湘中和湘南地区以印纹硬陶为代表的文化遗存，沅水中上游地区（特别是其南端）不见鼎、鬶等三足器的文化遗存。

长江中游地区龙山文化时期，湖南出土的石器，磨制和通体磨光的大大增加，并且出现了不少新的生产工具，如穿孔石刀、石锄、穿孔耘田器、石矛等。出土的陶纺轮及石制的渔猎工具网坠、弹丸、石球、石镞等数量较前一时期大为增多，制作更精细。如箭镞，一般形体小，有棱、有铤。出土的玉器也有增

①湖南省博物馆：《湖南安仁新石器时代遗址试掘简报》，载《考古》1960年第6期。

②周世荣：《湖南南岳新石器时代遗址》，载《考古》1966年第4期。

加。陶器依其用途向两个极端分化，既有粗糙、厚重的炊器、容器，如缸、罐、尊、鼎等，又有小型精致薄胎的食器，如各种形式的壶、杯、碗、盂、瓶，还有新出现的澄滤器和制作精巧的陶鸟、陶环、各种玉器等玩具和装饰品。这些都说明，当时湖南各地的生产力在前一期的基础上普遍又有提高，原始农业有进一步的发展，石器、玉器加工，制陶和纺绩等手工生产的规模扩大，技术有新的进步，并开始向专门化发展。但渔猎仍不失为人们谋生的一个重要手段。

据考古学界的综合分析，所发掘的这一期墓葬，凡是以石斧、石铲及其他石制的农耕和渔猎工具随葬的，就不会同时又出土纺轮；凡有纺轮随葬的，其墓主属女性；以石制工具随葬的，其墓主的男性特征则十分明显。这表明男子已完全在农耕、渔猎及陶器和石器制造等生产活动中占支配地位，当时已有了男耕女织的明确分工。①

从划城岗遗址中所发现的房屋遗迹看，房屋基本上呈方形，面积 10 平方米左右，有长期使用过的灶坑。舵上坪及其他遗址发现的房屋遗迹，大致也相似。这类房屋已不同于屈家岭文化时期由多间房子组成的那种家族或大家庭的住房，而显然是一夫一妻制家庭的房屋。舵上坪的房址中，还发现装有成百网坠的陶罐，并有许多较完整的陶器。这说明龙山文化时期，湖南的先民们的社会基本单位，已由父系家族和父系大家庭逐步向一夫一妻制的小家庭过渡，并且一夫一妻的家庭在经济生活中已有了一定程度的独立性。墓葬中随葬品数量多少的悬殊更为普遍，表明私有财产和贫富分化在继续产生。但墓葬密集的公共墓地的存在，说明以公有制为基础的氏族组织尚未完全瓦解。

第三节　湖南流传的远古传说

一、蚩尤九黎族南迁

在我国远古传说中，大致与炎、黄二帝同时，中国还有一位赫赫有名的历

①参见郭胜斌：《湖南华容车轱山遗址与原始农业》，载《农业考古》1985 年第 2 期。

史人物，即蚩尤。《龙鱼河图》载："黄帝摄政，有蚩尤兄弟八十一人……威震天下。"所谓81个兄弟，应是81个氏族部落，他们以蚩尤为首组成一个强大的部落联盟，史称九黎。故《国语·楚语》注曰："九黎，蚩尤之徒。"《战国策·秦策一》高诱注曰："蚩尤，九黎民之君也。"

从现在掌握的史料分析判断，蚩尤九黎族最初的发迹地和生活地区，是在江淮以北黄河下游平原。《逸周书·尝麦篇》载："昔天之初……命蚩尤宇于少昊，以临四方。"就是说蚩尤最早的时候，是住在原东夷集团首领少昊氏的地域内，即今山东西部、河南东部及济水和黄淮流域一带。唐徐坚等《初学记》引《归藏启筮》云："蚩尤出自羊水，……登九淖以伐空桑，黄帝杀之于青丘。"《山海经·大荒北经》载："蚩尤作兵伐黄帝，黄帝乃令应龙攻之冀州之野。"宋罗泌《路史·蚩尤传》载："蚩尤作乱，出羊水，登九淖，以伐空桑，逐帝（指炎帝）而居于浊鹿（即涿鹿）。"又云：黄帝"战执蚩尤于中冀而诛之，爰谓之解，今之解州"。宋沈括《梦溪笔谈》载："解州盐泽，卤色正赤，俚俗谓之'蚩尤血'。"《古今姓氏辨证》载："轩辕去蚩尤之凶，迁其民善者于邹屠之地"，遂以地名族，复姓邹屠，后分为邹、屠二姓。所说的"羊水"，系指今山西省东南上党境内羊头山之水，传说为蚩尤诞生地。"空桑"，在今河南省陈县。"青丘"，在山东广饶县北。"冀州"和"中冀"，即今河北省和华北平原。"解州"，今山西解县。"邹屠之地"，在今山东境内。这些地名和地域均处黄河下游，蚩尤九黎集团登上历史舞台后，正是长期生活与活动于这一地区。

据传说，在距今5000多年前，蚩尤九黎首先与由甘陕一带沿黄河东下的炎帝部落发生接触和冲突，导致两大部落在华北平原涿鹿一带发生激烈战争。结果蚩尤大败炎帝，占有了炎帝部落在黄河下游所据有的地域。继而，蚩尤九黎又同东下的黄帝部落发生接触和冲突，再次在华北平原发生激烈战争。开始黄帝在战争中屡遭惨败，后来黄帝乃"征师诸侯"，炎、黄两大部落联合，决战于"涿鹿之野"，始"擒杀蚩尤"。①

蚩尤战败被杀后，一部分九黎族人，如被迁居"邹屠之地"的"善者"，臣服于黄帝，后来逐步融合到以炎、黄为代表的华夏集团中去了。但蚩尤九黎的大部分族人，战败后被迫退出黄河下游平原，向南和向西迁徙，在长江中下

---

①《史记·五帝本纪》。

游和鄱阳、洞庭湖南北，同当地原有“蛮”“越”族结合，组成新的部落联盟。这就是后来的“三苗”和“三苗国”，成为湖南和西南苗瑶民族的最初的先民。

在湖南和西南各地的苗、瑶民族中，至今仍普遍奉蚩尤为先祖，世代相承保留了许多有关蚩尤及其被杀和部族南迁的古歌、传说和祭祀遗俗。如滇东北苗族流传的《蚩尤（格蚩爷老）歌》，贵州关岭苗族的《蚩尤神话》，云南文山州苗族“踩花山”、挂“蚩尤旗”，祭祀祖先蚩尤。湘西及其邻近地区的苗语东部方言的苗族，称蚩尤为“剖尤”，即“蚩尤公公”，杀猪祭祖时首先必须供奉“剖尤”。在湖南苗瑶民族地区，至今广泛流传的“梅山神”崇拜和“梅山教”，是以蚩尤为其开山始祖，并称巫师作法时所戴的面具就是祖公蚩尤像。湖南新化和安化县，古称“梅山蛮”地，即苗瑶民族先民聚居地区。在两县交界的大熊山区，有一块400多米长的山坡地，历代相传称之为“蚩尤屋场”。近年发现的一块民国年间的石碑，以及当地李、陈二姓清代所撰族谱，均有关于“蚩尤屋场”的记载。① 说那是大熊山开山始祖蚩尤建屋居住的地方。这更说明，远古蚩尤九黎族南迁时，进入了湖南，其中的一支曾长期栖息和生活于大熊山地区，秦汉时的“长沙蛮”和宋代“梅山蛮”，应是他们的直接后裔。南下和进入湖南的蚩尤九黎族，后来有一部分融合为汉族，但大部分则由“三苗”“荆蛮”和“蛮”，发展成为湖南及西南地区的苗、瑶等民族。

二、炎帝、祝融族入湘

炎帝，号神农氏，为远古传说中的一个强大的氏族部落首领。相传炎帝生于姜水，与黄帝生长地姬水相邻。炎、黄两大氏族部落，都源于中国西部甘陕一带，可能有血缘关系。他们先后沿黄河东下，发展为中原地区华夏部落集团。

传说，炎帝部落东下后，同蚩尤为首的九黎部落发生冲突。最初炎帝败于蚩尤，后炎帝与黄帝联合，擒杀蚩尤。经过这场部落战争，黄帝部落势力迅速扩张，取代炎帝，成为华夏集团之首和黄河中下游平原的主宰。战胜蚩尤之后，黄帝与炎帝又发生战争，“诛炎帝而兼其地”②。

从此，炎帝部落大部分成员与黄帝部落逐步融合成为华夏族。但有一部分

①参见陈子艾、李新吾：《古梅山峒区是蚩尤部族的世居地之一》，冷水江市《文史资料》第四辑。

②《新书·益壤》。

炎帝族人则离开黄河流域南下，迁徙到长江中游和洞庭湖南北。其首领很可能仍以“炎帝”相称。于是，中国南方也有了炎帝（又称“赤帝”），甚至“父老相传”，湖北随州厉乡的烈山为“神农所生处”①。黄帝对南方的炎帝族人及其后裔，又继续进行“征伐”。《孙子兵法·黄帝伐赤帝》载：“孙子曰：黄帝南伐赤帝……战于反山之原。”《大戴礼记·五帝德》的记载，是说黄帝与赤帝战于“版泉之野”。“反山之原”即“版泉”，又作“阪泉”。据近人考证，阪泉应在南方。② 又据《史记·五帝本纪》记载，黄帝“征”天下“不顺者”，曾“南至于江，登熊湘”。即越过长江，直达洞庭湖的湘山或以南的大熊山（今新化县北、安化县南）。正由于黄帝的追逐征伐，炎帝部分族人和某些支系，亦越过长江、洞庭，深入湖南境内。随着炎帝族人及其后裔的进入，在湖南也有了“炎帝”，也就留下了有关炎帝的传说与遗迹。

湖南炎帝陵。《帝王世纪》载：炎帝神农氏，“在位一百二十年而崩，葬长沙”。这是关于炎帝陵墓在湖南的最早记载。宋罗泌《路史》载：炎帝“崩”，“葬长沙茶乡之尾，是曰茶陵，所谓天子墓者，有唐尝奉祠焉”。泌之子罗苹注：“炎陵今在麻陂……所葬代云衣冠。”有炎帝庙，“在康乐乡鹿原陂上，乾德五年建”。《路史》又云：炎帝神农氏后裔，“自庆甲、徕，俱兆茶陵”。罗苹注：“今陵山尚存二百余坟，盖妃后亲宗子属存焉。”南宋王象之《舆地纪胜》载：“炎帝墓，在茶陵县南一百里康乐乡白鹿原……炎帝庙在陵侧。”明嘉靖《衡州府志》载：“酃县。神农氏炎帝庙在县康乐乡。宋乾德五年建庙，以祝融配食……后经兵火，庙废陵存。本朝重修庙宇。”

“白鹿原”即“鹿原陂”，又称“麻陂”，原属茶陵县地，宋嘉定四年（1211）析置酃县后，属酃县，即今炎陵县塘田乡鹿原坡。茶陵县，秦、两汉时分别为长沙郡和长沙国辖地，故曰“长沙茶乡之尾”，或统称为“长沙”。从以上记载看，湖南酃县早在东汉前已有炎帝陵墓，但世代相传为衣冠冢。唐朝时曾经常奉祀炎帝陵。酃县还有炎帝庙，始建于宋乾德五年（967），距今已有1000多年历史。自宋代以后，历朝对酃县的炎帝陵庙祭祀不绝。炎帝神农氏的后裔庆甲、徕等曾迁居茶陵、酃县一带，并获得发展，留下200多座古坟。这说明，南下的炎帝神农氏部落的某一支系成员及其后裔，确实进入了湖南，居

---

①《水经注·漻水》。

②参见《银雀山汉墓竹简》、《释文注释·孙子兵法》，文物出版社，1975年。

住于茶陵、酃县一带，死后即安葬于此地。所谓炎帝陵墓，应是神农氏后裔为奉祀其先祖而设置的衣冠冢，或是这支南迁的炎帝神农氏后裔中某位自称“炎帝”的首领的坟墓。如徕，就曾自称炎帝。

又，据衡湘间传闻，炎帝号厉山氏（或作列山、烈山），曾“都于长沙”，“以长沙为厉山国”。①《世本》曰：炎帝“都于陈”，即今河南宛丘地。《路史》亦载：炎帝“都于陈”。但又云：“盖宇于沙，是为长沙。”即是说炎帝曾居住在长沙地区。故王万澍认为：炎帝“或初在陈，继徙长沙”。② 虽说炎帝在长沙建立“厉山国”的根据还不足，但完全可以肯定，长沙地区应是炎帝族人及其后裔曾经生活与活动的地区。正因如此，炎帝才可能“葬长沙茶乡之尾”。今炎陵（酃）县，自秦汉在湖南设置郡、国后，历史上曾长期处于长沙国和长沙郡的地域之内。

炎帝部落是我国最早进入农耕的部落，故炎帝又世称“神农”。由于炎帝族人及其后裔进入湖南，在湖南各地也就留下了不少关于炎帝神农氏制作耒耜、种植五谷、创始农耕的传说。如《管子》载：“神农作树五谷淇山之阳。”《逸周书》云：“天雨粟，神农遂拾而种之。”一说“淇山之阳”，即河南禹州市箕山之阳。一说“淇山”又称“淇田”，即湖南南端的骑田岭。桂阳县北有“淇江”，而淇江之阳有嘉禾县。据记载：“嘉禾，故禾仓也。炎帝之世，天降嘉种，神农拾之以教耕作，于其地为禾仓也。后以置县，徇其实曰嘉禾县。”③ 根据传说，湖南骑田岭下的嘉禾县，就是“天雨粟”，神农氏最初教民耕种的地方。又传，炎帝神农之裔赤制氏，作耒耜于耒山。《大明一统志》载：“耒水出郴州耒山。”湖南郴州有“耒山”“耒水”，均因神农后裔制作耒耜而得名。而耒阳县则因处耒水之阳而得名。还有，炎帝臣赤冀氏作杵臼于舂溪。湖南秦汉时置舂陵乡、舂陵县，即今宁远县地。《水经注》云：舂陵“盖因舂溪为名”。故《衡湘稽古》曰：“赤冀作杵臼于舂陵。”即传说，湖南宁远一带乃是神农氏发明杵臼的地方。南迁入湘的这一部分炎帝族成员，人数不会很多，以后也就融合于土著族群，构成湖南远古先民的一部分；而这些善于农耕的炎帝族人的南徙，对于湖南原始农耕的发展无疑起到了积极的作用。

---

①王万澍：《衡湘稽古录》。

②王万澍：《衡湘稽古录》。

③王应章：《嘉禾县学记》，载《嘉禾县志》。

大约与炎帝部落南迁的同时，祝融部落的部分成员也南下进入湖南。祝融部落亦源于我国西北黄土高原，与炎帝部落有亲缘关系，后进入中原地区。当炎帝部落被黄帝部落战败并被追逐时，祝融部落也随同南迁于长江流域。故《山海经·海内经》有载："炎帝之妻，赤水之子听该生炎居，炎居生节并，节并生戏器，戏器生祝融。祝融降处江水。"所谓"江水"即指长江。

在南迁中，祝融部落逐步从炎帝集团中分离出来，并转而投靠黄帝部落集团。黄帝对祝融氏则加以重用，令其居火正，管理南方。《管子·五行》载："黄帝得祝融而辨于南方。"《路史·后纪四》曰："祝融为黄帝司徒，徙居江水。"《史记·楚世家》的记载更详。司马迁云："高阳生称，称生卷章，卷章生重黎。重黎为帝喾高辛居火正，甚有功，能光融天下，帝喾命曰祝融。""吴回生陆终，陆终生六子"，后繁衍成祝融八姓，即八大支系。这些支系分布于河南、湖北、湖南等地。其中季连芈姓之后，"或在中国，或在蛮夷"。这就是说，祝融氏后裔有一部分南徙后杂处于"蛮夷"之中，很可能逐步同南方和湖南土著先民"蛮夷"融合了。

由于祝融氏的南迁，在湖南也就产生和留下了不少有关祝融的传说和遗迹。祝融被奉为南方的神，与炎帝相配。故宋初建炎陵庙时，"以祝融配食"。衡山的主峰岣嵝峰，又叫祝融峰。因祝融"葬衡山之阳，是以谓祝融峰也"。又据《水经注》（卷三十八）载："岣嵝……南有祝融冢。楚灵王之世，山崩毁其坟，得营丘九头图。"《大清一统志》（卷二百八十一）载："祝融墓，在衡山县祝融峰上。"衡山是否有祝融墓，至今尚未得到文物考古材料的证明，还只能作为一种传说。

三、三苗、驩兜与湖南

三苗，又称"有苗""苗民"，或称"三苗国"。在先秦和秦汉以后各种典籍中多有记载，并且一般均把它与蚩尤九黎联系起来，应是由其后裔发展起来的，并同南方土著族群融合而共同组成的部落集团。年代大约与尧、舜、禹三代同时，即距今5000年左右。《战国策·魏策》载："昔者三苗之居，左彭蠡之波，右洞庭之水，汶山在其南，衡山在其北。"《史记·五帝本纪》："三苗在江淮、荆州。"《通典·州郡十三》"潭州，古三苗之地"，"岳州在苍梧之野，亦三苗国之地"。明代周昕《名义考》："三苗建国在长沙，而所治则江南荆、扬也。"清蒋廷锡《尚书地理今释》："三苗，今湖广武昌、岳州二府，江西九江府也。”当时的三苗和三苗国，大致处于江淮、江汉平原和长江中游南北、洞庭和鄱阳（彭蠡）之间，即今河南南部、安徽西南部和湖北、湖南、江西三省之地。说三苗建国于长沙，即长沙为三苗国的都城，还缺乏史料的佐证，但至少说明当时的湖南是三苗部落集团分布和活动的重要地域，洞庭湖区至长沙一带应是三苗的中心地。

根据传说，三苗与驩兜的关系十分密切。驩兜，又作驩朱或丹朱。帝尧以子丹朱“不肖”，将天下传让帝舜，三苗之君同情丹朱，非议尧之所为。尧杀三苗之君，而将丹朱流放于丹水。三苗余众也迁居丹水，与丹朱势力结合，共同对抗帝尧。结果引发华夏集团与三苗集团的第一次战争。《帝王世纪》云：帝尧时，“有苗氏处南蛮而不服”。《庄子·盗跖篇》载：“丹朱与南蛮旋举叛旗，尧乃战于丹水之浦。”“有苗”“南蛮”，所指的也就是三苗。丹水，即汉水北部的支流丹江。这次战争发生于江汉平原以北，今湖北西北和河南西南一带。最后，以三苗和丹朱集团的失败而告终。于是帝尧采纳舜的建议，“放驩兜于崇山，以变南蛮”，“迁三苗于三危，以变西戎”。①

同尧的战争失败后，驩兜（丹朱）族人再次被迫往南流徙。关于“崇山”的方位，注家说法不一。南朝宋裴骃《史记集解》云：“崇山，南裔也。”肯定崇山在南方，但具体地方不详。今张家界市（原大庸县和永定卫）境内有“崇山”，并有不少关于驩兜的传说。明万历《慈利县志》（卷十二）载：“驩兜墓”在大庸崇山，“舜放驩兜于此，死后遂葬于山上”。清同治《直隶澧州志·陵墓》载：“崇山绝顶有巨垄，相传为驩兜冢。”民间还传说，大庸的崇山曾建有“驩兜庙”，发现一个“驩兜鼎”。② 另外，湘西花垣县（原永绥厅）也有崇山，明初曾设崇山卫于此。由此判断，驩兜的族人很可能就是被迫迁徙到今天湖南西部张家界市和湘西土家族苗族自治州境内，后来融合于“南蛮”，成为当地苗瑶民族的来源之一。湘西苗族中仍有一支苗族的苗姓叫“仡欢”，他们世代奉驩兜为自己的先祖，应是驩兜族的直接后裔。③

尧“战有苗”和舜“迁三苗”“放驩兜”以后，南方三苗部落集团虽一度被削弱，但依然存在，并且又逐渐发展和强盛起来。于是以舜、禹为代表的华

---

①《史记·五帝本纪》。

②参见伍新福：《中国苗族通史》（上册），贵州民族出版社，1999 年。

③参见伍新福：《中国苗族通史》（上册），贵州民族出版社，1999 年。

夏集团，又多次“征伐”三苗，双方进行了长期的战争。最后还是以三苗集团的失败告终。据《墨子·非攻下篇》载：“昔者三苗大乱，天命殛之……帝高阳乃命玄宫，禹亲把天之瑞令，以征三苗。”结果，“搤矢有苗之祥，苗师大乱，后乃遂几”。大概是以箭射中了三苗的统帅和首领，致使“苗师大乱”，被屠杀殆尽。《古本竹书纪年·五帝》载：“三苗将亡，天雨血，夏有冰，地坼及泉，青龙生于庙，日夜出，昼日不出。”这反映了禹征三苗战争的残酷性，给三苗造成巨大的损失和灾难。经过同华夏集团的长期激烈的战争，三苗集团的势力被分化瓦解和大大削弱了，其成员除在战争中被屠杀之外，一部分可能归附于夏、商王朝，以后逐渐同华夏族融合了。但三苗集团的大部分成员，仍避居从荆山到武陵的山林溪洞间。这些三苗的后裔，又逐步繁衍和发展起来，商、周之际在包括湖南地区在内的南方形成势力强大的“荆蛮”。

四、帝舜“南征”与九疑舜陵

帝舜在摄位期间，辅佐帝尧取得了对南方三苗和驩兜集团战争的胜利。但至其晚年，南方三苗集团的势力又发展和强盛起来，双方发生了新的战争。最后，帝舜本人葬身南国。《尚书·舜典》载：“舜生三十征庸，三十在位，五十载陟方乃死。”《尚书孔氏传》云：“方，道也。舜即位五十年，升道南方巡守，死于苍梧之野而葬焉。”《史记·五帝本纪》载：舜“南巡狩，崩于苍梧之野，葬于江南九疑，是为零陵”。这里所说的“苍梧”，即九疑山一带，今属湖南宁远县地。帝舜墓葬称“零陵”，西汉因置零陵郡，宁远为其属地。所谓“陟方”“南巡狩”，其实就是征伐三苗。故汉郑玄说：“舜征有苗而死。”①

马王堆汉墓出土的《地形图》，着重标明了九疑山的位置和山形，在9个“山”形符号之旁特别注有“帝舜”二字。这说明，西汉初年人们对帝舜葬于湖南九疑山的传说，已深信不疑。但关于帝舜陵墓的具体地点，实难详考。《山海经》《水经注》说，帝舜葬于九疑山之“阳”。裴骃《史记集解》引《皇览》云：“舜冢在零陵营浦县。”（应是营道县，即今宁远县）均未说明具体地点。唐宋以后诸家做过一些考证，但说法不一。《元和郡县图志》《方舆胜览》说舜陵在女英峰，元次山《九疑山图记》谓在三分石（一作三峰石），吴绳祖《九

①《礼记·檀弓下》郑玄注。

疑山志》则认为当在舜源峰。

九疑山自古有舜庙。《九疑山志》载:“舜庙在大阳溪,盖三代时祭于此。”即肯定夏、商、周已有舜庙,地点在大阳溪。《九疑山图记》亦云“舜庙在大阳溪”,但同时说明“今不知何处”。这就是说,唐代的人对于先秦以前的舜庙和所谓“大阳溪”,实际上已经无法考证。从史料看,汉代曾于九疑山建有舜庙,地点在三峰石的玉琯岩。据《水经注·湘水》(卷三十八)载:九疑山之东北“泠道县(即宁远县地)界又有舜庙,县南有舜碑。碑是零陵太守徐俭立”。又民国《宁远县志》引《名胜志》云:“汉舜祠在宁远县,去舜峰四十里,汉零陵太守徐俭立碑祠后。”《九疑山志》云:“舜祠在玉琯岩前,秦汉以来祭舜于此。”汉许慎《说文解字》第五篇上“琯”字下释曰:“舜之时,西王母来献其白琯,前零陵文学姓奚,于泠道舜祠下得笙、玉琯。”玉琯岩即得名于此。至唐代,汉舜庙已毁。据记载,唐僖宗时(874—888),“长沙胡曾任延唐(原泠道)令,复请立庙于玉琯岩下,有《敕建舜庙碑记》”。宋初,刺史王继勋“奉诏重修”。至元、明之际,唐、宋的舜庙,又“皆湮灭无存”。[①] 今舜源峰下遗址犹存的舜庙,始建于明初。据记载,明洪武四年(1371),遣编修雷燧致祭舜陵,“乃迁庙于舜源峰下”。后正德十六年(1521)、万历三年(1575),清康熙五十四年(1715)和雍正三年(1725),又多次增修扩建。1935年(民国二十四年),始“毁于火”[②]。

据传说,帝舜“南巡”时,曾途经南岳衡山,因此衡山留有帝舜的遗迹。如衡山有宝露坛。传说帝舜将高辛氏盛甘露的玛瑙瓮“迁于衡山”,“故南岳有宝露坛。舜于坛下建望月馆以望月。南巡至衡,百辟皆得宝露之赐”[③]。衡山还有舜南巡驻跸处:“安上峰有舜庙、舜溪、舜井、舜洞,传舜巡狩驻跸于此。”[④]

相传舜南巡还曾抵道县,故道县也有舜庙。《后汉书·郡国志》引《营阳郡记》曰:“营浦县南三里余,有舜南巡止宿处,今立庙。”《大清一统志》记此庙为唐元结建。营浦县,汉置,今道县地。又,湘潭有“韶山”“韶峰”,据

①民国《宁远县志》卷五《祠祀》。
②民国《宁远县志》卷五《祠祀》。
③《衡山县志》卷四二《古迹》。
④《衡山县志》卷四二《古迹》。

传说亦系“舜南巡，奏韶乐于此，故名”。①

当帝舜南巡和葬身九疑之后，其随行的宗亲族人可能不少，他们也进入或留居湖南。于是湖南又产生和流传着同娥皇、女英二妃和舜子叔均、舜弟象等有关传说和遗迹。如洞庭君山、湘阴的二妃墓、黄陵庙和湘妃庙，九疑山之阴的叔均墓，象的封地“有鼻”（又作“有卑”）所在的泉陵应阳县（今道县地）“有鼻墟”等。这些入湘的舜宗亲族人后来也融入了湖湘土著族群。而湖南自屈家岭文化之后的考古遗址中原文化因素的增强，很可能与这部分舜氏族成员入湘有关。

五、夏禹“南巡”与《禹王碑》

据记载：“禹济江南，省水理……南到苍梧。”② “禹南省方，济乎江”。③夏禹治水和以后“南巡”征三苗，都曾渡过长江，直抵南方苍梧，进入湖南境内。故衡湘大地，留下许多有关夏禹的遗迹和传说。

衡山《禹碑》。最早的文字记载，见于两晋和南北朝时期。晋罗含《湘中记》：“岣嵝山有玉牒，禹按其文以治水，上有禹碑。”④ 南朝宋徐灵期《南岳记》：“云密峰有禹治水碑，皆蝌蚪文字。”“夏禹导山通渎，刻石名山之巅。”⑤二者所记地点不同，一说在岣嵝峰（即祝融峰），一说在云密峰。其后，唐代韩愈《岣嵝山》诗，说有神禹碑，在岣嵝峰，南岳道士曾偶然见之，他“千搜万索”，但没有找到。⑥

南宋绍兴年间，陈田夫《南岳总胜集》（卷上）载：云密峰，“峰半有禹碑，禹王至此……皆蝌蚪之书”。并说昔有樵者见之，“碑上双睛掣电，字石光莹，目不可正视，怖畏走之不已”。此后“了无见者”。再次说衡山“禹碑”在云密峰。十余年后，乾道三年（1167），朱熹、张栻二人同游南岳，也曾寻访“禹碑”踪迹，未获结果。后朱熹作《韩文考异》，断言韩愈之诗，为传闻之误，即完全否定南岳有“禹碑”。数十年后，南宋嘉定至绍定年间，张世南

①王先谦：《湖南全省掌故备考》，卷五。
②《吴越春秋·越王无余外传》。
③《吕氏春秋·恃君览》。
④引自《麓山精舍丛书》第一辑。
⑤引自《麓山精舍丛书》第一辑。
⑥韩愈：《韩昌黎集》，卷三。

《游宦纪闻》载：何贤良（名致，字子一），嘉定五年（1212）游南岳，至祝融峰下，遇一樵夫说见过一石碑，有数十字，何推测必是“禹碑”。于是请樵夫作前导，“过隐真屏，复渡一二小涧，攀萝扪葛”，找到石碑。读之得石篆五十余外，“癸酉”二字俱难识。虽墨浓淡不匀，体画却不甚模糊。他当即用纸拓摹。过长沙时，乃摹刻于岳麓书院后山石之上。又《舆地纪胜》载：“（禹碑）在岣嵝峰，又传在衡山县云密峰。宋嘉定初，蜀士因樵者引至其所，以纸拓碑，凡七十二字，刻之夔门，随亡去。后佥事张季文自长沙得之。云自嘉定中，何致子一摹刻于岳麓书院，皆蝌蚪文，凡七十七字。”据考证，此碑亦为“后人所刻，原非故物”。从字迹看“似晋唐人笔法”。① 即认为是晋代或唐代人所摹刻的。1986年已于云密峰的望日台旁，重新发现了这块“禹碑”。（插图6）

岳麓山的“禹碑”，习称“禹王碑”。南宋以后，也曾长期被“没于榛莽不见”。至明嘉靖九年（1530），“从石壁间搜获，流传海内，遂为神物”。② 自此以后，诸家对这块“禹王碑”的碑文，多有释文，大部分字译释相同，但对其中十字意见常相左。现将最早的明嘉靖年间，杨慎的释文抄录如下，供参考：

承帝曰咨：翼辅佐卿，洲渚与登，鸟兽之门。参身洪流，而明发尔兴。久旅忘家，宿岳麓庭。智营形折，心罔弗辰。往求平定，华岳泰衡。宗疏事裒，劳余伸禋，郁塞昏徙，南渎衍亨。衣制食备，万国其宁。窜舞永奔！

关于《金简玉书》的传说，据《水经注·湘水》卷三十八载：“禹治洪水”，登南岳，“血马祭山，得金简玉字之书”。清乾隆《南岳志》卷一引《湘中记》云：“岣嵝山有玉牒，禹按之以治水。”所谓《金简玉书》或《玉牒》，只是一种民间流传的神话，当然不可能真有其物。

根据传说，衡岳还留有其他禹迹。如：金简峰。据《南岳总胜集》记载，金简峰系禹王梦苍水使者，“帝君授金简玉书，因而名之”。

白马峰。为禹“血马祭天”处。据《南岳总胜集》载：“昔夏禹于此杀白马祭天，仰天而啸，梦绣衣童子……授金简玉文，因而名焉。又曰仰天台。”

禹祭舜处。据记载：“在县西三里许紫巾峰紫巾台。台经三丈。禹南巡登此，望九疑以祭舜。”③

---

①光绪《衡山县志》卷四一。

②光绪《善化县志》卷二九。

③光绪《衡山县志》卷四二《古迹》。

禹藏书处。在衡山鑫兰台。据记载：“鑫兰台，在衡山县黄庭观右。相传神禹藏书处。”①

禹植紫梨。徐灵期《衡岳记》云：“祝融峰有紫梨，高三百余丈，实大如斗，食之长生。传为大禹所植。”据清代《衡山县志》记载，衡山祝融峰已无此树。

大禹拖船坳。又称“禹迹溪”。据记载：“在湘江西岸，麓山左”，“距大江五里”，为“大禹疏凿开山之径”。②

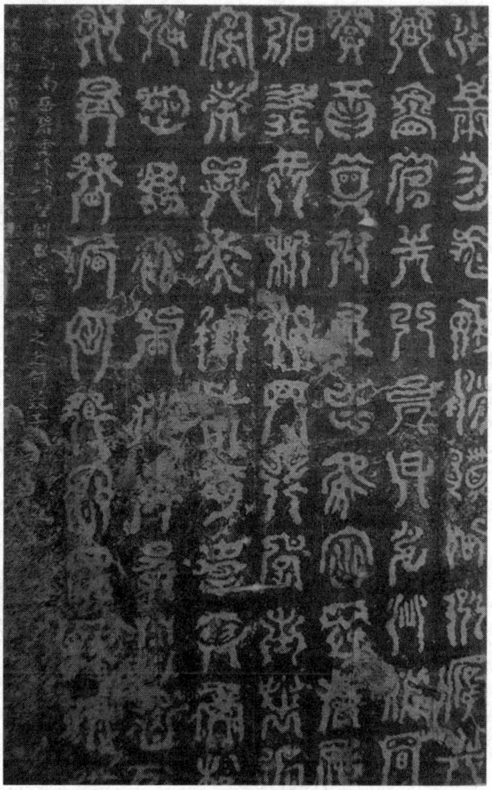

插图6　“禹王碑”原文

随着大禹“治水”和南征“三苗”，夏禹及其氏族成员和中原华夏族人进入了湖南，他们其中一些人会留居下来，当然人数也不会很多，不可能在湖南形成自己独立的族群，后来同舜族成员一样均融合于当地的土著族群。但他们随之带来的某些中原经济文化因素，对于中华北、南两大文明的交汇和湖南地区经济文化与社会的发展，无疑产生了积极的影响。

①《大清一统志》卷三八一《衡州府》。

②光绪《善化县志》卷二九。

第二章　先楚和楚国时代湖南文化

（约公元前21世纪至公元前221年）

新石器时代末，即距今五六千年前，中国经历了“三皇”“五帝”的神话传说时代。约公元前21世纪，传说中的帝禹传位于子启，建立起第一个世袭制的夏王朝，开创了中国的“文明史”。继夏之后，在黄河中下游和中原地区，又先后建立过商、西周两个王朝。至公元前770年，周平王由镐京（今长安西北处）东迁洛邑（今洛阳），史称东周。从人类社会形态发展看，夏、商、西周三代，大体属于奴隶社会时代。由于楚国尚未兴起，在湖南地区可称为“先楚时代”。此时，湖南虽属《禹贡》“九州”的荆州之域，中原王朝和华夏人势力也不断进入，但这一地区大体仍处“蛮夷”聚居的“要服”和“荒服”之列。在这1000多年间，一方面，湖南各族居民学会了制造和使用青铜器，从新石器时代过渡到金属器时代，创造了以“国宝”级文物四羊方尊等为代表的光辉夺目的青铜文化，为中华文明的缔造和发展作出了贡献。另一方面，从湖南境内各族先民的主体看，在楚国兴起及其势力进入湖南之前，都尚处于原始时代末期和原始氏族社会逐步解体的阶段，与中原地区和华夏民族社会、文化的发展存在明显差异。

从公元前770年平王东迁，至公元前221年秦始皇统一六国，史称春秋战国时代，这是中国历史上一个大动荡、大变革的时代。周朝王室衰微，诸侯方国林立，七雄迭起称霸，诸子百家争鸣，各国相继改革变法，实现了奴隶社会到封建社会的转化。此时，楚国崛起于南方，其国力日益强盛，军事和政治势力不断扩展，自北而南、由西而东，据有了长江和洞庭湖南北的广阔疆域。湖南地区完全归入楚国的版图，成为楚国的一部分和楚国重要的南疆。湖南进入楚国时代。

在楚国时代，湖南各民族居民，原始氏族制度逐步解体，并在中原和楚国文化影响之下，开始越过奴隶社会直接跨入了封建化的历史进程。铁器的使用和推广，使湖南社会经济以前所未有的规模获得发展，文化日益兴盛。特别是战国后期和楚都郢失陷后，大批楚贵族和士族的徙入，更促进了湖南经济和文化的发展繁荣。伟大爱国诗人屈原，辗转沅湘间10余年，写下许多不朽诗篇，成为楚文化和中华文明宝库的极其珍贵的遗产，深远地影响了湖南文学和湖湘文化的发展。湖南地区出土的楚帛书、帛画，早已驰名中外；湖南还出土了世界上最早的铸铁器和第一柄钢剑。在楚国辖下的数百年间，湖南创造了丰富灿烂的楚文化，对后来的湖湘文化乃至整个中华文化的发展，均产生了极大的影响。同时，湖南境内原土著“蛮越”民族，地域虽日趋缩小，但其民族文化仍获得了发展，成为后来湖南文化发展重要的、不可或缺的元素。

第一节　商代湖南青铜器文化

探索先楚时代湖南的文化，我们主要还是依据文物考古资料，特别是出土的大量青铜器，故可称之为青铜文化。从考古资料看，目前湖南境内尚未发现夏代的文化遗存，所谓湖南的先楚文化和青铜文化，实际上最早始于商代。20世纪二三十年代，湖南即零星出土有商代青铜器，如桃源漆家河皿方彝（罍），宁乡月山铺的四羊方尊等。但关于湖南商代青铜文化的科学考古工作，则是新中国建立后才开始的。到目前为止，全省已发现商代遗址近百处，出土或收集的商代大型青铜器达300多件，各种小型青铜器数量更多。这些青铜器有一部分为中原风格，可能是南迁的商族人带来的，但大多应是湖南本地铸制的，反映了商代湖南土著居民和族群的生产生活状况及其文化面貌。

一、湖南商代文化遗址的发掘

湖南境内商代文化遗址，最早发现和面积最大的是石门县皂市遗址。其他较重要的商代遗址，还有石门宝塔，澧县斑竹，宁乡炭河里，岳阳费家河、铜鼓山、对门山，汨罗狮子山，益阳羊角，衡阳金山岭上层，南岳彭家岭，安仁何古山上层，零陵菱角塘，辰溪潭湾、张家溜，以及泸溪浦市、麻阳兰里、龙山里耶等遗址。湖南这些商代遗址的出土物，一方面反映了中原商文化的明显影响，另一方面又表现出较强的土著文化因素，而二者的强弱程度在不同地区又各有差异，自新石器时代开始产生的湖南考古文化的区域性和民族性特点，至商代更为突出。一般来说，澧水中下游和洞庭湖西北地区，中原商文化影响最强，但土著文化即“荆蛮”和先楚文化因素仍占较大比重，往往是两种因素并存；湘江和资江下游以及洞庭湖东南岸地区，中原商文化影响次之，土著文化即“荆蛮”和古越人文化（或称吴城文化）因素增多；湘江中上游和湘南地区、沅水中上游和湘西地区，中原商文化影响更弱，而分别由土著的古越人文化和西南系统的“蛮”“濮”文化因素占主导地位。现就一些有代表性的遗址考古发掘情况简介如下：

石门皂市文化遗址。位于澧水中游，1960 年最初发现，面积达 5.7 万平方米，文化层厚度为 0.8～3.1 米。主要层次相当于郑州二里岗上层，属商代中期。出土的生产工具，主要是石器，如有石锛、石斧、石凿、敲砸器等。此外有骨针、陶纺轮。生活用具主要为陶器，陶系以夹砂粗红陶为多，次为泥质灰陶和泥质黑衣红陶，不见印纹硬陶。与以夹砂灰陶和泥质灰陶为主的二里岗遗址显然有别。器型主要有大口缸、绳纹鬲、假腹豆、簋、甑、碗、罐、瓮、斝等。此外有少量鼎、罍、爵。从出土的陶器的组合看，可分为三组：分裆鬲、附加堆纹大口缸、斝、爵、锯齿状扉棱鼎足等为一组，与二里岗极其接近；假腹豆、簋等为一组，二里岗有共见器型，但细部差别明显；另一组则为本地特有的器型，如直口碗形盘、细喇叭形柄豆、圈足碗、盆等。不见二里岗常出的甑、大口尊，极少见凹底器。纹饰主要有粗绳纹、细绳纹、方格纹、云雷纹、“S”形纹、同心圆纹、漩涡纹、三角形纹、陶索纹等，还有刻划纹、附加堆纹、锯齿状纹、圆形和十字镂孔，这些纹饰同样多见于二里岗和盘龙城。

除石器、陶器外，皂市遗址还出土了多件双翼形铜箭镞、铜簪、鱼钩以及铜块、铜渣，并发现熔铜炉、坩埚底部残片和附有大块铜渣的陶容器。①

石门县宝塔遗址。位于澧水南岸的河积平原，东西绵延近千米，有部分堆积层已被河水冲垮，河滩上散布着大量陶片。文化堆积层可分为四层，年代下限约相当于中原商文化的殷墟一期，即商代晚期。出土的陶器，种类有釜、鼎、罐、碗、豆、尊、鬲、簋、假腹豆。陶系以夹砂红褐陶和夹砂灰陶为最多，次为泥质黑皮陶和泥质灰陶。纹饰主要为横、竖、斜绳纹，其次为扉棱纹和刻划

①参见周世荣：《湖南石门皂市发现商殷遗址》，载《考古》1962 年第 3 期；《三十年来湖南文物考古工作》等。

纹，还有云雷纹、旋纹以及刻划加云雷纹、刻划加戳印纹、乳钉纹、重圈纹等。在每一层即同一时期的陶器组合中，明显地同时存在着两组不同器物：以釜、鼎、罐、碗、豆为一组；以鬲、簋、假腹豆为另一组。后者与中原商文化的同类器物相似，明显是受到中原商文化的影响，前者则为土著文化的典型器物组合。①

澧县斑竹遗址。该遗址处澧水下游，东西长近 200 米，文化层厚 1 ~ 1.5 米，下层即第一期文化层属商代晚期。1982 年冬试掘，出土全部为陶片。其中以泥质红胎黑皮陶为最多，次为泥质陶和夹砂红褐陶。器型有鼎、鬲、罐、盆、豆、簋、甑、大口缸和陶纺轮。纹饰最多的是弦纹，其次为绳纹、线刻划纹和方格纹。此外，还有云雷纹、乳钉、压印篦纹、锯齿附加堆纹，以及十字形镂孔和扉棱装饰。②

岳阳费家河遗址。地处湘江下游洞庭湖滨，发现陶窑 64 个，清理了 32 个。窑中出有大口缸、硬陶盘等。在窑址附近发现一处遗址，由于湖水冲蚀，仅存一个面积约 40 多平方米的大灰坑。出土陶器，多扁平足方格纹鼎，还有方格纹或梯格纹圜底罐、硬陶和釉陶折肩瓮、水波纹硬陶盘，以及口沿内耳罐和高竹节柄浅盘黑陶豆等。③

岳阳对门山遗址。位于岳阳县麻塘镇南洞庭湖滨的小山丘上，总面积为 2 万余平方米，已发掘面积 256 平方米。此外还清理陶窑 7 座，料坑 4 个，墓葬 5 座。出土器物，石器有斧、箭头、杵、石饼及打制的碎石片；陶器有釜、甑、鬲、鼎、豆、罐、缸、盘、圈足、陶拍、纺轮等。陶系以夹砂红陶为主，灰陶次之，还有不少的灰白硬陶。纹饰以绳纹为主，还有方格纹。硬陶胎白质细，可辨器型有盘、碟等圈足器，其纹饰为细弦纹、指甲纹、刻划“S”纹和水波纹以及镂孔。陶窑置于山顶，排列有序，单体竖穴，无火道、烟囱。料坑内出土陶器有釜、甑、豆、罐、缸、纺轮和制陶工具陶拍、石杵、片石等，还夹有大量木炭、果核、田螺壳、陶胚。坑壁平整有圆洞，可能为制陶工序中架设木架的柱洞。距窑 5 ~ 30 米的西南畔水山坡，有成形规则的房基柱洞三处，地面

①参见王文建等：《石门县商时期遗存调查》，载《湖南考古辑刊》第四集，岳麓书社，1987 年。

②参见何介钧等：《湖南澧县商周时期古遗址调查与探掘》，载《湖南考古辑刊》第四集。

③参见何介钧等：《湖南商周时期古文化的分区探索》，载《湖南考古辑刊》第二集。

填木炭和红烧土屑，房内火膛有较完整器物。在距窑址约200米的东南山脊上，有4座土坑竖穴长圆形墓。出土有密集的人体肢骨、肋骨和两个头盖骨，以及一兽骨和豆、罐、尊形器等随葬物。据现场观察，其中有的可能是多人合葬墓。从整体看，对门山遗址显然是商代一个较大的制陶工场。①

岳阳市铜鼓山商代遗址。该遗址位于濒临长江东岸的丘陵上，面积3万平方米。发掘面积近400平方米，出土陶器以夹砂为主，泥质次之，硬陶很少。器物外表常见绳纹、方格纹、附加堆纹、戳印纹，弦纹数量也较多。此外，还有少量云雷纹、变形涡纹、乳钉、划纹、镂孔等。器型计有鬲、甑、鼎、釜、斝、爵、簋、大口缸、大口尊、尊形器、盆、豆、罐、碗、纺轮、器盖、网坠等，其中最主要的是鬲与大口缸。石器有斧、磷、锥形器、刻划石刻等。此外，还出土少量青铜器：镞、削、泡等小件制品。②

汨罗县狮子山遗址。位于汨罗屈原农场七分场狮子山。出土的石器有斧、磷、凿，形制较小，通体磨光。陶器的器型有鼎、鬲、豆、钵等。胎质以夹砂灰陶为主，次为硬陶和白陶。纹饰有云雷纹、绳纹、水波纹、弦纹、连珠纹、叶脉纹和方格纹等。另外，1963年当地农民在遗址附近采集龙纹铜鼎一件。③

益阳县羊角遗址。位于资水下游南洞庭湖平原，面积约2万平方米，文化层堆积1~1.5米左右。第四层至第五层为商代文化层。出土的陶器有罐、大口缸、豆、盘、壶、杯等。其中以豆为多。陶质以泥质陶为主，极少夹砂陶。陶色以黑色陶为多，次为灰陶，极少红陶。纹饰有刻划纹、横人字纹、附加堆纹、粗细弦纹、绳纹等。不少器表为素面。其中磨光黑陶喇叭座粗柄豆很有特点。但不见石门皂市遗址中常见的鬲、假腹豆等。出土的生产工具有石斧、石锛，以及砺石、纺轮等。④

宁乡县黄材炭河里遗址。炭河里位于沩水及其支流塅溪河交汇处的河洲里。在炭河里附近河中，曾出土青铜兽面纹提梁卣，剑口、直唇、鼓腹、圈足，身作椭圆形，提梁断失，两端兽头尚存，有盖稍破，捉手断失，两端各饰一兽面纹，腹部饰一兽面纹，两侧填以夔龙纹，颈部以八条夔龙组成花纹一圈，圈足

---

①参见何钦法：《岳阳县对门山商代遗址》，载《中国考古学年鉴》，1989年。

②参见《岳阳市郊铜鼓山商代遗址与东周墓发掘报告》，载《湖南考古辑刊》第五集。

③《岳阳地区文物志》，岳阳地区文化局编印，1984年。

④盛定国：《益阳县羊角商周遗址》，载《中国考古学年鉴》，1988年。

亦以八条夔龙组成花纹。全身布满云雷纹，主纹上有阴云纹，盖底内有铭文“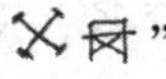”“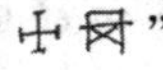”（癸举）。（附图5）内贮玉管、玉珠1172颗，以白玉居多，次为碧绿玉，中间均有穿孔。这种玉管、玉珠在商代玉器中极为少见。在离铜卣发现处西20米处的塅溪河南岸，发现一处殷商遗址，河岸被大水冲垮了七八米，铜卣很可能是从遗址中冲出来的。河岸断面暴露出的遗址文化层，长约60米，厚约20～50厘米。文化层上面覆盖着30～60厘米的河沙、卵石和农耕土。从文化层中采集的陶片有夹砂红胎、夹砂灰胎、夹砂黑胎、夹砂黑皮灰胎、泥质黑皮红胎、细泥红胎等。器型难于分辨，仅见圆锥形器足、敛口折唇器、大口缸、豆柄。大多为轮制。纹饰以方格纹、绳纹、篮纹为主，还有捺印粗点组成的人字形纹及瓦纹。陶片中还有少数印方格纹的印纹硬陶。①

衡阳县金山岭遗址上层。位于衡阳县北湘江的支流蒸水河中游，东西长约30米，南北宽约70米。文化堆积层东南部厚10～20厘米，北部厚28～45厘米，可以分为上下两层。上层属商代晚期遗存，出土的生产工具，有石斧、石锛、石刀、石镞、砺石和陶纺轮。器型较小，有的磨制很精致，也有的只磨制刃部。出土的生活用具，多为陶器残片。陶器制作较下层略好，以夹砂黑褐陶为主，次为夹砂红陶、泥质灰陶、泥质红陶、泥质黄陶。另外有较多的泥质硬灰陶和硬红陶，大部分陶器火候低，制法为手制，以泥条盘筑为主，表面多经打磨，有些经慢轮修整，器型较规则，陶胎薄厚较均匀。陶器以素面为主，纹饰仍以方格纹为多。有少量的绳纹加划弦纹，硬陶则多饰回形纹。器型有鼎、罐、瓿、器盖、盘、碗、杯、盆、豆、圈足器及硬陶罐等。其中圆柱形鼎足、陶瓿、瘦腹罐、折口折肩硬陶罐，特别是直绳纹加划弦纹，以及硬陶的拍印回形纹等，与江西吴城商代遗址有许多相似之处。②

安仁县何古山遗址上层。出土谷粒纹铜牌和铜管，均为饰物。出土有较多的硬陶和火候较高的夹砂灰、褐、红陶。其中印纹陶占一半左右。印纹以大小方格纹和几何形印纹为大宗，另有折曲纹、叶脉纹、回纹和云雷纹，不见绳纹。折曲纹和叶脉纹是湖南印纹中时代较早的纹饰。器型主要有折唇敛口器、折唇

①高至喜：《湖南宁乡黄材发现商代铜器和遗址》，载《考古》1963年第12期。

②湖南省博物馆：《湖南衡阳复溪公社金山岭遗址》，载《考古学集刊》第2期，中国社会科学出版社。

罐形器、鬲、鼎、纺轮等。最具特色的是凹底罐和环形竖耳圆锥足硬陶鼎。出土的石器主要有石斧、石凿、石镞、石环。此外，地面采集的石器也较多，有石镞、石斧、穿孔石刀等，还采集铜戈一件。①

辰溪县潭湾和张家溜遗址。潭湾遗址位于县西北 6 公里，沅水中游的支流辰水北岸，南北长 106 米，东西宽 60 米，遗址中发现一片面积约 75 平方米的红烧土，出土石器大多为磨制，有一部分为打制。器型以石斧为最多，计 17 件，大多数通体磨光，十分精致。此外有石凿、石锄、石铲。出土陶片以泥质红胎陶和夹砂粗红陶为主，还有泥质灰陶，轮制，制作较精，火候较高。纹饰有附加堆纹、拍印方格纹及弦纹等。器型有大口尊、豆、侈口和小口罐、圈足器及平底器等。张家溜遗址，位于县北约 7.5 公里，沅江西岸台地上。南北长 60 米，东西宽 50 米。出土陶器，大部分与潭湾遗址相似。纹饰以拍印方格纹为主，还有附加堆纹、绳纹、划纹、镂孔等。器型有大口尊、缸、盆及圈足碗等。根据同湖北盘龙城和皂市遗址比较推测，这两个遗址大体相当于商代中期（即二里岗时期）或稍晚。②

泸溪浦市、麻阳兰里、龙山里耶等遗址。地处沅江中游，尚未经正式发掘，文化面貌不太清楚。但从个别小面积试掘和采集的资料看，这些地区在新石器时代形成的地区性文化因素，至商代仍十分明显。出土的陶器，其陶系以夹砂红褐陶、红胎黑皮陶为主，极少纯正的灰陶，这与澧水流域相近。并且同样出有夹砂红陶附加堆纹大口缸、花边圈足碗和盆。这说明受中原商文化和澧水流域文化的影响。但总的来看，沅江中上游地区的商代遗址，陶器器型多平底圈足器，还有少量尖底器，却不见三足器，既不见鼎，又没有鬲，这与中原商文化明显不同。最有特色的器物，是一种类似尊的长颈平底侈口夹砂罐和一种单鋬器和厚胎尖底钵。纹饰多拍印方格纹、刻划网纹、戳印横人字纹、捺印的贝纹、深圆窝纹。这也不同于中原商文化和澧水中下游皂市等遗址。③

①参见湖南省博物馆：《湖南安仁新石器时代遗址试掘简报》，载《考古》1960 年第 6 期；何介钧：《湖南商周时期古文化的分区探索》。

②湖南省博物馆：《湖南沅江中下游古文化遗址调查》，载《考古》1980 年第 1 期。

③参见何介钧：《湖南商周时期古文化的分区探索》。

二、湖南出土的商代青铜器及其文化风格

湖南的商代青铜器，绝大多数为零散出土的窖藏品或收集品。各商代遗址中除有少量小型青铜器出土外，至今未见大件青铜器物。

湖南境内商代青铜器，出土最早的是桃源的“皿而全”方彝（罍），出土最多的则是宁乡县西部黄材、老粮仓一带，而其中又以四羊方尊最著名。（附图5、6）

1920 年，湖南桃源县漆家河村一个农民，在小河里偶然发现一件黑黑的金属宝物，他与儿子一道挖了出来，这就是青铜器皿方彝（罍）。消息走漏出去，一个湖北石姓文物商得知后，来到桃源这个农民家，提出以 400 银元购买。农民的儿子拿着这件青铜器的盖子，去请村里一位姓钟的校长看。校长知其价值，愿以 800 银元买下。但当农民的儿子回来时，石姓商人已将器身买走了。从此剩下器盖。钟校长将此事告诉了桃源县驻军团长周磐。周发出告示，通缉石姓文物贩子，未果。钟校长知此事关系重大，遂将盖子赠送给周磐团长。周给他 5000 银元和 5000 元期票。器身后来辗转卖给了日本大阪市一位收藏家，又再转卖给日本另一收藏家。1952 年，周磐被湖南省人民政府逮捕，盖子充公，此后一直收藏在湖南省博物馆。1992 年，上海博物馆馆长马承源去日本访问，见到了这件青铜器的器身。日本方面也就得知器盖下落，欲向中方购买，遭到拒绝。2001 年，在美国纽约艺术品拍卖会上，日方收藏者以 924. 6 万美元卖给了一位法国收藏家。2014 年，湖南省博物馆筹巨资，将器身购回。器盖与器身分离近 1 个世纪后，始得合而为一。

方彝（罍）为先秦常用的礼器，王室和贵族盛大宴会时必备的酒器。皿天全方彝，整体高度 63. 6 厘米，盖子上有“皿而全作父已尊彝”八字铭文，器口有“皿作父已尊彝”铭文。另外有兽首，兽首衔环。该器形体高大，富丽堂皇。四角和四面中间，共饰 8 条粗大扉棱。以云雷纹衬地，以兽面纹为主纹。空隙处填夔龙纹。在主纹和扉棱上再饰云纹。从器型、纹饰、铭文看，属中原殷墟文物风格，为商末器物。这是迄今最大的方彝（罍），也最精美，堪称“方罍之王”。

四羊方尊。属商代晚期偏早的遗物，为礼器，用于祭祀，是现存商代青铜器中最大的方尊。高 58. 3 厘米，重近 34. 5 千克。1938 年出土于湖南宁乡黄材月山铺转耳仑的山腰上。原物现存中国国家博物馆。

该方尊，器身为方形、方口，大沿，长颈，高圈足，颈部高耸。四边装饰蕉叶纹、三角夔纹和兽面纹。尊的四角各塑一羊。肩部四角为4个卷角羊头，羊头与羊颈伸出于器外，羊身与羊腿附着于尊的腹部及圈足上。尊腹即为羊的前胸。羊的前胸及颈部饰鳞纹，两侧饰精美的长冠凤鸟纹，圈足上饰夔纹。方尊肩饰浮雕蛇身有爪的龙纹。尊四面正中即两羊比邻处，各一对角龙首。全体饰细雷纹。羊在古代寓意吉祥，四羊方尊以四羊、四龙相对的造型，展示了酒礼器的至尊高贵。此尊造型简洁、优美雄奇，并显示出高超的铸造技术，考古界认为是青铜器的典范。

近几十年在宁乡境内所出土的比较重要的商代青铜器还有：

人面方鼎。1959年于黄材距炭河里西1公里的寨子山出土。方鼎以四个浮雕的人面作为主要装饰，在商代青铜器中甚为罕见，鼎内壁铸有“大禾”二字铭文（有释为“禾大”）。（附图5）

兽面纹铜罍。出土地与人面方鼎同。罍内贮铜斧224件。

兽面纹分裆鼎。1962年出土于黄材张家坳，共2件，一大一小。竖耳、折沿、分裆、柱足，以三个兽面纹为主纹，各衔一足。兽面间填以夔龙。器内近口沿处有铭文“己冈”二字。与殷墟等地出土的商代铜器作风相同。

“戈”卣。（附图7）1970年发现于王家坟山。以夔凤纹为主要装饰，卣内有玉块、玉环、玉虎、玉鱼等精致玉器300多件。

铜铙。（附图7）1959年在老粮仓附近发现5件。重50~70千克，主纹是兽面纹，并在兽面、虎、象等主纹线条上饰以云雷纹。1977年在老粮仓北峰滩出土两件，其中一件在近口沿处铸有4只小伏虎，非常少见。1983年于月山铺转耳轮又发现一件，重220.75千克，是我国目前所见的商代最大铜铙。出土地同1938年出土的著名的四羊方尊出土地点相距仅数百米。铜铙出土处附近还发现一古文化遗址。①

湖南其他地方也出土不少商代青铜器，重要的有：

牺首凤鸟兽面纹铜尊。1972年于岳阳县新开乡一农民的屋场出土。重19.5千克。喇叭形口，口沿较平坦，圆粗颈，折肩，圆腹，高圈足。圈足底边上有三个很矮的假足。花纹细致，颈部下端有三道凸弦纹，肩部为龙纹，肩中有三

---

①参见高至喜：《宁乡县月山铺商代铜铙》，载《中国考古学年鉴》，1984年。

个仰首坐立的凤鸟。瞻肩的接近处有三个双角凸起的牺首。腹和圈足上为粗线条组成的兽面纹，粗线条上铸有云雷纹，圈足上四个方形镂孔。①

兽面纹铜铙。1971 年于岳阳黄秀桥乡的费家河河床边发现一件。出土时，口部朝上，柄直插在坑土之中，口部离地面约 40 厘米。② 1985 年于浏阳县柏嘉镇浏阳河附近一片台地上又出土一件。钲部主纹为兽面纹，钲缘、鼓部及甬部均饰云雷纹。兽面双目为浮雕的蟾蜍，特别引人注目。③

铜象尊。1975 年于醴陵县仙霞乡狮形山的山坡上出土。重 2775 克。象的前额扁平，嘴向前凸出，门牙露出口外，短颈，眼眉突起，耳廓较大，鼻向前伸，四肢粗壮，足有五趾。形态生动逼真，花纹精致繁褥。鼻端凤首形，凤冠上伏一虎，虎口衔一蟠虺，耳廓正面为云雷纹，背部为凤鸟。从颈部至臀部再到腿部，皆以云雷纹衬地，饰有饕餮、虎、夔和凤鸟等图像。这是我国现存唯一的商代象尊。④（附图 8）

虎纹铜镈。1985 年邵东县民安村一村民在屋后土坡上取土时发现。重 13.4 千克。钲体两侧有双虎攀附，虎咧嘴卷尾，形象生动。钲中凤鸟伫立，兽面纹铺地，两面造型和纹饰雷同。⑤

此外，石门兽面纹提梁卣、“父乙”簋，华容兽面纹大圆尊，岳阳兽面纹圆尊，长沙东山碧玉色鸮卣、跳马涧两羊尊、麻林桥兽面纹瓿，湘乡兽面纹大爵，安化虎食人卣，湘潭兽面纹铙，湘潭豕尊，衡阳牛尊、“子荷贝”爵、云纹觯，邵阳市“[illegible][illegible]□[illegible]”爵，常宁牺首兽面纹方尊等，也都是近几十年在湖南各地出土的比较珍贵的商代青铜器。（附图 8、9）

由湖南文物部门先后收集到的商代青铜器也较多。例如，82 千克重的大铜铙、双耳羊头纹鬲、鸟纹鸮卣、“甯戈父”鼎、百乳簋、兽面纹分裆鼎、虎纹钺，以及一些斧、戈、矛等。这些商代青铜器实际上也都是在湖南出土的。

尊、罍、卣、铙、镈等青铜器都是祭祀用的礼乐器。湖南出土的这类铜器的地点，多在山顶、山坡、山麓和河岸湖边。如出土的 11 件兽面大铜铙，其中

---

①熊传新：《湖南新发现的青铜器》，载《文物资料丛刊》第 5 期，文物出版社，1981 年。

②熊传新：《湖南新发现的青铜器》，载《文物资料丛刊》第 5 期，文物出版社，1981 年。

③黄纲正：《浏阳县柏嘉镇商代铜铙》，载《中国考古学年鉴》，1986 年。

④熊传新：《湖南醴陵发现商代象尊》，载《文物》1976 年第 7 期。

⑤吴铭生：《邵东县民安村商代铜镈》，载《中国考古学年鉴》，1986 年。

2 件是在山麓，5 件在山顶，2 件在河岸，并且这些铜铙出土时，几乎都是口朝上，甬在下，距地表在 1 米之内，没有其他物件伴随出土。其他铜器如醴陵象尊、宁乡四羊方尊、湘潭豕尊等，出土的情形也相同。商人和南方的“三苗”“荆蛮”都最迷信鬼神，注重对祖先和各种自然神的崇拜，祭祀繁多，所祀对象有山川、风雨、星辰、土神等等。凡重大祭祀活动，都要用大量牺牲和礼乐器。湖南出土的青铜礼乐器，很可能是当地土著的民族，即“三苗”的后裔“荆蛮”集团，以及南下的中原商族人，用来作祭祀活动的，而在祭祀之后将它们就地掩埋起来。

湖南出土的青铜器，表现出浓厚的中原风格。从器型看，方鼎、圆鼎、分裆鼎、鬲、方尊、圆尊、提梁卣、鸮卣、方彝、瓿、爵、觚、戈等商代青铜器，都可以在中原商器中找到相同器型。有的甚至一模一样。青铜器的纹饰，以云雷纹作地纹，以兽面纹（即饕餮纹）、夔龙纹作主纹，以及用牺首、虎、凤鸟、鸮等作装饰，都与中原商代青铜器一致。湖南商代青铜器上所见的铭文如“皿天全”“父乙”“癸□（举）”“子荷贝”等，在中原商器中都可以找到。此外，与青铜器伴随出土的玉虎、玉鱼、玉环、玉管、玉块、玉珠等，也与中原商代的同类玉器作风相似。

湖南出土的商代青铜器，在造型、纹饰等方面与中原商器虽存在许多相同之处，但也有不少地方特点。如造型方面，多大型器物。宁乡等地出土的大铙，一般重达 70 ~ 80 千克，最重的有 220.75 千克。这类大铙北方从未出土过。湖南发现的虎纹大钺，器型轻薄，銎作椭圆长筒形，上端封口，纹饰生动。此类有銎钺，中原没有见过。此外，还有湖南出土的云纹镂孔双翼形镞、线条纹斧等，中原也未见出土。但中原常见的斝、壶、细颈卣、兕觥、盂、盘等器物，湖南却至今尚未出土。又如：纹饰方面湖南出土的人面方鼎的人面，近方形，鼻梁尖削，而中原的人面具和司母戊大鼎上的人像，脸形和鼻子较圆；以人面作为主要装饰的手法，也仅见于湖南商器；虎纹在湖南商器中屡见不鲜，而在中原却少得多。另外，在青铜器的冶铸方面，也存在差别。湖南商器含锡、铅量较中原高。这可以增加铜器的硬度和光泽度，是冶铸水平提高的标志之一。经对桃源的方彝盖、石门的提梁卣、“父乙”簋等科学测定，都含有锑，而北方的商器大都不含锑，这可能同湖南锑资源丰富有关。根据这些地方特点，湖南省考古学界推测，湖南出土的商代青铜器绝大部分是在湖南本地铸造的。石门皂市商代中期遗址中铜箭镞、铜块、铜渣的出土和熔铜炉、坩埚以及附有铜渣的陶容器的发现，也证明湖南至迟在商代中期已会铸造青铜器，进入了青铜时代，是完全可能的。①

三、商代湖南居民生活及文化特征

湖南的商代文化遗址，一般均出土有大量石制工具，诸如各种类型的石斧、石锛、石刀、石锄，以及石凿、石铲等等。这说明湖南各族居民在商代所使用的生产工具，仍然以石器为主。但石器大多磨制甚精，并出现不少新的器型，如弧背穿孔石刀、马鞍形石刀、有肩穿孔宽刃石锄等。商代中期以后的遗址出土了一些小件铜制工具，特别是铜斧，宁乡黄材出土的铜罍中就贮有224件。此外，益阳、华容、邵阳等地也有铜斧出土。石器制作的进步和青铜工具的出现和使用，无疑促进了湖南地区社会生产力的提高和经济的发展。

各商代遗址出土的石斧、石锄、石铲、铜斧等均属农业生产工具，说明商代的湖南各族居民的经济生活仍以“刀耕火种”和锄耕农业为主。石斧、铜斧以及各种类的石刀，主要是用于砍伐山林，然后放火烧荒。它们的大量出土，表明商代湖南的丘陵和山区，“刀耕火种”是普遍的一种耕作方式。从新石器时代以来，湖南已推广水稻的种植。商代湖南各地，特别是洞庭湖区和湘中平原，无疑仍主要种植水稻。但也种植小米（即粟），特别是丘陵山地较多。宁乡黄材寨子山出土的“大禾”人面方鼎，即反映铸鼎的那一年，“禾”（即小米）获得了大丰收。此鼎很可能就是用于祭祀天地、庆贺小米大丰收的。安仁何古山遗址上层出土的铜牌，以谷粒形为纹饰，反映了小米生产的发展及其在山区人民生活中的重要地位。

湖南出土的商代青铜器，多以牲畜为饰，反映了牲畜饲养业的发展。如1938年出土的宁乡四羊方尊，其腹部以四只羊的前半身为饰，羊头上双角盘曲，颔下有须，喉下有肉髯，神态安详，形象逼真。从弯角看，似为绵羊。从有须髯看，又似山羊，但无论属何羊种，均系家羊。又如长沙跳马涧出土的两羊尊，是以两只前半身羊，背负一圆尊，头角弯曲，颔下无须。此外湖南出土的商代铜器中，还有不少用羊首作装饰。以羊为饰的盛行，说明湖南地区商代已饲养着大量羊群。1977年于衡阳市包家台子出土的牛尊，整体为一水牛形

①参见高至喜：《从考古发现看湖南的商代文化》；何介钧：《湖南商周时期古文化的分区探索》。

象。湖南出土的商代大铜铙，兽面纹尊等一些青铜器上，也常用牛首为饰。水牛怕冷，原是南方动物。看来湖南地区在商代已比较普遍地饲养水牛。当然只作为肉食，还不可能用于犁耕。1981 年湘潭县九华乡出土的豕尊，两眼圆睁，两耳招风，嘴筒粗短，犬齿外露，脊线平直，中躯宽圆，后躯丰满，是一形象逼真的老年雄性家猪。古代常以雄性家猪作祭祀用，此尊可能是祭祀用牲的代替物。此类豕尊的出现，说明在商代湖南各族居民已习惯于养猪和用猪做供物。

湖南商代遗址出土有不少网坠、石镞和铜箭镞，以及铜鱼钩、矛等渔猎工具，说明渔猎在商代湖南各族居民的生活中仍占有重要地位。

自商代中期进入青铜器时代后，湖南地区有关铜的冶炼和铜器铸造技术获得了迅速发展。至今湖南境内虽未发现商代的冶炼和铸铜遗址，但从已出土的大批商代青铜器的造型、纹饰、冶铸等方面所显示出的地方性特点看，其中绝大多数都应是湖南本地铸造的。并且有的器物，只出土于湖南，如宁乡等地出土的铜斧，刃部圆弧，刃两侧稍外侈，銎作长方形，两面饰线条纹，上部横三条或二条，下部竖四条或三条，大小基本一致，重 136 克至 203 克，经金相分析，含铜 82.29%，锡 8.56%，铅 0.16%，属于青铜。据考古学界的意见，此类铜斧仅见于湖南，应是当地土著民族铸造的。① 又据对宁乡出土的象纹大铙的金相分析，铜占 98.22%，锡 0.002%，铅 0.058%，锡、铅含量甚微，应是矿石中的自然含量。此类铙是纯铜铸成的。而其他商器如四羊尊、人面方尊及一般礼器、兵器都含有较多的锡和铅，纯铜者甚少。纯铜性柔韧，适宜制作敲击乐器。如果含锡、铅较多，则质坚而脆，敲击起来易破裂。可见当时的匠人已能根据不同用途的需要，采用坚韧不同的合金或纯铜，其冶铸水平已相当高。② 此外，湖南出土的商代青铜器，其造型的生动逼真，纹饰的精致奇特，形体的宏大浑重，在国内都属少见，有的甚至是全国独一无二的珍品。这也反映商代后期湖南铜器铸制工艺居于全国前列。

从出土的陶器看，大多为轮制，也有手制的，但都经慢轮修整；一般火候高，陶胎厚薄均匀。由于南北文化因素的交流融合，陶器的器型和纹饰更加多样化。既有中原商文化特征的器型和纹饰（如鬲、斝、大口尊和粗、细绳纹），又有湖南土著文化特有的一些器物和纹饰（如大口缸、豆、盘和方格纹、云雷

①参见高至喜：《湖南商周农业考古概述》，载《农业考古》1985 年第 2 期。

②参见湖南省博物馆：《湖南省博物馆新发现的几件铜器》，载《文物》1966 年第 4 期。

纹以及各种拍印纹）。从岳阳对门山所发现的制陶工场遗址来看，商代湖南的制陶业相当发达，已出现一些规模较大、设备齐全、生产和生活设施配套的能出产多种产品的制陶工场。

宁乡炭河里出土的兽面纹提梁卣内，贮有玉管、玉珠1000多件；王家坟山出土的“戈”卣内有玉块、玉环、玉虎、玉鱼等玉器数百件。这些玉器，制作精致，都是国内少见的商代文物珍品，反映当时湖南在玉石制作等手工工艺方面也发展到了相当高的水平。

第二节　西周湖南青铜器文化

近数十年来，湖南境内发现不少西周时代的文化遗址，出土了大批西周陶器和石器，同时发现的西周青铜器也愈来愈多。从已有的湖南西周文化的考古资料看，湖南境内的西周文化，同湖南的商文化是一脉相承的。在湖南商代文化中所表现出来的中原文化和土著文化两种因素并存和相互影响，以及湖南各地存在的某些地区性和民族性的差异，西周时代大致依然存在并继续发展。但同时发生了一系列新的变化，其中最值得注意的则是楚文化因素的逐步形成和古越人青铜文化的产生。

一、湖南西周文化遗址的发掘

目前湖南已经发掘和试掘的西周文化遗址，主要有澧县斑竹中上层、文家山、宝宁桥、黄泥岗、周家湾和周家坟山，汨罗县江南堤和湘阴县晒网场遗址，长沙杨家山和接驾岭遗址，湘潭花石洪家峭，湘乡新坳和狗头坝，衡阳周子头，零陵菱角塘，以及辰溪下湾、宁乡炭河里等遗址。这些遗址主要出土有陶器、石器，也发现了部分青铜器和玉器。

澧县斑竹、宝宁桥、文家山、黄泥岗、周家湾和周家坟山等遗址，可作洞庭湖西北岸和澧、沅二水下游地区的代表。经普查和试掘，文化层大体可分为五期，其第一期仅有斑竹遗址下层，属商代晚期；第二至四期为西周文化层；第五期已由西周晚期延伸至春秋初年。

第二期文化层，时间属西周初年。出土的陶片，泥质灰陶占第一位，其次为夹砂红褐陶、泥质红胎黑皮陶以及泥质黄白陶等。纹饰以弦纹最多，其次为绳纹和方格纹。另有一定数量的乳钉、浅刻划纹和凸弦纹。器型主要有鼎、罐、盆、豆、钵、鬲等。高而带扉棱的鼎、十字镂孔装饰和红陶大口缸基本消失。

第三期文化层，属西周早期。出土的陶片，泥质灰陶居第一位，次为泥质红胎黑皮陶、夹砂红褐陶，还有泥质黄白陶和夹砂灰陶。纹饰最多的是弦纹，次为绳纹、方格纹，有少量乳钉、浅刻划纹和个别云雷纹。器型主要有鼎、豆、盆、盂、罐，鬲完全消失。前一期的喇叭口罐继续存在，但变成粗短颈、扁腹。釜、鼎与前一期相似。

第四期文化层，属西周中期。出土陶片，以泥质红胎黑皮陶最多，其次为泥质灰陶、泥质黄白陶，还有少量夹砂红陶和夹砂灰陶。纹饰最多的是方格纹，次为粗绳纹，还有部分弦纹和很少的乳钉。器型有鬲、盆、豆、罐。本期文化层有很多因素都发生了巨大变化。如：豆均由折壁向弧壁转化，釜、鼎消失，再次出现鬲。而这一期的鬲，厚半圆唇、长体，能同以后的楚式鬲直接联系，或可归入楚式鬲的最早形式。

黄泥岗、周家湾、周家坟山遗址均属第五期，时间为西周晚期和春秋初年。出土陶片，以夹砂红褐陶最多，其次为泥质红胎黑皮陶、泥质红陶和泥质灰陶，有少量泥质黄白陶和夹砂灰陶。纹饰除黄泥岗有少量方格纹和弦纹外，绝大多数为粗绳纹。器型有绳纹鬲、盆、罐和弧壁豆。这已是一套典型的楚式器物。但鬲为三角缘，外卷，裆尚较高；豆盘深，柄中空稍粗，比以后湖南楚墓中所出土的同类器物时代显得更早一些。考古学界认为，这一期文化遗存，已明显反映出楚文化的特色，应纳入楚文化的范畴。这很可能是当地土著“荆蛮”文化在前一时期的基础上，吸收中原周文化的因素，两者进一步融合和演化的结果，当然也不排除当地的文化创造者加入了另一个族群，即楚人的进入，而引起了一种根本变化的可能性。①

汨罗江南堤、长沙杨家山和接驾岭、湘阴晒网场遗址，大致反映了湘、资二水下游和洞庭湖东、南部地区西周时代的文化面貌。

江南堤遗址位于汨罗江口北岸，东南距汨罗县城约 20 公里，是西周时代的

---

①参见何介钧、曹传松：《湖南澧县商周时期古遗址调查与探掘》。

一处村落遗址。发现三座南北向圆形的房。屋基址附近有椭圆形灶坑、窑址和灰坑等遗址，出土的石器有斧、锛、凿、磁、网坠、刮削器、刀、穿孔石铲等。大部分通体磨光。陶器有缸、罐、鼎、鬲、盆、豆、壶、网坠，胎质多夹砂红陶、灰陶，次为泥质红陶、灰陶，还有少量夹砂黑陶及白陶。纹饰有绳纹、方格纹、弦纹、网纹、篮纹和条纹等。泥质陶外表常饰一层稀薄的黑衣。另外，发现青铜斧1件。①

长沙市杨家山和接驾岭遗址，时代属西周中期，文化面貌基本相同。杨家山出土有夹砂灰陶釜、夹砂红陶釜、“S”形印纹豆、印纹黑皮陶豆、印纹罐、灰陶筒形残器、印纹黑陶片、刻划纹黑陶片、刻划纹夹砂红陶片、刻划纹夹砂灰陶片等，未见三足器。此外还出土有双孔石刀和玉串珠等。接驾岭遗址出土的陶器有圜底器和圈足器，也未见三足器。器型和纹饰计有圜底印纹釜、圜底黑皮陶钵、敞口折唇黑皮陶盆、圈足黑皮陶碗、深腹印纹陶罐、直腹黑皮陶罐，以及豆、陶拍、纺轮等。还出土青铜矛1件，并发现半穴居式房屋遗迹一处。②

硬陶减少，印纹衰落，鼎的消失，绳纹、方格纹、刻划纹等纹饰增多，反映了中原文化因素的加强。但至西周晚期，楚文化开始进入这个地区的北部。濒临洞庭湖南岸的湘阴县晒网场遗址，时代属西周晚期。经试掘，其文化面貌与澧县周家湾十分相似，特别是出土的绳纹鬲，差别极小。这是湘江下游迄今所发现的最早形式的鬲。同时还出土有绳纹罐、红陶深腹盆、矮喇叭圈足豆。考古学界认为这些器物已可归入楚文化的范畴。③

湘潭花石洪家峭遗址。时代属西周中期。发掘了1座墓葬，墓坑为4∶1的狭长形，出土两件铜钟，圆甬有旋，舞篆间饰卷草云纹，隧部云风纹，并有凤鸟族徽，与普渡村西周中期长田墓所出的甬钟，形制花纹均相同。这是目前湖南所发现的唯一的西周墓。④

湘乡新坳遗址。位于韶山灌区涞津渡附近，分上下两层。下层为西周遗址，

①参见《岳阳地区文物志》。

②参见周世荣：《湖南古代文化初探》，载《中国考古学会第一次年会论文集》，文物出版社，1980年。

③参见何介钧：《湖南商周时期古文化的分区探索》。

④见湖南省博物馆：《湖南省博物馆新发现的几件铜器》，载《文物》1966年第4期。

出土大量石器和陶片。石器主要有斧、锛、凿、镞等。陶片主要有夹砂粗红陶角形器残片、夹砂粗褐陶云纹陶片、夹砂灰陶绳纹圜底尊口、夹砂粗红陶S纹陶片、夹砂灰陶绳纹陶片、泥质红陶席纹陶片、夹砂粗红陶角形器残片、夹砂粗褐陶索纹器口、泥质灰陶绳纹器底、夹砂粗灰陶粟点纹器口。新坳遗址附近的狗头坝，出土兽面纹铜钟1件，同时出土了大量陶器、石器。出土的陶器主要有夹砂粗红陶方格纹大口器、夹砂粗灰陶方格印纹带流器、夹砂粗红陶绳纹大口器、夹砂红陶器足、灰胎硬陶器口、泥质褐胎黑皮陶碟形器口、泥质红陶残片和泥质灰陶器口。①

最能反映湘江流域和湘中、湘南古越人西周文化面貌的典型遗址是衡阳周子头和零陵菱角塘遗址。

周子头遗址。时代属西周早中期，出土遗物主要是石器和陶片，部分探方的上层发现少量青铜器。石器有斧、锛、凿、刀、网坠、矛、镞、环、饼、石球形器和砺石。磨制精致，球形器中间有孔。陶器碎片十分丰富，以红陶和灰色硬陶为最多。器型可辨认的有大小各式罐、壶、豆、鼎、釜、鬶、纺轮等。纹饰有拍印、刻划两种，而以印纹硬陶占绝对优势。云雷纹、圆圈纹、“F”形纹、方格纹、曲折纹较多，其次还有漩涡纹、网结纹、菱形纹、夔纹、“S”纹等。其上层出土变形夔纹，或称双线“F”纹。这种纹饰，在广东、广西、江西等越人遗址中均是很有特征的纹饰。出土铜箭镞3件，其中1件完整，为双翼形，有棱脊，镞身有叶脉纹三道。②

菱角塘遗址。时代属西周中期，出土的陶器，印纹陶占95%，是印纹比例最高的遗址，其中硬陶占25%。有代表性的纹饰是菱形雷纹、勾连云雷纹，以及云雷纹与方格纹的组合纹饰，不见绳纹。器物以印纹硬陶罐、釜和印纹硬陶鼎最常见，鼎耳稍外撇，有环形、方形和驼峰形多种，与以后的所谓越式铜鼎很相似。③

辰溪下湾遗址。位于县治东南黄溪口乡沅水东岸第一级阶地上。在文化层中采集有陶片、石斧等遗物。陶质普遍夹砂，有红、黑、黑衣红陶等多种。火

---

①参见原韶山灌区文物工作队：《韶山灌区文物考古工作的重大成果》，载《文物》1977年第2期。

②衡阳市博物馆：《衡阳周子头遗址发掘报告》，《湖南考古辑刊》第三集。

③参见湖南省博物馆：《湖南零陵菱角塘古遗址调查和清理》，载《考古》1965年第9期。

候低，质地松软，陶片零散，器型难辨。器表大多经过打磨，素面光洁，亦可见篮纹、绳纹等纹饰。发现两座同一时期的古陶窑。窑体为圆形、凹腰，火箅位于凹腰部位，将窑床与火膛隔开。火道为圆筒形，横卧，与火膛成直角相接。窑壁全部为本土下挖经烧结而成。窑床表面平整，其他部位凹凸不平。陶窑位于遗址范围之内，开口于同一文化层中，窑内填土与文化层一致，不见商周之后各期的文化遗物。同时，在火道内还采集有与文化层中相同的夹砂红陶陶片。陶窑与遗址应同属西周的遗迹。①

宁乡炭河里西周城址和炭河里文化。这是进入 21 世纪后湖南境内一大重要的考古发现。遗址位于宁乡县黄材镇寨子村，地处湘江支流沩水上游黄材盆地的西部，黄材河（俗称炭河）与塅溪、胜溪三条小河交汇处的北岸，属河流一级阶地。20 世纪 50 年代末以来，在黄材盆地周围台地、低山和河滩等处，陆续出土的商周青铜器已近 250 件，是湖南境内出土商周青铜器最密集的地区。该遗址在 1963 年已为湖南省博物馆高至喜等人调查发现，此后又进行过几次调查，为科学发掘奠定了基础。2001—2005 年，湖南省文物考古研究所等单位先后进行了三次发掘工作，发现了西周城址和大批文化遗物。

遗址保存面积约 2 万平方米，主要部分堆积厚度约 2 米，其中下层厚约 1 米，为商周时期堆积。重要遗迹有房址、城墙和壕沟。共发现房屋建筑基址 6 座，其中完整揭露的仅两座，均为大型的有回廊的宫殿式建筑。发现的城墙遗址，处于保存区西北部，呈东北—西南走向，高出现地表 1～2 米，残长约 225 米、宽 12～15 米。经实测其平面形状呈圆弧形。根据城墙的弧度对城址进行圆形复原，计算出城内原有面积约为 14.5 万平方米。城墙内外共发现 3 条壕沟，城外 1 条，城内 2 条。城外壕沟，东西走向，南北城墙垂直距离约 12 米。其形成年代与城墙同时。城内壕沟，也都与城墙走向一致，沟内有大量堆积物，下层为商周时期堆积。城址出土遗物主要为陶器，有少量铜器和石器。陶器分软陶和硬陶，前者占绝大多数。软陶包括夹砂陶和泥质陶，夹砂陶以灰陶和褐陶为主，泥质陶以灰陶为主，次为红陶和黑皮陶。陶器纹饰以各种规格的方格纹最为流行，占全部陶片的 59%；其次为弦纹、篮纹和绳纹，只见少量的云雷纹、刻划纹、戳印纹和乳钉等。陶器以轮制为主，有少量手制陶器。器物类别

①曾志鸿：《辰溪县下湾发现商周陶窑》，载《湖南考古辑刊》第四集。

较丰富，以各种形制的罐、鼎、釜、钵为最多；其次为盆、簋、盂、豆、器盖等，还有纺轮。鬲、尊、瓮、碗等较少。铜器，数量较多。器类有鼎、斧、矛、铜块等。铜块数量多，均锈蚀，有的为钢器残片，有的可能是铜料。在城外，发掘和清理了12座两周墓葬，其中西周的7座。墓内葬具及人骨均未保存，随葬器物以铜器和玉器为主。铜器近百件，但大多为残片和部件。器类有鼎、卣、尊、爵、锸、铲、刮刀、矛等，其中鼎的数量最多。出土玉器200余件，主要为管、珠类，有少量玉块、鱼形器等。随葬陶器极少，且多为残片。

经考古分析，炭河里城址，始建年代不早于商末周初，使用年代主要为西周早中期，废弃于西周晚期。城址的规模较大，内外都有壕沟，城内有大型宫殿建筑遗址；堆积层发现较多的铜片和铜块，推测在城内应有铸铜作坊；城外墓葬虽然形制较小，但均随葬铜器和玉器；而以往在城址周围和城内出土的大量精美的铜器，也应与城址密切相关。据此考古界判断，炭河里城址应是一个区域青铜文化的中心聚落或都邑所在地。其文化面貌则以本地传统文化因素为主，也有中原地区商代晚期和西周时期的特征性文化因素。大量仿铜陶鼎的出现，高规格的宫殿建筑，墓葬随葬玉器的作风等，表明炭河里考古文化不仅在日常生活，甚至在礼制习俗方面均受到了中原地区商周文化的较大影响。但从整体文化面貌看，又绝对不属于商文化或西周文化范畴。考古界认为，以炭河里城址为代表的考古学文化，是“一支外来势力与本地文化融合共存的地方青铜文化”，可称为“炭河里文化”。① 这支“外来势力”应该是殷商灭国时南迁的一支商人氏族。

二、湖南出土的西周青铜器及其文化风格

目前全省出土和收集的西周青铜器物，包括乐器、容器、工具和兵器，已有100多件。除少部分直接出土于西周遗址和墓葬外，大多数出自窖藏，还有一部分为出土地点不明的收集品。下面分类介绍一些出自窖藏和收集的代表性青铜器物。

乐器类：

铜铙。共20多件，湘乡、株洲、醴陵、长沙、衡阳、耒阳等地均有出土。

---

①湖南省考古研究所等：《湖南宁乡炭河里西周城址与墓葬发掘报告》，《文物》2006年第6期。

大致可分为乳钉铙、锥状枚铙、柱状枚铙三大类型，每一类型中具体式样纹饰又有差别。如：湘乡县金石乡黄马寨出土的1件，钲身短阔，每面有扁圆形乳钉18个，乳钉上有螺旋纹，钲部饰满云纹，甬部无旋，有三角云纹。醴陵县出土1件，钲身近方，篆间和隧部饰粗线云纹，36个乳钉呈乳头状。甬上有旋，旋上饰"C"形花纹。衡阳县楠垅泉口出土1件，锥状，枚高2厘米，栾长超过铣间的宽度，篆间和鼓部饰夔龙纹。株洲县昭陵黄竹出土1件，柱状枚高1.3~1.5厘米，篆间和隧部饰云雷纹，旋上有"C"形花纹。长沙望城板桥出土1件，枚呈柱状，上部有折肩，枚高1.5~1.7厘米，篆间饰云雷纹。另外，收集品中有1件，鼓部饰两只立虎，隧部饰兽面，钲身布满云雷纹，有乳头状乳钉36个，乳钉高1.2厘米。

铜甬钟。共20多件。除收集品外，主要出土于宁乡、浏阳、湘乡、湘潭、双峰、临武、资兴等地。甬钟是由铙直接演变来的，区别在于铙的甬部旋上无旋虫，而甬钟有旋虫，并由仰击变为悬击。湖南发现的西周铜甬钟，大体可分为细线云雷纹、凹线云纹和横"S"纹三大类型。如：浏阳县澄潭乡出土的1件，甬部有旋，旋上有旋虫，舞部饰云纹，篆间和隧部饰细线云雷纹，钲部以小乳钉框边，柱状，枚高2厘米。此类形制和纹饰的西周青铜甬钟，湘乡、湘潭、资兴等地也有出土，与陕西长安普渡村西周穆王时代的长田墓中出土的甬钟相同，应都是同时代即西周中叶的器物。第二类型的造型与前一类型甬钟相同，但篆间和隧部饰较粗的凹线云纹，钲部篆间也用凹线界开，有旋虫的一面鼓部右肩有凤鸟纹，柱状，枚高2~2.5厘米。湘潭花石洪家峭西周墓出土的甬钟属这一类型，此外湘潭青山桥小托、湘乡金石坪等地也有出土。第三类型，临武县出土1件，甬部上端有一小方孔，旋以上有尖角云纹，钲间布满"S"形云纹。篆间云做横"S"状，鼓右侧有变形鸟纹。还有几件收集品也属这一类型。（附图10）

铜镈。共6件。其中虎饰兽面纹镈1件，云雷纹镈1件，简化鸟饰兽面纹镈4件。大多为收集品，仅有1件简化鸟饰兽面纹镈出土于浏阳淳口黄荆。此镈栾侧棱脊均饰鸟纹，但已简化，变成勾形，兽面也简化，只剩眼睛、鼻梁和口形，有乳钉，以云雷纹为地纹。①

---

①参见高至喜：《湖南省博物馆馆藏西周青铜乐器》，载《湖南考古辑刊》第二集。

容器类：

青铜鼎。已发现5件。其中湘潭县青山桥小托窖穴中出土3件，分两式。1件，胎质厚立耳，柱形似兽足，足上饰夔纹，口略似桃形；腹饰一道2厘米宽的纹带，由蟠夔纹、圆涡纹相间组成。其形制和纹饰均为西周早期所常见。另2件，立耳，侈沿，浅腹，薄胎，兽足较高，上腹饰变形夔龙纹，云雷纹为地，足上饰兽面纹，具有西周晚期的特点。此外，桃江县马迹塘出土夔龙纹大鼎1件；岳阳黄秀桥象形山出土乳钉纹柱足鼎1件。（附图11）

簋。已发现4件。桃江县灰山港连河冲出土1件马纹簋，方折唇、鼓腹，长方形器座，座内有挂铃之鼻钮，器身饰兽面，双身龙纹和昂首伏卧的马纹，方座长边两端各有一立马，形象十分生动。器身腹部还饰4匹小型的昂首卧马。株洲县均坝乡出土1件兽面龙纹簋，腹部正面以大型兽面为主纹，兽面两侧各饰短尾龙纹。又，株洲县南阳桥乡铁西村出土1件西周铭文铜簋，器心内壁铸有“作宝尊彝”四字。此外1件为收集品，敛口、折肩、圈足，腹部饰变形兽面，以雷纹为地，足上饰三道仿篾箍，可称之为仿竹制簋形器。

甗。望城高砂脊出土1件，竖耳，腹上有三道细线弦纹，足上部有简化兽面，属西周早期。出土地点附近有同期墓葬，可惜已被破坏。

罍。湘阴县出土1件，圆形、侈口、束颈、广肩，圈足较高，肩部伸出夔龙双耳，肩部饰夔龙纹，腹部饰焦叶纹。

尊。发现2件。湘潭县青山桥小托窖穴中出土1件。圆筒形，鼓腹，高圈足，腹部饰一圈花纹，以云雷纹为地，主体饕餮，作裂口巨眉状，两侧上有夔，作倒立状，下有凤鸟举首而立，器内底部有铭文“旅父甲”三字。另由湖南省博物馆收集1件。侈口、圈足，周身饰饕餮纹，圈足内有铭文，字迹不清，难于识别。（附图12）

觯。湘潭县青山桥小托窖穴中出土2件。口与圈足均为喇叭形，整体细高，薄胎，颈部一圈纹带，两件主体花纹凤鸟的形象略异。1件凤鸟为三尾，圈足内壁有铭文“戈”；1件凤鸟分二尾，圈足内壁上有铭文“[illegible]”。这类觯为西周初期所特有的一种新的形式。

铜爵。共6件，出自小托同一窖穴。其中1件，圆菌柱，柱顶圆涡纹；柱立板之上方，兽首长舌板，竖卵形腹，横剖面呈圆形；腹饰一圈花纹，以云雷纹为地，以圆圈纹为边，主体饕餮纹，作长目下垂状，三角锥足。两柱有铭文：“[illegible]”“祖丁”。1件，伞形柱，柱顶有云纹和弦纹，兽首长舌鋬，鋬侧柱上有铭文“ℛ”，鋬腹壁上有铭文“父乙”。1件，圆菌柱，顶饰圆涡纹，圜底，直腰，刀形足，兽首长舌鋬，鋬内腹壁铸铭文“ℛ”。其他3件，直腹，兽首圆鋬，圜底，刀形足，腹部有由饕餮纹和云雷纹组成的纹带。这些铜爵的时代大致均属商末周初。①

工具类：

铜锸。即古文献中的耜。木柄直装的称锸，木柄横装的叫锄，是当时农业生产中一种主要的起土松土工具。湖南已发现西周铜锸10余件。其中，湘潭县青山桥小托窖穴出土的2件，凹口，两腰微收。弧刃，两刃角外撇，正面平，背面隆起，制作小型精致。类似铜锸，最早出土于湖北蕲春毛家嘴西周早期遗址，与春秋战国以后的凹口锸明显不同，应为西周时期的器物。此外，岳阳出土1件，湘潭县还出土过1件，其余均为收集品，出土地点不明。

钁。即大锄，是当时重要的起土工具。共发现27件。其中出自浏阳、茶陵、湘乡、常德的有5件，其余为出土地点不明的收集品。均作长条形，有的刃稍外移，形体较厚重，长方形銎较深，在銎口处往往加厚，使銎更坚固。有的在近銎口处饰有云雷纹和线条纹。

铲。共7件。均为收集品。属同一类型。近长方形，两侧凹腰，刃稍弧，銎部也有凹缺，但较浅，器甚轻薄。

耨。收集1件。呈三角形，两侧凹腰，刃稍弧，上有长方形銎。类似铜耨。安徽贵池也有出土，但时代已属春秋晚期。湖南收集的这件铜耨，从形制看早于贵池的铜耨。

斧。除汨罗江南堤西周遗址出土1件外，资兴旧市春秋墓中发现4件。湖南省博物馆所收藏的青铜工具中也有不少铜斧。但时代已较晚，上限最早在西周末年。②

兵器类：

戈。发现最早的是“楚公冢”戈。（附图13）此戈为20世纪50年代湖南省博物馆的收藏品。戈形为蜀式，全长21.3厘米，有援有内，援部有黑色斑块，内呈长方形，中间有一棱形穿孔，铸有“楚公冢秉戈”五字铭文。据考证

---

①参见高至喜：《湖南出土的西周铜器》，载《江汉考古》1984年第3期。

②参见高至喜：《湖南商周农业考古》，载《农业考古》1985年第2期。

为西周末年的遗物。① 资兴旧市春秋墓中出土的 1 件铜戈，锋呈三角形，直援，长方形内，内上有“圭”形穿孔，形制与河南新野西周末年至春秋初曾国墓出土的铜戈相同，而比湖南其他地方春秋早期墓出土的铜戈略早，时代约为西周末年。②（附图 13）

此外，湖南省博物馆收藏的西周青铜器中，还有“冒𣪕”残留器盖 1 件。饰夔纹，盖内有铭文共 18 字：“柬仲□父作冒𣪕其万年子子孙孙永宝用享”③。1984 年芷江县岩桥乡倒塘湾出土 1 件青铜凤形器，器型分头、身、座三个部分。重 3.25 千克，通高 35 厘米，全长 30 厘米。器物合范铸成，从凤嘴、基座到尾部，中空相通。外表以鳞状纹羽饰为主，颈中部饰凸弦纹和三角形几何纹，尾羽饰以错齿长三角几何纹，变形云纹构成凤翅。铜凤昂首怒目，嘴微张，冠尾倒翘，作挺立将鸣状，秀丽中显雄姿勃勃，刚劲里透端庄神态，造型颇具匠心。在凤形器出土的周围同土层中，发现一批绳纹、刻划纹陶片，夹砂黑陶、红陶和泥质灰陶的碎片很多，可能属西周遗址。④

从湖南境内已发现的西周青铜器看，有一部分可能是从北方传入湖南后被埋藏起来的。如湘潭青山桥小托窖穴出土的爵、觯及夔龙涡纹鼎和岳阳象形山出土的乳钉纹鼎等。其造型、纹饰和铭文的风格与北方和中原所出完全一致。此外，湖南出土的西周青铜器，凡是有铭文的一般均无地方特色。而凡有地方特点的都没有铭文。所以也可以断定，凡铸有铭文的西周青铜器，一般也是外来品。如“楚公豪秉戈”，有“[illegible]”“祖丁”“父乙”“[illegible]”等铭文的觯、爵，以及饕餮纹铜尊和“冒𣪕”，显然都是来自北方中原地区。其中有的很可能是殷末周初南下的一些商人氏族带入湖南的。但这种外来品在湖南已发现的西周青铜器中还是居少数，大多数应是湖南本地产品。例如，湖南西周早期的铜铙出土较多，它与湖南所出商代晚期大铙一脉相承，而在北方中原地区西周早期既无铙，也无由铙演化而来的钟；湖南西周铜铙上的纹饰，如云纹、雷纹、圈点纹、“S”形纹等，在湖南西周遗址中出土的印纹硬陶上都可以见到。这说明，

①高至喜：《楚公戈》，载《文物》1959 年第 12 期。

②湖南省博物馆等：《资兴旧市春秋墓》，载《湖南考古辑刊》第一集，岳麓书社，1982 年 11 月。

③参见湖南省博物馆：《湖南省博物馆新发现的几件铜器》，载《文物》1966 年第 4 期。

④参见江柏永：《芷江发现西周青铜凤形器》，《湖南考古辑刊》第四集。

湖南出土的西周铜铙以及铜钟，都是在本地铸造的；西周中叶以后北方出现的甬钟，应该是受南方铜铙和铜钟的影响而产生的。当然湖南本地铸造的青铜器，往往也反映出北方中原商周青铜文化的影响，这是南北文化交流和联系进一步加强的自然结果。如，桃江县连河冲出土的马纹簋，其造型和簋座上的兽面纹，无疑是受中原商周青铜文化的影响，但簋腹上半浮雕的马纹和簋座四角之立马等纹饰作风，在中原地区从未见过。还有胎较薄、口较小，也与中原地区厚胎、大口的簋不同。这类马纹簋应是湖南当地产品。又如，仿竹制簋形器，南方风味更浓。湖南产竹，盛行竹制的日常用具，故有的青铜器也仿竹器是很自然的。但仿竹制簋形器的腹部的云雷纹和兽面纹，又表明它仍未脱离中原商周纹饰的传统。

湖南已发现的西周青铜器，多集中于湘江流域，特别是湘中、湘南印纹硬陶地区，而这些地区自新石器时代后期至商周时代，均为“三苗”“荆蛮”集团的组成部分古越人的聚居地。所以考古学界一般认为，湘江流域和湘中、湘南地区的西周青铜器是古越人制造的，是在新石器时代后期逐步形成起来的以印纹硬陶为特征的越文化的发展。例如，湖南所出西周早期的铜铙，在古越族地区的浙江、福建、江西、广西等地均有出土，其造型和纹饰风格基本一致，有的如出一范，说明它们之间有着共同的文化特征；而湖南、江西等地所出西周铜铙上的纹饰，如云雷纹、圆圈纹、圈点纹、“S”形纹等，在同时期的湘中、湘南越人印纹硬陶中也是常见的。这都说明，这些西周铜铙确实是居住在湖南的古越人的产品。又如，湖南所出的几件西周铜鼎，其中湘潭县青山桥小托的夔龙涡纹鼎、桃江县马迹塘的夔龙纹大鼎和岳阳黄秀桥象形山的乳钉纹柱足鼎，是从北方传入的。但青山桥小托出土的另一件变形夔龙纹鼎，腹浅、卷沿，以云雷纹为地，变形夔龙纹为饰，鼎足呈半筒形，与中原地区流行的深腹、柱状足鼎显然不同。考古界称之为“越式鼎”。这类鼎进入春秋时代后，正式演化为越式盘口鼎，与“越式剑”一道成为越人青铜文化的典型器物。①

---

①参见高至喜：《论湖南出土的西周青铜器》，载《江汉考古》1984 年第 3 期；何介均：《湖南商周时期古文化的分区探索》。

三、西周湖南居民生活及文化特征

湖南发掘的西周遗址，仍然以石器出土最多。如据统计，衡阳周子头遗址，发掘550平方米，出土石器达134件，其中各型石斧29件、石锛18件、石刀4件、石镞40件。其他遗址出土的石器也很多。但同时出自于西周遗址的铜制工具却很少，而出自窖藏和收集的西周青铜工具，时代又都较晚。① 这表明，西周时代湖南各族居民的生产工具仍然以石器为主，特别是西周早中期，至西周后期和西周、春秋之交，铜制的锸、镬、铲、斧、锛等工具的出土开始大大增加。

从生产工具看，西周时代湖南的农业发展速度还远不及中原及关中地区。不仅在山区而且在湖区平原和丘陵河谷盆地，都大量出土石斧、石锛、穿孔石刀等石器及铜斧。说明当时湖南盛行的主要还是“刀耕火种”的原始耕作方式。西周后期出现了铜锸、铲、镬、耨。这些农具均适合于水稻的耕种，说明湖南各族居民进入了耜耕农业阶段，在山区、丘陵和平原、湖区，开始采取了“火耕”和“水耨”两种并行的耕作方式。桃江县灰山港连河冲出土的马簋，全部装饰有4匹立马和卧马，而以马为饰既为中原所罕见，那么这些马就应是当地所饲养的马的真实形象。这说明，除羊、豕、牛之外，西周时代湖南地区已较广泛地饲养马，畜牧业方面有进一步的发展。汨罗县江南堤、湘乡县新坳、衡阳周子头等遗址，均出土有大量石镞、石网坠，还发现了陶网坠和铜箭镞，证明西周时代狩猎和捕鱼仍为湖南各族居民生活的重要辅助手段。

从已发现的西周青铜器看，西周时代湖南铜器冶铸和制作技术得到了进一步发展。青铜冶铸技术自商中叶由中原传入湖南后，至西周初年，铜器的铸制从造型至纹饰作风，仿照中原的因素相当多。但西周早中期以后，以古越人的青铜器物为代表，湖南铜器的冶铸和制造获得了独立的发展，更具有自己地方的和民族的特色。例如，湖南出土的西周早期的铜铙，西周中期由铙演化而来的铜甬钟以及铜镈，从造型到纹饰作风多可在湖南出土的商代铜器中找到渊源关系，但在中原西周青铜器中却均少见或未见。这说明湖南西周青铜器多是直接从湖南商代青铜器发展进化而来的，西周时代湖南铜器冶铸和制造业再根据

①参见高至喜：《论湖南出土的西周青铜器》。

自己的特点独立发展。从芷江县出土的青铜凤形器来看，其造型之巧妙，制作之精致，实为国内所少见。反映出湖南西周时代青铜冶铸和制造技术的发展已达到相当高的水平。西周时代，湖南的制陶业和玉石器制造等手工业也有发展。从陶器的器型和纹饰看，不仅湘江流域古越人印纹硬陶和沅水中上游地区没有鼎、鬲的传统陶器在继续发展，而且以鬲、豆、盆、罐器物组合和粗绳纹为特征的楚文化系统的陶器制作业也独立地发展起来。辰溪下湾发现的西周陶窑，其结构较岳阳对门山遗址所发现的商代陶窑，已大有改进，使之更为合理，也更科学一些。如，对门山窑无火道、烟囱，下溪窑有圆筒形火道，并且与火膛成直角相接；对门山窑为单体竖穴，下湾窑窑体为圆形、凹腰，并以火箅将窑床与火膛隔开。这表明西周时代，湖南的陶器烧制技术有了明显进步。江南堤遗址穿孔石铲、周子头遗址中间穿孔球形器，以及杨家山遗址双孔石刀和玉串珠的出土，说明玉石加工制作技术水平也有了新的提高。

第三节　湖南的楚文化

一、湖南楚青铜器和铁器文化

（一）湖南出土的楚青铜器及其文化特征

西周末年至春秋初年，楚人和楚国军事、政治势力开始越过长江、洞庭，进入湖南。随之带来了较先进的生产技术，促进了湖南青铜冶炼和青铜器制作工艺的进一步发展。

从考古资料看，春秋战国时代楚国的主要铜矿采炼基地，除湖北的大冶县铜绿山之外，就应首推湖南麻阳九曲湾铜矿了。该矿位于湘西辰溪、麻阳两县交界处，南靠沅水支流辰水（麻阳境内又称锦河），已发现古矿井 14 处。据实地调查，开采面积约 3. 2351 万平方米，共采矿石 17. 5365 万吨。按古采场边界品位计算，含铜为 2% ~12. 8%，平均品位为 4. 86%，矿石共含铜金属 8525 吨。在清理的一处古矿井内，发现的文化遗物有铁锤、木槌、木桶、木铲、木锹、木舀瓢，以及竹筐、竹畚箕、陶罐等。从出土文化遗物分析，属战国时期，其开采年代的上限也可能为春秋时期。① 这与楚国势力进入沅水中游、设置楚黔中郡的时间大体相吻合。此外，在平江县瓮江遗址的灰坑中，发现大量铜器残片、铜熔块和铁斧等，很可能是春秋战国之际楚人的一处青铜冶炼场所。又据地方志记载，长沙的铜官镇和铜官山，最初也是楚国采铜铸铜的地方。

近数十年湖南各地发掘了大量的春秋战国时期的楚人墓葬，而最集中的是长沙市城内及近郊，已发掘的楚墓达2000多座。这些楚人墓葬出土了大批青铜器物。从长沙地区的统计材料看，2000多座楚墓，共出土各类青铜器3197件。② 其中：

容器，300件，包括楚式鼎132件、敦17件、壶44件，以及盒、缶、盉、盘、匜、勺、小桶及镂孔杯形器等。

乐器，12件，有钲和铎两种。

兵器，1486件，包括青铜剑508件、匕首16件、戈240件、戈镈90件、戈籥13件、矛16件、矛镦35件、镞309件，以及少量铍、弩和弩机等。

车马器，121件，包括马衔、车軎、盖弓帽、环和铃等。

工具，73件，有斧、凿、刮刀、削、锯，以及锥形器和小工具等。

服饰器物，625件，包括铜镜485件、带钩140件。

权衡器，327件，包括完整天平1件，天平盘11件，各式砝码315件。

其他器物95件，如铺首、棺钉、器柄、铃形器及璜形饰物等。

湖南其他地区，也先后发掘了大量春秋战国楚人墓葬，出土的楚青铜器物亦不少。如：

临澧县九里茶场楚墓群，先后两次共发掘战国早期楚人墓23座和2座车马坑，出土青铜器113件，以容器、车马器和兵器为主；溆浦江口战国墓，清理23座，出土青铜器11件，有剑、戈、砝码和铜镜等；慈利官地，发掘战国墓3座，原已被毁战国墓2座，共出土铜器13件，包括剑、戈、戟、矛、鼎、铎等；辰溪米家滩，发掘战国楚墓38座，出土铜器44件，其中剑、戈各7件，还有矛、戈镈、矛镦、箭镞和铜镜等；永州市鹞子岭发掘4座战国墓，共出土戈、戈镈、剑、匕、鼎、镜、带勾、砝码等青铜器14件；洪江黔城战国墓，先后发掘39座，出土青铜器共43件，包括编钟22件，剑、镜各4件，其他还有

①参见《湖南麻阳战国时期古铜矿清理简报》，《考古》1985年第2期。

②参见湖南省博物馆等编：《长沙楚墓》，文物出版社，2000年。

矛、带勾、印章等。

湖南春秋战国时期楚人墓葬和出土的青铜器，主要集中于长沙地区，这说明当时长沙已成为楚南和楚国南疆的军事重镇和政治中心。而从北到南、自东而西，楚墓和出土的楚青铜器遍布湖南各地，又表明楚人和楚文化已在湖南居主导地位。从出土的青铜器物看，随着楚人的进入，湖南的青铜器制造业获得显著发展，青铜器制作技术相当高，剑、戟、戈、矛、斧、带勾、鼎、铜镜等，制作都相当精致。如长沙市浏城桥 1 号楚墓，出土的长达 3. 1 米的木柄铜戟、长 2. 8 米的藤柄铜矛，以及“积竹”柄、戈戟等。这些用于车战的长兵器，保存相当完整，乃是我国楚文物考古最重要的发现之一。又如，澧县皇山岗一座楚墓，随葬青铜器 31 件，计有青铜鼎、敦、缶、匜、剑、戈、矛、镞等。其中，青铜鼎 1 件，通高 21 厘米，口径 22 厘米，腹径 22. 4 厘米，腹深 12. 4 厘米。鼎隆盖近平，盖中为环状握手，鼎身近口部附两长方形穿耳，三兽蹄细高，盖顶部饰凸形弦纹，腹中饰有两道凸弦纹，上下各饰蟠虺纹。青铜剑 2 件，一为实茎双箍、广格，圆首内凹，身末端较窄，隆脊无从，前锋尖锐，首部饰有同心圆纹，通长 47. 5 厘米；另一件为实茎双箍，窄格，圆首凹，身末端较窄，隆脊无从，箍部嵌缘松石，格部嵌有缘松石的云形花纹和圆纹，剑茎与首分别铸成后再嵌在一起，通长 59. 5 厘米。这些青铜鼎和剑等，铸制工艺都较精良。（附图 14、15、16）

楚人青铜器工艺水平，最突出的表现在铜镜的铸制方面。

春秋以前的铜镜，目前全国仅发现 10 余件。春秋战国时代，铜镜铸造工艺获得很大发展，而战国时楚国的铸镜工艺又最为发达。其中以长沙最盛，出土的铜镜不仅数量多，而且质量好、花纹精美。据 20 世纪 70 年代末统计，长沙楚墓出土的铜镜总数已超过 470 面。1952 年至 1957 年长沙地区发掘的 1056 座楚墓共出土铜镜 266 面，约四分之一的楚人墓葬都出有铜镜。①

长沙楚铜镜，最早的属春秋后期，主要是一种较小的素镜。到战国时期，特别是战国晚期，素镜减少，纹样装饰多样化，并形成长沙楚镜的主流，即羽状纹地镜和山字纹镜。据统计，在长沙地区出土的 485 件楚铜镜中，羽状纹地纹镜为 161 件，山字纹镜有 100 件。② 山字纹镜，后来又由简单渐趋复杂，从四

---

①参见《长沙楚墓》，文物出版社，2000 年。

②参见《长沙楚墓》，文物出版社，2000 年。

山增加为八叶四山形、八叶四花四山形、十二叶形、十二小叶形、八小叶四竹叶形、花瓣形等图案装饰，连弧纹、方连纹、长尾兽纹也相继出现，最后出现龙凤纹。至今已发现以不同花纹装饰的长沙楚铜镜40多种。这些纹饰的结构布局主要采用四分法或二方连续法，非常规整精美。从已有的考古材料看，楚国的铸镜工艺比当时其他列国发达得多，而长沙所出铜镜，无论数量或者质量又均超过楚国其他地区。（附图17）

湖南除长沙地区外，常德、桃源、益阳、衡阳、郴州以及湘西古丈等地，都有战国楚镜出土，与长沙楚镜的风格大体一致，数量也不少。由此可见，战国时期湖南铸造铜镜的工艺相当发达，而长沙很可能为当时全国青铜镜生产最发达的地区。

（二）楚铁器与湖南农耕文化

考古材料证实，中国开始进入冶铁和使用铁器的时代，约为春秋后期，即公元前六七世纪，而最早的人工冶铁、铸铁和使用铁器的地区，很可能是在当时的楚国。春秋战国之际，随着楚人的进入，湖南出现了人工冶炼的铁器，开始跨进了铁器文明的时代。

湖南最早的铁器，主要出土于长沙楚墓，时代属春秋晚期。据20世纪80年代初统计，长沙地区发现的春秋晚期铁器已达20件以上，分别出土于17座早期楚墓。计有铁凹口锄4件，铁削和刮刀6件，铁鼎3件，铁剑和钢剑3件，环形器1件，铁码子1件，残铁器2件等。其中，1951年于长沙识字岭314号春秋晚期楚墓填土中，出土铁凹字形锄1件，是我国至今所发现的最早的一件铁锄；1976年于长沙火车站工地杨家山65号春秋晚期楚墓中出土的钢剑，是目前我国发现的最早的一把钢剑；长沙窑岭15号和杨家山65号春秋晚期楚墓出土的铁鼎，则为我国目前所发现的最早的铸铁器。除长沙地区外，春秋晚期的铁器在湖南其他地区也有发现。如常德德山楚墓出土1件铁刮刀，溆浦马田坪出土的铜首铁剑，年代均属春秋晚期。①（插图7）

战国时期，湖南楚墓出土的铁器，数量大有增加，并且分布的地域也更广泛，而最集中的还是长沙地区。在长沙发掘的战国时期楚墓中，出土铁器的有197座，所出铁器共240件。其中：

---

①参见陈慰民：《长沙新发现春秋晚期的钢剑和铁器》，《文物》1978年第10期。

铁制工具，145件。有锸37件，锄6件，斧18件，斤9件，夯锤8件，刮刀43件，环首刀（削）5件，刀18件，凿1件。

铁制兵器，39件。剑35件，包括扁柱茎镡钢剑1件，铜镡铁剑4件，扁茎玉镡铁剑1件，无铜首、铜镡铁剑7件，菱形茎铁剑2件，六边空茎剑1件；戟4件。

其他铁器，51件。包括带钩3件，菱形铁块1件，钩形器2件，铲、夹、锉、矛、铤、码子等具体形制不明的器物45件。①

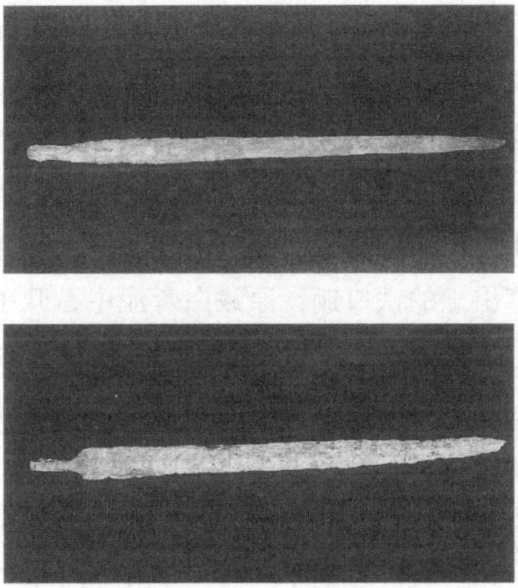

插图7–1　楚铁、钢剑

插图7–2　楚铁鼎

湖南其他地区出土的战国时期的铁器也不少。如：

常德德山战国楚墓出土铁器6件，计铁凹口锄2件、一字形锸1件、斧1件、镞1件、铁足铜鼎1件。

益阳赫山庙战国楚墓，出土铁器4件，计斧1件、刮刀1件及残器2件。

衡阳战国墓出土铁器50余件，其中有长方形锸4件、夯锤2件、剑14件、削10件，铁铤、锉、戈各1件。

资兴旧市战国墓出土铁器27件，其中凹口锄13件、凹口锸1件，还有锛、

①参见《长沙楚墓》。

凿、削、刮刀、夯锤等。

洪江黔城战国墓，出土铁器9件，包括臿6件及夯锤、镬、残器各1件。

溆浦马田坪，发掘战国楚墓58座，出土铁器5件，计凹口锄2件、剑1件、刀1件、残铁器1件。

辰溪米家滩，清理38座战国楚墓，出土铁器3件，计剑2件，削1件。

永州鹞子岭，发掘4座战国墓，出土铁鼎1件。

岳阳铜鼓山，发掘东周墓7座，出土铁剑1件，年代属战国早期。①

长沙杨家山65号楚墓的钢剑，出土时表面已氧化，剑首已残，茎作圆柱形，铜格含于剑身，侧面作棱形，剑身中脊隆起，锋刃近端渐窄，通长38.4厘米。经金相鉴定，此剑含有球状碳化物的碳钢，含碳0.5%左右，是经过反复锻打、高温淬火制成的。同墓出土的铁鼎，是一件用生铁铸造的鼎，残高6.9厘米，金相鉴定为莱氏体白口铁组织。窑岭15号墓的铁鼎，残高21厘米，重3250克，金相鉴定为亚晶铸铁，含碳量4.3%。到战国早期，湖南出现了展性铸铁。如长沙左家塘44号和砂子塘5号墓出土的铁口锄，原藏白膏泥中，几乎没有生锈，至今铸锋犹在。经金相鉴定，属于以珠光体和铁素体为茎体的展性铸铁。所谓展性铸铁是将白口铁经淬火处理，使其中的碳转化为石墨，而基体转化为钢组织，既消除了白口铁的脆性，又比灰口铁强度高，且比钢更经济，易于铸制。这类铁口锄，在湖南特别是长沙楚墓中，出土相当多，并且多数不是有意的随葬品，而是出土于填土层中，是有意或无意丢弃的。这些考古材料进一步说明，楚国时期的湖南已掌握相当高的冶铁和铸制铁器的技术，在全国居于领先的地位。

《国语·齐语》曰："恶金以铸锄、夷、斤、劚，试诸壤土。""恶金"即铁。说明铁，首先是用来制造锄等生产工具、从事挖掘和平夷土地等农业耕作的。铁的出现一开始就与农业生产结合在一起。湖南地区最早出现的春秋晚期铁器，也正是以铁锄、削、刀等农业生产工具为多。

战国的铁农具在湖南出土的就更多，种类也大大增加，包括凹口锄以及铁锸、铲、斧、锛、刀、削等。（插图8）从数量看，以凹口锄和锸为最多，应是当时在湖南已较普遍使用的农耕工具。但战国时的湖南至今尚未发现铁犁、铁

①参见伍新福主编：《湖南通史》（古代卷），湖南人民出版社，2008年。

铧一类大型铁制农具，当时在湖南是否已使用现不得而知。

铁制农具的使用和推广，极大地促进了湖南地区农业生产的发展，特别是山地和丘陵地区的开发。战国时期，湖南已成为楚国重要的产粮区和粮食供应基地。故楚怀王时，齐使者游说越王，称南楚，即湖南境内的“雠、庞、长沙，楚之粟地”①。即说湖南长沙等地是楚国的粮仓。《楚辞·大招》云：“五谷六仞，设菰粱只。”“五谷”，为稻、稷、麦、豆、麻。七尺曰仞，“六仞”，言积谷之多也。又《楚辞·招魂》云:“稻粢穱麦，挐黄粱些。”“稻”，即“稌”（今粳米）;“粢”，即稷（今小米）;“穱”，择也;“挐”，糅也。“言饭，则以秔稻糅稷，择新麦糅以黄粱，和而柔糯，且香滑也”。② 可见，当时的南楚，特别是屈原“上下求索”10 余年的湖南沅、湘和洞庭区，除种粟之外，还广泛种植稻米、麦子、豆类等，农作物的品种很多，水旱作物都有；而做饭的技术则相当讲究。

插图 8-1　铁锄

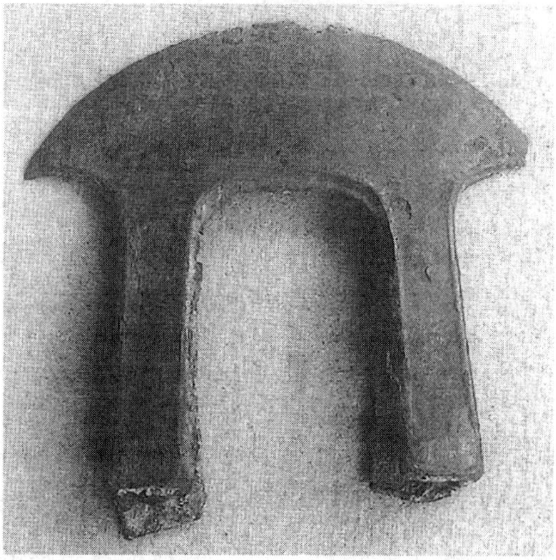

插图 8-2　铁锸

①《史记·越世家》。

②参见《楚辞补注》，中华书局，1983 年。

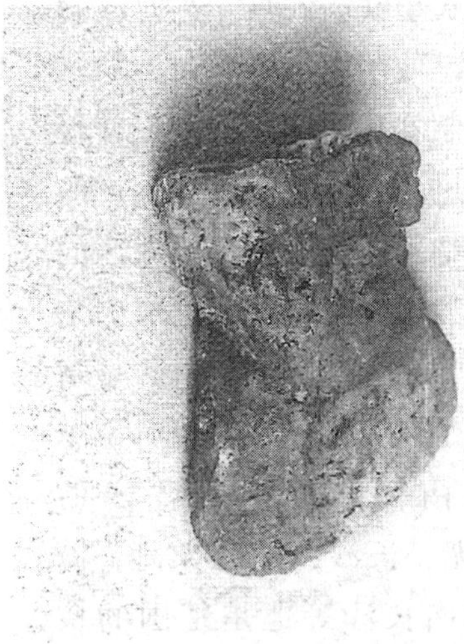

插图 8-3　铁斧

二、楚漆器、木竹器、琉璃和丝织工艺

(一) 漆器

我国漆器生产已有6000多年的历史，最早的漆器出土于浙江余姚河姆渡文化遗址。湖南在春秋晚期的楚墓中开始出土漆器，在战国时期的楚墓中更有大量漆器出土，反映当时湖南漆器的生产技术已获得迅速发展。

湖南出土的春秋战国时代的漆器，最集中的地区也是在长沙。据20世纪90年代统计，长沙共出土漆器843件。其中，髹漆木器416件，包括漆耳杯、漆樽、漆卮、漆盒、漆奁、漆盘、漆豆、漆虎子、漆几、漆案、漆鹿和镇墓兽，还有虎座凤鸟架鼓、漆鼓、漆鼓槌、瑟、弓、盾鞘、矢箙等。① 1971年清理的长沙浏城桥1号楚墓，是一座较大尚完整的楚墓，随葬器物共262件，其中漆木器有60余件，如漆几、漆木案、镇墓兽、漆绘木鹿、漆棒、木器盖以及髹漆的车马器车伞盖、车辕和兵器箭杆、藤柄、积竹柄、漆剑椟等等。1980年清理的长沙市五里牌战国木椁墓，出土的漆木器共15件，其中有剑鞘、木琴、漆奁盒、羽觞、漆虎子、木桶、漆卮、木梳、篦、木器座和木架座。(附图18)

①参见《长沙楚墓》。

从长沙出土的漆木器看，品种很多，应用十分广泛，制作也相当讲究。花纹精美，胎质较轻薄，往往还增加了金属制的耳、钮、足。主要是木胎，有少数为竹胎、皮胎，还有夹苎胎。木胎大多用整木雕成器型，也有用薄板胎卷成圆筒形，再与底板斗合成较轻巧的器物。髹漆一般是黑地绘花。常见的色彩有朱、黄、金、白等色，对比强烈。纹饰以龙、凤、云纹、几何纹为主，也有花瓣纹、菱形纹等。狩猎纹漆奁上的狩猎图，画得特别生动逼真，反映了战国时期湖南长沙地区的漆器工艺水平是相当高的。长沙杨家湾所出土的羽觞上有圆形戳印，沙湖桥19号墓出土的一件羽觞底部有漆书“某里某”，可能是规模较大的私营作坊的产品。

近十余年来，在湖南其他地区的楚墓中又陆续出土了不少漆器。例如：益阳羊舞岭一座战国楚墓，出土漆木器10余件。其中有飞鸟、镇墓兽、俑、瑟、鼓、笙、梳、耳杯、剑鞘等。慈利县官地战国墓，出土漆木器共6件，计镇墓兽1件，漆鞘2件，剑椟1件，木璧2件。临澧九里23座楚墓，共出土漆木器60余件，其中有镇墓兽4件，虎座1件，木俑15件，漆耳杯10件，漆案1件，漆盒1件，漆奁（已残缺）、漆几1件，漆瑟1件，篦、梳、笙各1件，弓2件，漆甲1件，漆盾牌把手1件，木璧2件，器座10件，矢箙1件，残木器残戈柄、伞柄、车辕等。所出土的漆耳杯，厚木胎，器型椭圆，方耳、深腹、平底，外髹黑漆，内髹红漆。口沿内外及耳部外表施彩绘，双耳均绘黄色斑虎，作回首张口状，生动逼真。口沿内外绘长卷叶纹，也有绘菱形纹和卷云纹，双耳绘红色草叶纹和凤嘴纹。漆案，长方形，浅盘，盘下四角置四个铜蹄足，盘四角套有四个铜拐角以加固，通体髹黑漆，用黄色、红色和棕黄色彩绘凤鸟纹、菱形纹、弦纹、卷叶纹等图案。从工艺水平看，湖南其他地区所出土的这些漆木器，也都是比较高的。

（二）木竹器

湖南楚墓除漆器外，还出土大量未髹漆的木器。其工艺水平也较高。据《长沙楚墓》统计，在73座楚墓中，共出土未髹漆木器428件。按用途可分为：

木钫（4件）。为两块三角形木板拼合而成，形制具有铜钫的风格。钫旁有木雕“S”形木块，可能是钫盖上的钮饰。

木俎（7件）。其中6件，俎面作长方形，两头薄，微向上翅，下有4个圆形柱状足，2个为透榫，2个为半透榫，装于俎面。另外1件，形体较大，长方形俎面，两端竖立两块木板，上端似“山”字形，两端有长方形榫眼，可能是用来安装组足。

木梳（34件）。出于31座墓中，保存较好的5件，为木胎，呈长方形，上窄下宽，上弧形，下方形，梳齿10~30根不等。

木篦（22件）。出土于21座墓中，保存较好的有16件，木胎，呈长方形，上窄下宽，上为弧形，下呈方形，篦齿少者25根，多者达90根，基本上为素面。

木簪（4件）。木质，末端髹黑漆，为刀柄形，出土时有3件与木梳、木篦同置于奁盒内。另一根置放在死者的头部。

木俑（210件）。多数作站立状，少数为盘坐的坐俑。一般整体圆雕，也有头、手、足分开，雕刻后再拼合而成。少数坐俑有彩绘。一部分雕刻非常精致，一部分雕刻很简练。立俑又可分为不同式样，其中10余件，脸形为平头圆脸或瓜子脸，有的眉眼头发雕成后再加以墨绘，身躯为长衫落地的圆筒形，有的有彩绘，有的露手、露足，足呈靴形。一般分开雕刻后拼合而成。这部分俑，雕刻非常精细，男女尚能分别。瓜子脸形的，均加彩绘，衣饰极为清晰，斜领大袖，衣长盖脚，其上彩绘纹样。坐俑，一般为女跽坐俑，手、足分开雕刻后再拼合而成，面型近似三角形即瓜子脸。依据共同出土的木槌、竹管、圆形木器观察，一部分可能是乐俑，有吹笛俑、鼓瑟俑、击鼓俑。还有一部分木俑，同时出土各种铲形、勺形等明器，可能是司厨俑。

此外，还出土有木剑、木剑椟、木竽、木虎座、木戈、木斧、木镭、木盾和执手、木鸟、木方盒、木钉等，品种和式样很多，部分可能为随葬的明器，也有实用器具。这都反映出，当时湖南长沙地区的木器制作工艺发达。

竹器。长沙楚墓，共出土172件。其中，髹漆竹器15件。

漆竹弓，10件。由三块竹片叠合而成。先用两块竹片以较薄的两端上下相叠，再在相叠处加上一块竹片，然后用丝线缠紧，髹黑漆或红漆。弓长125~130厘米、弓中部宽2.7厘米、厚2厘米。

漆竹矢箙，1件。内有完整的箭8支。矢箙由两块半边竹块合成，全身系黑漆，绘红色几何云纹，并有少量黄色勾云纹等点缀，色彩鲜艳美观。两端有2~3个小穿孔，孔间相距40厘米。这些穿孔应是用以穿绳作背负用的。矢箙两端无挡板，可能就是用绳子把箭夹住。断面作圆形。长81厘米、径3.3~3.4厘米。

此外还有漆竹签残件等。

插图 9–1　竹席（一）

插图 9–2　竹席（二）

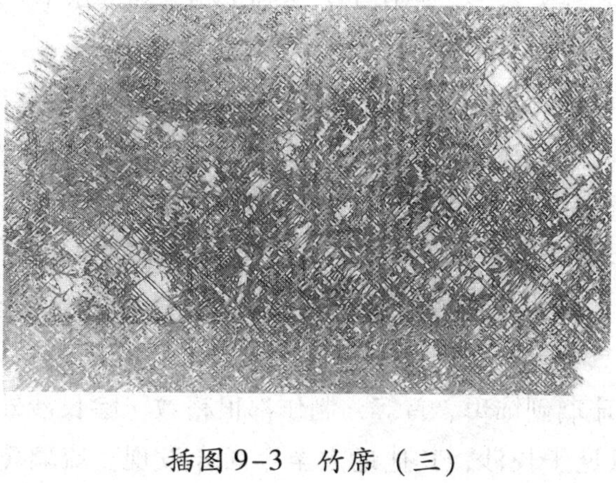

插图 9–3　竹席（三）

插图 9–4　竹笥

未髹漆竹器 157 件，种类有竹笥、竹笼、竹席、竹管等。

竹笥，15 件，大多腐烂，基本形制相同。长方盒形，由盖、器合成，盖顶四周及口沿、器底四周、器身口沿及器皿角，都用青篾夹住，再用细篾缠紧。

其编织方法有人字纹和回纹两种。出土时筐内放有天平、砝码、木梳、木篦、竹片、木柄铁削、毛笔、小竹筒、圆形陶柄等物。

竹席，24 件，均已残破，可辨别的仅 7 件。分人字纹和方格纹两式。人字纹纵横相间，形成条状花纹。人字纹纹理较粗，宽竹 1 厘米，一面经过刮削，篾席由两层垒成。其中 1 件，长 16 厘米、宽 7 厘米。另有 1 件为方格纹，细篾。残长 39 厘米、宽 38 厘米。（插图 9）

竹笼，2 件，圆形，先用宽篾郁围，后用细篾人字纹编织。

此外，还有竹片、竹丝、竹发簪等。

湖南其他地区也有大批战国时代的竹木器出土。如临澧九里楚墓出土有木案、木几、木俑、木梳、木篦、木弓、木璧、木器座等；桃源县三元村战国楚墓出土有木梳、木篦、木俑、木盾牌，以及彩绘木器残片、木器残件；常德德山楚墓出土了双虎头船形木琴、木梳、木篦、木杆、木鼓及棒等，还有 3 件用细篾织成的呈人字花纹的竹筐；汉寿朱木山战国墓群，出土了木鼓、木琴、木剑匣、木梳、彩绘木俑、鸟形鼓架、棺内托置尸体的“灵床”，以及竹制毛笔、竹帘等；慈利官地战国墓，出土了木镇墓兽、木剑椟、木璧，以及人字形花纹的竹席等。

从考古材料看，战国时期湖南的竹木器生产已相当普遍，使用范围很广，日常用品、兵器、乐器、装饰品等种类繁多，制作工艺达到了相当高的水平。

（三）琉璃

琉璃，即原始玻璃。我国在西周墓葬中开始出现小件琉璃器。湖南楚墓出土了大量琉璃器物，其中又以长沙楚墓出土最多。据《长沙楚墓》统计，长沙地区清理的 156 座楚墓出土有琉璃器，共 408 件。其中，璧 97 件，环 18 件，管 64 件，剑首 8 件，剑珥 7 件，珠 213 颗，印玺 1 件。所出土的琉璃璧，颜色有乳白、米黄、浅绿、深绿等，半透明，饰谷粒纹，有的反面有方格纹，还有的内缘或外缘有弦纹。这种琉璃璧在楚国的其他地区很少出土，而当时楚国以外各列国几乎未见出土。所出的琉璃剑饰珥、首等，制作都很精致，除长沙外，其他地方极为少见。琉璃印也只见于长沙，其他地方至今尚未发现。琉璃珠，大部分有蓝白色圆圈纹，“蜻蜓眼式”花纹，我国其他地方战国墓所出琉璃珠多属这一类。经化验，长沙楚墓出土的琉璃器物，含铅、钡甚多，属铅钡琉璃，不同于西方的钠钙玻璃。这说明这些琉璃都是中国本土制造的，而长沙很可能是当时制造琉璃的主要地区之一。（附图 19）

在湖南其他地方，也出土有战国时代的琉璃器，但不及长沙集中。如汨罗山东周墓，出土琉璃壁2件、琉璃珠2件。璧为米黄色，半透明，饰谷纹，正面光滑，反面粗糙。珠为深褐色，中有一穿孔，上以点线纹相间，内饰蓝白两色相间的“蜻蜓眼式”图案花纹。临澧县九里楚墓，出有琉璃璧1件、琉璃珠8颗。璧为米黄色，有光泽，饰卷云纹。珠均为扁圆或长圆形，中穿一孔。资兴县发掘的80座战国墓，共出土琉璃器22件，计有琉璃璧19件，琉璃珠3件。璧为半透明体，乳白色居多，次为米黄色，表面光滑，有卷云纹、凸弦纹等不同纹饰，背面平坦但粗糙。珠为深蓝色和翠绿色，扁圆体，中有小孔，纹饰皆为蓝白两色相间的“蜻蜓眼式”图案。辰溪县米家滩战国墓，出土琉璃器共6件，其中璧1件、珠5颗。璧为乳白色，一面有乳钉，一面无纹饰。珠蓝色透明，椭圆形，穿孔，上饰蜻蜓眼式图案和一些白点装饰。此外，湘潭、湘乡、衡阳、零陵等地的战国楚墓也都有琉璃器出土。湖南这些地区出土的琉璃器，也都属铅钡玻璃，铅、钡含量比例大。其产地很可能都是在湖南境内。

（四）丝织品

我国的丝织品在战国时代已相当发达。从考古材料看，湖南当时应是丝织品的主要产地之一。特别是长沙地区。1949年以前长沙即出土有战国时代的缯书和帛画，说明当时丝织品不仅用于服饰方面，而且还用丝织品来书写与绘画，使用相当广泛。据《长沙楚墓》统计，长沙出土楚丝织品共一百多件，出自17座战国墓。其中，绢82件，纱12件，锦38件，绢带2件，编织组带7件，纱冠1件，纱手帕1件，绢囊口沿2件，刺绣2件。（附图20）

长沙战国楚墓出土的绢，有深褐色和黄色两种。经纬密度，每平方厘米经线70根，纬线34根，织物细薄，结构较紧密。织锦，大多是褐色地起红色和仿金色花纹，花纹中以对凤纹、对龙纹、方连纹、几何纹为主。几何纹中有三角、菱形、多角形以及龟背形等多种图案，纺织技术都相当高。其中，深棕地红黄色菱纹锦，为三重经锦组织，经纬密度，每平方厘米经线138根，纬线40根，经直径0.26毫米、纬直径0.2毫米（系双根并丝）。经纬均未加稔。以棕色经作地纹，橘色经作菱纹边线，土黄色经作菱纹中心花纹。还有1件褐地矩纹锦，加土黄色经的彩条区为三重经锦组织，其余区域为二重经锦组织。经纬密度，每平方厘米经线80根，纬线44根。经线配置，以褐色经线作地纹，以橘黄色经线显花，在花纹区内，除褐、橘两色外，加牵一条0.8厘米浅土黄色彩条。在这个色条区内，以褐色作地纹，以橘色、浅土黄色两色显花，纬线褐色。在锦的一边有0.8厘米宽的黄绢作边，绢上墨书“女五氏”三字。在锦面上盖有朱印1枚，印呈长方形。全锦残长19.9厘米、宽8.2厘米。1956年在长沙银行干校工地清理的一座战国墓，出土有几件丝织品。经纺织专业人员鉴定，其制造方法有两种：一为平板组织制造法。用这种方法制成的丝织品，表面非常平整光滑，纹路匀称稠密。其中1件圆形袋的丝织品，其细腻程度可与现在的丝绸媲美。另一种为斜纱制造法。其技术更为细致复杂。又据考古界分析比较，长沙所出的战国丝织品上的图案，与当地出土的战国铜镜、漆器及漆档上的图案花纹，均是同一风格。由此可以说明，这些丝织品为长沙本地的产品，而当时湖南特别是长沙地区的丝纺技术达到了很高的水平。①

长沙楚墓出土的2件刺绣，出于同一墓葬，分别为龙纹刺绣和凤纹刺绣。龙纹刺绣，是在细密的绢上用锁绣绣成的。所绣龙纹，昂首张口，利齿利爪，盘曲缠绕，生动有力。凤纹刺绣，也是在细绢上用锁绣绣出花纹，可以看出一只凤鸟大步行走于花草之间。左侧另有一凤，昂首张口卷尾，凤身做“S”状弯曲，两足作八字形张开，显得十分矫健。这两件刺绣，其绣法和纹样风格，与湖北江陵马山楚墓出土的绣品相近，时代均属战国中晚期，是湖南境内发现最早的刺绣品原物，可说是后来湘绣的前身。

三、湖南楚文字和楚简、帛书

楚人入湘后，不仅给湖南带来了先进的生产技术，促进各项制作工艺的发展，同时也输入和传播了楚国文字、文献，使湖南各族居民开始进入使用文字的时代。

自20世纪以来，湖南境内出土了一批镌铸有楚文字的青铜器。如：长沙黄泥坑蛤蟆井出土的楚《王命龙节》，上有9字铭文：“王命命传，賃（赁）一棓（檐）饲之”，即国王传下命令，供给一檐食物；长沙出土的“蓬”字铜钫，底部外沿刻有铭文共10字：“蓬八斗六升重二钧廿斤”；常德德山出土的“正易”铜鼎，在盖沙沿内外共3处均刻有“正易”二字；溆浦出土的“中府王鼎”，近口沿外侧刻有“中赙（府）王鼎”4字；岳阳花桥出土的“孟叔”铜匜，器内有铭文13字：“孟叔作宝匜，其万年子孙永宝用”；益阳赫山庙出土的楚王戟

①参见湖南省博物馆：《长沙楚墓》，载《考古学报》1959年第1期。

形铜戈，援上有铭文：“敚（夺）作楚王戈”，共5字。①

湖南楚墓中出土文字玺印约30枚，以铜印为主，可分符节印、官印、姓名印和独字印。长沙出土的“大（太）饮”印，即为符节印，上有白文“大饮”二字。大饮即太饮，乃掌国王及诸侯膳食者所使用的皇节。湖南省博物馆藏有官印一枚，为“田”字形方格，每格各置一字，共书有“中戠（织）室钚”4字，“中”字写作“乇”。长沙仰天湖出土的楚简，“中”作“乇”字。“钚”字的“金”旁作“金”。仰天湖楚简中亦习见。这表现了楚文字的某些基本特点。私印，多为姓名印，如“张女”“张瑶”等。独字印，每枚只有一个字。这种印章的印文，往往取信物中常见的字，如“信”“钚”“敬”“尚”等。②

1949年以来，湖南出土了大批书写有楚文字的竹简和记有珍贵文献资料的楚帛书。出土楚简最多最集中的是慈利石板村36号楚墓，共有竹简约1000枚，已残断为4557片，计有2万多字。用笔写墨书，内容为纪事性古史，而以吴越九国史事为主，如黄池之盟、吴越争霸等。所载与《国语》《战国策》《越绝书》等书中的某些相似。主要为史书，也有兵书。该墓葬年代，约属战国中期前段。这是湖南所发现的时代最早的一批楚简，具有重要的史料价值和学术研究价值。此外，湖南先后出土的楚简，主要还有：长沙五里牌406号楚墓出土的楚文字简37片；长沙仰天湖25号墓出土的楚简43支；长沙杨家湾6号墓出土的楚简72支；临澧九里1号墓出土的楚简数十支，上有文字1万多个；常德德山夕阳坡2号楚墓出土竹简2枚，非常完整，上书文字54个，完整地记载了楚王给臣下士尹赏赐岁禄的诏书。大批楚简的出土，说明在战国时代，楚文字已在湖南得到广泛传播和使用。（插图10）

帛书，又称“缯书”。（附图20）1942年在长沙子弹库战国楚墓中出土了一幅极其珍贵的楚帛书。其高度为38.5厘米，宽46.2厘米，图文并茂。原件为美国纽约大都会博物馆收藏，中外有多种摹本刊行。这是一部珍贵的先秦文献。全书共948个字。中外学术界一般将其分为3篇。位于帛书中部的2篇，书写方向互倒，四周排列附有图形的12段，作第3篇。根据李学勤先生的研

①参见周世荣：《湖南楚墓出土古文字丛考》，《湖南考古辑刊》第1集，岳麓书社，1982年11月。

②参见周世荣：《湖南楚墓出土古文字丛考》，《湖南考古辑刊》第1集，岳麓书社，1982年11月。

插图 10　长沙仰天湖楚简

究，中部八行一篇可名为《四时》，十三行一篇名为《天象》，四周排列的十二段名为《月忌》，均属于古代数术书籍。其中《天象》，论及天象灾异，而以彗星和侧匿为主。关于彗星的叙述，最早于马王堆汉墓帛书《天文气象杂占》中出现。其内容，在若干点上接近《洪范五行传》，为我们揭示了楚地的阴阳家五行学说的最初概貌。《月忌》，分十二章，每章都有神像。十二神像与子至亥十二时辰对应，包含了《尔雅·释天》的十二月名。每月之下，述及宜忌，而以忌讳为主。《四时》，则是“四时成因的神话”。① 郭沫若将帛书内容分为两大段，认为“文字较少的一大段，说到禹和契，治平水土，步定岁时”，“文字较多的一大段则叙述着天象岁时的吉凶”。并指出，“这两大段文字是采录自已经失传的古代文书”，“抄录和作画的人，无疑是当时民间的巫觋”。中外其他的学者对帛书的文字内容，亦多有考释。②

楚简和帛书都是用笔书写成的。湖南不仅出土了珍贵的楚简和帛书，而且还出土了世界上最早的用于书写的毛笔。这支毛笔，1954 年出土于长沙左家公山的一座楚墓，全身长 21 厘米，套在一个小竹管之中。据实物观察，其制作方法，是先将笔杆的一头劈开，用上好兔箭毛制成笔毛，夹于其中，再用丝线缠紧，外部涂上漆。与这支毛笔一同出土的还有空白竹简、杀青用的铜削，以及盛墨用的小竹筒等书写文字必备的全套工具。

四、屈原“求索”沅湘与楚辞创作

屈原故乡虽在湖北，但他的一生及其创作的“楚辞”，与湖南的关系十分密切，对湖南古代文学的发展和湖湘文化精神的形成影响甚大。近代以来，凡涉及湖南文学史和湖湘文化的论著，无不首述屈原和“楚辞”。

屈原，名平，又自云名正则，字灵均，约生于战国楚宣王三十年（前 340），与楚王室为同族，传为楚武王之子屈瑕后裔。楚怀王时任左徒，参议国事。因主张改革，遭令尹子兰等反对、谗诬，被黜为三闾大夫，流放汉北。顷襄王时再流放江南。他曾遍历洞庭湖滨，并溯沅水而上，以至辰溪、溆浦。后又复返洞庭，浮湘江，入汨罗。顷襄王二十一年（前 278），闻楚都郢被秦攻破，顷襄王出逃陈城，极为悲痛，遂于五月初五投汨罗江而死。

屈原是在《诗经》之后，兴起于我国南方楚地的一种新诗体“楚辞”的开拓者和奠基人。同时他也是中国历史上，第一位以诗作闻名于世的文学家和诗人。屈原的作品，据刘向、刘歆父子的校定和王逸编注，为 26 篇，即《离骚》《天问》《远游》《卜居》《渔父》《招魂》各 1 篇，《九歌》11 篇，《九章》9 篇。其中有一半以上的篇章作于湖南。

---

①李学勤：《论楚帛书中的天象》《再论帛书十二神》，载《湖南考古辑刊》第 1、4 集，岳麓书社，1982、1987 年。

②参见高至喜：《湖南出土楚文物研究综述》，载《湖南省博物馆开馆三十年纪念文集》。

《九歌》11篇，分别祭祀11位神灵。其中，《东皇太一》祭祀最高的主神（或曰即伏羲），《云中君》祭祀云神，《湘君》和《湘夫人》祭祀湘水之神，《大司命》祭祀主宰人寿命之神，《少司命》祭祀主宰生命的女神，《东君》祭祀日神，《河伯》祭祀河神，《山鬼》祭祀山神，《国殇》祭祀和颂赞为国而战死的将士，《礼魂》以礼祀善终者。王逸曰："《九歌》者，屈原之所作也。昔楚国南郢之邑，沅、湘之间，其俗信鬼而好祠。其祠，必作歌乐鼓舞以乐诸神。屈原放逐，窜伏其域，怀忧苦毒，愁思沸郁，出见俗人祭祀之礼，歌舞之乐，其词鄙陋，因为作《九歌》之曲。上陈事神之敬，下见已之冤结，托之以风谏。"① 说明屈原《九歌》作于湖南，大量采集了沅、湘之间，特别是他上下"求索"的沅水流域，民间宗教信仰、神话传说、祭祀习俗和巫辞，附以己意，以抒发情怀。富于神话色彩。其中，传世以来特别享有盛名且极具湖南地方特色的，则当首推《湘君》和《湘夫人》。现引录如下：

湘　君

君不行兮夷犹，蹇谁留兮中洲？美要眇兮宜修，沛吾乘兮桂舟。令沅湘兮无波，使江水兮安流。望夫君兮未来，吹参差兮谁思？驾飞龙兮北征，邅吾道兮洞庭。薜荔柏兮蕙绸，荪桡兮兰旌。望涔阳兮极浦，横大江兮扬灵。扬灵兮未极，女婵媛兮为余太息。横流涕兮潺湲，隐思君兮陫侧。桂棹兮兰枻，斲冰兮积雪。采薜荔兮水中，搴芙蓉兮木末。心不同兮媒劳，恩不甚兮轻绝。石濑兮浅浅，飞龙兮翩翩。交不忠兮怨长，期不信兮告余以不闲。朝骋骛兮江皋，夕弭节兮北渚。鸟次兮屋上，水周兮堂下。捐余玦兮江中，遗余佩兮醴浦。采芳洲兮杜若，将以遗兮下女。时不可兮再得，聊逍遥兮容与。②

湘夫人

帝子降兮北渚，目眇眇兮愁予。袅袅兮秋风，洞庭波兮木叶下。白薠兮骋望，与佳期兮夕张。鸟萃兮蘋中，罾何为兮木上。沅有茝兮澧有兰，思公子兮未敢言。荒忽兮远望，观流水兮潺湲。麋何食兮庭中？蛟何为兮水裔？朝驰余马兮江皋，夕济兮西澨。闻佳人兮召予，将腾驾兮偕逝。筑室兮水中，葺之兮荷盖。荪壁兮紫坛，播芳椒兮成堂。桂栋兮兰橑，辛夷

①引自洪兴祖：《楚辞补注》，中华书局，1983年。

②引自洪兴祖：《楚辞补注》，中华书局，1983年。

楣兮药房。罔薜荔兮为帷，擗蕙櫋兮既张。白玉兮为镇，疏石兰兮为芳。芷葺兮荷屋，缭之兮杜衡。合百草兮实庭，建芳馨兮庑门。九嶷缤兮并迎，灵之来兮如云。捐余袂兮江中，遗余褋兮醴浦。搴汀洲兮杜若，将以遗兮远者。时不可兮骤得，聊逍遥兮容与。①

何谓湘君、湘夫人，历史上有不同的说法。汉代王逸以为湘君者，即湘水神。而谓湘夫人，即舜二妃娥皇、女英。《史记·秦始皇本纪》载，秦始皇浮江入洞庭湖至湘山寺，遇上大风浪，问身旁博士："湘君何神?"博士答曰："闻之，尧女舜之妻，而葬此。"此则认为湘君为舜妻娥皇、女英。刘向《列女传》："舜陟方死于苍梧，二妃死于江、湘之间，俗谓之湘君。"也认为湘君为二妃。宋代洪兴祖《楚辞补注》云："以余考之……尧之长女娥皇，为舜正妃，故曰君。其二女女英，自宜降曰夫人也。故《九歌》词谓娥皇为君，谓女英帝子。"朱熹《楚辞集注》曰："君，谓湘君，尧之长女娥皇，为舜正妃者也。舜陟方死于苍梧，二妃死于江、湘之间，俗谓之湘君，湘旁黄陵有庙。"（祀二妃的黄陵庙在湘阴县，至今遗迹犹存）又曰："帝子，谓湘夫人，尧之次女女英，舜次妃也。"今国内学术界多从洪兴祖、朱熹之说，认为屈原《湘君》《湘夫人》，分别谓娥皇、女英二妃，均为湘水之神。

《湘君》和《湘夫人》上、下两篇，互为对应。《湘君》以巫师扮演的湘夫人的口吻，抒发和描述对湘君怀念和相思之情；《湘夫人》则反之，以湘君的口吻，表白对湘夫人的怀念和相思。两篇虽均属祭祀湘水之神的乐歌，写的是神的生活，但实际上是屈原自身情感理想的寄托、抒发。两篇字数都不多，对人物心理状态描写得却极为细腻，并多用比兴借喻，寓意深长。而由于作者身处沅、湘间，篇内又多有对当地风物的生动描绘，湖南人读来更倍感亲切。

《九章》，包括《惜诵》《涉江》《哀郢》《抽思》《怀沙》《思美人》《惜往日》《橘颂》和《悲回风》。这是一组抒情诗篇，并且与《九歌》取材于神话和宗教祭祀不同，完全是就现实生活的一些感受而作，用以明志，抒发自己那种虽身处逆境仍忧国忧民的情怀，但同样极富浪漫主义色彩。王逸《楚辞章句》云："《九章》者，屈原之所作也。屈原放于江南之野，思君念国，忧心罔极，故复作《九章》。"并认为"章"者，"明也"。"言己所陈忠信之道，甚著

①引自洪兴祖：《楚辞补注》，中华书局，1983年。

明也。卒不见纳，委命自沉。楚人惜而哀之，世论其辞，以相传焉。”① 《史记·屈原列传》载：“令尹子兰……使上官大夫，短屈原于顷襄王。顷襄王怒而迁之。”说明《九章》，系屈原被顷襄王放逐江南之后所作，并非一时一地的作品，是由后人编汇成集题名而传世的，而其中一部分显然属进入沅湘之后的作品。现选录《涉江》《怀沙》两篇如下：

涉 江

余幼好此奇服兮，年既老而不衰。带长铗之陆离兮，冠切云之崔嵬。被明月兮佩宝璐。世溷浊而莫余知兮，吾方高驰而不顾。驾青虬兮骖白螭，吾与重华游兮瑶之圃。登昆仑兮食玉英，与天地兮同寿，与日月兮同光。哀南夷之莫吾知兮，旦余济乎江湘。

乘鄂渚而反顾兮，欸秋冬之绪风。步余马兮山皋，邸余车兮方林。乘舲船余上沅兮，齐吴榜以击汰。船容与而不进兮，淹回水而疑滞。朝发枉渚兮，夕宿辰阳。苟余心其端直兮，虽僻远之何伤。

入溆浦余儃佪兮，迷不知吾所如。深林杳以冥冥兮，乃猿狖之所居。山峻高以蔽日兮，下幽晦以多雨。霰雪纷其无垠兮，云霏霏而承宇。哀吾生之无乐兮，幽独处乎山中。吾不能变心而从俗兮，固将愁苦而终穷。

接舆髡首兮，桑扈裸行。忠不必用兮，贤不必以。伍子逢殃兮，比干菹醢。与前世而皆然兮，吾又何怨乎今之人！余将董道而不豫兮，固将重昏而终身！

乱曰：鸾鸟凤皇，日以远兮。燕雀乌鹊，巢堂坛兮。露申辛夷，死林薄兮。腥臊并御，芳不得薄兮。阴阳易位，时不当兮。怀信侘傺，忽乎吾将行兮！②

王逸曰：“此章言己佩服殊异，抗志高远，国无人知之者，徘徊江之上，叹小人在位，而君子遇害。”③ 屈原志向高远，不落凡俗，却不为人所理解，忠贤不用，小人当道，感叹自身遭遇，特作《涉江》。辞曰：“乘舲船余上沅兮，齐吴榜以击汰。”又曰“朝发枉渚兮，夕宿辰阳”，“入溆浦余儃佪兮”。此章明显是作于湖南沅水流域和古“五溪”地区。所谓“涉江”，应就是涉沅水。并且

---

①引自洪兴祖：《楚辞补注》。

②引自洪兴祖：《楚辞补注》。

③引自洪兴祖：《楚辞补注》。

该诗篇在历史上第一次对湘西和武陵五溪山川景色作了极为生动逼真的描述。如辞云："深林杳以冥冥兮，乃猿狖之所居。山峻高以蔽日兮，下幽晦以多雨。霰雪纷其无垠兮，云霏霏而承宇。"读诵其辞，就如身临其境。

怀　沙

滔滔孟夏兮，草木莽莽。伤怀永哀兮，汩徂南土。眴兮杳杳，孔静幽默。郁结纡轸兮，离慜而长鞠。抚情效志兮，冤屈而自抑。

刓方以为圜兮，常度未替。易初本迪兮，君子所鄙。章画志墨兮，前图未改。内厚质正兮，大人所盛。巧倕不斫兮，孰察其拨正。

玄文处幽兮，矇瞍谓之不章。离娄微睇兮，瞽以为无明。变白以为黑兮，倒上以为下。凤皇在笯兮，鸡鹜翔舞。同糅玉石兮，一概而相量。

夫惟党人鄙固兮，羌不知余之所臧。任重载盛兮，陷滞而不济。怀瑾握瑜兮，穷不知所示。邑犬之群吠兮，吠所怪也。非俊疑杰兮，固庸态也。文质疏内兮，众不知余之异采。材朴委积兮，莫知余之所有。

重仁袭义兮，谨厚以为丰。重华不可遌兮，孰知余之从容。古固有不并兮，岂知其何故？汤禹久远矣，邈而不可慕。惩违改忿兮，抑心而自强。离慜而不迁兮，愿志之有像。进路北次兮，日昧昧其将暮。舒忧娱哀兮，限之以大故。

乱曰：浩浩沅湘，分流汩兮。修路幽蔽，道远忽兮。曾伤爰哀，永叹喟兮。世溷浊莫吾知，人心不可谓兮。怀质抱情，独无匹兮。伯乐既没，骥焉程兮。万民之生，各有所错兮。定心广志，余何畏惧兮？知死不可让，愿勿爱兮。明告君子，吾将以为类兮。①

王逸曰："此章言已虽放逐，不以穷困易其行。小人蔽贤，群起而攻之。举世之人，无知我者。思古人而不得见，仗节死义而已。太史公曰：'乃作《怀沙》之赋，遂自投汨罗以死。'原所以死，见于此赋，故太史公独载之。"② 屈原既被放逐，穷困潦倒，仍不愿失其节志。然世人不理解他，伯乐不能再生，遂死意已决。司马迁作《屈原列传》，特全文引录此赋，以表对屈原高尚人格的赞许，对其不幸遭遇的同情。从赋中"汩徂南土"，"浩浩沅湘，分流汩兮"等句看，《怀沙》应是屈原入沅湘之后自沉汨罗江之前所作。

①引自洪兴祖：《楚辞补注》。

②引自洪兴祖：《楚辞补注》。

《渔父》，则可作屈原《楚辞》单篇的代表，亦作于沅湘间。它与《九歌》《九章》不同，作者自拟问答的形式，寄寓己意。王逸云：“屈原放逐，在江、湘之间，忧愁叹吟，仪容变易。而渔父避世隐身，钓鱼江滨，欣然自乐。”二人相遇，“怪而问之，遂相问答”。屈原曰：“举世皆浊，我独清，众人皆醉，我独醒，是以见放。”渔父则对曰“圣人不凝滞于物，而能与世推移”，即古圣人也是“与时俱进”的，劝他随波逐流。屈原坚持自己的信念，表示“宁赴湘流，葬于江鱼之腹中”，即再次表明宁投湘水自沉，以保节操。①

屈原在湖南创作的楚辞，广泛地采用神话故事和寓言形式，塑造出多种多样的、奇特的艺术形象，且极富于浪漫主义和超现实主义的色彩；而屈原长时期上下求索于湖南“沅、湘”间，其俗信鬼神、好淫祀，民间诗歌与讲唱文学又十分发达，这为屈原的诗歌创作提供了灵感和素材源泉。他的许多诗篇，都是根据在湖南所见所闻的神话传说、民间山歌、祭祀唱词及歌舞加工润饰而成的，深深地打上了湖南的烙印，对后来湖南诗赋和文学载体的发展产生了深远的影响。

五、湖南散文诗歌文学的发端

随着楚人入湘和楚文化的传播，湖南本土文学逐步兴起，并构成丰富多彩的楚文化的重要组成部分。

楚国时期湖南的散文已讲究押韵，这从出土的楚帛书可见一斑。如长沙子弹库出土的帛书中的“乙篇”（即《天象》篇），除少数几句之外，通篇均为韵文。全文可分为3节，现摘引第一节为例：

> 惟□□□，月则赢屈，不得其当；春夏秋冬，□有□常；日月星辰，乱逆其行；赢屈逆乱，卉木亡常，□□□。天地作殃，天棓将作伤，降于其□方，山陵其丧，有渊其溃，是谓孛。孛岁□月，入月七日、八日，有电雪雨土；不得其参，职天雨□□□，是逆月，闰之勿行。一月、二月、三月，是谓递终亡奉，□□其邦；四月、五月，是谓乱纪亡砅，□□二岁，西国有吝；如日月既乱，乃有鼠□，东国有吝，□□乃兵，虐于其王。

在这一节中，押韵的就有这样一些字：“当”“常”“行”“殃”“伤”“方”

①引自洪兴祖：《楚辞补注》。

“丧”，阳部韵；“溃”“孛”，微部韵；“奉”“邦”，东部韵；“砅”“岁”，祭部韵；“兵”“王”，阳部韵。① 这说明当时长沙的楚人已掌握和熟悉押字，通行押韵的散文。

楚国时代，湖南严格的书面载体文学并未兴起，但民间的口头文学却十分发达。这与湖南地区当时受中原正统文化和楚国政治统治的影响、束缚相对较弱有关。如屈原沿引的沅水江畔的“渔父”所歌：“沧浪之水清兮，可以濯吾缨；沧浪之水浊兮，可以濯吾足。”这应是流传于当地的民间歌谣，而这种清丽洒脱、自然而又不乏浪漫色彩的民歌，是远非中原那种正统的诗歌可比的。

六、湖南楚墓的乐器与帛画艺术

楚国时代湖南民间音乐，由于楚人的进入和南北文化的交流与融合得到很大发展。人们无论婚丧嫁娶、节日喜庆、祭祀天地鬼神、敬祖招魂还是行军打仗，都会配用音乐。屈原《九歌》记载的沅湘间楚人的乐器，是以鼓为主，此外还有钟、磬、竽、篪、排箫等。在湖南各地的考古发掘中，出土的楚国时期的乐器物品种类和数量都相当多，特别是澧水下游和长沙地区。如临澧九里1号大型楚封君墓，出土了彩绘凤鸟鼓架、鼓座、编钟架、瑟等。长沙浏城桥1号楚墓，出土的乐器有鼓、笙、瑟。其中，笙，木雕作瓠形，10孔；瑟，长方形，器身用整木雕空，其下另嵌木板，24弦。长沙杨家山6号墓出土瑟1件，有小木俑跪坐作弹奏状，又出土木雕吹奏俑数人，双手作吹奏状，亦作跪坐式。长沙仰天湖14号墓，出土小木鼓1件，直径仅14厘米，其上用金色绘云涡纹，可以跪坐敲打。长沙五里牌402号墓，出土有龙凤彩绘漆盾一件，制作甚精，是用于作古代中原大型“万舞”的舞蹈器具。五里牌3号墓出土琴1件，形状似筑，有10弦，琴面头端宽，尾部窄小收杀，尾下有一轸，底部凿有“T”形槽，通长79厘米。长沙荷花池1号楚墓，出土铜铎2件，以及木瑟、木鼓、木鼓槌、铎槌各1件。在怀化地区黔城镇3座战国墓中，共出土编钟23件，形制大体相同，大小相次，其钟钮、舞、篆、镇各部均镂空，素面无纹饰。这批编钟非实用乐器，只是用于随葬的明器。

从考古资料证实，楚国时代湖南地区的音乐艺术已达到相当高的水平，有

---

①参见李学勤：《论楚帛书中的天象》，载《湖南考古辑刊》第1集，岳麓书社，1982年。

各种管弦乐，也有打击乐，并且出现了专业的演奏者——乐师。成套吹笙木俑的出现说明乐师已有乐队群体。编钟的出土显示出群体合奏音乐的技巧已达相当高的水平。

湖南各地出土的大批帛画，充分反映了楚国时代湖南的绘画艺术的发达繁盛。1949 年在长沙陈家大山楚墓中出土的人物龙凤帛画，是迄今为止我国发现的最早的帛画。长 31 厘米，宽 22.5 厘米。其构图与布局分为 3 层：上层为天空，左上为一龙，右上方为凤。凤鸟形状茎劲奋起，有飞升天国仙境之意。它与龙均为升仙登天的工具。中部偏右画一侧立妇女，应为墓主形象，高髻细腰，广袖宽裾，双手合掌作祈祷状。下层画一弯月形物，代表大地。（附图 21）

1973 年出土于长沙子弹库 1 号墓的人物御龙帛画，可说是人物龙凤帛画的姊妹篇。（附图 21）此帛画长 37.5 厘米，宽 28 厘米。画图中画一男子，侧身向左立，危冠长袍，手持长剑，持缰御龙，龙则奋首卷尾，似“乙”字形龙舟。龙尾立一鹤，作昂首长鸣状。龙首直下，水中有一条游动的鲤鱼。画的上端有一华盖遮于人物头顶之上，华盖有三根垂飘的丝穗。

这两幅帛画，均以墓主人死后乘龙驾凤升天为主题，是楚人引魂升天的宗教意识在绘画题材上的反映。它们都以白描为主，个别部位也有平涂的。表现手法虽有原始绘画追求个别形象的完整、所画各物互不相掩以及不甚讲求比例的特点，但比青铜器上的刻纹和漆器上的彩绘已有显著的进步。线条流畅，细部往往有传神之笔。画女子神态娴雅，画男子则气度从容，可见画师颇具功力。画面构思谲怪，立意新奇，这反映了楚国艺术的传统风格。人物龙凤帛画和人物御龙帛画，堪称我国早期国画的双璧，是中国艺术史上典型的具有民族风格的国宝。

长沙子弹库楚墓出土的帛书上的十二神兽画，也是我国帛画的杰出作品。帛书上分别画了十二个神怪，或双蚪合体，或鸟身人首，或三头一身，其神秘诡异，不可言状。同样也是我国极为难得的艺术珍品。

七、原始宗教信仰与神话体系

春秋战国之际，湖南地区的土著蛮夷民族，大都信奉原始宗教，崇拜各种自然之神和祖先之神。楚人南下后，又带来了楚人的宗教信仰和神话传说。二者相互影响、融合，构成楚国时代具有湖南特色的宗教和神话。

屈原《楚辞》中的许多篇章，如《九歌》《天问》《九章》等，描绘了楚人的神话体系和民间宗教信仰。特别是《九歌》，更是湖湘民间风俗信仰的生动写照，而《天问》反映的则主要是湖南地区的原始神话体系。

当时湖南土著居民，普遍相信有一个与现实世界相对应的天上神仙世界和阴间鬼灵世界，神鬼与人之间的区别很明显，但神与鬼灵之间有时却混淆不清。特别是山川万物之神，是与鬼灵极其相似的。如《九歌》中的山鬼，是山之精灵，名为山鬼，却实是山神。又如楚帛书中所画的十二月神，与其说是神，不如讲是一些鬼怪。其中春正月之神，画的就是两条交缠在一起的蛇。楚人这种鬼神不分的宗教观念，显然是来自于湖南当地土著蛮、越民族。至今湖南地区的苗族仍然是鬼神不分的，苗语中甚至还只有“鬼”而没有“神”。

楚人认为，天上的神与阴间的鬼怪、精灵，对人间世界都有影响，既可以保佑世人，给人带来福祉，又可以降灾难于人间，惩罚或危害人类。如帛书所云：“惟天作福，神则格之，惟天作妖，神则惠之。”人们通过祭神和巫术等各种手段，来沟通人与鬼神的关系。祭祀又分一般祭祀和特殊祭祀。一般祭祀活动普通人都可进行，特殊祭祀则必须由专业神职人员即巫师主持。祭祀必须庄严、虔诚。帛书说“民祀不庄，帝将由己”，就会抛弃他们。[①] 从屈原的《九歌》中，还可以看到生动的祭神场面。

楚国时期的湖南居民多相信灵魂之说。他们认为灵魂可以不死，可以脱离人的肉体，游离于另外一个世界，当人得重病时或死后，往往就是这样。于是，民间产生和兴起招魂的习俗。人们延请巫师，通过巫师的一种神秘仪式，如乐舞、咒语、唱词等，招回走失的游魂。屈原《大招》所云：“魂乎归徕，无东无西，无南无北只。”实际就是当时湖南民间流行的招魂词语。这种招魂习俗，近代以来还在湖南各地各民族居民中流行。由于人们希望死后自己的灵魂可以升天，故在墓葬中随葬各种生前用具和专为阴间准备的明器。此外，往往还随葬一种镇墓兽，在湖南各地的楚墓中均有发现。这是一种凤鸟的化身，能引导人的灵魂在死后升天。长沙出土的楚国帛画，也以引魂升天为题材。这都说明，灵魂不死和灵魂升天的信仰，在当时的湖南民间极为流行。

楚人盛行占卜术。长沙子弹库帛书中有“卜问吉凶”之语，长沙仰天湖和临澧九里出土的楚简中有大量占卜的记载。人们以卦筮来卜问神灵有关人的生

---

①见何琳仪：《长沙帛书通释》，载《江汉考古》1986 年第 1 期。

老病死、婚丧嫁娶等一切世俗行为的吉凶。

楚人所信奉的神灵非常庞杂。依据《楚辞》和子弹库帛书等材料，大体可分成两大类：自然神和英雄神。

自然神，即将各种自然物体和自然现象神灵化，作为崇奉对象，如日、月、星、云、风、雨、雷电、山岳、河川等。在《楚辞》中有日神东君、云神云中君、风神飞廉、水神河伯、湘君、湘夫人、湘灵，还有主管生命的大司命和少司命等神。其中，湘灵、湘君、湘夫人，更是湘地、湘川之神，为湖南地区所特有的。楚人认为天上众神之中有地位最尊者，在《楚辞》中称上皇，即“东皇太一”，在楚帛书中则为“帝”，即上帝、天帝。屈原《九歌》各章以诸神之名标题，首章即为“东皇太一”，记述湘人祭祀上皇的情景。

英雄神，即族神、祖先神的升华。在湖南地区当时又包含着不同的体系，而主要有东方吴越民族神话体系和中原华夏与楚人楚族神话体系。在长沙子弹库帛书中所反映的主要为东方吴越神话体系，以伏羲、女娲为最尊神。他们是天地万物之神，又是补天的英雄和确定岁时的神。

伏羲之外，还有赤帝（即炎帝）、祝融，他们是奠定三天四极（即天地四方）的神。还有帝夋，也见于《山海经》，即帝舜、帝俊。在帛书中，“帝夋乃为日月之行”，是制定日、日运行之神。共工氏是管日之神，他襄助其父祝融“授民以时”。在《楚辞》诸篇中，较全面地反映了中原华夏族与楚族共同的英雄神话体系。这类英雄神，以三皇五帝为基本神，如《楚辞》中的轩辕（黄帝）、高辛（帝喾）、宓妃（雒嫔）、西皇（少昊）、炎帝（神农氏）、玄冥、高阳（颛顼）、三后（禹、汤、文王）、尧、舜（重华）、彭咸、鲧、蹇脩、王乔等。

此外，湖南原土著蛮、濮、巴诸族居民一些具有自己民族特色的神话传说，如关于“盘瓠”崇拜和“廪君”化虎等神话，也应是在先秦时代开始形成和流传的。

第四节　湖南“蛮”“濮”族和古越人、“巴人”文化

夏、商、西周三代，即先楚时代，湖南境内除少量南迁的中原和华夏族人

之外，主要为蛮夷部落和族群聚居地。其中，包括“蛮”“濮”族和古越人。早在新石器时代后期，即屈家岭文化和龙山文化时期，从湖南各地存在的考古文化的地域性差异中，已可以看出这些不同族群活动的遗迹。进入春秋战国后，湖南的“蛮”“濮”族群和古越人生活地域发生了变迁并不断缩小，但其文化仍在继续发展。同时，湖南又出现了新的族群和新的文化因素，即“巴人”和“巴”文化。这些族群在楚国境内，构成先秦湖南先民的重要组成部分，而其多元的文化亦成为后来湖湘文化发展的重要渊源。

一、湖南的“蛮”“濮”族及其文化

“蛮”，即尧舜禹时代的“三苗”后裔，殷商和西周时代所称的“荆蛮”，广泛分布于长江中游和洞庭湖南北。湖南境内的“蛮”，与江北楚人均属“蛮”和“荆蛮”，即为同一族系。春秋战国之际，湖南境内的“蛮”，一部分同南下的楚人融合，构成湖南的楚人和楚族，但还有不少成员和一些支系，他们依然保持自己的独立性和特点，被楚人统称之为“群蛮”，成为楚人征伐和挤压的对象。他们逐步退出江湖平原地区，溯澧、沅、资诸水而上，进入武陵山区，徙居湖南西部及西南地区。

“濮”，或作“卜”，因其支系和部落众多，又统称为“百濮”。商周之际，濮人的势力相当强大，西南地区参加武王伐纣的八大部落中就有一支叫“濮”。古濮人的分布地域较广。据《史记·楚世家》载：“濮在楚西南。”裴骃《史记集解》引杜预曰：“建宁郡南有濮夷。”建宁郡，晋置，故城在今湖北石首。楚西南和建宁郡南，包括了湖北的西南部和湖南的澧水流域和沅水中上游地区。这些地区均分布有大量濮人。所以楚国向湖南西部沅水流域扩展时，名曰“启濮”“开濮地”。而“濮”，又常被称为“蛮”，包括于“蛮”的族群之内。从考古文化看，“蛮”与“濮”实际上也是属于一个文化范畴。

早在新石器时代后期，沅水流域地区就存在着具有明显特色的不同的土著文化，其中已包含着后来“蛮”“濮”族群的文化因素。至商、西周时代，这些地区的文化遗存，基本上均可归为“蛮”“濮”文化的范畴。主要有辰溪县潭湾遗址、张家溜遗址，泸溪浦市遗址上层，麻阳兰里遗址等。

沅水中游的这些文化遗存和所采集的商代文物，都已受到中原商文化和澧水流域“荆蛮”和先楚文化因素的影响。如出土的陶器，陶系以夹砂红褐陶、红胎黑皮陶为主，极少纯正的灰陶。同样都出土夹砂红陶附加堆纹大口缸、花边圈足碗和盆等。但总的来看，沅水中游地区的商代遗址出土的陶器多平底圈足器，还有少量的尖底器，却不见中原文化和“荆蛮”先楚文化的典型器物三足器，既不见鼎，也没有鬲。最具特色的一些器物，如出土的类似尊的长颈平底侈口夹砂罐、厚胎尖底钵，以及多拍印方格纹和刻划网纹等，也均不同于中原文化和澧水流域石门皂市商代遗址的文化遗存。

自楚平王（前528—前516）“为舟师以伐濮”，楚国势力席卷沅、澧中下游之后，直接处于楚国统治下的“蛮”“濮”族人，逐步融合于楚人，成为楚民族的一部分。但大部分“蛮”“濮”族成员，迁入山区和边远地区，依然保持了自己的独立性和固有的文化特征。从考古文化可以看出，春秋战国时代，在湖南西部地区也确实一直存在着具有鲜明特色的“蛮”“濮”文化因素，留下不少属于“蛮”“濮”族的文化遗存。而在湖南西部地区所发掘的“楚墓”中，其实，有相当多的都应该是“蛮”“濮”人墓，而并非楚人墓。

从出土的青铜器物的文化风格和特征看，“蛮”“濮”文化最具代表性的是一种青铜剑。湘西保靖县的四方城遗址和战国楚墓，先后发掘出土了青铜剑8件。最长的一件，全长41厘米，多数为20～30厘米左右。经鉴定为战国时期遗物，同四川的“巴式剑”、广西宾阳战国剑、云南滇西青铜剑，以及中国北方的青铜剑比较，均有明显不同之处。如四川“巴式剑”无格无首，滇西地区的剑无格、扁平、空心柄，广西宾阳的战国剑亦无格，而北方青铜剑的首、身、茎一次铸成。保靖出土的剑，有格及柄首，剑身与茎合铸，或格与柄首合铸，多数剑茎上有圆孔或方孔。此外，纹饰也不同。保靖出土的这批青铜剑，多云雷纹、水波纹、回旋纹、曲折纹、同心圆纹等，而这些纹饰均为其他地区青铜剑所未见。考古界据此判断，这些青铜剑既非“楚式剑”，也非“越式剑”“巴式剑”，代表着“一支独立的青铜文化”①。即应是当地土著“蛮”“濮”民族的文化遗存。

在“蛮”“濮”民族聚居的澧水和沅水中上游的其他一些地方，也出土过与保靖四方城青铜短剑同类的青铜剑。如溆浦县马田坪出土的一柄青铜剑，残长26.4厘米，扁茎，上有一个圆形小孔，剑身中脊起棱，茎身合铸，宽格套在剑上，格上正、背面均以四个同心圆纹为饰。又如慈利县官地一座战国墓出土

①参见刘长治：《湘西保靖县发现几件青铜剑》，载《湖南考古辑刊》第5集，岳麓书社，1989年。

的一柄青铜剑，通长33.2厘米，扁茎无首，茎脊贯连，从风格看，与四方城的青铜剑大同小异。考古界公认，这两柄短剑也都非楚人或越人和巴人的遗物，而应是当地土著“蛮”“濮”民族居民所铸制的青铜器文化遗物。（附图22）

从墓葬形制与习俗看，在湖南已发掘的数以千计的楚墓中，有一部分明显包含着许多土著“蛮”“濮”族的文化因素，实际上应是“蛮”“濮”族人的墓葬，而非楚墓。例如，在原认定的“楚墓”中，有一类设头龛土坑墓，集中分布于澧水和沅水流域，即湖南土著“蛮”“濮”族聚居地区。龛挖在墓坑壁上，随葬器物多放在龛内。随葬的陶礼器虽略同于楚墓，但有些器物却具有其明显的独特性。如澧县丁家岗一座春秋中期墓，出土的陶鼎，为泥红陶、小口、平折沿、束颈、平折肩、浅圆腹和矮方形足。其形制、风格与楚式鼎、越式鼎，以及中原周式鼎，均不相同。考古界认为，很可能为当地濮人自己制造的一种器物。① 又如，楚墓大多数的墓坑与尸体埋葬方向，是南北向，但其中有一部分却取东西向。据津市金鱼岭发掘的22座楚墓统计，能够判明墓坑方向的共有16座，其中南北向12座，东西向4座。这类墓坑与尸体取东西向的楚墓，在长沙、益阳和澧水、沅水流域的其他地区也有发现。这应是“蛮”“濮”族人所固有的一种信仰和葬俗的表现及文化遗存。而这种葬俗在我国西南各地苗族中，直到近代依然流行，习称“横埋”。根据苗族世代相传，他们的祖先原本居住在东方平原地带，后因战争失败等原因，才跋山涉水，向着日落的方向即西部山区迁徙。他们认为，人死之后，其灵魂要回到东方去同祖先团聚，所以墓坑必须东西向，头必须朝东。由此判断，春秋战国时代湖南境内，采取东西向的楚墓，其实很可能就是苗瑶民族的先民、当时归附于楚人和楚国的“蛮”“濮”族人所留下的墓葬。

二、湖南的古越人与越文化

在楚人入湘前，古越人广泛分布于湘东北、湘东、湘中和湘南地区，即几乎整个湘江流域以及资水中下游地区。楚人入湘后，越人的分布地区逐步发生了变化。随着楚人的进入，湘北、湘东北和湘中的越人大批南迁。至战国中晚期，湘东北已很少有越人的踪迹，而大量越人集中于湘江中上游，尤其是湘南

①参见曹传松等：《楚带龛墓及其民族问题的探讨》，1990年楚文化研究会第5次年会论文（打印稿）。

地区。湖南近几十年来的文物考古发掘资料，大致可证实这一变迁过程。

春秋早期，湖南古越人墓葬，在湘北、湘中和湘南各地都有发现，而以地处湘南的资兴旧市等地最为集中。20 世纪 70 年代在东江水电站工地就发掘清理了 47 座春秋早期越人墓。春秋中期，湘北地区已未留下典型的越人墓葬，但在湘中、湘南地区越人墓还比较普遍，同时还留下不少越人生活遗址。在湘中和湘东北发掘的一些春秋晚期墓葬和遗址中，常见有楚文化遗物与越文化遗物共存的现象。这说明，到春秋晚期，在湘东北和湘中一带楚人已确立了自己的统治地位，但也还有越人居住，他们或已归附于楚，与楚人共同生活，因而出现二者不同文化的交错与共存。至战国时代，随着楚国对湖南全境的征服，湘北、湘东北，以至湘中地区，楚人大批南迁，当地土著越人墓葬先后基本消失，当然也并非完全绝迹，代之而起的是大量的楚墓。而与湘北和湘中不同，在整个战国时代，湘南地区仍留下大批越人墓，并且在定性为楚墓的墓葬中，也常能见到越文化的因素。

古越人的墓葬形制及出土器物，均有自己的特征。其墓多为方形土坑竖穴，墓坑特别狭窄，长而浅，一般长宽比例在3∶1 以上，有的达6∶1，并且多在墓底设置腰坑，埋上一件陶器，这与中原华夏族在腰坑里埋狗或殉人完全不同。随葬器物，以兵器、生产工具和生活用品为主，尤以随葬青铜兵器最为普遍，罕见随葬礼器，这与中原人和楚人都有区别。在新石器时代后期出现的几何印纹硬陶，仍属古越人的典型陶器，在湖南各地越人墓葬和遗址中多有出土。越人在楚国势力进入前已掌握青铜器铸制技术，有成熟的青铜文化，并创造了一套典型的“越式”青铜器。如三足细高而外撇的“越式鼎”，扁茎无格的“越式剑”等，都是春秋战国时代古越人的典型文化遗物。（附图 23）现就湖南各地越人墓葬的发掘及文物出土情况简介如下：

资兴旧市发掘春秋时代越人墓 45 座，墓葬密集，无封土堆，保存完整。葬坑为狭长形土坑竖穴，长宽比例一般都在3∶1 以上，最大的比例为4.5∶1。其中有一座头龛墓、一座腰坑墓、一座有四边二层台。有 24 座无随葬物品，最多的一个墓出土玉玦和水晶玦饰品 21 件，少的仅 1 件。共出土遗物 117 件，其中青铜器 60 件，而铜兵器多达 46 件。兵器中有无格短剑、矛、戈和箭镞。此外，还有铜鼎和小型工具斧、锛、刮刀等。饰品有玉玦、水晶玦。陶器极少，仅出土 1 件陶豆、1 件纺轮。所出铜鼎为“越式鼎”；铲形双肩铜钺，与广东清远出土的春秋晚期铜钺很相似。此外，铜削也与广西、广东等“百越”地区出土的相同。这批墓葬属于春秋时期的越人墓，但已见中原文化的明显影响，如戈、矛、箭镞、铜斧、玉玦等，多类似于中原文化风格。

资兴旧市已发掘战国时期的墓葬共84座，其中40座为越人墓。分布相对集中，部分有封土，但形制不大。墓坑全为土坑竖穴，有狭坑和宽坑两类。其中，宽坑18座，有头龛兼二层台的3座，单纯二层台的2座，边龛墓4座，腰坑墓3座，龛内均放随葬物。每座墓都有随葬物，数量不多，最多的也只有10件，少的仅1件。随葬器物包括两类：一类为越人文化遗物，另一类为楚文化遗物。越文化遗物有生活实用陶器，如罐、碗、杯、盂及陶纺轮等，无组合规律；另外有铜兵器短剑、矛、刮刀等，而铜鼎的数量最多，40座越人墓共出土24件铜鼎。楚文化遗物数量不多，有陶器鼎、绳纹圜底壶，铜兵器剑、矛、戈及铜镜、削、铃等，铁工具凹字形锄和玻璃珠等物品。考古界认为，这种越文化与楚文化共存现象，反映了战国时期楚人进入湘南以后，与原土著越人二者之间文化的交错与融合。①

在衡阳苗圃山及相邻五马归槽一带，衡阳考古工作者发掘古墓56座，其中大多数为楚墓，确认为越人墓的13座。这些越人墓均为窄长条形土坑竖穴，壁、底不平整，无墓道与龛坑，长宽比例都是3∶1。随葬器物很少，8座墓无随葬品。出土的陶器有纺轮2件，还出土铜箭镞、铜斧、铜匕首、玉瑗、砺石各1件。年代属春秋晚期。楚人墓最早的为战国早期。② 说明在战国以前，衡阳地区主要居民还一直为古越人。

距耒阳县城5公里的灶市，发掘清理古墓40座。其中，春秋墓19座，战国墓21座。春秋墓均集中在灶市，形制除1座特殊之外，其余均为狭长竖穴土坑墓，长宽比例绝大多数在3∶1以上。出土器物共24件，大多数墓只出1件，最多的出土4件。其中铜器13件，有剑、铲、刮刀、匕首、矛、镦、环等；石器7件，有石锛、砺石等；陶器4件，有豆和盘。耒阳这批春秋墓，形制和出土器物与春秋战国楚墓均迥然不同，而与资兴旧市及其他地区越人墓，有许多共同特点。如铜器多，陶器却少见，所出3件陶豆，与资兴旧市、江西九江，以及广东中部所出陶豆，都相近和相似。可以确定，这批墓葬属春秋时期的越

①参见吴铭生：《湖南东周时期越人墓葬研究》，《湖南考古辑刊》第5集，岳麓书社，1989年。

②参见衡阳市博物馆：《衡阳市苗圃五马归槽茅坪古墓的发掘》，《考古》1984年第10期。

人墓。21 座战国墓已属楚墓，但从形制和器物组合看，仍有不少越文化的因素和影响。如其中战国早期墓常见铜鼎，而不出陶豆，这与越人习用鼎为炊具有关。又如，春秋越人墓所特有的扁茎剑，在这批战国楚墓中还继续出土，只是形制有所改变。这说明墓葬所在地区，原为古越人的世居地，自战国时楚人进入，楚人与越人错居共处，楚文化与越文化相互影响并正在逐步融合。

株洲市白关越人墓。该墓位于株洲白关镇团山村，墓坑已毁，其长度在 2 米以上，深 0. 7 米。出土青铜器 6 件，其中铜鼎 1 件、铜戈 1 件、铜锛 2 件、铜矛和刮刀各 1 件。未见陶器随葬。所出铜鼎，直耳、袋腹、兽蹄柱状足，带凹槽，纹饰为单体夔和变云纹，与资兴旧市及长沙金井等地春秋越人墓所出土的器物相类似。铜矛等亦与资兴旧市等地所出相似，均具古越人风格。而此墓只随葬铜器，不见陶器随葬，也与越人习俗相符合。其年代不晚于西周末年或两周之交。

长沙金井出土的越人青铜器。金井位于长沙市往平江县的公路中段，已处湘东北。湖南考古人员在此清理了一块墓地，出土青铜器 7 件。其中铜鼎 6 件、匕首 1 件。从出土的铜鼎的形制与风格看，受到中原商周铜器的影响较明显，但二者的差异依然很大，尤其是鼎上所饰的曲折纹、变形夔纹和短直线纹等，既与中原的作风不同，又与楚器迥异。所出匕首，与中原和楚人的同类器物也均不同，而与广东清远所出的匕首相似，特别是二者都以人像为饰，反映出关系的密切。金井的这批青铜器，具有南方土著民族的独特风格，应是古越人的文化遗物。其年代为春秋早期。

湘乡五里桥、何家湾先后发掘清理了 5 座古墓。五里桥 1 座，为带壁龛的长形土坑竖穴墓，出土随葬品 29 件。除 1 件砺石、4 件玉器外，其余均为铜器，包括壶、鼎、盆、矛、戈、削、篾刀、斧、镞等。其中 1 件铜壶和 3 件铜鼎，出自壁龛。何家湾的 1 号墓，亦为带壁龛的土坑竖穴墓，出土铜器 8 件，包括铜鼎、铜缶、铜削、铜敦。鼎、缶、削各 1 件，出自壁龛。2 号墓，有头龛，无随葬器物。3 号墓出土 1 件铜鼎。所出土的多数铜鼎，足细长外撇，属越式鼎；出土的无格剑、篾刀、削等，也均为越人墓中常见的随葬品，而墓葬中不见陶器；狭长的墓坑也与越人墓特点相符。由此可以断定，湘乡的这批墓葬为古越人墓，年代属春秋晚期。其中所出红铜镶嵌壶、敦、缶、矮脚足鼎，则为中原和楚式器物。说明春秋晚期，随着楚人进入湖湘，地处湘中的湘乡已属楚国的势力范围，原土著的越人文化受楚文化的影响明显，二者呈交织并存的态势。

湘北汨罗永青村等地早些年发掘东周墓67座，绝大多数为战国时期楚墓。但其中有些墓仍具有明显的地方特点。如所出的罐，有的类型特殊，未见于长沙、益阳等地楚墓；铜鼎的形制与楚式鼎显然不同，属越式鼎；铜矛也与楚式矛有区别，而与其他地区所出越式矛相同。这些青铜器，显然不属楚文化的范畴，而应是古越人的器物。还有一座墓，无陶器随葬，出土越式鼎，很可能就是已归附于楚国的当地土著越人墓。这说明，直至战国中期，湘北地区仍有古越人活动和越文化的影响。

从考古文化资料看，湖南大部分地区曾为古越人生活与聚居的地区，并且在楚人进入之前，已产生和发展了自己具有特色的青铜文化。春秋战国之际楚人进入后，留居湘江中下游地区的越人，归附于楚人，并逐步与楚人融合，秦汉以后共同成为湖南汉民族的组成部分。战国中后期仍大量聚居湘南地区的越人，则保持着自己的民族文化特色，秦汉以后与聚居于今天两广和湘、桂、黔边的古越人一道，几经演化与分合，逐步形成侗、壮、布依等民族，古越人的文化得以继续传承和发展。

三、湖南“巴人”源流及其文化遗存

古代巴人，相传最初起源于鄂西清江流域，为“廪君”巴务相之后。巴人曾参加周武王伐商纣王，周初受封建立巴子国。其领域大致为今鄂西和重庆市（原川东）一带。巴、楚相邻，两国之间曾长期进行争战。至战国时期，随着楚国势力的强盛和称霸南方，巴人为楚所逼，逐步向西退缩，其政治中心由鄂西转到川东，长期以枳（今重庆市附近）为都城，直至为秦国所灭。

湘西北地区由于与巴人发源地鄂西山水相连，很可能在春秋时期已有少量巴人徙入。但巴人较集中地徙居湘西北和湘西地区，应是在战国中晚期和巴灭国之后。唐代梁载言《十道志》载：“故老云，楚子灭巴，巴子兄弟五人，流入黔中。”楚黔中郡，故治在今湘西沅陵县境，即沅水中游地区。巴国在公元前316年为秦国所灭。在此前不久，楚国也曾一度占领巴国都枳。《十道志》所载楚人灭巴当为秦人灭巴之误，但也可能是指楚人占领巴国的国都，时间均为战国中期。正是由于楚、秦势力的压迫，川东的巴国遗民才可能大批流徙入湘，散居于湘西北和湘西“蛮”“濮”族地区，也就为湖南带来了“巴人”文化，并与当地“蛮”“濮”文化、楚文化形成交错共处的局面。

“巴人”文化的一个特征是崇拜虎图腾。《后汉书·西南夷列传》记载：巴人酋长“廪君”死，“魂魄世为白虎”。唐代樊绰《蛮书》也记载：“巴氏祭其祖，击鼓而祭，白虎之后也。”湘西等地出土的一些以虎形和虎纹为饰的器物，可能就是属于巴文化的遗物。巴人还有一套自己的青铜文化体系，最富于特色的是虎钮錞于、巴式剑、巴式戈等青铜器。（附图 24）现就湖南境内已发掘的巴人墓葬及巴人文化遗物出土情况简述如下：

溆浦县马田坪巴人墓。马田坪古墓区共 67 座战国墓，其中 58 座为楚墓，与其相邻有 8 座巴人墓。这是考古界所确认的湖南为数不多的巴墓中唯一集中的墓葬区。这批巴墓的形制均为竖穴土坑，并与楚墓中的长方形宽坑相同。葬具为一棺一椁。随葬器物以铜兵器为主，陶器较少，个别墓仅出土铜兵器而无陶器。共出土 26 件铜器，全部为兵器。其中剑 10 件，多为扁茎和扁椭圆茎，身为柳叶形状或长三角形，中部有棱脊，无格。有 2 件与楚墓中常见的剑相同。还有铜戈 4 件、矛 5 件、镞 5 支。陶器器型为罐、鼎、壶、豆和匜。这些陶器为战国中期和偏晚的楚墓中常见器型，但没有各地战国中后期楚墓的那种鼎、敦、壶的陶器组合，特别是随葬品以兵器为主，且其青铜剑多不同于楚式剑。据此考古界认定这 8 座墓为战国中期或偏晚时期的巴人墓。因进入楚地葬于楚地，所以这批巴墓在形制和随葬器物方面，又都反映出楚人文化习俗的影响，以及巴文化与楚文化的交织和并存。

距马田坪约 40 余里的溆浦大江口，亦发掘清理出 1 座巴人墓。墓室为土坑竖穴，南北向，墓底铺有大量卵石。随葬物品有陶器和铜器。其中，绳纹圜底罐 1 件、陶豆 1 件、虎钮錞于 1 件、铜钟 1 件、铜盆 1 件、铜铎 1 件。绳纹圜底罐虽为湖南战国较早时期的楚墓中所常见器物，但该墓的形制和随葬的虎钮錞于、铜铎、薄体小乳钉的铜钟，其造型和纹饰特征，都与原巴国中心地川东涪陵小田溪战国墓所出的同类器物完全相同。据此，考古界认定此墓为战国时期的巴人墓，虎钮錞于、铜铎、铜钟属巴人文化遗物。

在湘西和原楚黔中郡及相邻地区的战国楚墓中，还零星出土过一些巴人文化遗物。如常德 26 号战国墓，出土 1 件巴式戈。该戈长胡三穿，援中棱脊不明显，全长 23.4 厘米，援末近阑侧两面各铸铭文一行。其中一面铭文的第一个字上方，以及第四、五个字中间，铸有太阳状符号。这种太阳状符号纹饰，为巴人和巴蜀青铜器上所常见，而未见于其他地区的青铜器。又如，益阳资江机器厂工地的 1 座战国墓，出土 2 件形制相同的戈，类巴式戈，两侧均有虎形图案，还铸有铭文，待考辨。此外，保靖四方城等战国遗址和楚墓中，也发现呈柳叶形，有虎纹或手心纹的青铜剑，考古界将其归为巴式剑。由于出土这些青铜器的墓葬，一般均出土具有楚文化特征的陶器组合，所以鉴定为楚墓。出土的巴式铜器，有可能是由巴人传入楚地、为楚人所使用的巴器。但也不能排除另一种情况，即出土这些巴器的墓主人本为巴人，进入楚地后接受了楚文化，是不同程度已融合于楚人的巴人。无论属哪一种情况，都证明春秋战国时期，确实有一部分巴人进入了湖南，特别是湘西和楚黔中地区，他们带来了巴文化。

从考古资料看，巴人在湘西和楚黔中地区留下的文化遗迹并不多，可见人数也不会太多。其中一部分依附于楚人，并逐步与楚人融合，成为秦汉后统一汉民族的组成部分；还有一部分巴人入湘后，留居较偏僻的山区和“蛮”“濮”地区，而逐步融入当地族群，成为后来武陵五溪蛮的一部分，其民族文化的某些因素得以继续传承。

第三章　秦汉至南北朝湖南文化

(公元前221年至公元589年)

自秦始皇兼并六国和秦、汉中央集权的封建帝国建立后，湖南各族人民进入了祖国统一的多民族的大家庭，三湘大地成为中国不可分割和极其重要的组成部分。在秦和两汉的400多年间，湖南经济社会逐步获得新的发展，其水平同中原地区大体相近。社会生产力的提高，封建经济、政治，以及与其相应的文化的发展及其在各方面的成就，都是十分明显的。马王堆汉墓出土的帛书、帛画和丝麻织品、竹木漆器等数千种珍贵文物，充分反映了当时湖南地区经济社会和文化发展的水平。特别是帛书中最古的《老子》抄本和《黄帝四经》古佚书，以及一批失传的医药学和春秋战国史学著作的发现，说明古老的华夏传统文化当时不仅在湖南获得了传播，而且在其传承和发展方面湖南地区发挥了重要的作用。湖南的楚文化和民族文化，与中原华夏文化及其他地域文化，相互吸收与融合，在湖南开始形成与中华文化既有统一性和共性，又具地方特色的湖南区域文化。与此同时，出现了第一批最早见诸史册的湘籍人物和名士。两汉之际，如出任交州刺史政绩卓著的罗宏，发明造纸术的蔡伦，官至尚书的胡腾、蒋晋等；汉末和三国时期，则有桓阶、刘巴、黄盖、蒋琬等湖湘古代第一个人才群体。他们以自己的聪明才智和文治武功，均在中国历史的发展中作出了贡献。而长沙国太傅贾谊，长沙太守张机，先后出任桂阳太守政绩斐然的卫飒、茨充等，这批入湘的中原和外籍人士，又促进和积极影响了湖南经济社会和文化的发展。

魏晋南北朝时期，湖南先属孙吴后归曹魏，经西晋短暂统一后，则依次归于东晋和宋、齐、梁、陈四王朝。由于全国政治、经济、文化重心的逐步南移和北方人口的南迁，湖南地处江南，相对而言受战祸兵燹较小，社会比较安定，因此湖南地区得到进一步开发，经济、文化都有长足的进步和发展。阴铿是这一时期湖南文学方面的突出代表，其诗作直接对李白、杜甫产生了影响。东晋罗含的《更生论》，则是湖南最早的具有朴素唯物论和辩证法观点的哲学著述。两晋南北朝兴起和流行的“清谈”与“玄学”思潮，在湖南也十分盛行，出现了刘先、潘京、伍朝等一批有影响的玄学家。对中国传统史学的发展产生相当大影响的邓粲《晋纪》《元明纪》，在《三国志》裴松之注中多次引用的晋代张方所撰的《零陵先贤传》，《太平御览》收有部分内容的黄闵《武陵记》等，代表了湖南史地学的初步形成和发展。自西晋初年佛教、道教由北方传入湖南，并获得迅速发展，南岳衡山和长沙岳麓山开始成为重要的佛、道圣地，深刻影响了古代湖湘文化的发展。

第一节 文献与学术

一、马王堆汉墓文献与秦汉简牍

（一）最古的《老子》传抄本和“黄老”四种佚书

1972 年初至 1974 年初，湖南考古人员在长沙马王堆，先后发掘了西汉长沙国丞相利仓家族三座大型墓葬，即马王堆 1、2、3 号墓，除利仓妻辛追的两千年不朽的古尸外，还出土了数千件珍贵文物。其中，尤为难得的是发现了一批极有学术价值的帛书。①

《老子》是先秦道家的代表作，作者相传为老聃，成书年代可能为战国初期。马王堆汉墓出土的帛书中，有《老子》的甲、乙两种抄本，甲本字近篆体，乙本为隶书。甲本不避刘邦讳，也不避秦始皇父庄襄王子楚讳，其抄写年代当在秦亡之后不久，约公元前 200 年左右。乙本，仅避刘邦讳，抄写年代可能在惠帝和吕后时期。在帛书出土之前，《老子》传本流传较早、影响最大的有始行于东汉的河上公注本、魏晋间王弼注本和唐代傅奕校定本。傅奕校定本，主要依据北齐武平五年（574）徐州项羽妾墓出土的古写本，但篇章体式实以汉魏以来流行的本子为底本，内容多经后人参校改动，古写本的原貌已无法稽

①本节所引马王堆汉墓帛书内容，均参见何介钧、张维明：《马王堆汉墓》，文物出版社，1982 年；湖南省博物馆：《马王堆汉墓研究文集》，湖南出版社，1994 年。

考。比较而言，帛书甲、乙两种抄本，时代最古，手迹最真，大体保存了《老子》的古义和原貌。（插图 11）

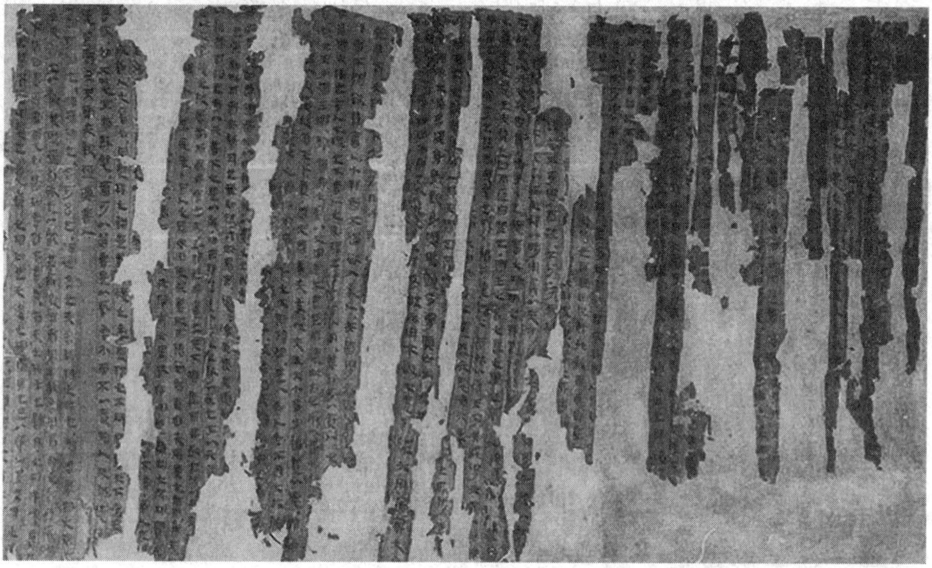

插图 11-1　《老子》帛书甲本

现今传世的各种《老子》抄本，分为两篇，上篇称《道经》，下篇称《德经》，故历来又称《老子》为《道德经》。帛书甲、乙本也分成两篇，但编次刚好相反，即《德经》在前，《道经》在后，可合称为《德道经》。《韩非子》阐述《老子》一书的篇章也是从《德》的内容讲起的。西汉末年严遵的《道德真经指归》，开卷也是讲《德》。可见，帛书本的顺序，应该是《老子》原本的编次。传世的《老子》，一般分为 81 章，严遵本分 72 章。帛书甲本上篇也分章，但有多处与流传本分法不同；而乙本是通篇连抄，不分章节。由此可推测《老子》原书可能是不分章的。我们现在来研究《老子》时，就可以打破今本的章次界限，不必受前人之见的拘束。此外，帛书本与今本对照，文字有很多歧义，有些字是直接影响文意的，这对于订正今本文字上的一些错误，探讨《老子》的原义，很有帮助。

在帛书《老子》乙本前面，还抄有《经法》《十六经》《称》《道原》四种古佚书。它们的思想基本属于同一体系，具有浓厚的道家色彩。其中《十六经》是假托黄帝及其大臣们言行的“黄帝”书。“黄帝”书与《老子》同抄在一个本子上，这与战国中期开始流行的“黄老之学”正相吻合。这四种古佚书，在《汉书·艺文志》未见著录，但《艺文志》道家类著录中有《黄帝四经》，可能就是指这四种古佚书。

两千多年来，除《老子》外，道家的黄帝书，没有一部留传下来。因此，后世只知“老学”，而不知“黄学”。“黄”学与“老”学，二者有何异同？一直是古代哲学史上的一个疑团。4种古佚书的发现，使我们看到了“黄”学的要旨，对于古代中国哲学思想史的研究具有十分重要的价值。

“黄老”学说，在战国中期开始流行，至西汉初年，由于封建统治者的提倡，在全国盛行起来。马王堆汉墓帛书《老子》和“黄老”四种佚书的发现，再次证明西汉初年封建统治者崇尚“黄老”，“清静无为”是其施政的主导思想，而作为长沙国相的利苍家族亦熟读“黄老”之书，西汉初年“黄老”之学即已在湖南得到了传播。

插图11-2　《老子》帛书乙本

（二）帛书《春秋事语》和《战国纵横家书》

马王堆汉墓的帛书中，有一部主要记载战国时代纵横家苏秦等人的书信、说辞的佚书，共27章。其中11章的内容可在今本《战国策》和《史记》中找到，但文字有出入。另外16章则是佚书。根据内容、体例等情况，可将全书分为三大部分。前14章是较早流传的有关苏秦的资料；第十五章至第十九章，每章后面记明了字数，末尾又有这5章的总字数，当系另一来源；最后8章，又自成体系，其中前3章也与苏秦有关。这部古佚书，应是一种以苏秦游说资料为主的战国纵横家言论的辑本。考古学界将其定名为《战国纵横家书》。书中讲到秦始皇十二年（前235）秦魏伐楚的史事，其成书年代当在秦末汉初。书中避刘邦讳，而不避刘盈讳，可见是汉惠帝时的抄本。

《战国纵横家书》有关苏秦的言行约占三分之二的篇幅，在14章中，有12章和第四章的一部分内容是新发现的。这些资料反映了公元前288年前后，苏秦为燕王到齐国去进行活动的经过，齐闵王亡国前夕的局势变化，齐、燕、“三晋”五国合纵击秦的部分细节，以及相互间钩心斗角的一些内幕，内容十分丰富。但史书中对这些事记载得极不详备，佚书中所涉及的许多文书，司马迁也未见过。与佚书对照，可发现《战国策》和《史记》中有不少年代和史实的误讹之处。第十七、二十五、二十六、二十七章，也是佚文。其中，记有许多过去未见诸记载的史事，如李园杀春申君之后，做了楚国的执政大臣；燕孝王派蔡鸟入秦，献给秦相吕不韦河间十城，等等。这些都充实了战国史的内容。

汉墓帛书中，还有一部记载春秋历史故事的古佚书。全书共16章，没有章名，一章记述一件史事，彼此不相连贯，也不按时代次序编排。内容有：鲁隐公被杀，鲁公子庆父弑君，宋襄公泓水之败，晋灵公欲得随会，子贡见太宰嚭等。史实基本与《左传》相合，但议论有所不同。有些则未见于《左传》等古文献记载。因这部帛书，略记史事，偏重议论，文章浅显，体裁和内容颇类似古书中所说的“语”，即教材，故考古学界称之为《春秋事语》。（插图12）

《春秋事语》所载故事虽大多可见于《春秋》三传和《国语》等书，但有些内容可补旧史之不足。如第五章，记载秦国的绕朝识破晋谍，但秦王不用其谋，绕朝反而被杀。此事《左传》所载不全。《韩非子·说难》中议及绕朝被杀，但未说明事情始末。《春秋事语》中还有一些新的史料，如第二章《燕大夫》，记载了一次晋燕之战，而其他史籍均未载。

马王堆汉墓帛书《战国纵横家书》和《春秋事语》，为我们提供了关于苏秦的原始资料，纠正了有关苏秦历史的诸多错误，订正和充实了战国时代的不少历史记载，对于深入研究春秋战国史具有重要的史料价值。

插图12　《春秋事语》（局部）

（三）里耶秦简、沅陵汉简和长沙吴简

里耶秦简。2002 年 6 月，湖南龙山县里耶古城址 1 号井，出土了大量的秦代简牍，总数约 38000 枚，比此前我国出土的所有秦简的总和还要多。从初步清理和公布的部分简牍材料看，所记载和书写的年代，最早为秦始皇二十五年（前 222），最晚是秦二世元年（前 209）。内容主要有迁陵守丞与“洞庭郡”，以及“益阳”“临沅”“酉阳”等地的往来公文，“迁陵”的物资库藏及运送登记，“迁陵”至“鄢”“销”“江陵”“孱陵”“索”“临沅”等地的邮传里程，迁陵县所辖“启陵乡”等下属吏员的往来文书，以及行政、司法等方面的事务

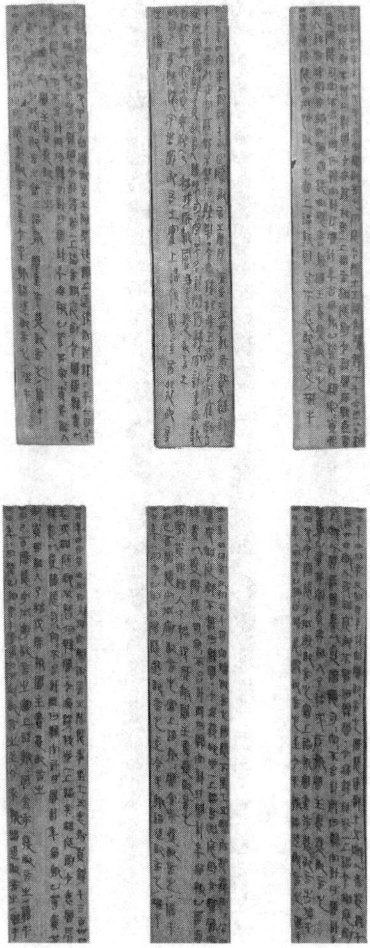

插图 13-1　洞庭郡与酉阳等县来往公文

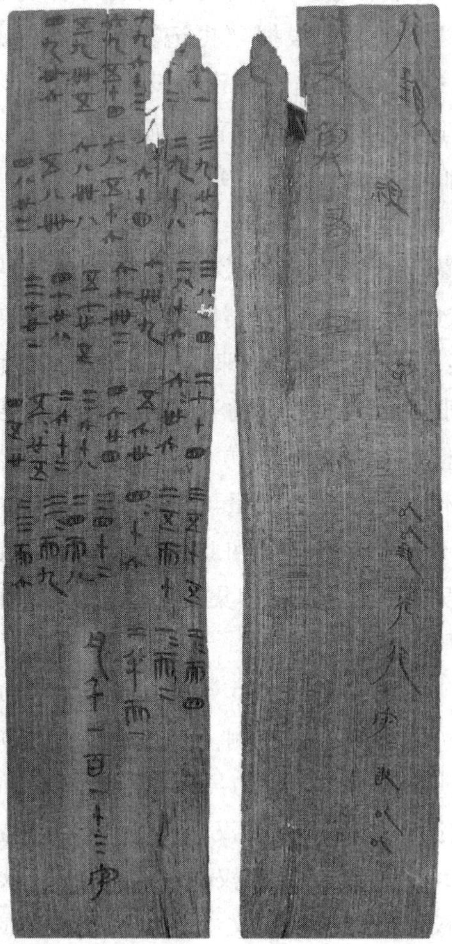

插图 13-2　乘法口诀表

处理记录等。此外，还有九九乘法口诀表等其他内容。（插图 13）里耶秦简应是湖南归入秦国版籍后，秦迁陵县（今保靖县及部分龙山县地）官衙的文书档案。这些文书档案的记录和保存，说明秦统一后对地方已建立了一套较完备的行政管理体制，并反映出中央与地方、各地之间和上下级之间的交通邮传和人员物资交往比较密切。由于秦帝国存在的时间不长，当时留下的文字资料也相对较少，里耶秦简为我们研究秦统一后所实行的政策措施，行政、司法、租赋制度等，提供了许多极为珍贵的资料，可补史籍记载之缺失。如根据《史记》等记载，秦灭楚之后在湖南境内只设有黔中郡和长沙郡，而里耶秦简又多次载有“洞庭郡”，这就使我们必须重新进行研究。

沅陵汉简。1999 年 8 月，沅陵县 1 号汉墓出土竹简 1000 多枚。墓主为汉初吴氏长沙国第一代沅陵侯吴阳。竹简内容有三类：一为“黄簿”，即户口、田亩、赋税登记册；二为“美食方”，记载米饭、菜肴、饮料、干肉等制作方法；三为占卜文字，记载有秦末汉初大量历史事件。其学术价值不亚于敦煌汉简和此前出土的长沙走马楼吴简。《中国简牍集成》第三辑已载录。（插图 14）

插图 14　沅陵西汉竹简

长沙吴简。1996 年，在长沙市中心五一广场走马楼街西侧（今平和堂商场）工地，出土了三国时的吴简 10 万多枚。简中的纪年，最早是东汉献帝建安二十五年（220），最晚为吴孙权嘉禾六年（237），系孙权赤乌前的档案文书。按所记载的内容分，有职官简，载有吴太常、大将军、长沙太守，以及步骘、吕岱等高级官员事迹，还有仓吏、库吏及平民百姓的活动等；军事地理简，主要记载吴国平定“武陵蛮”的情况，记录的乡、里、丘等地理基层地名近200处；赋税简，记录嘉禾时吏民按年缴纳赋税的详细资料；户籍简，对“吏籍”“民籍”“兵籍”都作了记载；司法文书牍，记录了户籍审核、民事诉讼、经济审判案件等。这批吴简，数量之多、内容之丰富，均属全国之最，为三国史研究，特别是吴国和湖南地区的行政、司法和赋税制度的研究，政治和经济社会状况的研究，提供了许多珍贵的第一手史料。（插图15）

插图15　长沙走马楼三国吴简

二、魏晋南北朝湖南的玄学、哲学与经学

(一) 玄学与清谈

魏晋时期特别尚玄学和清谈，成为一种流行的社会思潮。《老子》《庄子》《周易》，统称“三玄”。玄学，就是对这三部经典的研究和诠释。所谓清谈，就是手执麈尾，口谈玄虚。玄学，是清谈的主要依据和内容；清谈，是对玄学的阐述和表现形式。这种思潮的产生，一方面是对汉代盛行的儒家章句训诂走到了尽头的转化和反作用，另一方面则是东汉倡导重名教风节而兴起的品评政事、臧否人物之风的进一步发展。它主要是魏晋南北朝世族豪门意识形态的反映，并且成为他们钓取功名禄位的手段和资本。在湖南地区，崇尚“老庄”、好清谈之风也盛行一时，出现了一些颇有名气的清谈家和玄学家。

早在汉末三国时湖南即出现了刘先、虞授等玄学代表人物。

刘先，字始宗，泉陵（今零陵）人。初为荆州牧刘表别驾，拜武陵太守。入魏后，官至尚书令。据记载：刘先“博学强记，尤好黄老言”①。对“黄老”思想应有很深的研究，惜其著述未能传世。

虞授，字承卿，三国时长沙人。事吴主孙皓，官至广州都督。吴天纪三年(279)，合浦守将郭马举兵反，袭取广州，虞授被杀。据记载，授刻苦力学，以擅长《易》学著名，时人以为楷模。民间传云：“不读经，视虞生。”② 即认为他经学方面的典籍读得虽不多，但却知识丰富、能言善辩，可为楷模。

入晋以后，湖南各地相继出现一批尚玄学、好清谈的名士，而又以当时武陵郡（治今常德）最集中，次则为长沙。如：

潘京，字世长，晋武陵人，是两晋时湖南清谈家的突出代表。京弱冠时，即被郡守辟为主簿。西晋惠帝太安二年（303），被举为秀才，至洛阳，识尚书令乐广。乐广以擅清谈有名于时，与京“共谈累日”。广十分赏识京的辩才，并感叹说：“君天才过人，恨不学耳。若学，必为一代谈家。”③ 潘京感其言，从此读书不倦。时武陵太守戴昌及子若思，以善清谈自负。京曾与之辩，戴“父子俱屈”。与一般不屑世务的清谈者不同，潘京还“明于政术”。先后任巴

①光绪《湖南通志》卷一六〇《人物一》。

②光绪《湖南通志》卷一六〇《人物一》。

③《晋书》卷九〇《良吏传》。

丘、邵陵、泉陵三县令，在任境内风化大行，均有政声。晚年迁桂林太守，未赴任病卒。《晋书》载入《良吏传》。

伍朝，字世明，晋武陵人。他好老庄“守静之术”，不屑世务，终身隐而不出。据记载：朝“少有雅操，闲居乐道，不修世事，性好学”。初以博士征，不就。刺史刘弘复荐为零陵太守，有非议。尚书郎胡济为之辩解，奏言：伍朝“游心物外，不屑时务，守静衡门，志道日新，年过耳顺，而所尚无亏，诚江南之奇才，丘园之逸老”，建议征为郡太守，“以奖风尚”。[①] 后朝廷拟征用，伍朝依然不就。

龚玄之，字道玄，东晋武陵人。其父登，历长沙相、散骑常侍。据记载，玄之“好学潜默，安于陋巷”。州举秀才，公府辟，不就。孝武帝下诏曰：“谯国戴逵、武陵龚玄之，并高尚其操，依仁游艺，洁己贞鲜，学弘儒业。”欲召为散骑常侍、领国子博士。当地官府为之“备礼遣发”。郡县敦促，玄之苦辞，疾笃不行。

邓粲，东晋长沙人。粲既是历史学家，又是崇尚老庄思想的玄学家。他“少以高洁著名”，与当时好玄学的南阳刘驎之、南郡刘尚公等“同志友善”。初不应州郡辟命，后荆州刺史桓冲“卑辞厚礼”，请粲为别驾。粲感其诚，乃出任。驎之等人责备他“忽然改节，诚失所望”。邓粲答曰：“足下可谓有志于隐，而未知隐。夫隐之道，朝亦可隐，市亦可隐，隐初在我不在于物。”[②] 这与庄子的思想是一致的。邓粲著有《老子注》行于世，但《隋书·经籍志》未录，可见唐代已失传。

虞悝、虞望兄弟，东晋长沙人。“并有士操”，“而俱好臧否，以人伦为己任”。[③] 先后出任州郡治中、别驾。显然此兄弟二人，也属清谈家，由此获得声誉，进入仕途。东晋永昌元年（322），王敦叛，遣魏乂攻长沙。虞氏兄弟助湘州刺史司马承固守长沙，城破，悝被俘遇害，望力战而死。

（二）罗含《更生论》的哲学思想

罗含，字君章，东晋耒阳人。曾祖父彦、祖父仁、父绥均官至太守。含幼孤，为叔母朱氏所养，少有志尚。荆州刺史庾亮以为江夏郡从事，旋转州主簿。

---

①《晋书》卷九四《隐逸传·伍朝传》。

②《晋书》卷八二《邓粲传》。

③《晋书》卷八九《忠义传·虞悝传》。

桓温任荆州刺史，转州别驾。江夏太守谢尚称含为“湘中之琳琅”，桓温赞之为“荆楚之材”“江左之秀”。《晋书·罗含传》称“所著文章行于世”①。目前所能见到的仅《全晋文》所收著作两篇。其中《更生论》，是罗含哲学上的代表作，也是流传至今的湖南古代最早的一篇哲学著述。全文如下：

善哉，向生之言曰：“天者何？万物之总名。人者何？天中之一物。”因此以谈今，万物有数而天地无穷。然则无穷之变，未始出于万物。万物不更生，则天地有终矣。天地不为有终，则更生可知矣。寻诸旧论，亦云万兆悬定，群生代谢，圣人作《易》，已备其极。穷神知化，穷理尽性。苟神可穷，有形者不得无数。是则人物有定数，彼我有成分，有不可灭而为无，彼不得化而为我。聚散隐显，环转于无穷之涂；贤愚寿夭，还复其物。自然贯次，毫分不差。与运泯复，不识不知。遐哉邈乎，其道冥矣。天地虽大，浑而不乱；万物虽众，区已别矣。各自其本，祖宗有序。本支百世，不失其旧。又神之与质，自然之偶也。偶有离合死生之变也，质有聚散往复之势也。人物变化，各有其往，往有本分，故复有常。物散虽混淆，聚不可乱。其往弥远，故其复弥近。又神质冥期，符契自合。世皆悲合之必离，而莫慰离之必合。皆知聚之必散，而莫识散之必聚。未之思也，岂远乎。若者，凡今生之生为即昔生，生之故事即故事。于体无所厝，其意与已冥。终不自觉，孰云觉之哉！今谈者徒知向我非今，而不知今我故昔我耳。达观者所以齐死生，亦云死生为寤寐。诚哉是言。②

《更生论》首先引向秀之言，认为“天”是“万物之总名”，而人则是“天中之一物”。这是魏晋哲学思想中一种流行的关于“天”的概念，具有朴素唯物论的因素。所谓“更生”，即事物的发展变化。罗含《更生论》云：“……万物有数而天地无穷。然则无穷之变，未始出于万物。万物不更生，则天地有终矣。天地不为有终，则更生可知矣。”即认为“天”是无穷的，而事物是有限的，而“天”之所以无穷，是因为万事万物永远处于变化之中。这是发展的辩证的观点。至于万物如何“更生”，罗含说：“……人物有定数，彼我有成分，有不可灭而为无，彼不得化而为我。聚散隐显，环转于无穷之涂；贤愚寿夭，还复其物。自然贯次，毫分不差。”“天地虽大，浑而不乱；万物虽众，区

①《晋书》卷九二《罗含传》。

②引自《全上古三代秦汉三国六朝文·全晋文》。

已别矣。”这就是说，有与无，我与彼，不能转化；事物只是“聚散隐显”，即只有形式的变化，而不是一种质的转化。这又是形而上学的观点。而且罗含特别强调：“各自其本，祖宗有序。本支百世，不失其旧。”高门望族永远是高门望族，部曲、佃客、奴仆，永远只能是部曲、佃客、奴仆。即使“更生”一百世，他们也不会易位。很明显，罗含的哲学归根到底是维护当时不合理的门阀制度，为豪门世族服务的。

罗含在论述“离合”“聚散”，往复“更生”之后，进一步叙述了这样的见解：“世皆悲合之必离，而莫慰离之必合。皆知聚之必散，而莫识散之必聚。未之思也，岂远乎。”显然这是目睹由统一走向分裂的罗含，对中国将来又必定会重新统一的预言和期盼。这又具有一定的积极意义。

《更生论》写成后，曾寄给当时的长沙太守孙盛，孙读后写了一篇《与罗君章书》。一方面肯定《更生论》，“括囊变化，穷极聚散”，是“好论”，但另一方面发表了不同观点。孙盛认为：“形既分散，知亦如之，纷错混淆，化为异物，他物各失其旧，非复昔日。”① 孙盛特别强调“化”字。高门豪族可能变成部曲、佃客和奴仆，部曲、佃客和奴仆也可能变为高门豪族。帝王将相，均可起自寒微。这是代表当时“寒门”“微族”的一种观点。这种观点比罗含的观点更具进步性，更符合于辩证唯物主义。

（三）湖南经学的发端

所谓经学，即为诸经作训诂，阐发经中义理之学。汉武帝尊儒术，设五经博士，教授弟子，自此经学兴起。两汉时期湖南经学尚无闻人。魏晋以后湖南开始出现了见诸记载的博通经学儒术之士。如：

谷俭，耒阳人，九真太守谷朗之后。少时博涉经史。东晋元帝时，甘卓为湘州刺史，举俭为秀才。经策试登高第，除中郎。据载：“时南土凋荒，经籍道息。俭不能远求师友，唯在家精究。”② 虽“所学实深”，却未名于时。不久弃官归里，终身不仕。

廖冲，字清虚，桂阳人。“以儒术名”，仕主簿、西曹祭酒。时梁武帝好儒学，招徕天下名士，冲列其中。据记载：帝“尝命赋诗，称上意，嘉赏之”。

---

①引自《全上古三代秦汉三国六朝文·全晋文》。

②《晋书·甘卓传》。

湘东王萧绎请冲为常侍。冲以“根本拨，天下不能久治”，挂冠归里。①

欧阳頠，字靖世，南朝临湘（今长沙）人。据记载，其家为“郡豪族”，祖仕本州治中，父官屯骑校尉。頠“少质直，有思理”，以“言行笃信”，闻于岭表。父丧后，頠将全部家产“悉让诸兄”，州郡辟，不应。乃结庐于岳麓山间麓山寺旁，“专精习业”，于是博通经史。经学方面颇有造诣。但30岁时，人生发生转折，其兄长们“逼令从宦”。② 頠被迫弃学从军，走上仕途。初起于中兵参军，随兰钦南征，平定岭南，以功加超武将军。又随征交州，除临贺内史。后归陈，陈霸先授以安南将军、衡州刺史，奉遣安定岭南。岭南平定，霸先以頠都督交广十九州诸军事，平越中郎将、广州刺史。天嘉四年（563）卒，年六十六。

以上谷俭、廖冲应是东晋和南期时期湖南最初出现的有代表性的经学儒士，但未能有著述传世。欧阳頠则是湖南始于研习经史儒术，而后入仕，官至显位，功业赫赫的代表人物。实际上都还难以为湖南经学的发端。此前未作为经学代表人物的魏晋和南北朝湖南的文人名士中，却有一二在经学方面留下著作传世者。如：据《隋书·经籍志》载，蒋琬著有《丧服要记》一卷，属“杂礼”研究类著作；《旧唐书·艺文志》载，车胤著“孝经”类著作《讲孝经义》四卷。但总的来说还是寥寥无几。这与湖南地区当时的经学尚处于起步阶段是相适应的，同中原及苏浙地区比较差距明显。

第二节　文学、艺术

一、两汉三国时期湖南文学艺术

（一）长沙王太傅贾谊在湖南的诗作

贾谊，洛阳人，年十八以能“诵诗属书”著名于郡中，廷尉吴某为河南太守，闻其名，荐于文帝，乃召为博士。时谊年仅二十余。文帝赏识其文才，1

①光绪《湖南通志》卷一六〇《人物一》。

②光绪《湖南通志》卷一六〇《人物一》。

年内即超迁太中大夫。贾谊以为“汉兴至孝文二十余年，天下和洽，而固当改正朔，易服色，制法度，定官名，兴礼乐”，于是“乃悉草具其事仪法”，很想有一番作为。但为周勃、灌婴等元老权臣所不容，嫌其年轻多事，遂进谗言。文帝“亦疏之，不用其议”，并将他调出京城，任命为长沙王太傅。

文帝四年（前176），贾谊初至长沙，过湘江，写下《吊屈原赋》。3年后，又作《鹏鸟赋》。再过岁余，被文帝召回京师。贾谊居长沙约4年多，在长沙王太傅任内的活动和著述，对于长沙和湖湘地区文化的发展产生了重要影响。太傅祠、太傅井等同贾谊相关的历史遗迹，从2000多年前一直保存至今，就说明长沙和湖南人世世代代怀念着昔日的贾生。（插图16）

插图16　贾谊故居

贾谊的《吊屈原赋》和《鹏鸟赋》在辞赋发展史上占有重要地位。赋是在楚辞基础上发展起来的一种文体。汉赋有两种，一是骚体赋，一是散体大赋。骚体赋直接模仿屈原的《离骚》体，而散体大赋，即一种非诗非文的体制，是对屈原骚体的继承和发展。汉初以骚体赋为主，之后散体大赋逐步盛行而超于骚体。贾谊的《吊屈原赋》则是汉代第一篇散体赋，对后来散体大赋的兴起产生了一定影响。

《史记·屈原贾生列传》载：贾谊被排挤出京城，“既辞往行，闻长沙卑湿，自以寿不得长，又以適去，意不自得。及渡湘江，为赋以吊屈原”。“卑”，低下也；“湿”，即潮湿。当时的长沙在中原人的眼里大概被认为是低洼潮湿多雨，气候不宜的地方。所谓“適去”，即“贬谪”之意。从职位看，诸侯王太傅并不比太中大夫低，但对诸侯王仅有辅导之责而无任事之权，故贾谊认为自己实际是被贬谪，因此郁郁不得志。汨罗江水注入湘江，贾谊渡湘江时，屈原投江自沉的情景在脑海里浮现，感到自己的遭遇正与当年的屈原相似，于是写下《吊屈原赋》。全文如下：

恭承嘉惠兮，俟罪长沙；侧闻屈原兮，自沉汨罗。造讬湘流兮，敬吊先生；遭世罔极兮，乃殒厥身。呜呼哀哉兮，逢时不祥。鸾凤伏窜兮，鸱鸮翱翔。阘茸尊显兮，谗谀得志；贤圣逆曳兮，方正倒植。谓随夷溷兮，谓跖蹻廉；莫邪为钝兮，铅刀为铦。吁嗟默默，生之亡故兮；斡弃周鼎，宝康瓠兮。腾驾罢牛，骖蹇驴兮；骥垂两耳，服盐车兮。章甫荐履，渐不可久兮；嗟苦先生，独离此咎兮。

谇曰：已矣！国其莫吾知兮，子独壹郁其谁语？凤漂漂其高逝兮，夫固自引而远去。袭九渊之神龙兮，沕渊潜以自珍；偭蟂獭以隐处兮，夫岂从虾与蛭螾？所贵圣之神德兮，远浊世而自臧；使骐骥可得系而羁兮，岂云异夫犬羊？般纷纷其离此尤兮，亦夫子之故也。历九州而相其君兮，何必怀此都也？凤凰翔于千仞兮，览德辉而下之；见细德之险征兮，遥增翮而去之。彼寻常之污渎兮，岂能容吞舟之鱼？横江湖之鳣鲸兮，固将制于蚁蝼。①

此赋开头从正面对屈原的处境表示愤慨，对其遭遇深表悼惜。接着用了许多譬喻，以龙凤、骐骥、鳣鲸来比拟被谗害的贤者的命运。譬喻说完，全赋就戛然而止，使读者自然体会到作者心烦意乱，不需再说下去了！这就造成了比平直地叙写事实更深的感染力，不失为一篇情真意实的抒情赋。从文体看，《吊屈原赋》对于赋，特别是对散体赋的形成发展起到了巨大的催进作用。近人马积高《赋史》评曰：“《吊屈原赋》在体制上虽上承《九章》，但前一段连用许多排比句，第二段多用反诘句和感叹句，形成一种铺张扬厉的风格。”所谓

①引自《贾长沙集》，载张溥《汉魏六朝百三家集》，扫叶山房石印，1925年。

“铺张扬厉”，正是汉赋的基本特征之一。

关于《鹏鸟赋》，《史记·屈原贾生列传》云：“贾生为长沙王太傅三年，有鸮飞入贾生舍，止于坐隅。楚人命鸮曰服。贾生既已適居长沙，长沙卑湿，自以为寿不得长，伤悼之，乃为赋以自广。”“服”同“鹏”，即今俗称的猫头鹰，古人认为是不祥之鸟。《西京杂记》载：“贾谊在长沙，鹏鸟集其承尘。长沙俗以鹏鸟至人家，主人死。谊作《鹏鸟赋》，齐生死，等荣辱，以遣忧累也。”这就是说，贾生在谪居中本已郁郁不得志，又凑巧遇上猫头鹰入室，触景生情，更感哀伤，因此写下《鹏鸟赋》，以自我排遣解忧。全文如下：

单阏之岁，四月孟夏。庚子日斜，鹏集余舍。止于坐隅，貌甚闲雅。异物来崒，私怪其故。发书占之，谶言其度。曰：“野鸟入室，主人将去。”问于子鹏：“余何去之？吉乎告我，凶言其灾。淹速之度，语余其期。”鹏乃叹息，举首奋翼；口不能言，对请以意。

万物变化，固亡休息。斡流而迁，或推而还。形气转续，变化而嬗。沕穆亡间，胡可胜言。祸兮福所依，福兮祸所伏；忧喜聚门，吉凶同域。彼吴强大，夫差以败；越栖会稽，勾践伯世。斯游遂成，卒被五刑；傅说胥靡，乃相武丁。夫祸之与福，何异纠纆；命不可测，孰知其极！水激则旱，矢激则远；万物回薄，振荡相转。云蒸雨降，纠错相纷；大钧播物，坱圠无垠。天不可与虑，道不可与谋；迟速有命，乌识其时。

且夫天地为炉，造化为工；阴阳为炭，万物为铜。合散消息，安有常则？千变万化，未始有极；忽然为人，何足控揣；化为异物，又何足患！小智自私，贱彼贵我；达人大观，物亡不可。贪夫殉财，烈士殉名。夸者死权，品庶每生。怵迫之徒，或趋西东；大人不曲，億变齐同。愚士系俗，窘若囚拘；至人遗物，独与道俱。众人惑惑，好恶积意；真人恬漠，独与道息。释智遗形，超然自丧；寥廓忽荒，与道翱翔。乘流则逝，得坻则止；纵躯委命，不私与己。其生兮若浮，其死兮若休；澹乎若深渊之靓，泛乎若不系之舟。不以生故自宝，养空而游；德人无累，知命不忧。细故蒂芥，何足以疑！①

《鹏鸟赋》开始记述何年何月何日，鹏鸟入舍，贾谊以为怪事，因而翻开

①引自《贾长沙集》。

策数之书进行占卜。所得到的“策”言是“野鸟入室，主人将去”，即住房的主人将死去（或远去）。占卜后他请问于鹏鸟，要鹏鸟告知吉凶和死期的迟速。接下来，贾谊就借鸟之口，本道家之言，用老、庄绪论，阐明齐生死、等荣辱，“祸兮福所依，福兮祸所伏”的思想。最后的结论是：祸福生死，实为“蒂芥”，何必为此而忧虑！贾谊较老庄更倾向于关注现实，他只是想借鹏鸟来摆脱自己内心的困惑。

贾谊此赋，对汉赋的发展同样有巨大影响。此后以问答方式展开全文成为汉赋的一种普遍的结构方式，并使咏物赋成为一种独立的文体形式。

（二）马王堆汉墓的帛画和乐器

马王堆汉墓出土的帛画和各种乐器，反映了秦汉之际湖南特别是长沙地区绘画和音乐艺术发展的基本状况。

“非衣画”。出土于1号墓的一幅帛画，呈“T”形，为短袖长衣，即墓中“遣策”所载的“非衣”。故称其画为“非衣画”。（附图25）细绢作地，出土时呈棕色，画幅全长205厘米，上部宽92厘米，下部宽47.7厘米。出土时覆盖在内棺盖板上。画中以最显著的位置绘一老妇人。她的前面，有两人跪迎，并捧着进上食物的案盘。后面有侍女3人。老妇人形体远较其他人高大，以显示其身份的高贵。她身穿云纹绣花长裙袍，发上饰有贵妇特有的白珠，拄杖缓行。同出土的女尸对照，所画显然即利苍的妻子。人像的上面是华盖式的屋顶，顶上相对栖着的鸟似凤，下有展开双翼的怪鸟，可能是史载的“飞廉”，即风神。人像两侧，是交蟠穿璧的双龙，璧下悬挂高彩帛帷帐，帐下垂高玉璜。帷帐下歇息着一对人首鸟身的动物，似《山海经》所载的鸟身人面的“句芒”。帷帐下边，是室内摆着饮食器物的场面，有鼎、壶、耳杯，两边对坐着6人，另有一人伫立一侧；画面中间有一大食案，下有四足，旁有横杆，上罩锦袱，这是呈送食品的用具。这组画可能是表示家人正在祈求死者灵魂升天的祭祀场面。画的最下端，绘着两条交互的鳌或鲲，它的背上蹲着一个赤身裸体的大力士，双手托着象征大地的白色扁平物。这个力士可能是地神。地神两侧，各有一龟，背上站着鸱鸮，即猫头鹰。可能是取其夜晚双眼圆睁，用以守卫死者的灵魂。

华盖之上描绘着“天国”情景。这是死者灵魂冀求归宿的地方，显得宁静、和谐。天国最下面是天阙，有守卫神和雄居于阙顶的双豹；天门旁的两个守卫神，拱手躬腰而对，作迎接状，象征着天门已开，等候墓主来临。天国的顶端正中，绘着人首蛇身图像，披着长发。自古传说人类始祖之一女娲，是“人首蛇身”。但《山海经》记载的，能操控昼夜、四季和风雨的“烛龙”，也是人首蛇身。帛画中所绘的，是女娲还是烛龙，有待进一步考证。人首蛇身像右侧有三只鸟，左侧有两只鸟，均长颈高足，仰首而鸣，可能是鹤类。人首蛇身像下面有只展翅相对的飞鸟，长颈短尾，似鸿雁。飞鸟下面，正中悬有一铎形物，两侧各有一兽首人身的怪物骑在异兽上，向左右飞奔，他们手中牵绳，作振铎状。这两个兽首人身的怪物，可能就是天上的司铎神。

画中天国部分的左上方有一轮红日，里面画有一只黑色乌鸦。在圆日下面，有八个小红球，歇息在扶桑树的枝叶间，可能是代表八个小太阳。据古代传说，天上有十个太阳，都住在扶桑树上，其中一个太阳在树顶，九个太阳在枝叶间歇息，它们每天有一个轮流出来值日。帛画中只有九个太阳，一般认为，这是因为帛画所绘是夜间的情景，一个太阳站立在树顶，准备去换班，而白天值日的太阳尚未归来，所以只看到九个太阳。另有一种看法是：八个小红球，是代表星星，不是太阳。画中天上部分的左上角还有一弯新月，月中有蟾蜍和玉兔，月牙下面有一女子，坐在飞龙翅上，两手托起月亮。这位女子，可能是奔月的嫦娥，也可能代表擎月的月神。

“仪仗图”。3 号汉墓出土的一幅彩绘帛画。长 213 厘米，宽 94 厘米。所绘为车马、仪仗场面，故称之为“仪仗图”。画面的左上方有人物两行，上面一行，为首的头戴刘氏冠，身穿长袍，腰佩宝剑，后有侍者执伞盖，显然为墓主；其后是他的属吏，一行 20 人，穿着红、白、黄、黑等色袍服，手执长戈。下面一行，约 30 人，手执彩色盾牌，为墓主侍从武士。这两排人物，均面向右方，作向前行进状。前面绘着一个土筑的五层高台，应为古代检阅或举行祭祀活动的“坛”。画面的左下方，是由 100 余人组成的方阵，下面一方 40 人，其余三方均为 24 人，上下两方，垂手肃立，左右两方，手执长矛，面部全都向着墓主人及其侍从行列。方阵中间，绘着鸣金击鼓的乐队。帛画的右上方是整齐的车队，共四列，每列有车十余辆，车驾四马，驭者坐在车舆内。画面的最右边，车骑的后面，还露出一列马头，表示后面还有车辆。帛画的右下方，是十四纵列的骑从，每列六骑。在骑从行列的两侧，各有骑在马上的将士。3 号墓主为驻守长沙国南境的重要将领。这幅“仪仗图”，应是表现墓主人生前举行盛大检阅仪式的场面。这是迄今我国所见的最早一幅完全描绘现实生活的绘画作品。

“非衣画”和“仪仗图”，内容极为丰富复杂。画师将复杂的事物形象地组成一个整体。构图主次分明，疏密有致，有条不紊；布局讲究对称，但又显示出参差变化，力避雷同、死板，并做到动中有静，静中有动。绘画的线条精细准确，流畅细腻，变换自如，随着物象的变化，表现了不同的风格。人物形象比较简略、朴拙，但已更多地注意解剖关系和表情。特别是由先秦时的正侧面，进步到能够表现半侧面。这是绘画技术上的一个重大突破。所使用的颜色，丰富而鲜明。施色方法，基本上是用单线平涂，但已有类似后世建筑彩画的退晕画法。此外，帛画还采用了渲染画法。

马王堆1、3号汉墓出土了瑟、竽、笛、琴、律管等5种乐器。(附图26)另外还有与木俑附在一起的模型乐器钟、磬、筑。这是我国音乐史上的一次重要发现。

瑟，是我国古老的弦乐器。1号墓出土的一具瑟，主体用木制成，长116厘米，宽39.5厘米，瑟面略作拱形。瑟体下面，嵌有底板，底板两端，有两个共鸣窗，专名叫首岳和尾岳。瑟面头端，横亘一条首岳，尾端有外、中、内3条尾岳，用以绷弦。共有25根用4股素丝搓成的瑟弦，由外、中、内岳分成3组。中间一组七弦，径较粗；内、外两组各九弦，径较细。内外两组弦的尾部，各有一条绛色的罗绮带穿插于弦间，将弦隔开，可能是为了保持弦距和柱的稳定，并消除弹奏时引起共鸣所产生的干扰。这是我国现存最早的一具完整的弦乐器。(附图26) 3号墓也出土了一具瑟，可惜已残缺不全。

竽，是我国古代的一种管乐器。但过去还未发现过战国至秦汉时期的竽。1号墓出土了一具保存完好的竽，竹简“遣策”上还清楚地记载有它的名称。这具竽有22根竹质竽管，前后两排，插在一个木制的带有吹口的竽斗上。竽管最长的76厘米，最短的14厘米，上端无气孔，斗内无气槽，也没有簧片的痕迹，看来是一具制作得十分逼真的乐器模型。3号墓有一具实用的竽，虽已残损，但从中发现了23个簧片和4组折叠管，个别竽管上还看得出气眼和按孔。这具竽的簧片，是迄今我国发现的最早的实物，由薄竹片削制而成，最小的长1.18厘米，宽0.4厘米，最大的长2.35厘米，宽0.75厘米。有几个簧片上还发现有白色的小珠。这是现今演奏时还在继续沿用的“点簧”，用来改变簧片的重量，调整振动的频率以控制音高。竽管用细竹管制作而成，分单管和折叠管两种。单管侧边有气孔，下端有按孔，插入竽斗的部分开着插口，用以安置簧片。竽斗是用匏做成的。折叠管有四组，每组由长短不一的3根管并列粘合而成，最短的为第三管，上端开口，有气眼，最长的一管下端插入竽斗，有簧片。3

根管中间有孔相通，相当于将一个长管折叠起来。它类似现代乐器圆号弯曲的号筒，既可以避免管筒过长，不便持拿和使用的弊病，又可延长管内有效气柱，能吹奏出较低的音。这种设计十分巧妙。（附图 26）

琴，是中国古老的最有代表性的民族乐器。但过去所能见到的最早古琴，均为唐代的实物。马王堆 3 号墓出土的一具琴，则是西汉初年甚至更早一些时候的实物。这具琴全长 82.4 厘米，由面与底两部分组成。面板木质松软，似为桐木；底板木质坚硬。通体涂有很薄的黑色靠木漆。面、底之间刻有“T”形槽，可能即后世琴上两个共鸣窗“龙池”“凤沼”和轸池的前身。在“T”形槽相当于轸池的部位，安置有 7 个旋弦的轸子，但可惜琴弦已完全腐朽。在琴的腹面下有弹奏时摩擦留下的痕迹，说明它是久经使用的实物。这具琴有龙龈、雁足等部件，但还没有设“徽”的形迹。琴徽，即琴位，指琴面板左半侧的一排圆星点，一般用贝壳或金属镶嵌而成，共 13 个。在任一徽位处轻按琴弦，可弹奏出原音。据文献记载，秦汉时的琴已有徽。3 号墓出土的这具琴没有琴徽，可能是汉初古琴的另一类型，或属楚国时代的遗物。

马王堆 1 号墓出土的一套竹质十二音律管，是我国首次发现的珍贵的古代乐器。（附图 26）12 根律管，长短不一，可吹出 12 个音高不等的标准音，其作用类似现在的定音哨。此外，3 号墓出土了 2 根竹笛，这是我国发现的最早的笛子；还出土了筑、磬等乐器的模型。

3 号墓出土的“遣策”中，还记载有不少歌舞、錞乐器的名称。如“楚歌者”“河间舞者”“郑舞者”“建鼓”“大鼓”“錞于铙铎”“钟磬”“郑竽瑟”“楚竽瑟”“河间瑟”等等。从这些记载可以看出，来源于不同地区、风格各异的歌舞乐器，当时已在湖南长沙汇集一堂。1 号墓和 3 号墓都出土了专业的乐俑。特别是 3 号墓这些木俑组合成乐队，这是我国目前所见最早的小乐队模型。（附图 27）这些资料反映了秦汉统一帝国建立后，湖南地区同全国各地的文化交流的加强与汉初湖南文化艺术的发展繁荣。

（三）古代首批著名湘籍文人及其作品

自秦汉统一帝国建立后，随着与中原地区联系交流的加强，社会经济和文化的发展，湖南地区开始产生第一批在历史上颇著声誉的文人名士，特别是汉末、三国之际更为集中地出现以桓阶、黄盖、刘巴、刘先、廖立、蒋琬等为代表的湖南古代第一个将相人才群。其中，大多在文学方面都有相当的造诣，留下不少优秀作品。

桓阶，字伯绪，临湘（今长沙市）人，汉末魏初在世。初任长沙郡功曹，太守孙坚举为孝廉，除尚书郎。刘表据长沙，以桓为荆州从事祭酒。桓与长沙太守张羡暗交曹操，及曹定荆州，遂以桓为丞相掾主簿，升赵郡太守。魏国初建，授虎贲中郎将、侍中。数次陈词议立曹丕为王储。曹丕即帝位，授桓为尚书令，封高乡亭侯，加侍中。桓病，丕亲临省问，徙封安乐乡侯，即病中拜太常。病卒谥曰贞侯。善著文。《全上古三代秦汉三国六朝文》辑有《桓令君奏议》一卷传世。清陈运溶又辑有《桓令君集》1 卷，收入光绪二十六年（1900）刻印的《湘中名贤遗集五种》。

桓阶虽不以文学名世，但所撰奏议，语言典雅，格式规整，遣词造句精练，有较强的文学色彩。如《奏请受禅》（《壬戌劝进表》）：

今汉使音奉玺书到，臣等以为天命不可稽，神器不可黩。周武中流有白鱼之应，不待师期而大号已建，舜受大麓，桑荫未移而已陟帝位，皆所以祗承天命，若此之速也。故无固让之义，不以守节为贵，必道信于神灵，符合于天地而已。《易》曰："其受命如响，无有远近幽深，遂知来物，非天下之至精，其孰能与于此?"今陛下应期运之数，为皇天所子，而复稽滞于辞让，低徊于大号，非所以则天地之道，副万国之望。臣等敢以死请，辄敕有司修治坛场，择吉日，受禅命，发玺绶。①

刘巴，字子初，东汉烝阳（今衡阳县、邵东县一带）人。少有才名，18 岁任郡主记主簿。三国相争，先依附曹操，后归刘备，任左将军西曹掾。建安二十四年（219），刘备称汉中王，升任尚书。法正死后，继为尚书令。巴为当时有名文士，刘备入蜀称帝后，凡诸文诰、策命，皆出巴手。其作品，散见于《三国志》各纪、传的有：《为先主即皇帝位告天文》《策丞相亮》《策张飞为车骑将军》《册皇太子禅》《答刘先》《与诸葛亮书》《代汉中王上汉帝表》等 10 余篇。收入《全上古三代秦汉三国六朝文》的有 10 篇。其文笔锋犀利，气势非凡，语言洗练，均堪称中国古代优秀的散文作品。

如《答刘先》：

昔游荆北，时涉师门，记问之学，不足纪名。内无杨朱守静之术，外无墨翟务时之风，犹天之南箕，虚而不用。赐书乃欲令贤甥摧鸾凤之艳，

①引自《桓令君集》，载陈运溶《湘中名贤遗集五种》。

游燕雀之宇，将何以启明之哉？愧于有若无、实若虚，何以堪之！①

《与诸葛亮书》：

乘危历险，到值思义之民，自与之众，承天之心，顺物之性，非余身谋所能劝动。若道穷数尽，将托命于沧海，不复顾荆州矣！②

又，《为先主即皇帝位告天文》：

惟建安二十六年四月丙午，皇帝备敢用玄牡，昭告皇天上帝后土神祇：汉有天下，历数无疆。曩者王莽篡盗，光武皇帝震怒致诛，社稷复存。今曹操阻兵，安忍戮杀主后，滔天泯夏，罔顾天显。操子丕，载其凶逆，窃居神器。群臣将士以为社稷隳废，备宜修之，嗣武二祖，龚行天罚。备虽否德，惧忝帝位。询于庶民，外及蛮夷君长，佥曰“天命不可以不答，祖业不可以久替，四海不可以无主”。率土式望在备一人，备畏天明命，又惧汉邦将湮于地。谨择元日，与百僚登坛，受皇帝玺绶。修燔瘗，告类于天神。惟神飨，祚于汉家，永绥四海！③

蒋琬，字公琰，汉末三国时湘乡人。少以才名闻于郡县。初随刘备入蜀为什邡令。刘备称汉中王，征为尚书郎。后主时，诸葛亮辟为东曹掾，举茂才，迁参军，又迁长史，加抚军将军。诸葛多次出征，琬皆筹集粮草兵员，保障前线供给，深受诸葛亮器重。诸葛曾密表后主刘禅说：“臣若不幸，后事宜以付琬。”诸葛亮卒，遂以琬为尚书令，领益州刺史，迁大将军，录尚书事，封安阳亭侯。延熙元年（238），奉诏总帅诸军屯驻汉中，加大司马。琬认为，昔日诸葛数窥秦川，皆因道险运艰而无功，不若乘水东下。乃多作舟船，欲由汉、沔袭魏兴、上庸，因病卒未果。

琬为人豁达、平和，为官清廉，处事干练敏捷，善诗文。《全上古三代秦汉三国六朝文》收有《蒋琬文集》一卷。清末陈运溶辑刊《麓山精舍丛书》收入《蒋恭侯集》一卷。其文骈散结合，对于六朝散文发展趋势有代表性。如所作《上袭魏疏》（《承命疏》）：

芟秽弭难，臣职是掌。自臣奉辞汉中，已经六年。臣既暗弱，加婴疾疢，规方无成，夙夜忧惨。今魏跨带九州，根蒂滋蔓，平除未易。若东西

①《三国志·蜀志·刘巴传》注引《零陵先贤传》。

②《三国志·蜀志·刘巴传》注引《零陵先贤传》。

③《三国志·蜀志·先主传》。

并力，首尾犄角，虽未能速得如志，且当分裂蚕食，先摧其支党。然吴期二三，连不克果，俯仰惟艰，实忘寝食。辄与费祎等议，以凉州胡塞之要，进退有资，贼之所惜，且羌胡乃心思汉如渴，又昔偏军入羌，郭淮破走，算其长短，以为事首。宜以姜维为凉州刺史，若维征行，衔持河右，臣当帅军，为维镇继。今涪水陆四通，惟急是应。若东北有虞，赴之不难。①

刘敏，泉陵（今永州）人，东汉献帝朝尚书刘优之孙，蒋琬的外弟，“弱冠与琬齐名”，后主时累迁左护军扬威将军。敏“善草书”，是当时颇有名气的书法家，可惜其墨迹未能传于后世。②

谷朗，字义先，东汉耒阳人，生于献帝建安二十三年（218）。三国时仕吴，初任职本郡，后迁浏阳令，有惠政。再迁广州督军校尉、郎中、大中正。交州发生兵乱，朗随军征讨。乱平，以功迁九真太守。吴末帝凤凰元年（272）卒。同年立碑，记朗生平事功，无书撰人名氏，应是当地人士作品。全碑十八行，每行二十四字，隶体。历代评家认为：“其字遒劲，亦有汉分隶法。”又云：“此碑文词古雅，隶体端劲……与汉碑同为墨林宝藏。”③ 此碑为我国古代著名碑刻之一，已列为国家级重点保护文物。（插图17）

二、魏晋南北朝时期湖南文学艺术

（一）魏晋湖南文学人物

周不疑，字元直，泉陵（今永州）人，三国曹魏尚书令刘先外甥。幼有异才，聪明敏达。据记载，魏太祖曹操时，有所谓“白雀瑞”，儒林已竞相作赋。不疑后至，太祖授以纸笔，令复作《白雀颂》，他挥笔立就。太祖看后“大奇”，“欲以女妻之”。不疑婉辞“不敢当”。操有一子名苍舒，亦才思敏捷过人，均认为尚可与不疑匹俦。及苍舒夭折，曹操更“心忌之”，以为曹氏后代再无人能与周不疑相比，“欲除之”。当时文帝曹丕未即位，乃进谏“以为不可”。曹操曰：“此人非汝所能驾驭也!”④ 遂遣刺客杀之。不疑时年十七。《零陵先贤传》云：周不疑著《文论四首》。光绪《湖南通志·艺文志》著录。但

①引自《蒋恭侯集》，载陈运溶《湘中名贤遗集五种》。
②光绪《湖南通志》卷一六〇《人物》。
③光绪《湖南通志》卷二六一《金石三》。
④光绪《湖南通志》卷一六〇《人物一》。

所撰《白雀颂》未见传世。

罗含，是古代湖南首位知名的哲学家，同时又是一位著名的散文作家。所著《湘中记》（又名《湘中山水记》），可为其散文方面优秀的代表作。原著早已散佚，但在其他古籍中多有辑引。其为文清新自然，骈散结合，既具山水游记神韵，又以野文逸事入书，将山水风俗与神话野史融为一体，文采颇佳。如《湖广通志》（卷十一）引文曰：

插图 17　吴九真太守谷朗碑

汉武时，有田父牵一赤牛，告渔人求渡。渔人曰："舟小，岂能胜牛？"田父曰："但相容，不重君船。"于是登舟，及半，牛粪于船。田父曰："以此相赠。"既渡，渔人怒其污，以桡拨弃水，欲尽，方觉是金。讶其异，蹑之，见人牛俱入岭，遂掘之，不可得。

又《艺文类聚》（卷八一）辑文曰：

永和初，有采药衡山者，道迷粮尽，过息岩下。见一老公、四五年少对执书，告之以饥。与其食物如薯蓣，指教所去。六日至家而不复饥。

车胤，字武子，晋南平（今津市）人。其曾祖车浚，三国时官至吴会稽太守，有政绩。吴末帝孙皓，贪婪暴虐，滥征"算缗"，浚拒不出，并以郡饥求赈，被杀。胤幼时家贫，常于夏秋用练囊盛萤火虫取光读书。由此遂博学成名，后人传为佳话。荆州刺史桓温辟为从事。累迁别驾、征西长史、中书侍郎。太元中，拜太常，封临湘侯。隆安初，迁吏部尚书。隆安四年（400），因参与王室内讧，被迫自杀。

车胤的文学才华，主要表现于各种奏疏，见于《全晋文》的有《上言宜择经学最优者一人领博》《修明堂议》《答谢琰问》《上言庶母服制》等文8篇。清人陈运溶辑有《车太常集》一卷，收入《湘中名贤遗集五种》。其奏疏，行文流畅，论证严密，层层推进，常有如箭在弦上不得不发之势。现将其太元十七年（392）所奏《上言庶母服制》引录如下：

谨案《丧服礼经》，“庶子为母缌麻三月”。《传》曰：“何以缌麻？以尊者为体，不敢服其私亲也。”此《经》《传》之明文，圣贤之格言。而自顷开国公侯，至于卿士，庶子为后，各肆私情，服其庶母，同之于嫡。此末俗之弊，溺情伤教，纵而不革，则流遁忘返矣。且夫尊尊亲亲，虽礼之大本，然厌亲于尊，由来尚矣。《礼记》曰：“为父后出，母无服也者，不祭故也。”又《礼》：“天子父母之丧，未葬，越绋而祭天地社稷。”斯皆崇严至敬，不敢以私废尊也。今身承祖宗之重，而以庶母之私，废烝尝之事。五庙阙祀，由一妾之终，求之情礼，失莫大焉。举世皆然，莫之裁贬。就心不同，而事不敢异。故正礼遂颓，而习非成俗。此《国风》所以思古，《小雅》所以悲叹。当今九服渐宁，王化惟新，诚宜崇明礼训，以一风俗。请台省考修经典，式明王度。①

此外，晋代还有周朴，慈利人，隐居天门山，以耕种读书自娱，屡征不出仕。善诗文，有《林泉诗集》传世，光绪《湖南通志·艺文志》著录。

（二）南朝著名诗人阴铿

阴铿，字子坚，是南朝梁、陈之际著名诗人，也是湖南地区古代最早一位以诗作闻名于世的诗人。铿，澧州作唐（今安乡）人。先世本居武威姑臧（今甘肃武威），其高祖于东晋迁居南平郡（治作唐）。他5岁能诵诗，强于记忆。及长，博涉史传，学识渊广。善五言诗，与著名诗人何逊齐名，并称“阴何”。著有诗集3卷行世，今存《阴铿集》1卷。清邓显鹤《沅湘耆旧集前编》收其诗32首。

《东观余论》称：阴铿诗，“风格流丽，与孝穆（即徐陵）、子山（即庾信）相雄长，乃沈（佺期）宋（之问）近体之椎轮也”。清陈祚明《采菽堂古诗选》评曰：“阴子坚诗声调既亮，无齐、梁晦涩之习，而琢句抽思，务极新

①引自《车太常集》，载陈运溶《湘中名贤遗集五种》。

隽……一洗玉台之陋，顿开沈宋之风。”杜甫《解闷诗》自谓“颇学阴何苦用心”①。又杜甫《与李十二白同寻范十隐居》诗云：“李侯有佳句，往往似阴铿。”② 可见，阴铿的诗作风格对杜甫、李白都产生了很大影响。

阴铿的诗，风格清丽，辞精意切，匠心独具。他长于写景，在一些行旅诗中，描绘江湖景色尤为突出。如：

渡青草湖

洞庭春溜满，平湖锦帆张。沅水桃花色，湘流杜若香。穴去茅山近，江连巫峡长。带天澄迥碧，映日动浮光。行舟逗远树，度鸟息危樯。滔滔不可测，一苇讵能航?③

晚泊五洲

客行逢日暮，结缆晚洲中。戍楼因嵁险，村路入江穷。水随云度黑，山带日归红。遥怜一柱观，欲轻千里风。④

五洲夜发

夜江雾里阔，新月迥中明。溜船惟识火，惊凫但听声。劳者时歌榜，愁人数问更。⑤

南朝许多文人墨客好吟离别，阴铿的送别诗也很有特色。如《江津送刘光禄不及》，情景交融，委婉动人，与沈约的《别范安成》、何逊的《与胡兴安夜别》，同誉为当时的名篇佳作。其诗云：

依然临送渚，长望倚河津。鼓声随听绝，帆势与云邻。泊处空余鸟，离亭已散人。林寒正下叶，晚钓欲收纶。如何相背远，江汉与城闉。⑥

阴铿还有一些表达怀念乡土之情和感叹身世处境的作品，则写得情深意切，悲戚动人。如：

和侯司空登楼望乡

怀土临霞观，思归想石门。瞻云望鸟道，对柳忆家园。寒田获里静，

---

①见《全唐诗》卷二二四《杜甫》。
②见《全唐诗》卷二三〇《杜甫》。
③引自《阴铿集》。
④引自《阴铿集》。
⑤引自《阴铿集》。
⑥引自《阴铿集》。

野日烧中昏。信美今何益，伤心自有源。①

和登百花亭怀荆楚

江陵一柱观，浔阳千里潮。风烟望似接，川路恨成遥。落花轻未下，飞丝断易飘。藤长还依格，荷生不避桥。阳台可忆处，唯有暮将朝。②

（三）书画艺术

魏晋时期是我国书法和绘画发展史上的重要阶段。王羲之、王献之父子的字，顾恺之的画，均为时人所倾倒，至今仍是极其珍贵的文化遗产。由于材料的缺乏，对于当时湖南书画艺术发展的具体情况，很难加以记述。但从现存的个别资料看，湖南在这一领域也获得了一定的发展。

如：李志，衡阳人，晋代书法家，约与书法名家王羲之、曹蜍同时。官至员外常侍、南康相。时人称其书法可与王、曹等媲美。可惜其墨迹已失传。

此外，有资兴晋墓出土的墓券，为朱笔行书，字体秀丽，并且有不少字是当时所特有的，独具风格，为研究我国书法史提供了新的材料。

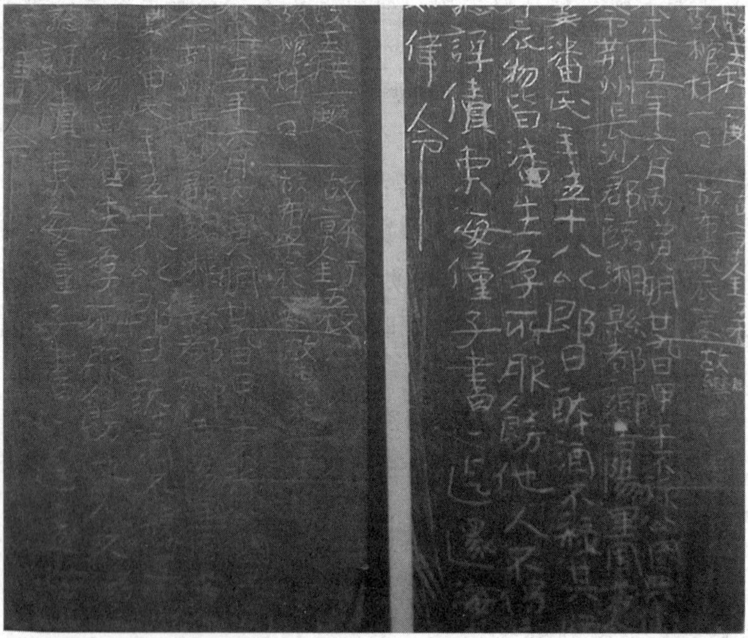

插图 18　东晋《潘氏衣物滑石券》

①引自《阴铿集》。

②引自《阴铿集》。

20世纪50年代，在长沙市北门松桂园一座东晋墓中出土的，记载陪葬衣物的东晋《潘氏衣物滑石券》，所刻字体，为当时民间流行的一种行楷书体，即习称的“俗字体”。这种民间书法，自然、淳朴，无半点矫揉造作，率真可爱。虽说笔法生硬，字体粗糙，在形式上与东晋士大夫名家书法的风流华丽形成鲜明的反差，但亦变化丰富，自然流畅，别具一格。这为研究中国民间书法的发展，提供了珍贵的资料。（插图18）

第三节　科技和工艺

一、两汉三国时期湖南的科技、工艺

（一）马王堆汉墓医学和天文学帛书

马王堆3号墓出土一批医学帛书，包括《五十二病方》《足臂十一脉灸经》《阴阳十一脉灸经》（甲本）、《脉法》《阴阳死脉候》《导引图》及《却谷食气篇》和《阴阳十一脉灸经》（乙本）等，均为古佚书。同墓中出土了200支医书竹木简，计有4种佚书，即《合阴阳》（竹简）、《杂禁方》（木简）、《天下至道谈》（竹简）、《十问》（竹简），文中多韵语，假托黄帝与天师、容成等人，尧与舜及其他人相互问对的形式，讲述所谓“接阴治气之道”①。

《足臂十一脉灸经》和《阴阳十一脉灸经》，基本内容与编写体例都和《黄帝内经·经脉》有许多相似之处。但从三者的文字、具体内容来看，有着由简到繁、由不完备到逐渐周密完整的明显趋势，代表了经脉学说在其早期形成过程中的三个不同发展阶段。在《足臂十一脉灸经》和《阴阳十一脉灸经》中还没有出现“经脉”一词，而只有“脉”字；在《足臂十一脉灸经》中，“脉”字使用了更古老的写法，写成“温”，这在古医学文献中还是第一次见到。关于脉的循行方向，《足臂十一脉灸经》中十一脉都是向心性的，即从四肢末端流向躯体中心的胸腹或头面；在《阴阳十一脉灸经》中，循行径路有了初步调

①本节所引马王堆汉墓帛书和竹简内容，主要参见何介钧、张维明：《马王堆汉墓》，文物出版社，1982年；湖南省博物馆：《马王堆汉墓研究文集》，湖南出版社，1994年。

整，开始有手太阳脉和手太阴脉，它采取了由躯体中心流向四肢末端的远心性方向，但其余九脉仍采取向心性方向。《黄帝内经·经脉》则有了更为复杂的循行方法。十二脉中有一半仍为向心性循行方向，另一半为远心性循行方向。全身各脉的循行路线，《足臂十一脉灸经》和《阴阳十一脉灸经》中每条脉各自独立，互不相干，并且都是分布在体表，很少有脉与脏腑、脉与脉之间互相连接互相传递的记述。到《黄帝内经·经脉》，已发展为全身体表经脉密布，并深入体内和其相应的脏腑相连接，在脉与脉之间出现了表与里相对应的关系，各脉依次衔接，成为周而复始的循环系统。两部帛书灸经都只叙述了十一经脉，而没有“手厥阴脉”，到《黄帝内经·经脉》才增添“手厥阴脉”，构成十二经脉。

《黄帝内经》是我国现存最早的医学专著，其十二经脉学说是中医学理论的一个重要基础。但在《黄帝内经》之前，经脉学说的形成和演变过程，由于资料缺乏，却很不清楚。帛书《足臂十一脉灸经》和《阴阳十一脉灸经》的发现，正好填补了我国早期医学史上的这一空白，是研究我国古医学理论，特别是研究经脉学说的起源和发展的极其珍贵的文献资料。

《五十二病方》是一种久已佚失的医方专著。帛书现存一万余字，五十二题，医方总数为二百八十。内容涉及内科、外科、妇产科、儿科、五官科等。据考古学界推测，抄写年代不会晚于秦汉之交，是迄今为止我国已发现的最早的古医方书。所反映的药物学成就十分突出。书中 242 种药物名，不见于我国现存最早的药物专著《神农本草经》的，将近一半。医方中开始出现了早期辨证施治的观念。书中还记载了一些外科手术病例，以及多种多样的外治法。除清洗药敷外，还有药浴、烟熏、蒸气、熨法、灸法、按摩等等，这些都是我国医学史上有关疗法的最早记载。

《导引图》，上绘 44 人，分列成 4 排，每排 11 人，有男有女，有老有少，做各种运动姿态。一类是运动姿态，如伸展、屈膝、体侧、腹背、转体，一类是模仿各种动物动态，如鹞背、龙登、鸟伸、熊经、猿呼等。还有针对病症的运动方法，这类数目最多，也最重要，如引项、引聋、引炅、引脾痛等。这是迄今我国考古发现中时代最早的一幅健身图谱，为研究我国独特的“导引”疗法的源流和发展提供了很有价值的资料。（附图 28）

马王堆汉墓出土的帛书中，有两部天文学方面的专著，即《五星占》和《天文气象杂占》，这是我国至今能见到的最早的天文学专著。（插图 19）

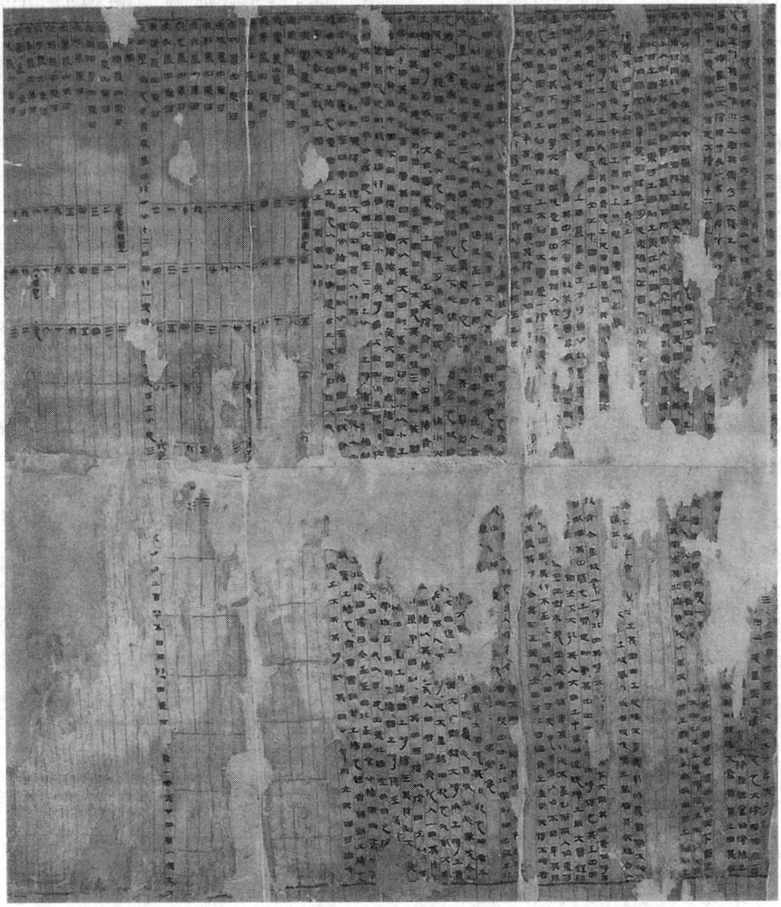

插图 19　《五星占》帛书（部分）

《五星占》约6000字，包括前面占文和后面五星位置两个部分。帛书的后面，用表列的形式记载着：秦始皇元年（前246）至吕后元年（前187）60年间木星的位置，从秦始皇元年到汉文帝三年（前177）70年间土星、金星的位置，以及其他一些相关的内容。《五星占》相当精确地记载了当时对五大行星运动的观测数据：

金星，会合周期为584.4日，比今测值大0.48日，即误差不到半天。

土星，会合周期为377日，比今测值只小1.09日；土星的恒星周期为30年，比今测值只大0.54年。

木星，会合周期为395.44日，比今测值只小3.44日，恒星周期为12年。

在2000多年前，未借助任何精密仪器，通过肉眼观测，能得到如此精确的数据，实令人惊叹！

帛书《天文气象杂占》，高48厘米，宽约150厘米，上面用朱墨两色绘有云、蜃气、晕、虹、恒星、彗星等各种天象图约250幅，附有简短的文字说明，内容包括图像的名称、解释、占文等，自上而下排成6列，每列自右而左分为若干行，共约300行。每行上面是图像，下面是文字；有些行没有图像。此外，在卷末另有3列内容相似的占书。这是一种利用天象来占验灾异变故、战争胜败的书籍。书写字体，近于篆体，不避刘邦讳，抄写时间应为汉初数年间，成书年代可能更早些。书中云图部分，将楚云排列在战国群雄之首，并以楚人的口气叙事，据此推断，很可能是战国时期楚人和当地湖南人的作品，故流行于湖南长沙等地。

杂占是一种古代方术，但《天文气象杂占》中所记录的自然现象却是很有价值的科学资料。特别是其中29幅彗星图像。这些彗星图像，除最后一幅“翟星”以外，都有头、尾两部分。彗头画成一个小圆圈或小点。有的彗头里还有一个小圆圈或小圆点。这说明，当时在彗头中心，可能已经发现了彗核。所绘彗尾，有长、短、曲、直、宽、窄等区别，说明当时已经积累了丰富的有关彗星的目测资料。帛书《天文气象杂占》中的29幅形状各异的彗星图像，可说是世界上关于彗星形态的最早的记录，生动地反映出我国古代在天文观测研究方面所取得的突出成就。

（二）世界上最早的实用地图

马王堆3号汉墓出土了两幅绘在绢上的珍贵的古地图。一幅为汉初长沙国南部《地形图》，一幅是《驻军图》。

《地形图》，复原后长宽各96厘米，呈正方形。幅面方位为上南、下北、左东、右西，与现代通用地图恰好相反。图面所包括的地域范围，大致为东经111°~112°30′，北纬23°~26°，相当于现在广西全州、灌阳一线以东，湖南新田、广东连县一线以西，北起新田、全州一线，南面直达广东珠江口外的南海。

这幅地图的测绘水平相当高，图上的主区画得非常准确，经勘对推算，其比例约在十七万分之一到十九万分之一。图中已有统一的图例。长沙国境内的居民点、县治用方框，乡、里用圆圈表示；细而径直的线表示道路，精细、变化均匀、弯曲自然的线表示水道；山脉的画法，以闭合的山形线表示出山麓的轮廓和坐落、走向；山形线里还附加晕线；居民地的记注在符号里边，水道的记注都在支流入主流的河口处。整个水系还敷以深蓝色彩。

图上共绘有大小水川 30 多条，标注了名称的有庸水、冷水、罗水、营水等，属深水（即潇水）水系。若将深水水系的主要部分同现代地图比较，其河流骨架、流向及主要弯曲都基本相似，有些区域几乎完全相同。所绘南岭山脉，简洁明了，脉络清晰。特别是九疑山画得更具特色。除使用较粗的山形线表示山体范围外，还有鱼鳞状的涡纹线层叠交错，显示峰峦起伏的山势，很像现在的等高线画法。其中还绘有 9 个单一排列的柱状物，柱头涂有山形线墨体，后面有隐约可见的建筑物轮廓，旁边注有“帝舜”二字。看来这是用以表示“九疑”的 9 个山峰和舜帝庙。图上的居民地星罗密布，翻山越岭的交通线相互交织。可以辨认的县级居民地共 8 个，乡、里 70 多个。这幅地形图对于明确长沙国南部疆界和汉初在湖南的行政区划的建置沿革很有帮助，可补文献记载的不足。

《驻军图》，长 98 厘米、宽 78 厘米，用墨、红、田青三色绘制而成，是一幅军事地图。（插图 20）其范围包括《地形图》的东南部地区，主区位于深水流域，即今江华县沱江流域一带。主区画得比较详细，比例为八万分之一到十万分之一左右，比《地形图》放大了约一倍。南面属南越邻区，画得较粗略。

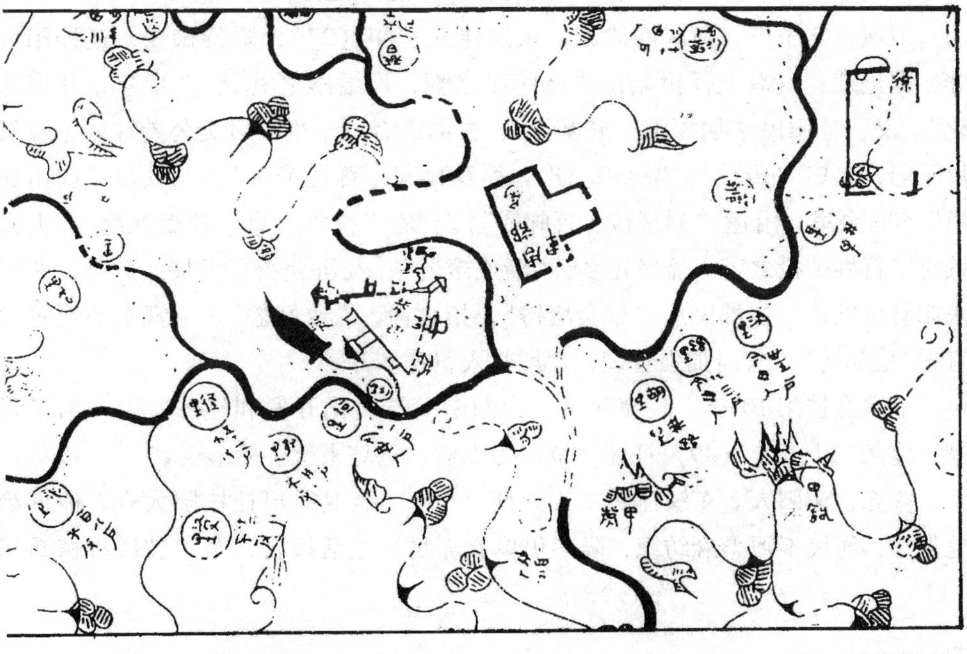

插图 20　长沙国南部《驻军图》

图上以深颜色表示驻军营地、防区界线等要素，用浅色表示河流、山脉等地理基础。这种分层设色，与现代专用地图的两层平面表示法是一致的。图中所绘大小河流有20条，其中14条在上游注记了名称。以黑色“山”字形曲线表示山脉，有9处标注了山名。防区中央绘有三角形城堡，为指挥部。防区的山脊线上绘有7个封台（即烽火台）。图上共记注居民地50余处，并且绝大部分标明了户数。守备区域内道路交相连接，南沿通道更多，其中不少通道还标明了里程。如从“封里”，“到廷里五十四里”，“到袍里五十里”等。

《驻军图》对于我们了解当时长沙国南境的军事部署，长沙国同南越的关系，以及研究汉初的军事思想和指挥艺术，有重要的史料价值。

马王堆3号汉墓中发现的古地图，是世界上现存最早的具有相当科学水平的实用彩色地图，在我国地图学史上占有重要地位。这些古地图，充分证明我国2100多年前，地理数据之所以如此精确，显然是动用了间接测量方法，即汉代所称的“重差术”，利用相似三角形对应边成比例的几何原理，解决测远、测山高、测城邑大小等问题，这说明当时的测绘技术已达到相当高的水准。他们能画出这些地图也反映了我国古代数学等学科的成就。

（三）卫飒、茨充与湖南文化开发和生产技术发展

卫飒，字子产，河南修武人。东汉建武三年（27），除侍御史，迁桂阳太守。据记载：卫飒上任伊始，“修庠序之教，设婚姻之礼”。“期年，邦俗从化”。又，桂阳民“居深山，滨溪谷”，去郡远者或千里。官吏公差往来，辄发民乘船，名曰“传役”。“每一吏出，徭及数家，百姓苦之”。卫飒乃“凿山通道”500余里，沿途“列亭传、置邮驿”，于是“役省劳息，奸吏杜绝”，大大减轻了百姓劳役之苦，流民还乡，“渐成聚邑”，经济获得了发展。此外，所辖耒阳县出铁矿，各郡民众“聚会冶铸”，招亡命，“致奸盗”。卫飒奏请设置铁官，“斥私铸”，官府加强管理，岁增收入500多万。①

卫飒在桂阳10年，政绩斐然，为湘南一带文化开发和经济发展作出了贡献。建武二十五年（49）征还，欲以为少府，病辞未就。后卒于家。

茨充，南阳人。东汉建武二十六年（50），继卫飒出任桂阳太守。他见治地偏远，居民不习桑麻纺织，隆冬仍单衣赤足，生活极苦，乃“教民种植桑柘

---

①见《后汉书》卷一〇六《卫飒传》。

麻纻之属，劝民养蚕织屦”。由此桑麻种植和养蚕技术得到推广，民得其利。①《东观记》云：“江南颇知桑蚕织履，皆充之化也。”

（四）长沙太守张机的医学成就

张机，字仲景，东汉名医。南郡涅阳（今属河南）人，约生于150年，卒于219年。少时即博览群书，潜乐道术，学医于同郡名医张伯祖，尽得其真传，遂精于经方。献帝初，举孝廉。建安中官长沙太守。任内，恰逢病疫流行，而伤寒为虐尤甚，张机乃著医书行世，治愈病人甚众。当然，张机的医学著作是不是在长沙太守任内写成的，还难以断言。但因任内大疫流行，张机的药方医术得以在长沙和湖南地区施行和传播，并收到巨大的实施效果，对后世湖南传统医学的发展产生了很大影响，是十分明显的。而张机在长沙和湖南地区的医疗实践，对其医理、药方和医术的进一步发展，最后形成医学巨著，无疑也起了重要作用。张机的医学成就同湖南的关系是非常密切的。清乾隆年间特建“张仲景祠”于长沙，民间祭祀不绝。其遗址在今湖南省中医院第二附属医院内。

张机所著医书原名《伤寒杂病论》，包括伤寒和杂病两部分。这部书当时只是手抄本，经东汉末年和三国时代的兵祸战乱，原著已经亡佚，后由晋代王叔和重新整理，才分别辑为《伤寒论》和《金匮方》（或称《金匮要略》）。

《伤寒论》是我国第一部论述多种外感热性病的专书，其原则和方药也可适用内科杂病，共10卷，包括397法，113方。该书以太阳、阳明、太阴、少阳、少阴、厥阴“六经”为经，将外感热病分为6类，并全面论述其病变规律及其诊治方法；并提出阴、阳、表、里、寒、热、虚、实“八纲”，做辨证施治的具体法则，以及用望、闻、问、切“四诊”的方法分析和诊断病症的性质。在治疗方面，《伤寒论》介绍了汗、吐、下、和的法则，以及正治、反治、先里后表或先表后里、表里兼治等原则和方法。

《金匮要略》，以论述内科杂病为主，涉及一些妇科及外科，共包括40余种杂病和262方。该书分类简明，切要而精当地论述了病因、病机及诊断治疗方法；最早提出“三因”，即内因、外因、不内外因的病因说，指明察色、闻声、切脉等具体做法，详细介绍了汤、丸、散、酒、洗、浴、熏等临症方剂，用药达214种。此外，还叙述了许多抢救危急病症的方法。从科学性看，这些都符

①见《后汉书》卷一〇六《卫飒传》。

合现代的医学原理。

张机是我国传统医学理论的奠基人之一。其医学著作是我国医药学宝库中的珍贵遗产，古今医家都很重视，历代为《伤寒论》做注释的本子就达200多种。可见张机的医学成就对中国传统医学影响之深远！

（五）蔡伦与造纸术

蔡伦，字敬仲，东汉耒阳人。生年不详。永平末年，入宫廷为宦者。建初中，升为小黄门。和帝即位，转中常侍，开始参与朝政大事。《后汉书·宦者传》载："伦有才学，尽心敦慎，数犯颜匡弼得失。每至休沐，辄闭门绝宾，暴体田野。"可见，蔡伦，非寻常宦官，很有学识，敢于不顾皇帝不悦直言进谏，休息时，就闭门读书，或下乡考察。后加尚方令，主持宫廷器用的制备。永元九年（97），奉命监造秘剑和诸器械。所制器物"莫不精工坚密，为后世法"。同时，蔡伦吸取前人的经验，开始采用树皮、麻头、破布、渔网之类为原料，试制纸张。至元兴元年（105），获得成功，并奏上所造纸张。元初元年（114）封为龙亭侯。此后，这种新型的纤维纸，很快推广开来，人称"蔡侯纸"，逐步取代了竹木简和帛，成为通用的书写和印刷材料。因此，后世将蔡伦称为造纸术的发明人。

元初四年（117）安帝以经传之文多不正定，乃选通儒谒者刘珍及博士良史加以校订，又特命蔡伦监典其事。因曾参与谋害安帝祖母宋贵人之事，安帝亲政后追究此事。蔡伦不愿受辱，建光元年（121）服毒自杀。（插图21）

插图21　耒阳蔡伦墓

当然造纸术并不是蔡伦一个人发明的，据考古资料证明，西汉时已开始有一种原始的纸，但蔡伦总结前人的经验，在纤维纸原料的使用调配和制作程序、方法的完善和定型化，并使其能批量生产方面，无疑发挥了自己的聪明才智，做出了重要贡献。据《后汉书》唐李贤注引《湘州记》："耒阳县北有汉黄门蔡伦宅，宅西有一石臼，云是蔡伦舂纸臼也。"又《大明一统志》载："蔡伦故宅，在县治西南。内有蔡子池，池南有石臼，即蔡伦舂纸臼。唐别驾李孙以臼入贡。今池与宅皆废。"所记载的石臼是不是蔡伦造纸用的器物，很难断定，也可能只是家乡父老对蔡伦业绩的一种怀念。但耒阳的造纸业确是世世代代承传不衰，"耒阳纸"至今仍是在国内外享有声誉的优质纸，这同蔡伦当年造纸事功，看来不无关系；而蔡伦所吸取的造纸技术很可能也包含了他的故里耒阳人们的实践经验，并且有可能，耒阳是古代纤维纸的发祥地之一。

（六）纺织技术和印染、刺绣

长沙马王堆 1 号汉墓出土的大量纺织品，最集中地反映了西汉初年的湖南，特别是长沙地区，纺织工艺技术发展所达到的水平。出土的纺织品，从纤维原料看，主要是家蚕丝，也有少量的苎麻和大麻织物。品种有绢 22 幅，纱 7 幅，绮和罗绮 13 幅，绵 4 幅，绦 2 种（"千金绦"和"繻缓绦"各一），组带 10 条，粗麻布 3 块，细麻布 17 块。

丝织物所用经纬丝纤度，是直接衡量纺织技术水平高低的指标之一。马王堆 1 号汉墓出土的经纬丝纤度是非常精细的轻薄素纱禅衣，重 49 克（不到一两），它的经纬丝纤度为 10.2～11.3 旦尼尔。（附图 29）这样高的纤度，和近代缫出的最精细的纤度十分相当。出土的丰满厚实的绒圈锦，经测试分析，底经是由 10 粒茧子组成的 16.9 旦尼尔的一根生丝，地纬是由 17 粒茧子组成的 30.8 旦尼尔的一根生丝。这说明缫丝技术已经达到能根据蚕丝纤维的精细来搭配蚕茧的个数，缫出丝织物品种所需的生丝纤度的水平。纺织品研究专家认为："当时能够利用简单的缫丝工具便缫出这样高级的纤度来，完全是长沙地区缫丝技术高度发展的结果。"①

麻纱的纺绩技术，一般是用所纺支数高低来衡量。对马王堆 1 号汉墓出土的苎麻布实测的结果，经纱支数为 135～151 公支，纬纱支数为 161～209 公支。研究者认为："如果大家没有看到出土实物的话，似乎达到了难以置信的程度……就是在后世要纺出这样高支数的麻纱，也一定要有熟练而高超的纺纱技艺

①关于马王堆汉墓纺织品研究资料，参见上海市纺织科学研究所：《长沙马王堆一号汉墓出土纺织品的研究》，文物出版社，1980 年。

的纺纱工，作出最艰巨的劳动代价，才能达到这样高质量和高水平的效果。”①

当时的织造工艺技术水平也是相当高的。马王堆1号汉墓出土了汉代流行的绢、缣、绮、锦、纱、罗等许多品种的织物，其结构主要是平纹、斜纹和罗纹（绞经）三种基本组织。织物表面的花纹都是这三种组织，按照设计的图案纹样变化而成的。丝织物中织造工艺技术最高级和最复杂的是绒圈锦织物。它是采用四根一组的变化重经组织，如按织幅为50厘米计算，总经根数高达8800~11200根。因各品种的经密度和织缩不同，说明第一次使用了双经轴机构，即一个经轴卷绕底经和地纹经，另一个经轴专门卷绕起出高低绒圈的绒圈经，根据织造需要各自独立送出经线，并巧妙地利用“假织纬”的方法，起出大小绒圈的效果，使几何纹的绒圈起到非常丰满华丽的立体感效应。研究专家认为这件绒圈锦织物，应“是后世漳绒或天鹅绒等织造工艺技术的前身”。再从出土的丝麻织物的幅度基本一致、都在50厘米左右的情况看，当时除使用撑幅工具边撑以保证织幅的具体规格外，还可能使用了竹扣打纬的先进方法。这就“突破了打纬用打纬木刀（砍刀）的框框，并且有可能已使用了梭子”。这是当时最先进的织布工具。

秦汉时代，同纺织相关的印染和刺绣工艺技术在湖南也有很大发展。马王堆1号汉墓出土的印花敷彩纱，是我国首次发现的古代印花丝织实物。它是印花和彩绘相结合的高级丝织品。还出土了用这种纱作面料的丝绵袍（附图29），两件衣衾残片，以及两幅保存相当好的印花纱。这些染色丝织物，所使用的色谱丰富多彩。经鉴别，共有朱红、深红、茜红、深棕、浅棕、深黄、金黄、浅黄、天青、藏青、蓝黑、浅蓝、紫绿、黑、银灰、粉白、棕灰、黑灰等30多种。颜料主要有矿物颜料和植物染料两类。矿物颜料的朱红色是朱砂，粉白色是绢云母，银灰色是硫化铅和硫化汞的混合物。植物染料的红色是茜草素，鲜黄色是栀子素，蓝青色是靛蓝，墨色是炭黑等。其余不同色谱，均由红、黄、蓝三原色配置而成。在染色技术上已能使用各种颜料，分别以涂染、浸染、媒染等工艺术，染出五光十色的丝绸品。在印花技术上，已能应用套版印花丝织物，所出土的金银色印花纱是我国第一次发现的三套版印花纱。印花敷彩纱也是我国第一次发现的印花与彩绘相结合的印花纱。“这些印花法都突破了只有绣花的传统工艺，使丝织物的产量有显著提高，为后世的镂空版筛网印花法、绞

①参见《长沙马王堆一号汉墓出土纺织品的研究》。

缬印花法等作出了技术准备”。

马王堆1号汉墓出土的丝织品和衣物中，绣有花纹的共40件。绣品的针法，基本上都采用锁绣法，一般用开口锁绣和闭口锁绣两种基本针法。从纹样看，最多的是“信期绣”“长寿绣”和“乘云绣”。（附图30、31）信期绣图案纹样，单元较小，线条细密，做工精巧，并用较好的罗做坯料；另两种绣的图案纹样，单元较大，均为信期绣的3倍左右，线条比例粗放，不用罗做的坯料，而用绢、绮。各类精美的绣品，针法细腻流畅，粗细线条结合，明纹暗纹结合，花纹瑰丽奇特，又栩栩如生，是过去出土的汉代绣品中少见的。

（七）漆器与瓷器工艺

漆器工艺的发展。汉代是我国古漆器业的鼎盛时期，它代替了过去青铜器的地位，成为人们生活的主要器具。两汉时湖南的漆器制作业在楚国的基础上又有新的发展。

长沙马王堆3座汉墓，共出土漆器700多件，这是迄今为止我国集中出土数量最多的一宗西汉前期漆器。主要器型有鼎、盒、壶、钫、卮、勺、匕、耳杯、具杯盒、盘、匜、奁、案等。（附图32、33）其中以耳杯和盘为大宗，耳杯将近占半数，盘也在90件左右。此外，有漆棺、髹漆的兵器、乐器和杂用器。2号墓的漆器，为汉初制品，包含铜扣夹纻胎螺钿漆器等精品。1、3号墓中的200件漆器，是文帝时期的产品，绝大多数是木胎，只有少量的小卮、小奁为夹纻胎。器表纹饰以各种变形云纹、龙凤纹和圆点、菱形、环形、方连变体等几何图形花纹最多，还有少量的花草纹和写生动物纹。据分析，漆器花纹的绘制方法主要有三种：使用最多的是漆绘，其次是油彩和针刻（即“锥画”）。此外，还有“堆漆”技艺。1号墓的黑地彩绘棺，棺上有多幅神仙怪兽云气画，使用的就是堆漆和构填的方法。（附图34）该墓的九子奁以金箔为地，再施彩绘，可视为平脱技法的先声。马王堆汉墓出土的漆器，一部分烙印着“成市草”“成市饱”“南乡口”等戳记。但不能依此断言，这些漆器为外来品。因为无论就器型、花纹装饰、图案组织来看，其风格与长沙出土的楚国器都是一脉相承的。考古界认为，长沙西汉漆器是长沙楚国漆器的继承和发展。历年来长沙出土的楚、汉漆器，“看成大部分是在本地制造的，似较合理”①。长沙

①湖南省博物馆等编：《长沙马王堆一号汉墓》，文物出版社，1973年。

象鼻咀、陡壁山和砂子塘等处西汉前期墓，也都随葬有大批漆器。

象鼻咀1号汉墓出土漆器数百件，可惜均已被压毁，器型难辨。陡壁山曹巽墓出土漆器150余件，其造型、花样与马王堆漆器类似。唯胎质以夹纻胎占多数，有的在器表还施金银箔贴花。这种差异，可能与墓主的王后身份有关。砂子塘1号墓出土漆器100余件，包括一些银扣漆器，其中彩绘舞女漆匜和车马人物纹漆奁，是我国同类漆绘题材中年代最早的制品。墓中的漆棺，棺上彩绘云气璧磬图像，兼用漆绘、油彩和堆漆绘制，色彩鲜明，也是我国汉代漆棺中的珍品。

长沙西汉后期墓中，也多有漆器出土。如汤家岭张端君墓出土的一批漆器，上有金箔贴花，用纯金锤锞的薄金片剪成各种纹样贴在漆器表面，使漆器装饰更加美观。

在湖南其他地方的西汉墓中，也发现有不少漆器。如汨罗山西汉墓出土的漆器数量就不少，但可惜均已残破。从残片看，有耳杯、盘类等，黑地朱绘，纹饰为三角形勾云纹。

东汉时期漆器仍然流行，但全国各地发现的数量都很少，湖南出土的东汉漆器也不多。这与当时盛行的砖室墓室使漆器易于腐损有关，但更重要的原因是瓷器的崛起，逐渐排挤了漆器。

瓷器的产生。我国东汉时在釉陶的基础上产生了最早的瓷器，包括原始青瓷和白瓷。从考古发掘的资料看，湖南在东汉时也开始生产瓷器。如衡阳豪头山的一座东汉永元十四年（102）墓，出土的陶坛，肩部和口沿内外均施有青色薄釉。此外，还出土了红胎绿釉的陶灶、陶博山炉、陶鸡埘、陶猪等。长沙白泥塘两座东汉永和元年（136）墓，随葬品中有开片青瓷陶罐，还有绿釉陶鼎、屋、狗、豆等器物和模型。这是湖南最早出现的原始青瓷器。1984年在望城县石门矶窑，出土的1件褐釉方格纹四系罐，直口鼓腹，平底内凹。肩部上、中、下各饰一周弦纹。周身布满方格纹，施褐釉不及底。（附图35）该罐具有东汉瓷器的典型特征，为早期青瓷的代表作品。石门矶窑址，应是湖南最早生产青瓷的窑址之一。1996年在长沙走马楼出土1件青瓷方格纹四系罐，直口、丰肩，下腹内收，平底。胎壁较薄，胎质细密，呈灰白色。肩部有一道略凹的弦纹，贴附桥形四系。外表施青釉不及底。釉面细碎开片，玻璃质感较强。腹壁饰细方格纹。年代稍晚，属三国时期，为湘阴窑的产品。（附图35）还有益阳羊舞岭1座东汉墓，出土了4件青瓷器。其中2件四系罐，大小各一，半身施青绿色釉，现冰裂纹，通体饰细格纹；碗2件，灰白胎，青绿色釉，有冰裂纹。长沙的东汉墓还出土了白釉瓷碗（簋）和白釉缶、白瓷珠等。考古学界称之为“原始白瓷”。这就大大提前了我国开始生产白瓷的时间。

（八）冶铁和铁器铸制技术

两汉时期，湖南铁矿冶炼和铁器铸制技术较楚国时有进一步发展。桂阳郡（今郴州境）设有铁官，为当时全国49个铁官之一。经考古证实，汉武陵郡设有冶铁作坊，桑植县境20世纪90年代发掘两处铸铁作坊遗址。湖南各地出土了大量铁器，特别是长沙地区（两汉长沙国）最多最集中。出土的铁器，工具方面，有锸、锄、斧、刀、锯、锤、刮刀、铲、钉等；兵器方面，有剑、矛、镞、环首刀、钩镰等；生活用具，有锅、博山炉、灯、镇、钓鱼钩、杵臼、勺、剪刀、缝衣针等。长沙或邻近地区也应设有铁官和铁器冶铸作坊，但目前尚未能得文献或考古资料的证实。

西汉时湖南（主要是长沙国地区），铁器的铸制工艺已相当高。如：长沙市杨家湾43号墓出土的西汉早期两对虎形铁镇，每件高5.2厘米，长9.9厘米，宽5.2厘米，重565克。圆形虎脸，身躯浑圆丰满，两目平视，炯炯有神，两耳竖立，前脚掌伸出，四肢肥实，匍匐昂首，卧姿优美。表情温和憨厚，仪态动人，具有很高的写实性，体现了西汉铁器工匠精湛的技术和聪慧的创造才能。

长沙和长沙国生产的铁器，不仅广泛使用于当地社会生活的各个领域，而且流通和外销到周边地区。如广州考古材料证实，广州西汉前期墓中所见的铁兵器和铁刮刀等，形制大小都与长沙国西汉初年所出的相同，应是秦统一和通南岭后从楚地输入的。①

又如据记载，高后时禁止与南越互市铁器，引起南越王赵佗的强烈反应，认为高后是听从了长沙王的“谗言”，于是出兵攻打长沙国。② 这说明南越国所需铁器是从外地购买的，而湖南和当时的长沙国则是其铁器的主要供应地。

东汉时，湖南铁的冶炼和铁器铸制技术又有进一步发展。如：

益阳（属长沙国）羊舞岭东汉墓出土的一把剑，经金相检测为钢剑，其组织系铁素体+珠光体+屈氏体，钢中有硫化物及氧化物夹杂。另有环首刀一件，

---

①参见广州市博物馆等：《广州汉墓》，文物出版社，1981年。

②《史记·南越尉佗传》。

经金相检测亦认定为钢刀，其组织属于铁素体和少量珠光体+氧化物。这反映当时湖南的铁和钢冶炼锻造技术已取得相当高的成就。

二、魏晋南北朝时期湖南的科技与工艺

（一）纺织技术

魏晋南北朝时期，湖南及整个江南地区丝麻纺织业和纺织技术，在两汉基础上有进一步的发展。《宋书·沈昙庆传》载：“荆城跨南楚之富，扬部有全吴之沃……丝绵布帛之饶，覆衣天下。”这说明当时荆、扬二州丝麻纺织品特别丰富。所谓“南楚”，则主要是指湖南地区，在南朝时纺织业也已相当发达。

长沙发掘的1号晋墓，出土“墓券”1件。据券文记载，该墓主随身所穿着的以及陪葬的衣物，计有“绮”“练”“绢”“绛”“紫碧”“紫纱”“绫”“白布”“布”等50余种，纺织品达40多件。① 种类繁多，五光十色，这反映出湖南和江南地区丝麻纺织的发达。当时所谓的“布”，还只是麻布，而非棉织布。魏晋南北朝实行租调制，由于南方麻织业比北方更为发达，所以北方多交纳绢帛，而南方多交布，即“租布”“宗布”。偏安江左的各王朝还常以大批布匹作赏赐品。如谢安、温峤死后各赠布千匹；桓温镇守姑熟时，赠其世子桓熙布3万匹，及温死，又先后分别赠布2000匹和10万匹。数量如此之多，说明纺织业特别是麻布纺织发达的程度相当高。

（二）瓷器工艺的发展

魏晋南北朝时期，湖南的青瓷器的生产获得了很大的发展。从这一时期的墓葬看，青瓷器都是主要的随葬品，数量相当多，已完全取代了漆器。例如，湘阴县1座东吴墓，共出土器物46件，其中青瓷器达40件之多。器型有盘口壶、四系罐、坛、簋、碗、钵、盅、盆、盘、灯、耳杯、仓、碓屋、臼杵、井等。这批青瓷器物，胎质细腻，釉色青绿、黄绿，色泽光洁，开小片，造型美观，与兴盛于唐代的“岳州窑”早期产品有相似之处。在早几年的文物普查中，在湘阴境内湘江流域发现窑址20多处。在其中1个窑址中采集的瓷器标本，胎质、釉色等与该墓出土的青瓷器物极相似，很可能墓葬出土的青瓷器物就是这座窑所烧制的。（附图36）1981年长沙东瓜山出土1件东晋湘阴窑生产

①湖南省博物馆：《长沙两晋南朝隋墓发掘报告》，载《考古学报》1959年第3期。

的青釉盘口唾盂。盘口，束颈，溜肩，扁圆腹，平底假圈足。通体施青釉不及底，釉色晶莹，造型秀雅。长沙市博物馆还收藏1件湘阴窑青釉虎子。此虎子做卧伏状，张口，口与腹腔相通，颈、背部之间置一曲柄。通体施青釉，色泽匀净。长沙市博物馆还藏有1件湘阴窑青釉鸡首壶。盘口，束颈，溜肩，球腹，平底假圈足。流呈鸡首状，张喙，中有一孔与腹腔相通，两眼圆鼓，鸡冠竖立。盘口与肩部以一弧状柄相连，肩部饰弦纹。通体施青釉，色泽莹润。（附图37）这都说明，湖南在岳州窑以前，湘阴可能已有发达的青瓷制造业，制作工艺水平已相当高。

又如，资兴县所发掘的24座晋墓，共出土器物114件，其中青瓷器多达73件。器型种类有碗、罐、壶、杯、盂等。发掘的5座南朝墓，出土随葬器物46件，其中青瓷器有23件，占一半。无论晋墓还是南朝墓，所出土的青瓷器都是实用品。根据资兴县出土的这些青瓷器分析，两晋和南朝时湖南的青瓷器制作技术，有一个发展过程。早期晋墓出土的青瓷器，从形制上讲，多为平底器，腹径一般大于通高，器型矮胖。釉色多为黄绿，或青中泛黄，开冰裂纹，玻璃质较强。釉色不均匀，多泪滴。釉层与胎体密结不牢，剥落面积很大，且没有不剥落的。在花纹装饰方面，从西晋开始多在口沿下或肩部饰以各种图案花草纹饰带，有方格纹、网纹、散点纹、花蕊纹、菱形、宽滞弦纹、云雷纹及人物粘贴等。到西晋末年和东晋时，瓷器花纹简化，有的仅一两道凹弦纹，出现了酱褐色斑点饰，釉的光亮度提高，并且出现了里外及底部通体施釉的做法。南朝则又恢复了底部不施釉的做法，但工艺则更细和更进步，采用的纯净瓷土经过严格选择，并细致地粉碎和淘洗，因此陶质较前更为密致，胎色多青白，敲起来有类似金属的清脆声。同时，施釉均匀，釉色青绿发翠，釉光润泽，釉层与胎体密结牢固，一般没有脱釉现象。这说明魏晋南北朝时期，湖南瓷器制造技术在不断发展进步，为唐宋湖南瓷器业的兴盛繁荣打下了基础。

（三）酿酒与造纸

湖南地区的酿酒技术始于何时，难以确切认定。但在属屈家岭文化的考古遗址中，已出土小瓶、小壶和杯等盛酒饮酒的器具，说明距今约4000至5000年前，湖南的土著居民已发明和掌握了用谷类酿酒的技术。秦汉以后湖南的酿酒业和酿酒技术得到进一步发展，并出现享誉大江南北的“贡酒”。如北魏郦道元《水经注》“耒水”条载：湘东郡酃县（今衡阳市地）“有酃湖，湖中有洲，洲上民居。彼人……酿酒，甚醇美，谓之酃酒，常岁贡之”。即“酃酒”

是用来作朝廷贡品的。又据与郦道元同时代的贾思勰《齐民要术》载：酃湖酒是“以九月中取秫米一石六斗，炊作饭……炊饭令冷，投曲汁中”，酿制成。所谓“秫米”即粘高粱。晋代张载即作有《酃酒赋》。其赋云：“耒闻珍酒，出于湘东。既丕显于皇都，乃潜沦于吴邦。往逢天地之否运，今遭六合之开通。”即说酃酒在孙吴统治时犹有名，而其北传，是在魏灭吴之后。其赋又云：“故其为酒也，殊功绝伦。三事既节，五齐必均。造酿在秋，告成在春。备味滋和，体色淳清。宜神御志，导气养形。遣忧消患，适性顺情。言之者嘉其美味，味之者弃事忘荣。”① 可见酃酒的质量相当好，时人评价很高，集中反映了魏晋时湖南酿酒技术发展的水平。

魏晋南北朝时期，造纸业和造纸技术得到传承和进一步发展，纸的产量增多，逐步取代竹木简牍成为主要书写工具。从湖南已发掘的两晋和南朝的墓葬材料看，已再没有竹木简出土，说明在湖南境内纸也取代了简。据《荆州记》载，耒阳县有蔡伦故宅，“县人多承其业”。耒阳纸已颇著声誉，耒阳一带乃是当时我国造纸业最为发达的地方之一。

第四节　史学、地学

一、湖南史学的最初兴起

秦汉时代，湖南尚未见有史学方面的著述传世，魏晋以后产生了第一批湘籍史学家，他们撰写了不少史学专著。其中应首推邓粲。

据《隋书·经籍志》记载，邓粲撰有《晋纪》11卷。邓粲为东晋人，主要记述西晋历史。此书曾遭《晋书》作者的非议，说邓粲“祖述前史，葺宇重轩之下，施床连榻之上，奇词异义，罕见称焉”②。明末周圣楷认为此乃“过情之贬”，不是实事求是的。南朝梁刘勰论及《晋纪》时曾说：“春秋经传，举例发凡，自《史》《汉》以下，莫有准的，至邓粲《晋纪》，始立条例。又撮略汉

①《汉魏六朝百三家集》。
②《晋书》卷八二。

魏，宪章殷周，虽湘州曲学，亦留心典谟。及安国立例，乃邓氏之规焉。”① 这一评价颇高。从刘勰的评论看，《晋纪》在中国传统史学的发展中起了相当重要的作用。可惜此书在隋唐后即已失传。

邓粲还著《元明纪》10卷。“元明”，系指东晋初年的元帝和明帝。

二帝前后仅10年。《晋书·邓粲传》称：“粲以父骞有忠信而无知者，乃著《元明纪》十卷。”邓骞，东晋初任湘州主簿，元帝永昌元年（322）王敦叛乱，湘州刺史司马承遣邓骞至襄阳说服梁州刺史甘卓，夹击王敦。甘卓起兵后，欲留骞为参军。骞见卓心怀两端，乃以母老辞归。魏乂攻破长沙后，用骞为别驾，累官大司农。《元明纪》应主要就是记载王敦叛乱和司马承组织讨伐王敦，以及长沙之战等史事。原书可能早已佚失，《隋书·经籍志》未载。据《新唐书·艺文志》载，邓粲还著有《晋阳秋》32卷，亦佚失。

魏晋南北朝时，湖南产生了一批最早的关于湘籍历史人物的著作。

综合性总传类，有《楚国先贤传赞》12卷，晋张方撰；《零陵先贤传》，撰人未详；《长沙耆旧传赞》3卷，晋临川王郎中刘彧撰；《桂阳先贤画赞》1卷，三国吴左中郎张胜撰；《武陵先贤传》，作者佚名。这些史籍《隋书·经籍志》有著录，但原书均已散佚，现只能从某些典籍中见到部分内容。例如，《三国志》裴松之注中引用《零陵先贤传》多处；《水经注》《初学记》《艺文类聚》等载有《长沙耆旧传赞》和《桂阳先贤画赞》的部分内容；《后汉书》注、《北堂书钞》等有《武陵先贤传》多条引文。

个人别传，有《桓阶别传》。作者佚名。《太平御览》“经史图书纲目”著录此书，并在诸多卷中引其文。清陈运溶《麓山精舍丛书》辑其佚文1卷。还有《罗含别传》，失传人名氏。原书失传，《太平御览》有辑文。

南朝萧绎所撰《金楼子》，也可归为古代湖南早期颇有价值的史学类著作。萧绎，即南朝梁元帝。此书系绎为湘东郡王时所著，以其在藩时之别号名之。湘东郡，治临蒸（今衡阳市），辖今衡阳、湘潭、茶陵、攸县、耒阳等市、县地。此书为10卷15篇。原书已佚。今之清乾隆6卷本，系从《永乐大典》所收元至正三年（1343）本辑出，尚存14篇。卷一为兴王篇、箴戒篇；卷二为后妃篇、戒子篇、聚书篇；卷三为说番篇；卷四为立言篇上、下；卷五为著书篇、捷对篇、志怪篇；卷六为杂记篇上、下，自序篇。书中资料丰富，于古今闻见

①刘勰：《文心雕龙·史传》。

事迹，征引周秦异书，今多佚亡。自述内容，亦可补诸书所未备。有《四库全书》《百子全书》等本传世。

魏晋时中国传统的谱牒学开始兴起，湖南也产生了个别姓氏谱牒。据光绪《湖南通志·艺文志》记载，有《廖氏谱》，晋临沅（今常德）人廖某撰。宋王象之《舆地纪胜》引其“丹井”一事，《抱朴子》亦有引文。原著失传。所谓“廖某”，即三国蜀汉时官长水校尉、诸葛亮称为“楚之良才”的廖立之后裔。此《廖氏谱》应是湖南最早一部族谱。

二、湖南第一批地学家及其著述

魏晋南北朝时期，湖南地理学也开始兴起，出现了不少地理方面的著述，有一批较有影响的地学家。

罗含，既是哲学家、散文作家，又是地学家。所著《湘中记》可归为地理方面的著述。《宋史·艺文志》著录罗含《湘中山水记》3卷，应即此书。原书已佚失。《水经注》和《资治通鉴》胡三省注多处引其文，《汉唐地理书钞》《玉函山房辑佚书补编》等均辑有部分条文。其中，首次引用罗含《湘中记》的，是北魏郦道元《水经注》，而所引内容均为历史上对衡湘地理山川的一些最早的实地记述，从史地学讲至今仍具有研究和参考价值。现摘引数段如下：

罗君章《湘中记》曰：湘水之出于阳朔则觞，为之舟，至洞庭，日月若出于其中也。湘水又北径衡山……罗含云：望若阵云，非清霁素朝，不见其峰。丹水涌其左，澧泉流其右。《山经》谓之岣嵝，为南岳也。山下有舜庙，南有祝融冢。楚灵王之世，山崩毁其坟，得营丘九头图。禹治水，血马祭山，得金简玉字之书。芙蓉峰之东，有仙人石室，学者经过，往往闻讽诵之音矣。

罗含《湘中记》云：衡山、九疑皆有舜庙。遥望衡山如阵云，沿湘千里，九向九背，乃不复见玮。

湖水西流径二妃庙南。世谓之黄陵庙也。……《湘中记》曰：湘川清照五六丈，下见底石，如樗蒱矢，五色鲜明。白沙如霜雪，赤崖如朝霞，是纳潇湘之名矣！故民为立祠于水侧焉。荆州牧刘表刊石立碑，树之于庙，以旌不朽之传矣!①

萧梁朝武陵人黄闵和伍安贫，在地学方面的著述较多。

黄闵，武陵（今常德）人，约南朝齐时在世。据《隋书·经籍志》载，黄闵著有《神壤记》1卷，注云：“记荥阳山水，黄闵撰。”已失传。又撰《武陵记》1卷，原书已佚失，《太平御览》有引文，《汉唐地理书钞》《麓山精舍丛书》亦有辑文；《沅陵记》，原书佚失，《汉唐地理书钞》保存有辑文7条。此外，据光绪《湖南通志·艺文志》载，还撰有《沅志》。

伍安贫，南朝梁武陵（今常德）人。据《明一统志》载，伍安贫撰有《武陵图志》，原书已散失。《麓山精舍丛书》辑有《武陵记》1卷，亦称伍安贫撰。

魏晋和南朝时还有一批有关湖南地理的著述，著者多为外籍人士，有的籍贯不详，不知名氏。如：

《南岳记》1卷，南岳名道徐灵期撰，《初学记》《北堂书钞》《艺文聚类》等载引其文。

《桂阳记》，三国魏人杨元凤撰，《汉唐地理书钞》有辑文。

《湘州记》1卷，晋郭仲产撰，《汉唐地理书钞》《麓山精舍丛书》有辑文；又《湘州记》4卷，南朝宋无名氏撰，《汉唐地理书钞》有辑本；又《湘州记》1卷，南朝梁乐安任昉撰，《玉海》有引文。

《湘中记》1卷，南朝宋人撰，佚名氏，《麓山精舍丛书》辑有16条；又《湘中记》1卷，南朝宋庾仲雍撰，《汉唐地理书钞》有辑文。

《荆楚岁时记》1卷，南朝梁宜都宗懔撰，《广汉魏丛书》《说郛》《四库全书》等均有载录。

《荆州记》，晋武陵内史范汪撰，《史记正义》《北堂书钞》《太平御览》等载引其文，《麓山精舍丛书》辑此书佚文6则。

《荆南志》2卷，南朝梁元帝萧绎撰，《太平御览》引其文，光绪《湖南通志·艺文志》按：“引文有及今湖南山川者，则荆南乃指荆州以南，统荆湘而言之，此全楚地志之始。”

①引自《水经注》卷三八《湘水》。

第五节　宗教

一、佛教传入湖南及其迅速发展

佛教创立于古印度，东汉明帝时传入中国，魏晋之际传入湖南地区。湖南最早的一座佛教寺庙为岳麓寺（又名慧光寺、麓山寺），西晋初年，由来自会稽嵊县（今浙江嵊州）葛砚山的一位名叫竺法崇的禅师始建。竺法崇，籍贯不详。少入道，以戒节见称，尤长《法华》。至湘州（今长沙）麓山传法。传说有山精化为夫人，诣崇请戒，舍所住山为寺，崇居之。后返葛砚山以终。著有《法华义疏》4卷。原书已佚。梁慧皎《高僧传》本传载有此书。又，据唐李邕《岳麓寺碑》载“麓山寺者，晋泰始四年（268）之所立也。有竺法崇禅师者，振锡江左”，游至岳麓山，请建清寺。此后，太康二年（281），又有法导禅师来到麓山，“大启前功”，对寺庙进行增修扩建。（插图22、23）

但上述两位禅师均未终老麓山，“永讫兹岭”的著名和尚是法愍。法愍系北人，18岁出家，刘宋时隐居岳麓寺，卒年83岁。岳麓寺由此渐有声誉。南朝历届地方长吏，如刘宋湘州刺史王僧虔，萧梁湘州刺史夏侯祥、王琳，长沙内史萧源，均对岳麓寺进行过修复。此后，历朝又累经增建重修。寺庙殿堂至今犹存。前面的大门石柱对联云：“汉魏最初名胜，湖湘第一道场”。观音堂前，两棵枝叶茂密的古松，传为“六朝松”。经测定，其中一棵已有1600年左右的树龄。

两晋时期，湖南其他地区也开始兴建了一批佛教寺庙。如：

巴陵（今岳阳市）君山寺（又名楚兴寺、崇胜寺），两晋建；圆通寺，在县东，晋建。

浏阳普济寺，西晋惠帝永宁元年（301）建。

龙阳县（今汉寿县）香积寺（后改名净照寺），东晋建。

武陵（今常德市）观音寺，在县北阳山，东晋建。

重安县（今衡阳）云龙寺（一名灵龙寺，后又改法轮寺、金轮寺），东晋成帝咸和年间建。

插图 22　唐李邕“麓山寺碑”

临湘县（今望城乌山杲山村）杲山寺，相传两晋时僧人紫鹤建。

南北朝时期，宋、齐、梁、陈四个王朝均专门设置僧官（称僧主、僧正、大僧正等），大力支持和倡导佛教，因此佛教更加盛行，在湖南佛教也进入快速发展的时期。这期间，湖南新建了一大批著名寺院。而最集中的是在南岳衡山。如：

方广寺。位于南岳莲花峰下，南朝梁武帝天监二年（503）由高僧惠海始建。此地处莲花八峰之中央花蕊间，为一峡长谷地，幽深僻静，惠海和尚先是结草为庵以居，诵念经书。传说，一日，突有五龙化为壮汉前来拜访，请求听经。惠海应允。当晚风雨大作，山石震动。翌日，峡谷中呈现出一块开阔平地。于是惠海筹集善款，在此兴建寺院。这就是世代相传的“五龙听经，平沙献地”的故事。

衡南寺，原名善果寺。宋陈田夫《南岳总胜集》说在南岳集贤峰下，清李元度《南岳志》另说在紫云峰下。其实在二峰所夹的山窝内，即今岳云中学校址所在地。南朝梁天监二年（503）始建，亦为惠海和尚道场。南朝陈改称大

插图 23　1910 年拍摄的古麓山寺全貌

明寺。后又改名衡南寺。

南台寺。位于南岳瑞应峰南麓，南朝梁天监年间由高僧海印和尚始建。以寺庙东侧岩壁上有一方形如台的大石，故名南台寺。（插图 24）素称“天下法源”。

般若寺（福严寺），又称般若禅林。处南岳掷钵峰东麓，为中国佛教十大丛林之一。南朝陈光大二年（568），天台宗二祖慧思禅师创建。以慧思精通《般若经》，故以为寺名。即现存的福严寺。

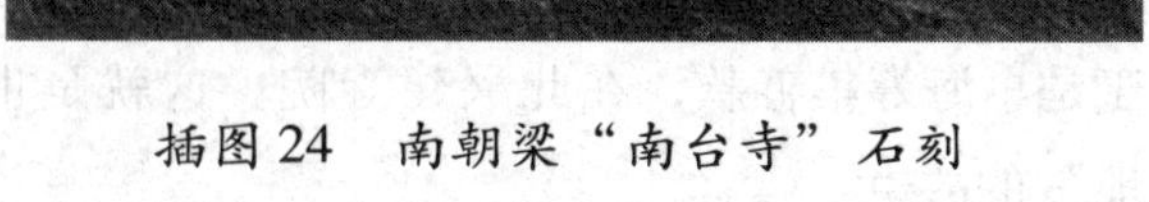

插图 24　南朝梁“南台寺”石刻

小般若禅林（藏经殿）。位于南岳祥光峰下。般若禅林创建后，僧徒云集，香火特旺。慧思为潜心钻研佛学，于是另择祥光峰下僻静之地，建一小寺。为与般若禅林有别，取名小般若禅林。即现存的藏经殿。

天台寺。南岳天台峰下。南朝陈宣帝太建年间，由天台宗的智颉创建。寺左有“拜经台”，相传智颉在此拜经16年。其后兴废缺考。20世纪40年代寺僧逃散，50年代改为民居。

此外，长沙岳麓山新建道林寺、果愿寺；湘东郡临烝县（今衡阳市）建有乘云寺（又名雁峰寺）、上圆清寺；湘乡建有东山寺、云溪寺；清泉县（今衡阳市）建太平兴国寺；攸县建证果寺、武冈建天宁寺，等等。从寺院的分布地域看，南岳衡山及周边最为集中，南岳衡山继岳麓山之后已迅速发展成湖南最重要的佛教圣地。

在南北朝时进入湖南的高僧，影响最大的是佛教天台宗慧思。慧思（515—577），亦作惠思，俗姓李，南豫州武津（今河南上蔡县）人。15岁出家，专诵《法华经》。20岁开始，云游四方，参访禅德，曾随北齐慧文禅师参学“一心三观”法门。陈废帝光大二年（568），54岁的慧思率领弟子40余人来到南岳。在陈宣帝大力支持下，建般若寺（即今福严寺）安住随从。又在人迹罕至环境幽寂的祥光峰下建小般若寺（即今藏经殿），时而在此离众独居，专心禅悟。十年后（577）卒于般若寺。世称南岳禅师、南岳思大师，为衡岳十八高僧之一，又被尊为天台宗宗师。著有《大乘止观法门》（又名《南岳大乘止观》）2卷，《诸法无诤三昧法门》2卷，《法华安乐行义》1卷，《南岳思大禅师立誓愿文》1卷，《随自意三昧》1卷。其著作多为口授，由弟子记录撰成。以上诸书均有刊本传世。此外，据南宋沙门士衡《天台九祖传》载，还著有《四十二字门》《释论玄》《次第禅要》《三智观门》等佛学著述传世。

慧思的弟子众多，最著名的有智颉、僧照、大善、智瓘、玄光等，他们后来都活动于湖南境内岳阳、长沙、衡阳之间。其中智颉，影响最大。

智颉（538—597），俗姓陈，祖籍颍川（今河南许昌市），避乱迁荆州华容（今湖北潜江市西南）。父母去世后，迁往湘州（今长沙市）果愿寺出家为僧。陈文帝天嘉元年（560），北上光州（今河南潢川县）大苏山，随慧思参学7年。后往返金陵、天台，名震一时，僧俗敬服。两次亲到南岳，寻访慧思遗迹。又曾讲法麓山寺。后回荆州当阳玉泉寺说法。是天台宗之实际创始人，奉为衡岳十八高僧之一。著有《法华玄义》20卷，《法华文句》20卷，《摩诃止观》20卷，以及《四教义》《净名义疏》《金光明文句》《观音义疏》等佛学典籍，共40余种。多由本人口授，弟子灌顶笔录整理成书，现大多有刊本传世。

除慧思、智颉之外于南北朝进入湖南的著名僧人，还有佛教律宗派的志道。

志道（？—484），俗姓任，河南沁阳人。通经律论，更精于戒律。北魏太武帝灭佛之后，他邀集同道十余人，到完牢（今河北顺平县），集洛、秦、雍、淮、豫五州僧人，于引水寺讲律明戒。后王奂出镇湘州（治今长沙市），志道随之同游。南齐武帝永明二年（484），卒于湘州。

两晋和南朝墓葬中，常发现以莲花为饰的随葬品。如，长沙市3号晋墓出土的两件青瓷碗，内刻划莲瓣状花纹；13号南朝墓出土的陶带盘三足器，盘心有莲花瓣纹。① 又如，资兴413号南朝墓，出土的带盘三足瓷炉，足与炉身连接处堆塑莲花一朵；449号南朝墓，出土青瓷莲花罐一件，腹上浮雕莲花二十瓣。② 莲花是佛教的象征物，这些以莲花为饰的随葬品的出土，说明两晋至南朝时期，佛教由北而南逐步传布于湖南各地，民间信佛者已不少。

二、道教在湖南的传播

道教（始称五斗米道，后更名正一道），是中国本土的宗教，创始人为东汉张道陵。据明代《衡岳志》记载，张道陵天师，曾自天目山游南岳，谒青玉、光天二坛，礼祝融祠。继张天师之后，又有五斗米道道长张正礼，于汉末入衡山，服黄精，后不知所终。汉代有方士黄敏，武陵（今常德）人，遁世学道于霍山80余年，又曾入中岳。又有郴县人苏耽，遇异人授仙术成仙的传说。这说明汉代湖南已有道教的活动，但尚未见建观布道者。

道教祖述老子，自两晋随着好“老庄”、尚玄学之风的盛行，道教在全国兴盛起来。两晋之际道教也就正式传入湖南，并以南岳衡山为主要据点，获得迅速发展。如，衡山祝融峰南有南岳观，晋太康八年（287）始建，梁天监二年（503）重修，武帝萧衍赐庄田300户；彩霞峰有太平观，据《大明一统志》载，南齐高帝时，褚伯玉隐居于衡山，建此观；玄都观，原名半山亭，又名吸云庵，始建于南朝齐、梁间；还有九仙观，在南岳庙东，梁元帝萧绎有碑。湖南其他地方，南朝时也建立了一些道观。如，巴陵青霞观，梁大同中建，原名洞真观；醴陵登真观，相传南朝王乔炼药于此，故名，唐开元时赐御书于观内。

两晋和南北朝时期，陆续在南岳修炼的著名道人不少。其中民间传说最广、对道教发展影响最大当首推东晋女道士魏夫人。据《南岳志》所录《南岳魏夫

①湖南省博物馆：《长沙两晋南朝隋墓发掘报告》，载《考古学报》1959年第3期。
②湖南省博物馆：《湖南资兴晋南朝墓》，载《考古学报》1984年第3期。

人传》记载：魏夫人，名华存，字贤安，山东任城人，东晋司徒魏舒之女，幼时即熟读“老庄”之书，笃意求神仙之术。本发誓不嫁，后在父母胁迫下，24岁时嫁给南阳刘幼彦，生二子。魏夫人虽婚配生子，仍每日念经修道，时常“闲斋别寝，入室百日不出”。传说由于精诚所至，感动上天，四位仙君同日降临，授她《太上宝文》《八素隐书》和《黄庭经》。丈夫死后，天下大乱，她携带二子渡江南行。后又与二子分开，与侍女麻姑于东晋大兴年间来到南岳，在集贤峰下结草舍居住，静心修道。这是黄庭观的来由。还传说，她在修行中，西王母曾约请她来朱陵山一起吃灵瓜，并赐她《玉清隐书》4卷。80岁时，仍颜如少女。晋成帝咸和九年（334），83岁时，她“闭目寝息，饮而不食”，七天后的一个夜晚，被西王母派众仙至观前的“礼斗坛”，迎接她升天。今黄庭观前有“飞仙石”遗迹。魏夫人升天后，被天帝封为“紫虚元君领上真司命南岳夫人”。传说魏夫人升天以后，其侍女麻姑、弟子女夷亦先后成仙。① 正是由于这些神话传说，所以后来于唐初所建的黄庭观在道教中声望极高，成为道教的胜地，魏夫人被奉为上清派第一代宗师。

传说在南岳修道成仙的，还有晋武帝时封为“太微先生”的四川青城山道士王谷神和“太素先生”皮元曜。他们同居南岳，在云龙峰栖真观金母殿炼丹数年，传说胎息还元，得道成仙。

在南岳修炼的还有陈兴明、施存、尹道全、陈慧度、徐灵期、张昙要、张如珍、王灵舆、邓郁之，人称“南岳九真人”。其修道处称“九真观”，后改名“九仙观”。他们在此注经传经，使道家玄学与神仙之说得以发展，深入人心。

陈兴明，颍川（今河南许昌）人。据说在南岳天柱峰遇二真人指点，授以明镜玄真之道及济世利民之方，居南岳元阳宫苦修18年，登正果，宋代被赐号“致虚守静真人”。施存，山东人，拜黄卢子为师，得《三皇内经》，为上清派前期重要人物。居南岳，于石廪峰西石隙中建阁，亘空10余丈，名洞阳宫，又名会真宫。宋代赐号“冲和见素真人”。尹道全，天水人，自晋世祖初年入山，在南岳苦志修行40余年。宋代赐号“通真观妙真人”。

徐灵期，南朝宋吴县（今江苏宜兴）人，属道教灵宝派。大明年间，来南岳修行15年，著《衡山记》，首次提出衡山七十二峰，回雁为首，岳麓为足，

①参见伍新福主编：《湖南通史》（古代卷），湖南人民出版社，2008年增订版。

周回80余里。宋代赐号明真洞微真人。陈慧度，颍川（今河南许昌）人，属上清派。南齐永明初（483）至南岳，住石廪峰南玉清观，修道炼丹，潜心诵读《黄庭经》，以丹拯治民间疾病。宋代赐号冲虚玄妙真人。张昙要（？—494），籍贯不详，隐居南岳，建招仙观，修行13年，而道大成。宋代赐号葆光袭明真人。张如珍，女道士，南阳人。在南岳修明镜洞鉴之道，9年而成。宋代赐号全真达道真人。王灵舆，南朝梁九江人。先居庐山五老峰下，后迁居南岳之中宫，修行12年。宋代赐号“通微集虚真人”。邓郁之，新野人。居南岳紫盖峰下。梁天监初，梁武帝赐金币许其于岳麓山择地建上中下三观，为修炼之所。炼丹成后，复回紫盖峰之阳居之。天监十八年（519）十二月三十日，端坐而逝于中宫前自然石坛之上。宋代赐号超真集妙真人。

魏晋南北朝时期，在南岳或湖南其他地方修道成名的道士还不少。特别是，除外籍入湘者之外，还出现了一批湖南本土的著名道士。如晋代道士范伯慈，湖南桂阳人，入天目山，饵胡麻，精思17年，又服丹砂，得道为“玄一真人”。西晋初，九疑女道鲁妙典，修行于宁远麓床山，成仙飞升，后人筑观奉礼，称“鲁女观”。唐代诗人元结《登九疑第二峰》一诗，对此作了记述。东晋道士长沙陶淡，晋太尉陶侃之后。少喜导养之术，谓仙道可祈。年十五六，便服食绝谷。好读《易》，善卜筮。先隐居长沙临湘山中，后赴罗县埤山，不知所终。晋代道士黄仁览，春陵（今宁远）人。师许君学仙道，许君以女妻之。传说后来道成仙逝，封“冲真道人”。梁大同年间，茶陵饶道亨弃官居家，设坛修道，死后其宅由门徒辟为“洞真观”。现为湖南全省重点道观之一。

长沙出土的南朝徐副“地券”，券文有“太上老君符敕”“三天无极”“太上老君地（陛）下”等道教咒语。资兴发掘的413、474号南朝墓，出土的3件“地券”，内容与徐副“地券”大致相同，亦有“太上符敕”“三天无极”“大道太上地（陛）下”等语，并且末尾还都画有道家符咒。① 这说明，当时在湖南不仅出现了自己土生土长的著名道士，而且道教已植根民间，在一般平民百姓生活中产生了广泛的影响。

①长沙市文物工作队：《长沙出土南朝徐副买地券》，载《湖南考古辑刊》第一集，岳麓书社，1982年。

三、佛、道二教势力在南岳的冲突和变迁

魏晋南北朝时期，佛、道二教曾发生过激烈斗争，这在湖南也有反映。事情发生在南岳。南岳的道观特别集中，道教势力一直很强大。梁朝时高僧海印、惠海禅师曾在南岳住过，但影响不大。佛教在南岳扎下根来始于天台宗祖师陈朝僧人慧思。

当时北周武帝反对佛教，僧侣们有所感："然我佛法不久当灭，当往何方以避此难？时冥空有声曰：'若欲修定，可往武当、南岳，此入道山也。'"于是，慧思率40余僧人于陈光大二年（568）来到南岳。慧思与南岳九仙观以欧阳正则为首的道士之间，发生了激烈冲突。①

慧思先令人将枯骨、僧用器皿等埋于地下，然后发掘出来，证明他此前的"一生""二生""三生"都曾在南岳出家修行，南岳早就是佛教圣地。道士们也用同样的办法，指证慧思等"埋兵器于山上"，是北齐派来的间谍。欧阳正则还率14名道士赴京向陈宣帝告御状。宣帝派人调查，不得要领。慧思亲自赶往京城，面见宣帝。结果陈宣帝相信了慧思的陈述。"以道士诬告罔上，令案治之。罪当弃市。"后慧思发慈悲，请曰："害人之命，非贫道志，乞放还山，给侍僧众，亦足小惩。"帝从其请，将14名道士放还南岳，"给侍僧众"，即给僧人当奴仆，并赐14道铁券为凭。慧思特立《陈朝皇帝赐南岳慧思大禅师降伏道士铁券记》石碑于南岳。②

以慧思和欧阳正则为代表的佛、道二教争夺南岳的斗争，最后以佛教的胜利而告终。从此以后，佛教势力主宰南岳、道教退居于次要地位，但二教始终在南岳共处共存。

四、民间信仰与祭祀

从历史文献的记载看，随着秦汉统一的封建帝国的建立和全国主体民族汉族的形成，湖南地区开始有了中原华夏族系的"三皇""五帝"和始祖神的敬奉和祭祀，以及一些地方性神祇和名山大川的崇拜祠祀。同时，原土著民族和"蛮夷"族群的原始信仰和鬼神崇拜，依然在流行并开始见诸史籍记载。

---

①参见伍新福主编：《湖南通史·古代卷》，湖南人民出版社，2008年。

②参见伍新福主编：《湖南通史·古代卷》，湖南人民出版社，2008年。

炎帝、帝喾的祭祀。茶陵州（今茶陵县）有炎帝庙。据记载：“在州北太和山，前殿祀神农，后殿祀赤松子，以汉张良附。不知刱自何代。”① 张良为刘邦的谋士和西汉开国元勋，以其附祀，此炎帝庙应是建于西汉时期，年代远早于酃县（今炎陵县）的炎帝庙。

清泉县（今衡阳市）帝喾庙。在县西二十里雨母山。据罗含《湘中记》载：“雨母山上有帝喾祠，每祭常有云气。”东晋时已有此庙，其始建年代应在魏晋之前、司马迁作《史记》将帝喾高辛氏列为“五帝”之一以后，或两汉之际。

帝舜与二妃的祭祀。《九疑山志》所载，“三代”时“大阳溪”有舜庙，史无考证。湖南建庙祭祀帝舜，较为可靠的记载，最早见于东晋罗含《湘中记》和北魏郦道元《水经注》等史籍。据罗含记载，湖南“衡山、九嶷皆有舜庙”。“南岳……山下有舜庙，南有祝融冢”。② 晋代南岳已有舜庙，但始建年代及其遗迹无考。按郦道元的记载，九疑山有舜庙，并且是两座：“九疑山，大舜窆其阳，商均葬其阴。山南有舜庙，前有石碑，文字缺落，不可复识。自庙仰山极高，直上可百余里。古老相传，言未有登其峰者。山之东北泠道县界，又有舜庙，县南有舜碑。碑是零陵太守徐俭立。”③ “山南”舜庙，可能即方志所载的玉琯岩下舜庙，九疑山东北的另一舜庙，具体地址及遗迹已不可考。玉琯岩下舜庙的石碑，北魏时文字即已缺落不可识，而九疑山之东北的舜庙，有汉代太守所立石碑，始建年代均应该是在秦汉或两汉之际。

关于“二妃”即尧女舜妻湘君、湘夫人的建祠祭祀，最早记载见于西汉司马迁的《史记》。据记载，二十六年（前221），秦始皇南巡，“浮江至湘山寺。逢大风，几不得渡。上问博士曰：‘湘君何神?’博士对曰：‘闻之，尧女舜之妻而葬此。’于是，始皇大怒，使刑徒三千人，皆伐湘山树，赭其山”④。北魏郦道元《水经注》载：洞庭湖中“有君山、编山。君山……湘君之所游处，故曰君山”。可见，秦始皇所至的湘山即君山，当时祭祀二妃的湘山寺在东洞庭湖的岳阳君山。此寺秦始皇时即已存在，其始建年代当在西周或春秋时代。《水经

①《大清一统志》。

②引自《水经注》卷三八《湘水》。

③引自《水经注》卷三八《湘水》。

④《史记·秦始皇本纪》。

注》在记述君山之前，又另有记载云："湖水西流，径二妃庙南，世谓之黄陵庙也。言大舜之陟方也，二妃从征，溺于湘江，神游洞庭之渊……民为立祠于水侧焉。"说黄陵庙也叫二妃庙，为民间所立祀二妃。黄陵庙，在古青草湖即今南洞庭湖区湘阴县境内，至今遗迹犹存。此庙与秦始皇所抵的湘山寺和君山，南北相距数百里，并且得渡越洞庭湖，应是另一处祀二妃的寺庙。始建年代可能较君山的二妃庙晚，但也应在南北朝之前，或是魏晋时代。

关于"盘瓠"图腾崇拜。盘瓠即神犬（或称龙犬），以盘瓠作为自己的"图腾"（印第安语，有"亲属"之意），加以崇拜祭祀，这是流行于湖南"蛮夷"族群中一种原始的宗教信仰和崇拜。关于"盘瓠"的传说，最早见于东汉应劭的《风俗通》，其后还有晋代干宝《搜神记》、北魏郦道元《水经注》和南朝宋范晔《后汉书》。记述的故事情节大同小异，现将干宝《搜神记》的记载录引如下：

高辛氏，有老妇人居于王宫，得耳疾历时。医为挑治，出顶虫，大如茧。妇人去后，置以瓠蓠，覆之以盘。俄尔，顶虫乃化为犬，其文五色，因为"盘瓠"，遂畜之。时戎吴强盛，数侵边境。遣将征讨，不能擒胜。乃募天下有能得戎吴将军首者，购金千斤，封邑万户，又赐以少女。后盘瓠衔得一头，将造王阙。王诊视之，即是戎吴。为之奈何？群臣皆曰："盘瓠是畜，不可官秩，又不可妻，虽有功，无施也。"少女闻之，启王曰："大王既以我许天下矣，盘瓠衔首而来，为国除害，此天命使然，岂狗之智力哉！王者重言，伯者重信，不可以女子微躯，而负约于天下，国之祸也。"王惧而从之，令少女从盘瓠。盘瓠将女上南山……止于石室之中。……盖经三年，产六男六女。盘瓠死后，自相配偶，因为夫妇。织绩木皮，染以草实，好五色衣服，裁制皆有尾形。后母归，以语王，王遣使迎诸男女，天不复雨。衣服褊裢，言语侏离，饮食蹲踞，好山恶都。王顺其意，赐以名山广泽，号曰"蛮夷"。……今即梁、巴、蜀、武陵、长沙、庐江郡夷是也。用糁杂鱼肉，叩槽而号，以祭盘瓠，其俗至今。故世称"赤髀横裙，盘瓠子孙"。①

"盘瓠"，《水经注》和《后汉书》作"槃瓠"。《水经注》曰："今武陵郡

①干宝：《搜神记》，卷一四。

夷，即盘瓠之种落也。”《后汉书》曰：“今长沙、武陵蛮是也。”均将关于盘瓠的传说和崇拜祭祀的地域，限于湖南境内的“长沙”“武陵”，即两汉在湖南所置长沙郡（国）和武陵郡。干宝将“梁、巴、蜀”“庐江”等州郡都包括在内，分布地域显然失之过宽。长沙郡（国）和武陵郡，这些地区两汉时聚居着大量“蛮夷”族群，被统称之为“南蛮”或“长沙、武陵蛮”。至今湘西、湘西南及相邻鄂、渝、黔、桂、粤边地区，仍为我国南方少数民族苗、瑶、侗、土家等民族的主要聚居地区。他们的先民当时均被包括在“长沙、武陵蛮”之内。说这些地区的“蛮夷”民族均为“盘瓠种落”，显然也不符合历史实际。但关于盘瓠的传说和崇拜，秦汉和魏晋时已流行于这些地区的“蛮夷”族中，这是可以确定的。并且信奉盘瓠图腾崇拜的“盘瓠种落”，当时在这些地区的“蛮夷”族群中人数相当多，或占据多数地位。从近代以来湖南境内民族分布状况和研究资料看，信奉盘瓠图腾崇拜的应主要属苗瑶族系。瑶族世代相传至今，每年都过“盘王”节，祭祀盘瓠。湘西和湘黔边苗族，民间流传的《古老话》中，有《奶夔爸苟》的传说，即皇家公主与犬父婚配的故事；这些地区的苗族每年五月十五划龙船，据传说就是为了祭祀盘瓠，在沅水流域麻阳苗族自治县境内至今还保留有几处祭祀“盘瓠大王”的盘瓠庙；在溆浦县的沅水岸边有“辛女岩”，据传说即高辛女留下的遗迹。最早记载有关盘瓠传说和祭祀的东汉应劭，其祖父应郴、父应奉世代官武陵太守，他从小生长和生活于武陵地区，“博览多闻”①，所著《风俗通》关于盘瓠的传说，其素材显然得自于当地民间。这说明湖南苗瑶民族有关盘瓠的传说和祭祀风俗，早在东汉时即已流行于武陵五溪“蛮夷”地区，而其最初产生的时代当更早。

关于地方性神祇的崇奉和祭祀。民间对于在历史上勤政爱民、建功立业的文臣武将，或救死扶伤、乐善好施等恩惠于民，对他们生活产生过重大影响的人，往往加以神化，立庙供奉，于是各地都产生了自己地方性神祇的崇奉和祭祀。在湖南两汉和魏晋之际，最早见诸记载的有屈原、贾谊、陶侃等。

屈原虽不是出生于湖南，但湖南是他长期生活的故土和最后归宿地，他在湖南的诗词创作成就和高尚的爱国情怀，在文化精神上对湖南产生了深远的影响。湖南人深深怀念和崇拜敬仰屈原，为之立庙祀奉是极其自然的。所以屈原

①《后汉书》卷七八《应奉传》。

成为湖南人首位神化祀奉的历史人物。据《水经注》记载：湘水的支流汨水，“又西为屈潭，即汨罗渊也。屈原怀沙自沉于此，故渊潭以屈为名。昔贾谊、史迁皆尝径此，弭楫江波，投吊于渊。渊北有屈原庙，庙前有碑。又有汉南太守程坚碑，寄在原庙”①。郦道元为《水经》作注时，湖南汨罗江边已有屈原祠庙，其立庙年代当更早。而西汉初年的贾谊特别作赋凭吊屈原，东汉太守的碑是“寄”于屈原庙，由此推断，此庙可能始建于秦或西汉。

贾谊（前200—前168），在长沙虽只三年，但其盖世文才，特别是在湖南写下《吊屈原赋》和《鹏鸟赋》流传千古的佳作，深为湖南和长沙人怀念和敬仰。据记载：“贾太傅祠，在县西濯锦坊，即汉贾谊故宅，旧专祀谊，后并祀楚屈平。”② 晋代庾阐作《吊贾谊辞》序云：“中兴二十三载，余忝守衡南，鼓楫三江，路次巴陵，望君山而过洞庭，涉湘川而观汨水，临贾生投书之川，慨以永怀矣！及造长沙，观其遗像，喟然有感，乃吊之。”所谓“中兴”，指司马睿即帝位建东晋王朝。“二十三载”，即咸康六年（340）。此时，庾阐在长沙吊贾生，并观其遗像，应已建有贾太傅祠。

陶侃（259—334），东晋浔阳（今湖北黄梅西南）人。其一生的主要事功业绩都同湖南息息相关，并且同屈原一样，湖南也是他最后的归宿地。陶侃初任湖南的武冈令，累迁江夏太守。永嘉五年（311），杜弢率流民起义于长沙，攻下湖南诸郡，大破荆州刺史周顗军。陶率军营救，击破杜军，代周顗领荆州刺史。继而，破巴陵（今岳阳），克长沙，俘降杜将毛宝、王贡等，杜军溃散。以功官至八州都督，封长沙郡公。又移镇巴陵，遣军讨平“五溪夷”。咸和七年（332），因病辞归长沙，后卒于船中，葬于长沙城南。

据记载：“侃勤于吏职，恭而近礼，爱好人伦，雄毅有权，明悟善决断，自南陵迄白帝数千里中道不拾遗。”③ 如此治绩卓著的地方大吏，自然获得了湖南和长沙人的敬仰崇奉。《水经注》云：临湘（长沙）城内，“郡廨西有陶侃庙，云旧是贾谊宅地”④。即是说，今天遗迹尚存的汉贾谊故居，南北朝时曾有陶侃祠庙。此为长沙人最早所建的祭祀“长沙郡公”陶侃的庙宇，年代应在陶侃去

---

①《水经注》卷三八《湘水注》。

②光绪《湖南通志》卷七四《祠庙一》。

③《晋书》卷六六《陶侃传》。

④《水经注》卷三八《湘水注》。

世不久的东晋末年。又光绪《湖南通志》记载，长沙县南也有“陶公庙”，“祀晋长沙公陶侃”。① 今长沙椞梨尚有陶公庙，此处应即当年陶侃安葬地，可能葬后不久即建庙供祀。

湖南境内各地年代可考、始建于秦汉至南北朝时期的名人祠庙，还有几座。如：

湘乡长沙定王庙。据记载：“在县南，去江一里，祀汉长沙王发。其子湘乡侯所立，后人因之。”② 长沙王刘发，西汉武帝元朔二年（前127）卒。此庙为其子所建，应是在元朔二年以后不久。长沙也有定王庙，“在县东北一里，祀汉景帝子长沙王发，俗谓之定王冈”③。按记载的方位看，此庙应是在今长沙市的定王台，其始建年代当在湘乡建定王庙前后。

茶陵侯祠。茶陵节侯，长沙定王刘发之子。元朔四年（前125）封，元鼎二年（前115）卒。据记载：“王在国宽慈，吏民追思，请立祠以祀。”此祠始建年代，应是在元鼎二年之后不久。

此外，湖南各地还有一批始建年代虽无记载，但很可能是建于两汉和魏晋、南北朝时期的名人祠庙。如：征“五溪蛮”、病死于沅水中游沅陵县境的伏波将军马援，率军取湖南四郡、驻跸临烝（今衡阳市）的诸葛亮，出生于湘乡、继诸葛亮担任丞相辅佐后主刘禅的蒋琬等，当地及湖南其他地方都早有祠庙，世代祭祀不绝。其中最早的立庙年代都应是在隋唐之前。

名山大川的祠祭，在湖南最具代表性的是南岳衡山庙和洞庭神庙的祭祀。据记载，衡山县有南岳衡山祠，或叫南岳庙、南岳宫。在县西三十里，“四面皆绝，人兽莫至”，“汉武帝移于江北霍山，隋文帝又移于今所”。④

汉武帝惧渡洞庭之险，曾在湖北霍山立庙祭祀“南岳神”，后来隋文帝将庙又移回湖南南岳衡山。说明早在西汉初年湖南衡山就已有祭祀南岳神的南岳庙。但从所描述的山势看，此南岳庙并非至今祭祀不绝的衡山山下的南岳大庙，而应是祝融峰顶的南岳庙。

湘阴县早在汉代已有洞庭神庙，祭祀洞庭湖之神。据记载：“洞庭神庙，一

①光绪《湖南通志》卷七四《祠庙一》。

②光绪《湖南通志》卷七四《祠庙一》。

③光绪《湖南通志》卷七四《祠庙一》。

④光绪《湖南通志》卷七五引《南岳记》。

在磊石山，汉建。唐天佑二年封昭灵侯。”① 后来，湖南其他地方也有为洞庭神建祠庙的。如浏阳人漕运“苦湖险”，乃立洞庭庙“祀湖神”。②

第六节　风俗

一、风土民情

关于湖南地区的风土民情，《史记》《汉书》以及两汉至南北朝的其他史籍、地志，均有所记载，虽语焉不详，但这是最早的一些历史记载，很珍贵，对了解两千年前湖南人的生活状况和社会风尚有所助益。

《史记·货殖列传》载：“楚越之地，地广人稀，饭稻羹鱼，或火耕而水耨。果蓏蠃蛤，不待贾而足。地势饶食，无饥馑之患。……无冻饿之人，亦无千金之家。”又云：衡山、江南、长沙，“南楚也”，“其俗大类西楚”，“其俗剽轻，易发怒。地薄，寡于积聚”。“楚越之地”，自然包括湖南，“南楚”则主要指湖南地区。当时，人口并不多，物产较丰富，大米为主食，爱吃水煮活鱼，自给自足，贫富差距不大。“火耕而水耨”，指的是丘陵山区的“刀耕火种”和河湖平地的水稻耕作，这一直是湖南两种传统的生产习俗。所谓“剽轻”，应即其他史籍中也常见的，说南方“蛮夷”之人，“剽悍”“轻生”。“轻生”就是不怕死，实际上是敢于担当，必要时勇于牺牲自己。从司马迁的记载，我们已能看到后来构成湖南人性格和湖湘文化精神的某些元素。

《汉书·地理志》载：“楚地”，“今南郡、江夏、零陵、桂阳、武陵、长沙及汉中、汝南郡也”，“有江汉川泽山林之饶。江南地广，或火耕水耨，民食鱼稻，以渔猎山伐为业，果蓏蠃蛤，食物常足……饮食还给，不忧冻饿，亦亡千金之家”。又云：楚人“信巫鬼，重淫祀”。

班固所说的“楚地”，共八郡，其中四郡即一半属湖南，所记述的当然多为湖南的情况。而所述当时社会生产生活状况和风俗，与《史记》大多类似。

---

①光绪《湖南通志》卷七四《祠庙一》。

②光绪《湖南通志》卷七四《祠庙一》。

其中“信巫鬼，重淫祀”，则是司马迁所未述及的。其实，崇巫信鬼，奉行多种鬼神祭祀，这是南方“苗蛮”族群的原始“巫鬼”崇拜习俗和史称的楚国“楚风”的一大特色。而其遗风遗俗，至今在湖南各地特别是少数民族地区仍流传不绝，班固第一次在中国的“正史”里作了记载。

魏晋南北朝时编著的多种地记、图经，涉及当时湖南各地的一些风土民情。原书多散佚，今据清陈运溶《麓山精舍丛书》所辑，采摘如下：

晋范汪《荆州记》：“舜葬九疑，民俗始作韶歌。”

南朝梁伍安贫《武陵记》：常德府地，“人气和柔，多淳，少宦情。常弹五弦之琴，以黄老自乐。有虞夏之遗风”。

佚名氏《五溪记》：五溪地区，“民多射生而鼻饮。噉蛇鼠，捕虾蟹。朝营夕用，故无宿给”。

佚名氏《荆州土地记》：“湘州七郡大艑所出，皆受万斛。”“武陵七县通出茶，最好。”

佚名氏《湘中记》：“湘水至清，虽深五六丈，见底了了，石子如樗蒲矢，五色鲜明。白沙如霜雪，赤岸如朝霞。”“其地，舜之遗风，人多纯朴。今故老犹弹五弦琴，好为渔父吟。”

南朝宋郭仲产《湘州记》：“衡阳县东南有酃湖，土人取此水以酿酒。其味醇美，所谓酃酒。每年常献之。晋平吴，始荐酃酒于士庙是也。”

佚名氏《湘州记》：“舜巡狩苍梧而崩。二妃不从，思忆舜，以泪染竹，竹尽为斑。”

南朝齐黄闵《武陵记》：“武陵有一孤岭，上有一池，水数亩，鱼鳖无不备有。其七月七日皆出游，类族各别。”“武陵山中有秦避世人居之，寻水，号曰桃花源。故陶潜有《桃花源记》。为曰山上有神母祠。”

二、时序节庆

南朝梁宗懔所撰《荆楚岁时记》和吴均《续齐谐记》，最早记述了包括湖南的荆楚地区在时序节庆方面的一些习俗。原书失传，在唐宋编辑的类书中有辑文。现就明代陶宗仪《说郛》和宋代《太平御览》的辑文引述几则：

爆竹。正月一日，三元之日也。《史记》谓之端月。鸡鸣初起，先于庭前爆竹，以辟山臊恶鬼。《神异经》曰：“西方山中有人焉，其长尺余，一足，性不畏人。犯之，则令人寒热。名曰山臊。人以竹著火中，烞熚有声，而山臊惊惮。”①

这是关于节庆燃放“爆竹”（鞭炮）习俗的最早记载。其原意，是以火烧烤竹子，发出“哔叭”的声响，以惊吓会侵犯人、使人致病的“山臊”之类山林鬼怪。并且只是在农历正月初一，“鸡鸣初起”，于“庭前”施行。至今，此俗虽已忘失其本意，但仍沿袭不衰，只是“爆”竹子已演化成燃放特制的大小纸炮，“爆竹”变成了“鞭炮”，并且扩大了范围，节庆婚丧和各种祭祀都燃放。

竞渡。五月五日，竞渡，俗为屈原投汨罗日，伤其死所，并命舟楫以拯之。舸舟取其轻利，谓之飞凫。一自以为水军，一自以为水马。州将及土人悉临水观之。②

这是关于农历五月五日龙舟竞渡以祭祀屈原的最早记载。说明此俗在南北朝时期即已流行于今岳阳汨罗一带和湖南地区，而最初应是兴起于秦汉之际。

粽子。屈原五月五日投汨罗而死，楚人哀之。每至此日，竹筒贮米，投水祭之。汉建武年，长沙欧回，见一人自称“三闾大夫”。谓回曰：“尝见祭，甚善！但常年患蛟龙所窃。今若有惠，可以练树叶塞其上，以五彩丝约之。此二物，蛟龙所惮也。”回依言。后复见，感之。今人五日作粽子，带五色丝及练叶，皆是汨罗遗风也。③

五月五日包糯米粽子的习俗，源远流长。早在东汉光武帝之前已有此俗，以祭屈原。初始是用竹筒盛米。关于欧回会见三闾大夫屈原的记载，只是一种神话传说。但长沙的欧回，很可能就是用粽叶包粽子的最先发明人和提倡者，说明此俗最早应是东汉初年发端于湖南长沙地区。长沙人和湖南各地端午包粽子以祭屈原的习俗，从此一直流传至今。

逐除。七月七日，此夜云为织女牵牛聚会之日。……牵牛神名，织女神名。七月七日，牵牛织女会天河。是夕，人家妇女结彩缕、穿七孔针，以乞巧也。④

“七夕”，又称“七巧”，自古流传的民间节日。《荆楚岁时记》的记载，应

①《荆楚岁时记》，引自陶宗仪《说郛》卷二五。
②《荆楚岁时记》，引自《太平御览》卷三一《时序部十六》。
③《续齐谐记》，引自《太平御览》卷三一《时序部十六》。
④《荆楚岁时记》，引自陶宗仪《说郛》卷二五。

是最早的资料。此俗最初兴起于何代难以确定，但魏晋以后在湖南和荆楚各地民间流行，这是可以肯定的。至今民间仍有七月七日晚“牛郎”“织女”相会的传说。过“七夕”节、妇女穿针“乞巧”之俗，湖南地区现在已不见流行。

> 灶神。其日并以豚酒祭灶神。《礼器》云：“灶者，老妇之祭，所以尊于瓶，盛于盆。”言以瓶为尊，盆盛馔。许慎《五经异义》云：“颛顼氏有子曰黎，为祝融，火正也。祀以为灶神。”……世蒙其福，俗人所竞于此。①

“灶神”，又称“灶君”“灶王”，供于每家灶头，以避祸灾。这是中国自古流传很广的民间的一种信仰习俗。农历腊月二十三或二十四日，各家各户祭奉供品，送灶神上天，除夕又迎回。看来，魏晋以前这一习俗已在湖南和荆楚地区流行，只是具体祭祀情节古今已发生变化，不大一致。后汉许慎说祀“灶神”是祀“火正”祝融，这应是此祀俗兴起的本意。

①《荆楚岁时记》，引自陶宗仪《说郛》卷二五。

第四章　隋唐五代湖南文化

（589 年至 960 年）

581 年，杨坚废北周静帝自立，建立隋朝。589 年灭南陈，全国重新统一，结束了南北朝 270 多年的分裂局面。但隋朝统治不过 30 余年，即被农民大起义推翻。618 年，在农民起义中崛起的李渊父子，建立了唐朝，并迅速消灭各武装集团，重建全国统一的封建政权。由于政治统一，国势强盛，唐代的社会经济、文化一度获得空前发展，中国封建社会达到了高度繁荣的阶段。至唐朝后期，政治日趋腐败，统治集团对人民的剥削压榨不断加重，社会矛盾激化，最后黄巢领导的全国农民起义，又摧毁了唐朝的统治。907 年，朱温建立后梁，中国进入“五代”“十国”的政权更替与割据时代。

隋唐时代，湖南虽与全国一样，经历了农民大起义、藩镇军阀混战割据和王朝政权的更替，但所受战乱的破坏和直接影响比中原地区相对较小，经济社会大多数时间是在较正常的情况下继续发展。特别是由于国家长达数百年的统一，南、北之间和各地交往交流的加强，湖南同全国大多数地区一样，封建经济和文化的发展进入了一个新的阶段。水利工程的兴修，洞庭湖区湖田的开垦，牛耕的进一步推广，农业、手工业生产技术的不断提高，商业和交通的扩展，都有力地促进了经济的发展。尤其是以长沙铜官窑为代表的瓷器生产的发展和釉下彩技术的发明，其产品远销阿拉伯和非洲，说明经济领域的某些方面湖南已在全国居领先地位。与此相适应，隋唐时期湖南文化有新的发展，取得不少足以称道的成果。如欧阳询、欧阳通父子的“欧体”书法的创立和发展，怀素“狂草”的成就，刘蜕、李群玉、“诗僧”齐己等人的诗文创作，欧阳询主纂的《艺文类聚》及其他湘籍史地学家的著作的问世等。此外，佛、道二教均在湖南获得很大的发展，并且产生了一批有影响的佛释道学研究著述。但此时的湖南，与中原及东部地区比较，还存在较大差距，在中央王朝和一些中原人看来，仍然是“蛮夷”瘴疠之地，因而常常成为朝廷“罪臣”贬谪之所。王昌龄、元结、阳城、刘禹锡、柳宗元等都曾谪迁湖南各地为官；而李白被流放湘黔边的“夜郎”，两次穿越湖湘；贬谪连州又迁江陵的韩愈，曾待命郴州，在湖南逗留了7个多月；失意落魄的杜甫，晚年进入湖南，上下求索于湘江，最后病卒船中。这一大批来自中原的大诗人和大文豪都与湖南结下了不解之缘。湖南的山川风物和所见所闻，为他们的诗文创作提供了丰富的素材和灵感，使他们留下了许多传世名作。而他们在湖南的诗文创作实践，对于南北文化交流与湖南文化的进一步开拓和发展，产生了深远的影响，作出了不可磨灭的贡献。

五代时期，起自河南、江西的马殷集团进入湖南，以潭州（今长沙市）为都城建立楚国。其疆域包括现今湖南省全境及广东、广西、贵州省部分地区。这是湖南历史上唯一的以长沙为中心所建立的国家政权。自后梁太祖开平元年（907）马殷封楚王开始，至后周太祖广顺元年（951）南唐取长沙，楚国亡国。此后，又由马楚部将周行逢主政湖南10余年。乾德元年（963），宋军取湖南，结束了湖南的割据独立局面。湖南在割据独立的近60年间，同中原和其他地区在经济文化方面的联系交流，实际上还是相当紧密的，特别是马殷在位时，在高郁等谋士辅佐下，政治上采取上奉“天子”，下抚士民的“保境安民”策略，经济上奖励农桑，注重水利，修筑长沙龟塘，“灌田万顷”，倡导麻棉纺织，发展茶叶生产和茶马交易，通商中原，不征商旅等政策，社会安定，经济得到发展。文化方面，马氏仿唐太宗建“天策府”，从全国各地招揽和聚集人才，有所谓“十八学士”，他们在诗文领域都各有造诣；马殷父子均信佛，在长沙兴建著名古刹开福寺，佛教、道教在湖南得到保护和发展。

第一节　教育、科举

一、湖南官学和书院教育的兴起

中国古代，自西汉武帝兴太学、置博士弟子员，元帝郡国置五经百石卒史，平帝元始三年（3）立学官、置经师，此后官学教育建立起较完备的体制，历代不断传承和发展。随着科举制的创立和实施，各级官学成为科举入仕的阶梯，因而更受重视，获得更大发展。唐代的官学已相当发达。京师有国子学、太学、律学、书学、算学等，均属国子监。还有崇文、弘文等馆。地方设有都督府、州、县学宫，并允许私人办学。各类学馆人数不等。唐中叶中央国子监生约8000余人，地方州、县学生员达60000多人。

湖南地区的官学，唐以前见诸史志记载的仅有两所。最早一所是耒阳县学，东汉时耒阳县长侯寘始建。另一所是武冈州学，相传为晋县令陶侃卜建。在湖南官学的普遍兴起应是始于唐代中后期。见于光绪《湖南通志》等史志记载的，唐及五代时湖南所建府、州、县学，有如下几所：

衡山县学。唐天宝末建，杜甫作有《题衡山县文宣王庙新学堂诗》。其诗云："周室宜中兴，孔门未应弃。是以资雄才，焕然立新意。衡山虽小邑，首倡恢大义。……讲堂非昔构，大屋加大塈。下可容百人，墙隅亦深邃。"① 一个小县学宫的讲堂，可容百人，可见规模不小。

道州学。唐元和七年（812）薛伯高由刑部郎中为道州守，创建州学，柳宗元《道州文宣王庙碑》纪其事。

永州府学。唐宣宗年间，永州刺史韦宙建。

江华县学。建于唐，宋李韶《修学记》云，柳宗元曾讲学于此，并认为江华山水胜过九疑。

桂阳州学。五代后晋建。

此外还有少数府、县官学，虽无创立年代，但宋代却有依旧址迁建、改建的记载，故最晚也应是始建于唐朝。如郴州州学，据宋张栻《郴州迁建学记》记载："郴州故有学，迫于城隅，湫隘不治"，知州事薛彦博等"始议迁改"。"因得浮屠废宫"，"乃迁而一新之"。② 又如：长沙府学，据宋王安石《潭州新学诗并序》载：潭州（长沙）原有"庙学"。治平二年（1065）"改筑庙学于城东南"③。

由民间、私人创办的聚集生徒进行教学的书院，一般都认为兴起于唐代。在州、县官学兴起和发展的同时，唐代中后期，书院教育在湖南也开始发端，出现一批全国较早的书院。如：

杜陵书院。在耒阳县北，祀杜甫，唐建。杜甫大历三年（768）入湖南，

---

①引自光绪《湖南通志》卷六三《学校二》。
②引自光绪《湖南通志》卷六六《学校五》。
③引自光绪《湖南通志》卷六二《学校一》。

大历五年病卒。书院祀杜甫，应建于大历之后。

石鼓书院。旧为寻真观，位于衡阳县（今衡阳市）北二里石鼓山，唐德宗年间刺史齐映建观。元和中州人李宽之读书于此，始为书院。刺史吕温尝访之，作《过寻真观访李秀才书院诗》。宋朱熹《石鼓书院记》云："石鼓据烝湘之会，江流环带，最为一郡佳处。故有书院，起唐元和间，州人李宽之所为。"①

明道书院。在衡山县西，原名邺侯书院。邺侯指李泌，唐肃宗时隐居于衡山。其子李繁建书院。据传有李泌手书"极高明"三字。②

韦宙书院。在衡山县南15里。唐宣宗大中年间，永州太守韦宙退居，创建书院于净福山。后废。清代尚可见遗址。

文山书院。在澧州（今澧县）南仙眠州，唐李群玉读书处。《全唐诗》收有李群玉诗《书院二小松》，描写当时书院的情景。

二、科举制的创立与第一批湘籍进士

在隋唐之前，官吏的选拔制度不一。两汉兴荐举，从中央三辅大臣到郡国牧吏，按贤良方正、文学、茂才、孝廉等科目荐举人才，每次荐举人数不等。魏晋行"九品中正"制，即将"士人"分为上上、上中、上下，中上、中中、中下，下上、下中、下下，共九等，各郡县设"中正"评定人才高下。中正一职则由豪门世族把持，故"下品无高门，上品无贱族"。弊端十分明显。至隋唐废除"九品中正"制，改行分科目由地方贡举经考试取士的制度，即"科举制"。隋文帝开皇十八年（598），诏京官五品以上、总管、刺史，"以志行修谨、清平干济二科举人"。而选举"先德行、次文才"，将人的品德修养放在第一位。炀帝大业三年（607），诏令依"孝悌有闻""德行敦厚""学业优美"等十科举人。大业五年（609），又诏诸郡以"学业该通、才艺优洽"等四科举人。后炀帝又始设明经、进士二科。唐代科举制进一步发展，更加完备。常设科目有秀才、明经、进士、明法、明书、明算等。此外，由皇帝自诏举行的称"制科"。但诸科中常设的只有明经、进士两科，而尤重进士科。考生来源一般为学馆"生徒"和各州县"乡贡"士人。贡举人数，按年有定额，但常有增减。每年应试者一般为八九百人，多者超过一千四五百人。唐代的科举考试，

---

①引自光绪《湖南通志》卷六九。

②引自光绪《湖南通志》卷六九。

初由吏部考功员外郎主持，开元二十五年（737）改由礼部侍郎专理此事。考生由礼部考试录取，再经吏部考试合格后，任命官职。武则天始行殿试。进士科主要是考试诗赋、帖经、时务策五道，其中又特别看重诗赋。经考试录取称进士及第。录取人数无定额，多者数十人，少者数人。录取进士科第一名的称“状元”，视为“登龙门”。

隋朝设立科举制后，湖南地区参与考试的生徒士子人数及录取情况，因史无记载，现不得而知。唐玄宗开元十八年（730），长沙人欧阳稚进士及第，官至商州刺史。这是自隋唐开科取士以来，湖南地区见诸记载的由进士及第入仕的第一人。此前唐代科举取士已历100多年。此后，代宗永泰元年至昭宗140年间，湖南地区进士及第者共23人，另追赠进士及第1人，以“制科”举秀才2人。其中计有：

周崇昌，延唐（今宁远县）人，永泰元年（765）及第。

罗玠，衡山人，贞元五年（789）及第，官至御史。

何坚，道州（今道县）人，贞元十年（794）及第。

陈谏，蓝山人，贞元间及第。官翰林学士、柳州刺史。

卿侃，邵阳人，贞元间及第。

周瑀，延唐（今宁远县）人，永贞元年（805）及第。

孟琯，郴州人，元和五年（810）及第。曾官巡察御史。

刘景，桂阳人，元和间及第。官鄜房从事。

周惟简，延唐（今宁远县）人，长庆中及第。

李郃，延唐（今宁远县）人，太和二年（828），以进士第一人及第，为兴科举以来湖南首位状元。官至贺州刺史。

周鲁儒，延唐（今宁远县）人，太和中举进士。官员外郎知制诰。

吴汝纳，澧州（治今澧县）人，太和间及第。官至左拾遗。

刘蜕，长沙人，大中四年（850）以“荆解”及第。此前30年间，历年由荆南解送入京应试的士子，均未能登进士，时人戏言“天荒解”。故刘蜕进士及第，被称之为“破天荒”，荆南节度使崔铉特赏给“破天荒钱”70万贯。咸通年间，官左拾遗。

拔野古，耒阳（一作永兴）人，大中间进士及第。赐姓李，改名君防。应是来自当时湘南尚没有汉族姓氏的湖南土著民族人士。历官朝散大夫、广州刺史。乾宁三年（896）卒，赠南亭王。二子，长行环官太守，次行超官别驾。

周彦朴，延唐（今宁远县）人，大中年间进士及第。

厉图南，澧州（治今澧县）人，大中时进士及第。曾官西川副使。

刘瞻，桂阳人，刘景子。咸通初进士及第。累官太常博士、翰林学士。咸通十年（869）以中书侍郎入相。以性鲠直，忤懿宗罢相，出为荆州节度使。十五年（874），僖宗即位，以兵部尚书同平章事再次入相。仅3月被仇家毒杀。

胡曾，邵阳秋田乡人，咸通间举进士。乾符初，高骈镇蜀，辟掌书记。以文才著名。

陈光问，茶陵人，天复元年（901）进士及第。官秘书省正字。

曹松，衡阳人，天复元年进士及第。官秘书省正字。

邓进忠，湘阴人，天佑初进士及第。官岳州刺史。

李群玉，澧州（今澧县）人，光化三年（900）追赐进士及第。

此外，延唐周虞宾、武陵于邺，均进士及第，但时次失考；祁阳屈隐之，以“制科”举秀才，官韶州刺史；安乡段宏古，举秀才。

五代时，由于政权更替频繁，加之地方藩镇割据，国家分裂，科举未能正常实施。湖南地区见诸记载，入京应试登进士者仅有4人：

刘赞，桂阳人，唐宰相刘瞻之子，后梁进士，官崇政院学士。

何仲举，营道（今道县）人，以诗文著名。后唐长兴四年（933）进士，马楚天策府学士，又历官全州刺史、衡州刺史。

邓洵美，郴州人，后晋天福间进士。归依周行逢，不受重用，后被杀害。

骆仲舒，临武人，后周显德间进士。入宋后历官给事、太子中书、起居舍人。

以上进士，从地域分布看，湘南居多，特别是延唐（包括营道），即今宁远县最为集中，共出了8位进士，约占全湖南的三分之一。如再加桂阳、郴州、耒阳、临武、蓝山、道州等地的10位进士，隋唐五代的湖南进士绝大多数都集中于湘南地区。其余则零散分布在长沙、澧州（澧县）、衡阳、邵阳、茶陵等地。这种格局形成的历史原因尚待进一步研究。

第二节　学术与文献编纂

一、欧阳询与《艺文类聚》

隋唐五代，湖南地区在学术方面的成就，首推欧阳询与《艺文类聚》的编纂。

欧阳询，字信本，长沙（今望城丁字镇）人。欧阳頠之孙。生于南朝梁敬帝太平二年（557）。陈宣帝太建二年（570），其父纥任广州刺史，举兵攻陈，失败后被杀，株连全家，询以年幼幸免于难，为其父旧友尚书令江总所收养。从小聪敏勤学，涉猎大量经史著述，尤精于《史记》《汉书》《东观汉记》诸籍。隋时，官太常博士。因与李渊有交谊而仕于唐，后累迁银青光禄大夫、给事中、太子率更令、弘文馆学士，封渤海县男。卒于贞观年间。询工于书法，又长于治史。他曾先后参与《魏书》《陈书》的撰修，可惜两部史书均未能完稿。据刘知幾《史通》记载，隋开皇年间敕著作郎魏澹等，“更撰魏书，矫正魏收之失，总九十二篇”。隋炀帝以澹书未能尽善，又敕左仆射杨素别撰，以学士欧阳询等“佐之”，“会素薨而止”。又《唐会要》载：武德四年，令狐德棻请修五代史，“诏欧阳询与窦琎、姚思廉主《陈书》”。后因“历年不就，罢之”。

武德五年（622），唐高祖李渊诏欧阳询、令狐德棻、裴矩等编修《艺文类聚》，历时3年成书。因欧阳询负责总纂，并作序，故只署其名。全书共100卷、百余万言，分天地、人事、博物三大类，46部，列子目727条，以事居于前、文列于后的方式编排。各条之“事”，均摘自经史诸子等书，“文”则辑录诗赋作品。该书征收古籍达1431种，这些隋唐前的古籍此后大多佚失。据《四库全书总目提要》载：“武德七年，与裴矩、陈叔达同修，殆以询董其成，故相传但署询名。”认为“于诸类书中体例最善……隋以前遗文秘籍，迄今十九不存，得此一书尚略资考证”。宋以后著作家“多引是集”。从史料角度看，《艺文类聚》确实保存了隋唐以前许多珍贵的文献资料，对于研究中国古代文化，整理、校勘、集佚古籍，均具有重要价值。现有宋刻本，明正德十年

（1515）、嘉靖六年（1527）等刻本传世。清乾隆《四库全书》著录。

除欧阳询《艺文类聚》之外，还有一部大型类书的编辑与湖南关系甚密，即朱遵度所辑《群书丽藻》。朱遵度，五代时人，原籍青州（今山东益都）。家富藏书，好学多通，人称“朱万卷”。后晋时，为避辽太宗耶律德光之召，携书南奔，移居潭州（今长沙）。湖南学士每作文章，多向他请教典故始末，时称其为“幕府书橱”。晚年徙金陵，终身未仕。朱遵度辑古今文章，著成此书。全编分为六例：一曰“六籍琼华”，二曰“信史瑶英”，三曰“玉海九流”，四曰“集苑金銮”，五曰“绛阙蕊珠”，六曰“凤首龙编”，共1000卷，又别为目录50卷。宋代王应麟《玉海》和陈振孙《直斋书录解题》均有著录。其书南宋末已残，后佚。

二、史学、地学的初步发展

隋唐五代时期，除欧阳询之外，湖南还出现了一批湘籍史、地学家，撰修了一批全国性的或地方性史学和地理方志方面的专著，传统史学和方志学在湖南有了初步的发展。

史学方面，见诸《通志》《唐书》《宋史》等著录的主要有：

《五代史初要》10卷。长沙欧阳凯撰。《通志·艺文略》著录。清光绪《湖南通志·艺文志》按：“唐人所称五代史，谓梁、陈、北齐、周、隋。《隋书》之志，唐代谓之‘五代史志’。此书盖五史之节本，故名初，略也。”原书已失传。

《覃子史纂》，祁阳覃季子撰。柳宗元《覃季子墓铭》曰：“推太史公、班固书下到今，横竖钩贯，又且数十家，通为书，号为《覃子史纂》。”① 可见覃季子著作曾传世，谪居湖南的柳宗元应见过《覃子史纂》一书。原书后佚。

《唐书·艺文志》载，耒阳令萧佚撰有《牧宰政术》2卷。

《舆地纪胜》载，澧州释大津撰《南海内传》4卷。《舆地纪胜》有引文。《宋史·艺文志》还载有《吴湘事迹》1卷，失撰人名氏。

隋唐时，湘籍和在湘外籍人士，编撰的有关湖南地理和方志类的著述已较多。传世的，或见于《通志·艺文略》《唐书·艺文志》等著录，或《太平御

①载《柳河东集》（上），上海人民出版社，1974年。

览》等有辑文的，主要有：

《南岳小录》1卷，南岳道士李冲照撰。其书成于唐昭宗天复二年（902）。全编分34目，首叙衡山总览，次依目记山中五峰三涧、宫观药院、庙坛阁洞，附以道教活动传闻。收入《道藏》《四库全书》和《丛书集成初编》等集本。《四库全书总目提要》云："书中先列五峰三涧，次叙宫观祠庙坛院之属，而以历代得道飞升之迹附之。虽黄冠自张其教，不无夸诞之辞，而唐世名山洞府之书，如卢鸿一《嵩山记》、张密《庐山杂记》……今并无存。此独以旧本流传，胜境灵踪足资掌故，是亦考图经者所宜征据矣。"可见《南岳小录》是唐代唯一留下的关于名山洞府之书，保存了珍贵资料。

《衡山记》，唐李明之撰。光绪《湖南通志·艺文志》著录。此书未见流传于世。

《南岳记》1卷，天台山僧人章安撰。《天台山方外志》著录。

《义陵记》，常林撰。据刘禹锡《武陵书怀五十韵并序》引曰："常林《义陵记》云：初项籍杀义帝于郴，武陵人曰：'天下怜楚而兴，今吾王何罪乃见杀。'郡民缟素哭于招屈亭。高祖闻而异之，故亦曰义陵。"① 说明刘禹锡贬谪朗州时还读过常林的《义陵记》。

《潇湘录》10卷，柳祥撰，《唐书·艺文志》著录。又《潇湘录》10卷，李稳撰，亦见《唐书·艺文志》著录。

《南楚新闻》3卷，尉迟枢撰，《唐书·艺文志》著录。《唐代丛书》存1卷。《太平广记》有引文。

《湘中记》1卷，卢求撰。《宋史·艺文志》著录。

《湘中山水记》1卷，卢拯撰。清光绪《湖南通志·艺文志》按："拯书即罗含《湘中记》之注，其书颇及隋唐以后事。"

《零陵录》1卷，唐无名氏撰。《崇文总目》《通志·艺文略》均著录。

《五溪记》，无名氏撰。光绪《湖南通志·艺文志》著录，《太平御览》和《麓山精舍丛书》有辑文。

《武陵记》，鲍坚撰，《太平御览》有引文。又《武陵记》，唐王安贫撰。《酉阳杂俎》有引文。

---

①《刘禹锡集》卷二二，上海人民出版社，1975年。

《湘潭记》，常奉真撰，《云仙杂记》有引文。

《沅陵记》，无名氏撰，《太平御览》有引文。

《湖南风土记》，无名氏撰，《太平御览》有引文。《麓山精舍丛书》辑1条。

《岭南异物志》1卷，《南海异事》5卷，均为郴州孟琯撰。《唐书·艺文志》和《宋史·艺文志》著录。

《九疑山图记》1卷，河南元结任道州刺史时撰。《宋史·艺文志》著录。《全唐文》载其记文1篇，作于永泰丙午年（766）。言是书有九峰图，略载山谷，山中之往迹、峰洞之名称，随方题记。

《长沙风土碑记》，河南张谓撰。光绪《湖南通志·艺文志》注云：此书为张谓“为潭州刺史时撰，前有碑铭，后有湘中记，载事迹七十件”。其书已失传，《全唐文》存《长沙风土碑铭并序》。

《荆楚岁时记》2卷，京兆（长安）杜公瞻撰。《唐书·艺文志》录。

据清光绪《湖南通志·艺文志》载，唐代作者佚名的湖南地志还有《岳州图经》《道州图经》《邵州图经》《长沙图经》《湘阴图经》《茶陵图经》《衡山图经》《武陵图经》等，多见引于《太平御览》。

三、律历、杂家、经学类著述

隋唐五代，湖南出现一些律历、杂家、经学等方面的著述。

律历方面，道州何洛庭撰《律令要录》，《舆地纪胜》有引文；衡阳李宽撰《人元秘枢经》1卷，《宋史·艺文志》著录。

杂家、杂事类，以长沙刘蜕《山书》最具代表性。此书1卷，凡18篇。《世善堂书目》著录。《全唐文》辑存16篇。蜕自序云：“余于山上著书十八篇，大不复物意，茫洋乎无穷，故顺为《山书》。”①

此外，还有《化书》6卷，五代衡山谭峭撰。清光绪《湖南通志·艺文志》著录。

经学方面的著述，见诸记载的仅阴弘道所撰《周易新论传疏》及《春秋左氏传序》二种。

---

①《全唐文》卷七八九，中华书局，1983年影印本。

阴弘道，作唐（今安乡）人，阴铿之后，官礼部员外郎。《周易新论传疏》，共10卷。新旧《唐书》和《宋史》《艺文志》均著录。《崇文总目》亦载，并言“弘道世其父颢之学，杂采子夏、孟喜等十八家之说，参订其长，合七十二篇。于《易》有助云”。原书已佚。[①] 清马国翰《玉函山房辑佚书》辑有其佚文1卷。《春秋左氏传序》1卷，《唐书·艺文志》著录。

第三节　文学、艺术

一、隋唐五代湖南文学

隋唐五代是中国古典文学发展的一个兴盛期，而尤以诗词及古文为最。湖南地区的文学也有相当大的发展，特别是唐中叶以后，产生了刘蜕、李群玉、齐己、胡曾、李宏皋等一批在全国都有一定名声和影响的诗文作家。

刘蜕，字复愚，自号文泉子，长沙人。唐宣宗大中四年（850），以荆解“破天荒”进士及第。曾官左拾遗，常直言进谏，均未被采纳。懿宗咸通五年（864），受诬被贬为华阳令。他喜好文学，尤以散文名于世。自称“饮食不忘于文，晦冥不忘于文，悲戚怨愤，疾病嬉游，群居行役，未尝不以文之为怀也”[②]。《新唐书·艺文志》著录《文泉子集》10卷，已佚。明代韩锡辑有《文泉子集》，仅1卷。另有吴翻辑《刘蜕集》6集。

《四库全书总目提要》评《文泉子集》曰：“其《文冢铭》最为世所传，他文本扬雄，亦多奇奥，险于孙樵，而易于樊宗师，大旨与元结相出入，欲挽末俗反之古。……唐之末造，相率为组纂俳俪之文，而蜕独毅然以复古自任，亦可谓特立者矣！”蜕为文，古朴、奇奥，取法扬雄；又常嗟叹不遇，亦多愤激之词，特别是后期之作，《山书》《删方策》等，同情农民，表露出一种平均主义思想。

如《山书》云：“车阪妾媵，所以奉贵也。然而奉天下事贵者，贱夫！

①王尧臣等：《崇文总目》卷一。
②《沅湘耆旧集前编》卷二《文冢铭并序》。

……圣人既为之贵贱，是欲鞭农夫父子以奉不暇。虽有杵臼，吾安得粟而舂之。呜呼！教民以杵臼，不若均民以贵贱。”“夫数始乎手足，……故知指生六而有余，生四而为不足。不足与有余也，为体不备。呜呼！心既分身之有余者与不足也，则争杀乱患，何尝不足尽。”①

又如《删方策》：“古之记恶，将以鉴恶。而后世为昏谀淫逆徒而将征于古，谓古不尽善，若以其涕泣以信其诈，罪己以固其恩，阴谋反复，从书以滋其智矣。然为记恶者，将以惧民也，去善者不足惧。昔纣读《夏书》，而常笑其亡国。呜呼！恶既不足以鉴，则删可也，古无其迹可也。”

刘蜕以散文著名，但也工于诗。清刘熙载《艺概》云：蜕“学《楚辞》尤有深致。《哀湘竹》《下清江》《招帝子》，虽止三章，颇得《九歌》遗意”②。今录引《哀湘竹》如下：

> 怅二妃之泪竹，圆红滴滴兮临乎湮沚。竦枝与修干兮，吟哀风之不已。摇劲节而锦舒兮，垂高荫而自美。招翔鸾之与翠凤兮，缉晴霞之数里。繁柯重乎舜祠兮，瘦影叠乎湘水。谅高节之自任兮，匪庭篆之云比。鄙众荫之延接兮，耻凡羽之栖止。入清溪之浪声兮，无笙簧之相拟。恨叶翻波兮，骚屑之风。露滴烟蒙兮，濯缨之子。恨灵均之节兮依然，想贞姿兮千年若此。③

李群玉，字文山，澧州（治今澧县）人。约生于唐宪宗元和三年（808）。早年发奋读书，喜吟诗，善吹笙，工书法。曾携诗入京应试，未及第，遂以布衣游长安。宣宗大中八年（854），经宰相裴休和令狐绹引荐，授弘文馆校书郎。上表进诗300首，获宣宗赞赏。大中十年（856），裴休罢相外任，群玉亦丢官。此后漫游各地。懿宗咸通四年（863）前后，殁于家。《全唐诗》辑其诗作凡3卷、263首。《唐诗别裁集》有《送进士苗纵归紫逻山居》《送李裴评事》2首，《又玄集》有《感旧》1篇，为《全唐诗》所未载。《沅湘耆旧集》录154首。另有《李群玉集》传于世。

李群玉是唐代湘籍诗人中最著名声者，在当时诗坛就颇有地位。宰相令狐绹《荐处士李群玉状》称：群玉“佳句流传于众口，芳声籍甚于一时”。晚唐

①载《刘蜕集》卷二，1926年刻本。

②引自《刘蜕集》卷一。

③引自《刘蜕集》卷一。

诗人周朴《吊李群玉》云："群玉诗名冠李唐，投书换得校书郎。"① 其诗歌包含吊古怀旧、送别抒情、写景咏物、寻佛访道等诸多内容。由于他一生并不得志，故其诗的风格往往沉郁悲凉，但感情热烈真挚，语言绚丽多彩，艺术上的造诣相当高。如：

黄陵庙

小姑洲北浦云边，二女容妆自俨然。野庙向江春寂寂，古碑无字草芊芊。风回日暮吹芳芷，月落山深啼杜鹃。犹似含颦望巡狩，九疑愁绝隔湘川。②

望月怀友

浮云卷尽月朣胧，直出沧溟上碧空。盈手水光寒不湿，流天素彩静无风。酒花荡漾金樽里，棹影飘飘玉浪中。川路正长难可越，美人千里思何穷。③

李群玉还写了不少咏物诗和闲逸诗，颇有情趣。如：

钓　鱼

七尺青竿一丈丝，菰蒋叶里逐风吹。几回举手抛芳饵，惊起沙滩水鸭儿。④

江　南

鳞鳞别浦起微波，泛泛轻舟桃叶歌。斜雪北风何处宿，江南一路酒旗多。⑤

山驿梅花

生在幽崖独无主，溪萝涧鸟为俦侣。行人陌上不留情，愁香空谢深山雨。⑥

齐己，俗姓胡，名得生，字迩沩。晚年自号衡岳沙门。益阳人。约生于唐懿宗咸通元年（860）。家境贫寒，其父为宁乡大沩山同庆寺佃户，齐己7岁即给同庆寺放牛。天性颖悟，常取竹枝画牛背作小诗。寺僧以为异，劝其出家为

①引自《沅湘耆旧集前编》卷四。
②引自《沅湘耆旧集前编》卷五。
③引自《沅湘耆旧集前编》卷五。
④引自《沅湘耆旧集前编》卷五。
⑤引自《沅湘耆旧集前编》卷五。
⑥引自《沅湘耆旧集前编》卷五。

僧。始居同庆寺，后栖衡山东林。他酷爱山水名胜，曾游居长安数载，遍览终南、中条、华山之胜，江南尤为其常驻足之地。五代梁末帝贞明七年（921），应蜀僧之约赴剑南，因战乱半途折回。路过江陵，为荆州节度使高季兴挽留，任龙兴寺僧正。约80岁时圆寂于江陵。

齐己以诗名，能诗者咸慕其高风。颈有肉瘤，时人戏称为“诗囊”。其诗多登临酬答之作，部分篇章宣扬佛教出世思想，也有少数作品反映了下层人民的生活状况。著有《白莲集》10卷，外编1卷。《全唐诗》收入800余首。《沅湘耆旧集前编》录221首。

他工于咏物，融情于景，含蓄有致，渗透着浓厚的佛家思想，有部分作品反映了当时的现实和民间疾苦，表达了诗人对劳动者的同情。兹录其诗数首，供品赏：

野　鸭

野鸭殊家鸭，离群忽远飞。长生缘甚瘦，近死为伤肥。江海游空阔，池塘啄细微。红兰白蘋渚，春暖刷毛衣。①

耕　叟

春风吹蓑衣，暮雨滴箬笠。夫妇耕共劳，儿孙饥对泣。田园高且瘦，赋税重复急。官仓鼠雀群，共待新租入。②

西山叟

西山中，多狼虎，去岁伤儿复伤妇。官家不问孤老身，还在前山山下住。③

和郑谷郎中幽栖之什

谁知闲退迹，门径入寒汀。静倚云僧杖，孤看野烧星。墨沾吟石黑，苔染钓船青。相对惟溪寺，初宵闻念经。④

暮游岳麓寺

寺楼高出碧崖棱，城里谁知在上层。初雪洒来乔木暝，远禽飞过大江

---

①引自《沅湘耆旧集前编》卷一二。

②引自《沅湘耆旧集前编》卷一二。

③引自《沅湘耆旧集前编》卷一二。

④引自《沅湘耆旧集前编》卷一二。

澄。闲消不睡怜长夜，静照无言谢一灯。回首何边是空地，四村桑麦遍丘陵。①

答禅者

五老峰前相遇时，两无言语只扬眉。南宗北祖皆如此，天上人间更问谁。山衲静披云片片，铁刀凉削鬓丝丝。闲吟莫学汤从事，抛却袈裟负本师。②

胡曾，邵阳秋田乡人，自号秋田，生于唐文宗开成四年（839）。少负才名，诗文为乡里所称许，但应进士试却落第。懿宗咸通十二年（871），路岩为剑南西川节度使，胡曾受命掌书记，为草檄谕西山八国来朝。路岩败后，高骈镇蜀，胡曾被招入幕府。时南诏强大，欲举兵进犯，先派使者至成都，称欲借锦江饮马。骈怒，命幕客各撰檄答之，胡曾所撰文深为高骈赞赏。自此以后，骈每有笺奏，皆出自曾手。高骈徙荆南节度使后，渐有异志，胡曾决然辞去。一度复起为延唐（今湖南宁远县）令，后归家终老。

《新唐书·艺文志》著录胡曾的作品有《安定集》10卷、《咏史诗》3卷。《安定集》大部分已散佚，《咏史诗》保全较多，《全唐诗》合编为1卷。其诗多杂咏史事，各以地名为题，自共工不周山迄于隋之汴水。格调不甚高，间亦有佳作。然追述历代兴亡，吊古悲今，意存劝诫，多为《三国演义》等讲史小说所引用。兹录引其《草檄答南蛮有咏》诗及咏史诗数首如下：

草檄答南蛮有咏

辞天出塞阵云空，雾卷霞开万里通。亲受虎符安宇宙，誓将龙剑定英雄。残霜敢冒高悬日，秋叶争禁大段风。为报南蛮须屏迹，不同蜀将武侯功。③

咏史诗·云梦

汉祖听谗不可防，伪游韩信果罹殃。十年辛苦平天下，何事生擒入帝乡？④

---

①引自《沅湘耆旧集前编》卷一三。

②引自《沅湘耆旧集前编》卷一三。

③引自《沅湘耆旧集前编》卷六。

④引自《沅湘耆旧集前编》卷六。

咏史诗·乌江

争帝图王势已倾，八千兵散楚歌声。乌江不是无船渡，耻向东吴再起兵。①

咏史诗·长城

祖舜宗尧自太平，秦皇何事苦苍生？不知祸起萧墙内，虚筑防胡万里城。②

咏史诗·豫让桥

豫让酬恩岁已深，高名不朽到如今。年年桥上行人过，谁有当时国士心。③

咏史诗·长沙

江上南风起白蘋，长沙城郭异咸秦。故乡犹自嫌卑湿，何况当年赋鹏人。④

曹松，字梦征，衡阳人。生于唐文宗太和年间。学贾岛为诗，却久困名利场。至昭宗天复元年（901）始成进士，已年逾七十，授秘书省正字。工于诗，尤擅七律，著有诗集3卷。《全唐诗》编为2卷，凡138首。《沅湘耆旧集前编》辑入108首。其诗多咏景抒怀，对唐末战乱和民间疾苦，亦有所反映。今录引数首如下：

长安春日

浩浩看花晨，六街扬远尘。尘中一丈日，谁是晏眠人。御柳舞着水，野莺啼破春。徒云还楚计，犹自惜离秦。⑤

陪湖南李中丞宴隐溪

竹林啼鸟不知休，罗列飞桥水乱流。触散柳丝回玉勒，约开莲叶上兰舟。酒边旧侣真何逊，歌里新声是莫愁。若值主人嫌昼短，应陪秉烛夜深游。⑥

---

①引自《沅湘耆旧集前编》卷六。
②引自《沅湘耆旧集前编》卷六。
③引自《沅湘耆旧集前编》卷六。
④引自《沅湘耆旧集前编》卷六。
⑤引自《沅湘耆旧集前编》卷七。
⑥引自《沅湘耆旧集前编》卷七。

洞庭湖

东西南北各连空，波上惟留小朵峰。长与岳阳翻鼓角，不离云梦转鱼龙。吸回日月过千顷，铺尽星河剩一重。直到劫余还作陆，是时应有羽人逢。①

己亥岁二首

泽国江山入战图，生民何计乐樵苏。凭君莫话封侯事，一将功成万骨枯。

传闻一战百神愁，两万强兵过未休。谁道沧江总无事，近来长共血争流。②

李宏皋，又作李皋，唐末五代长沙人。少工于诗。楚马殷（907—930）时为营道（今道县）令，迁都统掌书记。后入马希范天策府，为十八学士之一，

插图25 李宏皋《复溪州铜柱记》（局部）

①引自《沅湘耆旧集前编》卷七。

②引自《沅湘耆旧集前编》卷七。

授尚书左仆射兼御史大夫、上柱国。后晋天福五年（940），马希范平溪州，宏皋奉命撰《复溪州铜柱记》，镌刻于铜柱之上，与溪州彭氏立约盟誓。天福十二年（947），马希范死，诸弟争立，李宏皋等拥立希广。后周广顺元年(951)，马希萼攻陷长沙，宏皋被杀。

相传李宏皋著有诗集二卷，原书已佚，仅《全唐诗》收有二首。

《复溪州铜柱记》共2118字。其中李宏皋所撰记文、铭词，881字；誓状，为251字。此外为马希范、李宏皋、马希广三人与彭士愁等19人的题名，以及铜柱铸立的年月日等，凡986字。铜柱原立于会溪坪，早年修凤滩水库时迁于永顺县王村，为国家级重点保护文物。字体至今仍清晰可读，文笔流畅，层次分明，为晚唐五代一篇难得的散文。(插图25）今摘录其中一段如下：

盖闻牂牁接境，盘瓠遗风。因六子以分居，入五溪而聚族。上古以之要服，中古渐尔羁縻。洎师号精夫，相名姎氏。汉则宋均置吏，稍静溪山；唐则杨思兴师，遂开辰、锦。迩来豪右，时恣陆梁。去就在心，否臧由己。溪州彭士愁，世传郡印，家总州兵，布惠立威，识恩知劝，故能历三四代，长千万夫。非德教之所加，岂简书而可畏。亦无辜于大国，亦不虐于小民。多自生知，因而善处。无何忽乘间隙，俄至动摇。我王每示含宏，尝加姑息，渐为边患。深入郊圻，剽掠耕桑。侵暴辰、澧，疆吏告逼，郡人失宁。非萌作孽之心，偶昧戢兵之法。焉知纵火，果至自焚。①

《全唐诗》收有李宏皋《题桃源》和《铜柱辞》。后者即《复溪州铜柱记》的最后一段。现将《题桃源》引录于下：

山翠参差水渺茫，秦人昔在楚封疆。当时避世乾坤窄，此地安家日月长。草色几经坛杏老，岩花犹带涧桃香。他年倘遂平生志，来着霞衣侍玉皇。②

廖匡图，一作光图，字赞禹。原虔州人，随父投奔马殷，定居衡山，遂为衡山人。性豪侠，文学博瞻，为时人所服。仕马楚，授江南观察判官。楚王马希范置天策府十八学士，以匡图为首。著有诗集2卷，已佚。《全唐诗》及《沅湘耆旧集前编》存其诗4首。兹引录2首如下：

①转引自谢华：《湘西土司辑略》，岳麓书社，2008年。

②引自《沅湘耆旧集前编》卷九。

九日陪董内召登高

祝融峰下逢嘉节，相对那能不怆神。烟里共寻幽涧菊，樽前俱是异乡人。遥山带日应连越，孤雁来时想别秦。自古登高尽惆怅，茱萸休笑泪盈巾。①

松

曾于西晋封中散，又向东吴作大夫。浓翠自知千古在，清声谁道四时无？枝柯偃后龙蛇老，根脚盘来爪距粗。直待素秋摇落日，始将凡木斗荣枯。②

何仲举，五代道州营道（今道县）人。幼聪颖，有文才。家庭清贫。某次，因无力缴纳赋税，被械系县狱。时李宏皋任该县令。有人说仲举有才，宏皋不信，乃于公堂面试。仲举当堂赋诗云："似玉来投狱，抛家去就枷。可怜两片木，夹却一枝花。"宏皋大为惊叹，仲举遂获释。曾游洛阳，投后唐明宗爱子秦王李从荣门下。长兴四年（933），登进士第。旋洛阳政变，从荣被杀，仲举回长沙，事楚为桂管观察推官。立天策府，由李宏皋荐为十八学士之一。后又出任全州、衡州刺史等。有诗集，已佚。现除李宏皋试诗传世外，《全唐诗》仅存其诗四句，即：

碧云章句才离手，紫府神仙尽点头。（《献秦王从荣》）③

树迎高鸟归深野，云傍斜阳过远山。（《秋日晚望》）④

徐仲雅，字东野，原籍秦中，五代时迁居长沙。事马楚，为观察判官，天策府十八学士之一。周行逢取代马楚，辟为节度判官。以言语尖刻触怒行逢，落职，退居山寺。马希范常于长沙会春园游宴，命诸学士即席赋诗，仲雅吟赋最多。其诗多轻薄浮艳之作，但对马氏诸子和当时的现状亦有批判的一面。诗集已佚，《全唐诗》存其诗6首及诗句26句。兹引录诗2首如下：

耕夫谣

张绪逞风流，王衍事轻薄。出门逢耕夫，颜色必不乐。肥肤如玉洁，

①引自《沅湘耆旧集前编》卷八。

②引自《沅湘耆旧集前编》卷八。

③引自《沅湘耆旧集前编》卷九。

④引自《沅湘耆旧集前编》卷九。

力拗丝不折。半日无耕夫，此辈总饿杀。①

宫　词

内人晓起怯春寒，轻揭珠帘看牡丹。一把柳丝收不得，和风搭在玉阑干。②

又6句短句：

屋面尽生人耳朵，篱头多是老翁须。(《闲居》)③

凿开青帝春风国，移下姮娥夜月楼。(《马氏建明月圃》《野客丛谈》)④

珠玑影冷偏粘草，兰麝香浓却损花。(《春园宴》)⑤

刘昭禹，字休明，桂阳人。事马楚，历官容管节度推官、天策府学士，终崖州刺史。擅长五言诗，创作态度严谨。尝曰："五言如四十贤人，着一屠沽不得。"又曾云："索句如获玉匣，精求必得其宝。"⑥ 著有诗集，已佚。《全唐诗》存其诗9首，《沅湘耆旧集前编》收14首。另有14句短句传世。

刘昭禹的诗作，以深峻优思见长，讲究字句的锤炼，又自然不露痕迹。兹引录诗3首：

经费冠卿旧隐

节高终不起，死恋九华山。圣主情何切，孤云性本闲。名传中外国，坟在乱松间。依约曾栖处，斜阳鸟自还。⑦

晚霁望岳麓

湘西斜日边，峭入几寻天。翠落重城内，屏开万户前。崖峻危溅瀑，林罅静通仙。谁肯功成后，相携扫石眠。⑧

伤雨后牡丹

废动看不已，醉起又持杯。数日帘常卷，中宵雨忽来。凄凉无戏蝶，

①引自《沅湘耆旧集前编》卷九。

②引自《沅湘耆旧集前编》卷九。

③引自《沅湘耆旧集前编》卷九。

④引自《沅湘耆旧集前编》卷九。

⑤引自《沅湘耆旧集前编》卷九。

⑥引自《沅湘耆旧集前编》卷九。

⑦引自《沅湘耆旧集前编》卷九。

⑧引自《沅湘耆旧集前编》卷九。

零落在苍苔。造化根难问，令人首可回。①

又6句短句：

危楼聊侧耳，高柳又鸣蝉。(《秋日登楼》)②

对面雷瞋树，当街雨趁人。(《夏雨》)③

春光怀玉阙，万里起初程。(《送人》)④

欧阳彬，字齐美，衡山人。生卒年不详。博学能文，工于词赋，名著于时。曾携诗至长沙，求见楚王马殷，但受到冷遇。梁末帝贞明四年（918），前蜀主王建死，子衍继位。欧阳彬随客商入西蜀，向蜀主献《独鲤朝天赋》。王衍大悦，任命他为嘉州刺史。后官至尚书左丞相，又迁夔州节度使。马殷死，马希范立。彬致书楚王希范，备言在楚时受到的冷遇及入蜀后获重用官至显位各情。希范读后，大为感动，乃特免欧阳家族赋税，并令搜求草泽遗贤，以免怀才不遇之士为邻国所用。

欧阳彬所著诗文多已散佚，仅《全唐诗》录存断句2句及词《生查子》1首，《全唐文》存其《哀帝降表》文1篇。唐代湖南文人作词者甚少，欧阳彬的《生查子》具有一定的文学史料价值，今引录于下。

生查子

竟日画堂欢，入夜重开宴。剪烛蜡烟香，促席花光颤。　待得月华来，满院如铺练。门外簇骅骝，直待更深散。⑤

邓洵美，郴县人。有敏才，工于诗赋。后晋天福九年（944），登进士第，与李昉（编纂《太平御览》《太平广记》等）、王溥（官中书侍郎、工部尚书）为同年。还乡上书周行逢，署馆驿巡官。因性迂僻，不为同事者所喜，行逢礼遇亦渐薄。王溥、李昉为中朝显官，闻洵美不得志，贻以诗。行逢得知后，对洵美的态度稍有好转。后李昉为给事中，出使湖南，与洵美相见话旧，不觉悲泣。因与唱和，叙谈竟日。

周行逢怀疑洵美泄露自己的一些阴事，遂贬他为易俗场官。旋又遣人伪装

①引自《沅湘耆旧集前编》卷九。

②引自《沅湘耆旧集前编》卷九。

③引自《沅湘耆旧集前编》卷九。

④引自《沅湘耆旧集前编》卷九。

⑤引自《沅湘耆旧集前编》卷九。

山贼，突入官舍将其杀害。

洵美著有诗集，已散佚。仅《全唐诗》存《答同年李昉见赠次韵》诗一首，现录引如下：

词场几度让先鞭，又向清朝贺九迁。品秩虽然殊此日，岁寒终不改当年。驰名早已超三院，侍直仍欣步八砖。 今日相逢翻自愧，闲吟对酒倍潸然。①

从诗意看，洵美对于官高位显的当年“同年”，对他的礼遇和敬重，十分感慨，而由此又为自己的处境和怀才不遇，深觉自愧。情真意切，朴实无华，是一首颇有造诣的好诗。

在文人书面文学发展的同时，湖南民间的口头文学创作，隋唐以后也开始流传并见于记载。现引录《沅湘耆旧集前编》所辑存的几首歌谣，从中可略见一斑。

邵州老农谣 “我圣君兮德巍巍，择良牧兮治边陲。感神功兮云雨施，稼穑如粱兮又如茨。无阶答天真兮，咸愿立乎丰碑。”②

据记载，唐贞元十年（794）和元和二年（807），邵州两次大旱，州牧率百姓于文仙山设坛求雨，皆灵验。“云行雨施，年谷既登，仓廪充实。”于是“野老荷蓑与笠，相对伫插而歌”。③

湖南童谣 “湖南城郭好长街，竟栽柳树不栽槐。百姓奔窜无一事，只是椎芒织草鞋。”④

五代马殷据湖南建立楚国，都长沙。据说，当时长沙城内街道两旁槐树成荫，很少有柳树。后马殷诸子争位，希萼逐希广自立，一改往昔，大栽柳树，从此槐树不复见。槐，谐音为“怀”，马氏兄弟兵戎相见，有失“孔怀”之义。于是天下大乱，百姓赶织草鞋，奔窜逃亡。因而产生此谣。⑤

湘中童谣 “马去不用鞭，咬牙过今年。”⑥

---

①引自《沅湘耆旧集前编》卷九。
②引自《沅湘耆旧集前编》卷十六。
③引自《沅湘耆旧集前编》卷十六。
④引自《沅湘耆旧集前编》卷十六。
⑤引自《沅湘耆旧集前编》卷十六。
⑥引自《沅湘耆旧集前编》卷十六。

后周广顺元年（951），南唐将边镐攻占长沙，马氏楚国灭亡。南唐以边镐为武安军节度使，迁马氏家族及将佐千余人至金陵。但南唐得湖南后，又倒行逆施，“悉收湖南金帛、珍玩、仓粟，乃至舟舰、亭馆、花果之美者，皆徙于金陵……湖南人失望”①。朗州（今常德）武平军留后刘言，复起兵攻下长沙，赶走边镐。由此长沙和湘中产生和流传此谣。“边”与“鞭”谐音，鞭，即边也。

长沙童谣　“三羊五马，马子离群，羊子无舍。”②

马殷据湘建楚国时，杨行密在东部江西、江浙建立吴国。二国之间常发生战争。据说，有庞巨昭者使楚，在长沙街头闻此童谣。马即马氏，羊即杨氏。后马楚不过五代、杨氏吴仅三代，果然均国亡家破。③

二、著名外籍诗人寓湘创作

隋唐五代，一批中国历史上享有盛名的诗人先后活跃于湖南，而尤以唐代的中期最为集中。其中，有被贬谪而来的，有宦游于湖南的，还有路经湖南或一度漂泊于衡湘、洞庭之间的。湖湘大地各族居民的生产生活实践和山川风物，为这些外籍文人名士提供了创作的土壤和条件，而他们的创作活动和在湘作品，无疑又促进了湖南诗歌创作的兴盛和文学的发展。

王昌龄（698—755），字少伯，长安（一说太原）人。圣历元年（698）生。开元十五年（727）进士及第，授汜水尉。二十八年（740）被贬为江宁丞。天宝七年（748），再贬为龙标尉（治今湖南黔阳老城），地处沅水中游口岸。其诗作中有“昨从金陵道，远谪沅溪滨”句，即志此行。天宝十四年（755），安史之乱，昌龄离龙标返故里，行至亳州，为刺史闾丘晓杀害。王昌龄官江宁时，常到润州（今镇江）芙蓉楼游宴，并写下名篇《芙蓉楼送辛渐》诗，他离去后，黔阳人特建芙蓉楼以资纪念。此楼几经修复，现仍矗立于老黔阳城中。

王昌龄工于诗，尤擅长七绝，名重一时。他与诗人王之涣、高适、岑参、王维、李白等都有交往。在龙标七年，写下五言和七言律诗数十首，其中不乏佳作。如《龙标野宴》《留别司马太守》《武陵田太守席送司马卢溪》《送魏

①引自《资治通鉴》卷二九〇《后周纪一》。

②参见《沅湘耆旧集前编》卷十六。

③参见《沅湘耆旧集前编》卷十六。

二》《送万大归长沙》《寄穆侍御出幽州》等。这些诗篇大都即景抒怀，充满被贬谪后的悲凉和孤寂之情。今引录其诗数首如下：

龙标野宴

沅溪夏晚足凉风，春酒相携就竹丛。莫道弦歌愁远谪，青山明月不曾空。①

留别司马太守

辰阳太守念王孙，远谪沅溪何可论。黄鹤青云当一举，明珠吐著报君恩。②

武陵田太守席送司马卢溪

诸侯分楚郡，饮饯五溪春。山水清晖远，俱怜一逐臣。③

送魏二

醉别江楼橘柚香，江风引雨入舟凉。忆君遥在潇湘月，愁听清猿梦里长。④

寄穆侍御出幽州

一从恩谴度潇湘，塞北江南万里长。莫道蓟门书信少，雁飞犹得到衡阳。⑤

李白（701—762），字太白，大足元年（701）生。工于诗，当时即享有盛名，后世尊奉为“诗仙”。肃宗乾元元年（758），流放夜郎，途中经洞庭上三峡。翌年，遇大赦，由巴中返回，游洞庭衡岳，直抵零陵。上元元年（760）春，自零陵下湘江返巴陵，再出洞庭，返江夏（今武汉）。李白前后在湖南滞留约半年时间，写下诗作30余篇。

李白在湘创作的诗篇，有描写洞庭、湘水、岳阳楼等自然风光景色，即景抒情的“山水诗”；也有不少心系时事、忧国忧民之作。最具特色的是第一类。在这些诗篇中，他善于将自己的感受与自然景物相融合，形成他独特的艺术风格和意境。现录数首如下：

---

①引自《全唐诗》卷一四三《王昌龄四》。
②引自《全唐诗》卷一四三《王昌龄四》。
③引自《全唐诗》卷一四三《王昌龄四》。
④引自《全唐诗》卷一四三《王昌龄四》。
⑤引自《全唐诗》卷一四三《王昌龄四》。

与夏十二登岳阳楼

楼观岳阳尽，川迥洞庭开。雁引愁心去，山衔好月来。云间连下榻，天上接行杯。醉后凉风起，吹人舞袖回。①

陪族叔刑部侍郎晔及中书贾舍人至游洞庭五首

洞庭西望楚江分，水尽南天不见云。日落长沙秋色远，不知何处吊湘君。

南湖秋水夜无烟，耐可乘流直上天。且就洞庭赊月色，将船买酒白云边。

洛阳才子谪湘川，元礼同舟月下仙。记得长安还欲笑，不知何处是西天。

洞庭湖西秋月辉，潇湘江北早鸿飞。醉客满船歌白苎，不知霜露入秋衣。

帝子潇湘去不还，空余秋草洞庭间。淡扫明湖开玉镜，丹青画出是君山。②

春滞沅湘有怀山中

沅湘春色还，风暖烟草绿。古之伤心人，于此断肠续。予非怀沙客，但美采菱曲。所愿归东山，寸心于此足。③

李白的忧国忧民之作，以在岳阳时写下的《荆州贼平临洞庭言怀作》最具代表性。现亦引录如下：

修蛇横洞庭，吞象临江岛。积骨成巴陵，遗言闻楚老。水穷三苗国，地窄三湘道。岁晏天峥嵘，时危人枯槁。思归阻丧乱，去国伤怀抱。郢路方丘墟，章华亦倾倒。风悲猿啸苦，木落鸿飞早。日隐西赤沙，月明东城草。关河望已绝，氛雾行当扫。长叫天可闻，吾将问苍昊！④

元结（710—772），字次山，别号漫郎，又称漫叟，唐河南鲁山人。生于玄宗开元七年（719），天宝十二年（753）进士。代宗广德二年（764）五月，出任道州刺史。永泰元年（765），贬春陵守。大历元年（766），再起为道州刺

①引自《全唐诗》卷一八〇《李白二〇》。

②引自《全唐诗》卷一七九《李白十九》。

③引自《全唐诗》卷一八二《李白二十二》。

④引自《全唐诗》卷一八三《李白二十三》。

史。大历三年（768），迁容州刺史，离开湖南。

元结在道州任内，清廉明正，体恤下情，其诗文亦多陈情戒吏及为民请命之作。其《春陵行》和《贼退示官吏》2篇，最具代表性。（插图26）现引录如下：

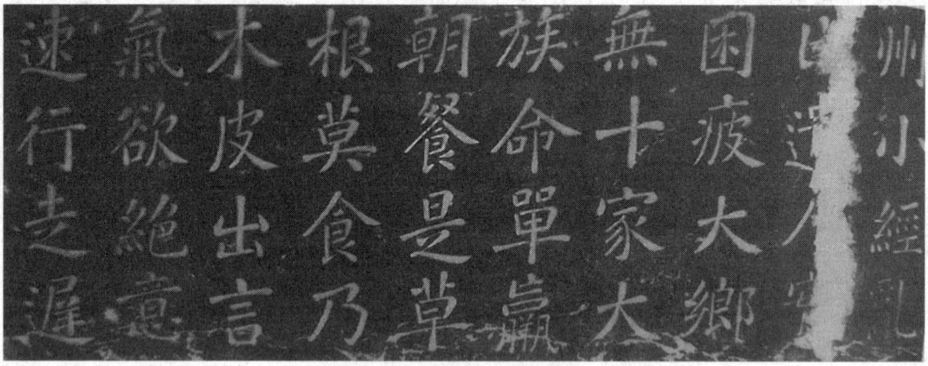

插图26　元结《春陵行》残碑

春陵行

军国多所需，切责在有司。有司临郡县，刑法竞欲施。供给岂不忧，征敛又可悲。州小经乱亡，遗人实困疲。大乡无十家，大族命单羸。朝乡是草根，暮食乃木皮。出言气欲绝，意速行走迟。追呼尚不忍，况乃鞭扑之。邮亭传急符，来往迹相追。更无宽大恩，但有迫促期。欲令鬻儿女，言发恐乱随。悉使索其家，而又无生资。听彼道路言，怨伤谁复知？去冬山贼来，杀夺几无遗。所愿见王官，抚养以惠慈。奈何重驱逐，不使存活为？安人天子命，符节我所持。州县忽乱亡，得罪复是谁？逋缓违诏令，蒙责固其宜。前贤重守分，恶以祸福移。亦云贵守官，不爱能适时。顾唯孱弱者，正直当不亏。何人采国风，吾欲献此辞。①

贼退示官吏

昔岁逢太平，山林二十年。泉源在庭户，洞壑当门前。井税有常期，日晏犹得眠。忽然遭世变，数岁亲戎旃。今来典斯郡，山夷又纷然。城小贼不屠，人贫伤可怜。是以陷邻境，此州独见全。使臣将王命，岂不如贼焉！今彼征敛者，迫之如火煎。谁能绝人命，以作时世贤。思欲委符节，

①引自《全唐诗》卷二四一《元结二》。

引竿自刺船。将家就魚麦，归老江湖边。①

杜甫读此二诗后，特作《同元使君舂陵行并序》，极加赞赏。杜诗云："粲粲元道州，前圣畏后生。观乎舂陵作，欻见俊哲情。复览贼退篇，结也实国桢。贾谊昔流恸，匡衡常引经。道州忧黎庶，词气浩纵横。两章对秋月，一字偕华星。"又序云："得结辈十数公，落落然参错天下为邦伯，万物吐气，天下少安可得矣！"②

上元二年（761），元结撰就传世名篇《大唐中兴颂》一文，道州任内函请当时抚州刺史颜真卿书写，摩刻于浯溪江畔（今祁阳县境）峻峭石壁之上。崖高数十丈，幅面高1.5丈，宽9尺，字体大4～5寸，全文共163字。因文章、书法、崖石皆奇特，故世称之为"三绝"。现已被列为国家级重点保护文物。（插图27）

杜甫（712—770），字子美，唐河南巩县（今巩义市）人。工于诗，与李白齐名，后世尊其为"诗圣"。玄宗先天元年（712）生。安史之乱，逃至凤翔，遇肃宗，官左拾遗。后随肃宗还京，又出为华州司功参军。旋弃官移居成都。代宗永泰元年（765），离蜀东下。大历三年（768），至夔州，由江陵、公安抵巴陵（今岳阳），进入湖南。翌年正月至潭州（今长沙）。同年夏初，潭州兵乱，逃难至耒阳。原拟去郴州投奔舅父崔伟，适逢江水猛涨，泊舟方田驿，五日不得食。耒阳县令聂某，遣人送牛肉白酒。又北返潭州、岳阳。大历五年（770），病卒于途中。

杜甫在湖湘留连一年多，写下大量诗篇。据清《钱注杜诗》所载，其古诗有45首为"居江陵、公安及至湖南作"，其中《朱凤作》以下37首为在湖南的作品；近体诗61首，"自公安发，次岳州及湖南作"，实际仅《晓发公安》一诗作于赴岳州途中，其他60首均为在湖南之作。总计，杜甫在湖南的诗作近百首。这些诗篇，是杜甫一生的最后岁月，也是最为潦倒的时候的作品，故多为其凄凉的漂泊生活和遭遇的写照，表现他暮年落魄江湖而又心系天下安危和百姓疾苦的情怀，但艺术造诣达到了一个新的高度。特别是其中一些诗篇，生动地描述了当时湖南的风物人事，抒情咏怀，贴近生活，读来倍感亲切。如：

---

①引自《全唐诗》卷二四一《元结二》。

②引自《全唐诗》卷二二二《杜甫七》。

插图27　元结《大唐中兴颂》碑

登岳阳楼

昔闻洞庭水，今上岳阳楼。吴楚东南坼，乾坤日夜浮。亲朋无一字，老病有孤舟。戎马关山北，凭轩涕泗流。①

江南逢李龟年

岐王宅里寻常见，崔九堂前几度闻。正是江南好风景，落花时节又逢君。②

蚕谷行

天下郡国向万城，无有一城无甲兵。焉得铸甲作农器，一寸荒田牛得耕。牛尽耕，蚕亦成。不劳烈士泪滂沱，男谷女丝行复歌。③

---

①引自《全唐诗》卷二三三《杜甫十八》。
②引自《全唐诗》卷二三二《杜甫十七》。
③引自《全唐诗》卷二二一《杜甫六》。

安史之乱后，中央王权衰落，各地藩镇军阀拥兵自立，骄兵悍将称雄横行。杜甫进入湖南潭州时，恰逢湖南兵马使臧玠于潭州发动兵变，杀潭州刺史崔瓘和判官达溪觌，肆虐三湘，生灵涂炭，给长沙和湖南人民带来深重灾难。杜甫身临其境，目睹耳闻，深为震惊。他所写下的《入衡州》《逃难》《白马》《聂耒阳以仆阻水书致酒肉》等诗篇，以自己的亲身感受，深刻揭露兵变缘由，痛斥和控诉臧玠兵祸潭州、为害三湘的罪行，表达了对长沙和湖南平民百姓的深切同情。见证史实，是绝妙的史诗。如：

逃　难

五十白头翁，南北逃世难。疏布缠枯骨，奔走苦不暖。已衰病方入，四海一涂炭。乾坤万里内，莫见容身畔。妻孥复随我，回首共悲叹。故国莽丘墟，邻里各分散。归路从此迷，涕尽湘江岸。①

此诗系诗人于臧玠变乱发生后，从长沙沿湘江南逃时所作。言在北方遭“安史之乱”后，在湖南又遇兵变，南北逃难之苦。而当时所见，是家园变丘墟，邻里四散逃亡，湘江两岸哭声不绝于耳。

又如：

入衡州（节录）

兵革自久远，兴衰看帝王。汉仪甚照耀，胡马何猖狂。老将一失律，清边生战场。君臣忍瑕垢，河岳空金汤。重镇如割据，轻权绝纪纲。军州体不一，宽猛性所将。……竟流帐下血，大降湖南殃。烈火发中夜，高烟焦上苍。至今分粟帛，杀气吹沅湘。福善理颠倒，明征天莽茫。销魂避飞镝，累足穿豺狼。隐忍枳棘刺，迁延胝趼疮。……②

此诗应系诗人逃入衡州（今衡阳）境内之后所作。揭露当时唐朝王权衰微，军阀割据，纲纪废弛，地方军政不一等弊端，以致造成兵乱，殃及湖南黎民百姓。同时抒发了诗人身陷困境仍忧国忧民的心情。

韩愈（768—824），字退之，河南河阳（今河南孟州市）人，唐代著名文学家。贞元十九年（803），关中大旱，时韩愈任监察御史，上疏请宽免平民税赋，触犯朝廷权臣，被贬为连州阳山（广东连山县）县令。贞元二十一年

①引自《全唐诗》卷二三四《杜甫十九》。

②引自《全唐诗》卷二二三《杜甫八》。

(805)二月，遇赦徙江陵，待命郴州。九月，至衡州（今衡阳），登衡山，宿南岳庙，访禹王碑。下旬至潭州（今长沙）。十月，至岳阳，登岳阳楼，过洞庭去江陵，离开湖南。

韩愈在湖南逗留了7个多月，写下30余篇诗文。这些诗文，记述了其在湖南的所见所闻，写景寓意，感时抒怀，表达诗人自己的复杂感情，特别是他那种遭贬谪、遇赦，复又失落的处境和心情。现从中择其具有代表性的两篇长诗，引录如下：

八月十五夜赠张功曹

张功曹，署也。愈与署以贞元二十一年二月二十四日赦自南方。但徙掾江陵。至是俟命于郴，而作是诗。

纤云四卷天无河，清风吹空月舒波。沙平水息声影绝，一杯相属君当歌。君歌声酸辞且苦，不能听终泪如雨。洞庭连天九疑高，蛟龙出没猩鼯号。十生九死到官所，幽居默默如藏逃。下床畏蛇食畏药，海气湿蛰熏腥臊。昨者州前捶大鼓，嗣皇继圣登夔皋。赦书一日行百里，罪从大辟皆除死。迁者追回流者还，涤瑕荡垢清朝班。州家申名使家抑，坎轲只得移荆蛮。判司卑官不堪说，未免捶楚尘埃间。同时辈流多上道，天路幽险难追攀。君歌且休听我歌，我歌今与君殊科。一年明月今宵多，人生由命非由他，有酒不饮奈月何?①

合江亭

诸本作《题合江亭寄刺史邹君》。亭在衡州负郭。今之石鼓头，即其地也。地形特异。岿然崛起于二水之间。旁有朱陵洞。唐人题刻散满崖上。愈自阳山量移江陵，道衡山作。

红亭枕湘江，蒸水会其左。瞰临眇空阔，绿净不可唾。维昔经营初，邦君实王佐。翦林迁神祠，买地费家货。梁栋宏可爱，结构丽匪过。伊人去轩腾，兹宇遂颓挫。老郎来何暮，高唱久乃和。树兰盈九畹，栽竹逾万个。长绠汲沧浪，幽蹊下坎坷。波涛夜俯听，云树朝对卧。初如遗宦情，终乃最郡课。人生诚无几，事往悲岂奈。萧条绵岁时，契阔继庸懦。胜事谁复论，丑声日已播。中丞黜凶邪，天子闵穷饿。君侯至之初，闾里自相

①引自《全唐诗》卷三三八《韩愈三》。

贺。淹滞乐闲旷，勤苦劝慵惰。为余扫尘阶，命乐醉众座。穷秋感平分，新月怜半破。愿书岩上石，勿使泥尘涴。①

又，录其短诗两首：

湘中酬张十一功曹

休垂绝徼千行泪，共泛清湘一叶舟。今日岭猿兼越鸟，可怜同听不知愁。②

潭州泊船呈诸公

夜寒眠半觉，鼓笛闹嘈嘈。暗浪舂楼堞，惊风破竹篙。主人看使范，客子读离骚。闻道松醪贱，何须吝错刀。③

刘禹锡（772—842），字梦得，唐彭城人（一说洛阳人），大历七年（772）生。德宗贞元九年（793）登进士第。官监察御史。因参加“永贞革新”失败，于二十一年（805）被贬为朗州（治今常德）司马。宪宗元和九年（814）十二月，被召回京师。旋又被贬为连州刺史。武宗会昌二年（842）病卒。

据《旧唐书·刘禹锡传》记载：“禹锡精于古文，善五言诗，今体文章复多才丽。……在朗州十年，唯以文章吟咏陶冶情性。蛮俗好巫，每淫祠鼓舞，必歌俚辞。禹锡或从事于其间，乃依骚人之作为新词，以教巫祝。故武陵溪洞间，夷歌率多禹锡之辞也。”刘禹锡寓湘期间，创作了大量诗文作品。由于被贬谪蛮荒溪洞间，身处逆境，其诗不免常常抒发一些愤懑不平及忧郁之情。但他热爱大自然，珍惜人生，还经常采风民间，亲身体验“蛮夷”生活习俗，收集民歌、巫辞，“乃依骚人之作为新词”，即承袭当年屈原的精神和风格，进行创作。所以他写下许多充满生活气息和极富民歌色彩的传世佳作。如《采菱行》《桃源行》《竞渡曲》《竹枝词》等。同时，由于改革受挫、政治上的失落，他在湘期间还写下《聚蚊谣》《飞鸢操》《百舌吟》和《鹈鸠吟》等，寄寓讽刺和借以明志的诗篇。这两类诗，语言均清新优美，自然流畅，而又委婉含蓄。

第一类诗，如：

采菱行并引

武陵俗嗜芰菱。岁秋矣，有女郎盛游于白马湖，薄言采之，归以御客。

---

①引自《全唐诗》卷三三七《韩愈二》。

②引自《全唐诗》卷三四三《韩愈八》。

③引自《全唐诗》卷三四五《韩愈一〇》。

古有《采菱曲》，罕传其词，故赋之以候采诗者。

白马湖平秋日光，紫菱如锦彩鸳翔。荡舟游女满中央，采菱不顾马上郎。争多逐胜纷相向，时转兰桡破轻浪。长鬟弱袂动参差，钗影钏文浮荡漾。笑语哇咬顾晚晖，蓼花缘岸叩船归。归来共到市桥步，野蔓系船萍满衣。家家竹楼临广陌，下有连樯多估客。携觞荐芰夜经过，醉踏大堤相应歌。屈平祠下沅江水，月照寒波白烟起。一曲南音此地闻，长安北望三千里。①

竹枝词二首（其一）

杨柳青青江水平，闻郎江上唱歌声。东边日出西边雨，道是无晴却有晴。②

踏歌词四首（其一）

日暮江头闻竹枝，南人行乐北人悲。自从雪里唱新曲，直到三春花尽时。③

第二类诗，如：

聚蚊谣

沉沉夏夜闲堂开，飞蚊伺暗声如雷。嘈然欻起初骇听，殷殷若自南山来。喧腾鼓舞喜昏黑，昧者不分听者惑。露花滴沥月上天，利嘴迎人着不得。我躯七尺尔如芒，我孤尔众能我伤。天生有时不可遏，为尔设幄潜匡床。清商一来秋日晓，羞尔微形饲丹鸟。④

飞鸢操

鸢飞杳杳青云里，鸢鸣萧萧风四起。旗尾飘扬势渐高，箭头砉画声相似。长空悠悠霁日悬，六翮不动凝风烟。游鹍翔雁出其下，庆云清景相回旋。忽闻饥乌一噪聚，瞥下云中争腐鼠。腾音砺吻相喧呼，仰天大吓疑鹓鸰。畏人避犬投高处，俯啄无声犹屡顾。青鸟自爱玉山禾，仙禽徒贵华亭露。朴樕危巢向暮时，毰毸饱腹蹲枯枝。游童挟弹一麾肘，臆碎羽分人不

①引自《全唐诗》卷三五六《刘禹锡三》。
②引自《全唐诗》卷三六五《刘禹锡十二》。
③引自《全唐诗》卷三六五《刘禹锡十二》。
④引自《全唐诗》卷三五六《刘禹锡三》。

悲。天生众禽各有类，威凤文章在仁义。鹰隼仪形蝼蚁心，虽能戾天何足贵。①

柳宗元（773—819），字子厚，唐河东解县（今山西运城）人。大历八年（773）生。德宗贞元九年（793），与刘禹锡同登进士第。官尚书礼部员外郎。贞元二十一年（805），以参与“永贞革新”被贬为永州司马。宪宗元和十年（815），受召回京师。旋又被贬为柳州刺史。时刘禹锡亦贬连州，二人又结伴入湘，至衡州（今衡阳）赠诗而别。

柳宗元居永州9年，含垢奋发，辛勤写作，留下许多不朽诗文。如所作《黔之驴》《临江之麋》《永某氏之鼠》，世谓“三戒”，以寓言形式，犀利警策，发人深省。又如《说罴》《鞭贾》等文，亦寓意深刻，多有启迪。传记散文，如《捕蛇者说》《河间传》《宋清传》等，严斥苛政猛如虎，同情下层百姓的处境。还有《永州八记》，描绘瑰丽奇秀的潇湘山水，寄寓对政治革新失败后悲愤抑郁的情怀，文笔清隽，富有诗情画意，是我国古代游记散文的重大发展。

在永州时柳宗元的诗作也不少，如《江雪》《南涧中题》《溪居》《渔翁》《秋晓经南谷荒村》《田家三首》《赠江华长老》《湘口馆潇湘二水所会》《零陵望春》等，均为传世名作。其诗情景交融，文笔清新秀雅，富于生活气息，对下层劳动者的辛勤及其穷困处境时表同情；由于革新受挫，连遭贬谪，也常抒发自身的不满与悲愤情怀。兹引录数首如下：

江　雪

千山鸟飞绝，万径人踪灭。孤舟蓑笠翁，独钓寒江雪。②

溪　居

久为簪组累，幸此南夷谪。闲依农圃邻，偶似山林客。
晓耕翻露草，夜榜响溪石。来往不逢人，长歌楚天碧。③

田家三首（之二）

篱时徇所务，驱牛向东阡。鸡鸣村巷白，夜色归暮田。札札耒耜声，飞飞来乌鸢。竭兹筋力事，持用穷岁年。尽输助徭役，聊就空自眠。子孙

①引自《全唐诗》卷三五六《刘禹锡三》。
②引自《全唐诗》卷三五二《柳宗元三》。
③引自《全唐诗》卷三五二《柳宗元三》。

日以长，世世还复然。

古道饶蒺藜，萦回古城曲。蓼花被堤岸，陂水寒更渌。是时收获竟，落日多樵牧。风高榆柳疏，霜重梨枣熟。行人迷去住，野鸟竞栖宿。田翁笑相念，昏黑慎原陆。今年幸少丰，无厌馇与粥。①

零陵赠李卿元侍御简吴武陵

理世固轻士，弃捐湘之湄。阳光竟四溟，敲石安所施。铩羽集枯干，低昂互鸣悲。朔云吐风寒，寂历穷秋时。君子尚容与，小人守兢危。惨凄日相视，离忧坐自滋。尊酒聊可酌，放歌谅徒为。惜无协律者，窈眇弦吾诗。②

三、"欧体""狂草"与湖南书法成就

隋唐五代湖南在书法艺术方面所取得的成就，在全国是首屈一指的。在这一时期，湖南产生了全国第一流的书法大家欧阳询、欧阳通父子和怀素大师，他们创造的新的书写字体，世称"欧体"和"狂草"，在书法领域独树一帜，为中国传统书法艺术的发展作出了重大贡献。

欧阳询，字信本，长沙人，生于南朝梁敬帝太平二年（557）。陈宣帝太建二年（570），其父纥任广州刺史，举兵攻陈，失败后被杀，株连全家，询以年幼幸免于难，为其父旧友尚书令江总所收养。询聪敏勤学，涉猎大量经史著述，尤精于《史记》《汉书》和《东观汉记》三史。隋时，曾官太常博士。因与李渊有交谊归附李唐，后累迁银青光禄大夫、给事中、太子率更令、弘文馆学士，封渤海县男。卒于贞观年间。

欧阳询一生笃好书法，精研不辍。其书法，初效王羲之，但在继承王的传统上又独辟蹊径，风格险劲。宋代朱文长《续书断》评曰："其书正，纤浓得中，刚劲不挠，有正人执法、面折廷争之风。至于点画之妙，意态精密，无以尚也。"他于各体均有造诣，而尤以正书为书家圭臬。《宣和书谱》称其正书为"翰墨之冠"。后人将他与唐初虞世南、褚遂良、薛稷并称为"唐初四大家"，或与虞世南并称为"欧虞"。世称其正书为"欧体"。

欧阳询的书法作品传世的有《卜商帖》《张翰帖》等墨迹，还有《九成宫

①引自《全唐诗》卷三五三《柳宗元四》。

②引自《全唐诗》卷三五一《柳宗元二》。

醴泉铭》《化度寺邕禅师塔铭》《皇甫诞碑》《虞恭公温彦博碑》等碑铭，均堪称书法艺术之瑰宝。在书法理论方面，欧阳询也很有建树。所著《传授诀》《用笔论》《八诀》《三十六法》等，都是中国传统书法理论极为珍贵的遗产。（附图 38）

欧阳通，字通师，询第四子。询去世时，通尚年幼，由母亲徐氏抚养成人，盼其继承父业。询书手迹多散存民间，家藏无几，徐氏不惜重价购回不少。通朝夕临摹，书法日益精进。唐高宗仪凤年间，官至中书舍人。武则天称帝，通以司礼卿判纳言事为相。天授二年（691），受武承嗣、来俊臣诬陷下狱，旋被害。中宗即位后，事得昭雪，追复原爵。

欧阳通于书法，成就稍逊其父，然险峻过之。虞世南称其功力当在褚遂良之上。时人称其父子书法为“大小欧阳体”。欧阳通有《道因法师碑》《泉南生墓志》等碑刻传世。（插图 28）今长沙市望城书堂山，尚有其父子读书习字的遗址。

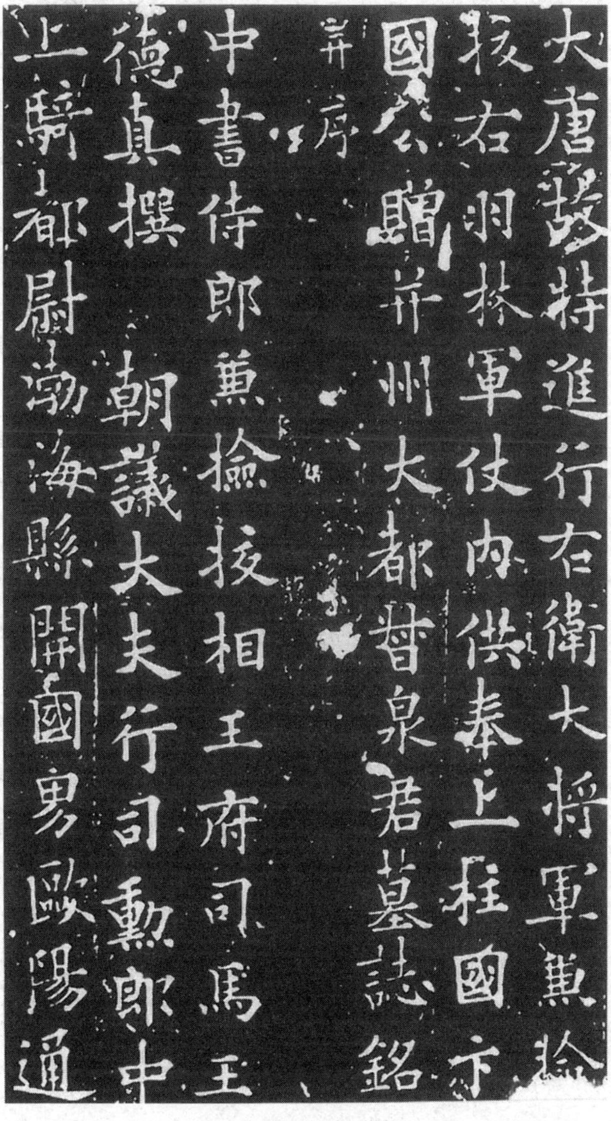

插图 28　欧阳通楷书《泉南生墓志》（局部）

怀素（725—785），号藏真，俗姓钱，长沙人。生于唐玄宗开元十三年（725），幼年出家为僧。初习佛经、历律书，后致力于书法。他勤观苦练，秃笔成冢。相传在练草书时，常因纸张供应不及，于是手植芭蕉万余株，以芭蕉叶代纸书写，因自号所居为“绿天庵”。经历如此苦练，终成中唐一代著名书法大师。

怀素疏放豪宕，不拘细行。每天酒酣兴发，遇寺壁里墙、衣裳、器皿，无所不书，时人称之为“醉僧”。其草书如骤雨旋风，字字飞动，宛若有神。运笔如游丝袅空，圆转自如，虽野逸而法度俱在，自诩得草书“三昧”。据传李白游湖南时，对怀素草书特别赏识，作《草书歌行》。诗云：“少年上人号怀素，草书天下称独步。墨池飞出北溟鱼，笔锋杀尽中山兔。……吾师醉后倚绳床，须臾扫尽数千张。飘风骤雨惊飒飒，落花飞雪何茫茫。起来向壁不停手，一行数字大如斗。恍恍如闻神鬼惊，时时只见龙蛇走。左盘右蹙如惊电，状同楚汉相攻战。湖南七郡凡几家，家家屏障书题遍。”① 对怀素的草书的巨大成就及其独特的书法风格，给予了极高的评价。

怀素的书法作品，据《宣和书谱》载，御府所藏为101篇。传世的书迹有《自叙》《苦笋》《论书》《千字文》《绿天庵记》等篇。早几年得阅湘西一学友收藏的怀素书迹一篇，为写给友人的信函，上有乾隆、道光等帝阅览印玺，为当年清宫廷御藏品。从内容看，应即《论书》帖的原物复制件（附图39）。

四、长沙铜官窑的瓷器诗画

长沙铜官窑的瓷器大多以诗画作装饰，从一个侧面也反映了当时湖南，特别是长沙地区，民间诗词和书画艺术发展的水平。

铜官窑瓷器上作画，分为釉上彩绘和釉下彩绘两种。釉上彩是在釉层上作画，彩与釉、坯在窑内一道烧成，彩色与釉层触熔在一块。彩绘的内容，有绿色的流云、彩带、树枝、树叶等。取材于自然现象，类似于现代的写意水彩画。釉下彩绘，是直接在胎上或胎面的化妆土上作画，再罩上透明的青釉，入窑一次烧成。内容更为丰富，有各类花鸟、热带植物（椰树等）、流云、山水、茅舍、飞禽、走兽、蛟龙、游鱼、建筑物（如佛塔等）、人物故事等（附图40、41）。从出土的实物资料看，技巧娴熟，用笔简练，属于绘画艺术上的写意画范畴。其中，山水画多画于瓶、壶一类作品的腹部。画面往往较简单，但意境不

①引自《全唐诗》卷一六七《李白七》。

凡，景小气伟。铜官窑瓷器花鸟画可以说是我国最早的写意花鸟画，比纸上作画的写意花鸟画出现的时间要早得多。并且已经大量运用勾勒、勾花、点叶、点垛、阔笔、泼墨（泼彩）、晕染等技法，逸笔草草，神采飞扬。动物画也很成功，特别是奔鹿，将鹿的神态和神情把握得很准确。代表作是宁波出土的瓜体执壶上的小鹿，画得天真稚气，伸颈回头，翘尾腾跃，脚下流云升起，显示它奔驰在开阔的地面上。①

在唐以前，在瓷器上很少写字，只在胎体上刻画年号、简单的吉祥语或工匠的名字。铜官窑釉下彩瓷器上书写有大量文字，包括诗、联句、单句等，用以达到装饰的目的（附图42）。据初步统计，目前发掘出土见诸报道的瓷器诗，共44种。② 主要题写在70多件瓷壶的壶嘴下的正中处，仅有5件题在盘内底中心。同一诗句有的题写在多件器物上。每件器物都只题一首诗，或一联句、一单句。字均用毛笔书写，从青黄褐下透出黑褐色字迹，书法流畅，布局大方，有观赏趣味，装饰特色显著。据统计，已发现的铜官窑瓷器诗，共有五言诗24首、六言诗1首，根据内容可分为不同类型。③ 现各录引一两首如下：

人归千里去，心画一杯中；莫虑前途远，开航逐便风。

买人心惆怅，卖人心不安；题诗瓷瓶上，将与买人看。（反映商贾旅途）

自从君去后，常守旧时心；洛阳来路远，还用几黄金。（反映歌妓生活）

日日思前路，朝朝别主人；行行山水上，处处鸟啼新。

夜夜挂上钩，朝朝望楚楼；可怜孤月夜，长照客心愁。（反映旅途游子生活）

一别行千里，来时未有期；月中三十日，无夜不相思。（反映离别相思）

一日三场战，曾无赏罚为。将军马上坐，将士雪中眠。（反映边塞征战）

圣水出温泉，新阳万里传。常居安乐国，多报未来缘。（反映宗教思想）

鸟飞平芜远近，人随流水东西。白云千里万里，明月前溪后溪。（录唐代诗人诗句）

铜官窑瓷器上的联句、单句，至今已发表的共有19句。内容为谚语、成

①参见李知宴：《长沙窑瓷器的艺术成就和对外影响》，载《湖南考古辑刊》第4集，岳麓书社，1987年。

②参见萧湘：《唐代长沙铜官窑瓷诗内容初探》，载《湖南考古辑刊》第2集，岳麓书社，1984年。

③参见萧湘：《唐代长沙铜官窑瓷诗内容初探》，载《湖南考古辑刊》第2集，岳麓书社，1984年。

语、俗语等，联句为四言、五言，单句字数不等，言简意赅，表述了当时民间一些朴实的人生哲理和社会道德观念。

联句，如：

蓬生麻中，不扶自直。

罗网之鸟，悔不高飞。

上有千年鸟，下有百岁人。

不知何处在，惆怅望东西。

单句，如：

言满天下无口过。

行满天下无怨恶。

牛怀舐犊之恩。

人义只从贫处断。

日月虽明不照下。

仁义礼醞信。

酒醞香浓。

浮花泛蚁。①

第四节　科技与工艺

一、农业技术

隋唐五代时期，牛耕技术在湖南得到进一步推广。湖南的牛耕始于东汉，魏晋南北朝时出土了大批陶牛和陶牛圈，说明养牛和牛耕技术已比较普遍，但有关湖南地区牛耕的文字记载，最早出现于唐代。广德年间，韩云卿作《平蛮赋》，言及道州（今道县）邻近地区的“西原蛮”归降后，唐朝官员曾“给耕牛和种粮，令还旧居”。② 元和年间，被贬永州（即零陵）的柳宗元作《田家》

①以上诗、句，均转引自萧湘《唐代长沙铜官窑瓷诗内容初探》。

②《全唐文》卷四四《韩云卿文》。

和《牛赋》，均写到当地的牛耕情况。如《田家》诗云：“蓐时徇所务，驱牛向东阡。鸡鸣村巷白，夜色归暮田。……子孙日已长，岁岁还复然。”① 《牛赋》云：“抵触隆曦，日耕百亩，往来修直，植乃禾黍。”② 既然子孙“岁岁还复然”，说明驱牛耕田在永州一带已有相当悠久的历史。所谓“日耕百亩”，是一头牛还是几头牛，不太明确，但无论属哪种情况，都说明当时永州地区牛耕的规模相当大和效率也是相当高的。道州、永州均属湖南山区，牛耕已如此普遍，在湘中、湘北江湖平原地带，牛耕技术当更为发达。

牛耕和铁犁分不开。唐代的耕犁已进一步完善和定型化。陆龟蒙《耒耜经》对江东耕作水田的犁有详细记载。湖南出土的最早的铁犁属五代马楚时期，出土于长沙南郊的五代墓葬。当然不能说五代时湖南才开始使用铁犁耕作，在实际生产中湖南地区使用铁犁的历史应该更早一些。

唐代湖南已有架设高、长输水渡槽引水灌溉的技术。澧州（今澧县）诗人李群玉目睹此水槽引水灌溉农田的情景，特作《引水行》。其诗云：“一条寒玉走秋泉，引出深萝洞口烟。十里暗流声不断，行人头上过潺湲。”③ 渡槽架在空中，引出深洞里的泉水，长度达10里以上。

二、青瓷工艺

隋唐五代，湖南各种手工业生产得到相当大的发展，而其中最突出的是瓷器业和青瓷烧制工艺。湖南最早发现的青瓷窑址，为1973年发现的岳阳地区湘阴窑（岳州窑）。

湘阴窑（岳州窑），位于今湘阴县城关镇水门至洞庭庙沿河一带，南北长672米，宽约150米。年代大致始于魏晋，而衰于中唐。隋将湘阴划入岳阳县，唐代湘阴隶属岳州。故湘阴窑，隋唐时称岳州窑。此窑属青瓷系统，陶胎灰白，火候高达1300°，施豆青色釉，也有少数酱黄色釉。青釉莹洁，透明或半透明。纹饰有印纹、划纹、点彩和堆塑等。早期的印纹多菱形网状纹，或青釉上饰以酱色点彩。中期印纹有各种类型的团花、卷草。至隋唐之际，印花的种类和数量发展到极盛时期。个别的器型除浮雕莲花外，还出现了圆雕式的装饰，如鸳

---

①《柳河东集》卷四三《赋》，上海人民出版社，1974年。

②《柳河东集》卷二《诗》，上海人民出版社，1974年。

③引自《沅湘耆旧集前编》卷五。

骞、象首、龙头等。器物以杯、盘为主，还有缸、罐、瓶、壶和杂器。其烧制水平相当高。①（附图43、44）

长沙、湘阴隋墓中出土的器物均以青瓷器为主，盛行在器物下半部露胎，杯、碗仅在口沿外涂一圈釉。器型有扁腹唾壶、鼓腹四系小罐、四系或六系瓶、粉盒、盘、砚、虎子、灯台、灶、几、三足炉、五足炉等。其主要装饰是印团花、草叶、花瓣纹。在湘阴城关镇附近发掘的一座隋大业六年（610）墓，随葬物有褐釉五足炉、褐釉莲花纹瓶、青釉镳壶、六系盘口瓶、多足砚等青瓷器。青瓷器上多印有莲花、草叶图案。从器型和装饰看，与湘阴窑中期出土的青瓷器是一致的，可以肯定其为湘阴窑的产品。②

1976年在长沙市河西咸家湖小学发现的一座唐初砖室墓中，出土了大批青瓷器和青瓷俑群86件。青瓷胎质坚硬，呈灰白色，釉色晶莹，呈黄绿色或黄绿中泛青。俑群有镇墓兽、武士、人首兽身、十二生肖、文吏、男女侍从、乐队和驾鹰的波斯人俑。此外，还有动物模型等。该墓所出土的青瓷器具有隋到唐初的风格，从器型、釉色、胎质和装饰制作手法看，仍类似于湘阴窑的产品。③

继湘阴窑之后，至唐末五代湖南发展起来的青瓷窑口，有湘江中游的衡阳窑、东江窑和湘江窑。

衡州窑，发现于1975年，以衡阳市南郊蒋家窑为代表。出土的瓷器有碗、盏、盏托、盆、钵、缸、壶、瓶、尊、坛、灯台、砚和工具等。胎色灰白，一般不施底粉。釉色以青绿为主，也有作青黄色、青灰色的，釉质光洁玉润，也有小开片或作冰裂纹开片的，釉汁往往不到底。其工艺特点，除素釉外，往往采用刻花、印花、雕塑，个别器物加彩书文字。99%的产品为青釉瓷器，仅个别器物使用其他彩色。(附图45)

东江窑，位于衡南县湘江东岸，与蒋家窑相距约8公里。主要出土器物有碗、钵、盏、盘、盆、擂钵、壶、尊、缸、罐、灯台、碟。瓷胎灰白或浅灰色，个别呈灰褐色。釉色有青、黄、虾青，部分施底粉，釉质作冰裂纹开片，也有挂泪痕的。很少附加装饰，仅部分器壁使用刻划花与印花。

①参见湖南省博物馆：《三十年来湖南文物考古工作》，载《文物考古工作三十年》，文物出版社，1979年。

②参见湖南省博物馆：《三十年来湖南文物考古工作》，载《文物考古工作三十年》。

③参见湖南省博物馆：《三十年来湖南文物考古工作》，载《文物考古工作三十年》。

湘江窑，位于衡山县枫树河赵家堆、细堆子和成家滩一带湘江北岸。出土的瓷器主要有碗、盘、壶、坛、罐等。胎色浅灰、赭灰。早期多素胎施满釉，晚期的瓷器多在素胎上涂底粉，然后施釉，器底往往露胎。其装饰手法，以刻划花为主，也有少量印花。刻划花以莲花作为主要装饰，习见于瓷壶，而印花也多见于壶鋬和一小部分碗盘。

蒋家窑出土的碗、盘中所出现的葵花型器口与荷叶边器口，壶、坛、尊类制品中出现浮雕式或刻划式莲花装饰，在长沙晚唐和五代墓出土的青瓷中也常见。蒋家窑还出土了三种纪年的擂棒，分别是“太平三年”“大中年”和“至和二年”。“大中”为唐宣宗年号，其年代当属晚唐。“至和”为宋仁宗年号，可见其相对年代约为唐末和五代、北宋之间。东江窑与蒋家窑属于同一个窑口，胎、釉和主要器型均基本相同和相似，相对年代亦应大致相当。湘江窑早期青瓷中，多灰胎而不施底粉，施开片青釉或青黄釉，瓷壶施满釉而多刻划纹。考古界认为，其工艺特点与蒋家窑一致，年代上限也可断在晚唐五代之际。①

三、长沙铜官窑瓷器的釉下彩工艺

隋唐时期，代表当时湖南乃至全国瓷器生产发展最高水平的，是长沙窑及其釉下彩瓷器。所谓长沙窑，主要分布于长沙北 25 公里，北距铜官镇 5 公里，与新康遥遥相对的湘江东岸石渚、瓦渣坪一带。故又称石渚窑或铜官窑。有关长沙窑的记载，未见于正史。唐后期湘籍诗人李群玉作《石潴》诗云：“古岸陶为器，高林尽一焚。焰红湘浦口，烟浊洞庭云。迥野煤飞乱，遥空爆响闻。地形穿凿势，恐到祝融坟。”② “石潴”即石渚，水中小洲曰渚。这是关于石渚长沙窑最早的也是唐代唯一的记载。现在我们能较详细地了解当年长沙窑的情况，完全是得助于近几十年来的考古发掘工作。

长沙窑，窑址于 1958 年首先在铜官附近的瓦渣坪发现。1964 年至 1965 年，湖南考古工作者又对石渚的古窑址进行了发掘和清理。从发掘出的瓷器看，胎质与湘阴窑大致类似，大部分呈灰白色，少部分呈肉褐色。造型多模仿花果和动物形象，器物有瓶壶、坛洗、碗碟、钵、盏、人俑、玩具，以及炉、鼎、灯

①参见周世荣等：《湖南青瓷与青花古窑址调查报告》，载《湖南考古辑刊》第 2 集，岳麓书社，1984 年。

②引自《沅湘耆旧集前编》卷五《李校书群玉》。

等杂器。釉色种类较多，有白釉、青釉、黄釉、酱釉、黑釉、绿釉、蓝釉等素釉，还有黄地绿彩、黄地酱彩、黄地褐彩、黄地三彩和白地加绿彩等，其他素釉单彩和素釉多彩、褐釉都是由氧化铁呈色，绿釉、蓝釉是由氧化铜呈色。彩釉多是釉下彩绘。釉下彩是长沙窑最先发明的。（附图46、47）

长沙铜官窑釉下彩的发明，是瓷器制造技术发展进步的结果。考古学界根据窑址的地层关系和器物釉色的演变情况，将铜官窑制釉技术的发展大体分为青釉、颜色釉、釉下彩三个阶段。唐武则天时期以前，铜官窑是以烧制单色青釉瓷为主的窑址，为青釉阶段。约从武则天时期开始，到唐宪宗元和以前，除烧制青釉瓷器外，还应用多种金属氧化物呈色，烧制出多种颜色釉瓷器，为颜色釉阶段。由原来只能烧制单一青瓷的窑，发展到同时烧制出绿、蓝、褐、白釉以及包括青釉的多种颜色釉，反映了窑工们对于多种金属呈色元素的认识和掌握。釉下彩阶段，从唐宪宗元和年间至晚唐，并延续至五代。铜官窑釉下彩的发明，是继承和发展了化妆釉工艺的结果。我国瓷器对于化妆釉的运用，唐以前已在相当范围内得到了传播。其操作过程，是在瓷胚上釉之前，采用细净而又含铁成分很少或根本不含铁的瓷土与水混合，涂饰于瓷胚外表，经煅烧用以掩盖胎面存在的粗糙、孔隙、杂色和污垢等各种缺陷，并在一定程度上解决了瓷器烧成中釉色不一的偏差。所谓釉下彩，是在化妆釉上又加上一层发色料，并把化妆釉和发色料都盖于釉下，使化妆釉、发色料与釉同时在高温条件下发生化学反应烧成釉下彩。运用釉下彩进行自由描绘，有图案、有写实、有创作等，形成了釉下彩绘。① 关于铜官窑釉下彩发明的年代，根据已有的考古发掘材料，初步可确定为9世纪的前半叶，即唐元和至大中年间。如长沙铜官窑址出土有明确纪年的釉下彩瓷器，一件为唐宪宗元和三年（808），一件为唐宣宗大中九年（855），一件为大中十年（856）。江苏邢江唐代解少卿夫妇墓出土有大和九年（835）和大中四年（850）的墓志，伴随出土有铜官窑釉下彩瓷器。日本冲绳也出土了一件唐文宗开成三年（838）彩绘盘。至唐末五代，长沙铜官窑及其釉下彩瓷器逐渐衰落。

①参见萧湘：《略论唐代长沙铜官窑釉下彩的发明与应用》，载《湖南考古辑刊》第2集，岳麓书社，1984年。

第五节　宗教

一、佛教和佛学研究

由于中央王朝和统治阶层的提倡，佛教在隋唐五代较魏晋南北朝时更为盛行，并发展成许多宗派，如天台宗、法相宗、华严宗、禅宗等。当时，湖南的佛教也更广泛地传播，特别是南岳衡山，发展成为全国著名的佛教圣地之一。一批著名的高僧先后来到南岳修行传法，南朝时兴建的几座寺庙成了全国佛教名刹，同时还增建了不少新寺庙和道场。

福严寺，即般若寺。天台宗慧思禅师于陈光大元年（567）创建。唐太宗特赐御书梵经50卷，收藏寺内。唐先天二年（713），著名的怀让禅师来到南岳，将般若寺辟为禅宗道场，由其弟子道一禅师在此传法，使南宗的“顿悟”佛法得以弘扬天下，而天下佛子则以该寺为传法的佛院。自此以后，福严寺成为我国佛教十大丛林之一，是南宗著名的传法圣地。

南台寺。唐代该寺出了一位著名高僧石头希迁禅师。石头希迁，时人称之为“石头和尚”。俗姓陈，端州高要（今广东高要县）人。早年曾赴韶州（今广东韶关）曹溪，参学于禅宗六祖慧能。唐玄宗开元十六年（728）于罗浮山受戒。后又拜青原行思为师，传其法，成为南宗两大系中的青原系重要人物。天宝初年至南岳，结庵于南台寺东的大石上，“石头和尚”即因此得名。当时石头和尚与江西的道一禅师齐名天下。著有《参同契》《草庵歌》，至今日本曹洞宗的僧人还用为必修日课。唐贞元六年（790）圆寂，卒谥“无际大师”，肉身龛葬于南台寺下方，现为南岳仅存的一座唐代古墓。其弟子有道悟、惟俨等21人。他们宣教弘法，创立了曹洞宗、云门宗、法眼宗三派。其中曹洞宗尤为昌盛，形成南宗禅，成为中国佛教史上规模最大、影响最深远的主流，法嗣遍布天下。南宋时传入日本，日本佛教界曹洞宗一直视南台寺为祖庭。

丹霞寺，位于南岳南天门下，唐代著名的丹霞禅师天然和尚创建，又名天然寺。天然和尚俗家姓名不详。相传他本是郑州的一个儒生，熟读孔孟之书。在赴京赶考途中，偶然遇见一个和尚。这个和尚告诉他，选官不如选佛。在和尚的启示下，他改变了主意，不去京师应试，而改道直奔江西去投奔马祖道一。道一端详了一番，对他说，只有南岳的石头和尚才有资格做他的师父。于是他跑到南台寺找石头和尚，要求出家。石头和尚收留了他，但只叫他干杂事，一直未给他落发。三年后，有一天，石头和尚吩咐众僧，来日要把佛殿的杂草铲掉。他有所悟，立即端上一盘清水来到石头和尚面前，将脑袋洗净，跪下请求给他剃度。石头和尚见此情形，高兴地给他落发受戒，但未赐法号，叫他再去拜谒马祖道一，他又来到江西找马祖。到了寺院门前，被看守山门的和尚拦住，不准进去，他十分气愤，将和尚打翻在地，并骑在和尚身上。寺内众僧哗然，惊动了马祖道一。马祖出门一看，原来是三年前要求落发的儒生。于是大喝一声："吾子天然，休得无礼!"他一听，连忙站起来，转身跪下，说道："谢大师恩赐法号。"从此他就叫天然和尚了。此后，天然和尚云游四方。先居天台山华顶峰，后往余杭经山拜谒国一禅师，又到洛阳龙门香山寺，与伏牛和尚为友。游慧林时，逢天降大雪，天然和尚竟把殿上的木佛搬下来烧火取暖。有人说这是"造孽"，他却说："我就是佛，木头怎能成佛?"① 元和十五年（820）他在南阳丹霞山结庵居住，广收法徒达300人，因而被称为丹霞禅师。最后他还是认为南岳好，于是在德宗贞元年间，再次返回南岳，筹款建寺，取名丹霞寺。长庆四年（824）圆寂，享年83岁，葬于水月寺侧，至今墓塔尚在。天然和尚在南岳时，尚兼湘南寺住持。湘南寺处丹霞寺上方一华里外，亦始建于唐代。

祝圣寺。位于今南岳镇东街中段，为南岳衡山规模最大的佛教丛林，唐天宝初年，由弥陀和尚承远创建，故又称弥陀台。开创时，寺舍简陋，只是刈草编茅，以庇经、佛。后来弥陀和尚的弟子法照和尚，开辟林莽，削平岩峦，逐渐扩大寺宇。法照于唐代宗年间曾任国师，他在代宗面前极力称颂师父弥陀和尚"有异德"，使皇帝"南面礼之"。大历年间，朝廷赐寺名叫"般舟道场"。德宗贞元年间，又加扩建，将寺又改为弥陀寺。武宗会昌年间，寺院废圮。五代楚王马殷重建，并改名为报国寺。柳宗元曾为承远和尚和法照和尚墓作碑铭，至今寺旁尚残存有柳侯碑。

上封寺。位于祝融峰下的云密峰腰，旧名光天观，隋以前是道教的玄坛。相传隋大业年间，隋炀帝南巡，敕建此寺，改道观为佛寺，故名上封寺。改佛

①参见伍新福主编：《湖南通史》（古代卷），湖南人民出版社，2008年《湖湘文库》版。

寺后，唐代高僧佛心和尚曾为该寺住持，发展成南岳佛教十大丛林之一，香火旺盛。

此外，南岳还有横龙寺，位于祝融峰后，唐贞元年间建。南朝时所建的方广寺（唐改名圣寿寺）、小般若禅林（即藏经殿）等古刹，在隋唐五代时也都十分兴盛。

除南岳地区外，长沙及其周边湘潭、宁乡、浏阳、益阳、醴陵等地，是湖南佛教的又一中心。特别是湖南最早的佛教古刹麓山寺，隋唐以来进入了发展的全盛期。隋文帝开皇九年（589），天台宗集大成者智顗在此寺讲法，传授《妙法莲花经》。仁寿年间，文帝得天竺沙门所献大量佛舍利，令全国名寺建塔安置，麓山寺傍亦建舍利塔一座，至今犹存。唐代，麓山寺更是殿堂雄伟，规制宏大，高僧辈出，游客如云。著名高僧，如昙捷、权武、智谦、摩诃衍、惠齐、兴哲等均曾活动于麓山。唐代著名诗人、墨客与麓山结下文字缘的也不少。如杜甫游麓山，特作《岳麓、道林二寺行》诗，李邕撰写下流传千古的《麓山寺碑》。此外，韩愈、刘长卿、曹松、宋之问等人也都为麓山留下了诗文。唐武宗会昌五年（845），朝廷废佛，麓山寺亦未幸免，殿宇全部被拆毁，众僧被迫离散。至唐末，有禅宗僧人景岑（？—966）依旧址重建麓山寺，一度改名鹿苑。但部分殿堂未能恢复。

长沙岳麓山下还有道林寺。唐代马燧所建藏修精舍，取名道林寺，欧阳询书《道林寺碑》。杜甫《岳麓、道林二寺行》诗有“玉泉之南麓山殊，道林林壑争盘纡”① 之名句。此外，长沙城北湘春门外，唐法华禅师建铁佛寺；东北新开门内，唐代还建有泐潭寺。

五代马楚时，在楚王马殷及其子希范支持下，沙门保宁于后唐明宗天成二年（927）在长沙城北建开福寺。初建时住僧达1000人。古寺殿堂等至今犹今，香火旺盛。（插图29）

宁乡沩山密印寺。为沩仰宗创始人灵祐禅师卓锡之所。唐元和中裴休奏建，御赐“密印禅寺”门额，置田及垦田3700亩，铸千僧锅，又铸万斛洪钟。后灵祐又传法仰山，故天下称其所创宗派为“沩仰宗”。沩山成为佛教沩仰宗的最初发源地。唐末五代，与灵祐同时或稍后住寺的著名禅师有慧寂、智闲、庆诸、

①见《全唐诗》卷二二三《杜甫八》。

插图 29-1　古开福寺（1937 年摄）

大安和著名诗僧齐己等人。在大沩山麓，唐大中年间山南东节度使李景还奏建同庆寺，距密印寺约 20 里。

湘潭龙安寺。位于县东，海禅师始建，柳宗元作《龙安海禅师碑》。三角寺，在县东 30 里，唐总印禅师创建。湘潭还有唐兴寺，位于县西 7 里陶公山上，旧名石塔寺，一名石头寺，唐僧智岩开讲于此，有石塔在侧，故以为名，褚遂良易名“唐兴寺”。

浏阳道吾寺。在县北 10 里道吾山，唐僧宗智建。浏阳又有石霜寺，在县南双华山，唐僖宗时赐名崇胜殿。据传，殿高 9 丈，佛像高 7 丈，普会禅师率徒众千余居此，宰相裴休曾诣寺，留下玉环、象笏。五代后晋在浏阳建兜率寺，在县治前，旧名莲花寺。

醴陵县。小沩山寺，在县东 30 里小沩山上，唐大缘禅师立。明兰寺，在县东 70 里，唐九华禅师道场，相传，将其衣钵砌于塔中以镇寺；靖兴寺，在县西，唐建，世传唐李靖驻兵于此，故名；泗林寺，在县西南，一名崇林寺，唐建。

益阳县。龙牙寺，在县西 100 里，唐元和中，僧圆洪所建，初名延祥寺；

插图 29-2　开福寺老山门

白鹿寺，在县西 2 里白鹿山，唐元和中裴休谈禅于此。裴休作《白鹿寺释迦瑞相诗》。

湖南其他地区山林，隋唐五代也兴建了不少佛教寺院。如：

澧州（治今澧县）。药山寺，在州南 90 里，唐惟俨禅师道场；钦山寺，在州西 15 里，唐建，赐额乾明禅寺，文邃禅师道场；龙潭寺，在州治北，崇信禅师道场。据记载，龙潭寺西小池清冷，夏月生金莲，花极芳馥。李群玉《题龙潭西斋》诗云："寂寞幽斋暝烟起，满径西风落松子。远公一去兜率宫，唯有门前虎溪水。"① 此外，澧州唐代还建有福西寺、花薮寺等佛教寺院。

武陵县（今常德）。木瓜寺，在县东 15 里木瓜山，唐建，相传李白流夜郎时曾宿此寺；紫荆寺，在县北 90 里，唐始建；乾明寺，在县东南 15 里善德山下，唐咸通年建，初名德山精舍，又名古德禅院。

临湘县。谷山寺，在县东 40 里，唐建。相传寺有塔，可容二僧，塔前古柏一株，每日于隙中流谷约 2 升，给僧斋。一日，僧出，其徒以斧凿隙，欲使其

①引自《沅湘耆旧集前编》卷五。

多出，然遂止，不复得谷。塔亦渐坏，其遗址尚存。

巴陵县。圣安寺，在县东南5里楞伽北峰，唐无姓和尚所居，杨凭建寺，柳宗元作《无姓和尚碑》，说无姓和尚始居房州龙兴寺，后徙居岳州作道场于楞伽北峰。此外，唐代还建有白湖寺，在县东60里；莲荷寺，在县东40里。五代建有乾明寺，一名乾元寺，在县南，内有古柏，相传为大禹手植。

邵阳县云崖寺。在县东70里，唐元和年建；光孝寺，在县西北，唐始建。

零陵县。龙兴寺，在县治西南，唐柳宗元曾居此，其西有净士院；法华寺，在县东山，唐柳宗元有《法华寺西亭记》；开元寺，一名太平寺，在县太平门内，柳宗元作有《酬娄秀才寓居开元寺》诗；永宁寺，在县东山，唐天祐中建；楚兴寺，在县西40里，五代时楚马氏屯兵于此，夜闻钟声，遂建寺以镇之，寺有高丽僧铁山塔。

湘乡县。凤凰寺，在县东台山，唐景云中建；慈云寺，在县治南，唐天宝中建。

此外，湖南唐代所建寺院还有：攸县慈云寺、保宁寺，清泉（今衡阳）雁峰寺、华光寺，鄘县慧日寺，郴州开元寺，石门夹山寺、洛浦寺，沅陵三峙寺等。五代时还建有湘阴保安寺，武冈天宁寺、龙潭寺，宁远永福寺等。

湖南在隋唐五代时期，实际上已成为中国佛教禅宗传播的中心地带，禅宗各宗派和众多禅宗高僧与湖南均结下不解之缘。如石头希迁、天然和尚、弥陀和尚、灵祐禅师等，对于湖南乃至中国佛教的传播与发展都作出了不可磨灭的贡献。此外，当时湖南还有不少高僧。如：

怀让（677—744），南岳系高僧。俗姓杜，唐金州（今陕西安康）人。武则天垂拱三年（687），年十一，依荆州玉泉寺弘景出家受戒。志慕禅宗，先参嵩山慧安，继参曹溪慧能。后随侍禅宗六祖慧能15年。唐玄宗开元元年（713）入南岳。初住观音寺（麻姑桥畔），嗣移居般若寺（即福严寺）。天宝三年（744）卒，谥号大慧禅师。

道一（709—788），怀让嗣法高足，南岳下一世。本姓马，后世称为马祖。唐汉州（今四川什邡）人。开元中入南岳，常习坐禅。怀让知是法器，前往启示。怀让问："大德图什么？"道一说："图作佛。"怀让乃随手拾一砖头在道一庵前石上磨之。道一问："磨砖头作什么？"怀让答曰："磨作镜。"道一说：

“砖又何能磨成镜?”怀让趁机反问：“我磨砖既不能成镜，你打坐又怎能成佛?”① 道一愕然。又经几番问难，道一心意遂解，甘为弟子，从怀让习禅。南岳今存磨镜台遗迹，又有马祖庵，即传法院故址。道一住南岳10年。又往江西阐扬禅宗，辗转于建阳、临川、南康、钟陵等地，传法30年。他与同门石头希迁配合默契，共同努力，使得禅宗在全国传播开来。德宗贞元四年（788）卒。宪宗赐谥号大寂禅师。嗣法弟子139人，其中隐峰、怀海、普愿等均成一代著名高僧。

慧寂（814—890），南岳下四世，沩仰宗高僧。俗姓叶，韶州怀化（今广东番禺）人。少年出家，曾在沩山寺任侍者、知客、直岁等职，共达15年。在田里劳作和杂役中，常与其师灵祐互逞机辩。后到仰山任住持时，尚有“酽茶两三碗，意在镢头边”的偈语，即为当年沩山农禅生活实践的意念。昭宗大顺元年（890）卒，谥号智通禅师。

惟俨（？—834），青原系高僧。俗姓韩，绛州（今山西新绛）人。年十七依潮阳西山慧照出家，后从南岳希迁受戒。博通经律，严持戒条，从不自满。初谒石头希迁，求示“直指明心见性成佛”的禅要，不能悟。乃指往马祖道一处，始言下契悟。三年后回湘，住持澧州药山寺（今津市地）。时任朗州刺史李翱造访，问：“如何是道?”惟俨以手指上下，李翱不解。惟俨说：“云在青天水在瓶。”翱随即赠诗曰：“炼得身形似鹤形，千株松下两函经；我来问道无余话，云在青天水在瓶。”② 唐文宗大和八年（834）卒。谥号弘道大师。嗣法弟子中云岩昙晟、道吾宗智、船子德诚等亦一代名僧。

庆诸（？—887），青原系高僧，为青原下三世。俗姓陈，庐陵（今江西进贤）人。少年出家于石门（今江西靖安县北），后到沩山当米头，为灵祐所赏识。又从惟俨嗣法弟子浏阳道吾山宗智，获悟。成名后住浏阳石霜山崇胜寺，垂20年。其禅风严峻，学众多有常坐不卧，屹然若株杌者，诸方呼为“枯木禅”。唐僖宗慕其名，遣专使赐紫袈裟，坚辞不受。光启三年（887）卒。谥号普会禅师。

缘密，唐末五代高僧，青原下七世，云门宗创始人云门文偃法嗣。住持鼎州德山（今常德市地）。上堂说法时，曾以三句话示僧众，曰：“涵盖乾坤”

①参见新编《湖南省志》第二十七卷《宗教志》，湖南人民出版社，1999年。

②参见新编《湖南省志》第二十七卷《宗教志》，湖南人民出版社，1999年。

"截断众流""随波逐浪"。① 座下禅众无一人能辨析。

隋唐五代时期，湖南以南岳、沩山高僧为主的佛释学者，潜心研究佛教经义，撰有一批佛释方面的著作。传世的主要有：

《法华玄义》10卷、《法华文句》10卷、《摩诃止观》10卷。隋代南岳高僧智顗撰。此三书合称"天台三大部"，为天台宗的基本典籍。此外还有《四教义》《净名义疏》《观音义疏》等著述40余种，多由本人口授，弟子灌顶笔录整理成书，现大多有刊刻本传世。

《南岳大慧禅师语录》，唐南岳高僧怀让述，见载于《古尊宿语录》卷一，后收入《续藏经》。

《参同契》1卷，唐南岳高僧希迁撰。此书以道家之名论述其禅法，反复阐明一心与诸法之本末显隐、交互流注关系，其禅风颇具哲学思辨倾向。宋道原《景德传灯录》收载此书及其《草庵歌》。

《潭州沩山灵祐禅师语录》，唐高僧灵祐述。此书辑灵祐行实、示众、法门论究及其与百丈怀海、司马头陀、邓隐峰、灵岩、道吾、德山、石霜、仰山、香严等宗乘对话，并略记其圆寂。收入《大正藏》。

《沩山大圆禅师警策》1卷，唐高僧灵祐撰。鉴于当时修行者多生懈怠，威仪不守，灵祐特作此书，以警策僧人归入正道。全编分"示色身之大患""惩出家之流弊""明出家之正目""示入道之由径"和"结劝叮咛"等5节。禅宗将其与《四十二章经》《佛遗教经》合称为"佛祖三经"。收入《大正藏》。

《衡岳十八高僧传》1卷，唐惠日撰，卢藏用为序。惠日，濮阳（今河南地）人。早岁达道，自北徂南，隐居衡岳寺。十八高僧包括南朝梁以来行传道于南岳的惠海、慧思、智顗、大善、僧照、慧成、大明、惠勇、惠稠、惠诚、惠亶、善伏、昙楷、义本、义颢、悟实、道论、智明等。清李元度《南岳志》著录此书。《全唐文》载有卢藏用《衡岳十八高僧传序》。

《四分僧羯磨》3卷，《四分比丘戒本》1卷。长沙释怀素撰。收入《全唐文》。

此外，原书虽已佚，但为《唐书》《宋史》和《湖南通志》等著录的还有：

《高僧懒残传》1卷。不著撰者。懒残，或作懒瓒。唐僧明瓒之诨号。明瓒，初参嵩山普寂，嗣得其法。后闲居衡岳。不好营作，又喜吃人残食，故人

①参见新编《湖南省志》第二十七卷《宗教志》，湖南人民出版社，1999年。

称“懒瓒”“懒残”，然所言皆契佛理。《新唐书·艺文志》、宋《崇文书目》著录此书。

《续宝林传》4 卷，《南岳高僧传》，五代后唐惟劲撰。惟劲，福州长溪（今福建霞浦）人。节操精苦，号“头陀”。初参雪峰义存，后游五岳及南北丛林。唐昭宗光化中，楚王马殷奏请赐紫，署宝闻大师。后卒于岳中。宋赞宁《宋高僧传》载：其所著《续宝林传》，“录贞元年以后禅门祖祖相继源脉者”。“别著《南岳高僧传》，未知卷数，亦一代禅宗达士，文采可观。”此二书均已失传。宋道原《景德传灯录》载其尚著有《觉地颂》《广明诸教缘起》行世。

《华严起信文》1 卷，潭州释善政撰。清光绪《湖南通志·艺文志》著录。

《附译杂经》10 卷，潭州释大津译。《舆地纪胜》有引文。

《释诠》1 卷，武陵龙膺撰。光绪《湖南通志·艺文志》和《常德府志》著录。

《天心镜》4 卷，桂阳州释清希撰。光绪《湖南通志·艺文志》著录。

《无姓和尚说法记》1 卷，澧州释无剑撰。《宋史·艺文志》著录。

《渚宫莫问》15 篇，益阳释齐己撰。《北梦琐言》有引文，光绪《湖南通志·艺文志》著录。

衡阳庞蕴撰《庞居士语录》10 卷，《宋史·艺文志》著录；《诗偈》3 卷，《唐书·艺文志》著录；《庞居士歌》1 卷，《通志略》著录。

衡山释宣鉴撰《德山和尚语录》，《通志略》著录。

郴州释全真撰《遗教经》2 部，每部 12 卷；《湘山百问》。均光绪《湖南通志·艺文志》著录。

《德山集》1 卷，失编辑名氏。《宋史·艺文志》著录，言其“记仰山、沩山语”。唐陆羽撰《怀素传》1 卷，《通志略》著录。

《衡山高僧懒残传》1 卷，失撰人名氏，《唐书·艺文志》著录。

《南岳高僧传》《续宝林传》4 卷，衡山释惟劲撰，收入《楚宝》。《西域求法高僧传》2 卷，澧州释大津撰，《舆地纪胜》有引文。

二、道教在湖南的发展

隋唐五代，道教得到进一步传播和发展，特别是在唐代，道教成为国教，更进入了一个鼎盛的时期。在湖南地区，道教同样也获得很大发展，而南岳仍为湖南道教发展传播的中心。

南岳衡山，佛教虽然十分兴盛，但道教也不断发展，并且佛、道二教逐渐改善了关系，在南岳并行共处。魏晋南北朝时兴建的一些著名道观，得到增修扩建，并且又兴建了数处新的道观，其中以黄庭观、南岳真君祠最为著名。

黄庭观，位于从南岳西路登山1公里处。面临白龙潭，背靠集贤峰，是我国著名的女道观。始建于唐初武德元年（618）。五代时，楚王马希声重修。初叫魏阁，后称黄庭观。内供魏夫人石雕像一尊。门联石刻“欲往西池谒王母，且来南岳拜夫人”。唐大历三年（768），大书法家颜真卿游南岳，撰《晋紫虚元君领真司命南岳魏夫人仙坛碑》，记魏夫人升仙之事。

南岳真君祠，即今之南岳大庙。据《南岳志》记载，唐初在南岳正式建造司天霍王庙。开元十三年（725），唐玄宗采纳天台山道士司马承祯的建议，改霍王为真君，将司天霍王庙改为南岳真君祠。天宝五年（746），封南岳真君为司天王。至宋代正式封岳神为“司天昭圣帝”。南岳大庙自唐以后历经重修、扩建，现存的宫殿式古建筑群，是经清光绪八年（1882）重修，最后形成起来的。

南岳大庙历史上并不完全归属于道教，道、佛二教长期共庙分居。从其建筑规制看，圣帝殿居中，两侧是东西回廊，各有厢房数十庭，同殿后寝宫相连，组成长方形的宫殿式庭院。在东回廊外面有8座道观，供道士居住；在西回廊外是8个佛寺，供僧人食宿。这种共庙分居的形式，说明自唐代以后，道教与佛教在南岳衡山地位已经是平等的，二者共存共荣。

随着道教的广泛传播，隋唐五代时在湖南其他地方也增建了不少新的道观。现据《大清一统志》和光绪《湖南通志》，作择要记述。

善化县（今长沙市）：

上清宫（后改太乙寺）。在县西南德润门内。相传，唐太乙真君炼丹于此，并同僧人孤月阐谈性命之理。

浏阳县：

升仙观。在城东孙隐山下，相传为唐孙思邈（581—682）修道炼丹处。始建于唐。

巴陵（今岳阳市）：

玉华观。在县南百里，唐建。

湘阴县：

白鹤观。在县东白鹤山，相传为陶澹故宅，唐大中三年（849）建。黄华观，在县东30里王仙山上，旧名王仙观。唐开元时赐御书观内。

金华观。在县东，唐建。

湘乡县：

显真观。在县治西，唐开元中建。

仙林观。在县治西北15里，相传唐恒氏二女于此采药飞升，因建此观。

攸县：

昭贤观。在县东90里，唐开元间道士黄均得建。

阳升观。在县东45里，旧名朱阳观，祀南齐司空张岊。唐天宝七年（748）道士李子真始建。

洞灵观。在县三登坊，唐建。

茶陵：

云阳仙道观。位于茶陵县云阳山。初名洞真观。始建于唐咸通元年（860）。

祁阳县：

白鹤观。在县东北30里白鹤山。相传观有钟重数百斤，唐末时一夕风雷怒吼，跃入江。后有商客夜宿昭潭，梦一道流曰“吾祁阳白鹤观道士，欲归久矣”，请附后载。商客应允。第二天早晨，忽然有一钟卧于水上，其文曰“祁阳白鹤观”，于是载之以归。①

宁远县：

无为观。在县东南九疑山，传说为王妙想升仙处，唐元结作《宿九疑无为观诗》。

黄庭观。在九疑山下，传说梁双师修炼于此，唐李郃作《游九疑黄庭观诗》。

郴州：

苏仙观。位于苏仙岭顶峰上，唐开元十九年（731）建，以祀苏耽，故名。为道教“天下第十八福地”。

武陵（今常德）：

太和观。位于河洑山，始建于唐，仿武当山金顶而建。河洑山，又名平山、

①参见新编《湖南省志》卷二十七《宗教志》。

武山、太和山。相传唐代有衡阳落第举子张白，不第入道，在此建观修炼。

天庆观。在县西。唐建，初名乾明观。柳公权书《天庆观碑》，已佚。

元妙观。在县西1里，旧名龙兴观，唐王昌龄作《武陵龙兴观黄道士房问易诗》。

开元观。在县南5里，王昌龄作《武陵开元观黄炼师院诗》3首。此外，今常德市地唐代还建有报恩观、神仙观。

澧州（治今澧县）：

白马观。在澧州东20里白马洲，内有炼丹池、神仙桥、雷公井、仙女祠，相传为唐代林静升仙处。

紫极宫。在州治西北，唐建。

邵阳县：

开元观。在县北，唐建。

栖真观。在县东，一名白鹤观，下有饮鹤池，相传有唐吕仙所题绝句真迹。

新化县：

灵真观。在县南百里文仙山，即文斤祠。唐元和中建。

由于湖南境内广建宫观，并且南岳等地名观不少，道教兴盛，隋唐五代时在湖南出现了一大批名重一时的高道，见诸记载的就不下30多人。如：

葛洪天台派传人肖灵护。灵护，字天佑，庐陵（今江西吉安）人。壮年炼胎息之道，常背负道书百余卷遍访名山。唐贞观二年（628）游岳麓，于石廪洞阳宫得道人授火鼎黄白之术，遂精丹道，后居南岳招仙观炼丹，创建寻真阁。

张惠明。赵郡（今河北邯郸）人。贞观末年（649）修真于南岳之北帝院，修三五混合之法。来南岳之前，曾被唐太宗李世民召入内殿致醮，封为“妙济大师”，敕住南岳。

衡山道士轩辕弥明。属道家上清经录派人物，善符录驱禳之术，隐居南岳圣寿观修道多年。韩愈作《轩辕弥明石鼎联句序》，专门记述轩辕弥明和进士刘师服、诗人侯喜联咏石鼎的故事。宋代建轩辕弥明庙于衡山白龟泉。

黄洞元（696—791）。湖南衡山南岳人。早游华阳，与道士李含光为师友。后入常德武陵，住桃源观。晚年隐于庐山凡十载，复来茅山，承继韦景昭之学。

李泌，字长源。本居鬼谷。开元十六年（728）以奇童召对于朝，受宰相张九龄宠爱，呼为小友。及长博学，善治《易》。常游嵩、华、终南间，羡慕神仙不死术。天宝中，唐玄宗召讲《老子》。唐肃宗即位，应邀陈述天下成败之事，帝悦，以其为将帅广平王行军司马。遭崔圆、李辅国嫉妒，避祸隐居南岳衡山。诏给三品禄，赐隐士服。

上清派第13代弟子薛季昌。河东（今山西永济市）人。在南岳拜司马承祯为师，被授以《三洞秘录》，勤学苦练，道行日高。唐玄宗召入内庭，问以道法，备受恩宠。薛季昌请求回南岳修寺，玄宗临行赐诗，并封为天师。

南岳九真观道士王仙峤。在京师遇高力士后得见唐玄宗。玄宗见其清秀超逸，厚赐金帛和经书，令回南岳修缮观宇。后又诏封为天师。

田虚应。攸县籍道士，性格朴实憨厚。后迁南岳，卖柴侍母50余年。习上清大洞道法，属上清派第14代弟子。

薛幽栖。上清派道士。唐天宝初游南岳，筑虚凌宫，隐姓埋名潜心修道，于五峰之下的石台上为《灵宝度人经》作注。遍览《三洞》《真诰》，修炼成道。

董奉仙。道家药师。隐迹于朱陵后洞（今衡阳市石鼓公园内），修九华丹法，常用药物为人治病，不收酬谢。杜甫《忆昔行》有句云："更访衡阳董炼师，南游早鼓潇湘棹。"①

张太虚。上清派第13代著名道士。唐玄宗开元中，来南岳，居上清宫修道，与名道何应虚、邓中虚、田虚应并称为"四虚"。代宗曾召他入京，固辞不去。代宗赐以紫服。

汪子华。谥号雷霆大师。曾与颜真卿同事白云先生司马承祯，又再师上清茅山派赤诚先生。因避安史之乱，弃家赴南岳，结庵祝融峰下修道，9年不下山。

徐灵府。上清派第15代道士。拜南岳田虚应为师，注《通玄真经》。唐武宗曾召入京，固辞。著有《玄鉴》5篇及《天台山记》《三洞要略》等道家经书。

刘元靖。上清派第15代道士。居南岳会仙阁15年。常辟谷练气，亦为人书符治病。唐敬宗前后两次召见于宫中，问长生之术，封银青光禄大夫，充崇玄馆学士。

张元同。天台山著名道士。唐永徽二年（651），入茶陵云阳山修道，采药

①引自《全唐诗》卷二二三《杜甫八》。

炼丹，为人治病。显庆三年（658），卒于云阳山。

此外，至唐末五代，还有著名道士李冲昭、谭峭、闾丘方远、聂师道等，均曾游居南岳，修道注经，为道教的发展传播都作出了很大贡献。

唐代湖南道士，特别是南岳道士，大多精习道教经典，研发道家学说，他们留下了一批颇有分量的著述。其中影响最大的传世之作为徐灵府《通玄真经注》。

徐灵府，号默希子，钱塘（今杭州）人。玄宗时征士，后隐居南岳，潜心研习道家经典，特编注《文子》一书上进朝廷。因玄宗曾封文子为通玄真人，故其书亦改名《通玄真经注》。文子，乃老子弟子，与孔子同时。书前徐灵府自序云："默希子以元和四载，投迹衡峰之表，考室华盖之前，迨经八稔。"可见此书成于唐元和十一年（816）。全书正文12篇，88章，似系采自北魏李暹《文子》注本。各章俱冠"老子曰"，然后略加论释。所引《老子》言，多与今本《老子》同，有一部分为今本所无者。所作注文，大抵先释全篇大旨，然后循文作解，再抒己见，对老子清静、无为、柔弱、虚无等概念多所阐发。《四库全书提要》云："今观是注，清灵婉约，而《文子》正文，亦尚是旧时之本。"此书收入《道藏》，为道教重要典籍。又辑入《四库全书》和《丛书集成初编》。

此外，道学方面湖南还有一批著述传世。如：衡山道士刘处静撰《洞玄灵宝三师记》，南岳道士陈少微撰《大洞炼真宝经修伏灵砂妙诀》和《九还金丹妙诀》，南岳道士玄和子撰《玄和子十二月卦金诀》，衡山道士衡岳真子注《玄珠心镜注》，唐开元进士、南岳道士薛幽栖注《元始无量度人上品妙经注》等。这些著述均收入《道藏》，成为道教的经典。

三、民间信仰与祭祀

隋唐五代，湖南各地又新建了一大批地方性的祠庙。其中，主要是对包括传说人物在内的历代名人和名宦的崇奉和祭祀，同时也有对自然神祇的信仰和崇祀。现就见于史志的择要记述如下：

道州舜帝祠。道州（今道县）西半里儒学西，有舜帝祠，为唐代时任州刺史的元结所建。据元结《舜祠表》载：有唐乙巳岁，使持节道州诸军事守道州刺史元结，"以虞舜葬于苍梧之九疑山，在我封内，是故申明前诏，立祠于州西之山南，而刻石为表"。又，元结《请立舜庙守户状》云："舜陵在九疑之山，舜庙在大阳之溪。舜陵古老已失，大阳溪今不知处。秦汉以来置庙山下，年代寖远，祠宇不存。”故于道州西之山下立庙，请“许蠲近祠一两家，令岁时拂洒”。可见，元结所建道州舜祠，是用以代替原九疑山下已荒废的舜庙。此祠后来可能又被荒废，其遗址待考。

巴陵孝感庙。在县南南津港北，原名罗娘庙。传说，秦代武陵令罗君用，因督铁运，于洞庭溺水死。其女挈弟寻父尸，不得，遂相继赴水死。“邦人哀而祀之，谓之罗娘庙。”此庙“灵显”，“凡有舟楫往还，祈之利涉”。五代后唐天成二年（927），楚王马殷确立姊弟二人祭祀制度，姊居左，弟在右。① 此祠庙建于何代史无考证，但自唐末五代，由纯民间的一种信奉祭祀开始被纳入了官方的祭祀体制。

长沙龙王庙。据记载，长沙县槊梨对河潭阳洲有龙王庙，后唐同光中建。②龙王庙，也称龙神庙，各地都有。长沙此庙，应是湖南境内最早见于记载的一座龙王庙。民间认为龙王主管雨水，天旱无雨，或暴雨成灾，都与它相关，故建庙祀之，以求风调雨顺。

洞庭神庙。据记载，湘阴县汉代原建有一处，唐大和三年（829），复于县西又建一座洞庭庙。天祐二年（905），封洞庭神为昭灵侯。后晋天福二年（937），复封为威显侯。巴陵县（今岳阳）也有洞庭庙，原在县南金沙洲上，后迁建鹿角镇。始建年代无考。唐天祐二年封利沙侯，后晋天福二年封灵济公。巴陵又有青草湖神庙，天祐二年和天福二年，分别封为安流侯和广利公。古时又称洞庭湖为青草湖，其神即洞庭神。此外，洞庭湖滨的临湘、华容、沅江等县均有水府庙，始建年代无考，所祀亦为洞庭湖神。

杜公祠。耒阳有杜公祠，在县北 2 里，祀唐代诗圣杜甫。杜甫晚年入湘，曾溯湘江而上去投奔时任郴州刺史的舅父崔伟，至耒阳县境，因洪水病困舟中，数日不得食，耒阳县令使人送来酒肉。由于耒阳与杜甫这一段特殊情缘，在他去世后特立祠祀之。五代南唐人徐介作有《耒阳杜工部祠堂诗》，可见此祠始立年代，应在杜甫去世后不久，或唐末。

零陵黄神庙。在零陵县（今永州市）黄溪。唐柳宗元记云：“黄神，王姓。莽之世也，莽既死，神更号黄氏，居此。民咸安焉。”这说明，唐代当地应已建

---

①参见光绪《湖南通志》卷七四《祠庙一》。

②参见光绪《湖南通志》卷七四《祠庙一》。

有祭祀所谓“黄神”的祠庙。此神本王姓，可能与篡汉的王莽有关系，莽败亡后，改名换姓隐居于零陵，而零陵百姓受其惠，于是奉为神立庙祀之。始建年代无考。

沅江蠡山庙。在县东北赤山，故又称赤山庙，光宅元年（684）建，祀战国越大夫范蠡。唐诗人宋之问有《过洞庭泊赤山蠡庙诗》。此诗，感慨尧女、夏禹等与洞庭湖的情缘，最后写到范蠡：“独此临泛漾，浩将人代殊。永言洗氛浊，卒岁为清娱。要使功成退，徒劳越大夫。”[①] 范蠡辅助越王灭吴复仇，功成身退，携美女闲游江湖，可能也曾入洞庭，踪迹留传民间，故湖区百姓立祠祀之。此庙最晚应是始立于唐代，或更早。

浏阳孝子庙。据记载，在县南25里小田，祀唐代浏阳孝子杨耀廷。[②] 关于杨孝子的孝行，千百年来一直流传民间，在浏阳境内至今仍有杨孝子庙，俗称麻衣庙。传说，杨耀廷对父母十分孝顺。他行医民间，医术特别精湛。时病疫流行，他四处奔波救治，全活甚众。而家中老母亦染疫，却因在外抢救其他病人，未得及时医治，待回家时母亲已经身亡。他万分悲痛，以为未能尽孝，竟披麻戴孝自沉于塘。浏阳士民哀之，尤感其恩惠，故为之立庙，世代祭祀不绝。

第六节　风俗

一、风土民情

从史籍记载看，隋唐五代时期，湖南人的一般生活状况和社会风尚，仍多类两汉魏晋，随着社会的发展当然也有新的变迁。

据《隋书·地理志》载：湖南所属的荆州，“其风俗物产颇同扬州。其人率多劲悍、决烈，盖亦天性然也”。而此书关于扬州的记载是：“江南之俗，火耕水耨，食鱼与稻，以渔猎为业。虽无积蓄之资，然而亦无饥馁。其俗，信鬼神、好淫祀，父子或异居。此大抵然也。”又云：“大抵荆州率敬鬼，尤重祠祀

①引自《全唐诗》卷五一《宋之问一》。

②参见光绪《湖南通志》卷七六《祠庙三》。

之事。”这些记载，与《史记》《汉书》和魏晋史籍所载，大多类似，一脉相承。“父子或异居”，则为新的提法，是说家庭关系和组合开始发生变化。即随着私有制的发展，父子间财产分割、儿子自立门户。但还非普遍现象，所以说“或”异居。

《隋书·地理志》中的“荆州”条下，除华夏民族外，还单独述及湖南等地当时土著“蛮夷”民族居民状况。据其记载：南郡、夷陵、竟陵、沅陵、春陵等郡“多杂蛮左。其与夏人杂居者则与诸夏不别。其僻处山谷者，则言语不通，嗜好居处全异”。又云：“诸蛮，本其所出，承盘瓠之后，故服章多以斑布为饰。其相呼以蛮，则为深忌。”这与《后汉书·南蛮传》的记载相类似。但从《隋书》的记载看，进入隋唐以后，湖南等地的“蛮夷”族与华夏民族的交往、接触在加强，一部分同华夏族杂居在一块，文化开始融合。僻处山谷的，其语言、服饰，则仍与华夏族有别，保持着自己的民族文化特色。

唐代所编撰的一批湖南《图经》、地志，多有关于湖南各地的风土人情的记载。如：

卢求《湘中记》：长沙地区“人多纯朴，士少宦情”。又云：湘中，“其地有舜之遗风，人多纯朴，今故老犹弹五弦琴，好为渔父吟”①。传说中的圣帝虞舜，曾“南巡”湖湘，葬身九疑，湘中和长沙地区可能是经其“过化”，至唐代还保持了他高尚的文德之风，民性纯朴，文人也很少去追求功名。而先秦兴起的古琴弹奏和屈原带来的辞赋吟咏之习，在唐代仍是湘中人和长沙父老的一种时尚。

唐无名氏《湖南风土记》：“长沙下湿，丈夫多夭折。俗信鬼，好淫祀，茅庐为室，颇有越风。”② 这是从另一角度，对长沙地区风土习俗所得出的印象，说法仍多类两汉文献。其中说长沙地区，由于气候不好，男子多短命，也正是汉初长沙国太傅贾谊和长沙国王刘发所忧虑的。但未必如此，现难以考证。自新石器时代以后，长沙和湘中即分布着大量古越人，说唐代该地还颇有“越风”即古越人习俗，这完全可能。

唐无名氏《邵州图经》：邵州“地接溪洞，好勇尚俭”③。即今邵阳地区，

---

①转引自《太平御览》卷二七一《州郡部十七》。

②转引自《太平御览》卷二七一《州郡部十七》。

③引自光绪《湖南通志》卷四〇《风俗》。

因邻近“蛮夷”民族聚居的“武陵五溪”和“大湘西”，故人性刚勇，生活很俭朴。

王安贫《武陵记》：武陵“人气和柔，多纯朴，少宦情，以黄老自乐，有虞夏遗风”①。即今常德地区的人，性情温和柔顺，朴实无华，不大看重功名利禄。魏晋时代崇尚黄老之术的玄学家潘京、伍朝、龚玄之等，均系武陵人。看来进入隋唐以后，当地仍有其遗风。

唐代的几位著名外籍文人，也曾留下对湖湘山川和风土人情的印象和评述。如：

刘禹锡曰：“潇湘间无土山，无浊水，民乘是气，往往清慧而文。”（《送周鲁儒赴举诗序》）②

刘禹锡在湖南时，处处看到的都是青山绿水，认为生活其间的人，得其灵气，受其滋润，多清秀聪慧、温文尔雅。

韩愈曰：“当中州清淑之气，蜿蟺扶舆，磅礴郁积。其水土之所生，神气之所感，意必有忠信魁奇才德之民生其间。”③

韩愈认为，湖南颇有中原地区的清淑之气，而山水蜿蜒起伏、气势磅礴郁积，这样的生活环境必然会造就忠信才德之民。

这类记述与正史的记载视角和意境不一样，多肯定湖湘山川之美、人才俊秀。说明隋唐以来，中原人对湖南的认识已开始在改变，在他们看来湖南不再全是“卑湿”“瘴烟”，这里的奇山秀水，孕育着俊彦奇才，即通常所说的“地灵人杰”。

二、时序节庆

隋唐五代时期，由于同中原及全国各地联系、交往日益加强，中国传统的一些时序节庆方面的习俗，同样已在湖南传播和流行。其中有的富于湖南特色，或最先是在湖南境内产生和兴起的。现据当时留下的一些文献，择要记述如下：

守岁。最早见于《荆楚岁时记》的记载，初叫“宿岁”。其记云：“岁暮，家家具肴蔌，谓宿岁之储，以迎新年，相聚酣饮。”又曰：“留宿岁饭，至新年

①引自光绪《湖南通志》卷四〇《风俗》。

②引自《全唐诗》卷三六一《刘禹锡八》。

③引自王象之《舆地纪胜》卷五七《荆湖南路》。

十二日则弃之于衢，以为去故纳新也。”唐代，此俗盛行于全国，但已称之为“守岁”，即于除夕团聚饮宴，以送旧迎新。唐太宗还于除夕赐宴侍臣，特作《守岁》诗。其诗云：“四时运灰琯，一夕变冬春。送寒余雪尽，迎岁早梅新。”① 唐武则天时官中书令的张说，贬迁为岳州刺史，过年时亦作有《岳州守岁诗》：“除夜清樽满，寒庭燎火多。舞衣连臂拂，醉坐合声歌。至乐都忘我，冥心自委和。今年只如此，来岁知如何?”② 张说由于连遭贬迁，除夕虽欢宴歌舞，看来心情不佳。但也证实岳州当地重除夕守岁之俗。除夕全家团聚吃“团年饭”、守岁，在湖南各地至今依然。至于正月十二日，将留下的年饭弃之于街衢，隋唐后未见记载，今天更无此遗俗。

寒食、清明。《湖南风土记》：“春社后遇好天色，往往相继上山。州人所谓拜扫也。至寒食而止。”《零陵总记》云：“杨桐叶细冬青，居人遇寒食，采其叶染饭，色青而有光，食之，资阳气。”杜甫《清明》诗云：“着处繁华矜是日，长沙千人万人出。渡头翠柳艳明眉，争道朱蹄骄啮膝。此都好游湘西寺，诸将亦自军中至。”③ 这些是有关过寒食、清明二节的记述，看来唐代在长沙乃至湖南境内已十分盛行。但具体内容和形式各地并不完全一致。根据《荆楚岁时记》记载，冬至后105天，“即有疾风甚雨，谓之寒食，禁火三日”。寒食节一般是在清明前两天。按阳历清明节在每年4月5日左右，阴历则是三月三日前后，故又称为三月节。寒食节，传说源于纪念介子推遇难，遂有寒食节禁火之俗。《零陵总记》所载的，是日吃用杨桐叶染的有色饭，以资“阳气”去寒，应是流行于湖南的一种具有地方特点的习俗。清明节，上山“拜扫”，应即传统的扫墓祭奠。杜甫《清明》一诗描述“长沙千人万人出”，可见当时长沙人出城上山扫拜，盛况空前。

端午竞渡。五月五日，俗称“端午”，亦名“端阳”，原本为“端五”，即初五日。以五月五日为节，做粽子、划舟竞渡，以祭祀屈原，已见于隋唐以前的文献记载。至隋唐后，此俗盛行于湖南，有关的记载更多，并增添了不少新的内容和情节。如：

《隋书·地理志》载：“屈原以五月望日赴汨罗，土人追至洞庭不见。湖大

---

①见《太平御览》卷一七《时序》。

②引自《全唐诗》卷八七《张说三》。

③引自《全唐诗》卷二二三《杜甫八》。

船小，莫得济者。乃歌曰：‘何由得渡湖?’因尔鼓棹争归，竞会亭上。习以相传为竞渡之戏。其迅楫齐驰，棹歌乱响，喧振水陆，观者如云。”

储光羲《观竞渡诗》：“大夫沉楚水，千祀国人哀。习棹江流长，迎神雨雾开。标随绿云动，船逆清波来。下怖鱼龙起，上惊凫雁回。能令秋大有，鼓吹远相催。”①

张说《岳州观竞渡诗》：“画作飞凫艇，双双竞拂流。低装山色变，急棹水华浮。土尚三闾俗，江传二女游。齐歌迎孟姥，独舞送阳侯。鼓发南湖溠，标争西驿楼。并驱常诧速，非畏日光遒。”②

刘禹锡《竞渡曲》载：“沅江五月平堤流，邑人相将浮彩舟。灵均何年歌已矣，哀谣振楫从此起。扬枹击节雷阗阗，乱流齐进声轰然。蛟龙得雨鬐鬣动，螮蝀饮河形影联。刺史临流褰翠帏，揭竿命爵分雄雌。先鸣余勇争鼓舞，未至衔枚颜色沮。百胜本自有前期，一飞由来无定所。风俗如狂重此时，纵观云委江之湄。彩旗夹岸照蛟室，罗袜凌波呈水嬉。曲终人散空愁暮，招屈亭前水东注。”刘禹锡为此曲自注云：“竞渡始于武陵，及今，举楫而相和之，其音咸呼云‘何在’！斯招屈之义。”③

李群玉《竞渡时在湖外偶为成章》：“雷奔电逝三千儿，彩舟画楫射初晖。喧江雷鼓鳞甲动，三十六龙衔浪飞。灵均昔日投江死，千古沉魂在湘水。绿草斜烟日暮时，笛声幽远愁江鬼。”④

此外，唐代诗人范慥、元稹等也都作有龙舟竞渡诗，不再一一引录。

从《隋书》记载和唐代诗人们的描述来看，隋唐时代，五月五日端午节，湖南龙舟比赛的风俗盛行，而以洞庭湖区的岳州（岳阳）、朗州（武陵、常德）又为最盛，刘禹锡还认为此俗始于武陵。其最初兴起的缘由，则均认为与追怀屈原相关。竞渡的规模相当大，一次参赛的龙舟达36只之多。鼓声雷动，画楫如飞，奋勇争胜。两岸和湖边，观者如潮。州牧刺史也亲临观战，与民同乐。

九月九日，重阳登高。《荆楚岁时记》记载：“九月九日，四民并藉野饮宴。”此前，在两汉或魏晋应已有此风俗。至隋唐时代，盛行于湖南各地。唐洛

---

①引自《全唐诗》卷一三九《储光羲四》。
②引自《全唐诗》卷八八《张说四》。
③引自《全唐诗》卷三五六《刘禹锡三》。
④引自《全唐诗》卷五六八《李群玉一》。

阳人张说，在湘州刺史和岳州刺史任内，先后作《湘州九日城北亭子》和《岳州九日宴道观西阁》诗。其湘州诗云：“西楚茱萸节，南淮戏马台。宁知沅水上，复有菊花杯。亭帐凭高出，亲朋自远来。短歌将急景，同使兴情催。”① 说之子张均，亦作《九日巴丘登高》诗：“客心惊暮序，宾雁下沧洲。共赏重阳节，言寻戏马游。湖风扶戍柳，江雨暗山楼。且酌东篱酒，聊祛南国忧。”② 李白《九日登巴陵置酒望洞庭水军》云：“九日天气清，登高无秋云。造化辟川岳，了然楚汉分。”③ 唐代其他一些知名诗人文士，如刘长卿、李群玉等也都留有描述九月九日在湖南过重阳节的诗篇。

三、土著民族风情

隋唐五代，湖南各地特别是一些山区，聚居着大量的原土著“蛮夷”民族。他们在历史发展中，形成和保留了自己一些特有的民族风俗，并见诸于汉唐文献记载。

最早的记载见于东汉应劭《风俗通》和晋干宝《搜神记》，后南朝宋人范晔《后汉书·南蛮传》又加以转述。据《后汉书》记载：“长沙、武陵蛮”皆“盘瓠之后”，“织绩木皮，染以草实，好五色衣服”。又云：“衣裳斑斓，语言侏离……外痴内黠，安土重旧。”湖南苗、瑶等民族，至今仍喜爱染色和刺绣的“斑斓”服饰；语言“侏离”，即有自己的民族语言。所谓“外痴内黠”，就是认为这些“蛮”人表面好像愚蠢，实际上很聪慧。“安土重旧”则与史实不合。当然谁也不想居无定所，但由于民族压迫和战争等原因，“蛮夷”族特别是苗、瑶民族，历史上被迫进行过多次大迁徙。从记载看，湖南境内的“蛮夷”民族生活习俗和服饰、语言，两汉以后已形成有别于华夏人和汉民族的一些特点。

隋武陵人黄闵《武陵记》载：武陵地区“俗相传”，“盘瓠”民族，“每岁七月二十五日，种类四集于庙，扶老携幼环宿其旁，凡五日。祠以牛彘、酒酢，椎歌欢饮而还”。为什么以七月二十五日为节？祭祀的为何庙？兴起于何代？现均无从考证。这应是隋以前，即已流行的武陵当地“蛮夷”民族特有的一种节日习俗。

---

①引自《全唐诗》卷八七《张说三》。

②引自《全唐诗》卷九〇《张均》。

③引自《全唐诗》卷一八〇《李白二十》。

干宝《晋纪》载："武陵、长沙夷，盘瓠之后也。杂处五溪之内，揉杂鱼肉，叩槽而号，以祭盘瓠。俗称赤髀横裙，即其子孙。"湖南沅水及其支流西、武、辰、巫等水，古合称"五溪"，至今仍是土家、苗、侗、瑶等民族聚居地区。"揉杂鱼肉"，可能是指用瓦坛腌制鱼肉；"叩槽而号"，似为逢节庆，用木杵在石槽（或木槽）里舂打糍粑，并发出吆喝声。这些习俗，在五溪地区至今仍有遗存。所谓"赤髀横裙"，应是汉唐时期武陵五溪地区民族服饰的特点，后来会有所改变。如"赤髀"即光着腿，唐宋后就再未见有此类记载；近代苗、瑶等民族妇女所穿的裙子，下端喜爱饰以波浪形花纹，似有"横裙"遗意。

《隋书·地理志》对"诸蛮"除语言、服饰之外，还较详细地记载了当时流行的丧葬习俗，同时又从中分出"左人""莫徭"，单独作了记载。这在中国历史文献中乃是首次。据其记载：

"诸蛮""死丧之纪，虽无被发袒踊，亦知号叫哭泣。始死，即出尸于中庭，不留室内。敛毕，送至山中。以十三年为限，先择吉日，改入小棺，谓之'拾骨'。拾骨，必须女婿。蛮重女婿，故以委之。拾骨者，除肉取骨，弃小取大。当葬之夕，女婿或三数十人，集会于宗长之宅。着芒心接䍦，名曰茅绥。各执竹竿，长一丈许，上三四尺许犹带枝叶。其行伍前，却皆有节奏，歌吟叫呼，亦有章曲。传云：盘瓠初死，置之于树，乃以竹木刺而下之，故相承至今，以为风俗。隐讳其事，谓之'刺北斗'。既葬，设祭，则亲疏咸哭。哭毕，家人既至，但欢饮而归。无复祭哭也。"

"其左人，则又不同。无衰服，不复魄。始死，置尸馆舍，邻里少年，各持弓箭，绕尸而歌，以箭扣弓为节。其歌词，说平生乐事，以至终卒，大抵亦犹今之挽歌。歌数十阕，乃衣衾棺敛，送往山林，别为庐舍，安置棺柩。亦有于村侧瘗之。待二三十丧，总葬石窟。"

"长沙郡，又杂有夷蜑，名曰'莫徭'。自云其先祖有功，常免徭役，故以为名。其男子，但着白布裈衫，更无巾袴。其女子，青布衫、班布裙。通无鞋屩。婚嫁用铁钴䥈为聘财。武陵、巴陵、零陵、桂阳、澧阳、衡山、熙平，皆同焉。其丧葬之节，颇同于诸左云。"

唐代《朝野佥载》（卷十四）载："五溪蛮，父母死，于村外阁其尸，三年而葬。打鼓路歌，亲戚饮宴舞戏，一月有余。"

一般认为，以上所记载的"诸蛮"和"盘瓠之后"，主要是指苗族的先民，

“莫徭”则为瑶族的先民。“五溪蛮”则是地域性的统称，应包括不同民族的先民。所谓“左人”，其族属不大明确。自南北朝始，称设置于“蛮夷”族地区的郡、县为“左郡”“左县”。“左人”可能是对分布于“左郡”和“左县”地域内的“蛮夷”族居民的泛称，故常常又统称“蛮左”。这些民族的丧葬、婚嫁及服饰，均不同于华夏族人和汉民族，而相互之间又各有差异。其中，孝子执竹枝引路前行，绕尸而歌，祭哭等，至近代以来在武陵五溪等地遗俗犹存。搁尸村外或林中，数年后“拾骨”再葬，即“二次葬”，在湖南及南方一些地区新石器时代后期的文化遗址中有发现，隋唐时在武陵五溪地区仍然流行，但此后的史籍再未记载此葬俗。将尸骨置于石窟，即崖洞葬。此俗起于何时，虽难以考证，但武陵五溪民族地区确曾流行。沈从文著作中提及的沅水岸边的“箱子崖”内的“箱子”，即应是崖洞葬的遗迹。

刘禹锡贬朗州（治今常德），谪居武陵山区10年，与当地“苗蛮”民族当有接触，故在诗中对其风情习俗多有反映。如《蛮子歌》：“蛮语钩辀音，蛮衣斑斓布。熏狸掘沙鼠，时节祠盘瓠。忽逢乘马客，恍若惊麏顾。腰斧上高山，意行无旧路。”①

所谓“蛮”，即指当时聚居于湘西武陵山区的土著少数民族，即今土家族和苗、瑶族的先民。从刘禹锡的描述看出，武陵山区的这些土著民族，当时讲的是外人难懂的民族语言，穿着花布民族服饰，平日腰插刀斧，上山狩猎耕作，逢时节则祭祀鬼神，且盛行对“盘瓠”的崇拜祭祀。见到骑马的就十分惊恐，这与他们同外界隔绝，稀有往来有关系，并且只有官吏们才骑马，这更使他们畏惮。

①引自《全唐诗》卷三五四《刘禹锡一》。

第五章　两宋时期湖南文化

（960 年至 1279 年）

960 年，禁军首领赵匡胤发动陈桥驿兵变，黄袍加身，取代后周，建立宋朝，史称北宋。随后进兵南方，消灭地方割据政权，完成大部分疆域的重新统一。同时，在中国的北方先后存在着辽、金独立政权，与北宋相对峙，时战时和。靖康元年（1126），金军攻陷汴梁，北宋王朝覆灭。建炎元年（1127），康王赵构即位于南京（今河南商丘），既而南渡临安（今杭州），史称南宋。北方和中原地区为金朝所有。南宋与金双方又长期争战，最后均为蒙古大汗所灭。

北宋王朝的重新统一，有利于全国经济的发展。湖南经济发展的速度加快，经过“开梅山”“经制”南北江“诸蛮”等举措，使一些土著民族聚居地区也得到了开发和拓垦。耕地面积扩大，尤其是洞庭湖区的大规模围湖造田，更增加了水稻种植面积。水利的兴修、牛耕的普及和生产技术的提高，使粮食生产有很大发展。特别是大、小二麦种植得到推广。湖南粮食大量外调，湖南成为宋王朝同金国对峙和战争的重要物资供应基地。茶叶等经济作物的生产进一步发展，棉花种植的推广，矿冶业和瓷器制造业也都有新的发展。但自进入南宋后，由于抗金战争的影响，尤其是金兵袭陷潭州（今长沙）的破坏，溃军散卒的骚扰，加之赋税徭役的空前沉重，又阻碍了湖南社会经济的发展，并且促使社会各种矛盾不断激化，因而导致了钟相、杨幺领导的农民大起义和李金、陈峒领导的瑶、汉农民矿工的起义。

随着经济得到进一步开发与发展，湖南的文化也呈现出前所未有的发展态势。湖南成为宋代理学的重要策源地，其开山大师就是湖南道州（今道县）的周敦颐。胡安国、胡宏父子在湖南的讲学传道，朱熹、张栻二人的办学会讲，岳麓书院、石鼓书院的兴盛，使理学在湖南地区兴起和迅速传播，“湖湘学”开始形成，对湖湘文化的发展产生了深远的影响。在文学艺术方面，湖南虽未出现能与欧阳修、苏轼等“唐宋八大家”并提的特别著名的人物，但颇有成就的诗人和书画家也不少。如诗词作品收入清代《四库全书》《全宋词》和《宋诗纪事》的有刘翰、乐雷发和王以宁等；有作品传于世的书法家希白、单炜和画家易元吉、武洞清等。此外，庆历年间知潭州刘沆主持摹刻的《庆历长沙帖》，对后世书法的发展贡献甚大。宋代是中国史学、地学发展的一个重要时期，产生的名家名著相当多，湖南出现的史地学人才和有价值的著作也不少。如路振的《九国志》、陶岳的《五代史补》、王容参与的《光宗日历》和《宁宗日历》、陈田夫《南岳总胜集》等。还有朱辅《溪蛮丛笑》等外籍人士关于湖南史地方面的著述。在其他学科领域，宋代湖南也有不少建树。如医学有朱佐的《类编集验医方》15 卷，经书考订方面有王观国的《学林》等，均很有价值。宗教方面，宋代以禅宗为主的佛教在湖南广泛传播，十分兴盛；道教，五代之后曾一度衰落，南宋时以南岳为中心在湖南又获得了复兴。

第一节　教育与科举

一、官学教育的发展

宋代官学，在京师有国子监所属的国子学、太学、四门学、宗学、武学、律学、算学、书学、医学等，在地方有各府州县学。但在宋初，府州县官不能随便兴学，限制了地方官学的发展。宋代地方官学的兴办和发展，实际上始于真宗、仁宗之时。

真宗大中祥符二年（1009），允曲阜先圣庙立学，并赐应天府书院匾额，是为府州县学之始。庆历四年（1044），仁宗诏各府州县立学，200 人以上更许置县学运司。“由是州郡奉诏兴学”，地方官学逐步兴起。神宗熙宁间，用王安石言，再次兴学，“自京师至郡县，既皆有学”。熙宁四年（1071），命天下府州军监置学，均给田 10 顷，以赡士。哲宗元符二年（1099）初，令诸州如太学行“三舍法”，将生员分为上舍、内舍、下舍，州许补上舍 1 人、内舍 2 人，岁贡京师；其上舍补太学外舍，试中补太学内舍，三试不中，遣还县。① 徽宗崇宁年间，进一步扩大太学、州学规模，于京师南郊专建外学，赐名辟雍，处外舍生；州置教授2员，县置小学教授；县学生选考上诸州学，州学生每3年贡太学，太学生员增至3800人。大观二年（1108），又给天下学田，凡州、县学都有学田。同时，诏罢州郡发解及试礼部法，“天下取士，悉由学校上贡”。又定各县学弟子员，大县50人、中县40人、小县20人，并规定凡州县学生曾经公、私试者“复其身”，内舍“免户役”，上舍仍免“如官户法”，即给予免除徭役等优待②。至此，宋代的官学体制发展到最完备的时期。

湖南的州县官学，在宋代初年为数也很少。见诸记载的有：茶陵州学，宋初建；宁远县学，乾德中建；衡阳县学，真宗天禧中县令唐烨始建。自仁宗庆历四年（1044）诏令地方办学后，湖南各地新建的官学逐渐增多。如：桃源县学，庆历中建；蓝山县学，庆历中建；永州府学，至和中郡守柳拱辰迁建；长沙府学，英宗治平二年（1065）建，王安石有《潭州新学诗并序》；治平中，知军事赵尚之始建岳州府学；治平四年（1067），权邵州事周子敦颐建州学；神宗熙宁年间，章惇“开梅山”，设新化县，置新化县学；安化县学，熙宁中建；黔阳县学，元丰中建；湘阴县学，哲宗元祐六年（1091）县令王定民建；耒阳县学，哲宗元符中县令江滋重建。

湖南地区州县学的发展，主要是从宋徽宗时开始至南宋时期。特别是建炎初年复置各州教授，绍兴末由漕司聘署学官之后，更刺激州县学迅速发展。此时一些地方官吏均致力于兴学，如朱熹知潭州，“所至兴学校明教化”③；湖南安抚使汪立信，“兴学校，习士为变”④。故湖南各州县学多建于徽宗及南渡以后。如：沅州府学，大观中建；靖州学，大观中建；湘潭县学、新宁县学，南宋绍兴初建；安仁县，绍兴中迁建；平江县学，绍兴中县令晁公达等相继创建；兴宁县学，绍兴中建，绍定、嘉熙，两度重修；桂阳州学，绍兴十二年（1142）建；郴州学，乾道中郡守薛彦博迁建；宜章县学，淳熙中县令雷某建；武陵县学，绍熙二年（1191）县令林梦英创建；麻阳县学，庆元中知县张大鼎

---

①《宋史》卷一五五《选举志一》。
②《宋史》卷一五七《选举志三》。
③《宋史》卷四二九《朱熹传》。
④《宋史》卷四一六《汪立信传》。

建；安乡县学，庆元中县令刘愚迁建；衡阳县学，开禧三年（1207）建；零陵县学，嘉定初建；华容县学，嘉定中建；桂阳县学，嘉定中县令周思诚始建，端平中又迁建；酃县学，嘉定中建；辰溪县学，宝祐初建；衡州府学，旧在石鼓山，开庆元年（1259）迁建于金鳌寺地；常德府学，咸淳八年（1272），郡守龚日升建。此外，宋代还有长沙、善化、常宁、祁阳、永明（今江永）、龙阳（今汉寿）等县学，始建年代不详。

二、书院教育的兴盛

书院之名始于唐，湖南地区有石鼓、南岳等几个书院初创于唐中叶后。但作为私人讲学的书院体制，至宋代始普遍兴盛起来。在湖南，书院也大兴于宋代，而以南宋尤盛。据初步统计，宋代湖南书院的建置数共51所，仅次于江西、浙江。这批书院分布于30余县，其中以长沙、衡山、醴陵、平江、茶陵等地为最多，而绝大多数始建于南宋。① 在全国享有盛誉的为岳麓书院和石鼓书院，碧泉书院、城南书院也颇有名声。兹将这四所书院的创建及两宋时期的兴衰沿革记述如下：

岳麓书院，位于长沙河西岳麓山。据宋代张栻《岳麓书院记》记载，宋太祖开宝九年（976），潭州太守朱洞始建屋于岳麓山抱黄洞下，以待四方学者。至真宗咸平二年（999），潭州太守李允则，“益崇大其规模，中开讲堂，揭以书楼，塑先师、十哲之像，画七十二贤”。四年（1001），又奏请修广舍宇，生徒60人，赐国子监诸经释文、义疏、《史记》《玉篇》《唐韵》。大中祥符五年（1012），湘阴人周式任山长，益广其居。八年（1015），真宗召见周式，拜国子学主簿使归教授，诏赐“岳麓书院”额，增赐宫中秘阁藏书，“于是书院之称闻天下，鼓笥登堂者相继不绝”②。岳麓书院遂成全国“四大书院”之一。两宋之交，遭战火洗劫，岳麓书院“兵革灰烬，什一仅存”，几成荒墟。至南宋孝宗乾道元年（1165），湖南安抚使知潭州刘珙，重振书院，命州学教授郭颖主持，“鸠废材，用余力，未卒岁而屋成”。共“为屋50楹，大抵悉还旧规……而加藏书于堂之北”③。翌年，延请张栻主教事。乾道三年（1167），朱熹

①参见杨金鑫：《宋代湖南书院概况》，载《岳麓书院通讯》1983年第一期。

②张栻：《岳麓书院记》，载《新修岳麓书院志》，咸丰重印本。

③张栻：《岳麓书院记》，载《岳麓文钞》。

从福建来潭州访张栻，逗留两月，讲学岳麓、城南。由此岳麓书院开始成为传播理学、培养人才的著名学府。如元人吴澄所言：“自此之后，岳麓之为书院，非前之岳麓矣！”① 明人陈凤梧亦云：“晦庵、南轩二先生，相与讲道岳麓，岳麓之名遂以闻天下。”②

绍熙五年（1194），朱熹以湖南安抚使知潭州，对岳麓书院进行整顿，扭转“比年以来，师道陵夷，讲论废息，士气不振，议者惜之”的局面。他扩大书院规模，前置宣圣殿五间，殿前引水作泮池，又列屋百间，容学生千余人，并置“额外”生员，以处四方游学之士；置学田50顷，依州学例，每生员日耗米1升4合、钱60文；亲自讲学，训以“切己实务，毋厌卑近而慕高远”，随问随答。于是，求学者座不能容，“饮马，池水立涸”，盛况空前。朱熹还以《白鹿书院学规》颁行于岳麓，明确办学宗旨和教规。理宗时，再赐旧名“岳麓书院”额，又别建岳麓精舍，与书院、州学并称“潭州三学”。据记载：“潭士以居学肄业为重，州学生月试，积分高等升湘西岳麓书院生，又积分高等升岳麓精舍生，湘人号为三学生。”书院与州学相配套，形成一个教育体系。岳麓书院已官学化，成为潭州和湖南的最高学府。

德祐元年（1275），元军入湖南，攻潭州城。“三学”教授尹谷辅助李芾坚守，城破举家自焚而死。“三学生”数百人，以老师为榜样，投入战斗，“死者什九”。③ 岳麓书院遭焚毁。

石鼓书院，在今衡阳市内石鼓山。原唐元和中本邑文士李宽读书故址。宋太宗至道三年（997），李士真就故址建书院。列为宋代“四大书院”之一。后一度废弃。南宋孝宗淳熙十三年（1186），部使者潘畤，“因旧址列屋数间，榜以故额，将以俟四方之士有志于学而不屑于课试之业者居之”。光宗（1190—1194）时宋渊扩建，“益广之，别建屋以奉先圣先师之像”，添印书籍，选纳人才。④ 自此，石鼓书院获得发展，一直为宋人所重。

碧泉书院，在今湘潭县西南。南宋初，胡安国举家转徙湖南，建碧泉书堂，讲学授徒。胡宏师承父学，扩修书堂，并改名碧泉书院。他自撰《碧泉书院上

①吴澄：《重建岳麓书院记》卷三。

②陈凤梧：《岳麓书院·序》，载《岳麓文钞》卷四。

③《宋史·尹谷传》。

④朱熹：《石鼓书院记》，载《方舆胜览》卷二四。

梁文》，号召学人以此为开端，振兴书院，“伏愿上梁以后，远邦朋至，近地风从。袭稷下之纷芳，继杏坛而跄济”①。胡氏父子以书院为阵地，研究和传播理学，培养弟子，开始形成湖湘学派。碧泉书院，可以说是宋代理学湖湘学派的最初发源地。

城南书院，处长沙南门外妙高峰，张栻讲学之所。据记载，南宋绍兴三十一年（1161），张栻随父张浚迁居潭州（今长沙），建书院于妙高峰，并“名以十景：曰纳湖，曰丽泽堂，曰书楼，曰蒙轩，曰卷云亭，曰月榭，曰琮琤谷，曰听雨舫，曰采菱舟，曰南阜”。张浚题名“城南书院”。由张栻长期主教，收徒授课，朱熹也曾讲学于此。朱、张二人“互有题咏”。② 城南书院，南宋颇著声誉。

此外，宋代湖南各地还创建了一大批新的书院。如：

长沙湘西书院。在岳麓山下，宋刘辅建。后朱熹又重修。

湘阴汨罗书院。宋大中祥符中建。后其地为汨罗庙。

湘阴笙竹书院。宋天禧中，县人邓咸建，“以训子弟及游学之士”③。

浏阳文靖书院。宋杨时令浏阳，后人以其谥文靖建书院。

醴陵昭文书院。宋黎贵臣讲学处。

西山书院。在醴陵县西，南宋淳祐中建。

湘潭主一书院。在湘潭县西南与衡山交界处。宋朱熹在此讲学，其门人钟震建书院。

宁乡道山书院。在东道山之阳，一名云峰书院，为宋胡宏、张栻讲学之所。

益阳松风书院。在益阳县西 80 里，宋一位李姓学士讲学之所。

茶陵明经书院。据记载，宋代岳飞讨曹成，至茶陵军（今县），军人尹彦德“犒以牛酒”，“飞请于朝，遣国子生教习其子弟”。④ 淳熙初，建书院。

茶陵东山书院。宋进士陈古迁读书处。

衡山南岳书院。在南岳西麓，一名邺侯书院。唐李泌隐居于此，名端居室。宋建邺侯书院。原在南岳之左，“近市喧杂”。宋宝庆徙之集贤峰下。“由是书

---

①《五峰集》卷三。

②光绪《湖南通志》卷六八《书院一》。

③光绪《湖南通志》卷六八《书院一》。

④光绪《湖南通志》卷六八《书院一》。

院之制始备”。胡安国、胡宏父子和朱熹、张栻先后讲学于此。①

常宁双蹲书院。在县南关外双蹲石前，宋龚梦锡、王刁隐二先生讲学地。旧名芹东书院。

酃县台山书院。在酃县（今炎陵县）西20里，山高20余仞，平旷若台，宋邑人尹许读书讲学其上。

零陵东邱书院。在零陵县（今永州市）西南隅，三国蒋琬故宅，初以为寺。唐曰龙兴寺，柳宗元尝寓居之。宋元丰四年（1081），更名太平寺。后改为书院。

道州濂溪书院。在道州（今道县）西，宋理宗赐御书“道州濂溪书院”六字。

邵州濂溪书院。在邵州（今邵阳市）东山，宋治平年间，周茂叔摄郡事迁州学于此。南宋绍兴中建书院。

常德沅阳书院。宋末丁易东建，曰石坛精舍。

汉寿龙津书院。在县西南30里，宋周德元建。

泸溪东洲书院。在县东南武口溪上，南宋绍兴中，王廷圭建。

郴州濂溪书院。在州南门外，宋建。

靖州作新书院。南宋嘉定中，郡守黄綮建。

靖州鹤山书院。南宋魏了翁知州事建。

澧县澧阳书院。在县东白沙洲，旧名溪东书院。宋范仲淹读书处，后人因建书院。

安乡深柳书院。在县东读书台。范仲淹读书于此。后人慕之构堂以祀。庆元中，县令刘愚建祠。

桂阳石林书院。在县西芙蓉峰下。宋黄照麟读书处。南宋淳熙中建。

临武南熏书院。在县南，宋淳祐中建。还有环绿书院，在临武县东南，宋谭衡建。

三、科举制度的发展

宋代科举制度在唐代基础上进一步发展完善。其科目有进士、诸科、武举、制科、童子举等，而依然以进士为重。取士的范围则较唐代大为拓展，门阀士

①参见《重修邺侯书院记》，载光绪《湖南通志》卷七八。

族观念被彻底打破，庶族子弟可以科举踏入仕途，释褐授官。其考试办法，日臻完备。“锁院”“糊名”等法的出现，对防止科场舞弊具有积极的作用。殿试成为常制，又行特奏名。其目的，正如宋太宗所言：“朕亲选多士，殆忘饥渴，召见临问，观其才技而用之，庶使田野无遗逸，而朝廷多君子尔。”① 尽管随着时间的推移，科举制又难免产生种种弊端，但通过科举考试所录取的进士毕竟还是反映和代表着当时文化教育发展的水平，是宋代搜罗和培植人才的主要渠道。许多朝廷将相大臣和著名文人学士均出自科举进士，录取进士的多寡也在一定程度上反映了一个时期和一个地区文化教育发展的状况和水平。

在清光绪《湖南通志·人物志》中，共列入宋代湘籍人物390余人，其中举进士的达179人，将近半数。其中，有第一名进士（称状元）3名，一甲第二名进士1人（称榜眼）。这些进士分布区域极不平衡，主要集中于潭（治今长沙）、永（治今永州）二州，分别有52人和41人；其次为岳（治今岳阳）、鼎（治今常德）、邵（治今邵阳）、郴（治今郴州）四州，在10人以上。以县而言，以潭州的长沙、湘阴二县为最，达17人；其次是永州的永明（今江永县）、零陵二县，分别有9人和11人；再次为永州的宁远、江华，潭州的湘潭、醴陵、衡山等县，均在5人以上。这种格局的形成，究其原因，一是由当地经济和文化发展的程度决定的，二是受外来文化因素的影响。如以长沙为中心的潭州，宋代建置荆湖南路之后一直是湖南和长江南岸的一个政治中心，经济素来相对发达，文化名人朱熹、辛弃疾等先后主政潭州，而所属州县官吏，也多有儒学之士，他们均注意办学兴教，特别是岳麓书院的创建和人才的兴盛，自然中进士者多。又如永州，则最明显的是历代外籍名人学士的影响。唐代以来，永州一直是朝廷贬谪流放官员之地，其中包括被贬为永州司马的文学大师柳宗元，此后宋代的周必大、胡铨、张浚、范成大等名士，又相继来到永州，或留居数月、数年，乃至10余年。他们大多兴办书院、官学，授徒讲学。这无疑对永州地区文化教育的发展和人才的培养产生了积极的影响。

在宋代湖南籍进士中，不乏俊才和佼佼者。跻身显位，参与朝政，文治武功有突出成就的也不少。如：

陶岳（？—1020），祁阳人，太平兴国五年（980）进士。历任太常博士、

①《宋史》卷一五五《选举志一》。

尚书职方员外郎。出知端州，州以产砚驰名，历任知州无不借势搜括，史称无此恶行者唯岳与包拯二人而已。又五为郡守，历官四十载。卒赠刑部侍郎。

王世则，长沙人，太平兴国八年（983）御试，以《六合为家赋》获进士第一名（状元）。官右言正，与右拾遗洪湛等，上疏请立许王元禧为太子。太宗以其所言不当，遂出知蒙州。后又为永州太守。所至有政声。

周仪，邵阳人，雍熙二年（985）进士，为唐以来邵阳登进士者第一人。后其子周湛及孙周钦，亦相继成进士，人称“宋三周”。仪学识博洽，遇事敢言，累官至谏议大夫，被誉为直质。晚年致仕，回籍创书院授徒。周湛，天禧三年（1019）进士，历官户部尚书、太常少卿兼江淮制置使。有政声。为避大江中石碑湾风险，特集工凿河 10 里，尤为民便。周钦，宣和六年（1124）进士，官至德州知州。靖康之役，率师抗金，力战而死。

狄棐，长沙人，咸平三年（1000）进士。历邠、徐、益诸州通判，累迁太常少卿、广州知州。在官两袖清风，人服其廉洁。迁龙图阁学士、右谏议大夫，改知天雄军。以兵士因朝廷赐帛质差闹事，棐无对策，降知河南府。某权阉途经河南，利诱狄附己，许升要职，不为所动。语人云：“我乃潭州一布衣耳，官已至此，岂可自损清白。”死后家无余财。子狄遵度、狄遵礼亦有名。

陈遘（？—1128），永州人，元丰二年（1079）进士。历官转运使、漕运使、经制使。因言事忤权臣蔡京，常受扼制。徽宗亲擢为集英殿修撰、徽猷阁待制。疏劾朱勔，直声大震。迁龙图阁学士，经制七路，治杭州。靖康元年（1126），以资政殿学士光禄大夫知真定府，又徙中山。时金兵大举南下，中山当其冲。遘坚壁拒守。京都陷落，宋廷以康王赵构为大元帅，遘为副元帅，抗御金兵。翌年二月，中山城被围达半年，外援不至，最后城陷，遘遇害。金人予以礼葬。

赵方，衡山县人，南宋淳熙八年（1181）进士。历官随州知州、江陵知府。再迁湖北安抚使、工部侍郎，兼襄阳知府。嘉定十一年（1218），金将完颜赛花率兵 10 万南下，攻随州、枣阳。赵方率子赵范、赵葵及诸将抗击。历时 3 月，大小 70 余战，大败金兵。方以功升龙图阁待制，封长沙县男。明年，金将完颜额克尔大举攻枣阳，围城 80 余日。赵方又大败金兵，杀敌 3 万余。金兵转向淮西。方遣军驰援，同时进击金人所据之地，败敌于唐城，虏其监军合答。晋显谟阁直学士、刑部尚书。病卒。赠银青光禄大夫、太师，谥忠肃。其子赵范、赵葵皆有名。

王容，长沙人，南宋淳熙十四年（1187）中第一名进士（状元）。少时从张栻学于岳麓书院。累官至礼部侍郎。疏陈御戎之策，深切时务，为孝宗召对东阁。奉敕撰《光宗日历》300 卷、《宁宗日历》510 卷。因力主对金用兵复仇，为主和派所忌，遭贬绍兴签判。病卒。理宗即位，追赠银青光禄大夫待制。

吴猎（1142—1213），醴陵人。淳熙间进士。历官户部郎中，总领京湖财赋，积极筹备战守，增修高氏三海，阻止金兵南下，力解襄阳、德安之围。以功加宝谟阁待制、京湖宣抚使。复迁刑部侍郎，敷文阁学士，出为四川安抚制置使兼成都知府。他惨淡经营，四川民力得以复苏。嘉定六年（1213）被召入京。旋病卒。吴猎，初师从张栻、朱熹，出仕前曾任岳麓书院堂长，对湖湘学的发展亦有突出贡献。

第二节　理学、经学

一、宋代理学先驱周敦颐

理学，为中国传统儒学在宋代的发展，最初肇始于湖南，而周敦颐则为其先驱者。

周敦颐（1017—1073），字茂叔，道州营道县（今道县）人。其父辅成，曾任贺州桂岭县令。少时父母双亡，投靠舅父龙图阁学士郑向。仁宗、英宗、神宗三朝，曾在江西、湖南等地任地方官，颇有政声。神宗熙宁六年（1073），卒于江西庐山莲花峰下濂溪，后世尊称为濂溪先生。南宋嘉定十三年（1220），即 147 年后，追谥元公。主要哲学著述有《太极图说》1 卷、《通书》40 篇。清人辑有《周子全书》4 卷、《周元公集》9 卷、《周濂溪先生全集》13 卷。黄宗羲《宋元学案·濂溪学案》录有《周子全书》全文。

周敦颐毕生刻苦研究，穷尽性理，以儒家思想为核心，吸收佛、老思想，糅合儒、佛、道三教，取其所长，把古代哲学的抽象思维能力与逻辑推理能力发展到一个新的高峰，形成一种新的思想体系，开新的儒学即理学的先河，成为理学最初的创始人。

周敦颐的思想体系的构成，主要是三个方面：客观唯心主义，辩证哲学思维，“主静”与“无欲”。

在《太极图说》中，周敦颐借助老子《道德经》里“无极”的概念，进一步发挥《易》经中的“太极”学说，系统地论述了宇宙的本原、万物演化以及人性善恶等问题。《太极图说》云：“无极而太极。太极动而生阳，动极而静，静而生阴。静极复动。一动一静，互为其根。分阴分阳，两仪立焉。阳变阴合，而生水、火、木、金、土，五气顺布，四时行焉。五行，一阴阳也。阴阳，一太极也。太极，本无极也。五行之生也，各一其性。无极之真，二五之精，妙合而凝。乾道成男，坤道成女，二气交感，化生万物，万物生生而变化无穷焉。惟人也，得其秀而最灵。形既生矣，神发知矣，五性感动而善恶分，万事出矣。圣人定之，以中正仁义而主静，立人极焉。”又云：“立天之道，曰阴与阳；立地之道，曰柔与刚；立人之道，曰仁与义。”① “天以阴生万物，以阳成万物。”② 周敦颐认为，阴阳二气产生于太极，太极源于无极。太极便是有极，有别于无极，故太极有动静，由动静而阴阳而五行之气，并由此构成万物。这样一种宇宙生成模式的构筑，标志着他的客观唯心主义思想体系的形成。

在周敦颐的思想体系中，包含丰富的辩证思维，主要体现于“动”与“静”、“阳”与“阴”、“一”与“万”的关系。他肯定有“动”有“静”，“动而生阳，静而生阴”，“动极而静，静极复动”，“一动一静，互为其根”，两者在一定条件下可以互相转化，而条件就是“极”。这种动静观，不同于魏晋玄学家把“动”“静”绝对化和对立起来的形而上学观，实际上也批判了佛学把“动”“静”看作“心”动、“幻变”的观点。在“阴”与“阳”关系方面，周敦颐承袭了《易传》中“一阴一阳谓之道”的思想，肯定阴阳的普遍意义。认为阴、阳二气，在万物化生过程中相辅相成。关于“一”与“万”的关系，《通书·理性命第二十二》曰：“二气五行，化生万物，五殊二实，二本则一。是万为一，一实万分。万一各正，小大有定。”③“一”代表宇宙、万物的统一，即“是万为一”，“万”则代表宇宙本体千姿百态的表现形式，即“一实万分”。

在周敦颐的思想体系中，把“人性”作为一个突出的主题。人性既有善恶，圣人就规定以“中正”“仁义”“主静”作为人的最高标准。“无欲故静”，

---

①周敦颐：《太极图说·章句》上、下，载《周子全书》卷一、二，光绪二十九年刊本。
②周敦颐：《通书·顺化第十一》，载《周子全书》卷一、二，光绪二十九年刊本。
③引自《周子全书》卷九《通书三》。

“主静”即“无欲”。而“主静”“无欲”的目的是“诚”。他对《中庸》里所讲的“诚”作了发挥，把“诚”作为其《通书》的核心思想。他说：“诚者，圣人之本。”“诚，五常之本、百行之源也。”“一阴一阳之谓道。继之者善也，成之者性也。”又云：“静无而动有、至正而明达也”；“五常百行，非诚非也”。“寂而不动者，诚也。”“诚精故明，神应故妙”，“诚神几曰圣人”。“圣，诚而已”。① 这样，“诚”便成了无形至高、五行之本、万物之源的“无极”的代名词，而且“诚”，是圣人内在的东西，圣人不过是“诚”的化身。而人怎样才能达到“诚”的境界，成为圣人呢？周敦颐认为其最高标准依然是“主静”“无欲”。只要做到“无欲”则可立诚通明，成为圣贤。从“主静”“无欲”到“立诚通明”“明道”，是周敦颐哲学体系的核心思想，他糅合佛、道，发挥儒家哲学原有的“太极”和“诚”的概念，把老子的“无极”观与《易传》的“太极”说融为一体，构成了一套比较完整的关于宇宙本原、万物演化、人性善恶等客观唯心主义思想体系。

宋人对周敦颐的学术、人品都十分推崇。张栻说：“唯先生崛起千载之后，独得微指于残编断简中，推本太极，以及乎阴阳五行之流布，人物之所以生化，于是知人之为至灵，而性之为至善，万理有其宗，万物循其则，举而措之，则可见先王之所以为治者，皆非私智之所出。孔、孟之意，于以复明。”② 清代黄百家评曰：“孔孟而后，汉儒只有传经之学，性道微言之绝久矣。元公崛起，二程嗣之，又复横渠诸大儒辈出，圣学大昌。”③ 又清人黄勉斋云：“周子以诚为本，以欲为戒，此周子继孔、孟不传之绪也……二程得统于周子者也。”④ 二程即伊川程颐、程颢，史称宋明理学奠基人，年少时即曾师事周敦颐，受其影响甚深，所以说周敦颐实为其先驱，开理学之先河。

二、理学在湘传播与“湖湘学”的形成

周敦颐奠定了理学的基础，经由程颢、程颐及其弟子的发展光大，理学开始兴盛。理学再传入湖南则是由二程的高足弟子和再传弟子完成的。其中率先

①引自《通书一》，《诚上》《诚下》；《通书二》，《圣第四》诸篇，载《周子全书》卷七、八。
②引自张栻：《南康军新立濂溪祠记》，载《张宣公全集·南轩文集》卷十。
③引自黄宗羲：《宋元学案·濂溪学案》附录。
④引自黄宗羲：《宋元学案·濂溪学案》附录。

进入湖南传播理学的，是号称程门“四先生”之一、被奉为“程氏正宗”的理学家杨时。

杨时（1053—1135），字中立，号龟山，宋将乐（今福建省）人，熙宁进士。官至龙图阁直学士。学于程颢，颢死，复学于程颐。东南学者推为程氏正宗，朱熹、张栻之学皆源于时。人称龟山先生。哲宗绍圣初，任浏阳县令，达4年之久。任内在县城西北一块荒地上，建起“归鸿阁”，开办文靖书院，传播理学思想。胡宏等均见学于龟山。

南渡后，一些中原、江浙等地文人名士避地江西、湖南，特别是一批程门弟子往往长期寓居，结庐传道布学，教授生徒。于是在湖南形成一个传播和宣扬理学的网络，促进了理学在湖南的传播和湖湘文化的发展，并最终促成湖湘学派的形成和兴盛。

南宋理学在湖南的传播和发展过程，大体上可分为三个阶段。首先，是胡安国、胡宏父子入湘与湖湘学的创立。

胡安国（1074—1138），字康侯，谥文定，福建崇安（今福建武夷山市）人，程氏私淑弟子。哲宗绍圣四年（1097）进士，曾提举湖南学事。南宋初，转徙荆楚，在南岳紫云峰下，购地结庐，筑碧泉书堂，讲学著述。他编辑《二程文集》13卷；著有《春秋传》3卷，宋高宗称此著“深得圣人之旨”。其子胡宏（1102—1161），字仁仲，号五峰。传父业，十五岁即自撰《论语说》。从父学伊洛之学，并曾见学于二程，编《程氏雅言》。弱冠，至京师入太学，又师事程门高足杨时，与樊光远、张九成等理学家友善。靖康元年（1126），程门弟子侯师圣避乱来荆门，胡宏前往从之游学。曾荫补右承务郎，以秦桧等奸臣当道，弃科举，潜心学问，游学讲道于南岳山下20余年，衡湘士人景从，被仰为一代师表。一批名士如张栻、韩璜、彪居正、孙蒙正、杨大异、赵孟、赵棠等，均出其门下。朱熹虽未直接师从胡宏，但与其高足张栻关系密切，学术思想受其影响亦甚深。故《宋元学案》称朱熹为胡宏私淑弟子。

明清以来论者称：胡氏父子“俱为大儒，遂启新安朱氏、东莱吕氏、南轩张氏之传，而道学益盛以显”①。又云：“绍兴诸儒所造，莫出五峰之上。其所作《知言》，东莱以为过于《正蒙》，卒开湖湘之学统。”② 胡氏父子开湖湘之

①明人彭时语，参见嘉靖《建宁府志》卷十七。

②清人全祖望语，见《宋元学案》序录。

学统，成为以理学为特征，又重经世致用和富于民族精神的湖湘学派的奠基人。南宋理学家真德秀在言及湖湘学及其渊源时，曾说："二程之学，龟山得之而南，传之豫章罗氏，罗氏传之延平李氏，李氏传之考亭朱氏，此一派也。上蔡传之武夷胡氏，武夷胡氏传其子五峰，五峰传之南轩张氏，此又一派也。"① 一方面肯定湖湘学出于二程，由胡氏父子传上蔡之学；一方面也反映湖湘学作为理学流派之一，在胡氏父子时业已形成，到张栻时丰富发展，足以与朱熹的闽学并驾齐驱。

作为湖湘学奠基人的胡氏父子，特别是胡宏的学术成就，极大地影响了湖湘文化的发展。《知言》一书，是胡宏论学治言的读书札记，反映了胡宏的哲学思想、政治思想、伦理道德和教育思想等，是湖湘学传播理学的一部重要著作。

在哲学思想方面，受二程的影响，《知言》基本上继承了二程唯心主义的世界观。胡宏认为，"道"与"物"，谁也离不开谁，有形的"物"受无形的"道"支配。他虽然强调不能离物求道，却又将道比作风和水，把物比作动和流。即所谓"道不能无物而自道，物不能无道而自物。道之有物，犹风之有动，犹水之有流也"②。就是说，道是第一性的，物是第二性的。这显然属唯心主义观。但胡宏注重把经世思想同理学的道、性、心、仁等范畴结合起来，提出自己的主张或命题，形成自己的理论特色。

胡宏主张性无善恶，认为"性也者，天地鬼神之奥也，善不足以言之，况恶乎"③。又言："好恶以道。"④ 即性外有道。这与二程的"性外无道"的论点相背离。接着，他进一步把天理人欲统一于性中，提出"天理人欲，同体而异用"⑤ 的命题，一反自孟子以来儒家正统的性善论，公开宣称圣人与众人没有什么天然区别。他主张心为已发和仁以用言，强调心、仁的经世作用。认为"治天下有本，仁也；何谓仁，心也"⑥。把仁、心同治国平天下联系起来。仁

①引自《宋元学案·武夷学案补遗》。
②《胡宏集·知言》，中华书局，1987年。
③朱熹：《知言疑义》，见《胡宏集》附录一。
④朱熹：《知言疑义》，见《胡宏集》附录一。
⑤《胡宏集·知言》，中华书局，1987年。
⑥《宋史》卷四三五《胡宏传》。

不再是一种神秘的本体，而是经世致用之本。他还提出先察识、后持养的修养方法。主张在道德实践中进行道德修养，反对正统儒家的那种内省功夫。

上述观点表现出理学观点上的非正宗倾向。如他关于天理人欲同是出于天性，与二程将性分为天地之性和气质之性两种，正好是相对立的，因而受到朱熹等理学家的责难。朱熹还专门撰写《知言疑义》，批评胡宏的异端倾向。但相反，胡氏之学受到吕祖谦、陈亮等事功学者的赞赏。陈亮曰："闻之诸公长者，以为五峰实传文定之学，比得其传文观之，见其辨析精微，力扶正道，惓惓斯世，如有隐忧，发愤至于忘食，而出处之义终不苟，可为自尽于仁者也。"①

胡宏政治思想的基本倾向，是抗金复仇、改革弊政、举贤任能，具有积极的进步意义。其《上光尧皇帝书》，洋洋数千言，严厉谴责"北面事仇、偷安江左"的行为，反对秦桧的投降主义，力主复仇雪耻，慷慨激昂，洋溢着爱国主义热情。这种爱国主义精神和重实际的政治观，深深融入湖湘学之中，成为湖湘学的主要特征之一。后来岳麓"三学生"进行的抗元斗争和作出的牺牲，无疑正是胡宏倡导和弘扬的爱国主义精神的影响所致。

继之，张栻创城南书院，朱张会讲岳麓，湖南理学的发展进入第二个阶段。

张栻（1133—1180），字敬夫，号南轩，谥曰宣，四川绵竹人。南宋宰相张浚之子，胡宏高足，发展湖南理学的核心人物。

绍兴二十年（1150）至绍兴二十八年（1158），随父徙居永州。

此间，曾负笈至南岳师从胡宏，问河南程氏之学，深得五峰器重。栻发奋努力，以古圣贤自期，对理学有很深的造诣。黄宗羲评曰："南轩之学得之五峰，论其所透大要，比五峰更精粹，盖由其见处高，践履又实也。"② 可谓青出于蓝而胜于蓝。

绍兴三十一年（1161）春，朝廷谕张浚自便，浚乃携家从永州迁至潭州（治今长沙市），旋判潭州。栻随之寓居城南，筑书院于妙高峰，以待学者。乾道元年（1165），湖南安抚使刘珙重修岳麓书院，翌年聘请张栻主讲。栻致力于培养学生，传播理学，"使四方来学之士，得以传道授业解惑焉"③。继而，

①陈亮：《龙川文集》卷一四《胡文仲遗文序》。

②黄宗羲：《宋元学案·南轩学案》。

③黄宗羲：《宋元学案·南轩学案》。

朱熹来湘访张栻，研讨学术，会讲岳麓，在湖南掀起理学发展的高潮。

朱熹是宋代理学的集大成者，开创闽学一派。闽与湖湘二派均出自二程，基本倾向相同，但湖湘学在胡宏时即已呈现非正宗倾向，形成自己的特点和风格。朱、张二人早就相识，通信往来，共同探讨理学中的一些基本问题。朱熹知张栻“得衡山胡氏学，则往从而问焉”①。乾道三年（1167）八月，朱熹从福建崇安来潭州访问张栻，受到张栻的热情接待。朱熹在潭州逗留了两个月，与张栻就理学的一系列问题，如“中和”“太极”“仁”等，进行了长时间探讨。随行的朱熹弟子范伯崇记云：“二先生论《中庸》，三日夜不能合。留长沙再阅月。”②

可见，朱、张二人讨论十分热烈，而且在一些问题上有分歧。但在对“太极”的理解上，二人却趋于一致。张栻《赋别晦庵》诗云：“遗经得紬绎，心事两绸缪。趋然会太极，眼底全无牛。”朱熹《二诗奉酬敬夫赠言并以为别》诗曰：“昔我抱冰炭，从君认乾坤。始知太极蕴，要妙难名论。谓有宁有迹，谓无复何存。”③ 清人旷敏本言朱张诗中，“太极”者，一也。“一者，无欲也。无欲，则公于己者公于人，与天地万物为一体，此即五峰所授南轩求仁之旨，晦庵所与论中庸之义也。”④ 认为胡宏、张栻、朱熹，在有关“太极”的方面是相通的。

朱、张二人在学术探讨的同时，还大张讲堂，教授学生，从者蜂拥。据史载，朱熹到长沙访南轩时，讲学城南、岳麓，其内容是孟子学说，“以致克己求仁之功”⑤。朱、张在湘的学术活动，促进了湖湘学的发展，并使理学的传播中心由南岳衡山转移到长沙。黄宗羲《宋元学案·南轩学案》评曰：“湖南一派，在当时为最盛。然大端发露，无从容不迫气象。自南轩出而与考亭相讲究，去短集长，其言语之过者，裁之，归于平正。”湖湘学、闽学相互取长补短，促进了两学派之间的交流。

张栻一生著述甚富，刊行的有《南轩文集》44 卷，《论语解》10 卷，《孟

---

①《朱文公文集》卷七五《中和旧说序》。

②王懋竑：《朱子年谱》卷一。

③转引自黄仁生等校点：《唐宋人寓湘诗文集》卷三四，岳麓书社，2013 年。

④《岳麓文钞》卷一五《朱张祠碑记》。

⑤康熙《岳麓志》卷三。

子说》7卷。他去世后，朱熹为之编次刊刻《南轩集》44卷，并作序，给予高度评价。序曰：张栻“天资甚高，闻道甚早。其学之所就，既足以名于一世”；认为“其见于论说……盖有出于前哲之所欲言而未及究者”。并且“其学日新而无穷，其见于言语文字之间，始皆极于高远，而卒反就于平实”①。张栻为湖湘学的充实发展作出了巨大的贡献。张栻学说在湖湘陶冶了一大批人才，成为湖湘学派的中坚力量。其门人及再传弟子，如被称为“岳麓巨子”的彭龟年、吴猎、游九言、胡大时等，他们的学术活动和成就，使湖湘学派形成规模，有力地推动了湖湘学的发展。

与朱、张同时，湖南还有一位经学大师和理学家，即人称“彪夫子”的彪居正，亦为湖湘学的发展作出了贡献。

彪居正，字德美，号敬斋。湘潭人。父彪虎臣，尝从胡安国游，精习经学。居正受学胡宏，与张栻同师友善，二人以穷理持敬相劝勉。胡宏卒后，学者多从彪。朱熹亦敬其年德，以前辈称之。乾道八年（1172），刘珙再知潭州，修复岳麓书院，延聘彪为山长，与张栻论道讲学岳麓。时人多引其德美之言为重。

第三阶段，为陈傅良、朱熹及其门人于湖南传播理学。

淳熙七年（1180），张栻病逝于江陵。此后其弟子多转而师事陈傅良和朱熹。湖南理学的发展进入一个新的阶段。

陈傅良（1137—1203），字君举，号止斋，温州瑞安（今属浙江）人。少从永嘉事功学派薛季宣游，成为事功学派巨子。淳熙中，任荆湖南路常平茶盐事、转运判官，居潭州，并到岳麓书院讲学。其学术主旨，“言之必使可行，足以开物成务”，为重经世实用的湖湘弟子所接受。故有云：“南轩卒，其弟子尽归止斋。”② 湖湘学吸收浙东事功学派之长，继续发扬重经世、重践履的务实学风。这为湖湘学派增添了新的活力。

朱张会讲岳麓、城南之后，朱熹一直与湖湘学派保持密切的学术联系，共同探讨，相互交流，相互吸收，“盖缴纷往返者几十余年，末乃同归而一致”③，即观点上最后趋于一致。张栻去世后，湖湘学派多受朱熹学说的影响，张栻一些弟子多次从学于朱熹，甚至远赴福建武夷山拜谒。绍熙五年（1194），朱熹

①朱熹：《南轩集序》，引自《张宣公全集》，咸丰重刊本。

②《宋元学案·岳麓诸儒学案》。

③《朱文公文集》卷八七《又祭张敬夫殿撰文》。

出任荆湖南路安抚使、知潭州，再次来到长沙，其学术思想更直接地对湖湘学的发展产生了更大影响。到任后，一方面“申敕令，严武备，戢奸吏，抑豪民”，维持社会的稳定；同时，“所至兴学校，明教化”①。他重建岳麓书院，倡明理学，四方学者毕至。又聘请醴陵儒士黎贡臣主教岳麓书院，讲明道学。一时湖湘学子云集，从学朱子。于是“湖湘正学大明”②，湖南理学再度掀起高潮。在当时的众多学子中，著名于世的有吴猎、郑一之、黎季忱、钟震、李璠、吴雄、李儒田等，他们为湖湘学和湖南文化的发展均作出了突出贡献。吴猎尤为其中佼佼者。

吴猎（1143—1213），原籍醴陵，后迁居善化（今长沙）。23岁时求学于张栻，成其门下高足。后又问学于朱熹。在学术上，他重经世致用之学，“有得于宣公求仁之学，而施之于经纶之大者”③，为湖湘士人所敬崇。史称：“湖湘之学一出于正，猎实表率之。”④ 在经世践履中，吴猎也表现出杰出的才干。官至四川宣抚使、安抚制置使，被誉为“一时之英才”⑤。

朱熹之后，其高足和再传弟子又先后来到湖南，活跃于湖湘学界，也有力地促进了湖南理学的继续发展。其中突出的代表人物有蔡元定、真德秀、魏了翁等。

蔡元定（1135—1198），字季通，福建建州（今南平市）人，世称西山先生。多年以朱熹为师，而朱熹视其为讲友。宁宗庆元党禁时，贬于道州。他“仗履同其子，沉行三千里”。至道州后，讲学传道，穷究义理，教人以“性”与“天道”为先。“远近来学者日众，州士子莫不趋席以听讲说。”⑥

真德秀（1178—1235），字景元，号西山，建宁浦城（今属福建）人。南宋庆元五年（1199）进士。曾从朱熹弟子詹体仁游，学术上尊崇朱熹，是南宋后期著名理学家。史载：“德秀晚出，独慨然以斯文自任，讲习而服行之。党禁

---

①《宋史》卷四二九《朱熹传》。

②李元度：《天岳山馆文钞》卷一五。

③《宋元学案·岳麓诸儒学案》。

④《宋史》卷二九七《吴猎传》。

⑤《宋史》卷二九七《吴猎传》。

⑥《宋史》卷四三四《蔡元定传》。

既开，而正学遂明于天下后世，多其力也。”① 庆元党禁，朱熹等理学家受到迫害，理学一度陷入低潮。嘉定十五年（1222），真德秀以宝谟阁待制兼荆湖南路安抚使、知潭州，复兴岳麓书院，宣扬朱张之学，以周、胡、朱、张“学术源流勉其士”②。又特撰《潭州劝学文》，高度赞扬湖湘之学与湖湘人才。

魏了翁（1178—1237），字华父，邛州蒲江（今属四川）人。庆元五年（1199），举进士，是与真德秀齐名的理学家。宝庆元年（1225），以集英殿修撰知常德府。未至任，又贬居靖州。于鹤山筑书院，教授生徒，以朱张之学勉励学士，传播义理之学。一时湖湘、江浙之士，不远千里负笈求学者众。著《九经要义》100卷，“订定精密，先儒所未有”③。

此外，南宋后期还有岳麓书院副山长欧阳守道，张栻的侄子张忠恕、张庶等，他们继续以岳麓书院为阵地，宣讲孟子“正人心”之论，传播理学思想。特别是张忠恕，被誉为继朱、张、吕（祖谦）、陆（九渊）“中兴”四大儒之后“最有光于世学”的理学家。④

三、宋代湖南经学家与经学的发展

两宋时期，在理学兴起和发展的同时，中国传统的经学也获得继续发展，并形成新的特点，即不单纯是章句训诂，而尤重阐发义理。邢昺、欧阳修、刘敞、王安石等均为这一时期的经学大师。湖南也出现了一批颇有成就的经学家。如周尧卿、易祓、丁易东等。

周尧卿（992—1054），字子俞，永明（今江永县）人。以学行名于时，是北宋时湖南最早的一位经学家，《宋史》收入《儒林传》。宋仁宗天圣二年（1024）进士，历连、衡二州司理参军，累官至太常博士。其为学不专于传注，问辨思索，探源通微，尤长于《毛诗》及《左氏春秋》。他与周敦颐志同道合，甚为友善，时称潇川两先生。范仲淹认为周尧卿“经行可为师表”。曾巩对其经学思想评述曰：“尧卿之学不惑传注，问辨思索以通为期。其学诗以孔子所谓‘诗三百，一言以蔽之，曰思无邪’，孟子所谓说诗者‘以意逆志，是为得之’。

①《宋史》卷四三七《真德秀传》。
②《宋史》卷四三七《真德秀传》。
③《宋史》卷四三七《魏了翁传》。
④黄宗羲：《宋元学案·南轩学案》。

考经指归，而见毛、郑之得失。曰：毛之传欲简或寡于义理，非一言以蔽之者也；笺欲详或远于情性，非以意逆志者也。是可以无去取乎！”① 周尧卿著作主要有《诗说》30卷、《春秋说》30卷，还有文集行于世。

易祓，字彦章，宁乡人。南宋淳熙中上舍释褐，庆元中除著作郎。后又知江州，累官翰林院直学士、礼部尚书，封宁乡县开国男。晚年号山斋居士，以著述自娱。为南宋湘籍经学大家。主要经学著作有《周易总义》30卷、《周官总义》30卷。为便于学人，他又另撰《易学举隅》。

宋赵希弁《郡斋读书志·附志》记载，易祓早年读《易》，后侍经筵常以《易》进讲，暇时仔细研究，如此达20余年，终于“略训诂而明大义，合诸家之异归之于一”，著成《周易总义》，阐述其义理。清人朱彝尊认为，此书“每卦先括以总论，复于六爻之下各为注解，于经义实多所发明”。《易学举隅》，集象、数为之图说，“于宋儒所未言发明尤多”②。《周官总义》，原书已佚，《宋史·艺文志》载目。散存于《永乐大典》的计有：天官、春官、秋官、考工记四官，佚地官、夏官。清编纂《四库全书》时，裒合四官之文，编次成帙，“虽非完帙，然十已得其八九”③。《四库全书总目提要》评曰：其论“大宰九赋”等，“要皆以经绎经，非凿空杜撰”；对“内宰二事”等诠释“亦皆自出新义”，而“于职方氏之地理山川，尤为详悉”。④

丁易东，字汉臣，南宋末武陵（今常德）人。官至朝奉大夫、太府主簿兼枢密院编修官。入元后不仕，隐居乡里，主办书院，教授生徒。经学造诣颇深，尤精于《易》。著有《周易象义》《周易上下经解》《周易传疏》等。

《周易象义》，清代仅留残本，但大部分散见于《永乐大典》。《四库全书》编者将残本与《永乐大典》所载互为参补，遂复旧观，辑成16卷。此书大抵以唐李鼎祚《周易集解》、宋朱震《汉上易集传》为宗，但不拘泥于一家之言，又多取邵雍、朱熹之说，并有所发明，如对“本体”“互体”“卦变”“应传”等均有自己的见解。

此外，宋代湖南还有一些较知名的经学家，并留下不少经学方面的著述。

---

①曾巩：《隆平集》卷一五《周尧卿传》。

②朱彝尊：《经义考注》。

③《四库全书总目提要》。

④《四库全书总目提要》。

如：长沙谭世绩著有《易传》10卷，长沙狄遵度著有《春秋杂说》，湘潭彭宗孟著有《易解》，营道义太初著有《周易集注》5卷，湘阴周式著有《毛诗笺传辨误》8卷、《论语集解辨惑》10卷，浏阳汤涛著有《春秋要论》，醴陵杨大异著有《春秋奥旨》等。

第三节　文学、艺术

一、宋代湖南文人的诗词成就

宋代文学在唐代的基础上有新的发展，一方面，是随着商品经济的发展，一些商业城市的兴起和城市人口的增长，形成了一个新的市民阶层，为适应广大市民的文化需求，以话本、杂剧为主要内容的民间文学得以兴起与发展；另一方面，以诗、词、古文为代表的古典文学也继续发展，特别是宋词更具特色，与唐诗并列，成为中国古典文学的瑰宝。与此相适应，是文学名人辈出，诸如欧阳修、王安石、苏轼、苏辙、秦观、黄庭坚、陆游、辛弃疾、李清照等，均为一代文豪和杰出的诗词大家。从全国来看，两宋时的湖南，在文学发展方面，与中原地区和商品经济及商业城市较发展的苏杭地区比较还存在明显差距。代表市民文学的话本、杂剧，在湖南未出现闻人和代表作，但传统诗词还是有新的发展，特别是在进入南宋之后，产生了一批较有成就的诗人、词家。其中，在宋代文学史上有一定地位的当首推刘翰、苏庠，以及乐雷发。此外，北宋的陶弼、王以宁，南宋李长庚、邢天荣等也都颇有成就。

刘翰，字武子，一字修武，长沙人。南宋绍兴年间，张孝祥、范成大名重一时，而刘翰游于二人之间，诗声益著，为著名诗人杨万里、叶適所推重。著有《小山集》一卷。清厉鹗《宋诗纪事》和邓显鹤《沅湘耆旧集前编》均收其诗7首。刘翰作诗，追随“四灵”（即徐灵晖、翁灵舒、徐灵渊、赵灵秀），提倡晚唐诗体，以清苦为工，注意锻字炼句。因此，其诗不乏上乘之作，如《种梅》《吴门行》等，即为时人所称许。现抄引如下：

种　梅

凄凉池馆欲栖鸦，彩笔无心赋落霞。惆怅后庭风味薄，自锄明月种梅花。①

吴门行

吴歌婉婉清如水，西风晓自阊门起。双桡艇子采菱来，翠荇绿萍香十里。

芙蓉影落已知秋，溅湿罗衣眉黛愁。回身荡桨入门去，明日家家秋水流。②

石头城

离离芳草满吴宫，绿到台城旧苑东。一夜空江烟水冷，石头明月雁声中。③

苏庠，字养直，澧州（今澧县）人。父坚，字伯固，博学能文，与东坡友善，唱和甚多。养直少工诗，为苏东坡所赏识，每称为“吾家养直”，由是名益重。绍兴间，居庐山，与徐俯同时受召，养直不起。秦桧欲见之，养直曰：“吾老矣，不能贩卖云壑。”卒年八十余。有《后湖集》。《沅湘耆旧集前编》辑其诗词17首。邓显鹤“按”曰：“伯固父子，周旋坡、谷间，文章风义，推重一时。”又陈振孙《书录解题》云：“庠以遗泽畀其子，而自放江湖间。东坡见其《清江曲》，大爱之，由是得名。”④

今将《清江曲》录引如下：

属玉双飞水满塘，菰蒲深处浴鸳鸯。白蘋满棹归来晚，秋着芦花两岸霜。扁舟系岸依林樾，萧萧两鬓吹华发。万事不理醉复醒，长占烟波弄明月。⑤

又，引录养直词一首：

临江仙·荷花

猎猎风蒲初暑过，萧然庭户秋清。野航渡口带烟横。晚山千万叠，别

①引自《沅湘耆旧集前编》卷二十三。

②引自《沅湘耆旧集前编》卷二十三。

③引自《沅湘耆旧集前编》卷二十三。

④引自《沅湘耆旧集前编》卷二十《苏养直小传》。

⑤引自《沅湘耆旧集前编》卷二十《苏养直小传》。

鹤两三声。　　秋水芙蓉聊荡桨，一樽同破愁城。蓼花滩上白鸥明。暮云连极浦，急雨暗长汀。①

乐雷发，字声远，南宋宁远人。博学多识，擅长诗赋。南宋宝祐元年（1253），门人姚勉以词赋擢为第一，上疏请求让给老师。理宗亲自考试乐雷发八赋，对答切直，赐特科第一。后因数议时政，未被采纳，竟不出仕，归隐雪矶，人称雪矶先生。著有《雪矶丛稿》5卷，清代收入《四库全书》，《沅湘耆旧集前编》录其3卷共144首。他为人作诗均有较高修养，《四库全书总目提要》称其"人品甚高"，其诗"风骨颇遒，调亦浏亮"。其中如《寄姚雪莲》《寄许介之》《送丁少卿》《读系年表》等篇，"尚有牡牧、许浑遗意"。《沅湘耆旧集》作者评曰："其诗，沉着浏亮，在南宋中实不可多得，而世鲜知者矣。"② 现录选数首如下：

寄雪蓬姚使君

赠君昆吾湛卢之宝剑，青雀黄龙之巨航，悬黎垂棘之美玉，都梁笃耨之名香。佳人佳人在何处，濯足洞庭望八荒。揭车葹葹薜芷绿，欲往从之道阻长。倚宝剑兮翼轸，胶巨航兮沅湘。玉以彰君子洁身之德，香以表骚人流世之芳。我所思兮隔秋水，天吴翕忽蛟螭翔。佳人佳人蹇谁与，爱而不见心盡伤。③

送丁少卿自桂帅移镇西蜀

琼海收兵玉帐闲，又移斋舰溯涪湾。三边形势全凭蜀，四路封疆半是山。魏将旧闻侵剑阁，汉兵今欲卷函关。自注：时会有三京之役。细倾瑞露论西事，想在元戎指画间。④

滕王阁下赋

越航蜀舫乱相偎，风饱千帆带雨开。阁上鸣銮今已往，江头飞鹜只堪哀。柳汀絮满河豚贱，桃坞花残石首来。应接溪山吾不暇，自怜白发欠诗才。⑤

①引自《沅湘耆旧集前编》卷二十《苏养直小传》。

②见《沅湘耆旧集前编》卷二十四《乐雷发小传》。

③引自《沅湘耆旧集前编》卷二十四。

④引自《沅湘耆旧集前编》卷二十四。

⑤引自《沅湘耆旧集前编》卷二十四。

寄许介之

惹得诗名遍九州，酒徒棋伴半公侯。离骚甘隐鱼鳞屋，乐府多传鸩鹊楼。醉叶几窠藏菊径，蠹荷三亩护渔舟。中原应有楼兰国，空锁吴钩到白头。①

陶弼，字商翁，永州祁阳人。父岳，太平兴国五年（980）进士，历官端州刺史，著有《荆湘近事》《五代史补》。弼少倜傥放宕，好谈兵。北宋雍熙二年（985）登进士，授三甲职方员外郎。尝先后随杨畋、郭逵等南征，历知宾、容、钦、鼎、辰、顺、邕等州，均著政声。据记载："公善诗，好士乐施。所得俸，悉以与人，家至贫不恤。公死，夫人犹蹴屋以居。"② 著有诗集，久佚。唯《邕州小集》73 首，见《四库总目》。《沅湘耆旧集前编》从《宋诗纪事》《楚风补》各书搜辑，得诗37 首。黄庭坚所作墓志铭曰：弼"平生不治细故，独以文章自喜。尤号能为诗。……读其书，知非碌碌者"③。其诗，一部分为南征戍边的军旅之作，亦有一些登临即景抒怀的作品，语言朴实无华，富于生活气息和现实感。现录引其诗数首如下：

宾州作

金鼓声阑剑戟收，使君回上雅歌楼。尊前一阕《清商曲》，消尽穷边万里愁。

往岁传闻南诏檄，近时方筑伏波城。安城太守知边计，菡萏花中阅水兵。④

寄新沅守谢麟

险尽天开溪路平，诗书新将典新城。三千戍卒今无几，十万屯田古未耕。属县乞除防虎槛，生蛮愿献采砂坑。从兹预拟风尘息，尽是仁威下旆旌。⑤

鼓角楼原注：在郁林州。

去岁同登画角城，诸蛮未灭夜论兵。五更将吏知人意，吹得梅花塞

①引自《沅湘耆旧集前编》卷二十四。
②《沅湘耆旧集前编》卷十八《陶弼小传》。
③《沅湘耆旧集前编》卷十八《陶弼小传》。
④引自《沅湘耆旧集前编》卷十八。
⑤引自《沅湘耆旧集前编》卷十八。

外声。①

长沙碧湘门

城中烟树绿漫漫，几万楼台树影间。天阔鸟行疑没草，地卑江势欲沉山。②

对花有感

得意欣欣失意悲，古今人事若花枝。桃红李白蔷薇紫，问着春风自不知。③

南城台

江国音书断，他乡寒草生。无人来远渡，尽日上高城。落照悬鱼市，孤烟起戍营。东园故篱菊，又向酒中倾。④

王以宁，字周士，湘潭人。父长孺守靖州，以言事落职。北宋宣和（1119—1125）间入太学，靖康初金兵南侵，以宁力请解太原围，除京畿提刑。南宋初，为湖南宣抚司参议。善文章，尤工于词。其小词句法精健，无浮艳虚薄之习。著有《王周士词》《收公集》。《全宋词》收录数十首，称其词“悲慨苍凉，时有兴亡之感，然失之粗豪”。现选录其词与诗各一首如下：

裴公亭怀古《水调歌头》词附

岁岁橘洲上，老叶舞愁红。西山光翠依旧，影落酒杯中。人在子亭高处，下望长沙城郭，猎猎酒帘风。远水湛寒碧，独钓绿蓑翁。　怀往事，追昨梦，转头空。孙郎前日豪健，颐指五都雄。起拥奇才剑客，十万银戈赤帻，歌舞壮军容。何似裴相国，谈道老圭峰。⑤

道中闻九里香原注：即木犀花，湖南呼九里香。

不见江梅三百日，声断紫箫愁梦长。何许绿裙红帔客，御风来献返魂香。

李长庚，字子西，宁远人。南宋绍兴二十四年（1154）进士。仕至朝议大夫。据记载，长庚“廉节有守，不事生产，积书数千卷，号其读书之室曰‘冰

①引自《沅湘耆旧集前编》卷十八。
②引自《沅湘耆旧集前编》卷十八。
③引自《沅湘耆旧集前编》卷十八。
④引自《沅湘耆旧集前编》卷十八。
⑤引自《沅湘耆旧集前编》卷二十一。

壶'"。卒年八十六。工于诗，著有《冰壶集》。久佚。《沅湘耆旧集前编》多方采录，仅得遗诗15首。子大光、大言，皆特科进士，亦有诗名。编者言："子西诗清挺隐秀，无粗犷纤佻之习。亦南宋以后不可多得者。"① 今录二首如下：

怀陈士淳、邓伯元

阳华近十里，不到十余年。乃知声名锁，能（嶂）〔障〕山水缘。今日与邻曲，胜游追（溆）〔斜〕川。瘦藤穿荦角，一叶弄潺湲。岩扃隐翠门，梵宇浮青莲。一笑蹑飞虹，毛骨清欲仙。婆娑宝缨络，放浪玉壶天。曲肱卧盘石，涤耳听流泉。片云飞雨来，更觉秋凛然。酒尽合归去，千林昏暝烟。②

自宁远来游阳华

沿岩渡水六七里，划见幽居画屏倚。却蹑长江信步行，下瞰清流皆脚底。漫郎泉石之董狐，妙语品题良不诬。千岩万壑果何似，吾家九疑诚不如。③

廖行之，字天民，衡阳人。南宋淳祐四年（1244）进士。尝官岳州巴陵尉，以亲老乞归养。擅长诗词，有《省斋集》10卷，见《四库全书总目》。原书久佚。《四库总目提要》云："其文章大抵屏除藻绘，务以质朴为宗，或不免近于朴僿。然其词意笃实，切近事理，亦足以想见其为人。"《沅湘耆旧集前编》采辑其词二首，今引录如下：

重九忆罗舜举青玉案

家山此去无多路，久没个音书去。一别而今佳节度，黄花开未？白衣到否？篱落荒凉处。　　峥嵘岁月还秋暮，空腹便便无好句。菊意愆期开未许，那堪惹憾，年来此日，长是萧萧雨。④

送人归新城点绛唇

音信西来，匆匆思作东归计。别怀萦系，为个人留滞。　　樽酒团圞，莫惜通宵醉。还来未，满期君至，只在初三是。⑤

---

①引自《沅湘耆旧集前编》卷二十二。
②引自《沅湘耆旧集前编》卷二十二。
③引自《沅湘耆旧集前编》卷二十二。
④引自《沅湘耆旧集前编》卷二十三。
⑤引自《沅湘耆旧集前编》卷二十三。

此外，见于记载的，宋代湘籍文人还有一些词作，如湘潭钟将之的《岫云词》11卷、衡山侯延庆的《退斋词》等，原作均已散佚。长沙佚名氏编刻的《百家词》，收录上自五代南唐下迄南宋后期词作，凡96家93部127卷，其中湘籍词人作品亦不少。

二、外籍名士在湘诗词创作

两宋时期一批外籍著名文人儒士，以宦游、迁谪等因，曾先后寓居或途历湖南。湖湘的山川景色、文物风情，常使他们有感而发，吟诗作词，言志抒怀，留下不少传世佳作。这亦属湖南文学的珍贵遗产，对湖南古典文学的发展产生了积极的影响。

苏轼（1037—1101），字子瞻，自号“东坡居士”，四川眉山人。他与其父苏洵、弟苏辙，史称“三苏”。嘉祐二年（1057），与弟同登进士。累官龙图阁学士、杭州太守。元祐八年（1093），贬为宁远军节度副使，第一次入湖南。后再贬惠州、儋州。徽宗即位，调廉州安置、永州安置，再度入湘。元符三年（1100），大赦返京，卒于北归途中。

苏轼两次入湘，留下各体诗词十余首，多为描写湖湘山川景物之作。现录引几首如下：

竹枝歌

苍梧山高湘水深，中原北望度千岑。帝子南游飘不返，唯有苍苍枫桂林。

枫叶萧萧桂叶碧，万里远来超莫及。乘龙上天去无踪，草木无情空寄泣。

水滨击鼓何喧阗，相将扣水求屈原。屈原已死今千载，满船哀唱似当年。

海滨长鲸径千尺，食人为粮安可入？招君不归海水深，海鱼岂解哀忠直？

吁嗟忠直死无人，可怜怀王西入秦。秦关已闭无归日，章华不复见车轮。

君王去时箫鼓咽，父老送君车轴折。千里逃归迷故乡，南公哀痛弹长铗。

三户亡秦信不虚，一朝兵起尽欢呼。当时项羽年最少，提剑本是耕田夫。

横行天下竟何事，弃马乌江马垂涕。项王已死无故人，首入汉庭身委地。

富贵荣华岂足多，至今唯有冢嵯峨。故国凄凉人事改，楚乡千古为悲歌。①

宋复古画潇湘晚景图三首（之一）

西征忆南国，堂上画潇湘。照眼云山出，浮空野水长。旧游心自省，信手笔都忘。会有衡阳客，来看意渺茫。②

在苏轼的诗词中，有的虽不属流寓湖南时的作品，但述及湖南风土故事，读来颇感亲切。现亦录引一首如下：

归朝欢·和苏坚伯固

我梦扁舟浮震泽，雪浪摇空千顷白。觉来满眼是庐山，倚天无数开青壁。此生长接淅，与君同是江南客。梦中游，觉来清赏，同作飞梭掷。

明日西风还挂席，唱我新词泪沾臆。灵均去后楚山空，澧阳兰芷无颜色。君才如梦得，武陵更在西南极。《竹枝词》，莫傜新唱，谁谓古今隔。③

此词为哲宗绍圣元年（1094），苏轼遭贬谪，赴惠州途经九江，与赴澧阳（今湖南澧县）的老友苏伯坚相遇，泣别时所作。述及屈原当年流入沅湘之情。

秦观（1049—1100），字少游，一字太虚，号淮海居士。高邮（今属江苏）人。“苏门四学士”之一。曾官太学博士、秘书省正字、国史院编修。因卷入党争，先后被贬郴州、横州和雷州。后遇赦，死于归途。寓湘期间留下不少诗词。如：

踏莎行·郴州旅舍

雾失楼台，月迷津渡，桃源望断无寻处。可堪孤馆闭春寒，杜鹃声里斜阳暮。　驿寄梅花，鱼传尺素，砌成此恨无重数。郴江幸自绕郴山，为谁流下潇湘去？④

郴江，郴州境一条主要溪河；郴山，应即郴州东郊苏仙岭。郴江绕苏仙岭

---

①引自《苏东坡集》第十册《续集》第三卷，商务印书馆，1958年。

②引自《苏东坡集》第十册《续集》第二卷。

③引自《全宋词》第一册《苏轼》，中华书局，1965年。

④引自《全宋词》第一册《秦观》，中华书局，1965年。

北上，入耒水汇湘江。潇湘，即湘江。《水经注》曰："潇，水清澈也。"湘江的水当时还特别清，故誉之为潇湘。

此词为绍圣四年（1097）秦观贬居郴州所作。词文道尽对故人的思怀之情。郴州苏仙岭有此词摩崖，字为行书，由米芾书写，世称"三绝碑"。

阮郎归四首其三

潇湘门外水平铺，月寒征棹孤。红妆饮罢少踟蹰，有人偷向隅。挥玉箸，洒真珠，梨花春雨余。人人尽道断肠初，那堪肠已无。①

"潇湘门外"，应是泛指长沙（或衡阳）城外。此词可能是秦观赴郴州途中，逗留长沙和衡阳时所作，描述座中女子向隅悲泣挥泪，以见自己的抑郁寡欢，其遭贬徙的凄悲心情表露无遗。

阮郎归四首其四

湘天风雨破寒初，深沉庭院虚。丽谯吹罢《小单于》，迢迢清夜徂。乡梦断，旅魂孤，峥嵘岁又除。衡阳犹有雁传书，郴阳和雁无。②

《小单于》，唐代有此曲；郴阳，即郴州。此词亦秦观谪居郴州之作，以抒发乡思旅愁。

临江仙

千里潇湘挼蓝浦，兰桡昔日曾经。月高风定露华清，微波澄不动，冷浸一天星。　　独倚危樯情悄悄，遥闻妃瑟泠泠。新声含尽古今情。曲终人不见，江上数峰青。③

此词系秦观徙贬郴州，途中夜泊湘江岸边而作。

黄庭坚（1045—1105），字鲁直，自号山谷道人，晚号涪翁。洪州分宁（今江西修水）人。治平四年（1067）进士。历官叶县尉、秘书丞、著作郎。绍圣初，以修《神宗实录》失实，贬涪州别驾，复黔州安置。后召还，知太平州。又除名，编管宜州。崇宁四年（1105）卒于贬所。工诗词，与苏轼并称为"苏黄"，与秦观并称"秦黄"。又擅长书法，与苏轼、米芾、蔡襄并称书法"宋代四大家"。在往返涪州、黔州、太平州和宜州期间，一再逗留湖南，游历洞庭、南岳和长沙、衡阳、武陵等地，写下数十首诗词，其中不乏佳作。

---

①引自《全宋词》第一册《秦观》，中华书局，1965年。

②引自《全宋词》第一册《秦观》，中华书局，1965年。

③引自《全宋词》第一册《秦观》，中华书局，1965年。

如五言诗：

晚泊长沙示秦处度范元实用寄明略和父韵五首（引三首）

昔在秦少游，许我同门友。掘狱无张雷，剑气在牛斗。今来见令子，文似前哲有。何用相浇泼，清江渌如酒。

范公太史僚，山立乃先达。发挥百代史，管以六经辖。投身转岭海，就木乃京洛。仲子见长沙，且用慰饥渴。

秦郎水江汉，范郎器鼎鼐。逝者不可寻，犹喜二子在。相逢唾珠玉，贫病问薪菜。豫愁帆风船，目极别所爱。①

七言诗：

雨中登岳阳楼望君山二首

投荒万死鬓毛斑，生出瞿塘滟滪关。未到江南先一笑，岳阳楼上对君山。

满川风雨独凭栏，绾结湘娥十二鬟。可惜不当湖水面，银山堆里看青山。②

又如其词：

西江月

月侧金盆堕水，雁回醉墨书空。君诗秀色雨园葱。想见衲衣寒拥。蚁穴梦魂人世，杨花踪迹风中。莫将社燕等秋鸿。处处春山翠重。③

据词人自注："崇宁甲申，遇惠洪上人于湘中。洪作长短句见赠。云：'大厦吞风吐月，小舟坐水眠空。雾窗春色翠如葱。睡起云涛正拥。往事回头笑处，此生弹指声中。玉笺佳句敏惊鸿。闻道衡阳价重。'次韵酬之。时余方谪宜阳，而洪归分宁龙安。"

惠洪，宋南岳高僧，亦分宁（修水）人，与黄庭坚同乡。宜阳即宜州，今广西宜山县。此词，应为黄赴宜州途中，寓居衡阳时所作。

黄庭坚在衡阳与南岳逗留的时间可能较长，故留下不少诗词。如《离福严（寺）》《赠惠洪》《祝融峰》《蓦山溪·赠衡阳妓陈湘》《阮郎归》等。《阮郎归》，为黄赠与衡阳一擅歌舞、工小楷书法的女子曾惠文的一首词，在其寓湘作

---

①引自《唐宋人寓湘诗文集》卷二六，岳麓书社，2013年。

②引自《唐宋人寓湘诗文集》卷二六，岳麓书社，2013年。

③引自《全宋词》第一册《黄庭坚》，中华书局，1965年。

品中颇有代表性。今录引于下：

阮郎归

盈盈娇女似罗敷，湘江明月珠。起来绾髻又重梳，弄妆仍学书。歌调态，舞工夫，湖南都不如。它年未厌白髭须，同舟归五湖。①

陆游（1125—1210），字务观，号放翁。山阴（今浙江绍兴）人。赐进士出身。中年入蜀，投身军旅生活，官至宝章阁待制。范成大帅蜀时，为参议官。工诗词，著有《剑南诗稿》。陆游虽未官湖南，但多次往返四川成都，曾途经和游历湖湘，其诗作于湖南，描述湖南山川风物的不少。如七言诗：

初夏喜事

箕颍元非争夺场，潇湘自古水云乡。采茶歌里春光老，煮茧香中夏景长。敛版早知游宦恶，署门晚悟世情常。茹芝却粒虽无术，散发犹当效楚狂。②

泛舟观桃花

湖南小山花更多，不醉将如春色何？钓得鲜鳞堪斫脍，任教微雨湿渔蓑。③

岳阳楼

身如病鹤短翅翎，雨雪飘洒号沙汀。天风忽吹不得住，东下巴峡泛洞庭。轩皇张乐虽已矣，此地至今朝百灵。雄楼岌嶪镇吴楚，我来举手扪天星。帆樯才放已隐隐，云气乱入何冥冥。鼋鼍出没蛟鳄横，浪花遮尽君山青。黄衫仙翁喜无恙，袖剑近到城南亭。眼前俗子败人意，安得与翁同醉醒。④

从内容看，陆游作于湖南的词亦不少。如：

一丛花（其二）

仙姝天上自无双。玉面翠蛾长。黄庭读罢心如水，闭朱户、愁近丝簧。窗明几净，闲临唐帖，深炷宝奁香。人间无药驻流光。风雨又催凉。相逢

---

①引自《全宋词》第一册《黄庭坚》，中华书局，1965年。

②引自《唐宋人寓湘诗文集》卷三三。

③引自《唐宋人寓湘诗文集》卷三三。

④引自《唐宋人寓湘诗文集》卷三三。

共话清都旧，叹尘劫、生死茫茫。何如伴我，绿蓑青篛，秋晚钓潇湘。①

隔浦莲近拍（其二）

骑鲸云路倒景。醉面风吹醒。笑把浮丘袂，寥然非复尘境。震泽秋万顷。烟霏散，水面飞金镜。露华冷。　　湘妃睡起，鬟倾钗坠慵整。临江舞处，零乱塞鸿清影。河汉横斜夜漏水。人静。吹箫同过缑岭。②

辛弃疾（1140—1207），初字坦夫，后改字幼安，别号稼轩。历城（今山东济南）人。出生时，中原已为金国所占。年轻时参加抗金起义，后归南宋。淳熙六年（1179）年，先后任湖北、湖南转运副使。旋改知潭州兼湖南安抚使。他一生力主抗金，收复中原。任湖南安抚使帅潭州时，积极组建和训练“飞虎队”，雄镇一方，为江上诸军之冠。淳熙八年（1181），迁江西安抚，离开湖南。辛弃疾擅长诗文，尤工于长短句。在湘期间不仅在军政方面多有建树，而且写下一些脍炙人口的词作。如：

满江红贺王宣子平湖南寇

笳鼓归来，举鞭问，何如诸葛？人道是，匆匆五月，渡泸深入。白羽风生貔虎噪，青溪路断猩鼯泣。早红尘，一骑落平冈，捷书急。　　三万卷，龙韬客。浑未得，文章力。把诗书马上，笑驱锋镝。金印明年如斗大，貂蝉却自兜鍪出。待刻公，勋业到云霄，浯溪石。③

所谓“湖南寇”，系指淳熙六年（1179）郴州宜章县陈峒起义。时山阴王佐（宣子）任湖南安抚使知潭州，辛弃疾为湖南转运副使。该年五月，王佐奏发荆鄂军，分五路“进剿”。陈峒被杀，起义失败。辛作词以贺。

水调歌头自湖北漕移湖南，总领、王、赵守置酒南楼，席上留别

折尽武昌柳，挂席上潇湘。二年鱼鸟江上，笑我往来忙。富贵何时休问，离别中年堪恨，憔悴鬓成霜。丝竹陶写耳，急羽且飞觞。　　序兰亭，歌赤壁，绣衣香。使君千骑鼓吹，风采汉侯王。莫把骊驹频唱，可惜南楼佳处，风月已凄凉。在家贫亦好，此语试平章。④

总领，指周总领，度支员外郎、湖广总领周嗣武；王，即漕臣王正已；赵

①引自《全宋词》第三册《陆游》，中华书局，1985 年。

②引自《全宋词》第三册《陆游》，中华书局，1985 年。

③引自《全宋词》第三册《辛弃疾》。

④引自《全宋词》第三册《辛弃疾》。

守，为知鄂州赵善括。时辛弃疾自湖北武昌督漕移湖南，诸人置酒送行。辛特作此词答谢，并以抒怀。

贺新郎

柳暗清波路。送春归，猛风暴雨，一番新绿。千里潇湘葡萄涨，人解扁舟欲去。又樯燕，留人相语。艇子飞来生尘步，唾花寒，唱我新番句。波似箭，催鸣橹。　　黄陵祠下山无数。听湘娥，泠泠曲罢，为谁情苦。行到东吴春已暮，正江阔，潮平稳渡。望金雀，觚棱翔舞。前度刘郎今重到，问玄都，千树花存否。愁为倩，么弦诉。①

黄陵祠，又作二妃庙，在湘阴境内；湘娥，即娥皇、女英二妃。此词应是辛弃疾宦居长沙时，送友人或同僚乘舟归南宋临安之作。

阮郎归耒阳道中

山前风雨欲黄昏，山头来去雪。鹧鸪声里数家村，潇湘逢故人。挥羽扇，整纶巾，少年鞍马尘。如今憔悴赋招魂，儒冠多误身。②

耒阳，处湘江流域的支流耒水之阳，故亦统称之为“潇湘”。宋代耒阳属衡州，隶荆湖南路。此词应系作者在湖南安抚使任内，按视州县时，途中忽遇故人所作。描述当时耒阳一带的山村景物，感叹时光流逝和人生经历。

文天祥（1236—1283），初名云孙，字履善，自号文山。吉州吉水（今江西吉安）人。南宋宝祐四年（1256）进士第一名。任湖南提刑，知赣州。德祐元年（1275），元兵渡江，文天祥起兵勤王。拥立益王赵昰，集聚兵马，在江西、湖南，坚持抗元斗争。后兵败被俘，不屈遇害。文天祥工于诗文，著有《文山先生全集》传世。他先后多次往返湖南，创作的不少诗篇，与湖南风土人情息息相关。现引录数首：

桃源道中

漠漠地千里，垂垂天四围。隔溪胡骑过，傍草野鸡飞。风露吹青笠，尘沙薄素衣。吾家白云下，都伴北人归。③

桃源县

清野百年久，中原千里赊。火烟新聚落，山水旧生涯。种麦十数亩，

①引自《全宋词》第三册《辛弃疾》。
②引自《全宋词》第三册《辛弃疾》。
③引自《唐宋人寓湘诗文集》卷四〇。

诛茅千百家。我来行正倦，何处觅桃花。①

湘潭道中赠送丁碧眼相士

自诡衡山道士孙，至今句法有轩辕。世人未见题尧庙，尽把昌黎当寓言。收拾衡云作羽衣，便如屈子远游归。离骚忘却题天柱，为立斜阳问翠微。②

和衡守宋安序送行诗

玉立湘西第一州，丹梯小为岳云留。东风城郭人行乐，春日旌旗公出游。便趁绨香摩碧汉，莫嫌绣影涴清流。两君相见衣冠好，记取儿孙好话头。方共衡云把酒杯，春风吹向郁孤台。雁将回处惊帆落，花未开时怯笛催。别草可堪游子去，寄梅应为故人来。临行笑觅凝香谱，十驾那逼逸骥材。③

三、宋代湖南书画家及其作品

宋代的书法和绘画艺术，较唐代有新的发展。书法方面有蔡襄、苏轼、黄庭坚、米芾四大名家，绘画领域产生了李公麟、黄居宷、李成、郭熙等大师。湖南的书画界，较为突出的有希白、易元吉、刘次庄、武洞清、单炜、释仲仁等。

希白，俗姓钱，原名钱易，长沙籍僧人，号慧照大师。善书法，有晋人风致。尤工刻石。北宋庆历中，刘沆帅潭州，受命摹刻《淳化阁帖》。摹刻极精，即著名的《潭帖》，又称《长沙帖》。原石刻毁于南宋建炎年间，后伪刻本很多。其中以南宋长沙篆刻家汤正臣的摹刻本最为有名。（插图30）希白工于画白猫荷花，未见传世。其书法作品有《古法帖》10卷。

易元吉（？—1067），长沙人。善绘花鸟动植物，尤长于画獐猿。早年专摹古人，后以自然为师，尝寄居山野人家，实地观察猿猱獐鹿的动静姿势；又于长沙住宅疏凿池沼，畜水禽于内，窥探其游憩饮啄各态。由此体察益深，技艺日进。北宋治平元年（1064），应诏为皇宫严孝殿画御座后大屏风。中扇画太湖石和鹁鸪、牡丹，旁两扇画孔雀等，构图别致，声名大震。后又于开先殿

①引自《唐宋人寓湘诗文集》卷四〇。
②引自《唐宋人寓湘诗文集》卷四〇。
③引自《唐宋人寓湘诗文集》卷四〇。

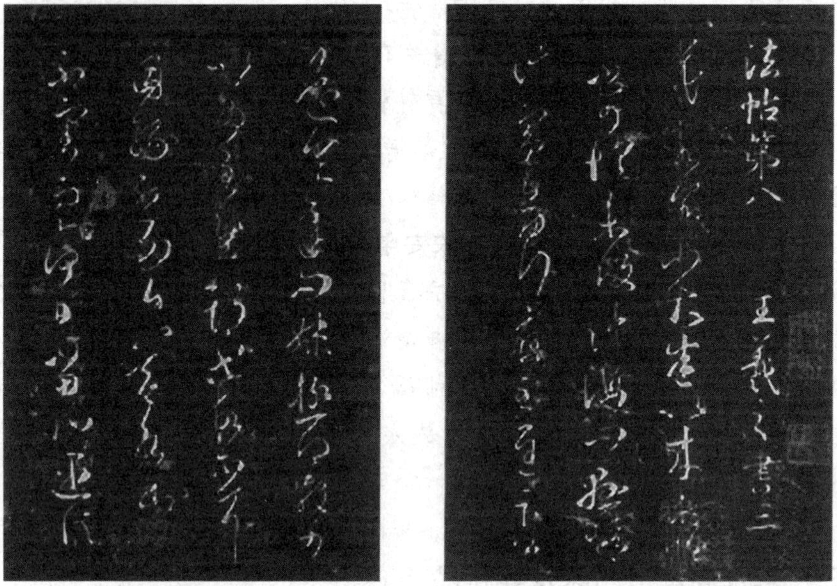

插图 30　庆历《长沙帖》(《潭帖》) 局部

西厢画《百猿图》，未竟而卒。一说被人毒杀。《宣和画谱》著录其作品 245 件。今存《聚猿图》《猴猫图》《三猿捕鹭图》等。(附图 48、49)

刘次庄，字忠叟，长沙人。熙宁六年（1073)，赐同进士出身。崇宁中，官御史，迁江西漕使。他性嗜书帖，收藏名家墨迹甚多，所居民屋窗牖墙壁被题写殆尽。以家藏《淳化阁帖》10 卷，摹刻于临江戏鱼堂，去其卷尾篆题，而增释文于后，即传世的《淳化阁帖释文》，又称《戏鱼堂帖》。(插图 31)

武洞清，长沙人。生当北宋中叶。其父武岳，工于画。洞清继承家学，擅长人物画，尤工于佛像、罗汉。有宣和御府所藏《杂工德》《二十八宿》《十一曜》《十二真人》等画作传于世。其画布置落墨、广狭大小、横斜曲直，莫不合度，而坐作进退、向背俯仰，皆有思致，尤得人物名分尊严之体。

单炜，字丙炎，沅陵人。生于南宋。博学多闻，书法造诣颇深，世称得“二王”（羲之、献之）笔法，字迹遒劲。又尤精于法书考订，著有《绛帖辩证》。

释仲仁，法号花光长老，衡州（今衡阳）人。擅长花鸟画。他酷爱梅花，在寺中植梅数株，每当花开时，就将卧床移至树下，吟咏终日。月光之夜，窗间疏影横斜，萧然可爱，即兴用笔作画。如此，天长日久，终于深得画梅之奥。

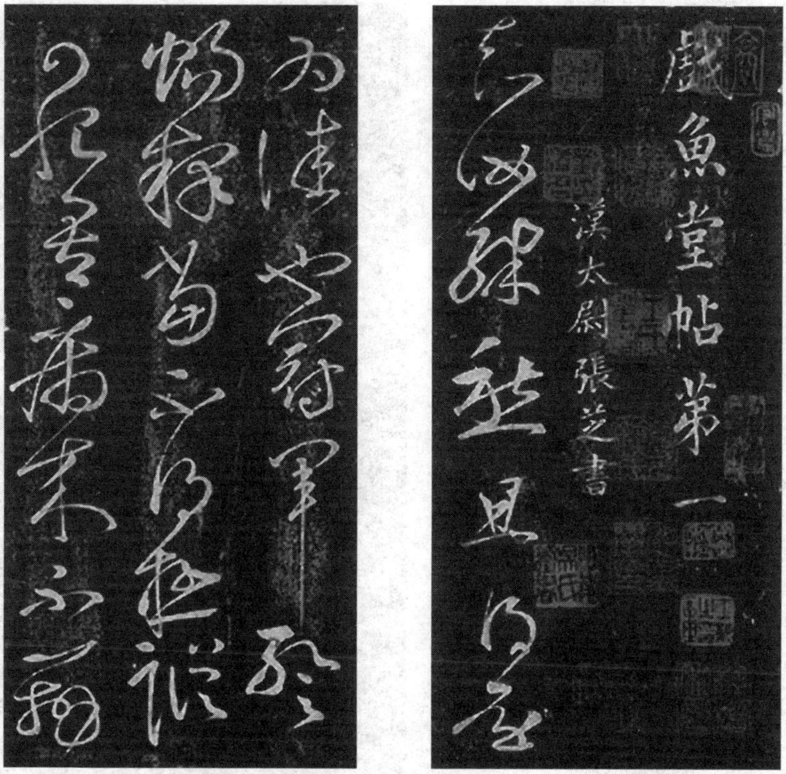

插图 31　刘次庄《戏鱼堂帖》(局部)

著有《花光梅谱》1 卷。其画作甚获世人赞誉。黄庭坚诗云：“雅阁华容能墨梅，更乞一枝洗烦恼。”

从密，长沙人。善草书，时人称为“草圣”。

何澄，长沙人。其祖喜爱武洞清之画，家中收藏甚富，自幼得以观习揣摩，遂领悟武氏笔意。所画神佛，尤能传武画之神。

宋代理学鼻祖周敦颐，虽不以书法名于世，但在这方面的造诣亦相当深，而尤精于楷书。现留存治平三年（1066），周敦颐游永州朝阳洞诗题刻。字体庄重笃实，淳朴浑厚，颇具颜体雄风，可为周氏书法典范。(插图 33)

四、民间口头文学

两宋时代，湖南各地流传下来的民间口头文学作品，见于文献记载的为数很少。由邓显鹤辑入《沅湘耆旧集》的，有如下几首歌谣：

小娘子，叶底花，无事出来吃盏茶。（《蛮歌》）①

这是一首湖南土著民族的民歌，原载于宋代《老学庵笔记》。其记载云：“瑶俗，男未娶者，以金鸡尾插髻上；女未嫁者，以海螺为巩珠挂颈上。男女娶而踏歌。”据瑶族习俗，每逢节庆，青年男女常常载歌载舞以为娱乐，所唱即诸如此类表达爱慕与友情的歌曲。

若要除我，除是飞来。（《鼎澧谣》）②

此为宋代洞庭湖钟相、杨幺起义时流传的民谣。邓显鹤引《古今风谣》云：“鼎、澧大盗”杨幺等“据洞庭湖”时，有此民谣。后来起义果然被岳飞军镇压，杨幺为岳飞将牛皋所擒。

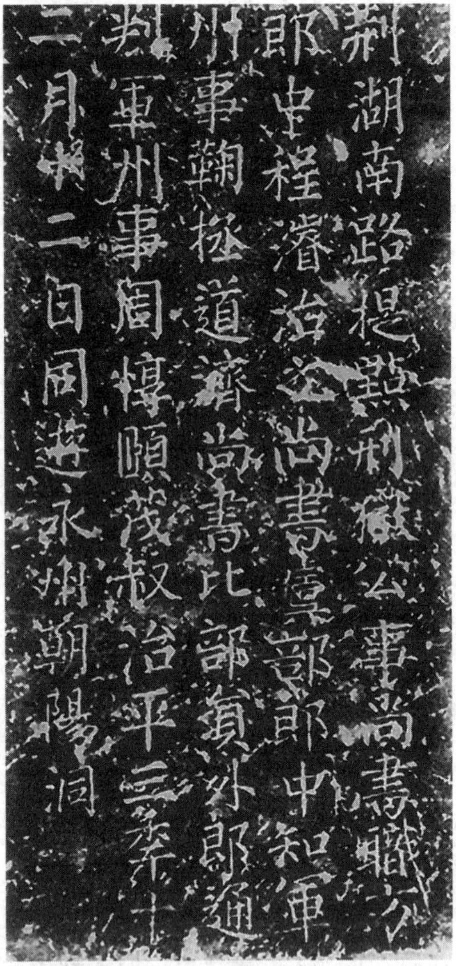

插图33　周敦颐《游朝阳洞诗》石刻（局部）

汉黄颍川，唐阳道州，惠政利溥，孰如两侯。我民自今，载生载育。无大夭阏，左餐右粥。（《慈幼歌》）③

这是民间歌颂有惠于百姓的地方官的歌谣，宋代流传于邵州，即今邵阳市地区。据邓显鹤记载：当时邵州，民贫常“弃子”。长沙赵粤出为州守，“求访民隐”，为“全活”弃儿，特建“慈幼”局，加以收养。继而富川桂侯谓来监

①《沅湘耆旧集前编》卷三一。
②《沅湘耆旧集前编》卷三一。
③《沅湘耆旧集前编》卷三一。

州事，更推广这一惠政。“邦人喜而歌之”①。此二人均曾封侯，故称“两侯”。

彭郎官，爱我百姓如心肝。若得再来安化县，老老幼幼皆平安。(《安化谣》)②

此为流传于安化县的民谣。据记载，南宋宝祐年间，彭道耕任安化县知事，“爱民如子，修举百务，作兴士气”。去任离县后，“民思之”。于是民间特作此谣，表述感激与怀念之情。

湖南土著“蛮夷”民族，自秦汉以来，至两宋时代，历经分合与演化，逐步形成了各具特点的土家、苗、侗、瑶等单一民族。由于这些民族历史上都只有自己的民族语言，而无本民族的文字，因而民间口头文学较汉族地区更加发展，各类口头文学作品相当丰富。两宋时代，湖南各土著民族地区产生和形成了最早的一批口头文学作品。

传说、故事

湘西永顺、龙山等县土家族地区，有《彭公爵主》《向老官人》《田好汉》《计杀吴著》和《战胜客王》等，记述了唐末五代，湘西土家族和土司制形成时期，土家族先民们为维护自己的生存权益，建立和稳固在当地的地位，不断进行英勇斗争的故事。

在沅水中上游辰州、叙州、靖州等地，即今怀化市所辖芷江、靖州、会同、通道和邵阳市城步、绥宁等县侗族地区，流传有《杨太公救飞山》《黑帝大王》等传说故事，记述了五代和北宋时侗族先民杨、潘、姜等姓兄弟结盟、“伙款”，开疆辟土、创立家业，以及起义“飞山”、反抗楚王的斗争等。侗族关于“祖母神”莎玛，有许多传说，其中如《飞天神女将莎玛》，可能也是最初形成于宋代。莎玛，本名贝芬。她率领侗将侗丁，英勇抗击朝廷派来镇压侗人的八万大军。最后终因势单力薄、粮断援绝，她带着自己的女儿和残余侗丁，毅然跳下“龙塘”。不料出现奇迹，贝芬突然化为金盔银甲女神，从天而降，率领千军万马大败官军。皇帝闻讯，吓得面如土色，急忙跪地向天求饶，并承诺以后不再欺压侗人。从此，侗人得以安宁生息，贝芬被尊为伟大祖母神“莎玛”，世代供奉不绝。

关于“三王”，即白帝天王，民间有不同的传说。湘西苗族地区关于鸦溪

①引自《沅湘耆旧集前编》卷三一。

②《沅湘耆旧集前编》卷三一。

“三王”的传说，为其中一说。据《乾州厅志》等地方志记载：白帝天王，为乾州鸦溪（今吉首市）人。传说南宋年间，鸦溪有一杨姓女子，浣于溪，感水中“瑶光”受孕。当晚梦见一位骑白马穿白袍的长者与一位跨金龙穿白袍的老妇，送给她三个婴孩。一年后，她一胎生下三子，长大后都神勇过人。适逢“红苗”作“乱”，兄弟三人率领30余名丁壮，同苗人作战，一直杀到奇梁洞口（今凤凰县城郊），杀死数千，苗民起事被镇压下去。从此“三十六人杀九千，杀到奇梁洞门前”的歌谣，在湘西苗族地区流传开来。事闻于朝，皇帝召见兄弟三人，见其相貌个个神武英俊，恐他们日后起反夺取皇位，竟赐毒酒谋害。兄弟不知情，在回来的路上误饮毒酒，均死于非命。时人哀之，为他们建庙于鸦溪，奉祀不绝。

歌谣、史诗

最具代表性的作品，应是湘西苗族地区苗族世代口头传颂的《苗族古歌》。据石宗仁等翻译整理本，全歌长达19000余行，分为四大部分。第一部《创天立地》的唱词，是说“盘古”和英雄“晴皓”如何开天辟地、日月和山川如何形成、人类怎样产生；第二部《种植歌》，唱述“晴皓”的后裔“神农”和“旺几”如何率领十二宗支、一百四十八姓苗人开垦田土、寻求谷粟和棉花种子、发明种植五谷棉花，“勒西”“恼土”“果华”等英雄怎样发明铸锅、取火等；第三部《在中球水乡》和第四部《部族变迁》，记述苗族祖先如何离开水乡平原，进行迁徙和椎牛祭祖的由来，十二宗支几次迁徙的具体历程和开辟新家园、建村“立社”过生活的情景。从内容分析，其中有苗族先民们对自然万物形成和人类起源的探索，以及对人类原始时代生活的朦胧追忆和遐想，也有对苗族先民大迁徙历史和苗族社会生活变迁的记实性叙述。其形成应有一个相当长的过程，有的可能早在秦汉以前即开始形成某些雏形。但从歌词中多次言及“潭州”“朗州”“辰州”等州名称来看，古歌的完备和最后成形当在唐宋时代，因为唐、宋二朝才设置潭、朗等州。所唱的“种棉花”，时代就更晚一些，一般认为中国南方种棉花始于宋元之际。

《苗族古歌》具有自己独特的艺术风格。全篇为自由体的长短句，不讲押韵，但富于节奏，语言朴实精练。现引录数段如下：

> 古时苗人住在广阔的水乡，古时苗众住在水乡边的地方；打从人间出现了魔鬼，苗众不得安居；受难的苗人要从水乡边迁走，受难的苗众要从水乡边迁去。从吴句的水乡迁来，沿水边的平原找地方。来到朗州的地域，

来到潭州的地方。先人一支留住朗州，先祖一支留住潭州。朗州得好地方住家，潭州得地方植五谷。得好地方种植五谷，得好地方盘阳春。从吴旬的水乡迁来啊，沿河边的陆地找地方。迁徙的一支来到辰州，迁徙的一支来到浦墟。到辰州就住辰州，到浦墟就住浦墟。①

瑶族的《盘王大歌》，也很有代表性。《盘王大歌》，又叫《盘王歌》或《大路歌》，系瑶族在还“盘王愿”时所唱各种歌谣的总集，流传于湖南永州、郴州、邵阳等市所属江华、江永、蓝山、宁远、宜章、桂阳、常宁等县瑶族地区。在各地《盘王大歌》有不同的版本，歌词一般均在3000行以上。部分内容与《苗族古歌》相类似，包括世界万物和人类的起源，瑶族的源流、迁徙历史和历史人物的传说、社会生产生活等。但又具有不同于《苗族古歌》的一些特点。如：其中有大量关于男女爱恋之情及婚姻礼仪的歌词，而在有关生产活动方面还有许多对狩猎和林木生产场景的描述，涉及的内容更广泛；除此之外，《盘王大歌》还有曲，共7种，称《七任曲》；此外，在词曲中吸收和引述了诸如“彭祖”“鲁班”“石崇”“梁山伯”等汉族地区流传的历史人物和传说故事。《盘王大歌》最初形成的时间，研究者一般均认为是在宋代，而其后又经历一个不断完善、充实和修订的过程，才成为流传至今的版本。

《盘王大歌》多为七言体，也有五言体，四句一节，每节一、二、四句押韵，类似中国传统的格律诗；也有五五七七句式，或七三七三和三七七七句式，每节的句数可多可少，格式比较灵活。在有的句子中间或末尾，加上“罗哩”，更富民歌色彩。语言朴实，多用比兴的艺术手法，特别是《七任曲》更具生活气息和现实浪漫情调。

如《盘王大歌·夜深深》：

夜深深，点火夜行茶山林；进山不是为喝茶，只望香茶来联姻。夜深深，脚底无鞋冷透心；望妹开门让郎进，无床睡觉也领情。

又如《盘王大歌·梅花曲》：

风过树头木飞花，水面船行底淘沙；一年三百六十日，能有几日赏梅花。

《盘王大歌·相逢贤曲》：

①引自《苗族古歌》石宗仁翻译整理本。

一双燕子飞南土，飞来江华青山里。燕子造窝（罗哩）嘴含泥，远路飞来不敢啼。远远飞来江华县，燕子结窝堂屋里。主人有酒（罗哩）劝妹饮，妹妹难回主人礼。①

第四节　史、地学和考据、谱牒

一、宋代湖南史学的发展

宋代史学相当发达，为中国传统史学发展的一个极为重要的阶段，出现了一批史学大家和史学名著，如司马光《资治通鉴》、郑樵《通志》、王溥《唐会要》、薛居正《旧五代史》、欧阳修《新五代史》《新唐书》、李心传《建炎以来系年要录》等等，这些都是中国史学的瑰宝。两宋湖南，在史学方面虽未产生堪与司马迁、郑樵、欧阳修等媲美的史学大家，但也不乏史学人才和具有较高价值的史学著作。现择要列述如下：

《九国志》49卷，路振撰。路振（957—1014），字子发，先世祁阳人，曾祖路琛由祁阳迁居湘潭，故为湘潭人。太宗淳化三年（992）进士，授大理评事，累官至判登闻鼓院、左司谏知制诰。长于诗，其赋颂往往为名辈所称。曾奉诏参与宋太组、太宗《两朝国史》编修，出力尤多。其史学代表作为《九国志》。《宋史·艺文志》、宋人陈振孙《直斋书录解题》均有著录。原书已久佚。今存《九国志》系清人集佚而成，仅得12卷，收入《海山仙馆丛书》，近年有标点本出版。此书采五代时吴、南唐、吴越、前蜀、后蜀、北汉、南汉、闽、楚九国君臣事迹，以世家列传的体例编撰而成，为研究五代历史的重要史料书。路振还著有《乘轺录》1卷。此书系北宋大中祥符初，路振奉命出使契丹，归后撰就以献当朝。《宋史·艺文志》著录。近人傅增湘《双鉴楼善本书目》载此书。今有述史楼抄本存世。其孙路纶曾撰《南平志》2卷，以补其祖父《九国志》之阙，已佚。

①以上均引自《盘王大歌》，岳麓书社，1988年。

《五代史补》，陶岳撰。陶岳，字舜咨，祁阳人。宋太宗太平兴国时进士，以儒学著称，官至太常博士、知端州，为官清正。所著《五代史补》5卷，载后梁、后唐、后晋、后汉、后周创业兴衰事迹，共一〇七事。《四库全书总目提要》称：宋初薛居正等《五代史》成，“岳嫌其尚多阙略，因取诸国窃据累朝创业事迹编次而成，以补所未及”。并谓“此书虽颇近小说，然叙事首尾详具，率得其实，虽亦不免疏失，然当薛史即出之后，能网罗散佚，裨益缺遗，于史学不无助矣。故欧阳修《五代史》、司马光《资治通鉴》多采用之”。其书有宋刻本、明末毛氏汲古阁刻本、清乾隆刻本、《四库》本及多种抄本。陶岳还另有《陶端州集》《陶端州文集》《零陵总记》《荆湖近事》等书。

《光宗日历》《宁宗日历》，王容等撰。王容，湘乡人，字南强。曾从张栻游学于岳麓书院。孝宗淳熙丁未（1187）廷对第一，陈《御戎策》，切中时弊，官至礼部侍郎。他在著作郎任内，主持修撰了《光宗日历》300卷，《宁宗日历》510卷。二书乃是今存《宋会要辑稿》的重要资料来源之一。王容还有《王光禄集》传世。

《资治通鉴举要补遗》100卷，胡安国撰。其子胡寅《先公行状》谓：“公每患史传浩博，学者不知统要。而司马公编年《通鉴》正书，叙述太详，《目录》首尾不备，晚年著《举要历》……寻薨于位，不得成书。遂略用《春秋》条例，就三书修成一百卷，名曰《资治通鉴举要补遗》，自为之序。”① 宋王应麟《玉海》载：“绍兴八年（1138）胡安国因司马光旧稿，修成《举要补遗》，文约而事备。”《宋史·艺文志》和《宋史·胡安国传》均著录此书。

《皇王大纪》80卷，胡宏撰。此书为胡宏家居衡山时所撰，成于绍兴十一年（1141），系编年体历史专著。所述上起盘古，下迄周赧王。前二卷简略，帝尧以后，采用《皇极经世》编年，博采经传，而附以论断。对此书前人褒贬不一。清黄式三《读胡子知言》认为，此书“所编之事，或阙略，或荒诞”②。《四库全书总目提要》则云：该书“采摭浩繁，虽不免小有出入，较之罗泌《路史》则切实多矣，未可以一眚掩也”。传世的有宋绍兴、绍定刻本，明万历重刻本及历代抄本。清收入《四库全书》。《五峰集》载有《皇王大纪论》83篇。

---

①参见新编《湖南省志》卷二十九《著述志》，湖南人民出版社，2003年。

②参见新编《湖南省志》卷二十九《著述志》，湖南人民出版社，2003年。

《五代开皇纪》30卷，郑向撰。郑向，字公明，衡阳人。大中祥符元年（1008）进士。官龙图阁学士。该书撰述五代后梁至后周54年凡十三帝之史事。属编年体，约80万字。天禧五年（1021）表进于朝廷。《宋史·艺文志》和《崇文书目》著录，《玉海》亦载。《宋史·郑向传》云："五代乱亡，史册多漏，向摭拾遗事，颇有补焉。"

《靖康拾遗录》，何烈撰。何烈，湘乡人。北宋末靖康时太学生。此书又名《草史》，亦名《靖康小史》。有宋代刻本传世。《四库全书总目》存目，其提要称，其书"足以考故事"。

《湖湘马氏故事》，20卷，曹衍撰。曹衍，衡山人。太平兴国初，召试学士院，除东宫洗马，监泌阳酒税。此书载五代时马殷割据湖南事。《宋史·艺文志》著录。

《杨幺事迹》2卷，宋鼎澧（今常德、汉寿、澧县一带）逸民撰。约成书于南宋淳熙九年（1182）。录载于宋岳珂所编《鄂国金佗续编·百氏昭忠录》，题为《鼎澧逸民叙杨幺事迹》，有宋、元、明刻本和中华书局校注本。此书记述南宋建炎三年（1129）至绍兴五年（1135）间，龙阳（今汉寿）人钟相、杨幺起义及岳飞率军镇压史事。

《三楚新录》3卷，周羽翀撰。周羽翀，宋初人，籍贯不详。自署儒林郎、试秘书省校书郎、前桂州修仁令。以长沙马殷、武陵周行逢、江陵高季兴皆据楚地称王而名三楚。该书以一国为一卷，述其兴衰始末，与《新五代史》所载颇有异，可补正史之不足，尤可供治五代史者参考。

《零陵先贤赞》，沈辽撰。沈辽为钱塘人，宋元丰元年至五年，因事被流放永州。在永期间，爱其山水、人物，撰有大量诗文著述，此书为其中之一。书中收录澹岩先生周贞寔、三元先生屈处静等，至唐世旻、陶岳共16人。皆以四言文体书之。收入其文集《云巢编》卷六。有《四库全书》本及《全宋文》本传世。

《诸葛武侯传》，1卷，张栻撰。书中详述诸葛亮一生经历，资料丰富，对研究诸葛亮和三国历史有一定参考价值。其书有宋刊本。明诸葛羲、诸葛倬辑《诸葛孔明全集》将其收入，有明崇祯五年（1632）壬申刻本。

《长沙王行年纪》3卷，丁寿撰。丁寿，生平无考。此书纪汉长沙王刘发。发，汉景帝刘启子。景帝前元二年（前155）春三月封，武帝元朔元年（前128）卒，在位27年。谥定，即后人所称"长沙定王"。此书南宋绍兴间刻本。

宋秘书省续编《四库阙书目》著录。

《吴猎行状》，魏了翁撰。魏了翁，邛州蒲江（今属四川）人。谪居湖南。此书原名《敷文阁直学士赠通议大夫吴公行状》。吴猎（1143—1213），字德夫，号畏斋，醴陵人，家居善化（今长沙）。淳熙二年（1175）进士。累官至敷文阁直学士，四川安抚制置使兼知成都府。卒谥文定。了翁为其生前好友，于猎去世后不久撰此行状，先简介其先世，再详述其一生求学、应试、为官之全部经历，最后对其人品学术予以综合评价。综观行状所述，吴猎早年求学，得张栻真传。其为官具有直谏忠君、积极抗金救国思想，主政治军均有远见卓识。晚年期望回长沙治学传道，突发急病，抱憾以终。书中引用资料丰富，行文谨严。收入《鹤山集》中，专列一卷。有《四库全书》本，《四部丛刊》本。

《周子年谱》，光绪《湖南通志·艺文志三》著录有3本。周子，即周敦颐。其一，为1卷，合州度正撰。此本收入《四库全书存目》，其“提要”载：“嘉定十四年官蜀时作。自序云：于周子入蜀本末为最详，……前有像赞，后附行录志铭及宋史本传。盖后人又有所增，非原本矣。”其二，不分卷次，宁远杨齐贤撰。此本或即度正自序所提及的“原本”。还有一本，为《周元公年谱》，3卷，失撰者名氏。据光绪《湖南通志·艺文志》载：此本“以元公出处谱之以年，公所作诗文之类附见焉”。

此外，宋代湖南还出现了一批史评史抄类著作。如：

《读史管见》30卷，胡寅撰。胡寅，字明仲。宋建州崇安（今福建地）人。建炎间随父胡安国迁居南岳。此书成于绍兴二十五年（1155），为读司马光《资治通鉴》而作。宋陈振孙《直斋书录解题》称：明仲“以《通鉴》事备而义少，故为此书。议论宏伟严正，间有感于时事……自晦翁《纲目》亦多取之”①。有宋、元、明多种刻本传世。《四库全书总目》存目。

《史评》8卷，茶陵谭世选撰。明张治评曰：“世选所著诗传史评，羽翼汉儒，议伦古今，居然有余力焉，可谓彬彬者矣。”②

《史通》36卷，桂阳监（今县）黄植撰。

《唐史卮言》30卷，茶陵陈仁子撰。

---

①引自光绪《湖南通志》卷二五〇《艺文六》。

②引自光绪《湖南通志》卷二五〇《艺文六》。

二、地学的发展与方志编撰

两宋时期湖南在地学与方志编撰方面，颇有成就。其著述之多，远远超过此前各代。各种山水风土记，州、县志，以及杂记、图经等等，不下100余种。其中最重要的有：《南岳总胜集》《岳阳风土记》《辰州风土记》《溪蛮丛笑》《长沙志》《衡州图经》《零陵总记》《零陵志》《都梁志》《永州风土记》《武陵图经》《靖州图经》等。这些著作对研究湖南的历史地理和文化，都具有较高的史料和参考价值。

《南岳总胜集》3卷，南岳道士陈田夫著。陈田夫，字耕叟，四川阆中人。南宋绍兴中来湖南，居南岳九真洞老圃庵，往来于七十二峰，历30多年。他访求前古异人高僧灵迹，考其事而纪之，断自三皇以来，迄于宋朝，凡四五万言，分为上、中、下卷。首卷列一个总图、五个分图及五峰灵迹，又洞天福地以至历代帝王，为二十七类。中卷叙寺观及所产杂药、奇花、灵草、珍禽异兽，大大小小都记下来了。下卷叙唐宋异人高僧，末附隐逸之士。《四库未收书目提要》云：此书"征引博而叙述简，深有体要"。这是一部关于南岳道教、风土古迹难得的史料书，收入《道藏》，并有宋刻本和清嘉庆刻本传世。

《岳阳风土记》1卷，范致明著。致明，字晦叔，建安（今福建建瓯）人。元符进士。北宋徽宗时谪监岳州商税。在岳期间，查史籍，览山川，访民情，特作此记。此书不分门类，随事记载。虽只1卷，而于郡县沿革、山川改易、古迹存亡，考证详明，足补他史之误。如郦道元《水经注》云澧水汇合沅水，然后入洞庭湖，而致明则指出，二水虽然相通，却是各自入湖，澧水所入处名澧口，沅水所入处名鼎江口。其他轶闻趣事也颇资采择。故《四库全书总目提要》称：其"叙述尤为雅洁，在宋人风土书中可谓佳本矣"。传世有明、清多种刻本和《四库全书》本。

《溪蛮丛笑》1卷，朱辅撰。辅，字季公，桐乡（今安徽桐城）人。仕履不详。此书是关于湖南沅江中上游及其酉、辰、武、巫等支流（古称"五溪"）地区少数民族风土民情的著作。南宋末年，朱辅在辰州（治今沅陵）做过官，依据其所见所闻，记载了五溪地区"蛮夷"的风土物产，颇为详尽，"至其俗尚之异，种类之别，曲折纤悉，胪列明晰，事虽鄙而词颇雅，可谓工于叙述，用资考证，多益见闻，固不容以琐屑废焉"。这是《四库全书总目提要》对该书总的评价。它是研究中国古代少数民族尤其是湖南地区少数民族历史的重要参考书。辑入《四库全书》，还有《续百川学海》《古今说海》等辑本传世。伍新福校点的《溪蛮丛笑》“湖湘文库”本，2012 年由岳麓书社出版。

《辰州风土记》1 卷，田渭撰。田渭，字伯清，缙云（今浙江）人。南宋隆兴间任辰州（治今沅陵）教授。此书所述有建置沿革、地理形势、民情风俗、水陆交通、财政赋税等，这也是一部关于湖南少数民族历史文化的重要参考书。原书已佚。宋王象之《舆地纪胜》、祝穆《方舆胜览》有引文。《麓山精舍丛书》辑其佚文。

《长沙志》，52 卷，赵善俊监修，褚孝锡等纂。善俊，字俊臣，宋太宗七世孙。绍兴二十七年（1157）登进士第。官湖南安抚使（治今长沙），有善政。宋陈振孙《直斋书录解题》著录此志，言“郡守赵善俊以绍熙二年（1191），命教授褚孝锡等七人撰”。内容包括建置沿革、景物、古迹、人物、风俗、仓储等。这是历史上第一部长沙地方志。原书佚。《舆地纪胜》《方舆胜览》《永乐大典》有辑本，《麓山精舍丛书》辑有佚文。又，《续长沙志》11 卷，不知作者，陈振孙《直斋书录解题》著录，言此志“不著名氏，录绍熙以后事”。

《零陵总记》15 卷，祁阳陶岳撰。北宋天禧三年（1019），陶岳知道州，任内作此书。宋晁公武《郡斋读书志》言：“此书所录，多连及数郡。自序云，以其皆零陵旧地，故收之。”① 《宋史・艺文志》著录。原书佚。《麓山精舍丛书》辑有其佚文。所辑为该书文 7 则，内容有山水、古迹、人物、禽鸟及诗歌等。

《永州风土记》，柳拱辰撰。柳拱辰，武陵（今常德）人。北宋皇祐、至和间，以尚书职方员外郎出知永州。此书涉及永州地区山川、风俗、古迹等内容。原书佚。《舆地纪胜》《方舆胜览》载有引文。《麓山精舍丛书》亦辑有此书佚文。

《零陵志》10 卷，张埏撰。张埏，鄱阳（今江西波阳）人。南宋孝宗时知永州。《宋史・艺文志》著录此书。《舆地纪胜》《方舆胜览》载其引文。原书佚。“麓山精舍丛书”辑有此书佚文。

《都梁志》6 卷，郑昉纂。郑昉，籍贯不详。南宋开禧、嘉定间，任武冈军（今邵阳市武冈地区）教授。武冈地，汉以来曾设都梁侯国和都梁县，宋徽宗

①参见光绪《湖南通志》卷二四八《艺文四》。

时改置武冈军。此志沿用古称。内容有分野、地理形势及建置沿革等。《宋史·艺文志》著录此书。《舆地纪胜》《方舆胜览》载其引文。原书早佚。

《武陵图经》14卷，刘子澄撰。子澄，字清叔，泰和（今江西）人。南宋嘉定进士。曾任澧州澧阳尉，摄慈利县事。后知枣阳军，因事去职。淳祐间寓居常德、桃源及永州等地。擅长文史，在湖南留下不少诗文著作，此书为其一。《宋史·艺文志》著录，《永乐大典》辑本载其引文三十余处。书中对地理山川、建置沿革、乡镇地名、府县官衙及仓廪钱粮记载颇详。为湖南常德地区一部著名的古方志。惜原书已佚。

《靖州图经》4卷，孙显祖纂。显祖，磁州（今河北磁县）人。南宋淳熙九年（1182）知靖州（今靖州及会同、通道县）。此书所述有历史沿革、山川景物、名胜古迹、风俗习惯等。《宋史·艺文志》著录。《舆地纪胜》《方舆胜览》载引其文。原书佚。从引文看，其文措辞雅洁，记叙简明。《麓山精舍丛书》辑有佚文。

此外，据《宋史·艺文志》、光绪《湖南通志·艺文志》著录，两宋时期湖南还有《荆湖南路图经》39卷，不知作者；《荆湖北路图经》63卷，不知作者；《星沙集志》，浦城真德秀撰；祥符《衡州图经》，不知作者，《舆地纪胜》有引文；《衡阳志》，衡阳宋刚仲撰，《舆地纪胜》有引文；淳熙《春陵图经》10卷，平江赵汝谊监修，《直斋书录解题》著录；《朗州图经》，不知作者，《通志略》著录；《辰州图经》，不知作者，《舆地纪胜》有引文；《沅州图经》4卷，不知作者；等等。总计近60部。惜原书均未能传世。

三、考据与谱牒学的兴起

宋代考据学开始兴起，湖南本籍及在湘外籍文人学者在经史文献考证方面也留下了一些著述，最重要的当推《学林》《识遗》《古今考》《鼠璞》等书。

《学林》，凡10卷，王观国撰。观国，字彦质，长沙人。北宋政和五年（1115）进士，曾知汀州宁化县，升礼部员外郎，又出知邵州。此书成于南宋绍兴十二年（1142）。又名《学林新编》。全编360余则，所论包括史家、名物等，而以辨析字体、字义、字音为主。自“六经”、《史记》《汉书》，旁及其他诸种典籍，凡注疏笺释，均胪列异同，考究得失，多前人之所未发。《四库全书》著录，并对其予以好评。《四库全书总目提要》云：此书“引据详洽、辨析精核者十八九。以视孙奕《示儿编》，殆为过之。南宋诸儒讲考证者不过数家，若观国者，亦可谓卓然特出矣”。传世有《武英殿聚珍版书》本、《丛书集成初编》本，及多种清代抄本。《湖南丛书》收录并附孙文昱《考证》1卷。

《识遗》，10卷，罗璧撰。罗璧，字子苍，号默耕。岳州平江（今平江县）人。举乡贡。宋亡，隐居不仕。为传朱子学“十三君子”之一。明弘治《平江县志》载其传略。因自署新安（今江西境地），《四库全书》误书其为新安人。新安或为其祖籍所在地，清李元度《平江县志》已作考订。此书系据其平日读书笔记，间加考订，剔繁纂要编辑而成，约作于宋亡之初。书中着重考证经史，论说大多可取。有《四库全书》本、《学海类编》本及明刻本和多种清抄本传世。

《古今考》，1卷，魏了翁撰。魏了翁，邛州蒲江（今属四川）人。南宋宝庆、绍定间，谪居靖州七年。此书系了翁谪居靖州时所著。意在考证夏、商、周三代遗制，古为今用，以为国家长治久安之计。但仅撰成数十则，未竟其功。咸淳三年（1267），徽州歙县人方回，从了翁子处得此书稿，加以续编，合成38卷。今存明万历和崇祯两种刻本及明抄本。

魏了翁谪居靖州时，还著有《渠阳读书杂钞》5卷。靖州州治在渠水东岸，北宋时曾置渠阳军、渠阳县，故此书以“渠阳”名。内容包括经籍读书杂抄与经外读书杂抄等。有明、清抄本存世。《四库全书总目》存目。

《鼠璞》1卷，戴埴撰。戴埴，字仲培，桃源人，南宋末在世。此书以考证经史疑义、名物典故之异同为主，持论有据，且多精审，有益后学。

宋代湖南开始出现氏族谱牒方面的著述。其中传世的代表作为长沙丁维皋所撰《皇朝百族谱》。此书成于南宋绍兴末，收录宋朝自司马以下百官族姓凡123家，皆推其源流，疏其派别，志其名、字、爵位，并录其世谱、家传、行状及神道碑等。周必大为之作序。陈振孙《直斋书录题解》、王应麟《玉海》及《宋史·艺文志》均有著录。又据《湖南通志·艺文三》载，还有《颜氏家谱》，衡阳颜学廷撰。文天祥作序。

第五节 科技与工艺

一、宋代湖南的医学成就

宋代湖南的传统医学也有相当大的发展，撰著和刊刻了大量医药典籍。如《类编朱氏集验医方》《产经》《伤寒心要》《幼幼新书》等，均不失为中医经典之作。

《类编朱氏集验医方》15卷，朱佐撰。朱佐，字君辅。湘乡人。此书分风、寒诸门，集内、外、妇、儿、养生各科处方近900个。其中多为宋代医书不传之秘方，并且都是从当时的善本中录出的，因而有很高的医学价值。一直为历代医家所重视，多种医书加以转载。今有南宋咸淳二年（1266）刻本，收藏于台湾图书馆。《湖湘名医典籍精华·方剂卷》收辑。

《产经》，宋永寿撰。永寿，字信翁。衡州（今衡阳）人。南宋孝宗时隐士，民间名医。通《易》《论语》《黄帝内经》诸书。知桂阳军，后迁湖南路转运通判，陈傅良与其相交，此书由傅良于绍熙间刊行并为之作跋。事载陈傅良《止斋集》。

《伤寒心要》1卷，镏洪撰。镏洪，号瑞泉野叟。都梁（今武冈）人。精医术，大旨秉宋金时中原名医刘完素之说。此书约成于南宋端平元年（1234）。后人又有修补。书中首论伤寒心要，次论双解散、防风通圣散、天水散、小柴胡汤等三十方，再论新增病后四方，末为论伤害心要余论。收入清刊本《古今医统正脉全书》，《四库全书》存目。

《幼幼新书》40卷，刘昉撰。刘昉，字方明。广东潮阳（今潮州）人。宣和六年（1124）进士。南宋绍兴十三年（1143）知潭州（今长沙市）。任内取前人方论及世传医方，命属员王历等汇编成帙，题名《幼幼新书》。至绍兴二十年（1150）刻成38卷。昉病卒，徐寿卿以漕摄郡事，继成之。《宋史·艺文志》《四部总录·医药编》等均著录此书。

二、农业、手工业生产技术的发展

（一）农业生产技术

宋代湖南和荆湖地区农业生产技术得到进一步发展。首先是犁耕的进一步推广，不仅江湖平原地带很普遍，而且开始进入少数民族聚居的山区。如神宗时章惇开拓“梅山蛮”地区后，即“给牛贷种”，使当地少数民族进行开垦，种稻植桑。农耕工具也有了新的进步。据王祯《农书》记载，包括湖南在内的中国南方地区，宋代开始使用一种“铁搭”，四齿或六齿，农家或乏耕牛，可以代之，“工力相助，日可斫地数亩”①。当时还推广了一种踏犁，也可补耕牛之不足。灌溉工具方面，南方已普遍使用踏车，即龙骨车，以车水灌溉高旱之田。王安石的诗中有“妇女喜秋凉，踏车多笑语”② 之句，描写的就是南方妇女车水溉田的情景。筒车也很普遍。南宋张孝祥曾作《湖湘以竹车激水，粳稻如云》诗。竹车，即筒车，靠水力车水灌田。

湖南在宋代也开始出现总结和推广农业生产技术的农书。

如郴州人何先觉，绍兴年间官通判时著《耕桑治生备要》2 卷，以“劝农课士”。又，泰和（今属江西）曾之谨，南宋孝宗时任耒阳令，撰《农器谱》3 卷，《续谱》2 卷。述及各种农耕器具的制作和使用。宋陈振孙《直斋书录解题》著录。

（二）制瓷技术

宋代的制瓷业在唐代的基础上有新的发展，特别是南方陶瓷生产的扩大，龙泉、景德镇等名瓷生产中心的形成和发展。湖南的陶瓷业，受附近龙泉、景德镇先进生产技术的辐射，规模和质量也不断得到发展和提高。这方面文献记载极少，但大量的考古发现证实了这一史实。其中衡山窑、岳阳窑和益阳窑的发现最具代表性。

衡山窑，出土的瓷器种类多，胎质多呈灰褐色，火候高。釉色分透明薄釉、半透明釉和不透明釉，装饰手法有单色釉、两色釉。粉上彩釉绘花、釉下彩。粉上彩釉工艺风格独特，其方法是素胎上涂一层白粉，用彩釉在白色底粉上绘花，外表不再施釉，色彩对比强烈，花纹活泼粗犷。一般用于壶、瓶、坛等储

---

①王祯：《农书》卷一三，《四库全书》本。

②王安石：《山田久欲拆》，载《王文公文集》（下）卷三九，上海人民出版社，1974 年。

藏器，偏重于外观美。盘类等食具则改用釉下彩绘花，器具光洁明净，美观兼实用。在烧制方法上，衡山窑采用了支珠叠烧法，一反宋代常见的乳钉垫圈承托和匣钵装烧法。此法制作简便，利于大批量生产。但负荷量有限，高温下产品易倾倒黏结，废品率相对增高。此类型窑址，在衡阳、耒阳、邵阳、长沙等地均有发现。这种以粉上彩釉绘花工艺及彩瓷为主要特征的瓷器，考古界称为“衡山窑系”①。(附图50)

岳阳窑，以釉下彩和印花青瓷为主要特征，是在唐代岳阳窑（湘阴窑）基础上进一步发展的。窑址主要分布于湘阴乌龙嘴、汨罗营田、岳阳鹿角等地。乌龙嘴窑最早出土深色素胎上用白粉绘花，外罩青釉的釉下彩陶瓷工艺，兼烧印花青瓷和黑釉陶瓷器。营田窑产品中流行青釉下料浆粉绘花，称为青瓷系统中的“花瓷”。岳阳窑的烧制方法使用支钉叠烧法，类似于衡山窑的支珠叠烧法。②

益阳窑主要分布于益阳羊舞岭与珠玻塘一带，以青瓷为主要特色，兼有大量的青白瓷和青花瓷。所出土的青瓷胎色纯白，釉汁莹厚，作冰裂开法，或凝聚作泪痕，色泽水清玉绿，造型多板沿式折唇和剜刻莲花型器壁，具有官窑和龙泉窑的风格。

青白瓷胎质细白，釉色呈乳白或水清色，多为芒口制品。在烧制方法上，青瓷主要使用仰烧法，青白瓷则吸取了北方定窑的支圈组合覆烧法，同时采用涩圈垫砂叠烧法。后来湖南的民窑多采用这种烧制方法。

（三）制墨和刻印工艺

宋代长沙制墨业曾十分兴盛，制墨技术相当发达。据宋陆友所撰《墨记》卷下记载：长沙多墨工，而胡景纯的“千金獭髓”者最著。“城内大街之西，安业坊有烟墨上、下巷；永丰坊有烟墨上巷”。可见长沙墨业之盛。胡景纯，长沙人，宋代有名的制墨家，生卒年不详。其制墨专取桐油烧烟，名曰“桐华烟”。这种墨质地坚薄，不求外表装饰，大者不过数寸，小的圆如铜钱，磨于砚中，光泽可鉴。其优良质量赢得了广大画师的垂青，视为珍品。用以点睛，有“瞳子如点漆”之誉。其制作技术世代家传，子孙世英、友直、国瑞、沛然、文中，皆为墨工，成为长沙制墨世家。

①参见周世荣：《湖南古窑址调查之一：青瓷》，载《考古》1984年第1期。

②参见周世荣：《湖南古窑址调查之二：彩瓷》，载《考古》1985年第3期。

湖南刊刻雕版印刷，发端于北宋，至南宋开始兴盛。刊刻雕版书，有官刻和家刻、坊刻，以官刻为主。据光绪《湖南通志·艺文志》载，北宋大中祥符年间，茶陵、衡州（今衡阳市）、安仁曾刊刻《图经》。随后，又有邵州（今邵阳市）、春陵（今新田、宁远县）、鼎州（今常德市）、沅州（今芷江县）、辰州（今沅陵县）等地也刊刻了多种《图经》和《图志》。一些州县官署还刻印了时人著述或前人诗文集。如北宋崇宁、大观年间，靖州知州王长儒和从义郎李敏开刻孔平仲《续世说》；道州州学宣和五年（1123）刊刻寇准《寇忠愍诗集》；零陵郡庠刻印了《柳柳州文集》，南宋乾道元年（1165）又重刻。①

南宋时，湖南受战祸较少，经济较繁荣，加之州县官吏多儒士，重文教，官府刻书之风更盛。首先是各州、县学官的刻本，其中由潭、永、道三州的州学刊刻的为最多。潭州（治今长沙市）州学由荆湖南路安抚使刘珙和理学家张栻主持，于南宋乾道二年（1166）首次刊刻胡安国编纂的程颢、程颐二人的《二程文集》15 卷。朱熹于乾道四年（1168）另编《程氏遗书》25 卷，乾道九年（1173）又编《程氏外书》12 卷，均于南宋淳熙、庆元年间由潭州州学刊行。潭州州学还刊刻了《十二经》和贾谊的《新书》。永州（今永州市）州学从乾道元年至嘉定元年，连续 3 次刊刻柳宗元的文集，州署还刊刻了北宋名臣范纯仁的文集。道州（治今道县）州学重刻了北宋名臣寇准的诗集和南宋名臣张浚的《紫崖易传》。除上述三州外，荆湖北路提举茶盐司在常德刊刻了《汉书注》100 卷，后常德府署又 3 次补刻重印。其他如衡州、邵州、湘阴县和武冈军，于绍熙、嘉定年间也都刊刻过书籍。

由州县官出名和用官库钱刊刻的，称“公使库本”和官署刻本。

如：北宋时靖州刻有《续世说》，南宋初年又由沅州知州王濯用官库钱补刻。卷末题有刻书人的姓名，载有版片数、印造纸墨和裱背工食钱数。各州、县纂修的地方志，如淳熙《零陵志》《春陵志》，绍熙《都梁志》，嘉定《衡州图经》，宝祐《平江志》，以及隆兴二年（1164）刊刻的《辰州风土记》等，都是官署出资刊刻的。据光绪《湖南通志》和《中国地方志总目》著录，宋代湖南刊刻的这类地方志，达 50 余部。②

宋代湖南还有官署模刻的碑帖。庆历初，刘沆任潭州知州，将自己收藏的

①参见新编《湖南省志》第二十卷，《新闻出版志·出版》，湖南出版社，1991 年。

②参见新编《湖南省志》第二十卷，《新闻出版志·出版》，湖南出版社，1991 年。

宋太宗赵光义赐给群臣的《淳化帖》，请慧照大师钱希白模刻于石。从庆历五年（1046）起，前后用3年时间才刻成。其中除原有的两晋南北朝法帖外，还增加了唐人法帖。后人称之为《庆历长沙帖》，或简称《潭帖》。至南宋，《长沙帖》又生发出长沙新刻本、澧阳本、长沙别本。

除《长沙帖》之外，还有《武冈帖》，为《绛帖》的翻刻，勒石于武冈军，后又有武冈旧本和武冈新本之分。

家刻书是私家出资刻印的雕版书。所刻多为刊刻者本人或其先人的诗文、著述，也有一部分是前人和朋友遗集，少数是家塾用书。湖南最早的家刻书出现于北宋。真宗时，衡山人朱昂，官至翰林院学士，致仕后返乡隐居，著有《资治论》及诗文，曾以“知止亭”名号自刻行世。神宗时，湘阴人邓忠臣，官至大理丞、考工郎，著有《玉池集》，也自刻成书。此二书分别著录于《宋史·艺文志》和南宋陈振孙《直斋书录解题》，但原书早佚亡。南宋湖南家刻书，现在尚有文字记载的，有3家，即长沙刘光祖、衡阳许仪、茶陵谭叔端，分别刻书1种和2种，均未传世。

宋代湖南除雕版印刷外，还出现了泥活字版印刷，但尚属少见。据记载，南宋名臣周必大于绍熙二年至四年以观文殿学士判潭州时，曾用沈括《梦溪笔谈》中介绍的胶泥活字法，印刷了他自著的《玉堂杂记》。

第六节　宗教

一、佛教在湖南的发展

佛教在两宋时期最盛的是禅宗南宗。其下分南岳系、青原系两大系统。南岳系又分临济、沩仰二宗，青原系又分曹洞、云门、法眼三宗，共五宗，而最盛行的为临济宗。广传于湖南的主要是临济宗和曹洞宗。湖南的佛教仍以南岳为中心，由此伸延至潭、衡、岳诸州，即今长沙、衡阳、株洲、浏阳、湘潭、岳阳、娄底等市（县）地区。南岳的福严寺、上封寺、南台寺、祝圣寺，长沙的麓山寺、开福寺，宁乡的密印寺，浏阳的石霜寺等名刹古寺，两宋时依然高僧辈出，佛事兴盛，成为湖南地区佛教弘扬和发展的圣地。同时，这些地区在宋代又新建了一批寺院。如衡州衡阳县（今衡阳市）大西门外，徽宗宣和中建西禅寺；衡阳石鼓山右，理宗宝祐五年（1257）建花药寺；潭州湘阴县神鼎山（今属汨罗县），宋真宗大中祥符中，建资圣寺；岳州临湘县南，宋代建至源寺等。由于北宋神宗熙宁间对湖南少数民族地区的开拓，佛教还开始向民族地区传播和扩展。如在开拓梅山新设的安化、新化两县后，就在上下梅山建立了佛寺，以“熙宁”二字命名，新化建承熙寺，安化建启宁寺、崇福寺。开拓“南江诸蛮”溪峒后，熙宁中，在麻阳县西建同天寺，在溆浦建圣寿寺（后改名广福寺），芷江建报恩寺，黔阳建普明寺、归化寺、净化寺，沅陵（辰州）建龙兴寺等。（插图 33）

插图 33　沅陵（辰州）龙兴寺

南岳古刹般若寺，北宋太宗太平兴国年间，改名福严寺。禅宗高僧石霜楚圆（987—1040）曾任住持。著名禅师文演等都曾在此参禅弘法。文演（？—1142），属南岳下 15 世，俗姓杨，成都人。年 18，受具足戒，居大慈寺习经论。后参圆悟获悟。圆悟去世，出四川，谒径山宗杲。游南岳，领福严寺首座。开法智度寺，唱圆悟之道十有二年。迁主福严寺，法席之盛，卓冠湖湘。高宗绍兴十二年（1142）圆寂。

上封寺，隋以前为道观，隋炀帝南巡来此，改观为寺，赐名上封寺。宋代，上封寺已发展为禅宗临济宗黄龙派僧人弘化一方之所，禅僧辈出，名震一时。先后在此任住持的高僧有祖秀、佛心等。祖秀，南岳下 14 世，俗姓何，常德人，黄龙悟新法嗣。佛心，南岳下 14 世。名本才，俗姓姚，福州人。曾往豫章黄龙山，参悟“新不契”。又参灵源惟清。惟清告以“须是大彻，方得自在”。相传，有一天，窃观邻案僧读《曹洞广录》，佛心欢喜踊跃，顿然彻悟，曰：“彻！彻！大海枯干，虚空迸裂，四方八面绝遮拦，万象森罗齐漏泄。”① 先后住持南岳上封寺、长沙道林寺，名震一时。后归闽。

南台寺，唐代禅宗青原系高僧石头希迁开法于此，大阐宗风之后，成为了曹洞、云门、法眼三宗的共同祖庭。在宋代，住持南台寺的著名僧侣可考者有允恭。允恭，南岳下 13 世，大沩怀秀的法嗣，与福严寺文演为同门，属临济宗。其时，张栻游南台寺，见寺宇环境幽静，建筑相当雄伟壮丽，特作《题南台寺》诗云：“相望几兰若，胜处是南台。阁迥规模隐，门空书夜开。回风时浩荡，高岭更崔嵬。漫说石头滑，支筇得往来。”②

胜业寺（祝圣寺），位于衡阳市南岳区南岳镇东街，创建于唐，始名弥陀台，创始人为承远（712—802），世称弥陀和尚。后世人推奉为净土宗的第三代祖师。宋神宗熙宁年间，住持僧文政建御书阁，藏太宗御书于内。宋徽宗笃信道教，一度命佛、道合流，改佛寺为道观，此寺乃改为“神霄宫”。后复为佛寺，并赐额为胜业寺。宋代文人学者如黄庭坚、折彦质、陈与义等均曾游胜业寺，并留有诗文。孝宗乾道三年（1167），朱熹、张栻同游南岳，寄宿于胜业寺。

在宋代湖南的佛寺中，麓山寺仍享有盛名。麓山寺在唐代处于全盛时期。至宋代成为禅宗的著名佛寺之一。继唐末宋初长沙景宏禅师之后，曾住麓山寺的有鹿苑山晖禅师、潭州岳麓和尚、潭州鹿苑和尚、鹿苑文袭禅师和智海等著名禅僧。

智海，人称岳麓海禅师，吉州泰和人。麓山寺一度毁于火，智海筹款擘划，在宋哲宗元祐年间重建了全部殿宇。为纪念这位为麓山寺作出重大贡献的智海禅师，他圆寂后人们特建塔留念，遗迹至今犹存。

五代时建于长沙的开福寺，至北宋，佛事兴隆，高僧辈出。宋初，有著名

---

①参见新编《湖南省志》第二十七卷《宗教志》，湖南人民出版社，1999 年。

②参见新编《湖南省志》第二十七卷《宗教志》，湖南人民出版社，1999 年。

的洪蕴和尚（936—1004）。洪蕴，俗姓蓝，长沙本地人。年十五出家开福寺。禅诵余暇，兼攻医术，后游京师，以医术知名。宋太祖赵匡胤曾召见，赐紫方袍，称广利大师。后任僧官，又转左街副僧录。景德元年（1004）卒，年六十。宋仁宗景祐年间，由沙门紫珂主持，对开福寺作全面修缮。徽宗大观年间，禅宗临济宗杨岐派禅僧开福道宁（？—1113），应潭帅席震之请，主持开福寺，僧侣云集，达500人之多。嗣法弟子有月庵善果，其后依次传承老衲祖证、月林师观、无门慧开、法灯觉心。觉心系日本僧人，南宋理宗淳祐九年（1249）入宋，嗣无门禅法，后返回日本住纪州兴国寺。1298年圆寂。可见早在13世纪，开福寺的道宁法脉，即东传日本，与日本的禅宗有了联系。北宋末年，开福寺已成为一个别具特色的风景区。寺内及周边有紫微山、碧浪湖、白莲池、龙泉井、放生池、鸳鸯井、会春园、舍利塔、千僧锅等十六景。南宋著名理学家张栻游开福寺后，特作《题开福寺》散文一篇，极赞其风景之秀美。

浏阳石霜寺也颇著名。石霜寺又名崇胜禅林，在今浏阳金刚乡石庄村石霜山上，创于唐僖宗时的沙门庆诸，为唐代佛教禅宗的著名寺院之一。至宋代，出了不少禅宗人物如楚圆、法永、节诚、宗孙、宗鉴等，其中以楚圆最为有名。楚圆（987—1040），俗姓李，全州人。22岁于湘山隐静寺出家，游历到北方参临济宗的汾阳善昭和尚获悟。他是南岳派惠能的十二传弟子，临济宗义玄的七传第子。从汾阳南归后，他先后游居江山、洞山、仰山等地，谒湘阴神鼎山洪湮，住浏阳道吾寺、石霜寺，南岳福严寺，长沙兴化寺，名重丛林。宋仁宗时至京师，仁宗赐船南归，卒于兴化寺，年五十四，建塔于石霜寺。楚圆以前，临济宗仅流传于北方，随着他的南归传法，临济宗便在南方安家落户了。在其嗣法弟子中，以慧南、方会为著，各开一派，慧南开黄龙派，方会开杨岐派，成为宋代“五宗七派”中的二派。杨岐派于宋宁宗时由日僧泉涌俊芿传入日本，成为日本禅宗；黄龙派也由日僧明庵荣西传到日本，创日本临济宗。在国内，黄龙派数传即绝，杨岐派则又衍为大慧派、虎丘派，为宋代禅宗名派。由此可见，石霜寺是宋代临济宗的著名寺院，也是日本禅宗的发源地之一，它在中国禅宗史上应有一定的历史地位。石霜寺在漫长的历史沧桑中一度荒废，近年来得到修复，初具旧貌。

由唐代高僧灵祐创建的宁乡沩山密印寺，宋初仍十分兴盛。宋徽宗崇宁三年（1104）十一月，突遭大火，所有寺宇顿时化为灰烬。住持海评、子方，经3年修复部分殿堂。至大观四年（1110），潭帅曾孝蕴派员赴江西庐山归宗寺，请云门宗僧人空印住持密印寺。又经 8 年的经营筹划，殿堂得以次第修复，焕然一新。宋代先后住持或开法沩山密印寺的著名禅僧还有大圆、法泰、善果等。大圆，南岳下 14 世，四明（今浙江鄞县地）人，嗣长沙道林了一，曾开法大沩，所著《三关颂》及《拈古》，盛行丛林。法泰，南岳下 15 世，俗姓李，汉州（今四川广汉）人。出家后，精研律藏。后出蜀，曾开法鼎州（今常德）德山，继迁潭州谷山（今长沙市地）、道吾山（今属浏阳市），后主大沩山。赐号佛性，门下弟子多著名禅师。善果，一名月庵，南岳下 15 世，俗姓余，信州（今江西上饶县地）人。嗣法开福道宁，主密印寺。当时石霜宗鉴、道林渊、大沩行、玉泉宗琏等名僧，都曾法嗣月庵。

宋代湖南的名僧禅师多研习佛学，留下一大批佛学著述，其中不少成为中国佛教经典。如：

《开福道宁禅师语录》，道宁撰。道宁，俗姓汪，歙溪（今安徽歙县）人。为禅宗南岳系临济宗杨岐派传人。大观三年（1109）住长沙开福寺，为第十九世。政和三年（1113）殁。此书有宋刊本，收入《续藏经》。

《石霜楚圆禅师语录》，楚圆撰。楚圆，俗姓李，广西全州人。少习儒业，22 岁出家。历主潭州道吾、石霜和衡山福严寺。圆寂于潭州兴化寺。因曾住持浏阳石霜山崇胜寺，弘扬临济宗风，并葬于此。故世称“石霜楚圆”。此书集楚圆在道吾、石霜、南岳等处示众、上堂语及机缘、勘辨、偈颂等。收入《续藏经》。

《禅林僧宝传》30 卷、《林间录》2 卷、《后录》1 卷，惠洪著。惠洪，俗姓彭，筠州新昌（今江西宜丰）人。14 岁出家，19 岁试经东部（开封）为大僧。政和四年（1114）隐居南岳方广寺灵源阁，名其居曰“甘露灭”斋。《禅林僧宝传》，成于宣和初，记名僧 81 人。初刊于宣和六年（1124），后又有多种刻本行世。《林间集》，为佛教杂著，所记多为名僧嘉言善行、丛林遗训等，共辑 300 余事。《后录》，摘《石门文字禅》赞偈和《渔父词》等，似为后人附辑。皆收入《续藏经》。

《正法眼藏》3 卷，宗杲撰。宗杲，俗姓奚，安徽宣城人。12 岁入寺，17 岁正式出家。师事临济宗杨岐派圆悟克勤，为南岳下十五世。南宋绍兴十一年（1141），因受反对秦桧与金议和案牵连，被流放衡州（今衡阳）。居衡阳雁峰寺下 10 年。此书成于绍兴十七年（1147），随即刊行。书中裒辑著名唐宋禅师耆宿示众机语，间附本人按语。共收录 100 余人 600 多事。所集资料，有些今已失传，对研究禅宗历史有重要价值。收入《续藏经》，并有明万历重刊本。

《佛果圆悟禅师碧岩录》10 卷，克勤撰。克勤，俗姓陈，字无著，赐号圆悟，又号佛果。彭州崇宁（今四川郫县）人。幼年出家，初从文照等学经论，后游丛林尊宿。为南岳下十四世、临济宗杨岐派僧人。此书为其在澧州夹山灵泉院（今属石门县）讲评其师雪窦重显《颂古百则》之作，由门人记录编集，于北宋宣和七年（1125）成书。"碧岩"一词，来源于灵泉院中所悬"鸟衔花落碧岩前"诗句。书中收录其对禅宗公案和《颂古》所作评析 100 则，结构严谨，文字洗练流畅。为禅宗评唱体之开创性著作，被禅界称为"宗门第一书"。收入《大藏经》《大正藏》。

《古尊宿语录》48 卷，赜藏主辑。"赜藏主"，未知何人。此书约成于南宋绍兴元年至八年（1131—1138）。书中集录禅宗南岳系怀让以下马祖、百丈、临济及云门、真净、佛眼等 36 家唐宋禅师语录。其中多为《景德传灯录》所未载，为研究临济宗思想的重要资料。收入《续藏经》。

二、湖南道教的兴盛

道教在宋代，由于统治者尤其是太宗、真宗、徽宗的推崇，因而进入了一个高峰时期。湖南道教亦盛极一时，而中心仍在南岳。南岳庙、黄庭观、玄都观、九仙观等古道观均香火旺盛，名道辈出，获得了新的发展。在湖南其他地方，两宋时期也兴建和扩建了一批著名道观。如衡阳寻真观、攸县阳升观、溆浦景星观、岳阳吕仙亭道观、岳阳大云山祖师殿、浏阳升冲观、常德太和观、郴州苏仙观等。

南岳庙（即衡岳观）。南岳道教在唐末五代一度衰落，入宋后迎来了它的复兴时期。这一状况集中反映在南宋道士陈田夫所撰的《南岳总胜集》中。大中祥符四年（1011），宋真宗封崇五岳，派工部侍郎薛映等，奉《玉册文》来到南岳，加封南岳司天王为"南岳司天昭圣帝"。从此，南岳庙的建筑形制仿照皇宫前、后殿之制，其道教圣地的地位达到顶峰。（插图 34）据《南岳总胜集》记述：南岳庙，原名衡岳观，"千杉翠拥，万瓦烟生"，有大小建筑 800 余间。① 其中有司天昭圣帝的镇南殿等 16 殿，有七门五堂。宋朝历代对南岳司天

①陈田夫：《南岳总胜集》卷中。

插图 34　南岳大庙正殿（清代建筑）

王和司天昭圣帝的褒崇都十分虔诚，每年立夏节南岳均举行大祭，由本州通判或以次官充献官。宋真宗时，委派冲靖天师单惟岳担任主持。徽宗宣和三年（1121），下旨免征衡岳观二税。绍兴年间，南宋高宗特赐御书《黄庭内景经》1 卷及《法帖》9 卷，存于观中。

南岳黄庭观。五代楚王马希声曾重修。宋仁宗赐名为“紫虚元君之阁”。政和五年（1115），因宋徽宗崇尚道教，以道教著名真经为《黄庭经》，于是赐名黄庭观。由此名气更盛。

衡阳寻真观。在衡阳城北，真宗大中祥符年间，桂林栖霞洞畅玄先生任此观主持，“经营一新，重建白云轩”。绍兴十六年（1146），陈田夫曾在此观度夏避暑，并作诗留念，收入《南岳总胜集》。其诗云：“我爱潇湘境，朱陵后洞天。白云堂里客，青草渡头眠。小艇牵红鲤，幽池种白莲。颐真堪此地，风月两依然。”①

攸县阳升观。坐落在攸县东，旧名朱阳观，建于唐天宝间。北宋政和间，

①陈田夫：《南岳总胜集》卷中。

漕臣程元祐奉诏主持修复，凡110楹，诏易名阳升观，香火盛极一时。

桃源县境的桃花源有桃花观、桃川宫，亦为湖南道教圣地。

宋太宗淳化元年（990），朗州（今常德）守臣奉诏修桃花观，修成五百仙人阁，赐名望仙阁。桃川宫，在宋时也多次修复。今桃花源被列为省级重点文物保护单位，成为湖湘的风景名胜之一。

宋代湖南有一批著名的道教人物，如胡元雅、何仙姑、蓝方、率子廉、蒋晖、陈崇政、何大士、刘用光等，他们在中国道教发展史上都占有一定的地位。

胡元雅，茶陵人，雍熙中，主持茶陵洞真观，将宫观扩建改造，更名为青霞观。相传，元雅死后，宋真宗梦见他以里居姓名谒见，乃使有司寻访，而元雅已尸解。南宋景定年间，被封为显佑真人。

何仙姑，更是富有传奇色彩的道教人物，被奉为“八仙”之一。据宋魏泰《东轩笔录》和《宋朝事实类苑》卷四三、卷七十记载，何仙姑为永州（即零陵）何氏之女，相传幼遇异人与桃食之，遂不知饥饿，又能逆知人之祸福，乡人以为神，建楼以居，称之为何仙姑。关于她的神奇故事，民间流传甚广，湘人深信不疑。

蓝方，华山派道士，字元道，亳州（今安徽亳州市）人。修道南岳。举止温厚，乐善好施，见人长笑，人称“长笑先生”。宋仁宗曾召其进京，建馆于芳林园居住。蓝方要求回南岳，仁宗赐号“南岳养素先生”，住持南岳招仙观。

率子廉，南岳著名道士。住南岳紫虚阁修炼30年。常醉卧山林，任风雨冲洗。为人憨厚朴实，被道众称为“率牛”。宋代大文学家苏轼特作《率子廉传》。

蒋晖，全州（今属广西）人。嘉定十一年（1218），居祁阳洪峰乡鸟符山，筑紫仙观修炼其身。绍定二年（1229），道士白玉蟾和名道李洞阳，各书一诗刻石置于紫仙观后。祁阳存有《无上宫主访蒋晖诗》碑。无上宫主即华州吕道士。此诗收入《全唐诗》。

陈崇政，沅陵人。修道于大酉观，传说有奇异法术，能呼风唤雨。炼内丹，服气养生，常辟谷不食以年计，唯偶吃瓜果，体健神清，80岁尚行步如流。宋徽宗政和四年（1114），赴南岳衡山云游，自测得知羽化之期，遂以书信告其徒，言将于正月二十一日“委蜕而归”。其徒赶赴南岳，随师而行，果然如期冲举。①

何大士，道州（今道县）人，名志源。加冠成年后，慕仙真之学，遂往九疑山求师问道。相传，他行至途中，发现所踏石上有类观音之画像，由此顿悟得道。其修行持戒，极坚毅严格，法术奇妙，替人治病，劝人行善，最后道业圆满。宋理宗淳祐七年（1247）七月二十七日，趺坐而化。朝廷闻其道行，特敕封为“西山慧应天师”。时人建祠以祀。

刘用光，字道辉，江西贵溪人。往游南岳衡山，路遇一自称张辅元的道士，二人同行，刘用光沿途为其背负行李，炊煮饮食，躬身侍奉。据传该道士被刘用光的虔诚和恭谨所感动，遂授以《天心五雷法》。自此居南岳，潜心研习，得其秘要。天旱求雨，每祈必应，名著江湖。年近40度为道士。宋宁宗召赴京师，赐冠衣，先后授左宫街都道录、太乙宫都监。赐号“冲静先生”。并出内帑钱帛，令其扩建上清宫。理宗赵昀亦召见，刘用光荐以《道德经》治天下。在京参与校订《黄箓科仪》。

宋代湖南在道家经典研究和传注方面，重要的传世著作有《黄帝阴符经集解》和《南岳九真人传》。

《黄帝阴符经集解》，凡3卷，北宋时潭州长沙县主簿袁淑真撰。《阴符经》，系道教经典，假托黄帝所作。据考证实为唐代之前古籍，或谓北魏寇谦之撰，或说唐李筌著，关于其作者说法不一。全书主要讲道家修养，间亦涉及丹术，并有部分纵横、兵家言。袁淑真集解，取李筌经文本，分为上、中、下三卷，有注有疏。其注经颇重一个“机”字。谓圣人须察天道运行、阴阳变化之机，使行为与之符合，有利于治国安民，固躬养生。收入《道藏》。

《南岳九真人传》，廖侁改撰。廖侁，北宋人，籍贯生平不详。曾任奉议郎。其自序称，此书原系道士欧阳道隆家藏道书《南岳九仙传》，求其作序。侁乃“削其叙说稠叠者十有一处，正字体谬误者三十有一，又校升举年月不同者四。取旧碑而定”②。书中记述六朝时衡山道士陈兴明、施存、尹道全、徐灵期、陈慧度、张昙要、张始珍、王灵舆、邓郁之九真人修道升仙之事迹，一一注明名号、故里、升举日期等。谓后世曾在九真人升举处建宫。至唐咸通年间

①参见新编《湖南省志》第二十七卷《宗教志》。

②引自新编《湖南省志》第二十九卷《著述志》（上），湖南人民出版社，2003年。

衡州刺史张觌陈乞赐号“紫盖峰九仙石坛”。其书收入《道藏》。

三、民间信仰与祭祀

两宋时，各地盛行为名宦乡贤与地方神祇立祠奉祀之风，湖南亦如此，兴建了不少专祠。现就史籍所载择要记述如下：

向公祠。在长沙城内，宋建。祀制置副使向士璧。

向士璧，字君玉，常州人。绍定五年（1232）进士。累官大理卿直龙图阁。开庆元年（1259），迁湖南安抚使兼知潭州，旋升湖南制置副使。元兵围攻潭州城，力战退之，围乃解。以功进兵部侍郎兼转运使。权臣贾似道忌其功，诬陷被杀。德祐元年（1275），诏追复原官，立庙潭州。

五忠祠。在长沙北门内，宋朱子帅潭时所立。祀东晋谯王司马丞，宋潭州通判孟彦卿、赵民彦，将军刘介、赵聿之等。

据朱熹《潭州约束榜》云：王敦之乱，湘州刺史谯王司马丞“兴兵倡义，为国讨贼。功虽未就，志节可嘉”。通判孟彦卿等4人，均系绍兴初年，金兵犯潭州，率军民出战和守城，“殉国捐躯”，“忠节显著”者。故于城隍庙别置一堂，“塑像奉安，永远崇奉”①。

潭州（今长沙市）龙王庙。在湘江滨。宋建，后废。真德秀撰有《新建龙王庙记》。据其记载：嘉定十七年（1224）“夏六月，不雨”。特祭湘江龙神，“果大雨”。“泽膏田畴，活我黍稷”。于是建庙湘江之滨，以奉祀“龙君之神”②。

褚遂良庙。据记载，在湘乡县治北，唐褚遂良“左迁潭州都督，多惠政，邑人立庙祀之”。宋魏了翁作记。③

醴陵吕成公祠。在县北30里。祀宋吕祖谦。吕祖谦，宋寿州人。隆兴（1163—1164）进士。官至直秘阁著作郎国史院编修。与朱熹、张栻齐名，时称“东南三贤”。卒谥成。尝讲学醴陵莱山，邑人建书院居之。后其地为祠以祀。

湘潭包孝肃祠。在县西杨梅洲上，祀包拯。又，兴马洲亦有之。据记载，

①引自《湖南通志》卷七四《祠庙一》。

②引自《湖南通志》卷七四《祠庙一》。

③《大明一统志·衡州府》。

包拯生平虽未至湖湘，因其子包亿曾任潭州通判，早卒。“长沙人因祀拯”①。

湘潭三贤祠。在县西隐山。据记载，宋胡安国、胡宏父子与张栻，尝“往来隐山而乐之，后安国葬此山”。因立祠以祀。②

衡阳二守祠。据记载：“在县北石鼓山，祀晋死节太守刘翼、南北朝宋死节内史王应之。”初，宋刘清之建于朱陵道。嘉定中，知州孙德兴迁建于石鼓山。③

刘翼，晋淮陵人，为衡阳太守。王敦叛，刺史谯王司丞与翼等共同盟誓，驰檄湘州，起兵讨伐。敦遣将攻丞，翼战死。

向子忞祠。据记载：向子忞知衡州，“有善政，民立祠祀之。胡寅有记”④。

濂溪祠。在衡阳县西，祀周敦颐。据记载：“周子少孤，依舅氏龙图学士郑向以居。后人即向故宅建祠祀之。”⑤ 又，零陵亦建有濂溪祠，宋张栻撰《濂溪先生祠》。

先贤堂与先贤祠。先贤堂，在衡阳县西，宋郡守王亚夫建，祀宋李昉、张齐贤、刘清之、郑向、胡安国、李椿、向敏中、王岩叟、李迪、寇准等。宋汤汉先撰有《先贤堂记》。先贤祠，在衡阳旧府学宫内，祀周子（敦颐）、二程（颢、颐）与胡安国父子、张栻。宋真德秀撰有《先贤祠祝文》。其文曰：“圣学不明，千有余载。数先生相继而出，遂续孔孟不传之统，可谓盛矣。惟时湖湘渊源最正。……天之生数公，所以幸天下与来世，而湖湘之幸抑又多焉。”故“敬谒于祠下，缅怀遗风”。真德秀充分肯定和赞颂了这几位理学先驱与大师，对儒学和宋明理学，以及湖湘学和湖湘文化的发展所作出的巨大贡献。

酃县（炎陵县）炎帝庙。据记载：“在县西炎陵旁。庙在陵侧。”北宋乾德五年（967）建。翌年，以祝融“配食”。开宝九年（976），“诏移庙就县。去县五里”。南宋淳熙十三年（1186），“乃即陵侧复建庙”⑥。又有记载：淳熙中，“遣官致祀，舟覆。奏立殿县南，以承大祀”⑦。从记载看，炎帝庙几经迁

---

①引自《湖南通志》卷七四《祠庙一》。

②引自《湖南通志》卷七四《祠庙一》。

③引自《大明一统志·衡州府》。

④引自《大明一统志·衡州府》。

⑤引自光绪《湖南通志》卷七四《祠庙一》。

⑥引自王象之：《舆地纪胜》卷六三。

⑦《大明一统志·衡州府》。

建。原建于炎陵之侧，后一度迁建于县郊，又复迁陵侧原址。由于官员致祀，必须渡河。某次致祀时，渡船翻沉江中。于是又请立庙县南近郊。（插图 35）

插图 35-1　炎帝陵庙（清代建筑）

帝舜庙。《大清一统志》（卷二八一）记载，在衡阳县西仙上峰，宋建。

祁阳颜、元二公祠。据记载，在县西南浯溪上，祀唐颜真卿、元结。原各为一祠，南宋绍兴中，永州守许永、祁阳县令刘獬，“始合为一”，即颜、元合建一祠。（《浯溪志》）元结官道州刺史，勤政恤民，所撰《大唐中兴颂》，由大书法家颜真卿为之书写，摩刻于祁阳浯溪崖上，成传世名作。道州和祁阳人特为之立祠奉祀，以示敬仰与怀念。又，道州（道县）城东门外，亦有颜、元二公祠。

道州（道县）崇应庙。在州西北 5 里五龙井。据传说，唐阳城出守道州，途至襄阳，有 5 位老者来迎，自云春陵人。阳城各赠帛以劳之。问其所居，说在城西北 5 里。阳城至任所后，特去造访。唯有五龙井，未见老人踪影，而所赠帛犹存，因而立庙崇祀。宋大观四年（1110），赐额曰“崇应”。政和中，封五老为侯。这显然反映了当地士民对阳城的崇敬，因而赋予某种神化色彩。

永明县王佐庙，祀唐李靖；零陵县柳侯祠，祀唐柳宗元；永明县吴将军庙，

插图 35-2　炎帝陵神农殿（清代建筑）

祀宋吴舜举；祁阳县精忠庙，祀岳飞。均应建于唐季和宋代。

乌台庙，在永明县西。据记载，祀宋御史周畏之。“畏之，恭城人，尝奏免岭南租税，故祀之。”①

濂溪故居祠和周元公祠。在道州（道县）西营乐乡，祀宋周子敦颐。南宋嘉定十三年（1220），赐周子谥元公。端平二年（1235），诏从祀孔子庙庭。淳祐元年（1241），命迪功郎邓道主祀。魏了翁有《请赐谥疏》。周元公祠，在州学西，宋胡铨为之撰《濂溪祠记》。

邵阳二先生祠和四先生祠。二先生祠，在府学，祀宋周元公、张九成。乾道八年（1172），朱熹撰《邵州特祀濂溪先生祠记》。朱熹奉周敦颐为宋代道学的先驱和开山之祖，故祀之。并以张九成曾知邵州，而其学出于先生，故亦祀之。以尊严“道统”。四先生祠，在县东，祀宋周元公、张九成、朱子和陆九龄。

武冈州（今武冈）武侯庙与宁远庙。武侯庙，宋淳祐间建，祀三国蜀汉丞

①《大清一统志》卷三八三《永州府》。

相诸葛亮。宁远庙，在州南20里，祀刘锡。据记载：北宋神宗熙宁三年（1070），“寇乱”，刘锡往征有功，赠上将军，立庙祀之。

巴陵（岳阳）湖山庙和洞庭真君庙。据记载：“湖山庙在县西南君山，祀君山之神。”《岳阳风土记》云：“洞庭湖上，有洞庭真君庙堂。”① 岳阳另有洞庭庙，祀洞庭湖之神。此洞庭真君庙应即祀君山神之湖山庙。

平江县王文正公祠。据《岳阳风土记》记载：“在县治前，祀宋王旦。”王旦，即王文正。“尝率平江，有异政，邑人为立生祠。”宋叶適撰《迁建王文正祠记》。其记云：“湖外俗，简朴畏事，而皆趋善避恶。平江一邑，尤为湖外首称也，久矣。昔王文正公旦，宰是邑，民甚爱之，生为奉祠。”②

愍忠庙。在巴陵县南。“宋淳祐间孟珙建，以祀荆襄死事之臣。”③

临湘崇惠庙。在县东南30里，宋建，祀山神。

武陵（常德）善卷祠。在县东南德山。宋李焘撰有《善卷先生祠堂记》。据其记载：南宋开禧元年（1205），他出任常德提刑兼府事，“建高蹈先生祠于常德之德山”。武陵旧有善卷坛，辰溪有善卷冢。隋刺史樊子盖慕善卷之德，改德山为善德山，改坛宇曰善德观。北宋大中祥符，诏加先生之封，祀之。政和，赐号“遁世高蹈先生”。南宋淳熙五年（1178），巽岩作《善卷坛记》。④ 从记文看，德山，又叫善德山，善卷先生又号隐世高蹈先生。武陵地区自古即有关于善卷的传说，并且早有祭祀的坛观。入宋后对善卷的崇奉则更甚。

沅江县郭公庙，祀唐将郭子仪；武陵县城内双忠祠，祀唐代张巡、许远；武陵县西袁烈士祠，祀唐代袁映。均应为唐末或宋代所建。

溆浦伏波庙。在县治北，宋建。内有大观楼、流芳阁，祀汉马援。东汉伏波将军马援，奉命征“五溪蛮”，病死于沅水壶头山。沅水中游“五溪”地区，今沅陵、泸溪、辰溪、永顺、龙山、吉首、凤凰、麻阳等县（市）均有伏波庙，但始建年代不详。

英显庙。在芷江县东40里，祀林氏兄弟二人。林姓兄弟，未详其名，唐时为溪洞首领，殁后县人奉为神，祀之。传说，南宋绍兴年间，曾以“阴兵”助

---

①引自光绪《湖南通志》卷七六。

②引自光绪《湖南通志》卷七六。

③引自《大清一统志》卷二七九。

④引自光绪《湖南通志》卷七六。

讨曹成。乾道中，赐“英显”庙额。咸淳五年（1269），封“护国侯”。宋度宗《封英显庙神护国侯敕》云：“沅芷澧兰见于九歌，楚俗之信鬼而好祀尚矣！尔神兄弟，以溪洞首领，竞爽于唐而显迹于宋绍兴，却曹成之寇……出云雨以致丰年，御强暴以保境，内民颂之不休。”① 唐宋之际，沅州即芷江一带，属“南江溪洞蛮”地区，很可能确有姓林的首领，保境安民，有治绩，因而获得“蛮夷”民众崇敬，死后立庙祭祀。后为南宋统治者所利用，更加神化。至于以“阴兵”助讨曹成军，则完全属于神话，不可信。

郴州刘平章祠。在州西南，祀唐刘瞻，宋大观初建。

黔阳县饶公庙。据记载，“宋建，祀宋知县饶敏学”②。

三王庙与“天王”信仰。据记载，黔阳县（今属洪江市）的南门外、新街口和双溪铺均有三王庙，旧为灵应祠，祀宋代杨瀬兄弟 3 人；乾州厅（今吉首市地）北 5 里鸦溪，有三王庙，旧称三侯庙；凤凰厅（今县）有三侯庙两处，一在东门外，一在厅北 30 里靖疆营；永绥厅（今花垣县）三侯庙，在厅东门外，又称三王庙，祀宋杨瀬兄弟三人。③ “三王”，又称天王，或白帝天王，据史志记载，有不同的传说，但大多认为系指宋代杨氏三兄弟。他们征“苗”有功，后以“功高”遭忌被害，时人哀思，故立庙奉祀。清朝封为“靖远”“绥远”“镇远”三侯，用以威慑“苗民”。至于杨氏三兄弟的身世及其征“苗”事迹，未见于正史记载，只能视为民间的一种传说而已。

第七节　风俗

一、风土民情

《宋史·地理志》载：“荆湖南北路，大率有材木茗荈之饶，金铁羽毛之利。其土宜谷稻，赋入稍多。而袁、吉接壤，其民往往迁徙自占。深耕概种，

①参见《大清一统志》卷二八二《郴州》。

②参见《大清一统志》卷二八五《沅州》。

③见光绪《湖南通志》卷七七《祠庙》。

率致富饶。”

宋代湖南，分属荆湖南、北两路，“袁、吉”二州即今江西地。从记载看，两宋时的湖南，森林覆盖，盛产木材茶果，山野羽禽兽类和金属矿产丰富，土宜谷稻，入库赋粮已较多。并且未开垦的土地还不少，故江西人往往迁入，占地耕种，大多因此致富。

据祝穆《方舆胜览》、王象之《舆地纪胜》、范致明《岳阳风土记》等宋人著述，及光绪《湖南通志》所引宋代和元初史志的记载，湖南各地风土民情，宋代仍多类于汉唐，但也有某些变化，且不同地区又各具特色。

潭州（长沙市）地区：

有舜遗风。颇杂越风。长沙卑湿。其人劲悍决烈。①

士风纯古，恬于世利而好修。俗多慷慨尚节，而耻为不义。学者勤于礼，耕者勤于力。虽无甚富，亦无甚贫。(《元一统志》)②

岳州（岳阳市）地区：

地有四渎，江为之长。五湖，洞庭为之最。江湖之胜，巴陵兼有之。

幕阜亦谓之天岳，州据其阳，故谓之岳阳。

龙窖山，在巴陵北。山实峻极，上有雷洞，有石门之洞，山傜居之，自耕而食、织而衣。③

州氓勤生而啬出，闾阎之需，不仰给四方。日厌鲜鱼，而饫秫稻。晋绅无华屋文秀之侈。为奇技淫巧者不轻闯其境。

湖湘之民，生男往往多作赘，生女反招婿舍居。然男子为其妇家承门户，不惮劳苦，无复怨悔。

荆湖民俗，岁时会集，或祷祠，多击鼓，令男女踏歌，谓之歌场。疾病不事医药，惟灼龟打瓦，或以鸡子占卜，求祟所在，使俚巫治之。亲族不相视病，而邻里往往问劳之。谓亲戚视之则传染，邻里则否。死者多不埋葬，或暴露风日，或置之木杪，谓之死丧祥葬，多举乐饭僧。

鄂岳之民生子，计产授口，有余则杀之，大抵类闽俗。

傍湘之民，岁暮取江水一斗，岁旦取江水一斗，较其轻重，则知其年

①祝穆：《方舆胜览》卷二三《潭州》。

②引自光绪《湖南通志》卷四〇《地理志》。

③马子严：《岳阳甲志》，载《麓山精舍丛书·荆湖图经三十六种》。

水势高下。云重则水大，轻则水小，甚验。

华容地皆面湖，夏欣霖潦，秋水时至……中产之民，不过五十缗。多以舟为居处，随水上下，渔舟为业者十之四五，所至为市，谓之潭户。其常产即湖地也。①

人性悍直，女子皆服力役。以渔为生。②

衡州（衡阳市）地区：

民丰土闲。人多纯朴。必有魁奇之民。③

地有舜之遗风。人多纯朴。山川之秀丽称衡湘，人居其间得之为俊杰。④

宝庆府（邵阳市）地区：

据三湘之上游，土穰地灵物奇人秀。（希白《开元寺塔记》）其陆饶黍稷麻麦，其水宜稻。控引溪蛮盘错数百里。（《绍兴重修城记》）⑤

其人尚气而贵信，喜直而恶欺，节俭而不奢，朴厚而不恌。（《邵阳志》序）⑥

其人尚气而贵信。其水宜稻，其陆饶黍稷麻麦。⑦

其地接长沙、益阳，重岭回旋，形势险阻，蟠踞数百里。自唐末溪僚傜人雄据。国朝雍熙中，置五寨以扼其冲。⑧

朗州（常德府）地区：

人气和柔。信鬼而好巫。以渔猎山伐为业。⑨

常武为礼义之国。（《钟蜚英学记》）居民务本，勤于耕织。（《元一统志》）⑩

---

①范致明：《岳阳风土记》，光绪刻本。
②王象之：《舆地纪胜》卷二九《岳州》。
③祝穆：《方舆胜览》卷二四《衡州》。
④王象之：《舆地纪胜》卷五五《衡州》。
⑤王象之：《舆地纪胜》卷五九《宝庆府》。
⑥王象之：《舆地纪胜》卷五九《宝庆府》。
⑦祝穆：《方舆胜览》卷二六《宝庆府》。
⑧佚名氏：《邵州图经》，载《麓山精舍丛书·荆湖图经三十六种》。
⑨祝穆：《方舆胜览》卷三〇《常德府》。
⑩引自光绪《湖南通志》卷四〇《地理志》。

有虞夏之遗风。山川风物皆骚人所赋。①

澧州（澧县、安乡、石门等）地区：

有屈原之遗风。“南州美莫澧。”（柳宗元语）风俗夷僚。②

澧有屈原遗风。（《王堪制词》）地饶民醇。（胡文焕《风土记》）③

安乡县三面皆大湖，民以网罟为业。④

辰州（沅陵、泸溪、辰溪等）地区：

颇杂徭俗（《郡县志》：“夷僚杂居其处”）。裔出蛮瓠（《郡县志》：“蛮瓠者，盖雄溪……五溪蛮是也”）。板竹覆屋。仰给鼎澧荆岳。⑤

沅恃以为固，仰给鼎澧荆岳。盘瓠之后，服章以斑布为饰。

居城市者衣服言语皆华人，而山谷间颇杂以徭俗。⑥

矜重名教，敦尚典型。（《寰宇记》）少斗讼，寡盗贼。（《辰州风土记》）⑦

风俗尚治屋宇，五溪俗语“辰州斗屋”。今连甍接栋，皆覆以拔竹。意古今贫富有不同也。⑧

沅州（怀化市）地区：

盘瓠之后。俗好巫鬼。江山风物之所荡。⑨

嗜好、居处颇与巴渝同俗。本其所出，承盘瓠之后，服章多以斑布为饰。⑩

靖州（靖州、通道、黔阳等）地区：

盘瓠遗种。（今尚有仡伶、仡僚之号。其计岁月率以甲子，其要约以木铁为契，其乐器有愁笛、壶笙，其兵器与中国等）风土不恶。（《魏华父与

---

①王象之：《舆地纪胜》卷六八《常德府》。

②祝穆：《方舆胜览》卷三〇《澧州》。

③引自光绪《湖南通志》卷四〇《地理志》。

④佚名氏：《澧州续图经》，载《麓山精舍丛书·荆湖图经三十六种》。

⑤《方舆胜览》卷三〇《辰州》。

⑥《舆地纪胜》卷七五《辰州》。

⑦引自光绪《湖南通志》卷四〇《地理志》。

⑧佚名氏：《辰州图经》，载《麓山精舍丛书·荆湖图经三十六种》。

⑨《方舆胜览》卷三一《沅州》。

⑩《舆地纪胜》卷七一《沅州》。

人书》：靖为天下穷处，其最陋又在峡郡下。而民俗亦淳。时岁丰则物平)①

蛮皆盘瓠之余种，故其族类尚有仡伶、仡僚之号。其计岁月率以甲子，其要约以木铁为契，其乐器有愁笛、壶笙，其兵器有甲胄标牌刀及偏架弩，其利与中国神臂等，虽湿暑亦可用。②

风土不恶，民俗亦醇，不知有纷华之悦。故寡欲易足。郊人犹有大布之冠者。(《魏了翁集》)③

与蛮壤犬牙，岁久，声教所覃，去椎髻之习而冠巾，转侏离之音而通文字，奉官约束，一如中州。(汪藻《靖州记》)④

地界山巩溪，刀耕火种。(《图经》)

风气朴静，人士秀发。(翁永平《黔阳县治记》)⑤

民无异业，率作力农，衣食不假外求。(戴敏《石城记》)⑥

道州（道县、宁远、永明等）地区：

与五岭接界，大抵炎热，元无瘴气。俗尚韶歌，因嗣舜二妃泣望潇湘，风俗号曰湘夫人，又云湘君，遂作此辞，其来久矣。织造麻葛竹簟草席。别有山傜、白蛮、倮人三种，类与百姓异居，亲族各别，书曰岛夷卉服是也。⑦

俗尚韶歌（舜二妃泣望于潇湘，号曰湘君湘夫人，遂作此歌。其来久矣）。岛夷卉服（风俗记云：别有山傜、白蛮、倮人三种）。⑧

别有山傜、白蛮、倮人三种，类与百姓异名，亲俗各别。书曰岛夷卉服是也。

地产多民矮，每年配乡户贡其男，号为矮奴。阳城为刺史，不平以良

①《方舆胜览》卷三一《靖州》。
②《舆地纪胜》卷七二《靖州》。
③引自光绪《湖南通志》卷四〇《地理志》。
④引自光绪《湖南通志》卷四〇《地理志》。
⑤引自光绪《湖南通志》卷四〇《地理志》。
⑥引自光绪《湖南通志》卷四〇《地理志》。
⑦《太平寰宇记辨伪》卷四，载《麓山精舍丛书》第5册。
⑧《方舆胜览》卷二四《道州》。

为贱，又悯其编民岁有离异之苦，奏停其贡。民皆赖之，无不泣荷。①

永州（零陵、东安、祁阳等）地区：

参百粤之俗，其人鬼且禨（柳宗元：南楚风浮俗鬼）。举棹则有些声（柳拱辰《风土记》：楚词之些助语也）。歌则有欸乃声（今樵夫野老之歌犹有此声）。游观之佳丽。②

无土山，无浊水。清慧而文（刘梦得语）。地多蝼蚁，泽无鼋鼍（柳拱辰《风土记》）。风浮俗鬼。永州于楚为最南，状与越相类。潇湘参百越之俗（柳文书）。③

地多蝼蚁，泽无鼋鼍。竞船举棹则有些声，樵夫野老之歌则有欸乃声。些，助语，即楚词之楚些。欸乃，即所以发歌，即柳司马所谓“欸乃一声山水绿”者也。④

郴州（郴县、宜章、永兴等）地区：

清淑之气，蜿蟺扶舆。（韩愈《送廖道士序》：郴之为州，又当中州清淑之气蜿蟺扶舆磅礴而郁积，其水土之所生，神气之所感……必有魁奇忠信材德之民生其间。）必有材德生其间。民俗愿（憨）朴而劲。风俗脆薄。人才之盛。⑤

其地多崇山大泽，引衡岳而带九疑。中州清淑之气蜿蟺郁积于其间，亦天下佳山水处也。（《郴州兴造记》）郴之为州，无以异乎中邦，熏蒸太和，生齿繁夥。（《天堂山塔记》）郴为州，其山奇变，其水清泻，其气宛潭，其民魁奇而忠信。（《重建城门楼记》）郴，古桂阳郡地，其民俗憨朴而劲。（刚仲《社稷坛记》）⑥

俗憨朴而劲（《社坛记》）。醇憨忠朴，颛蒙悍劲而不能欺（陆九渊《宜章学记》）。⑦

折岭，路登陟盘旋折叠，故云折岭。

①佚名氏：《道州风俗记》，载《麓山精舍丛书·荆湖图经三十六种》。
②《方舆胜览》卷二五《永州》。
③《舆地纪胜》卷五六《永州》。
④柳拱辰：《永州风土记》，载《麓山精舍丛书·荆湖图经三十六种》。
⑤《方舆胜览》卷二五《郴州》。
⑥《舆地纪胜》卷五七《郴州》。
⑦引自光绪《湖南通志》卷四〇《地理志》。

潮水清冷莹彻，日夜两潮。后凿渠引水，弥年不潮。

苏仙岭……尝蓄云雾。常有威凤降于寒梧也。①

桂阳军（桂阳、嘉禾、临武等）地区：

内辖三县，外抚五峒。出银之务也。户只纳银，无秋粮夏税。古贡铅，今出银。

峒傜斑斓其衣，侏离其语，言称盘王子孙。

淳朴近古，畏法少讼。②

淳朴近古，侏禼其言。(《桂阳志》云：峒傜斑斓其衣。)③

桂阳之民，虽贫而有常产，父子兄弟多族居，或至百口。盖其俗朴近古然也。(《陈傅良集》)④

大凑山出银矿。当其盛时，炉烟蓊然，上接云汉，烹丁纷错，商旅往来轴凑。因以为名。⑤

武冈军（武冈、绥宁、新宁）地区：

风俗俭陋，市井稠客。⑥

军当湖南僻处，接畛广西，绵亘湖北，风俗陋俭，狱讼希简。⑦

茶陵军（茶陵、炎陵）地区：

颇有蛮风。民贫山居。⑧

从上引记载看，宋代湖南各地风土民情的共同特点是：淳朴、厚直、刚劲尚勇，淡于世利功名；农耕自给，生活节俭，无大富亦无甚贫。这些与汉唐时代有着明显的承续关系。而由于所处具体生态与生活环境的差异，在不同的地区，又各有特色。如洞庭湖区，盛产鱼类，其居民“日厌鲜鱼”；桂阳地区，铅银矿丰富，开矿炼银是当地主要营生，以至向官府只交银，不纳税粮；在地处“溪峒”的湘西和湘西南山区，及与“蛮夷”交错杂居地区，则多习“刀耕

---

①佚名氏：《郴州图经》，载《麓山精舍丛书·荆湖图经三十六种》。

②《舆地纪胜》卷六一《桂阳军》。

③《方舆胜览》卷二六《桂阳军》。

④引自光绪《湖南通志》卷四〇《地理志》。

⑤佚名氏：《桂阳图经》，载《麓山精舍丛书·荆湖图经三十六种》。

⑥《方舆胜览》卷二六《武冈军》。

⑦郑昉：《都梁志》，载《麓山精舍丛书·荆湖图经三十六种》。

⑧《方舆胜览》卷二六《茶陵军》。

火种”，其民更“好勇”而“贵信”，“憨朴俭陋”，颇具“蛮风”，“俗尚巫鬼”，服饰与语言也自有特色；武陵、沅澧颇有当年屈原遗风，而长沙、衡岳、永道为帝舜“过化”之地，作“韶歌”，好渔父吟，歌唱多“欸乃”和“些”音；湘南地区与两广为邻，又多有“越风”，“参百粤之俗”，“俗兼蛮倮”等。

二、时令节庆

两宋时期，湖南各地民间流行的时令节庆，见于史籍方志记载的不少。现就其中一些颇具特色的，作择要记述。

盘古氏生日　据宋罗泌《路史》载：“荆湖南北路，以十月十六日，为盘古氏生日。”湖南地区曾有此节日，这是历史上唯一的记载。但其流行地域及详情，现不得而知。

“献岁”与“云开日”　宋范致明《岳阳风土记》云：“岳州自元正献岁，邻里以饮宴相庆。至十二日罢，谓其日为云开日。”“元正”即元旦，为正月初一。正月十二日，叫“云开日”。这在湖南地区是首次见于文献记载。

正月十五“上元”节　宋文天祥《衡州上元张灯记》云：“岁正月十五，衡州张灯，大合乐宴宪僚于庭。州之士女，倾城来观。或累数舍，竭蹩而至。凡公府供张所在，听其往来，一无所禁。盖其习俗然也。”又云：“州民为百戏之舞，击鼓吹笛，斓斑而前”，“从城南竟城东，夹道观者如堵”。① 按农历，每年正月十五为元宵节，又称上元节。是日晚，举行灯会和花灯游行。各地均有此习俗。最初始于何代，无法考证。但从文天祥的记述看，湖南衡阳等地在宋代已十分盛行，规模相当宏大，并且官府张灯，与民同乐。

拜扫（扫墓）　宋《岳阳风土记》载：“春社后，遇好天色，往往相继上山。中州人所谓拜扫也。至寒食而止。”根据传统习俗，清明节扫墓。在宋代岳阳地区扫墓，似乎还不确定是在清明节的那一天。所谓“寒食”，是每年清明节的前一天。春社后寒食前，均可上山拜扫。

四月八“禳灾”　据《岳阳风土记》记载：“四月八日，取羊桐叶淅米为饭以祀神及先祖。濒江诸庙皆有船，四月中择日下水，击画鼓集人歌以棹之。至端午罢。其实竞渡也。而以为禳灾。民之有疾病者，多就水际设神盘以祀神，

---

①引自光绪《湖南通志》卷四〇。

为酒肉以犒棹鼓者。或为草船泛之，谓之送瘟。”从近代以来仍流行的习俗看，以四月八为节，在湖南各地很普遍，但具体内容与形式有差异。怀化和邵阳地区，特别是侗族至今仍过“四月八”，煮用树叶汁染色的“乌米饭”，祭祀先祖，很可能即沿袭于宋代流行的用“羊桐叶淅米为饭”，以祀神与祖先的习俗。近代以来，辰水流域沿岸还多有庙，庙中存放龙舟。但龙舟竞渡是在五月五日至十五日，四月并不竞渡。至于泛草船“送瘟”，可能流行地域并不太广，在宋以后再未见于文献记载。湘西苗族地区也过“四月八”节，其缘由和形式又不同，主要是青年男女“跳花”娱乐和交友。

龙生日　《岳阳风土记》载：“五月三日，谓之龙生日，可种竹。《齐民要术》所谓竹醉日也。”此俗，似乎未广泛流行，史志中也少见类似记载。

腊日与“腊八”　据记载：“十二月八日为腊日。谚言‘腊鼓鸣，春草生’。村人击细腰鼓，戴胡头，及作金刚力士，以逐疫。其日，并以鸡豚祭灶神。”① 腊日，又叫腊八，至今大江南北仍重此节日，也祭祀灶神。但击腰鼓、“作金刚力士”以驱逐疫病，后来未再见记载。

三、少数民族风情

两宋时期，湖南原土著“蛮夷”各民族，人数相当多，主要分布于湘西、湘南，以及湘中部分地区。其风情习俗均自有特色，宋人已多有记载。如《容斋四笔》《老学庵笔记》《溪蛮丛笑》和《桂海虞衡志》等。而其中，以朱辅《溪蛮丛笑》的记载较详备，且更有代表性。

所谓“溪蛮”，指史称的“五溪蛮”，分布于沅水中上游及其酉、武、辰、巫水等支流地区，即今湘西自治州和张家界、怀化、邵阳等少数民族聚居市县。朱辅的记载，涉及当时所称的“苗”“徭”“獠”“獞”“仡佬”等民族。《溪蛮丛笑·叶钱序》云：“所记诸蛮，风土物产颇备……数典亦为详赡。至其俗尚之异，种类之别，曲折纤悉，胪列明晰。”② 现择要引述如下：

> **木契**　刻木为符契，长短大小不等。冗其傍，多至十数，各志其事，持以出验。名木契。③

---

①《湖南风土记》，引自光绪《湖南通志》卷四〇。

②引自伍新福校点：《五溪蛮图志》附录《溪蛮丛笑》，岳麓书社，2012年。

③引自伍新福校点：《五溪蛮图志》附录《溪蛮丛笑》，岳麓书社，2012年。

“刻木为符契”，类似于“结绳记事”，本系尚无文字的人类原始时代普遍使用的一种记事方式。宋代聚居于“五溪”地区的“诸蛮”，一直没有本民族的文字，当时与汉民族又相互隔离，还未能掌握和借用汉文字，只得刻木为符契。即将一定形状的木块或竹片分开，当事人双方各自执留一半，以为约，必要时则合之验证。

茅花被　仡佬无绵，揉茅花絮布被。一被数幅，联贯以成。山傜皆卧板，夜燃以火。仡佬视傜，则为富矣。

宋代湖南的“仡佬”族，不生产“绵”（丝棉），也尚不知种植棉花。故采集野生的茅花，制成絮被。而当时的“山傜”族，不知制作这种絮被，晚上睡觉，还只得以火取暖。

仡佬裙　裙幅两头缝断，自足而入，阑斑厚重，下一段纯以红。范史所谓“独力衣”，恐是也。盖裸袒，以裙代裤。虽盛服不去，去则犯鬼。

这种裙，类似于现在所称的桶裙。当时溪洞“仡佬”族，因无棉纱，可能以麻纱织布作裙，所以“厚重”。裙面有花纹，下段呈红色，特点鲜明。朱辅认为这种裙，就是范晔在《后汉书》中记述的“盘瓠之裔”所着的“独力衣”。这可为一说。至于“以裙代裤”，这是近代以前“五溪”和西南各民族普遍流行的习俗。宋代的“仡佬”妇女，一年四季均着裙，是可能的。但以为脱去不穿就会“犯鬼”，在其他史志中未见有同类记载。

娘子布　《汉传》载“阑干”。“阑干”，僚言纻。今有绩织细白苎麻，以旬月而成，名娘子布。

宋代湖南的“僚”族，称苎麻为“阑干”。《后汉书·南蛮传》所载的“阑干”布，应该就是一种苎麻布。当时五溪地区又叫“娘子布”。可能与今天湘西土家族所称的“西兰普卡”布相类似。

点蜡幔　溪洞爱铜鼓，甚于金玉。每模取鼓文，以蜡刻板印布，入靛缸渍染，名点蜡幔。

其实，这里有两层意思：一是说溪洞“蛮夷”十分喜爱铜鼓；一是说，“点蜡幔”，即模取铜鼓上面的花纹，用蜡制模板以染花布。“五溪”和西南地区的侗、瑶、苗等民族，现在不少尚存节庆和祭祀时击铜鼓的习俗，而此俗早已流行于宋代。“点蜡幔”，应即后来所称的“蜡染”，这一传统工艺，至今在湘西土家族和苗族中仍未失传，只是所印花色，已不限于铜鼓纹，取材更广。

飞铊　土俗，岁节数日，野外男女，分两朋，各以五色彩囊豆粟，往来抛接，名飞铊。

过年节时，青年男女分列两队，互相抛掷彩囊（彩球）以为乐。据朱辅记载，宋代在“五溪”地区有此俗，但后来未再见于史志。20世纪90年代访问美国明尼苏达州苗族同胞时，恰逢过“苗年”，本人应邀参加新年团聚联欢，其中一项娱乐就是男女列成两队抛接彩囊。欢声笑语，颇富情趣。联想起来，这很可能就是宋代的遗俗。美国的苗族是由我国云南迁居老挝，再由老挝迁往美国，而他们世代相传，说自己的先祖是从湖南西迁至云南的。正是这种渊源关系，使他们至今保留了“五溪”“蛮夷”的某些习俗。

客鼓　鼓之节不一。有暗箭鼓、集人鼓、犒设鼓。飨客亦以此。远近听以为准。酒酣，少有参商，则鼓声随变，终席无他者，名客鼓。

击鼓歌舞，至今仍是湘西苗族最喜爱的一项娱乐活动，凡逢过“苗年”“四月八”等节庆或祭祀活动，一般必有鼓舞。而在不同场合又有不同形式和不同拍节。朱辅所记载的“客鼓”，即节庆饮宴接待宾客时举行的鼓舞。这是其中的一种。看来这种“客鼓”，宋代在“五溪”民族地区已十分流行。

葫芦笙　潘安仁《笙赋》“曲沃悬匏，汶阳瓠条”，皆笙之材。蛮所吹葫芦笙亦匏瓠余意，但列六管，与《说文》十三簧不同耳。名葫芦笙。

朱辅所记的“葫芦笙”，即芦笙。宋周亦非《岭外代答》又称之为“卢沙”。这是我国一种古老的传统乐器，秦汉以前即已流行。至今仍为湖南和西南苗、瑶、侗等民族最喜爱的乐器。并且与朱辅的记载相符合，均为六管。

筒环　仡佬妻女，年十五六，敲去右边上一齿。以竹围五寸、长三寸，裹锡，穿之两耳，名筒环。

秦汉前古越人即有“锉齿”的习俗，宋代“仡佬”族妇女敲去一齿，可能是其遗风。所谓“筒环”，宋以后明清时代的文献未见记载，可能早已失传。

羊栖　仡佬以鬼禁，所居不着地。虽酋长之富，屋宇之多，亦皆去地数尺。以巨木排比，如省民羊栅，杉叶覆屋，名羊栖。

所谓仡佬“羊栖”，从朱辅的记述看，应即“五溪”民族地区的一种典型民居，明清文献称“干栏”，又叫吊脚楼。

打寮　山傜穴居野处。虽有屋以庇风雨，不过剪茅叉木而已，名打寮。

“山傜”，或称“过山傜”，瑶族中的一支。多刀耕火种和狩猎为生，常迁徙，所以房屋都很简陋。朱辅看到的这种木叉茅屋，在苗、瑶民族生活的湖南山区，直到近代还常见，又别称“斗屋”。

爬船　蛮乡最重重午，不论生熟界，出观竞渡，三日而归。即望复出，谓之大十五。船分五色，皂船之神尤恶，去来必有风雨。一月前众船下水，饮食男女不敢共处。吊屈原，正楚俗也。名爬船。

这是对宋代湖南武陵“五溪”民族地区端午节龙船竞渡的记述。朱辅认为是楚地吊屈原的遗俗。其实，在湘西辰水、武水一带的苗族中，“爬龙船”还有另一种含义，即追祭“盘瓠”。“重午”，即五月五“端午”，同时还过“大端午”，即“大十五”，至今湘西沅水中游地区仍有此俗，而溯其源，早在宋代已十分流行。

南宋孝宗时，范成大在桂林广西安抚使任内，曾撰《桂海虞衡志》，所记“傜”“蛮”“獠”诸族风物，不少涉及湘桂边和湖南西南一带苗、瑶、侗民族，现择要如下：

傜本盘瓠之后……椎髻跣足，衣斑斓布衫。名为傜，实不供征役。各自以远近为伍，以木叶覆屋，种禾、黍、粟、豆、山芋，杂以为粮，截竹筒而炊。暇则猎食山兽以续食。岭磴险厄，负重者，悉着背上，绳系于额，偻而趋。

俗喜仇杀，猜忌轻死。又能忍饥行斗。左腰长刀，右负大弩，手长枪，上下山险若飞。儿始能行，烧铁石烙其跟跖，使顽木不仁，故能履棘茨根蘖而不伤。儿始生，秤之以铁，如其重，渍之毒水。儿长大，煅其钢以制刀，终身用。

岁首祭盘瓠。杂糅鱼肉、酒饭于木槽，扣槽群号为礼。十月朔日，各以聚落祭都贝大王。男人各成列，联袂相携而舞，谓之“踏瑶”。竟相得，则男咿呜，跃入女群，负所爱而去，遂为夫妇，不由父母。……乐有卢笙、铜鼓、胡芦笙、竹笛之属。其合乐时，众音竞哄，击竹筒以为节。团转跳舞，叫呼以相之。①

从范成大的记述看，宋代湘桂边和湘西南一带的苗、瑶、侗民族，“椎髻跣足”、衣衫“斑斓”，杂糅鱼肉和扣槽而号，祭祀“盘瓠”等，尚保持着两汉时“武陵长沙蛮”习俗，也多类朱辅所记“五溪蛮”。由于聚居于山林地区，记述多反映山区一些传统的生产生活情景。诸如：茅草木皮盖屋；多食杂粮，辅以

①引自胡起望等：《桂海虞衡志辑佚校注》，四川民族出版社，1986年。

狩猎为生；背负重物，偻身而行等。关于“仇杀”“轻死”以及尚武善斗等，自宋以后仍多见于有关苗、侗民族的史志记载。所谓“踏瑶”，类似于近代以来仍流行于湘西南一带苗、侗民族的芦笙“踩堂”。逢节庆，男女集于旷野平坝，吹芦笙，联袂团转歌舞。这种场合常常为平时山水相隔的青年男女，提供了寻觅意中人的机会和平台。看来湖南苗、侗民族的这种风俗，在宋代已十分盛行。

第六章　元明时期湖南文化

（1279年至1644年）

当宋、金对峙之际，成吉思汗的蒙古汗国兴起于北方草原。1234年灭金。1260年，忽必烈即帝位，建立元王朝。1279年，灭南宋，统一全国。从此，整个中国完全处于元朝统治之下，在我国历史上又一次形成空前规模的统一局面，而其疆域更超过盛唐。国家的大统一，各民族相互接触与联系的强化，中西部和中原与周边交往和交流的增多，有力地促进了全国政治、经济和文化在更大范围内获得新的发展。但蒙古贵族统治者的民族歧视和压迫，以及经济掠夺的政策，数十年间又促使国内民族矛盾和社会矛盾不断激化，大规模的农民大起义摧垮了元王朝不到一百年的统治。

在元朝统治时期，湖南的人口，特别是洞庭湖地区的人口大量增加，这为湖区的垦殖和以水稻为主的农业生产的发展创造了有利条件。元世祖忽必烈在位时和元朝前期，采取了一系列招集流亡、鼓励开荒、兴修水利、减免租税等政策措施，因而使湖南的经济得以恢复和发展，粮食生产增长，棉花种植推广，茶叶产量增加，丝棉纺织、瓷器、造船等手工业也有新的发展，内外贸易扩大。在经济恢复和发展的同时，湖南的文化教育、文学艺术、学术和科技取得了新的成绩。宋代全国著名四大书院之列的岳麓书院和石鼓书院，经南宋末年兵燹被毁之后，在元朝前期都得到恢复重建，并再度兴盛。元代数十年间，在文学、史学等方面，湖南培育了一批优秀人才，而欧阳玄更是其中的佼佼者和突出代表。由于南北大一统局面的形成和东西文化交流的加强，元代的科学技术的发展十分突出，在这方面湖南很值得一说的则是曾世荣的医学成就和贡献。除传统的佛、道二教继续传播和发展外，随着西方教士和信奉伊斯兰教的波斯人、阿拉伯人的大批东来，新的宗教基督教和伊斯兰教也在中国传播开来，其中伊斯兰教开始进入湖南。但蒙古贵族统治者所奉行的民族歧视和民族压迫，以及经济掠夺的政策，对湖南和全国社会经济、政治和文化的发展，都曾产生了消极的影响。

1368 年，在农民起义中崛起的朱元璋登上皇帝宝座，明王朝取代元王朝。明朝继承了元朝的大统一局面，延续了近 300 年的统治。明朝建立后，采取一系列措施加强中央集权，恢复和健全纲纪国法，整顿吏治，奖励垦荒，兴修水利，劝课农桑，办学重教，中国封建社会的政治、经济、文化都获得了新的发展。至明中后期，商品货币经济空前发展起来，在一些地区的某些手工业部门中，封建生产关系开始被冲破，出现了资本主义的萌芽。

明代的湖南，各方面的发展、变化也较大。元末明初的战乱，曾造成湖南人口的大变迁，原土著居民大量流失，江西、江浙等地居民大批迁入，即史称的“江西填湖广”。明前期较清明的吏治，以及一系列注重民生的政策措施的推行，促进湖南经济，特别是农业和粮食生产获得很大发展，“湖广熟天下足”取代了此前的“苏湖熟天下足”。与社会经济发展的同时，书院的兴盛和学校教育的发达，政治和文化人才的涌现，理学、经学和史、地学的发展，文学艺术和科技的成就，均超过宋、元时代。诸如刘三吾、茹瑺、夏原吉、李东阳、杨一清、何孟春等人，不仅为官至高位的政治人物，也都是明代湖南颇有成就的文学家、史学家，特别是开创“茶陵诗派”的李东阳影响则更大。“阳明学”取代“程朱理学”，湖南岳麓书院等地，成为王阳明及王门子弟传播和弘扬“阳明学”的重要场所。湘潭周圣楷《楚宝》的编撰，茹瑺、黎淳、夏原吉、李东阳等撰修明代历朝《实录》《大明会典》和《大明一统志》，山长陈论首撰《岳麓书院志》，洪武《永州府志》、弘治《岳州府志》、嘉靖《常德府志》等一大批湖南地方志的修纂，均不失为明代湖湘人士在史、地学等方面的突出贡献，惠泽后代。在宗教方面，佛教在明代获得继续发展，湖南重建扩建和新修的寺庙很多，出现的高僧及传世佛学著作也不少；由于朱元璋及后来各代君主都不崇尚道教，明代道教在湖南和全国都趋于衰落；进入明朝以后，作为外来的一种新的宗教，伊斯兰教在湖南开始传播和发展。

第一节　教育、科举

一、元代湖南的教育和科举

元世祖忽必烈，由于受刘秉忠等汉族谋士的影响，明白“以马上取天下，不可以马上治”的道理，即位后注重文化教育，积极推行“汉化”政策，尊崇和提倡理学，采取诸多措施发展学校教育。在中央先后设国子监学、蒙古国子学、回回国子学，并命诸路置学校。至元二十三年（1286），诏令“江南学校旧有学田，复给之，以养士”①，恢复了宋代原有的学田制。二十八年（1291）又令：“江南诸路学及各县学内设小学，选老成之士教之，或自愿招师，或自受家学于父兄者，亦从其便。其他先儒过化之地，名贤经行之所，与好事之家出钱粟赡学者，并立为书院。”② 又规定，于各路、府、州、县书院分别设教授、学正、学录、教谕、山长，主持教事。自此以后，湖南和全国各地的学校教育，在历经宋末元初兵燹、动乱之后逐步得到恢复和新的发展。

首先，是各级官学的恢复和发展。湖南地区在元代重建、增修、迁建的路（州）官学，见诸记载的共计 9 所：

天临路学。原宋潭州学。元初湖广行省平章阿里海牙迁建于长沙城正南门右侧。

常德路学。原宋鼎州常德府学。延祐元年（1314），常德路达鲁花赤哈珊重修。

永州路学。原宋州学。至正二年（1342），湖广行省平章阿思兰增修。

郴州路学。原宋州学。至正中，御史畴野增修。

道州路学。原宋州学。至正中，判官吴芾重修。

衡州路学。原宋衡州学。至正年间，迁建于南宋李芾故宅。

宝庆路学。原宋邵州宝庆府学。至元中，总管本牙失礼重修。

---

①《元史》卷八一《选举志一》。

②《元史》卷八一《选举志一》。

茶陵州学。原宋茶陵军学。至元中，知州吴思义重建。

桂阳州学。原宋桂阳军学。元初入官为圃。泰定中，归还其地，重建州学。

湖南各地县学，元代重建、迁建和增修的有12所，即长沙、醴陵、鄢县、祁阳、平江、武陵、桃源、辰溪、黔阳、麻阳、临武、蓝山等县学；新建的有2所：

邵阳县学。大德中，县尹温渊因周敦颐的邵学旧址建。

泸溪县学。至正中，县达鲁花赤盖忙古歹建。

由于元王朝的提倡，元代书院教育颇为兴盛。湖南各地的书院在元代也继续获得发展。一些建于宋代的著名书院得到修复、重建或扩展，同时还新建了一批书院。据初步统计，自至元二十三年至皇庆二年，全国新建书院37所，重建24所，共61所；从至元十四年至大德十一年，湖南各地兴建书院5所，修复8所，共13所。元朝后期书院发展更形成一个高潮。至正元年到二十八年的28年间，全国即新建书院50所、再建10所；元统至至正年间，湖南地区又新建6所书院，修复3所。①

长沙岳麓书院。宋代全国四大著名书院之一。南宋德祐年间，毁于兵燹。元至元中，潭州学正郡人刘必大重建，基本恢复宋代旧观。延祐元年（1314），潭州路判官刘安仁再次重修。据史载，此次重修工程浩大，“木之朽者易，壁之墁者圬，上瓦下甓更彻而新。前礼殿，旁四斋，左诸贤祠，右百泉轩，后讲堂。堂之后，阁曰尊经。阁之后，亭曰极高明，悉如其旧。门庑庖馆，宫墙四周，靡不修完”②。从规制看，已大致与宋代书院极盛时相当。此后，有张厚等任山长，岳麓书院再次兴盛起来。

刘安仁修复岳麓书院时，特邀请好友、元代著名理学家和教育家吴澄撰写《重建岳麓书院记》。在该《记》中吴澄系统地回顾了岳麓书院的发展历史，总结了岳麓书院的优良学统，并提出了自己的教学主张。他特别推崇张栻为岳麓书院所定的“造就人才以传道济时”的方针，并发挥了自己一贯的求“仁”的主张，即从“至近至小”处做起。在为学上，参考朱熹的主张，要求“审问于人，慎思于己，明辨而笃行”③。正是由于吴澄的这些教育思想和主张在岳麓书

①参见《岳麓书院史略》，岳麓书社，1986年。

②吴澄：《重修岳麓书院记》，载《岳麓志》卷七。

③吴澄：《重修岳麓书院记》，载《岳麓志》卷七；光绪《湖南通志》卷六八。

院的贯彻实施，使南宋以来形成的优良的学统和办学方针得到了继承发展，岳麓书院在元代仍称盛于天下，为其他书院所宗仰。

衡州石鼓书院。宋代将其列为全国四大书院之一。南宋理宗开庆元年（1259），毁于兵火。翌年，由提刑俞琰重建，并由提学黄幹出公帑置学田以赡诸生。入元后，学田为寺僧强占。经山长程敬直等一再申诉，至元二年（1336）在监察御史颜伯成支持下，处茶陵州的395亩学田，得以收回。同时，还收回了在衡州新城、祁阳和衡山为豪右所占据的学田。① 由于官府的支持，石鼓书院在元代大体维持了南宋末年的规制，继续处于兴盛时期。至元朝末年，再次毁于兵。

南岳邺侯书院。建于宋代。入元后，曾3次大规模整修扩建。元武宗至大元年（1308），翰林学士杨宗饬为山长，第一次重修。22年之后，至顺元年（1330），衡山县尹右扶允，又加修整。至正三年（1343），在湖南肃政廉访使帖木儿不花倡督下，县尹赵忠等再次重修。建成“燕居之堂、先贤之祠”，“殿门、堂庑、斋舍、库庖、坦庸”等，均“焕然一新”。②

湘潭碧泉书院。位于湘潭县西70里，宋胡安国、胡宏父子建。后废。入元后，其里人衡氏就其地重建。

元代重建和修复的书院还有：湘乡县涟滨书院，安仁县清溪书院，道州濂溪书院，常德沅阳书院，龙阳（今汉寿）龙津书院，宁乡莱山书院等。

湖南各地元代新建的书院，见诸记载的有如下14所：

乔江书院。位于长沙西北乔口，原为三贤祠，祀屈原、贾谊、杜甫。元顺帝元统年间，邑人黄澹设义学，因赐额“乔江书院”。

东冈书院。位于长沙县槊梨。元中书左丞许有壬之父熙载，号东冈，仕长沙，尝于此设义学训诸生。死后诸生思念，为立书院，因赐额“东冈书院”。

南台书院。位于浏阳城内南台岭。旧为义学，邑人梁子真建书院。

庆洲书院。位于益阳县南资江中。元时邑人刘履泰讲学于此。事闻，授庆洲书院山长。

凤山书院。位于攸县东140里凤岭，元成宗元贞中邑人谭渊建。

紫微书院。位于茶陵州东，元进士陈谊高读书处。

①黄清老：《石鼓学田记》，载光绪《湖南通志》卷六九《学校志八》。

②同治《衡山县志》卷五《重修邺侯书院记》。

东山书院。位于茶陵州东北，宋末进士陈仁子不仕元，营别墅于东山读书，遂设为书院。

浯溪书院。位于祁阳南浯溪上，元世祖至元中建，祀唐元结、颜真卿。

儒林书院。位于武冈州西 20 里儒林乡（今城步县治），元皇庆二年(1313)，总管延承直倡议，由绥宁苗民杨再成捐资创建。

学殖书院。位于澧州（今澧县）西60 里，元时杨国祯建。

道溪书院。位于澧州（今澧县）西南 80 里，元时刘士美建。

聚奎书院。位于慈利县西，元翰林杨钠建。

道源书院。位于安福县（今张家界市）道源桥，元英宗至治间，蒙古学正刘世英建。

天门书院。位于永定县（今张家界市永定区）天门山麓，元时田希吕建。

鉴于唐宋以来科举制在长期实践中流弊日甚，元初一度废止科举，改行由吏入仕制度。至元仁宗即位，为整顿吏治，革除由吏入仕的弊端，复行科举，并加以改革。元代的科举，分乡试、会试、殿试三道。乡试、会试，每三年一次。乡试于八月举行，全国共设乡试科场 17 处，湖南属湖广行省乡试科场。每届从赴试者中选合格者 300 名到京城会试。各科场按蒙古人、色目人（指来自西域及中国西北各族）、汉人（包括契丹、女真、高丽等族）、南人（即南宋遗民），分配定额，依额录取。湖广乡试科场，蒙古人录 3 名，色目人录 7 名，南人 18 名，共 28 名。乡试合格称中举。

会试于乡试后一年的二月举行，共录 100 人，其中蒙古人、色目人、汉人、南人各 25 名。会试录取后，即参加殿试，经对策定等次，以蒙古人、色目人为右榜，汉人和南人为左榜。两榜各分三甲。第一甲，右、左榜各 1 人，赐进士及第，称状元，秩从六品。第二甲，名额无定数，赐进士出身，秩正七品。第三甲，名额亦无定数，同进士出身，正八品。

元代共举行科举考试 20 余次。经科举入仕者共 1200 多人。湖南地区历届乡试中举者共 271 人，其中经会试、殿试成进士者 143 人，入选为官者 86 人。从元代全国经科举入仕的总数看，湖南地区约占十三分之一，位于前列。湖南所属各州县成进士者，以茶陵居首位，共 20 人；其次，攸县 14 人，浏阳 13 人，兴宁 12 人，常宁 9 人，醴陵 7 人，衡山 6 人。以湘东地区为最多。

元代湖南进士中有头名状元 2 人：

何克明，衡山人。延祐四年（1317）乡试第一。与武昌邱堂同试《云梦赋》，文采均绚丽，时人以邱何并称。廷试再获第一（状元）。官国子监丞。所著诗文传颂于世。

曹一本，兴宁人。清光绪《湖南通志》进士名录载，为至正年间进士第一。阙年秩。事迹不详。

元代湘籍进士中，进入仕途，有政绩，名著于时的主要有：

欧阳玄（1274—1358），字原功，浏阳人。元延祐二年（1315）进士一甲第三名，授岳州路平江州同知。历官国子博士、翰林院待制兼国史院编修、翰林直学士兼国子祭酒、翰林学士承旨，特授湖广行省右丞致仕。

刘彭寿，字寿翁，衡山人。延祐二年（1315）进士。历任县丞、库使，官终淳安县尹。为官勤于政事，疏于奉上。湖广平章虽力荐之，终不为大用。著有《四书提要》《春秋正经句释》和《古今要略》诸书传世。

冯福可，醴陵人。延祐五年（1318）进士。官至中奉大夫、江西儒学提举。为官以清廉谨慎著称，亦以文辞名于时。

刘朝端，茶陵人。延祐年间进士。至正间选鸿儒，拜翰林学士。方正嗜学，在词垣十余年，多有建树。

杨钠，字梓夫，慈利人。通经史，工于诗。至治元年（1321）进士。任茶陵州同知，甚为总管阿思兰海牙所器重。累官至翰林待制。明初隐居不仕，建聚奎书院，讲学授徒。

燮埋普化，字元溥，一字玄圃。湘潭人。色目人之后。至治二年（1322）进士，选舒城县达鲁花赤。迁乐安县。均有治绩。后入为治书御史，遍历三御史台。以奉直大夫致仕。

李焘，浏阳人。泰定元年（1324）进士。至元至至正间官至翰林学士。文章政事均有时名。

周镗，字以声，浏阳人。泰定四年（1327）进士。历官衡阳县丞、大冶县尹。治绩为诸县之最。调翰林院国史编修，又出为四川行省儒学提举。

刘畊孙，字存吾，茶陵州人。至顺元年（1330）进士。任临武县尹，兴学校，重教化，历三年，文化大兴。迁建德、徽州、瑞州三路推官。所至均政绩卓著。后转任宁国路推官。值徐寿辉农民军攻宁国，以坚守战死。

李祁，字一初，别号希蘧翁。茶陵人。元统元年（1333）登左榜进士第二名。授应奉翰林文学，改婺源州同知，迁江浙儒学副提举。时天下已乱，遂隐归。以诗文著名于元、明间。

胡汝儒，字居正，零陵人，胡安国裔孙。至元间进士。任教授，官博士。从学者必教之稽古明理。后致仕隐居。

此外，还有永明周榕，翰林学士；兴宁黄知刚，东阁学士；武冈唐以森，辰州路总管；湘乡汤源，信州路总管；龙阳孙以忠，监察御史；江华蒋继先，集贤院学士；华容李正伯，云南副使；邵阳李伯颜，山东廉访使；攸县陈从龙，江西参政；蓝山朱天炳，工部侍郎等。

二、明代湖南的教育和科举

明朝的开国皇帝朱元璋特别重视学校教育。他认为："治国以教化为先，教化以学校为本。"① 称吴王时即改应天府学为国子学，称帝后加以改建，称国子监。洪武二年（1369），令全国各郡县皆立学校。在生活上，给学校师生以优厚待遇，规定府、州、县学师生"月廪食米，人六斗，有司给以鱼、肉"；国子监生，"厚给廪饩，岁时赐布帛文绮、袭衣布靴"，还供养诸生妻子，助其婚娶。同时注重科举，实行"学而优则仕"。洪武三年（1370）下诏："使中外文臣皆由科举而进，非科举者毋得与官。"明宣德后，又规定"科举必由学校"②。将举子业同学校紧密结合，由是天下士子无不乐而趋之，促进明代学校教育兴盛一时。

湖南的各级官学在明代前期即获得了普遍发展。洪武年间，各府、州、县原有学宫大量恢复、重建，随后历年又增设和新修了一批官学。

湖南境内各府重建或迁建的官学，见诸光绪《湖南通志》记载的有：

岳州府，洪武四年（1371），迁建华容县学、石门县学；七年，重建巴陵县学、平江县学；八年，重建澧州州学、安乡县学；十五年，重建临湘县学；二十九年，重建岳州府学。

长沙府，洪武二年（1369），徙建湘乡县学，重建湘阴县学；三年，重建安化县学、醴陵县学、浏阳县学、宁乡县学；五年，重建茶陵县学；六年，重建攸县县学；七年，重建长沙府学；十三年，徙建长沙县学、善化县学，重建益阳县学；十六年，重建湘潭县学。

辰州府，洪武初，重建泸溪县学、溆浦县学；五年，徙建沅陵县学；洪武

---

①《明史》卷六九《选举制一》。

②参见光绪《湖南通志》卷六四《学宫三》。

中，改建辰州府学；景泰年间，徙建黔阳县学，重建沅州州学、麻阳县学、辰溪县学。

永州府，洪武初，重建祁阳县学、东安县学、宁远县学、永明县学、江华县学，后又改建、重建道州州学、零陵县学、永州府学。

先后增设和新建的官学，计有：常德府沅江县学（洪武二年）；衡州府耒阳县学（洪武二年），衡山县学（洪武三年）；宝庆府城步县学（正德十一年）；岳州府慈利县学（洪武三十二年），永定卫学（正统六年），九溪卫学（正统九年）。

明朝初年并不重视书院教育，元末毁于兵燹的书院多未恢复。至明中叶，由于科举腐败导致官学衰落，原有的书院才又逐渐恢复，同时民间大办书院，使书院教育在明代形成新的高潮。据初步统计，明代共建立书院1239所，其中以嘉靖间创立的为最多，占总数的37%以上。

湖南地区最具代表性和影响最大的是岳麓书院的恢复和新的发展。据史载，岳麓书院在“元末毁于兵”，明成化中，长沙知府钱澍开始重建。但真正修复和重建，则完成于弘治中。弘治七年（1494），长沙府通判陈钢再次重修，并增建“诚明”“敬义”二斋及崇道祠。继之，通判李锡建高明亭。十二年（1499），同知杨茂元建尊经阁，并“辟道路，广舍宇，备器用，增公田，储经书”①。至此，荒废近百年的岳麓书院，基本恢复了旧观。

岳麓书院的这次重建，更突出了张栻、朱熹的理学传统。陈纲所建崇道祠，专祀朱、张。杨茂元在尊经阁嵌刻“紫阳遗迹”，集朱熹“麓山讲学”“衡岳同游”“安抚湖南”“谕降洞僚”“更建书院”“节制虎军”“考正礼仪”和“录旌忠节”等八题，绘图形加赞语，以“兴起尊贤、尚德之心，而思读其书以学其道”②。重建之后，知府王蹈特聘善化县训导叶性主持院事。叶性“充养有道，不以世虑经心”，“德性温醇，问学精博。行遵圣训，少游泮水以采芹；文有古风，蚤步蟾宫而折桂”。德、文、行皆优。他竭力阐发朱张之学，承续和弘扬岳麓优良学统，“振文教于湖南，流声光于天下”。沉寂百年的岳麓书院，从此又兴盛起来。

正德二年（1507），湖广布政使司右参政吴世忠，对岳麓书院又进行了一

①康熙《岳麓志》卷七。

②见《岳麓志》卷八，杨茂元《紫阳遗迹序》。

次大规模地改向、扩建。他下令拆毁道林寺，将其木石砖瓦作为扩建材料。这次扩建，调整了书院大门的朝向，在规制上有新的发展，除恢复、完善宋代原有建筑外，还拆除大成殿，另建文庙并列于书院之左，自成一院。又凿泮池，建棂星门。大体形成了现存的布局。扩建后，学道陈凤梧聘攸县人陈论任山长。陈论首纂《岳麓书院志》，又创辟“射圃”，供学生习射。岳麓书院进一步兴旺起来。

此后，地方官员又继续进行过一些扩建增修工程。如：嘉靖四年（1525），长沙同知俞夔建石坊于江岸（即今长沙岳麓区牌楼口）；五年（1526），知府杨表建六君子祠；六年（1527），知府王秉良建成德堂及东西讲堂，“延宾”“集贤”二馆；继任知府孙存“辟三门于堂外”，筑赫曦台于山下，增置学田1400亩，“复请赐书、置山长，如白鹿洞例”。岳麓书院“美振一时”。直至明末又“毁于兵”①。

衡阳石鼓书院，元末亦被毁。其修复的时间稍早些。据史载，永乐中，衡州府知府史中在旧址上，重建礼殿、棂星门、二先生祠，以及左右书舍六间。②弘治中知府何珣，正德中知府刘玑，嘉靖中知府周诏等，又先后重修扩建，增禹碑亭、敬义堂、燕居堂、风云亭和讲堂，以及“主静”“定性”二斋和号舍若干，规制更为完备。至明末，“复毁于兵”③。

明中叶湖南各府、州、县创建了一批新的书院，其中大多数又是建于嘉靖年间。

长沙府：善化县惜阴书院，明嘉靖四年（1525）建；湘阴仰高书院，嘉靖年间建；宁乡玉山书院，嘉靖年间建；茶陵州云崖书院，明王廷爵建；茶陵州洣江书院，弘治年间建。

衡州府：衡山文昌书院，嘉靖中建；衡山文定书院，弘治年间建；衡山甘泉书院，嘉靖二十三年（1544）湛若水建；衡山集贤书院，嘉靖年间建；衡山东廓书院，嘉靖中建；耒阳白石书院，嘉靖中建；南岳九龙书院，万历二十三年（1595）建。

永州府：宗濂书院，明知府黄翰建；东安清溪书院，旧为清溪寺，嘉靖初

---

①见《岳麓志》卷八，杨茂元《紫阳遗迹序》。

②周洪谟：《重修石鼓书院记》，见光绪《湖南通志》卷六九《书院二》。

③嘉庆《湖南通志》卷五〇《学校八》。

改建；宁远崇正书院，万历四年（1576）建；宁远会濂书院，万历初建。

宝庆府：爱莲书院，在府治西，明建；城南书院，在府城南，嘉靖中建；新化文昌书院，明建；武冈州鳌山书院，嘉靖中建。

岳州府：华容尤峰书院，明建。

辰州府：崇正书院，在府城内，正德间知府戴敏建；沅陵虎溪书院，亦名阳明书院，又名文清书院，在府城西北，明薛瑄以御史监银场，居沅陵与诸生讲学立书院。

桂阳州：蒙泉书院，在州城南，嘉靖五年（1526）建。

总计，共24所。

由于官学和书院教育发展，湖南地区在明代通过科举登进士的人大量增加。据初步统计，自洪武十八年（1385）丁显榜始，迄崇祯十六年（1643）杨廷鉴榜止，82场会试，湖南赴试举子进士题名者共541人。其中，状元2人，华容黎淳、茶陵张治；亚魁1人，安仁邓伟奇；探花1人，临武曾朝书。在湖南这批进士中，官至显位，政绩卓著，对明朝政局产生过重大影响的不少。诸如：

陈谦。茶陵人。洪武三年（1370）进士。这是湖南明代的首位进士。官泸州知州。任内推行社仓法，民得免灾害之苦。秩满后，士民再三挽留，在任凡12年。以劳卒官。安葬于泸州，当地建祠常祀之。

金润，字伯辉。安乡人。洪武十八年（1385）进士。初入翰林院，改授浙江道御史，巡按广东，复改任礼部郎中。处事得体，公正无私。

张庭兰，字彦芳。澧州（今澧县）人。洪武十八年进士。官御史，疏请免除本州鱼课，乡人德之。累迁大理寺卿，官终都察院左都御史。为官勤敏，有政声。

冯贵（？—1420），字孟敬。武陵（常德）人。建文二年（1400）进士。官兵科给事中。从张辅征交趾，督运兵饷。累迁左参政，以恩信抚流亡士兵数千，率以御敌，累立战功。永乐十八年（1420），黎利叛，冯率老卒数百御敌于瑰县，力竭战死。赠交趾布政使。

邝埜（1385—1449），字孟质。宜章人。永乐九年（1411）进士。授监察御史。奉命视察南京钞法，据实酌情，公允处置，得以免兴大狱。又督察营建北京工匠数万人，病者多得免于死亡。出为陕西按察副使，查处陕西百姓受诬“聚众谋反”案件。他遍查实情，力白其冤。在陕多年，政简刑当。升应天府尹，亦多惠政。后由兵部右侍郎晋尚书。“土木之役”，曾极力进谏，英宗不纳，遂不得已护驾出关，死于战场。赐少保，谥忠肃。

邓廷瓒（1430—1500），字宗器。巴陵（岳阳）人。景泰五年（1454）进士。由淳安知县，迁太仆寺丞，升程番知府。以治绩迁山东左参政，进右布政使。复以右副都御史巡抚贵州，镇压都匀苗民起义，处理“苗疆”善后事宜。升右都御史，掌南院，提督两广军务兼巡抚，转左都御史。再掌南院。未到任，卒。赠太子少保，谥襄敏。

黎淳（1423—1492），字太朴，号朴庵。华容人。天顺元年（1457），举进士第一（状元），授翰林院修撰。预修《大明一统志》。成化元年（1465），充经筵讲官。十三年（1477），修《续资治通鉴纲目》成，迁詹事府少詹事兼侍读，擢吏部右侍郎。后官至南京礼部尚书。

刘大夏（1436—1516），字时雍，号东山，华容人。天顺三年（1459），乡试第一名。八年（1464），成进士，选庶吉士。成化初，由兵部职方司主事迁郎中。弘治二年（1489），升广东右布政使。广西田州泗城土官岑猛反，大夏亲往谕导，岑猛归顺，事得平息。迁浙江左布政使。六年（1493），黄河于张秋等处决口，以右副都御史督治河道，疏通贾鲁河，筑长堤360里，50日告竣，改张秋为安平镇。旋迁佥都御史，清理宣府兵饷，尽革积弊，边塞得宁。复总督两广。再迁兵部尚书，谨身殿大学士，参与朝政。武宗即位，以请裁抑太监，不见用，遂辞官归里。正德三年（1508），受太监刘瑾诬陷入狱，充军肃州。刘瑾伏诛，得复官。致仕归田。卒谥忠宣。

张治（？—1550），字文邦，号龙湖。茶陵人。正德十五年（1520）会试第一（状元），成进士，授编修，与修实录。嘉靖初，因不满张璁、桂萼之流擅权用事，弃官家居。越十三年再起。既登朝，毅然以辨邪正、明黜陟为己任。历官两京吏部侍郎、南京吏部尚书。凡两度主持南京会试，两次主持京师会试，皆称得人。归有光、薛应旗、杨继盛等名臣均出其门下。以礼部尚书入为文渊阁大学士，加太子太保。入阁后锐意振刷纲纪，唯以严嵩擅权，郁郁不自得，仅一年即病卒。赠少保，谥文毅。

李腾芳（1573—1633），字子实，号湘洲。湘潭人。万历二十年（1592）进士，选庶吉士，官左谕德。论事切中时弊，多忧国危言。以上疏为顾天竣辩冤，被贬，引疾归里。四十七（1619）年，复起为行人司正，升少詹事，迁礼部右侍郎。条上戚继光教练法，议经略倭寇，皆中兵机。天启初，转吏部左侍郎兼讲官，晋礼部尚书。因魏忠贤党构陷，被夺职。崇祯即位，以尚书重新起用。卒于官。赠太子太保，谥文庄。著述甚富，有《备鉴录》《玉衡集》《李文庄奏议》《备倭议》《湘洲集》《岣嵝文集》等10余种传世。

满朝荐（1561—1629），字震东。麻阳人。万历三十二年（1604）进士。任咸宁（今西安市地）知县，为官清廉。严惩抢劫民财的税监梁永恶党，直声震朝野，亦因此遭梁永诬陷下诏狱。举朝疏救，得获释。复起为南京刑部郎中，迁尚宝卿。阉党魏忠贤专权，朝荐上疏，直言时弊，痛斥魏忠贤败坏朝政，又被诬削职为民。崇祯二年（1629），始复官，未及赴任病逝。

杨嗣昌（1588—1641），字文弱。武陵人。万历三十八年（1610）进士。崇祯初，累官兵备副使。七年（1634），晋兵部右侍郎兼右佥都御史，总督宣大、山西军务。时中原岁饥，暴乱蜂起，请开金、铜诸矿，以缓和矛盾。复多次疏陈边防事宜，多有规划，得崇祯信赖。九年（1636），升兵部尚书，制定“四正六隅”即“十面网”之策，以镇压张献忠、李自成起义。十二年（1639），奉命督师，然起义之势已不可遏。十四年（1641）二月，张献忠攻克襄阳，襄王被杀。李自成又攻占洛阳，杀福王。嗣昌惊悸忧虑，不食而死。赠太子太傅。

第二节　理学、经学

一、元代湖南的理学、经学

元代，中国传统的经学和理学有新的发展，出现一批在历史上有较大影响的经学和理学方面的大师名儒，诸如许衡、郝经、刘因、吴澄等。他们对宋代朱熹、陆九渊等人的学说，都有继承和发展。而其中吴澄，与湖南的关系颇为密切，对湖南的教育和学术思想的发展，更直接产生了积极的影响。同时，湖南在理学和经学领域也有一定的成就，出现了一些代表人物和代表著作。

吴澄（1249—1333），字幼清，号草庐，抚州崇仁（今江西崇仁）人。南宋灭亡时，他已近而立之年，也可谓宋之遗民，但其学术成就主要还是属于元代。他淡于仕途，多次被荐为官，上任辄请辞，前后仅任儒学副提举、国子监丞等官3年。毕生精力主要都用于著述与讲授生徒。著作甚富，传世的有《吴文正集》《草庐精语》等。学术上他深研宋代诸派学说，折中于朱熹与陆九渊两家之学。

吴澄虽未亲历湖南，但对朱熹岳麓讲学、朱张会讲，湖南道学源流与岳麓书院的学统等，均有深入了解，十分熟悉。故刘安仁重修岳麓书院，特请他撰写《重修岳麓书院记》。同时，又撰写了《百泉轩记》，着重描述岳麓书院百泉轩的园林特色，以及朱、张优游其间讲学论道的意旨。指出百泉轩的建设，不在于满足“凡儒俗士”的“玩物适情”，其立意乃在于陶冶心性、气质，教育生徒“知道”“求仁”，以达“高尚”的情操和境界。在《重修岳麓书院记》中，在总结岳麓书院发展历程和教学经验的同时，特别强调张栻“传道济民”的要旨在于“仁”的思想，发挥自己对“仁”的主张。吴澄的这些思想和主张，对于岳麓书院的办学方向和朱张道统在湖南的继承发展影响甚大。

元代湖南有关经学和理学的代表人物及其著述，见诸记载的主要有：

刘彭寿，衡山人。精通经籍，著述甚富。撰有《四书提要》《春秋择存》《春秋正经句释》《易经说》等。元欧阳玄所作刘彭寿墓志铭说，诸书均未“脱稿”，“门人方汇编之”。①

杨钠，字梓夫，慈利人。元至治元年（1321）进士，历官茶陵州同知、保宁总管、翰林院待制。通经好学，慈利州达鲁花赤阿思兰海牙“最尊礼之”。明初，隐居弥勒山，建聚奎书院，讲学授徒以终。著有《诗经发挥》。

周弥昌，字师言，浏阳人（一说长沙人）。宋大理寺少卿周铸四世孙，授长洲儒学教谕，历从政郎、瑞安州判官，转建宁路儒学教授。曾任鄱江、清献两书院山长。精研《礼》《易》，著有《周礼解义》。

欧阳龙生，浏阳人。撰《云茬讲义》《经学理窟》。

萧元益，安仁人。撰《四书讲义》。

遗憾的是以上人士所撰诸书，均已散佚，仅清光绪《湖南通志·艺文志》等存目。

二、阳明学、白沙心学在湖南的传播

阳明学，即王守仁的“致良知”之学，又称“王学”。王守仁（1472—

①见罗汝怀纂：《湖南文征》卷四三。

1529)，字伯安，学者称阳明先生，浙江余姚人，官至南京兵部尚书。宋、明时期理学的主观唯心主义之集大成者。他继承和进一步发展了南宋理学家陆九渊“心即理”的思想，创立了“心外无理”“心外无物”和“存天理、去人欲”的“致良知”之学，并批判二程、朱熹“知先行后”的观点，提出“知行合一”与“以知代行”的主张。明中叶后，阳明学在全国风靡一时。由于王守仁及其门徒，先后来湘讲学，阳明学在湖南获得传播。

正德二年（1507)，王守仁因触犯太监刘瑾被贬谪贵州龙场，途经湖南。先讲学于醴陵靖兴寺和泗州寺，留有《靖兴寺诗》和《泗州寺诗》。后至长沙，又应邀讲学岳麓书院。据《岳麓志》记载：他“寓居岳麓，为朋徒斤斤讲良知之学。是时，朱张遗迹久湮，赖公过化，有志之士复多兴起焉”。五年(1510)，刘瑾伏诛，王守仁被召回京，过辰州（今沅陵)，郡守于虎溪筑“松云轩”，请他讲学布道。辰州人刘观时、王嘉秀、唐愈贤、董道夫、徐汝娓，常德冀元亨、蒋信，镇溪所（今吉首）人吴鹤等，遂“负笈从游”，“得致良知之学”。①　正是王守仁往返龙场两次途经湖南，吸收和培养了一批湖南籍的弟子，为阳明学的传播作出了贡献。

如：刘观时，字易仲，沅陵人。王守仁讲学虎溪时，为从学者之一。闻“良知之学”，得其奥妙，阳明作《见斋说》诗以遗之。“见斋”即刘观时书斋之名。正德八年（1513)，王守仁在滁州督马政，刘观时还专程从湖南至滁州问学。阳明作《别易仲》诗，其题解云：“辰州刘易仲从予滁州，一日问：‘道可言乎?’予曰：‘哑子吃苦瓜，与你说不得。尔要知我苦，还须你自吃。’易仲省然有悟。久之，辞归，别以诗。”②　看来，刘观时与先生可说是心灵相通，对阳明学深有领悟。

王嘉秀，字实夫，沅陵人，王守仁虎溪讲学时的弟子。其后一直跟随左右。王氏在滁州时，他曾往从之。当他离开时王氏特作《门人王嘉秀实夫、萧琦子玉告归，书此见别意，兼寄声辰阳诸贤》，诗云：“王生兼养生，萧生颇慕禅。迢迢数千里，拜我滁山前。吾道既匪佛，吾学亦匪仙。坦然由简易，日用匪深玄。始闻半疑信，既乃心豁然。譬彼土中镜，暗暗光内全。外但去昏翳，精明烛媸妍。世学如翦彩，妆缀事蔓延。宛宛具枝叶，生理终无缘。所以君子学，

①同治《乾州厅志》卷一一。

②引自《王阳明全集》卷二〇《外集二》，上海古籍出版社，1992 年。

布种培根原。萌芽渐舒发，畅茂皆由天。秋风动归思，共鼓湘江船。湘中富英彦，往往多及门。临歧缀斯语，因之寄拳拳。”① 在这里王氏对自己倡导的非佛、非仙的“致良知”之学，作了比喻和说明，并对湖南的“及门”弟子表露了赞赏之情。

冀元亨，字惟乾，号闇斋，常德人。在王阳明路过常德、辰州时曾从之学。当王氏赴江西庐陵（今吉安）任知县时，还从之赴庐陵，逾年始归。正德十一年（1516）乡试中举人。乡试时，有司以“格物致知”发策，他不从朱熹说，而“以所闻于阳明者为对，主司奇而录之”②。王氏巡抚南赣时，创办濂溪书院，以冀元亨为主教，同时兼其子正宪的塾师。又曾受先生之托，前往朱宸濠王府讲学，暗中探听宁王虚实。可见，冀元亨乃王守仁得意门生，并深信和极力传播王氏之学。后朱宸濠为叛，诬冀氏为同谋，受牵连入狱。至明世宗即位，冤狱得以平反。然冀元亨已备受折磨、身染重病，出狱仅 5 日即逝世。

继王守仁之后，嘉靖十八年（1539），其门徒浙中季本任长沙知府。修葺岳麓书院，并亲自开讲，前来求学者甚多。他讲学力持王阳明的正宗观念，宣扬“心之感应谓之物”的主张。在知行观上，恪守“知行合一”说，并把良知良能和“知行合一”统一起来，认为“所知者即是行，所行者即是知”。对“学当以自然为宗”的龙溪之学（浙中王畿之学）深为不满，提出“贵主宰而恶自然”。所谓“主宰”，也就是封建道德的“理”，即“以理为主宰”③。

季本之后，嘉靖中讲学于岳麓书院的还有吉水人王门弟子罗洪先。他虽未亲聆王阳明教诲，但时人均承认其学术思想为王门正宗。所谓“天下学者，亦遂因先生之言，而后得阳明之道”。在讲学中他特别强调阳明“良知”要义，认为“良知二字，乃阳明先生一生经验而后得之使发于心者。一与所知不应，即非其本旨矣”④。

万历十年（1582），浙中王门弟子张元忭至长沙，又讲学于岳麓书院。在哲学上，张元忭主张“以万物一体为宗，而以明明德于天下为愿”，“万事万物

①《王阳明全集》卷二〇《外集二》。

②《明儒学案》卷二八，《楚中相传学案》之《孝廉唯冀闇斋先生元亨》。

③《明儒学案》卷一三《郡守季彭山先生本》。

④《明儒学案》卷一八《文恭罗念庵先生洪先》。

皆起于心”，即以心为本体。① 他把朱、张的“太极之旨”也归结为“心”，而“心”即“理”。

万历天启间，又一江右王门弟子邹元标讲学岳麓。但他的哲学观点已有不同于罗洪先等人之处。他主张“以识心体为入手，以行恕于人伦事物之间与愚夫、愚妇同体为工夫，以不起意空空为极致，离达道无所谓大本，离和无所谓中”②，并宣扬“天地万物皆生于无而归于无”③ 等思想。黄宗羲认为邹元标的学术思想，明显地受到了佛学的影响。

王阳明本人及王门弟子，在湖南特别是在岳麓书院的讲学活动，有力地推动了王学在湖南的传播。但王学的传播，并不排斥南宋以来所形成的湖湘学（即宋明理学的“道南系”）。相反，湖湘学依然被尊为岳麓书院的学统，而王学在岳麓湖湘学统的影响下，在一定程度上得到改造，表现出二者相融合的倾向。王阳明素以否定“是朱非陆”传统著称，而他在岳麓书院讲学时居然对朱熹、张栻表示了极大的崇敬，特作《朱张祠书怀示同游》诗，以“缅怀两夫子”。王门高徒张元汴在岳麓讲学时，对朱张之学也是在批评中持肯定的态度。至王学末流，特别是王畿一派，空谈性命，当时学者斥之为“空谈误国”，但在岳麓讲学的王门弟子，却多注重实用之学。他们反对王畿一派“务于空言而忽躬行之实”，纠正王学末流之偏颇、空疏，“以理学抒经济”，强调经世致用，转而兼收程朱之学。在这方面，罗洪先就十分典型。他被时人奉为王学正宗，但对天文、地志、边塞、战阵等经世致用之学无不精究，而国计、民情十分关切。所以在一定意义上说，传播于湖南的王学，实际上已是被湖湘学改造了的王学。

王守仁及王门弟子的讲学与王学的传播，对湖南学术思想的发展影响甚大。如善化的吴道行，就是张元汴讲学岳麓时的弟子，深得张元汴的赏识。后来吴道行出任长沙惜阴书院山长，不久又被聘为岳麓书院山长，直至明朝覆亡。他“笃伦敦义、讲学穷理”，反对王学末流之空疏、谬误，并且“留心经史、百家诸子、兵饷马政之属，剖决利弊，可见施行”，特别重视经世之用。④ 崇祯十一

①《明儒学案》卷一五《侍读张阳和先生元汴》。

②《明儒学案》卷二三《忠介邹南皋先生元标》。

③《明儒学案》卷二三《忠介邹南皋先生元标》。

④嘉庆《善化县志》卷一九。

年（1638），王夫之肄业于岳麓书院，对吴道行的学识和品行均十分敬重，因此吴道行的学术主张和学风对后来王夫之学术思想的形成产生了影响。

在“阳明学”兴起和传播的同时，明代理学的另一重要派别，即“白沙心学”，也已形成和传播开来。其主要代表人物，就是广东新会白沙里的陈献章及弟子湛若水。“白沙心学”，其实与王守仁的“阳明学”一样，均源于宋代陆九渊的“心即理”的学说。陈献章对胡安国父子讲学传道的南岳和湖湘学十分仰慕，但他在生时未能亲赴南岳。进入湖南、登上南岳，将“白沙心学”传入湖南，使其同湖湘学交汇的，是他的高足湛若水。

湛若水（1466—1560），字元明，号甘泉，广东增城人。官至南京礼、吏、兵三部尚书。他与王守仁及王门弟子同时讲学，各立门户。嘉靖二十三年（1544），湛若水78岁时，第一次登上南岳衡山，并在文定书院旁建甘泉书院，又在书院中建白沙祠。他在所撰《白沙先生祠记》中云：“先师非至衡，曷为乎祠之也？先师之神游恒在岳也，其诸异乎人之至而神莫存也。故其言曰：‘脚踏祝融，不复下矣’，其决矣夫。”① 甘泉书院落成后，湛若水在其中讲学数月乃去。13年后，若水已年过九旬，再来南岳，又重修甘泉书院和白沙祠。

湛若水在湘弟子颇多。其中，著名的有衡阳伍定相、武陵蒋信，还有桂阳何天禄、临武曾朝节和刘尧诲等。

伍定相，字学父，又字玉铉。衡阳人。万历时贡生。时湛氏门人浙江蔡汝楠，任衡阳知府，常与诸生穷经于石鼓书院。而增城湛若水也“数至石鼓讲论”，“桂阳曾朝节、刘尧诲及县人王万善等应之，定相尤有时名”。② 又据王夫之记载：其父王朝聘“少从乡大儒伍学父先生定相受业，先生授徒殆数百人，先君子为领袖”。而叔父王廷聘“与先考同受业于伍学父先生之门”③。伍定相从湛若水学，而王朝聘兄弟又从定相学，实际上是湛若水再传弟子，陈献章的三传弟子。这促使“白沙心学”在湖南得以传播。

蒋信（1483—1559），字卿实，号道林，武陵（今常德）人。嘉靖初，以贡生赴北京，拜湛若水为师，授以“白沙心学”。湛氏讲学南京辟雍时，门徒甚多，就让蒋信分教。后又邀湛若水游南岳，并一直相随。湛氏修甘泉书院落

---

①李元度：《南岳志》卷七。

②光绪《湖南通志》卷二六七《人物志八》。

③《船山全书》第十五册，岳麓书社，1995年。

成，蒋信为撰《甘泉精舍记》。4年后，复去广东看望湛若水。湛氏再次游南岳时，蒋又从之。正因多次相随从学，故“先生之学，得于甘泉者为多也”①。

三、明代湖南经学家与经学的发展

在阳明学、白沙心学传播和湖南理学发展的同时，传统的经学在湖南也有新的发展。研究经学的人及留下的著述，较宋元时期均大为增多。其中，成就较大、著述较富的有何孟春、罗喻义及其父敦仁、曾朝节、喻国人等人。

何孟春（1474—1536），字子元，晚年自号燕泉先生，郴州人。生于成化十年（1474）。弘治六年（1493）进士，累官吏部左侍郎。嘉靖初，左迁南京工部左侍郎。旋被削职回籍，后卒于家。穆宗即位，赠礼部尚书，谥文简。他学识宏深，经学颇有造诣，著有《孔子家语注》，辑入《四库全书》；还著《易疑初筮告蒙约》12卷，以及《河图洛书解》《大戴礼记注》《五经析疑》等，著录于《明史·艺文志》。

罗喻义，字湘中，号萸江，益阳人。神宗万历四十一年（1613）进士，崇祯朝官至礼部右侍郎。崇祯二年（1629），进讲《尚书》。著有《读易内篇》《读易问篇》《读易外篇》《读易十事》，以及《洪范直解》《读范内篇》《春秋野编》《论语分编》等。清朱彝尊《经义考》引罗喻义自撰《总序》云“往官南中，有读《易》内外二篇。山中晏坐，或日说数卦，或数日一卦。初有卷如指，渐大如瓠，乃选定诸篇。内篇为上，问篇为中，外篇为下”，凡七卷。又引张云章评述曰：罗喻义“读《易》二篇，各有序，大抵言刚柔相易之义，而问篇为详。曰卦有单复，爻有顺逆，单复即图之对者，顺逆即图之反者。对者言乎其变也，反者言乎其动也。变动不居，《易》之道也”②。说明罗喻义尤精于《易》，研究相当深，并颇有见地。其父罗敦仁，主攻《尚书》，著有《尚书是正》20卷，著录于《明史·艺文志》。据罗喻义所作《序》云：“先君赠公，家世受书，补博士弟子，已乃弃去，不交人事者二十年。静中有获，时著笔札。”后经喻义抄集成书，“是为《尚书是正》”，“大率原本今文，首列书序，次载本书，次下己意，亡者缺之，而散见《论语》《左传》《孟（子）》《荀

①《明儒学案》卷二八《楚中王门学案》。

②见光绪《湖南通志》卷二四五《艺文一·易类》。

(子)》者，附录焉”。① 光绪《湖南通志·艺文志》著录，但未见原书传世。

曾朝节，字直卿，号植斋，临武人。万历五年（1577）进士，官礼部尚书。直言正论，为明神宗所倚重。以老乞归田里，后卒于京师寓所。著有《易测》10卷，著录于《明史·艺文志》和《四库全书总目·易类存目》。还著《尚书古文训》2卷、《今文训》4卷，以及《经书正旨》等。对于《易测》，《四库全书总目·易类存目》提要云：“是编取王弼注，孔颖达疏，程子传，朱子本义，及杨氏易传之说，参互考订。唯解上下经、彖、象、文言、系辞，而置说卦、序卦、杂卦。又仿王弼略例之意，别作《说凡》一卷，附于末。大旨主于观辞玩占，一切卦图、卦变之说，悉所不取，颇足扫宋《易》之葛藤耳。”充分肯定了曾朝节的《易测》，是宋代以来易学研究成果的继承和进一步发展。

喻国人，郴州人。精于《周易》研究。著有《周易辨正》《周易对卦数变合参》《周易生生真传》《全易十有八变成卦定议》，以及《河洛定议赞》《河洛真传》等，均见于《四库全书总目·易类存目》。

此外，明代还有一些经学方面比较重要的著作。如：华容人孙縠，著《古微书》36卷，收入《四库全书》；零陵孙占鳌，著《洪范九畴论》；道州（今道县）周希圣，著《春秋总例》10卷；武陵陈洪谟，著《五经辑略》；临武刘尧诲，著《经史发明》18卷等。

第三节　文学、艺术

一、元代湘籍文人的文学成就

元代，以格律诗词和古文为代表的中国古代的正统文学，已趋于衰落，而以工商业和城市发展为基础的市民文学却进一步兴盛起来。最具代表性的就是杂剧和散曲，即统称元曲的兴起与流行。元曲，常与唐诗、宋词并提，成为我国古典文学发展史上的一个新的阶段。但元代湖南文学的成就，却依然主要是在传统诗文方面。这同当时湖南地区工商业和城市经济发展相对薄弱，缺少都

①见光绪《湖南通志》卷二四五《艺文一·书类》。

市和市民生活基础相关。在元代数十年间，湖南出现的一批较优秀的文学人物，大多数都是在古诗文创作领域作出了相当的成绩，个别的在散曲方面也有较高的造诣。

欧阳玄（1273—1357），字原功，浏阳人。元延祐二年（1315）进士，授岳州路平江州同知。历官国子博士、翰林院待制兼国史院编修、翰林直学士兼国子祭酒、翰林学士承旨，特授湖广行中书省右丞致仕。年八十五卒。赠大司徒、柱国，谥“文”。他素以治史著称，但诗文方面造诣亦颇深。著有《圭斋文集》16 卷，辑入《四库全书》。其中，诗赋 4 卷、文 11 卷、附录 1 卷。《元诗选》录其古近体诗 42 首，《沅湘耆旧集前编》收古体诗 20 首、近体诗 86 首、词 4 首，《全金元词》辑入《渔家傲》12 首。

欧阳玄的散文成就甚高，特别是制诰碑铭，尤为世人所重。明宋濂为《圭斋文集》作序云：“公当四海混一之时，文物方盛，一时制诰，多出其手。海内名山大川、释老之宫、王公墓隧之碑，得公片语以为荣。”又云：“海内争思得公文辞以为荣。片言只字，流播人间，咸知宝重。”① 孔齐《至正直记》曰：“欧阳玄作文，必询其实事而书。未尝代世俗夸诞。”② 其文笔廉静深醇、舒徐和易，颇得其族祖欧阳修的“纡徐委备”之遗风。所撰《墨梅赋》《竹西亭记》《锦江桥记》和《听雨堂记》等，均堪称传世佳作。

如《听雨堂记》云：

> 人生俯仰穹壤间，耳目之所触，心志之所由生。士君子未仕而慕君，则见日而思长安。出仕而思亲，则见云飞而思亲舍。索居而思朋友，则见明月而思故人。兄弟友爱，一日而远别，则听夜雨而思同气。近代眉山苏长公送弟子由之官，有夜雨何时听萧瑟之句。后世弟昆之在宦游者，往往讽咏人而致思焉。
>
> ……先是士弘有楼曰归云，余尝记之。至是叔量致尊公之辞，请记斯堂以文。嗟夫！君也，亲也，弟兄也，朋友也，人之于纲常一也。日也，云也，月也，雨也，人之于见闻一也。其感于外而动于中有浅深焉，此士君子之所存异乎常人者也。雨注于霤，其声鞯鞈，滴于阶，其声淅沥，驰于竹松，其声屑窣。春而听之，有发生之意，兄弟之和气怡愉以之。秋而

①引自《沅湘耆旧集前编》卷三十二《欧阳文公玄》。

②引自《沅湘耆旧集前编》卷三十二《欧阳文公玄》。

听之有寂静之容，兄弟之神凝虑远以之。所以然者，岂有外至哉！

予同母兄弟五人，今皆黄发之叟。予晚迫召命力疾而至京师，因叔量之请，盖谂知听雨之状而能述以言者焉，遂以是记。①

欧阳玄诗词方面亦颇有造诣。由于仕途通达，以布衣跻身高位，其诗多官场酬和之辞，但也不乏写景咏物之作，题材广泛，内容充实，文词典雅。如：

漫题

铃索无声玉漏稀，青绫夜直月侵扉。五更一觉梅花梦，催得江南学士归。

属官分住省郎曹，省树年深过屋高。翰长昼闲来啜茗，下帘危坐听松涛。②

又如：

过洞庭

白沙隐隐见金鳌，殿阁凭虚结构牢。天水浑融浮太极，神人幽显隔秋毫。龙堂深闷灵栖冷，象纬低垂客枕高。欲作庙堂迎送曲，杜红蘅碧尽离骚。

娲皇抟土掷虚空，屹立君山面势雄。一画牺图天地骨，九江鲸观鬼神功。裙飘帝子苍茫外，乐奏钧天澒洞中。颇幸当年邹鲁客，观澜未致楚诸熊。③

大明殿早朝

扶摇万里上青霄，凤阙龙池步步摇。驼背负琛金络索，象身备驾玉逍遥。衣冠俯伏传呼岳，干羽低回看舞韶。湖海布衣瞻盛事，他时田野梦天朝。④

大围山

大围山高高几许，绝顶嵯峨戴林坞。石间花开自春夏，地炉僧拥无寒暑。清流白鹇涤毛距，绿树黄熊引筋膂。山腰日午婴儿啼，知有雷公出

①引自陈书良等校点《欧阳玄集》卷之六，岳麓书社，2010年。

②引自《沅湘耆旧集前编》卷三十三。

③引自《沅湘耆旧集前编》卷三十三。

④引自《沅湘耆旧集前编》卷三十三。

行雨。①

冯子振（1257—1314），字海粟，自号怪怪道人，晚年称海粟老人。攸州（今攸县）人。因其子孙迁湘乡，或作湘乡人。至元至大德年间，官承事郎、集贤院待制。他博洽经史，文思敏捷，擅作古近体诗，亦工散曲。曾撰《居庸赋》，首尾五千言。著《十八公赋》，亦四千余言。又与吴山明本禅师唱和作《梅花百咏》，收入《四库全书》。与赵孟頫亦有文字交。扬州汉寿亭侯祠内有碑记，为苏昌龄起句，海粟脱草，赵孟頫书写，人称“三绝”。明宋濂评曰：“海粟冯公，以博学英词名于时。当其酒酣气豪，横厉奋发，一挥万余言，少亦不下数千，真一世之雄哉！遗墨之出，争以重货购之。或刻之乐石，或藏诸名山，往往有之，则为人之宝爱可知。”②（附图51、52）然其全集久佚，仅《元诗选》收有冯子振诗词多首，《沅湘耆旧集前编》又增录数作，共存古近体诗83首、词4首。《全金元词》收其散曲（小令）44首。现分别择录如下，供品读。

七言诗：

梅花百咏（引十首）

阑干六曲护春风，白雪生香满院中。夜静月明玄凤下，半窗疏影隔帘栊。（《庭梅》）③

有客孤山吊鹤归，半肩行李插疏枝。街头儿女不解事，刚道卖花人未回。（《江梅》）

短筇挑酒过西湖，折得冰梢傍玉壶。日暮醉归山路险，风流直待倩人扶。（《杖头梅》）

玉堂咫尺有神仙，翠箔笼春信不传。日暮相思云树杳，一泓秋水月娟娟。（《隔帘梅》）

妆阁开奁对晓寒，菱花影里雪团团。素鸾舞罢却飞去，留得冰容正面看。（《昭镜梅》）

岩谷深居养素真，岁寒松竹澹相邻。孤根历尽冰霜苦，不识人间别有春。（《山中梅》）

---

①引自《沅湘耆旧集前编》卷三十二。

②转引自《沅湘耆旧集前编》卷三十四。

③引自《沅湘耆旧集前编》卷三十四。

浮玉溪边夜未期，暗香疏影静相宜。一时意味无人识，只有咸平处士知。(《水月梅》)

玉妃平碾白朱砂，散作春风六出花。夜半月明霜露重，满襟清泪湿年华。(《粉梅》)

并蒂连枝朵朵双，偏宜照影傍寒塘。只愁画角惊吹散，片影分飞最可伤。(《鸳鸯梅》)

青子初肥色半鲜，绿阴深处压枝悬。日长几阵廉纤雨，正是江南四月天。(《青梅》)

词一首：

赠歌儿珠帘秀鹧鸪天

十二阑干映远眸，醉乡空断楚天秋。虾须影薄微微见，龟背纹轻细细浮。　香雾敛，翠云收。海霞为带玉为钩。夜来卷尽西山雨，不着人间半点愁。①

散曲（小令）4 首：

［正宫］鹦鹉曲（引三首）

钱塘江上亲曾住，司马槱不是村父。缕金衣唱彻流年，几阵纱窗梅雨。〔么〕梦回时不见犀梳，燕子又衔春去。便人间月缺花残，是小小香魂断处。(《钱塘初夏》)②

孤村三两人家住，终日对野叟田父。说今朝绿水平桥，昨日溪南新雨。〔么〕碧天边云归崖穴，白鹭一行飞去。便芒鞋竹杖行春，问底是青帘舞处。(《野渡新晴》)③

新凉时节城南住，灯火诵鲁国尼父。到秋来宋玉生悲，不赋高唐云雨。〔么〕一声声只在芭蕉，断送别离人去。甚河桥柳树全疏，恨正在长亭短处。(《城南秋思》)④

［中吕］红绣鞋

东里先生酒兴，南州高士文声。玉龙嘶断彩鸾鸣，水空秋月冷。山小

①引自《沅湘耆旧集前编》卷三十四。

②引自《全元散曲·冯子振》，中华书局，1964 年。

③引自《全元散曲·冯子振》，中华书局，1964 年。

④引自《全元散曲·冯子振》，中华书局，1964 年。

暮天青，苏公堤上景。(《题小山苏堤渔歌》)①

陈泰，字志同，别号所安，茶陵人。延祐二年（1315）进士，除龙泉县主簿。据记载，他“栖迟薄宦，惟以吟咏自娱”②。其诗作由曾孙于明代辑刊成《所安遗集》，待其玄孙重刊时，后段已蠹损过半。此集清代辑入《四库全书》，《元诗选》和《沅湘耆旧集前编》均收入33首。《四库全书总目提要》评曰：“泰与欧阳玄同举于乡。今观所作七言歌行，居十之七八。大致气格近李白，而造句则多类李贺、温庭筠。虽或不免奔轶太过，剽而不留，又不免时伤粗犷，不及玄之风规大雅，具有典型。要其才气纵横，颇多奇句，亦自有不可湮没者。”评者将他与欧阳玄相比，认为有所不及。其实，因淡于仕途，陈泰的诗作较少官场气息，而较多反映了民间生活，这又远胜于欧阳玄。现录其诗作数首，供品赏。

贫女行

贫家养女才十五，手足如绵独当户。阿爷前月出行商，小弟伶仃未离母。筠篮日暮挑菜葵，倩人远籴防朝炊。簪花枝重黄垂额，汲涧泉深绿照眉。生时不得嫁时力，却喜夫家惯耕织。堂前供养老姑存，姑为艰难少颜色。夜来小弟报平安，见说新年百计宽。此身岂愿独温饱，父母养我良辛酸。③

渔父词

蝉声欲断虫声悲，江天月上初弦时。渔翁身老醉无力，矫首坐看云离离。痴儿不识老翁意，苦道平生贫作祟。卖舟买得溪上田，昨暮催租人已至。君不见长安康庄九复九，雨笠烟蓑难入手。人间万事谁得知，沧江夜变为春酒。④

将离京师，别李朝端、陈伯奎二同年

陈生射策未三十，笔箭如锋不破的。自古英雄感慨多，直比枭卢悬一掷。文章有命不论巧，得丧穷通两何惜。吾州二妙真豪放，白璧明珠迥相望。飞英已迈时辈先，通籍还兼伯仲行。霜蹄历块千里空，风采承恩九天

---

①引自《全元散曲·冯子振》，中华书局，1964年。

②引自《四库全书总目提要》卷一六八《集部·别集类二〇》。

③引自《沅湘耆旧集前编》卷三十五。

④引自《沅湘耆旧集前编》卷三十五。

上。我辞君归春正晚，天风吹帆落花满。青冥浩荡南极深，白日波涛洞庭远。感君惜别重徘徊，令我长歌激肝胆。云山之东金气浓，礫裂华盖晶莹通。纷纷鸾鹄好羽翼，莫笑垂翅南飞鸿。①

邯郸道上书所见

马珑珑，车碌碌。古道茫茫沙扑扑。帽翻翻，袖速速。丁丁零零西番经，轧轧刺刺单于曲。西番经，无人听。单于马上琵琶声，乌纱辫发双娉婷。不知是河西，不知是女真。有时唤驴儿，玉色微生嗔。东风日暮邯郸尘，去去共踏长安春。往来只在都门下，可笑相逢不识君。②

和陆放翁白苎词

美人独宿青楼空，素烟不断杨柳风。含情脉脉剪刀里，一片湘江明月中。去年秋机织双杵，裁寄征夫送寒暑。望断辽阳信不归，长夜停梭听鹦鹉。③

李祁，字一初，别号希蘧翁，又号危行翁、不二心老人。茶陵人。元统元年（1333）进士，除应奉翰林文字。以母老就养江南，改授婺源州同知。迁江浙儒学副提举，丁母忧解职。元末天下大乱，遂归隐茶陵云阳山中。后又迁居江西永新。明洪武初，诏征不出。年七十余卒。后人将其遗作辑为《云阳集》10卷，清《四库全书》收入。《元诗选》录其诗作32首，《沅湘耆旧集前编》收入77首。《四库全书总目提要》云："祁诗冲融和平，自合节奏。文章亦雅洁有法。"从题材和内容看，李祁的诗具有元代诗人的共同特点，即大多为题画、咏花和酬答应和之作。由于身历元末的社会大动荡和战乱，诗中常常充满吊古伤今和厌世弃俗之情。如：

题鄱阳杨兰谷渔樵耕牧图

我家云阳东，衣食在渔稼。朝耕白云边，暮钓清溪下。有时逐樵牧，谈笑至昏夜。自云此真乐，此乐天所借。乱离寄他乡，奔走不遑暇。蹉跎几经年，及此见图画。苍茫指顾中，仿佛在田舍。四事苦难并，苟得亦何诧。何时赋归来，鸡豚餍春社。④

①引自《沅湘耆旧集前编》卷三十五。
②引自《沅湘耆旧集前编》卷三十五。
③引自《沅湘耆旧集前编》卷三十五。
④引自《沅湘耆旧集前编》卷四十。

次王子让韵二首

老泪纵横忆旧京，梦中歧路见分明。天涯自信甘流落，海内谁堪托死生。短策未容还故里，片帆只欲驾沧瀛。他年便作芙蓉主，惭愧当时石曼卿。

城郭人民事事非，空余尘土满征衣。君犹有道堪移俗，我已无家不念归。天地晦冥龙去远，江湖寥落雁来稀。极知此后还相忆，愁见青山映夕晖。①

奉题朱泽民先生画山水图

洞庭之南湘水东，青山奕奕蟠苍龙。云阳高峰七十一，欲与衡岳争为雄。我家近在云阳下，来往看山如看画。十年尘土走西风，每忆云阳动悲咤。吴中胜士朱隐君，笔精墨妙天下闻。画图画出湘江水，青山上有云阳云。云阳山高湘水绿，十年不见劳心目。只今看画如在山，万里归情寄鸿鹄。②

胡天游（1288—1368），又名乘龙，号松竹主人，晚号傲轩。平江人。7岁能诗。当元末之乱，隐居不仕。著有《傲轩吟稿》，收入《元诗选》和《四库全书》。《沅湘耆旧集前编》录其诗54首。《四库全书总目提要》评其诗：“大都悲壮激烈，而颇病粗豪。然长歌慷慨之中，能发乎情，止乎礼义，身处末季，惓惓然想见太平，犹有诗人忠厚之遗。”同邑艾科为其作传，称：“天游有俊逸才，负高气，孤立峻视，曾不一起取斗禄自污。扼腕当时，俯仰太古，鸣之歌什，有沅湘蹈海之风。”其实，由于生当乱世，终身隐居田野，他的诗作少官场酬和，而多个人感情的自然抒发，且常常反映民间疾苦及其对于世道“升平”的期盼，富于生活气息。今录其诗作数首如下：

女从军三首

二八女儿红绣靴，朝朝马上画双娥。采莲曲调都忘却，学得军中唱凯歌。

从军装束效男儿，短制衣衫淡扫眉。众里倩人扶上马，娇羞不似在家时。

---

①引自《沅湘耆旧集前编》卷四十。

②引自《沅湘耆旧集前编》卷四十。

柳营清晓促征期，女伴相呼看祭旗。壮士指僵霜气重，将军莫讶鼓声催。①

寄内兄余牧山

少年亲故尽豪英，回首家山一怆情。桑梓连云俱寂寞，松筠斗雪独峥嵘。生憎赤帻何时白，须信黄河有日清。珍重加餐莫轻出，共留老眼看升平。②

无牛叹

荒畴万顷连坡陀，躬耕无牛将奈何。老翁偻偻挟良耜，妇子并肩如橐驼。肩赪胥急汗掩肘，竟日劳劳不终亩。夜归草屋酸吟嘶，只有饥肠作牛吼。却忆向来全盛年，万牛蔽野无闲田。干戈澒洞一扫尽，觳觫就死谁能怜。桃林荒塘春草绿，根底纷纷何有犊。老翁无力待升平，卧看牵斗向天哭。③

田家吟

村南村北鸣鹂黄，舍东舍西开野棠。坡晴渐放桑眼绿，水暖忽起秧芽长。老翁躬耕催早起，女绩男舂妇炊黍。犊儿狂走未胜犁，蚕蚁半生犹恋纸。一春莫笑田家苦，苦乐原来两相补。君不见踏歌槌鼓肉如山，昨日原头祭田祖。④

二、明代湖南文学的成就

明代的文学又有新的发展，其成就在中国文学史上占有重要的地位。特别是在小说和戏曲创作领域，明代产生了一批大师和古典名作。如罗贯中的《三国演义》、施耐庵的《水浒传》、吴承恩的《西游记》和汤显祖的《牡丹亭》等。湖南在这些方面，虽无相匹配的名著名作传于后世，但随着社会经济和学校教育的发展，在明代同样也出现了一批足以称道的文学人物和作品，特别是在传统诗文方面。其中，明前期的代表人物有刘三吾和夏原吉等，而影响最大

①引自《沅湘耆旧集前编》卷三十七。
②引自《沅湘耆旧集前编》卷三十七。
③引自《沅湘耆旧集前编》卷三十七。
④引自《沅湘耆旧集前编》卷三十七。

的是明中叶的李东阳与“茶陵诗派”，江盈科则为明后期湖南文坛的突出代表。此外，明代湖南文学方面比较著名的还有杨一清、邓庠、黄学谦、郭都贤等人。

（一）明早期湖南文学人物

刘三吾（1312—?），原名如孙，晚年自号坦坦翁。茶陵人。生于元皇庆元年（1312）。早年中乡举，未出仕。元末避兵广西，由行省承制授静江路儒学副提举。及明军下广西，归居茶陵。洪武十八年（1385），73岁，以衡山茹瑺荐，召授左春坊赞善。累迁翰林学士。三十年（1397），与白信蹈主持会试，落第士子联名上奏，控三吾等系南人，私取同乡。白信蹈被处死，刘三吾遭遣戍，以老病得免起遣，放归故里。建文初，召还京师。年逾九十，终老于家。

三吾，博览强记，善文章。明太祖制《大诰》及《洪范注》，委其为序。敕修《存心录》《省躬录》《书传会选》《寰宇通志》诸书，均受命总揽其事。永乐中，还参与修纂《春秋大全》。工于诗。评家云：其诗“迅笔疾书，不暇矜炼，虽时病粗豪，要有真气，不失开国气象。至其凭吊故墟、感时书事诸作”，则“悲凉沉郁”，多抒发元故老情怀。① 有《坦斋刘先生文集》2卷传世，录入《四库全书总目·别集类存目》。《沅湘耆旧集》辑其诗50首。今引录数首如下：

湘　南

大厦元非一木撑，空闻遣使赴燕京。鄂垣仅有湘南地，朝野犹夸纸上兵。诸镇一如唐末造，孤忠谁是李长城。山河依旧天如水，愁听寒鸦日暮声。②

送龙天章归省玉融

柏台使者开薇省，幕下诸贤聚壁奎。红药诗情漓水上，白云亲舍玉融西。旧家门巷乌衣怨，故国江山杜宇啼。若过州城旧厅事，为余重觅昔年题。③

送吴朝锡先生使南中

圣主忧劳致太平，八纮为网猎群英。文章已似唐三变，礼乐终须鲁两

①引自《沅湘耆旧集》卷二。

②引自《沅湘耆旧集》卷二。

③引自《沅湘耆旧集》卷二。

生。天上皇华今雨至，岭南人物晓星明。归期想见春深处，柳色青青满禁城。①

九　日

西风白发旧乌纱，不用登临赏物华。彭泽有花谁送酒，上林无雁客思家。天高露下秋如洗，木落山空日易斜。若问老夫闲里趣，读书种菜是生涯。

夏原吉（1366—1430），字维喆。湘阴人。原籍德兴。自幼勤奋力学，明初以乡荐入太学，选入禁中写诏诰，为太祖赏识，拔户部主事。建文初擢户部右侍郎。永乐年间，累官至户部尚书。仁宗即位，加太子少傅，又进少保兼太子少傅。宣德五年（1430）正月，监修《两朝实录》成，赐金币鞍马。上朝致谢，回家而卒。赠太师，谥忠靖。

原吉工诗文，著有诗文6卷，以《夏忠靖集》辑入《四库全书》。其诗文，“平实雅淡，不事华靡……犹有淳实之遗风”②。《沅湘耆旧集》辑其诗26首。兹引录数首如下：

谕饥乌

饥乌来屋头，轩然振双翼。哑哑向我啼，其意欲得食。我行顾我厨，余糗颇云积。粲粲白如银，莹莹燥如炙。足可疗乌饥，尽与非所惜。缘以目前人，困乏动千亿。振恤未有方，夙夜慨中赤。况此所余糗，粒粒出民力。我食尚怀愧，饲乌宁不惕。饥乌勿此啼，山中有榛栗。③

汨罗怀古

五月五日天气晴，古罗士庶思屈平。声金伐鼓集画舰，浩歌竞渡招沉灵。沉灵不返知何往，楚国萧萧空草莽。聊将一滴菖蒲浆，洒向清波寄遐想。④

经姑苏

客路尚悠悠，苏台暂系舟。酒旗迷柳岸，商舶隘江流。三让祠何古，

①引自《沅湘耆旧集》卷二。

②引自《沅湘耆旧集》卷四。

③引自《沅湘耆旧集》卷四。

④引自《沅湘耆旧集》卷四。

千人石更幽。可怜城下水，莫洗馆娃愁。①

送侍御蒋暹乞假归省

客里频传送客钟，岂知孱质已成翁。狂歌强作江南调，薄饯聊随蓟北风。柑熟洞庭人定到，月明湘水梦谁同。凌云健翮须时奋，去去毋淹枳棘丛。②

题徽宗所画墨竹

宝殿无心论治安，碧窗着意写琅玕。枝枝叶叶真潇洒，争奈金人不爱看。③

（二）李东阳与“茶陵诗派”

李东阳（1447—1516），字宾之，号西涯，谥文正。茶陵人。其家以戍籍居京师。幼时以神童著称，8 岁召入宫试讲《尚书》义理，诏命入京学。天顺八年（1464）成进士，选庶吉士。授编修，参与编纂《英宗实录》。弘治中，累官太子少保、礼部尚书兼文渊阁大学士。弘治十六年（1503），纂修《大明会典》告成，进太子太保、户部尚书、谨身殿大学士。正德七年（1512）辞官，深居简出，以诗酒自娱。十一年（1516）卒。一生著述十分宏富，刊行的有《怀麓堂集》100 卷，包括诗 30 卷、文 60 卷、杂稿 10 卷。清康熙末初刻刊行，嘉庆初重刻。又另有《四库全书》本，1983 年由湖南岳麓书社校点出版，更名《李东阳集》。《沅湘耆旧集》辑其“乐府”54 首、“古体诗”98 首、“近体诗”144 首。（附图 53）

李东阳的散文和诗作均有很高的造诣。《明史》本传称：“明兴以来，宰臣以文章领袖缙绅者，杨士奇后，东阳而已。”又云：“东阳工古文，阁中疏草多属之，疏出天下传诵。”他“为文典雅流丽，朝廷大著作多出其手”。其诗，《明史·文苑传》说，“出入宋元，溯流唐代”。粲然自成一派，为一代之宗，以他为首形成“茶陵诗派”，活跃于当时诗坛。杨一清在《怀麓堂稿序》中评曰：“（东阳）高才绝识，独步一时也，而充之以学问，故其诗文深厚浑雄，不为屈奇可骇之辞，而法度森严，思味隽永，尽脱凡近而古意独存。每吮毫伸纸，天趣溢发，操纵开阖，随意所如而不逾典则。”《沅湘耆旧集》引评者曰：“西

①引自《沅湘耆旧集》卷四。

②引自《沅湘耆旧集》卷四。

③引自《沅湘耆旧集》卷四。

涯《乐府》得古诗之遗，风刺并见，含蓄可味，使人自得于言外。别为一格……”①

从诗的题材和内容看，诗人身居显位，少不了官场酬和，但更多的是咏史寓意以言志，登临、题画以抒情，关心社稷民生，忧国忧民，语言朴质，颇具生活气息。兹录其诗词数首如下，供品读。

长江险（乐府）

长江险，天可恃。齐三来，周再至。隋兵强，竟何事。兵入城，吾有计。楼高入天井入地，生同欢娱死同避。国有二嫔无一士，回首长江如屣弃。君不见古来人和方地利，天为吴王还魏帝。②

永贞叹（乐府）

王郎索饭黄扉里，郑州相公呼不起。六街鬼魅夜攫人，公门白日成官市。纷纷逐客不足嗟，河东司马文章家。江湖浪客河间妇，事业荣枯一翻手。诗翁莫赋永贞年，后来何代无此贤。③

金字牌（乐府）

金字牌，从天来。将军恸哭班师回，士气郁怒声如雷。声如雷，震三陲，幽蓟已复无江淮。仇虏和，壮士死，天下事，安有此。国之亡，嗟晚矣。④

题王维诗意图（古体诗）

平田渺成湖，仲夏月多雨。汀鹭湿不飞，林莺涩还语。村烟多乞邻，馌饷常及午。柴门无锁钥，出入随杖屦。白鸥似相识，亦足忘尔汝。王丞诗家流，画格亦天与。君看百代遗，摹拓尚如许。吾生慕丘壑，偶此系冠组。试问松下翁，几人同出处。⑤

东山图（古体诗）

谢公昔卧东山麓，山中无日无丝竹。美人笑捧如花颜，饮酒赋诗欢不足。古来同乐必同忧，公能不为苍生谋？征西司马亦何事，犹使桓兵窥上

---

①引自《沅湘耆旧集》卷七。
②引自《沅湘耆旧集》卷七。
③引自《沅湘耆旧集》卷八。
④引自《沅湘耆旧集》卷八。
⑤《沅湘耆旧集》卷八。

流。贼兵在郊公在墅，天下江山局中睹。老温病死强秦奔，一代功名荷天与。太平宰相休云云，清言非罪还非勋。四郊多垒一身乐，吾忆冶城王右军。①

病起理发次李群玉韵二首（近体诗）

一病身仍瘦，三旬发始梳。雪疑襟袖满，风怯纸窗虚。乱枕抛书后，衰颜入镜初。倦余方起坐，刚爱客来疏。

病发犹堪理，忧心不可梳。民劳看已甚，兵捷报常虚。潦水成冰地，田家望雨初。我生嗟尚可，医国计还疏。②

何孟春（1474—1536），字子元，晚年自号燕泉先生。郴州人。少从李东阳学，得其青睐。弘治六年（1493）成进士，累官吏部右侍郎。嘉靖初，左迁南京工部左侍郎，旋被削职回籍，后卒于家。穆宗即位，赠礼部尚书，谥文简。孟春“少游涯翁之门，博闻强记，喜吟咏”③。为“茶陵诗派”重要代表人物。

何孟春著述甚富，有文集18卷，《明史·艺文志》著录；又，《何文简疏议》10卷、《孔子家语注》8卷、《馀冬序录》65卷，均收入《四库全书》；另有《燕泉遗稿》10卷，清乾隆中由其后裔编辑刊行。《沅湘耆旧集》辑其诗词73首。其诗作造诣不算太高，略有泛滥平易之感，但具有明显的复古倾向。今录数首如下：

咏史二首

万物人为贵，男儿称世雄。我生幸获年，九十今成翁。贫者士之常，死者民之终。居常以待终，此意将谁同。贤哉荣公言，可拓隘士胸。

薰以香自烧，膏以明自消。龚生夭天年，莫罪时所遭。彭城一老父，意者钱铿曹。世事已如此，吾人安得逃。不见杜陵蒋，三径埋蓬蒿。④

汉宫柳

依依汉宫柳，本不伤离别。何事学颦眉，春来故愁绝。柳花情颇俳，历乱在玉阶。时复因风起，将愁入人怀。愁怀岂缘此，扫落御沟水。一夕

①引自《沅湘耆旧集》卷九。

②引自《沅湘耆旧集》卷一〇。

③引自《沅湘耆旧集》卷一三。

④引自《沅湘耆旧集》卷一三。

化为萍，随流出宫里。宫愁不可出，念此还欲死。①

春日言怀

旅食数逢三月节，京尘再踏九年春。头颅已觉成今我，事业何由到古人。忧切敢忘民与国，道存空复病兼贫。门墙幸有瞻依地，怀麓堂前往返频。②

为宋少卿题画

孤亭四开树双起，正在溪头与山底。何人家住此山中，卧不出游关未起。山云半白风半青，溪流泻绿寒无声。谢公屐齿老已折，渔父棹歌清可听。此图此景梦中事，指点苍茫认形似。洞庭岳麓渺天南，长安只有慈恩寺。③

（三）“公安诗派”主将江盈科

明代后期，出现了一个新的诗歌流派“公安派”，活跃于中国诗坛。创始者为“三袁”，即公安袁宏道、袁宗道和袁中道。江盈科为袁宏道同榜进士，又曾分别任相邻的长洲和吴县县令，二人交谊甚深，且都是才气横溢的诗人。他们反对“拟古主义”，袁宏道提出“抒写性灵”的“性灵说”，江盈科则倡言“元神活泼说”，二者相呼应，都要求诗歌抒写性灵，认为只有抒写性灵的诗才是真诗。这构成了“公安诗派”的理论基础。在公安派中的地位和作用，江盈科实际上仅次于袁宏道，在袁宗道和袁中道之上，是“公安诗派”创立者之一和主要代表人物。同时，在诗歌创作的实践中，他硕果累累，为明代后期最具代表性和最有影响的湘籍著名诗文作家。

江盈科（1553—1605），字进之，号渌萝山人。桃源人。万历五年（1577）入县学。十三年（1585）中举。二十年（1592）与袁宏道同榜进士及第，授长洲（今属江苏吴县）县令。在任六年，贤令名远播。迁吏部主事，改任大理寺，升户部员外郎。累官至四川提学副使。

江盈科的诗歌，内容方面，“独抒性灵”，写自己的真实感情，富于个性；在形式上，则不拘套格，不事模拟刻画，而追求平易浅近，亦庄肃亦诙谐。按题材内容，可分为不同类型。

---

①引自《沅湘耆旧集》卷一三。

②引自《沅湘耆旧集》卷一三。

③引自《沅湘耆旧集》卷一三。

一是关切当时国事民情，直接批判现实政治，或借古讽今，如：

乡　信

乡人传口耗，听说倍伤情。巴峡连烽火，黔中断路程。父兄皆挽饷，郡县尽屯兵。抢攘今如此，何时见太平？①

又如：

戊戌元旦感赋

几年元日滞金阊，青鬓萧疏半已霜。飞舄可能如叶县，种花浪复比河阳。鞭棰痛彻疲民骨，杼轴空歌织女章。辽左军储星火急，蠲租那得念逃亡？②

另一类，是表现自己以吏为隐的心态的诗。明朝后期，吏治日趋腐败，战乱频仍，民不聊生，诗人想有所作为而终不能，想反抗束缚、追求真我和自由而终不可得，然又无法拂袖挂冠而去，无可奈何，只得以吏为隐。如：

闻报改官

看破名场是戏场，悲来喜去为谁忙？六年苦海长洲令，五日浮沤吏部郎。为蚓为龙谁小大？乍夷乍跖任苍黄。无心更与时贤竞，散发聊便卧上皇。③

又如：

舟中自嘲

扁舟江上放歌时，自笑行踪愧鹿麛。面趁酒红非为少，须因愁白不缘衰。北窗晴旭宜高枕，南亩秋成足薄糜。何事低回贪五斗？折腰到底不能辞。④

还有一些诗，描写苏州等地城市生活的繁华，抒发世人对情感和物质的追求；或描绘山水，吟弄风月，抒发诗人种种情怀，感叹人生。在此，不再一一引述。

江盈科不仅是晚明文学“公安诗派”的富有成就的诗人，而且他还创作了大量不同于传统诗古文和富于特色的寓言笑话和小品文，开湖南小说体文学之

---

①引自黄仁生辑校：《江盈科集·雪涛阁集》卷之一，岳麓书社，2008 年。

②引自黄仁生辑校：《江盈科集·雪涛阁集》卷之三，岳麓书社，2008 年。

③引自黄仁生辑校：《江盈科集·雪涛阁集》卷之四，岳麓书社，2008 年。

④引自黄仁生辑校：《江盈科集·雪涛阁集》卷之三，岳麓书社，2008 年。

先河，并在全国也很有影响。这类作品辑为《雪涛小说》《谈言》《雪涛谈丛》与《谐史》四集传世。

《谐史》147则，皆为幽默小品；《雪涛谈丛》和《谈言》，又各收其笔记小品或幽默小品11则；《雪涛小说》今见于《雪涛全集》，共52篇。《雪涛小说》大多为思想性和艺术性都相当高的很成熟的寓言作品，置于世界寓言艺术之林，亦毫无逊色。现沿引一篇如下：

蛛　蚕

蛛语蚕曰："尔饱食终日，以至于老。口吐经纬，黄白灿然，因之自裹。蚕妇操汝入于沸汤，抽为长丝，乃丧厥躯。然则其巧也，适以自杀，不亦愚乎?"蚕答蛛曰："我固自杀，我所吐者遂为文章，天子衮龙，百官绂绣，孰非我为？汝乃枵腹而营，口吐经纬，织成网罗，坐伺其间。蚊虻蜂蝶之见过者，无不杀之而以自饱。巧则巧矣，何其忍也!"蛛曰："为人谋，则为汝；自为谋，宁为我。"噫，世之为蚕不为蛛者，寡矣夫!①

（四）明代湖南其他知名文学作家

杨一清（1454—1530），字应宁，号邃庵。世居云南安宁州，父景以化州同知致仕，携之居巴陵，遂为巴陵（今岳阳）人。少聪颖能文，8岁以奇童荐为翰林秀才。年十四举乡试。成化八年（1472）登进士第，授中书舍人。累官太子太师、吏部尚书、华盖殿大学士。因张璁等构陷落职闲居。嘉靖九年（1530）卒。赠太保，谥文襄。

一清诗文俱佳。著有《石淙集》45卷，诗20卷。《沅湘耆旧集》录其诗30首。编者评曰：一清"诗才力不减涯翁"。即与李东阳不相上下。明李献吉曰："先生诗矜持严整，俊拔典则，七言律为最工。虽唐宋调杂，瑜瑕靡掩，然所谓千虑一失也。"又《静志居诗话》云："邃庵古诗，原本韩、苏，近体一以陈简斋、陆放翁为师。"② 评价均较高。因尝巡抚陕西，总制三镇军务，故其诗多边关军旅之作。如《将至凉州》《孤山堡》《闻河套有警》等。官场酬和及登临抒情亦不少，而其中《送刘颐之官铜梁》《岳阳楼三首》等颇具代表性。今录数首如下：

---

①引自黄仁生辑校：《江盈科集·雪涛阁集》卷之十四，岳麓书社，2008年。

②引自《沅湘耆旧集》卷十一。

将至凉州

雉堞连云十里城，将臣开府此屯兵。山连虎阵千年固，地接龙沙一掌平。塞上马嘶春草绿，村中人和凯歌声。只因边徼无烽火，忘却关山是远行。①

闻河套有警

百二秦关故可凭，延陵千里险堪乘。浊河下绕还成套，矿骑冬来惯踏冰。塞上烟尘嗟未息，胸中兵甲愧无能。粟刍山积君休羡，民力年来已不胜。②

送刘颐之官铜梁

宦情乡思两匆匆，一曲骊歌兴未穷。北阙除书新宠命，西川师席旧春风。峡门中断三江险，栈道高连一鸟通。蜀地古来多教授，今人能说汉文翁。③

岳阳楼三首

楼头仙子坐当窗，楼外风飞拥客舣。今古胜游谁第一，乾坤伟观此无双。山形南去连衡岳，水势西来接大江。极目浮光殊未已，题诗安得笔如杠。

百尺高楼倚碧空，乾坤登眺几人同。眼前忧乐谁无意，天下江山此最雄。孤棹影冲烟浦外，浩歌声在水云中。东流万里终归海，不尽狂澜砥柱功。

月色风光此夜兼，洞庭春水坐来添。十年作宦身如系，一日看山兴未廉。江海波涛惊变化，乾坤鱼鸟自飞潜。太平关塞无戎马，彩笔逢时次第拈。④

邓庠，字宗周，宜章人。成化八年（1472）进士，授行人，累官户部右侍郎。曾乞归里。又再起左都御史，巡抚苏松。官终南京户部尚书。致仕归，以病卒于家。

庠性恬适，好吟咏。乞归里闲居时，买田结屋于城东，俯临清溪，因以东

①引自《沅湘耆旧集》卷十一。

②引自《沅湘耆旧集》卷十一。

③引自《沅湘耆旧集》卷十一。

④引自《沅湘耆旧集》卷十一。

溪自号。著有《东溪草堂诗集》17卷。《沅湘耆旧集》辑入51首。时人评曰："公天资颖敏，才识英迈。"其诗作"凡所以歌太平而颂圣德，与夫历览山川，抚时感事，其辞浑然天成，中乎矩度，长篇短咏，援笔立成，若不经意而各极其趣"。① 其中，《岳州永济堤歌》和《苍梧江行九首》等，抚时感事，即景抒情，贴近生活实际，关心民生，颇具特色。今选录如下：

岳州永济堤歌

洞庭湖口西风急，雪浪如山疑海立。挂帆欲往心茫然，维舟暂宿城东集。城陵矶前缓步行，道逢野叟询民情。拊髀兴怀言不已，清论亹亹源泉倾。为言李公昔守岳，令行禁止民安乐。桃花万树争春妍，机杼千村闲夜柝。为民兴利不知疲，捐金召役成长堤。一桥一闸十里地，斩木凿石民不知。康衢矢直平如砥，车马驱驰若流水。万缕垂杨翠作帏，千畦晚稻香铺绮。商人自昔居浮槎，因堤筑舍今成家。酒旗云外列阛阓，歌楼月下鸣琵琶。昔也险阻今乐地，昔也萑苇今种艺。乘舆溱洧惠诚小，郑渠苏堤同厥利。丰功德誉辉金泥，大参薇省超关西。岳民感慕情何极，遂以公姓名吾堤。我闻叟言三太息，怀言蒿目心滋戚。安得百郡尽如公，坐使苍生被膏泽。公今禄位犹未艾，作郡声名从此大。颍川黄霸行入相，四海甘霖望沾溉。②

苍梧江行九首（节选四首）③

寥落昭州路，苍茫烟景赊。驿楼茅当瓦，蜑户艇为家。戍鼓鸣寒水，荒村落晚霞。匡时惭贾傅，薄宦过长沙。

湘南卑湿地，尽日雨冥冥。雷厉危滩响，狮蹲怪石形。黄怜依岸柳，翠爱隔山屏。自笑流年易，沙田麦又青。

江行三百里，大半野田荒。谷静闻泉响，林深蔽日光。戍楼烟漠漠，村舍草苍苍。安得诛狐鼠，农桑惠泽长。

百粤风烟地，天涯欲尽头。乱山疑列戟，惊濑怯行舟。烽火连村戍，寒沙带浅流。疮痍犹未起，何以解民忧。

黄学谦，字又谦，一字天益，善化（今长沙市）人。天启元年（1621）拔

---

①徐节《东溪诗稿序》，见《沅湘耆旧集》卷十一。

②引自《沅湘耆旧集》卷十一。

③引自《沅湘耆旧集》卷十二。

贡，中副榜。初官广东乐昌县教谕，擢陕西兴平知县。著述甚富，工于诗，兼精书法。晚年右手病废，以左手握笔，作小楷行草，遒逸有致。有诗集《紫岩集》和《照杯亭遗草》8卷。《沅湘耆旧集》辑录其诗82首。

学谦生当明季，“晚遭世乱，出入山谷榛莽间，栖窜无定所”。故邓显鹤谓其诗：“大抵多乱离中作，冲和平淡，绝少噍杀之音，可以觇所蕴矣。”时人评云：“又谦先生之诗，淡腴自然，沉郁而浑，停蓄渊宏，沐浴日月。”又云：“又谦诗，思沉调响，骨味隽永，名作也。”① 评价甚高。现选录数首如下：

田家怨

土碱雨苦稀，麦穗半不熟。卖汝纳官租，老妇吞声哭。山茧脆难缫，土布涩难缝。十指磨欲突，不办晨昏供。岂无少壮丁，贷为富家佣。日受升合米，米陈不可舂。茆茨仅四壁，寒来自补葺。草根甘可茹，聊免沟中瘠。生时既不偕，流离安所适。②

书　憾

万事既垂老，安能再似初。光阴双鸟去，身世一舟虚。砂鼎丹难变，头颅雪不如。南山庐已毁，何处赋归与。③

乱后入城

城空闻巷哭，国破岂家留。黯黯天无色，离离黍自忧。郊原余战垒，故旧一荒丘。只影斜阳道，安能遣泪收。④

重九明日登舟感怀

江城秋早菊花迟，野水茫茫趁钓丝。孤屿流云看鸟没，荒村泊雨带蝉悲。今朝社事随霜叶，何处歌声乱竹枝。但使芦人矶尚在，白衣怕向晚风吹。⑤

郭都贤，字天门，号些庵，益阳人。天启二年（1622）进士，授行人。累迁佥都御史，巡抚江西。以遭诽谤，弃官居庐山。明亡，落发为僧。曾归里结草庐于桃花江畔。后客死江陵承天寺。

---

①引自《沅湘耆旧集》卷二十五。

②引自《沅湘耆旧集》卷二十五。

③引自《沅湘耆旧集》卷二十五。

④引自《沅湘耆旧集》卷二十五。

⑤引自《沅湘耆旧集》卷二十五。

都贤博学多识，能诗文，善书画，学者称“天门先生”。著有《衡岳集》《止庵集》《嵩梦集》《湘痕》《秋声吟》等。《沅湘耆旧集》辑其古近体诗共222首。辑者论曰：“先生诗，当海内鼎沸、末流横决之日，不暇侈言风雅，而雄篇巨章，往往凌厉一世。”并说所作《补山堂歌》《洞庭秋诗》，曾“盛传于时，和之者遍海内”，“海内和者数百人”①。可见，郭都贤的诗作很有影响，深为时人所喜爱。现将《补山堂歌》及《洞庭秋九十首》中4首引录于下：

补山堂歌有序

小构沙湾，拜尔梅张公画，悬之茅茨。千岩竞秀，直补泽国所未有。因补山堂额作歌以咏之，并谢其以烟云供养老僧也。

山中人兮畏豺虎，横担榔栗飞寒羽。茫茫水云鱼龙腥，归去闭门等逃雨。入山不得走入湖，鸿雁不来声气孤。莲房藕孔藏世界，葫芦中人知有无。沙湾隔湖望如咫，百里无山七泽耳。诛茅一片水到门，突兀奇峰挂壁起。层峦叠嶂争豪端，置我千山万山里。从今莫笑愚公腐，海湖汩没三山补。九疑云中坐立间，黄蓬培塿何须数。盈盈一水题三堂，僧繇身手开天荒。但愁山高树老苍，撑破太室心徬徨。②

洞庭秋九十首（引四首）

挂却鱼竿谢钓矶，空明欲击溯流非。地倾西北娲无补，人化沙虫鹤不归。界破紫蜺分碧眼，平沉苍狗卷秋衣。蒹葭白露关何事，尺蠖洋洋可乐饥。

烟老苍容合看山，秋波容与若为颜。云中有待乘黄鹤，月下何时放白鹇。禹服三千荒楚锡，峰青十二冷湘鬟。过松亭上惊摇落，一棹西风客未还。

铁幕横霜警梦劳，洞庭波涌赴秋高。尽翻汉代回风曲，倾倒蛮天八月涛。星影动摇催海曙，鹰声激楚下鞲绦。钓筒收去空云水，明月芦花老二毛。

寻常烟水占方城，大有乾坤气不平。风皱青娥汤沐邑，霜威白帝伏波营。诸姬带砺雄推长，少女参商浪得名。沧海桑田河亦徙，茫茫三户泽

①引自《沅湘耆旧集》卷二十八。

②引自《沅湘耆旧集》卷二十八。

中瀛。[①]

陶汝鼐（1602—1683），字仲调，一字燮友，号密庵。宁乡人。少聪慧，工诗、文、书法，有“楚陶三绝”之誉。崇祯六年（1633）中乡举，又两中会试副榜。选广东新会教谕。明亡，投奔南明，福王授翰林院待诏，唐王改授以兵部职方郎中，五省监军，复改检讨。桂王立，授以御史，未就。一度出家为僧，号忍头陀。后参与抗清起事，被清廷系狱数年。获释还籍，以修方志为事。著有《广西涯乐府》《嚏古集》《寄云楼集》及《褐玉堂集》若干卷。《沅湘耆旧集》辑其古体诗51首、近体诗111首。

汝鼐生当明季乱世，其诗多“哀时命，吊战场”，感时愤世，而较少风花雪月和官场酬和。《明诗综·诗话》云：汝鼐诗，“虽未脱竟陵之派，然觉爽气殊伦”。“大之可以干城名教，小之亦可以博物洽闻”。[②] 现引录数首如下，可窥一斑。

沩山田父（古体诗）

世乱无深山，忧来何可测。皇天恕农夫，辛苦厌盗贼。山田高入云，人犊相负陟。泉多宜秋干，岁俭得晚食。婚嫁不出村，井舂妇能力。有鸟催春耕，有虫促宵织。鸡黍时一烹，畏客非相识。幸是古亲邻，少年同钓弋。为言城市中，惨惨烟尘色。高冠白书生，颠倒弄文墨。坐食好盘餐，鞭笞报军国。空令陇上人，辍耕三太息。[③]

熊湘阁（古体诗）

熊湘高阁不可迹，罗雀掘鼠作除夕。熊湘高阁不可下，焚玉燔珠作除夜。作除夜，悲何极，三家举火千烟熄。旦日长沙比寒食。[④]

乱后晓出浯溪（近体诗）

落日旷清野，飞星隐暗岑。村荒磷火密，水涸旱云深。不测忧前路，无端刨此心。溪边何处寺，迢递起钟音。[⑤]

感愤（近体诗）

谁厌天心竟不寒，愁看珠斗夜凭阑。铜人在昔能辞汉，博浪当时未报

①引自《沅湘耆旧集》卷二十九。

②引自《沅湘耆旧集》卷三十。

③引自《沅湘耆旧集》卷三十。

④引自《沅湘耆旧集》卷三十。

⑤引自《沅湘耆旧集》卷三十一。

韩。填海自怜精卫小，过河同泣鲋鱼干。遥闻故老兼飞将，已逐群凶到贺兰。①

三、元明湖南书画艺术

元明时期，湖南在书画艺术发展方面不及诗文，其成就似乎也逊于唐宋。工于中国传统书画的人不少，但名著于时的书画大师及传世名作却不多。

书法方面，见于史志记载的有：

颜耕道，元初书法家，平江人。好读书，以诗赋著称，尤善草书。不乐仕进，隐居林泉，习帖作画，号“林泉野老”。

汤荧，浏阳人，元代进士，书法家，尤工篆书。

李位，茶陵人，元末李祁之子，明初随父隐居永兴。善楷书，手录其父《云阳集》10 卷，笔画瘦劲，有家法。

黎斌，明状元黎淳之父，史称书法家。宣德间，以“楷书精工”举为宁乡县丞。

曾缵，邵阳人，正统十三年（1448）进士，官户部主事。好读书，喜诗文，工书法，而以楷书称最。

谢宇（？—1493），衡阳人。宣德间以童子试称旨，入国学，后授中书舍人，屡官工部左侍郎。两任廷试读卷官。工楷书，善绘画。山水法诸大家，花木鸟兽悉到妙处。

李淳（？—1486），茶陵人，李东阳之父，精楷书。因衍“永八法”，为变化三十二势，结构八十四式，著论文一篇，于景泰间，上于朝廷。卒后赠少傅。

陈飏言，澧州（今澧县）人。博学，工诗，善书法，尤精八分书。性情旷达，好酒。酒后下笔，淋漓有神。曾随父宦居闽中，得交厦门高僧澈海。澈海善画兰，亦长于草书，不轻易夸人，唯独推许陈所作八分书。每作一画，即邀陈作赞诗一首，均以八分书题画幅，得者视为珍宝。

此外，元明时代湖南不少文学人物和名士，也多擅长书法。如：元代冯子振，明代李东阳、黄学谦、郭都贤、陶汝鼐等均“精书法”，“善书画”。（附图 51、52、53）

绘画方面，见于史载并有作品传世的代表人物，有元末明初的冷谦。

---

①引自《沅湘耆旧集》卷三十一。

冷谦，字启敬，一作起敬，道号龙阳子。武陵（今常德）人。曾寄寓浙江嘉兴。生卒年月不详。初从高僧释海云游。博读经史，尤精于《易》。元至元年间，弃释从儒。尝观唐代大画家李思训画作，遂爱而效习之。不过月余，其山水、人物、窠石等画，均无异于李原作。而其笔法敷彩，更为纤细。由是以画名于当世。代表作品有《白岳图》《云山叠翠图》《仙弈图》及《松壑秋云图》等。红巾军起，避处金陵。明初，已百余岁，仍召为协律郎，郊庙乐章多出其手。后不知所终。

明代湖南可称画家，但未见画作传世的还有不少。如：

朱鉴，长沙人。长于山水人物画，以风格清奇见赏于当时。其兄朱铨，亦善画山水人物，而勾勒竹石及菊兔尤精。

沈奖，祁阳人，擅长山水。其画法以宋、元人为师，运笔奇古，设色秀润。常酒后作画，更多逸趣。

张仙童，安化人。常画佛像人物，壁画最佳。凡寺庙墙壁经其作画者，皆称神妙。所绘罗汉图 18 幅和寒山、拾得像，俨然如生。

车大聘，邵阳人，生当明晚期。能诗词古文，善书法，长于篆隶小楷，装潢、雕刻亦所擅长。尤精于绘画，以善绘园蔬著名。时达官显贵常属意求之，然难得其片纸。

邓祥凤，明季画家，武冈人。与兄邓祥麟同任职于岷王府，时称“二邓”。选充仪宾，以荐入画苑，会考第一。入清不仕，隐居终生。画长于山水人物。

四、民族民间口头文学

元明数百年间，湖南一些民族地区的口头文学有新的发展，又产生了一些新的作品流传于后世。其中最具代表性的是湘南瑶族地区流行的一组大型迁徙歌，包括《十二姓瑶人游天下》《桃源峒歌》《千家峒歌》，以及《过山经》《过山根》和《十二姓瑶人音郡歌》等。

与苗族的迁徙歌比较，瑶族这组迁徙歌的特点：一是形成的时代较晚一些。歌词中涉及的纪年，最早为南宋末年的“景定元年”，即 1260 年；还有“洪武丙寅（十九）年”，即 1386 年。所记述的地名，有“南京”“武昌府”“乐昌府”等，这些都是明代始有的行政建制和名称。据此可以判断，这组迁徙歌的雏形应是产生于宋元之际，而其形成的年代则为明朝的早中期。二是唱诵的内容，基本上是对瑶族迁徙历史的纪实性描述，已无神话色彩。三是从艺术形式看，受中国传统格律诗词影响较大，大多为七言诗体，还有部分元曲（小令）句式。

现摘引《十二姓瑶人游天下》数段如下：

盘古开天又立地，又造山河又造田；刘三歌词慢些唱，先唱瑶人出世源。

瑶人出世武昌府，满目青山到处游；龙头山上耕种好，老少乐业世无忧。

景定元年四月八，姊妹一齐到海边；众人商量渡海去，人齐心齐找山源。

青山脚下千家峒，山宽地肥好安身；落住峒中多少年？哪样大祸落峒村？

落住峒中六十年，开山种地好年成；官府公差把峒进，逼交皇粮送京城。

人逢乱世难躲开，朝廷兵勇进峒来；蒋大官人发兵到，廿七营马围上来。

层层官兵人马众，峒中老少难阻挡；众人商量离峒走，千家大峒又抛荒。

跨山越岭到桃源，桃源峒里好过年；落住桃源多少岁？郎请姣娥唱金言。

小妹少知古桃源，桃源峒里住七年；山猪马鹿坏阳春，有种落土无收成。

聪明小妹唱桃源，离了桃源到哪边？哪王坐朝哪一年，何年何日出桃源？

郎哥莫笑妹歌言，明朝洪武丙寅年，正月初四齐移步，黄塘龙炸又落根。①

这首歌，通篇以“小妹”“郎哥”相称，可能是一种男女对唱的格式。歌词叙述的是湖南瑶人历史上最初几次迁徙的历程。

最初他们住在“武昌府”，由于战乱往南来到“海边”（其实是洞庭湖边），

①引自《盘王大歌》，郑德宏、李本高整理译释本，岳麓书社，1988年。

再过“海”迁到“千家峒”，后因朝廷发兵进峒烧杀，又被迫逃离“千家峒”，此后来到“桃源峒”等地。

《桃源峒歌》，反映的是瑶人迁往“桃源峒”，以及在“桃源峒”居住和生产生活的情景。全歌较长，共32节，通篇为七言四句格式。现也摘引数段如下：

一心要往桃源峒，不知桃源在哪边；挑担葫芦装斗米，千里迢迢找桃源。

一心要往桃源峒，不知桃源在哪边；葫芦担子装斗米，吃到米完总有边。

桃源峒口七条路，三条修了四条荒；三条大路进桃源，修好四条上闾山。

桃源峒头七条水，三条污浊四条清；三条污浊桃源水，四条清水到南京。

桃源峒里七峒田，三百牛牯犁一边；还有半边犁不到，山猪马鹿草中眠。

桃源峒中七峒田，三百牛牯犁半边；还有半边犁不到，耕种半边禾三千。①

湖南侗族地区的民间歌谣，有“耶”“垒”“款”等不同艺术形式，内容相当丰富。最初产生的时代现难以考证，但从流传下来的各种歌词内容看，其中有一部分应是形成于元明时代。如，迁徙“垒”中的《侗记谱垒》、英雄“垒”中的《莎玛辞》和英雄“款”中的《吴勉王款》等。

《侗记谱垒》，叙述侗族先民（古越人）的一支，由江浙、江西迁徙至湖南的西南和湘桂黔边的历程及其缘由。七言体，大致押韵，纪实性的，语言质朴。兹录引一段如下：

流传千代吾宗支，述根道源古人迹。天子有道太平世，国内无君真可凄。自从吾祖江西出，阴蛇州来太和邑。昔因元末帝位衰，洪武明君接位时。天下群寇起大乱，百姓纷纷走东西。吾祖商量逃走去，免了眼前多是非。青州衡州都走过，来到舞阳把身栖。只因舞阳非吉宅，雁行南天家又

---

①引自《盘王大歌》，郑德宏、李本高整理译释本，岳麓书社，1988年。

移。跋涉来到靖州地，飞山寨上身安栖。只因官家心不善，日要钱来夜要米。当时吾祖难承受，再走他乡寻地立。从此离了靖州地，沿河上至通道邑。①

《莎玛辞》系侗族《英雄颂词》之一。“莎玛”，为侗语音译，意为伟大的祖母。她的名字叫“贝芬”，是侗族历史上一位女英雄，被奉为“神女”。早在宋元时代，民间已有关于“莎玛”的传说，《莎玛辞》的创作、成型，应是在明代。该辞先叙述这位女英雄不平凡的出生和成长经历，然后唱颂她率领侗族儿女反抗“财主”和“官兵”，如何机智和英勇地进行斗争，最后“化仙退敌”。内容主要是对侗族历史的一种记忆，但具有某些神话的色彩。全篇为长短句型，讲究押韵，句尾带“兮”（“些”）音，颇有《越人歌》和楚辞的遗风。现摘引其中两段如下：

飞来一个星

古的兮且莫讲，远的兮也莫谈；只唱侗家潭阳寨，有个纳曼（小伙子）叫都南。他种地能干兮，会弹琵琶，又会射箭使拳棒兮，是个有名的打虎将。有个纳耶（姑娘）叫央香兮，心灵手巧会织纺，唱起歌来真动听兮，画眉不敢和她比音嗓。青山兮依绿水，茶花兮配梅檀。都南和央香兮，早是一对好鸳鸯。寨上有个官家财主兮，口水流得三丈长。他暗地施诡计兮，要杀死都南，强占央香。央香亲兄九库哥兮，得知此事把法想。巧计二人出虎口兮，逃往平梅寨兮把身藏。央香三十八岁那年春兮，梦见怀中飞来一颗星。从此央香身有孕，生个纳耶（姑娘）白生生。都南央香喜不尽兮，取名仙妮叫贝芬……

浴血拼搏

官兵两战两败阵兮，败信震惊到朝廷。丁朗逃回上奏本兮，捏造侗家造反情。无道昏君糊涂鬼兮，真假是非分不清。昏庸皇帝倒下旨兮，派出八万镇压兵。指令将军官一个兮，还赠黄金印一柄。丁朗也随军走兮，当作探子做先行。兵分两路进侗寨兮，两路夹攻毒计狠。贝芬领众去抵抗兮，几次打败先行军。九库起初打胜兮，奈何人少阵不稳。官兵人多象蚂蚁兮，密密麻麻遇寨村。踩烂几多田中禾兮，烧杀淫掳害百姓。贝芬手下将兵少

①引自《侗记谱垒》，杨锡光、张家桢整理校注本，岳麓书社，1989年。

兮，决心亲去把命拚。上阵恰遇主将到兮，宝刀砍杀不留情。主将也抡大刀抵兮，杀得天暗地也昏。主将打得腰手痛兮，暗赞贝芬是个女中英。贝芬越杀劲越猛兮，宝刀逼近主将身。主将忙用大刀挡兮，大刀断成两截分。主将吓得破了胆兮，转身就想跑下阵。慌张摸出黄金印兮，只想丢印好逃生。谁知金印一拿出兮，（贝芬）九龙宝刀失了灵。贝芬一看也吃惊兮，不知何宝如此狠。九库（贝芬的将领）拿出宝扇挥兮，飞沙走石烟尘滚。主将马上坐不稳兮，兵卒倒了一大群。主将又将金印打兮，宝扇也破扇不成。大战九天又九夜兮，众寡不敌难取胜。①

在湖南少数民族地区，关于一些历史事件、人物和反映现实生活的口头传说、故事，相当丰富。从流传下来的作品内容看，其中有一部分应是在明代产生的，但为数还不多。如：土家族地区流传的《土家族为什么过“赶年”》《舍巴节的来历》《摆手舞的来历》以及《锦鸡姑娘》等；湘西苗族地区的《四月八的来历》《苗家银钗的来历》等。

《土家族为什么过“赶年”》叙述明朝嘉靖年间，土家人为应征赶赴江浙沿海抗击倭寇，大家商议，决定在腊月三十以前“过年”吃团年饭，趁过年前敌人不备赶往前线，结果大败倭寇。

“四月八”，至今仍是苗族地区广为流传的节日。但关于其来历，各地有不同的传说，并且随时代推移，其内容前后又有演变。据《四月八的来历》的传说，在清咸同苗民起义之前，“四月八”是苗族的“金牛节”（或称“牛王节”）。据说，金牛星犯了天条，在四月八被天帝（仡大）打下凡尘变为牛，投生到濮卸大列家。他跟大列的感情很好。有一年，仡大的七个女儿，偷下凡尘到大巴山瑶池洗澡，恰巧那天也是四月八。大列的牛告诉大列说：“今天是我的生日，让我休息一天！你就到大巴山瑶池去找仡大的七女儿雅觉唱歌。她很羡慕人间的欢乐，你把她的绿衣裳拿来给我，她就会留下与你做夫妻。”大列听了金牛的话，去大巴山找雅觉，果然看到仡大的七个女儿正在瑶池洗澡。大列拿了雅觉那件绿衣裳，其他六姊妹变成六只翠鸟，飞回天宫去了。只有雅觉留在凡尘，和大列唱了一天的情歌，结果两人情投意合，结成了恩爱夫妻。日久天长，四月八就成了金牛节，也是苗族的踩花山（跳花山）节。届时，苗族青年

①引自《侗记谱垒》，杨锡光、张家桢整理校注本，岳麓书社，1989年。

男女在花场上跳舞唱歌，选择自己的意中人。①

第四节　史学、地学及文献刊刻

一、欧阳玄等人史、地学成就

元代，中国传统的史学、地学，获得了进一步发展。湖南地区也如此。诸如宋、辽、金三史的编撰，马端临《文献通考》、胡三省《资治通鉴注》等著作的问世，均为我国文化发展史上的重大成果。而其中，湖南的文人和史地学家所作出的贡献就不少。

史学方面，湖南当首推欧阳玄。浏阳欧阳玄，是一位文学家，更是著名的史学家，其主要贡献也是在史学方面。传世的《宋史》《辽史》《金史》的撰修，首功就在欧阳玄。据《元史·欧阳玄传》记载，至正初诏修辽、金、宋三史，以玄为总裁官，“发凡举例，俾论撰者有所据依。史官中有悻悻露才议论不公者，玄不以口舌争。候其呈稿，援笔窜定之，系统自正。至于论、赞、表、奏，皆玄属笔”。

《元史·欧阳玄传》又载：“元统元年，改佥太常礼仪院事，拜翰林直学士，编修四朝实录。”所谓“四朝实录”，即《泰定帝实录》《明宗实录》《文宗实录》《宁宗实录》。欧阳玄还奉诏纂修《经世大典》。《圭斋集》所载《进〈经世大典〉表》云：“仿周礼之六官，作皇朝之大典，臣某叨承旨谕俾宗纂修。”全书共880卷，分帝号、帝制、帝训、帝系、治典、赋典、礼典、政典、宪典、工典等10门。其中六典又各分若干科目。原书已佚。现存《永乐大典》残本，尚能见其佚文。明代所修《元史》志、表、列传，多据此书而作。如元《国朝文类》所载《经世大典序录》，及《广仓学窘丛书》所辑《大元马政记》《大元仓库记》《大元毡罽工物记》。《元代画塑记》《元高丽记事》《大元官制杂记》等，亦皆出自此书。

此外，欧阳玄还撰修《太平经国》212卷，《至正条格》33卷，《目录》12

①参见《湘西苗族“四月八”》，龙炳文等搜集，贵州民族出版社，1989年。

卷，以及《纂修通议》《唐书纂要》等。这些著述，在史学和史料学方面都有一定的价值。

史学方面，元代湖南比较重要的著述还有：

《钱塘遗事》10卷，武陵刘一清撰。收入《四库全书》。《四库全书总目提要》云："其书虽以钱塘为名，而实纪南宋一代之事。高、孝、光、宁四朝所载，颇与《鹤林玉露》《齐东野语》《古杭杂记》诸书互相出入。虽时有详略同异，亦往往录其原文……然于宋末军国大政以及贤奸进退，条分缕析，多有正史所不及者。"

《洙泗大成集》，安仁萧元益撰。原书已佚。卢文弨《补辽金元艺文志》、钱大昕《补元史艺文志》均著录此书。据元詹道传《论语纂疏》称："元益编《洙泗大成集》，仿《史记》例，升孔子为本纪；自忻国述圣公至衍圣公，为世家；自兖国复圣公颜子，至元儒许文正公衡，为列传并赞。又以六经孔子之言为字训，又作八志。典核详明，为从前所未有。"①

元代湖南在地志方面，比较重要的著述首推欧阳玄的《至正河防记》。《元史·河渠志》录全文，并记载：至正十一年（1351），以贾鲁为总治河防使，治理黄河。功成，"特命翰林学士承旨欧阳玄制河平碑文，以旌劳绩。玄既为河平之碑，又自以为司马迁、班固记河渠沟洫，仅载治水之道，不言其方，使后世任斯事者无所考。则乃从鲁访问方略，及询过客，质吏牍，作《至正河防记》"。

此外，见诸记载的还有：延祐《永州路志》，零陵邓桂贤撰；皇庆《郴州路志》，福宁王都中监修；延祐《平江州志》，蒙古按摊不花撰；至正《黔阳县志》，蒙古朵尔赤云甫监修；《攸县图志》，作者佚名。这是湖南最早的一批地方志，可惜均久已散佚。

元初茶陵陈仁子，以文献编纂和刊刻著称。陈仁子，字同俌，号古迂。原为南宋末年进士，宋亡后在茶陵故里筑古迂陈氏家塾（又名东山书院）讲学、著书、刻书。他纂辑了《增补文选六臣注》60卷，《文选补遗》40卷，《续文选补遗》20卷，又撰著《唐史卮言》30卷，《牧莱脞语》28卷，《韵史》300卷，《迂褚燕说》30卷，均自己刊刻。《续文选补遗》收入《四库全书》中，

---

①参见新编《湖南省志》第二十九卷《著述志》（上册），湖南人民出版社，2003年。

今尚能见到明清两代仿刻本，《牧莱脞语》录入《四库全书总目·别集类存目》，其余数种均佚亡。又以“东山书院”名号刻宋人沈括《梦溪笔谈》26卷、汉刘向《说苑》20卷及其他数种。《梦溪笔谈》刻于元大德九年（1305），北京图书馆还藏有一部陈仁子的原刻本，已成为我国古代图书中的稀世珍本。

二、明代湖南史、地学的发展

（一）史学

明代湖南史学方面的著述不少，有奉旨编修的官书，也有私家的著作。从门类和体裁来看，则更加多样和完善。现按类简介如下：

编年体类的著作，主要有在京的湘籍大臣茹瑺、夏原吉、李东阳等人奉敕编写的历朝《实录》和《历代通鉴纂要》。

明代各朝均按编年体例撰写《实录》，而在明代历朝实录的编撰中，湖南籍朝廷大臣曾作出过重要的贡献。衡山人、兵部尚书茹瑺，永乐元年（1403）奉敕与解缙等同修《太祖实录》（即再修稿）。永乐九年（1411），湘阴人、户部尚书夏原吉等奉敕撰写《太祖实录》告成，即最后定本，凡257卷。原吉又奉敕监修《太宗实录》130卷、《仁宗实录》10卷。大学士李东阳奉敕主修《宪宗实录》393卷、《孝宗实录》224卷。万历年间，武陵人礼部左侍郎陈思育等奉敕撰《世宗实录》566卷。

《历代通鉴纂要》，92卷。李东阳等于明孝宗弘治十八年（1505）奉谕编纂，正德二年（1507）成书。其书始于三皇，终于元末。编年叙事，是一部贯穿古今之纲目体史书。每朝之后，皆有史论，由李东阳自作，或引前人之说。对史实考订，附于各句之下。凡奇字发声及隐义僻事，略加音注，各附于本字本句之下，以便阅读。有明正德二年、正德十四年（1519）刻本及清代抄本、刻本传世。

编年类方面，湖南还有一些私人著述。如，茶陵谭希思所撰《明大政纂要》60卷，著录于《明史·艺文志》和《四库全书总目·史部政书类存目》。据《四库全书总目提要》云：此书修撰于万历四十七年（1619），“所记自洪武元年至隆庆六年，凡大事皆编年纪载，每帝皆有论赞”。其书有明万历四十七年（1619）刻本及清代刻本传世。此外，还有零陵蒋如桂撰《通鉴摘要》，平江艾而康撰《续通鉴纲目大全》，桃源黎邦彦撰《通鉴纲目拾遗订正》等。

纪事本末类，有长沙杨德远《大中纬纪事续编》，祁阳申在廷《贵阳守城纪事》，武陵杨嗣昌《督师纪事》5卷，溆浦张士亨《平寇纪略》。还有永州不知名作者《外史纪事本末》，据《永州府志》载："是书多载楚粤明季之事，《三藩纪事》实全抄其文，而点窜之。"①

别史杂史类，传世的主要有夏原吉、李东阳、杨一清和陈洪谟等人的著作。

《一统肇基录》1卷，夏原吉撰。此书引《皇陵碑》和解缙《大明帝典》等史料，记述明朝开国皇帝朱元璋身世、生平及建立明朝称帝经过。约撰于永乐年间。有《广百川学海》等辑本传世。

《燕对录》1卷，李东阳撰。《四库全书总目提要》载："本书自弘治十年(1497)三月至正德六年(1511)八月，凡召见奏对之词，悉著于编。"所载有明朝定太庙各室一帝一后之制等，某些重要史事。"所载亦足可信，可补史志之阙略。"有明霍韬《明良集六种》等辑录本传世。

《西征日录》1卷，杨一清撰。此书记载正德五年(1510)，宁夏镇兵首领何锦拥立安化王发动兵变，朝廷命杨一清总制陕西、宁夏、甘肃军务，统兵前往平叛安边的经过。有《广百川学海》等辑本传世。

《唐纪》55卷，附表4卷。明华容贡生孙壸撰。此书撰于崇祯中。其自序谓：新旧《唐书》多舛误，如《旧唐书》杨朝晟一人两传，《新唐书》既立武后本纪，又复立传等等。凡此种种讹误，书中均一一加以纠正。其体例参照编年、纪传之间，以诸臣列传分附本纪之后。卷首列所引书目，下至明人文集，一一备载。② 上海图书馆藏有此书明抄残缺本。《四库全书总目》存目。

《治世馀闻》，陈洪谟撰。陈洪谟(1474—1555)，字宗禹，号高吾。明武陵(今常德)人。弘治九年(1496)进士。此书原署"芷沅若陂微臣"著。成书于正德十六年(1521)，专记弘治一朝见闻，分上、下两篇。其跋云："上篇事关庙朝，下篇则臣下事也，皆即一时所闻，或因一言一行之微，漫书之，初非有所择也。若夫圣政之宏纲大纪，及诸臣言行之详，自有国史及诸家文集在焉，兹固其余耳。"③ 因其认为孝宗励精图治，弘治年间朝政清明，可以"比隆三朝"，故称之为"治世"。书中一事一记，行文长短不一。上篇4卷，为文69则，述孝宗朱祐樘为帝18年之治道。下篇4卷，为文62则，述朝臣行为，亦

①道光《永州府志》卷九(下)《艺文志》。

②参见新编《湖南省志·著述志》(上)，湖南人民出版社，2003年。

③参见新编《湖南省志·著述志》(上)，湖南人民出版社，2003年。

载国中大事及轶闻。内容大多翔实可靠，有较高史料价值。其书有明万历四十五年（1617）《纪录汇编》本。《明史·艺文志》著录4卷。《四库全书》存目2卷。中华书局1995年出版此书点校本，收入《历代史料笔记丛刊》。

陈洪谟又撰《继世纪闻》。此书记正德一朝见闻，成书于嘉靖初。共6卷，为文67则。书中对武宗朱厚照16岁登基，在位16年，好嬉游，荒朝政，刘瑾擅权，内阁软弱，政治腐败，内乱外患等重大事件，均有记述。因其以为此时之政情已远非弘治可比，故仅称之为"继世"。有明万历四十五年刊《纪录汇编》6卷本，明季所刊《历代小史》1卷节本。《四库全书》存目5卷。中华书局1995年出版有与《治世馀闻》合刊之点校本，编入《历代史料笔记丛刊》。

《孤儿吁天录》17卷，明武陵（今常德市）杨山松撰。山松之父杨嗣昌，崇祯十三年（1640）以礼部尚书兼东阁大学士率军入川与张献忠农民起义军作战。事败，襄王（在襄阳）、福王（在洛阳）先后被农民军所杀。嗣昌忧虑重重，绝食自尽。其后"谤议纷纷"。山松作此书以申父之冤。书中汇集"谤词"十六大类，逐一加以辩驳。后附辩其祖父杨鹤"抚贼之谤"。前有自叙，末署康熙十九年（1680）冬书于宛南枥痕草堂。又有陶汝鼐序、凡例及本传。卷一总论，详述其作书之由。有清康熙刻本。乾隆时将其列为禁毁书。现仅存1部，藏于上海图书馆。

杨山松还著《召对纪实》1卷，附《被难纪略》1卷。此书记其父杨嗣昌崇祯十一年（1638）六月十八日和七月初四日两番召对之事。此前各书所载多混而为一，且事实颇有出入。山松以此书说明真相，并为其父辩冤。所附《被难纪略》，则述其父于常德被难经过。《续修四库全书提要》著录，有山阴吴氏丛书刊刻本传世。

《百夷传》1卷，李思聪撰。李思聪，字仲谋，明桂阳州（今桂阳县）人。洪武二十七年（1394）进士。授行人。二十九年（1396）与钱古训奉命出使平缅麓川（今云南德宏傣族景颇族自治州及与之交界的缅甸毗邻地区），平息麓川思伦发侵缅事，归后各撰《百夷传》以进。二书内容大体相同，唯李本较钱本稍略。所记为该地区历史、地理、政治制度、生活习俗、风情物产等，对研究明代西南民族史具有一定价值。此书现存明祁氏淡生堂抄本，北京图书馆藏。

此外，还有湘潭李腾芳《备鉴录》；祁阳邓球《皇明泳化类编》136卷、《续编》17卷、《杂记》2卷；华容孙宜《国朝事迹》120卷，《明初略》2卷；华容严首升等《后三代史》；华容孙榖《唐史》70卷；刘三吾《省躬录》10

卷；郴州何孟春《平夷录》4 卷；零陵易三接《永州野史》；武陵陈国实《武陵旧事》；辰州无名氏《辰州土司传边录》等。大多为《明史·艺文志》著录或《四库全书》存目。

史抄史评类，影响较大的有《新旧唐书杂论》和《史取》。

《新旧唐书杂论》，1 卷，李东阳撰。此书编取唐史中事进行评论，辨析是非，鉴古喻今。《四库全书总目》存目。北京图书馆和南京图书馆藏有此书抄本。

《史取》，12 卷，贺祥撰。贺祥，字长白，明长沙（一说湘乡）人。万历三十一年（1603）举人。是书分“世诠”“世评”“经世”“性行”“成务”“杂记”6 类。类以下又列子目 48 项。书中按自己见解评论历史人物、事件，多有与成说相左之处。数赞李贽，其气质颇相类似。浙江汪氏藏有原书刻本。《四库全书总目》存目。

此外，还有醴陵唐寅《史学提要》，新化吴大造《史学心编》，靖州许潮《史学续貂》，善化吴道行《读史阙疑》，善化冯一第《史发》20 卷，武陵张石宗《二十二史识馀》，临湘方良俊《十七史摘异》等。见于《明史·艺文志》及《湖南通志·艺文志》。

政书类，首推李东阳的《大明会典》，以及张燧、魏焕和杨守谦等人的著述。

《大明会典》，据《四库全书总目提要》记载：弘治十年（1497），大学士李东阳奉敕撰修，任总裁官。十五年（1502）书成。正德四年（1509）重校刊行，共 180 卷。其体例，“以六部为纲，吏、礼、兵、工四部诸司各有事例者则以司分，刑、户二部诸司但分省而治，共一事例者则以科分”。“大抵以洪武二十六诸司职掌为主，而参以《祖训》《大诰》《大明令》《大明集礼》《洪武礼制》……于一代典章最为赅备，凡史志之所未详，此皆具有始末，足以备后来之考证。”嘉靖年间，大学士茶陵张治又奉敕撰《续会典》53 卷。

《经世挈要》，明末湘潭人张燧撰，凡 22 卷，附 4 卷。针对当时内忧外患、社会动荡、危机四伏的严峻形势，作者选取与时局有关材料，由京师、九边写起，继及全国各地，针砭时弊，开列各种救国药方，对军政兵防尤多论述。该书对于研究明末政治、经济、军事及法制等，具有重要参考价值。原书有明崇祯六年（1633）刻本，清乾隆时遭禁毁。现北京图书馆藏有刻本 20 卷。

《皇明九边考》10 卷，魏焕撰。魏焕，字原德。长沙人。嘉靖八年（1529）

进士。历官嘉兴府推官、兵部员外郎、四川佥事。工作务实。留心边防。此书作于嘉靖二十年（1541）。其时焕任兵部职方清吏司主事。九边，乃明代设于北方之九处边防重镇，分别为辽东、宣府、大同、延绥、宁夏、甘肃、蓟州、偏头、固原。是编卷一为镇戍经略。以下分九边为9卷。各边之中，又分疆域、保障、责任、军马、钱粮诸目。多采集奏章、案牍等资料编纂而成。为明代重要边防著作与兵书。其书现藏中国历史博物馆、浙江图书馆。王重民《中国善本书提要》言美国国会图书馆亦藏有此书。《四库全书总目》存目。

《大宁考》1卷、《紫荆考》1卷、《花马池考》1卷。杨守谦撰。杨守谦，长沙人。大宁，在今内蒙古宁城。辽、金、元、明初，均为重镇。紫荆，在今河北易县西北，有紫荆关。花马池，在今宁夏盐池，明置营，后改卫。以上3处，皆当时军事要地。明项德桢《名臣宁攘要编》载此三书。现藏北京、上海图书馆。

《三关志》，10卷。廖希颜撰。廖希颜，字叔愚，茶陵人。嘉靖十一年（1532）进士。此书为其官山西提学时作。三关，即山西之雁门关、宁武关、偏头关。均为长城之重要关隘。希颜以为全晋安危视三关，而畿辅以西、大河以北安危视全晋。于是匹马短衣，自云、代达延绥，考沿革，核军储，饬武备，撰成是编。前为图考：首三关总图，次雁门、宁武、偏头分图。分图之后，各附一论，略论各关大势。然后分篇专叙各关。各关之叙述，先总考地理沿革及历代设官驻防制度与史事，后论一关之山川站镇。全书叙事不繁，展卷即可知其大势，具有军事实用价值。有明嘉靖二十四年（1545）刻本。北京图书馆存卷一至卷七。

此外，湘人撰写或参与编撰的政书类著作，还有不少。如：《礼制集要》《礼仪定式》，刘三吾奉敕撰；《庙制考》，张治撰；《明伦大典》24卷，巴陵杨一清等奉敕撰；《大明律例》30卷，桂阳范永銮等奉敕撰；《浙巡录》，邵阳唐凤仪撰；《芝阳政略》《芝阳续政略》，沅陵张文耀撰；《抚滇条约》10卷，《备荒书》1卷，郴州何孟春撰；《治河奏疏》2卷，宁乡周堪赓撰；《治河议》，临武刘尧诲撰。

传记类，最有价值的应数周圣楷的《楚宝》。

周圣楷，字伯孔，湘潭人，约明万历至崇祯年间在世。年轻时即颇负才名，但为文不趋时尚，故屡试不第，40岁时还是个贡生。此后他绝意科举，专心著述。在湘潭城东筑湖岳堂，辟帆园，收藏大量图书，接待天下名流，讨论古今学问。他才思激宕，学识渊博。哲学上宗法王守仁，史学上极力推崇左丘明和司马迁。他平生用力最勤、贡献最大的，是对地方史的研究。他历游楚中名胜古迹，搜集楚地古今传人胜事，撰就巨著《楚宝》，传于世。《沅湘耆旧集》辑其诗60首。

《楚宝》，取楚王孙圉所谓“楚国无以为宝，唯贤唯善以为宝”之义，以楚人物传略为主，兼及山川、名胜、典故。全书共45卷，总论1卷。分大臣、名臣、大将、智谋、谏诤、列女、列仙等25门。其书悉采史志原文，间有考证。摘志之精，补志之缺，取材广博，体例严谨，考证详审。此书初刊于明崇祯末年。现北京大学图书馆藏有明刻本。《四库全书总目》存目。

明代湖湘文人和史学家在传记、年谱方面，较有价值并传世的著作还不少。如：江盈科《皇明十六种小传》4卷。此书采辑明代轶事，分“四维”“四常”“四奇”“四凶”四纲，列16目，作人物小传。明万历二十九年（1601）刊刻。《四库全书总目》存目。上海图书馆藏有原刻本。

夏崇文《夏忠靖公遗事》1卷。夏崇文，字廷章。湘乡人。夏元吉之孙。成化十四年（1478）进士。此书为追述其祖父生平事迹之作。明弘治十四年（1501）刊刻。上海图书馆和浙江天一阁藏有原刻本。《四库全书总目》存目。

蔡复赏《孔圣全书》和《详订孔子历年事迹》。蔡复赏，明巴陵（今岳阳）人。《孔圣全书》，采撷孔子生平及其历年事迹，资料丰富。据明谈迁《国榷》载，万历十二年（1584），复赏上此书于朝廷。衍圣公孔昭焕家藏本为35卷。北京图书馆所藏明万历间金陵书坊叶贵刊本则为32卷（现存卷三至卷十二、卷十四至卷三十二）。《四库全书总目》存目。《详订孔子历年事迹》3卷。是书卷上、卷中为孔子历年事迹，卷下为《事迹图谱》。前两卷多本于《孔子年谱》《阙里志》《孔庭纂要》《历聘纪年》等，后一卷则全本《孔孟事迹图谱》。卷内不题撰人姓氏，然称“赏按”“赏曰”或“复赏曰”及“蔡复赏曰”，故得知为蔡复赏所撰。此书国内已不可见。美国国会图书馆藏有其旧抄本。王重民《中国善本书提要》著录。

《刘忠宣公年谱》2卷，明刘世节撰。刘世节，字克和。华容人。嘉靖贡生。官至抚州知府。为谱主刘大夏之从曾孙。此谱前有袁洪愈序，赞谱主德业、气节与文章。谱中详述谱主求学、应试、历仕、政绩。既言及皇上恩遇之誉，亦记被阉党所害之事。所记朝事、时事，有一定史料价值。其书有明刊本、清乾隆五十一年（1786）刘氏家刻本传世。

《薛文清公年谱》1卷，杨鹤撰。杨鹤，字修龄，明武陵（今常德）人。万历三十二年（1604）进士。据杨鹤跋称，此书原本薛瑄门人张鼎所辑，岁久版佚，鹤受麻阳人满朝荐（与鹤同年进士，官尚宝卿）所属，以其所藏旧本加以订正。鹤命子嗣昌考证年月，并采集诗文、佚事补之。故此书虽署鹤名，实出自嗣昌之手。谱中先简介薛瑄先世，后详记其一生行事，并引证相关文献资料加以说明。有明万历张铨刊《敬轩薛先生文集》、明河津王鸿刊《薛文清行实录》等刻本传世。《四库全书总目》存目。

《太保朱公年谱》1卷，朱珣撰。朱珣，字荐元，明郴州桂阳（今汝城）人，谱主朱英之孙。此谱撰于嘉靖五年（1526），载于嘉靖刊《太保朱公荣哀录》中。谱中记载朱英生平、仕历、政绩。言其弹劾不避权贵，居官清廉，及任两广总督多次剿抚地方暴乱诸事。谱后有行实、敕谕、传等。有明刻本传世。

明代湖南编修谱牒之风已较为盛行，留下不少姓氏考证和家族谱牒之类的著作。其中姓氏书，以黄周星《重编百家姓》和《姓氏百家新笺》为最著。其他还有华容孙羽侯《同姓名录》4卷，临武刘文相《希姓存参》3卷等。

黄周星（1611—1680），又名周星，字景虞，号九烟，湘潭人。崇祯十三年（1640）进士。《重编百家姓》以“朱王万寿，明时告昌”为起句编次。《续修四库全书提要》载其书作于明崇祯间。此后清代所撰《百家姓》，皆因周星旧本而作。《姓氏百家新笺》，据《四库全书总目》所载明李日华《姓氏谱纂》提要称，其书有自跋，言成于崇祯丁丑（即崇祯十年）。此书似作于《重编百家姓》之前，或为其初编本。

家谱，明代湖南见诸记载的有8种：《刘氏家谱》（益阳刘宪撰）、《谭氏家谱》（茶陵谭时中撰）、又《谭氏家谱》（茶陵谭玉瑞撰）、《茹氏家谱》（衡山茹瑺撰）、《蒋氏家谱》（零陵蒋向荣撰）、《蒲氏家谱》（永明蒲彪撰）、《周氏家谱》（永明周鹏撰）、《朱氏家谱》（桂阳朱克宽撰）。

（二）地学与方志编纂

湖南在京大臣曾参与《大明一统志》等明代大型地志的编撰工作。据《夏忠靖遗事》记载，永乐年间夏原吉等奉敕撰《大明一统志》，但这个稿本未刊刻传布于世，故《明史·艺文志》不载。传世的《大明一统志》90卷，撰于天顺间，著李贤名。实际上华容人黎淳参与其事，并且起了相当大的作用。据李东阳《奉送朴庵先生归湖南省墓诗序》载：“天顺间有诏为《大明一统志》，成化间为睿皇帝《实录》，先生皆为纂修官，名载敕旨。凡小而郡县沿革、山川形势、人物风俗之概、禽鱼草木、金石之名与数，大而黜陟刑赏、礼乐教化之迹、诏诰辞令、功德谟烈之记载，州分县析，类列而年编之。书史图籍，山经地志，金匮石室之文，旁搜密检，操觚秉笔，穷年而累月，其于国有劳焉。”①书成，曾诏赐金币。

明代湘籍大臣夏原吉、刘三吾等，还奉敕诏编纂了《天下郡县志》和《寰宇通衢》两部大型地理志书。

《天下郡县志》100 卷。夏原吉等纂修。清黄虞稷《千顷堂书目》著录此书。又谈迁《国榷》卷十六载：“永乐十六年（1418）六月乙酉，诏纂修《天下郡县志》，行在户部尚书夏原吉、翰林学士兼右春坊右庶子杨荣、翰林学士兼右春坊右谕德金幼孜总之。仍遣官博采。”其书今不见传。

《寰宇通衢》，刘三吾等纂。此书成于洪武二十七年（1394）九月。据黄虞稷《千顷堂书目》载：“先是上以舆地之广，不可无书以纪之，乃命翰林儒臣及廷臣以天下道里之数编类为书。”明初有刻本。后景泰中再命重修，更名《寰宇通志》。《明史·刘三吾传》载，《寰宇通志》诸书，皆三吾“总其事”。此二书有明刻本。

明代也有湘籍人士涉足外省和全国性地理研究并作出成绩，留下颇有价值的著述。如：

《职方考镜》6 卷，卢传印、卢奇父子撰。这是第一部由湘籍人士私家编撰的全国性地理志书。卢传印，祁阳人，嘉靖至万历年间在世。历游全国名山大川，参照《大明一统志》，撰成《舆地一览》书稿。十余年后，其子卢奇，举万历八年（1580）进士，官兵部侍郎，重加删补，并易名《职方考镜》。此书前有华亭方应选、汉阳萧良序及卢奇序略。卷一至卷四，为方舆图、直隶和各行省考述，卷五、六，为九边图论、各镇考、四夷和诸国图记、海运及河渠论考等。有明万历二十二年（1594）刻本传世。

《四川土夷考》4 卷，茶陵谭希思撰。这是一部由湘籍人士编撰的关于外省的地理志书。《四库全书总目·史部地理类存目》“提要”云：“是书乃希思在蜀时命布政使官属取全蜀土司土府绘图立说，裒为一编，刻于万历二十六年。首全图，次各土司土府，分图，图各有说，凡七十八篇。”

---

①《李东阳集》第一卷，岳麓书社，1984 年。

明代湘人及外籍人士撰有多种关于湖南山水名胜的专志。如：

《衡岳志》6 卷，江西安福彭簪，嘉靖初任衡山知县时撰。有嘉靖七年（1528）刻本，现藏上海图书馆。又《衡岳志》13 卷，彭簪原纂，湖广学政浙江秀水（今嘉兴）姚宏谟重订，增卷一事纪、卷二和卷三形势，体裁亦有创新。《四库全书总目》存目。

《九疑山志》6 卷，明长洲（今江苏苏州）蒋镄撰。蒋万历至天启年间任宁远知县，首创九疑山专志。其书首录祭舜陵文，次载形胜、古迹、人物、仙释、土产，后收前人碑记、诗文。传世有明万历四十八年（1620）刻本。

《桃花源志》1 卷，明陈一德撰。一德，武陵（今常德）人。嘉靖四年（1525）举人。任苏州推官。桃花源，又称桃源山，在桃源县西南 30 里处。宋以前属武陵（今常德）县。因晋陶渊明作《桃花源记》而得名。历代来此游览、题咏者甚多。清黄虞稷《千顷堂书目》著录此书。

《大沩山古密印寺志》（又名《大沩山志》）8 卷首 1 卷，明陶汝鼐纂，其子陶之典续辑。陶汝鼐（1601—1683），字仲调、燮友，号密庵，宁乡人。明崇祯六年（1633）举人。南明弘光时，任监军，改检讨。晚年，隐居大沩山为僧。是书，卷一为缘起、山水、寺刹等；卷二、三记法系、法要、佛事等；卷五至卷八辑艺文，附白云、龙山二纪。内容主要纪录密印寺，亦涉及大沩全山，为湖南寺庙志中之佳作。

由于宋元以来书院教育的发达，明代湖南出现了一批关于书院的专志。其中，重要的有如下数种：

《岳麓书院图志》10 卷，陈论撰。陈论，字思鲁，明攸县人。曾师事湛若水，官四川巴州训导。正德三年（1508）出任岳麓书院山长。正德九年湖广提学陈凤梧属纂《岳麓书院志》。书成，由长沙知府陆相刊印置院中。志前有陈凤梧序。《续修四库全书提要》著录此书，言是志“于书院兴废、山水、古迹、艺文，靡不考订精详，在明人杂地志中可谓具有条理者。附刻禹碑释文及诸家辩论之作为一卷，则嘉靖辛丑重刻时所增”。

《岳麓书院图志》1 卷，孙存纂。孙存，滁州（今安徽滁州市）人。正德进士。嘉靖六年至九年（1527—1530）任长沙府知府。于嘉靖七年（1528）辑成此志。《明史·艺文志》、清黄虞稷《千顷堂书目》著录。

《龙洲书院志》，刘激修。刘激，四川富顺人。嘉靖中任益阳知县，创建龙洲书院于县南龟台山，后组织“龙洲七子”编辑书院志。此志载有形胜、宫室、礼制、艺文、典籍、器用等内容。清乾隆《长沙府志》著录此志并载李棠序。

《石鼓书院志》4 卷，周诏纂。周诏，号台山。四川富顺人。嘉靖十二年（1533）任衡州府知府。在任期间，修缮石鼓书院并纂修专志。此书有地理、室宇、人物、词翰诸篇，录文附后。这是第一部石鼓书院志，《四库全书总目》据天一阁藏本存目。

《石鼓书院志》2 卷，李安仁等纂。李安仁，字裕居。迁安（今河北省地）人。万历中任衡州府知府。是志因周诏前志重修，分上、下两部，上部为地理、室宇、人物、名宦；下部为艺文。内容较前志为详。明万历十三年（1585）刻本。北京大学图书馆藏书。《四库全书总目》存目。

《甘泉书院志》，作者佚名。甘泉书院，在衡山紫云峰下，明嘉靖间湛若水建。湛若水，号甘泉。广东增城人。明代著名学者。嘉靖二十三年（1544）以 78 岁高龄，自罗浮携门人来衡山，在此筑室讲学，创建甘泉书院。《天一阁书目》载此志。

《明道书院纪》，龙大有撰。龙大有，号云东，茶陵人。正德十二年（1517）进士，官至兵部侍郎。《茶陵州志》著录此书。

明代湘籍人士编撰及由外籍官员主持纂修的湖南各州、府、县志的数量，较宋、元时代大大增加。据初步统计，共达 240 余种之多。比较重要并传诸后世的有如下数种：

洪武《永州府志》12 卷，高安（今江西吉安市）胡琏等撰。这是明代纂修最早的一部湖南地区的府志。有洪武十六年（1383）刻本。藏北京图书馆。

弘治《岳州府志》10 卷，咸宁（今西安市）人知岳州刘玑纂修，著录于《明史·艺文志》。有弘治元年（1488）刻本，藏宁波天一阁。

嘉靖《长沙府志》6 卷，茶陵张治撰。张治，明正德间进士，授编修。嘉靖初辞官回乡，家居 13 年。此间受聘修志。全书体例别具一格，图文并茂，谱表结合，资料丰富，颇具史料价值。嘉靖十三年（1534）刊刻。日本藏有此书原刻本。北京图书馆存卷五 1 卷。

张治又撰嘉靖《茶陵州志》2 卷。此志，卷首有总论，各门前有引言，后设小结。全书序例谨严，措词简括，为明代方志中之佳作。嘉靖四年（1525）刊刻。宁波天一阁存原刻本。

崇祯《长沙府志》10 卷，叙目 1 卷，善化（今长沙）吴道行撰。吴道行，湖湘名宿，历主惜阴、岳麓书院。年八十受聘纂修此志。崇祯十二年（1639）刊刻。湖南省社科院图书馆藏其残本3卷。

嘉靖《常德府志》20卷，武陵陈洪谟撰。常德曾于明永乐、成化间修有府志，皆佚。据常德知府陆埛序，此志系前巡抚林业以币请陈洪谟属笔，嘉靖十四年（1535）开局，历时3年成书。这次修志，广泛搜集前籍记载和各种文牍资料，内容较前志增加数倍。有嘉靖十七年（1538）刻本，藏宁波天一阁。

嘉靖《衡州府志》9卷，太和（今云南大理）人知衡州杨珮纂修，著录于《明史·艺文志》。有嘉靖十五年（1536）刻本，藏宁波天一阁。又有1963年影印本。

万历《衡州府志》15卷，衡州知府福建莆田林兆珂、衡阳伍让纂修。伍让，明进士，官至江西按察副使。此志成书于万历十三年（1585）。二十一年（1593）刊刻。《四库全书总目》存目。日本国会图书馆藏有原刻本。

隆庆《宝庆府志》5卷，宝庆知府浙江金华陆柬纂修。明万历元年（1573）刊刻。日本东京图书馆藏有原刻本，宁波天一阁有缺卷本。

嘉靖《浏阳县志》2卷，明浏阳知县、江西庐陵（今吉安）萧敷修，浏阳教谕、江西安福刘以身纂。有嘉靖四十年（1561）刻本传世。

嘉靖《湘阴县志》2卷，明湘阴知县、江西浮梁（今景德镇）张义丁原修，湘阴人李廷龙续修。李廷龙，字近麓，嘉靖三十二年（1553）进士，累官四川巡按、福建参政。嘉靖四十四年（1565）刊刻，万历十六年（1588）增补，重刻。日本国会图书藏有原刻本，国内有抄本和复印本。

此外，明代纂修、刊刻的湖南方志，今尚传世的还有：洪武《靖州志》（唐宗元撰）、弘治《衡山县志》（刘熙等纂修）、弘治《永州府志》（姚昺撰）、万历《辰州府志》（吴瑞登撰）、万历《慈利县志》（陈光前撰）等数十种。

三、湖南文献刊刻业的发展

由于明代修志之风渐盛，各府、州、县每隔若干年就要纂修一次，并且刊刻印行，因此明代湖南由官署刊刻的地方志的数量相当多。据统计，湖南至今还传世或存目的明代官署刊刻的府、州、县志，共174部。① 明代湖南各地官

①参见新编《湖南省志》第二十卷《新闻出版志》（出版），湖南出版社，1991年。

署刊刻的其他书籍也不少。据明人周弘祖《古今书刻》著录，就达13种。特别是岳州（今岳阳市）的官署刻书较多。仅嘉靖二十三年至万历初年，就有3种刻书问世。①

除官署刻本外，明代又有藩府本刻书，即藩王府刻的书。明代分封于湖南的藩王甚多，但刻过书的仅吉王府、长沙王府和谷城府3家。其中吉王府刻书年代最久，刻书也最多。第一代吉王朱见浚，就藩的第四年即成化十六年(1480)，主持刊刻了《四书集注》36卷，又于岳麓书院刻印《尚书》和《先圣图》二书。第六代吉王朱翊銮刊刻的《二十家子书》，更是明代藩府本中的精品。

明代的官办书院大都刻书，但这种刻本传于后世的很少。今能见到的有长沙岳麓书院的刻书数种。

明代私家刻书之风颇盛。湖南传世的私家原刻本也较多。如：成化年间攸县王添祯刻其先人王伟的《桐山诗集》9卷，湘阴夏廷章刻其祖父夏原吉《夏忠靖公集》6卷；万历年间平江艾日华辑刻其祖艾穆《终太山人集》10卷；崇祯年间长沙庄潜辑刻庄天合《庄学士集》20卷。

第五节 科学技术

一、元代湖南科技的发展

元代中国的科学技术的发展十分显著，在天文历法、农业科技、医学，以及火炮制造、造船和航海技术等方面，都有相当大的成就，为中国的科技发展作出了重大贡献。在湖南值得称道的，首先是曾世荣在医学领域的成就。

曾世荣（1252—1353），字德显，号育溪，衡阳人。得刘世甫、戴克臣传授儿科医术，行医50余年，全活甚众，深受人们爱戴。所著有《活幼心书》《活幼口议》诸书，在国内广为流传，并远及日本。《活幼心书》中所述《议原本》

---

①参见新编《湖南省志》第二十卷《新闻出版志》（出版），湖南出版社，1991年。

《议难易》《议同异》《议虚实》等编，结合儿科实际，阐明儿科疾病发展变化的一般规律，发前人之所未发；《逆证以题》《阴证反阳》《虚极生热》《理实致虚》《利表伤里》等篇，则均属临床实践的总结，对儿科疑难和危重疾病有重要的指导意义。同时，还提出了“通权达变”的理论，即在掌握一般规律和特殊规律的基础上，如何灵活运用。这都是对传统儿科医学的发展。有元至元三十一年（1294）刻本。《活幼口议》亦有刊刻本行世。二书现均收入《湖湘名医典籍精华·儿科卷》。

在农业科技方面，元代编写了许多农书，其中以官修的《农桑辑要》和王祯的《农书》影响最大。

《农桑辑要》，系统总结了自《齐民要术》行世以后，至元朝初期，我国包括南方各省农业生产的基本经验。特别是其中新增加的“栽种苎麻法”“栽木棉法”，对于苎麻、棉花的种植和纺织加工技术在湖南地区和全国的推广，产生了积极的影响。

王祯《农书》所记述的农业生产经验、生产技术和生产工具，是在《农桑辑要》基础上的进一步发展，并且更多地反映了南方农业生产情况。如其中“田制门”所制的“围田”“柜田”“架田”（又名“葑田”）、“涂田”“沙田”，多为南方江河湖泊地区与水争田的田制，这包括了湖南洞庭湖区的围湖造田。所述“梯田”，也属南方的田制，反映了湖南山地和丘陵区的农业生产经验。《灌溉门》所述的翻车（龙骨车）、筒车、戽斗等灌溉工具，亦多为包括湖南在内的南方山区和丘陵区所使用。关于木棉，《农桑辑要》仅述及由西域内传的道路，而王祯还记载了另一条路线，即由南而北的路线。据其记载：“木棉，一名吉贝……其种本海南诸国所产，后福建诸县皆有，今江东、陕右亦多种，兹茂繁盛，与本土无异。”①

关于茶叶的生产技术，王祯《农书》已载有从蓄种、种植、施肥、芸治到采摘的茶树栽培的全过程，还记载了蒸、捣、拍、焙、穿、封等制茶各道工序。据《元史·食货志》记载，至元二十三年（1286），设立岳州、常德、澧州榷茶提举司。元统元年（1333），又立湖广榷茶提举司。湖南在元代已成全国茶叶的重要产地。王祯《农书》所载的茶叶栽培和制作技术，应主要是湖南等茶

①王祯：《农书》卷一〇，见《四库全书》，上海古籍出版社，第730册。

叶生产地的茶农经验的总结。

二、明代湖南医药学成就及其他

明代湖南，传统中医药学获得一定的发展，民间出现一批精于医药医术的人才，并有专门的著述传世。如：

许希周，字近濂，明道州（今道县）人。嘉靖十三年（1534）举人，曾任定远知县。好读医书，精研药物。以诸家《本草》浩瀚难记，乃著《药性粗评》一书，凡4卷。兼采诸药中性味相对者，属之以词，言其用途，缀成骈句，以便记诵。此书辑成后，刊行于世。《医藏书目》《中国医学大成·总目提要》著录。

徐明善撰《济生产宝》，2卷。徐明善，即徐良，字明善，明代邵阳人。宣德中举经明行修。历任本县训导、均州知州。兼工医学。此书汇辑了妇产科方面的方剂和医术，有嘉靖校刊本行世。现藏浙江图书馆。收入《湖湘名医典籍精华·妇科卷》。

滕弘撰《神农本草经会通》，凡10卷。滕弘，号可斋，邵阳人。世袭邵阳县公。晚年留心医药，积12年之功著作此书。其书以《本草经》为据，会集诸家之说，以通用之。书中分草、木、果、谷、菜、玉石、人、兽、禽、虫鱼十部，列药958种，分别述其性质、用法。所引古籍多为佚书，颇具文献价值。该书由其六世孙滕万里刊于万历四十五年（1617）。现藏中国科学院图书馆。《湖湘名医典籍精华》收录。

在农耕技术方面，明代突出的进步是“区田法”的实行和推广。所谓区田法，是每亩地挖一圆井沤粪肥以保证各“区”的肥料供应；再将地划成2550个小块，即“区”，隔区种植，共可种662区。清道光《永州府志·物产》有关于区田法的记载，并称“古人以此布种，每区收谷一斗，每亩可收六十石”。所指“古人”，最晚应为明代之人。这说明在清以前，区田法已在湖南永州地区推行。另据明代宋应星《天工开物》记载，南方种水稻，“秧田一亩所生秧，供移栽二十五亩”①。有时用秧根蘸骨灰，以克服酸性土对稻谷生产的限制。这些都是当时对湖南等南方地区水稻生产技术的总结。

---

①宋应星：《天工开物》（上卷）《稻》。

在总结推广农业生产技术和生产生活实用器具技艺方面，明代湖南有几部传世之作。如：

《水云录》，2 卷，明杨溥撰。杨溥，号水云居士。长沙人。从事军职。言其于戎务之暇著作此书。成于弘治中。是编上卷载十二月种植花果、饮馔及文房杂用；下卷分卫生、养生、器用、牧养四门。书中所记，多为农圃种畜之法。《四库全书总目》存目。

《瓦釜漫记》，4 卷，明刘世节撰。刘世节，字克和。华容人。嘉靖四十年（1561）乡贡。历任江西吉安府训导、南京户部司务，终抚州知府。此书为其官抚州时辑。全编分“天文”至“动植”12 类，分别记述了当时天象观测和季节农事等方面的知识经验。自序撰于万历十八年（1590）。有明万历刻本传世。王重民《中国善本书提要》“子部杂家类”著录。

明代湖南瓷器烧制技术继续发展进步。除继续生产唐宋以来的青瓷和元代的彩瓷外，明代的青花瓷在湖南也成了主要产品，获得很大发展。20 世纪 80 年代初调查发现的怀化龙井窑，就是烧制青花瓷器的窑址。经试掘，清理了明代古窑一座，获得标本 200 余件。窑床顺着山势向山顶伸延，前半部阶级式，后半部作龙窑状。前有火膛，有窑室 6 间。窑底距地面高 70 米，底面铺有沙粒，并残存托座、匣钵垫、匣钵、垫圈等窑具。装烧方法有匣钵装烧、大小套烧、瓷陶混烧 3 种，而以匣钵装烧为主。出土的瓷器主要有碗、盏、盘、灯。胎色洁白，或白中泛灰。釉色是白中微灰或白中玉黄，青花呈黑色、铁锈色或蓝色。青花的装饰采用图案与装饰画相结合的方式。有飞蝶、花卉等单独纹样，有图文并茂的“福”字碗，还有花纹作环吊状，同一图案向左右两方连续伸延的卷花盘、团花碗、灵芝盘等。碗、盘等青花瓷器皆圆口，碗心多涩圈，涩圈内垫细沙，器物烧造时不再需用支垫，故器底增厚，不易倾倒。圈足边沿减薄，缩小接触面，避免产品粘连。器物多使用匣钵装烧，故成器率高。① 从龙井窑的烧制技术看，较宋、元时代有新的改进。并且该窑地处湘西，说明瓷器的生产已由岳阳、长沙、衡阳等湘北、湘中经济文化发达地区向湖南边远地带扩展。

①参见周世荣等：《湖南青瓷与青花瓷古窑址调查报告》，载湖南考古研究所编《湖南考古辑刊》第二集。

第六节　宗教

一、元朝的宗教政策与湖南佛、道二教的发展

元朝统治者十分注意利用宗教来维护自己的统治，除白莲教因有秘密结社性质和反抗思想被禁止外，对其他各种宗教都采取优待和提倡的政策。所以佛、道、基督教和伊斯兰教在元代都很发达，佛教又最盛。特别是其中的喇嘛教，从元世祖尊西藏大喇嘛八思巴为帝师开始，元朝历代皇帝均以喇嘛为帝师。佛教寺院往往拥有大量田产，实际上成为了剥削佃农的大地主。

在蒙古贵族统治初期，实行道、佛并重的政策，甚至偏重于道教，特别是以教主丘处机为首的全真教，受到成吉思汗的恩宠，政治上受优待，道士们享有免除捐税的特权。蒙哥（宪宗）统治时期，发生佛道之争，以八思巴为代表的萨迦教派，驳倒了道家，道教的势力受到削弱。但整个元代，道教仍与佛教并行，同样得到传播，并继续发展。北方和中原地区主要流行全真教和真大道教，南方主要传播道教中的太乙教。

元代，由于西方教士和信奉伊斯兰教的阿拉伯人、波斯人和突厥人（统称“回回人”）大批东来，基督教和伊斯兰教也在中国传播开来，特别是在北方和中原地区。

湖南地区佛、道二教都继续获得发展，魏、晋、南朝、隋、唐、宋建立的一些古刹、名寺和道观，在元代依然是香火旺盛，有的还得到重修、扩建和赐额。同时又新建了一批新的寺庙道观。

元代湖南的佛、道二教都依然以南岳衡山为中心。在南岳，元代最大的道观是南岳观，此外有洞云宫、太平观、普贤观、玉清宫、九真观、九仙观、灵西观、黄庭观、铨德观等 9 座道观。佛教寺院有衡岳寺、方广寺、南台寺、藏经殿等 13 处，都是南朝以来所建古刹。岳麓山的岳麓寺、道林寺，宁乡大沩山的密印寺，湘潭陶公山的唐兴寺，宁远九疑山的无为观，零陵的万寿宫（龙兴寺）等，在元代仍为佛、道盛地，香火旺盛。元代对旧有的一些寺观，还进行了迁建、重修，或赐名。如善化县的太乙寺（原上清宫），元至元十五年

(1278)，由德润门内迁建于县西南。茶陵州的青霞观，旧名洞真观，元延祐中，其道士刘永坚随三十八代天师朝京师，敕赐名青霞万寿宫。惠宗至元二年(1336)，永坚又从三十九代天师朝京，以新宫告成请书其事于集贤殿。常宁湘山寺，在县东盘龙山下，唐建，元泰定中重建。

湖南各地在元代新建的寺观，主要有以下 8 处：善化县嵇架观，在县西嵇架山，相传为宗嵇真人修炼处；湘潭西禅寺，在县河西；衡阳县衡岳观，在县西十三都，泰定中建；安仁县石门寺，在县东南 20 里，天历间建；江华普光寺，在县兴德乡，至正中建；新田宝明寺，在县西四都；沅陵县普安寺，在辰州府治东，大德中建；辰溪广恩寺，在县西观音山，至正间建；芷江县佑对观，在沅州城内，至正间建。

从新建的寺观来看，大多数处于湖南西部和南部，说明在元代佛、道二教已由洞庭、衡岳发达地区逐步向边远的少数民族聚居地区扩展，其传播地域已超过唐宋时代。

元代湖南较为著名的佛、道人物有王真人、妙铄、戴永坚、杨道圆等。

王真人，原籍德安，修炼于零陵之阳和山。元初，赐观额为万寿宫，封懿德真人。后征入朝，遂不返。

妙铄，大德中自袁州至沅陵，建普安寺于县东。历 3 年，功始毕，乃着袈裟穿芒履，绕寺行 3 日，至晚投寺前井中。其徒宋宝急入井觅之，不可得。后有怡溪人来报，妙铄尸在沅水清浪滩。往视之，果然不错，解其袈裟得一偈，乃归葬之。相传数月后，有人在巴东又见到妙铄，“其走如飞，追之不及”①。其偈曰：“三十二年，无道无禅，空空，尽在水底生莲。”此偈收入《沅湘耆旧集前编》。

戴永坚，茶陵州青霞万寿宫道士。性刚介。尝从师授太乙天章之法，从此他“祈祷水旱、祛妖怪，不惜余力”②。曾四从其师入觐。初授道德宏妙法师，再以改观为宫，授冲道崇元宏妙法师。

杨道圆，杨氏女，为邵阳紫极宫女道士。相传郡守有子，两手拳合，不能疗。道圆以果与之即开。后来自画遗像，留诗于紫极宫，尸解而去，仅存只履，葬于开元观左。其留壁诗收入《沅湘耆旧集前编》。诗云：

---

①光绪《湖南通志》卷二四二。

②光绪《湖南通志》卷二四二。

昨夜蟾光忽又多，手攀月窟问姮娥。一从谪入人间世，不觉逡巡七十过。最喜是非今日了，仰天抚掌笑声呵。琴声三叠胎仙舞，控翩徜徉入大罗。①

上述有关人物的传说，多有神化和迷信色彩，但显然都确有其人。他们的产生及其在民间的流传，也反映元代佛、道二教在湖南的传布和影响已相当广泛。

元代湖南的一些非方外人士，在道、佛学研究领域颇有造诣。尤其是在道学方面。其中最突出的代表是李道纯。道纯，字元素，一号清庵，又自号莹蟾子。都梁（今武冈）人。元初年在世。精于道学，著述甚富。主张“引儒释之理证道”，又擅长内丹理论，被奉为“中和派”首领。其代表作有《道德会元》和《中和集》。

《道德会元》，2 卷。卷首有至元二十七年（1290）自序。其序称：历代研究注释《道德经》之书，诸家解义，多“私意揣度，所见不同，各执一端。惟《河上公章句》、紫清真人《道德宝章》颇通”。书中于《序例》中设置“正辞”和“究理”两项。“正辞”以《河上公章句》白文本为主，将各种《道德经》注释本之差讹列出，凡大同小异者达 200 余处。“究理”则将各家解义与《老子》义理不符者表出，举异同谬误十余处。以此冠于经文之前，意在使后之读《道德经》者，消除异同之惑。书中大抵以儒、禅解《老子》，注多儒义，颂近禅偈。此书能分析诸家异同，博采众说，且无偏执之弊，后世学者予以好评。有元至正、明初、明弘治十年（1497）等多种刻本。收入《道藏》“洞神部玉诀”类。

《中和集》6 卷，由门人蔡忠颐编次，分前后两集，又各分上、中、下三卷，包括“元门宗旨”“尽前密意”“金丹秘诀”“问答语录”“全真活法”，以及论、说、歌、诗、隐语。此书《四库全书》存目，并撰有《提要》，云其书“大旨尽避一切炉鼎服食修炼之说，归于冲虚浑化，与造化为一”。

此外，李道纯还著有《常青静经注》1 卷、《太上升元消灾护命妙经》1 卷、《玉清无极总真大洞文昌仙经注》10 卷、《玉清大洞真经玉诀音义》1 卷、《太上大通经注》1 卷、《太上赤文洞古经注》1 卷、《三天易髓》1 卷、《莹蟾

①引自《沅湘耆旧集前编》卷三十九。

子语录》6卷。

《道德真经集义》，也是元代湖南道教方面重要的传世之作。此书凡31卷，刘惟永、丁易东编撰。刘惟永，字月屋。道士。元常德路玄妙观提点。丁易东，武陵（今常德）人。此书原题："疑远大师常德路玄妙观提点观事刘惟永编集，前朝奉大夫太府寺主簿兼枢密院编修丁易东校正"。又刘惟永跋云："今得石潭丁编修以其家藏名贤之注，与惟永所藏之书合而为一。"由是可见，该书所集诸家之注，乃刘、丁二人共同采辑之作。于元贞二年（1296）成书后，由惟永及其徒募捐刊印。原书为31卷，采用三国魏王弼本。总81章，集78家之注。今收入《道藏》者，含《道德真经集义大旨》《道德真经集义》两部分，共20卷，较原书缺佚尚多。其《道德真经集义大旨》3卷为本书前编与附录。上卷"道德经图说"，有图16幅；中卷"道德真经集义诸家姓氏"，收录76家注释作者和旁证五子（关尹、列、庄、文、韩非）及《道德真经》诸家序；下卷"道德真经说"，辑诸家之说，阐述《老子》要旨。《道德真经集义》存17卷，至"三十幅"章（即《道经》第11章）止。书中前有考异，考校文字之异同。每章首总说，阐述本章旨意。次经文，然后集录诸家注释。所集注释相当宏富，"若仙、若儒、若释、若隐、若显，以至鸾笔恍惚微妙之辞，亦所不弃"。《续修四库全书提要》对其颇有好评。言其"所取者，今多散佚，其可珍贵，自不待言。即其存者，亦可借以校订。而诸家姓氏，尤可资参征也"。其书收入《道藏》"洞神部玉诀"类。

据《湖南通志·艺文志》等著录，元代湖南道教方面还有永明（今江永县）徐渊著《岭北丹书》；佛教方面有临湘蔡栖云著《法华宗派图》1卷。现均未见传本。

二、明代湖南佛、道二教的发展及伊斯兰教入湘

（一）佛教与佛学研究

明王朝建立后，鉴于元代崇奉喇嘛教的流弊，转而支持内地传统的佛教各宗派，由此喇嘛教在内地渐衰，而禅、净土、律、天台诸宗得到恢复和发展。明代专门设有各级僧司、僧官，监督僧众行仪和掌管剃度考试。明初每3年免费发度牒1次，自景泰二年（1451）开始，改为纳费发牒。特别是成化年间，大量发放空名度牒，每次都是成千上万份。从此有牒僧人大增，寺院也随之增多。

明代湖南新建的佛寺不少。仅据光绪《湖南通志·寺观》所载统计，即有38所。从地域看，新建的佛寺中有21所，分布在湘西和湘西南较边远地区。最具代表性的是普光禅寺。它在今张家界市永定区，建于明永乐十一年（1413），清代两次重修。现存建筑有两座山门、大佛殿、二佛殿、观音殿、高贞殿等。二佛殿为明代原物。大佛殿与二佛殿之间，以过亭相连，成“工”字形，为元代建筑常用手法。高贞殿分前后两殿，前殿是明代建筑。此寺已被列

插图36　大庸（今张家界市）普光禅寺

为中国佛教名寺之一，湖南省重点文物保护单位。（插图36）此外，如常宁的多宝寺、烟林寺、莲花寺，道州（今道县）的龙华寺，永明（今江永县）的清凉寺、西经寺，新田的广胜寺、龙池寺、龙居寺，沅陵的广福寺，芷江的雁塔寺、大佛寺，麻阳的湘山寺，靖州的报恩寺、香山寺、王麟寺、绥福寺、迎恩寺等，均始建于明代。

湖南各地的古刹，在明代进行重修和扩建的也不少。如，长沙湘春门外的铁佛寺，成化中重建；开福寺，明成化年间封于长沙的吉简王朱见浚重修。又如，沅陵的龙兴寺，始建于唐贞观二年（628），明代曾3次重修，现存的大雄宝殿，建于元末明初，殿内中央檐间所悬“眼前佛国”横匾为明代大书法家董

其昌所书。此外湘乡凤凰寺，茶陵崇宁寺、云阳寺，清泉（今衡阳市）的开福寺、光孝寺，零陵的太平寺，邵阳的光孝寺，桃源的华严寺等，明代先后也进行过重建。

在新建和重修佛寺的同时，湖南有些地方曾发生过拆毁寺庙的事。最突出的是为扩建岳麓书院而拆毁道林寺。这反映了儒、佛两教之间的矛盾。道林寺原与麓山寺齐名，并称“湘西二寺”，杜甫、韩愈、刘禹锡等著名文学家均作有岳麓、道林二寺诗。由于与岳麓书院毗邻，双方的矛盾与冲突在所难免。据记载，南宋朱熹、张栻在岳麓书院讲学时，从游者众，于是在寺侧建精舍，供求学者住宿，但后来归了道林寺。① 元、明之际，由于书院衰落，“其址与食田，皆为僧卒势家所据”。明中叶，书院复兴。正德二年（1507），行省右参政吴世忠为扩建岳麓书院竟将道林列为“淫祠”，加以拆毁。② 又，正德五年（1510），辰州知府戴敏为建崇正书院，下令将城外“淫祠”“毁而鬻之”，以其作建书院的费用。③ 当然这类事件终究还只是少数，并没有影响到佛教的继续发展。

明代一些高僧曾云游湖南古刹名寺，讲经布道，同时湖南本身也培育了不少在佛学方面颇有造诣的佛门大师。他们对于佛教在湖南的传播和发展，发挥了重要的作用。

德清（1546—1623），明末佛教四大师之一。俗姓蔡，安徽全椒人。万历四十一年（1613）从广州至衡阳，居酃湖万圣寺，后在寺旁为他另建昙华精舍。德清在衡阳滞留 3 年，写成了《楞严通义》《法华通议》《起信论略疏》等佛学专著，并为僧众和信徒设坛开讲。万历四十四年（1616）四月，离湖南去九江，登庐山。天启三年（1623）十月，圆寂于曹溪南华寺。曹溪原是中国禅宗的祖庭，但时久荒废，经德清锐意经营，始恢复旧观，因此他被奉为曹溪中兴祖师。

德清一生弘法，所度弟子甚多。湖南颛愚即其弟子之一。据道光《宝庆府志》载：颛愚，名观衡，原坝州赵氏子。万历年间来邵阳居五台庵。后出游湖

---

①光绪《湖南通志》卷二三八《寺观一》。

②光绪《湖南通志》卷六八《学校七》。

③杨廷和：《崇正书院记》，载光绪《湖南通志》卷七〇《书院三》。

湘诸寺，“所在公卿缁素，称为古观音再来，法嗣最广”①。他曾入曹溪请益于德清，听其讲经说戒。著述甚富，传世的有《华严经纲要》《颛愚语录》等。

颛愚的门徒中造诣最高的是音可。据记载，音可，武冈邓氏子。“幼祝发五台庵，为颛愚首座。后遍游吴越”②。著有《广圆通忏》100卷、《沕潭慧山诸语录》120卷。海内称“元尊宿”。

明代湖南在佛学研究方面很有造诣并留有著述的名僧还有不少。如：

秀峰，宁远郑氏子。其母孕18月而生，年十三出家阳山。曾游曹溪学禅，后来回到阳山。嘉靖二十九年（1550）坐化。世称“七祖”，名所居为万寿寺，改其山曰阳明。所著有《阳明语录》。

如学，著《五峰语录》。如学，俗姓任，陕西临潼人。晚号五峰。从密云圆悟（1566—1642）得法，属临济宗。明崇祯四年（1631）入湘，住持大沩山，“斩石诛茅，聊蔽风雨，禅侣奔凑，渐成中兴”③。崇祯六年（1633），往金陵祇陀林。

明代一些湘籍的非方外人士，对佛教教义和经典亦很有研究，著述甚富。如，湘潭李腾芳，神宗万历二十年（1592）进士，官至尚书，著有《金刚经解》《说楞严》。又如，曾凤仪，耒阳人，神宗时进士，官至南京礼部郎中。后因嗜好佛学，致仕离家。栖居南岳，从事佛学研究和著述。著有《楞伽宗通》8卷、《圆觉宗通》4卷、《金刚般若宗通》2卷、《楞严宗通》8卷、《心经解》2卷。

（二）道教与道家学说研究

朱元璋在称帝前，曾招聘、安抚龙虎山四十二代天师张正常，加以笼络，意在利用道教争取民心，争夺天下。但称帝后，并不崇尚道教，而是有限制地加以利用和控制。设立道录司，置道官，检束天下道士，各府州县有道纪等司，分掌其事，并减少道观。后成祖、英宗、孝宗亦不崇尚道教。在这种情况下，道教是不可能在全国范围内得到兴旺和发展的。世宗在位时，情况有了改变。世宗为求得长生，醉心道教，日事斋醮，重用道士，因此道教风靡一时。但这只是暂时的现象。从整个明代看，道教已趋于衰落。

---

①道光《宝庆府志》卷一二六《耆旧传十七》。

②光绪《湖南通志》卷二四二《方外五》。

③参见新编《湖南省志》第二十七卷《宗教志》，湖南人民出版社，1999年，第213页。

明代在南方传布的是“武当道”，因兴起于湖北均县武当山得名，其开山祖师是道士张三丰。相传张三丰踪迹不定，是个很神秘的人物。他曾到过湖南，在今衡阳市东北的九仙观修炼。从此九仙观名声大显。湖南还有一些古道观，在明代仍为道教圣地和道士修炼场所，也不乏骚人墨客优游题咏其间。如，南岳集贤峰下的黄庭观，在明代享有盛名，余天溥、李凤翔、伍让等名士均有登游此观的诗篇传于后世。

湖南还有一些古道观，明代曾先后重建和增修，香火比较旺盛。如，武陵的神仙观，建于唐，洪武年间重修；桃源的桃花观，建于晋，明代予以重修；临武的成仙观，始建于宋，元末毁于兵燹，天顺四年（1460）予以重建；宁远的九疑观，建于唐，洪武中重建；长沙寿星观，洪武年间移建；宁乡的景德观，宋至和年间始建，洪武中重建。

明代湖南各地新建的道观为数较少，远不如佛教寺院。其中最著名的是长沙岳麓山上的云麓宫。明宪宗成化十四年（1478），吉简王朱见浚就藩长沙，在岳麓山的云麓峰建云麓宫；嘉靖年间复加修葺，并增植松柏、桐樟及篁竹千株；隆庆年间，募捐拓地，增建堂殿，凿石为柱，覆以铁瓦，前为关帝殿，中为玄武祖师殿，后为三清殿。云麓宫成为著名的道观，称道教七十二福地的第二十三洞真虚福地。（插图37）此外，明代在湖南新建的道观还有：长沙北门内的真武宫、永顺的祖师殿、东安的清溪观、麻阳的玉华观、晃州（今新晃）的紫极宫等。

明代湖南出现的高道或同湖南关系密切的外籍著名道士不少，如喻道纯、章朝元、许演空、张三丰、无心道人、李皓白、毛隆名等。

喻道纯，明长沙人。闻邵以正在京师领导教事，遂诣邵而受其法。正统九年（1444），参与校勘大藏经典。成化十年（1474），赐诰体玄守道安恬养素冲虚湛默演法翊化普济真人，仍领道教事。

章朝元，明辰溪人。成化间出生，幼而聪慧，及弱冠，因耕地获一铁剑，上有“朝元”二字。相传从此若有天神附体，言人休咎，立即应验。百里之外，凡有祈祷，朝元挟剑以飞，顷刻便至，至辄皆验。①

许演空，别名洪阳，字三元子，明末徐州沛县人。早年入武当山蜡烛洞修

---

①参见新编《湖南省志》第二十七卷《宗教志》，湖南人民出版社，1999年。

插图 37　岳麓山顶云麓宫山门（民国初年摄）

真，后闻南岳之盛，遂约同道高守忠、李和松谒衡山，访九仙观古迹。结小茅庐于其侧，备尝清苦，人未识其有道也。高、李相继羽化后，南明桂王朱由榔闻其苦行高节，传至郡城。因注《道德经》以进，遂有识者，士绅亦往往致问焉。后飘然长往，不知所终。著有《道德经注》《阴符经注》行世。

张三丰，名全一，号元元子。元末明初道士，道教称他为三丰真人、邋遢道人，三丰派创始人。张三丰在武当山创草庐修炼，遍游四岳之后，在南岳九仙观炼丹，留下《游南岳诗》一首。诗云："今日完成五岳游，身骑黄鹤驻峰头。曾于北镇先寻访，直到南衡始罢休。万里漫云燕楚隔，两山刚被坎离收。天然道妙同行辙，又看湘波九面流。"① 张三丰还曾来到花垣县吉卫乡仙人洞修道，并于洞口书"仙人洞"三字，保留至今。

无心道人，姓刘，明均州人。独居南岳南天门下草庐中。相传，日夜趺坐于小木榻上，吐纳运气，冬不生火，夏不用扇，户不锁门，粮无隔夜，有时数月无盐豉，仅朝夕饮水。

---

①参见新编《湖南省志》第二十七卷《宗教志》，湖南人民出版社，1999 年。

毛隆名，平江人。相传学道后能致雷雨。明永乐中，潭王召见不赴，以为妖人，械送京师。张天师方在侍，一见礼之，请于朝命，祈雨灵验，封“元漠真人”。

明代湖南的一些世俗人士，对于道家学说的研究也颇有成就，有一批著述传世。见诸于记载的如：湘潭李腾芳《说庄》2卷，宁乡陶显位《金丹说》，零陵蒋鏊《证道歌》，武冈龙膺《丹略》1卷，宁乡王阶《南华外篇》，祁阳邓球《老子注》，道州周良湘《道德经微》，桂阳州卢以祖《蒙庄解》4卷，邵阳简而廉《太和篇》等。

（三）伊斯兰教在湖南的传播

明朝初年，伊斯兰教开始进入湖南。当时，主要是信奉伊斯兰教的回族和维吾尔族将领，奉命率部进驻湖南宝庆（今邵阳市）和常德两个军事战略要地，随后于该地区落籍，伊斯兰教遂由此传入。

邵阳地区的回族穆斯林，主要为马、张、苏、海、蔡五姓。据道光《宝庆府志》和各氏族谱记载，其祖都是明初从北京、南京等地奉调来到宝庆府驻守而后落籍的，是来湖南定居的最早一批穆斯林。如：邵阳马氏，原南直隶通州泰兴（今南京市）人，有“金陵马氏”之称。明洪武元年（1368），其祖百户马成，“隶宝庆卫籍”，遂卜居郡垣之西。张姓，其祖璞罗德，北平三河人。洪武元年，授宝庆卫指挥，食屯田百余亩于武冈，赐姓张。

常德地区回族穆斯林，主要有马、魏、黄、李、翦、刘、杨诸姓。马姓自称“扶风马氏”。据其族谱记载，其祖德成公，于明洪武五年（1372），由“北直迁常德”。据黄姓族谱载，常德黄姓回族穆斯林有两支，皆世居“幽燕”北直顺天府。一支始祖黄隆兴，一支始祖黄有德，明永乐二年（1404）分别封授奋武将军和御前指挥，征调荆楚，落籍鼎州（今常德）。李姓有三支，其一始祖李宗燕，原籍北平顺天府固安县东乡村，任云南副总兵，于明永乐二年，调常德卫，因战功封赏，封地即今常德西庄坪一带；其二为李象贵，因战功，于永乐年间，以巡检官常德卫，后落籍常德东门；第三支也是明初来自于河北宛平县李庄。①

据《桃源县志》和翦氏《回部世系源流》记载，元末有名将哈十，弃元附

①新编《湖南省志》第二十七卷《宗教志》。

明，朱元璋召赐翦姓，改名八士。洪武十六年（1383），加封平蛮将军、太子太傅、诰授光禄大夫。洪武二十二年，翦八士第三次率军来湖南征讨辰州诸蛮。其子襄阳总兵翦拜著，奉旨协同征战。父子同时战死，以衣冠冢葬于常德东关黄龙岗。拜著独子翦常黎荫授常德卫左所指挥使，留守武陵（今常德）。其所部皆姓翦。这是翦姓维吾尔族穆斯林定居常德桃源之始。

随着回族、维吾尔族穆斯林的进入，明代湖南始建了一批伊斯兰教的清真寺。如：

邵阳古清真寺，又名清真东寺，始建于明洪武元年（1368），是穆斯林进入湖南后所建的第一座清真寺。原建于上墙（今邵阳邵府街），因靠近佛教庵堂，双方发生冲突，不久即被迫换地迁建于城外张家冲。该寺至今保存的一块乾隆八年（1743）所立石碑，记载了古寺换地迁建之事。

邵阳市郊苏家冲清真寺，始建于永乐年间。为落籍邵阳的苏姓回族穆斯林第三代祖苏久卸所建。据传该寺原建于苏家冲鸭凄井下首，后迁建现址。① 今寺内保存有手抄本《古兰经》一套。

隆回山界清真古寺，位于山界回族乡老屋村之山顶，该地原名马家冲，始建于永乐初年。据传，是邵阳马姓回族穆斯林来湘始祖马成之子马智家族迁居当地时所建。②

常德回回街清真古寺，始建于明永乐初年。为翦、黄两姓维吾尔族、回族穆斯林来湘始祖率军驻扎武陵时所建。原建筑于清初已倾废。

常德鼎城官沟坪清真寺。据黄姓穆斯林族谱记载，明成祖御前北指挥黄有德，奉旨征苗并率军屯田于官沟坪，永乐二年建清真寺。部分建筑至今犹存。

常德鼎城八斗湾清真寺，始建于明永乐二年。原建筑面积 1000 平方米，现有建筑 300 多平方米。

桃源翦家桥清真寺，始建于明永乐年间。为当地翦姓维吾尔族穆斯林的宗祠寺，“文革”期间被全部拆毁。

澧县东田堰清真寺，回族杨姓始迁祖、明武略将军杨源于永乐初始建。是湖南农村中最大的一座清真古寺。原址约 600 平方米，大殿呈凸形，部分建筑至今犹存。

---

①新编《湖南省志》第二十七卷《宗教志》。

②新编《湖南省志》第二十七卷《宗教志》。

明代建的清真寺还有：长沙金线巷清真寺（明末）、常德鼎城阳山清真寺（永乐年间）、澧县城清真古寺（永乐年间）、汉寿城关清真寺（万历年间）、汉寿教门岗清真寺（嘉靖年间）、汉寿黄海坪清真寺（万历年间）、汉寿南港清真寺（万历年间）、益阳资阳区清真寺（嘉靖年间）、隆回县桃洪镇清真寺（明中叶）等。

三、民间信仰与祭祀

帝舜、炎帝与南岳圣帝 宋元以来，湖南对帝舜、炎帝和南岳圣帝的信奉与祠祀，一直十分盛行。有关祠庙，多次重修改建，香火不绝。

宁远玉琯崖帝舜祠，明洪武四年（1371）迁建，正德十六年（1521）和万历三年（1575）先后两次重修。据记载，洪武四年，敕以“春秋仲月”，即一年两次，由县令“具牲帛致祭”。还规定，凡遇“国家庆典”，由朝廷“撰祭文、赍香帛，遣官致祭”，并且“牲用太牢”。此后历代沿袭。①

酃县（今炎陵县）炎帝庙，宋乾德中“立殿县南”。明嘉靖中，“改卜于其右址，拓而新之”。中为殿，殿外建高阁，“碑碣错峙其间”。阁下陛道丹墀“如制”。东西建两庑，周遭垣墙，前列三门。② 至此，酃县炎帝庙，规制更加完备。

南岳神，唐封为“司天王”，宋祥符中加号“司天昭圣帝”，明洪武中改曰“南岳衡山之神”。南岳庙，自唐始，名称不一，多次重修。唐初，建“司天霍王”庙。开元十三年（725），建“南岳真君”祠。两年后，毁于火。五代梁开平初，重修。宋大中祥符五年（1012），建南岳后殿。绍兴二十五年（1155），庙火受损。淳熙二年（1175），复火。元至正八年（1348），即历173年之后，庙宇“风雨霜暑木腐瓦毁，庭寝门庑材久易敝”。特降旨“从新修理”。二年告竣。③ 明代成化六年（1470）、嘉靖二十一年（1542）、万历十五年（1587）前后三次重修。

阿里海牙与长沙江陵王庙 长沙城有江陵王庙，元初建，至正七年（1347）再迁建。元欧阳玄撰《元江陵王新庙碑》。元湖广行省左丞相阿里海

①光绪《湖南通志》卷七五《典礼五》。

②光绪《湖南通志》卷七五《典礼五》。

③虞世魁：《重修南岳庙记》载光绪《湖南通志》卷七五。

牙，与元帅伯颜等率军平南，取襄阳、定湖湘，战功卓著。尤为湖湘和长沙人所敬奉的，是他竭力反对“屠城”，使潭州城幸免一场大屠杀。据欧阳玄记载，阿里海牙兵围潭州城，南宋守臣李芾督军民坚守，元军久攻不下，三月有余。最后李芾力尽援绝，自杀身亡，部将最终还是开城投降。元随军两参政，“怒其后江陵降，欲屠其城”，乃遣使人奏。阿里海牙的使臣随后亦至，“为民请命”。元世祖忽必烈采纳了阿里海牙的意见，严责主张屠城的参政，命其随阿里海牙“慰安吾民”。奏下，“城中官民士庶、道路男女、贵贱长稚亡虑，百万游鱼在釜寄命，顷刻赖王一言，易骨而肉。由是，列城闻风归附相望。未及期年，南尽八桂，冒于海隅，悉归职方”①。由于放弃了杀戮而采取抚慰政策，不仅获得长沙全城士民的感恩戴德，而且湖南诸州府、溪峒以至两广，很快都归入元帝国的版籍。《元史·阿里海牙传》载：其“定荆南诸路地，凡得州五十八，峒夷山僚不可胜计。大率以口舌降之，未尝专事杀戮。又其取民，悉定从轻赋。民所在立祠祀之”。以阿里海牙封江陵王，长沙士民特建江陵王祠以祀。

慕道祠与六君子堂　慕道祠，在岳麓书院内，又名“六君子堂”。明嘉靖五年（1526），学道许宗鲁、郡守杨表改旧讲堂建祠。所祀为宋代潭州守朱洞、李允则、刘珙，山长周式，明代长沙通判陈钢、同知杨茂元。此六人与岳麓书院关系密切，均为书院的建设发展做出了很大的贡献。朱洞，北宋开宝六年（973），以尚书出任潭州太守，创建岳麓书院，成为宋代“四大书院”之一。朱洞离任后，书院一度衰落。李允则，咸平二年（999），出任潭州太守，重新扩建岳麓书院，使其得以恢复和发展，形成讲学、藏书和供祀三位一体的书院基本格局，为全国其他书院所效仿。周式，湘阴人，大中祥符五年（1012），出任岳麓书院山长。他是见于史志记载的岳麓书院第一个山长。因办学成绩卓著，受到宋真宗的召见。刘珙，南宋乾道元年（1165），任湖南安抚使知潭州。绍兴元年（1131），岳麓书院毁于战火。他上任后予以重建，期年告竣，并极力推荐张栻主教岳麓。由此岳麓书院又进入一个新的历史发展阶段，出现前所未有的兴盛局面。此后，岳麓书院于元末再次毁于兵。明弘治年间，又由陈纲、杨茂元予以修复重建。陈纲，应天（今南京市）人，弘治中以黔阳知县迁长沙府通判。因监修吉王府有功，王赐金帛不受，而请以王府故宫木材修复岳麓书

①参见光绪《湖南通志》卷七四《祠庙一》。

院。同时自己捐俸集材。历时一年，书院即初具规模。杨茂元，鄞县（今宁波市）人，弘治中以言事由湖广副使谪迁长沙府同知，与陈纲甚契合，极力支持重建岳麓书院。在陈纲不幸病逝后，他又在其基础上增修扩建。由此岳麓书院再次复兴，结束了书院百年荒芜的局面。

李芾与李忠节祠 祀南宋李芾，在长沙府城治北。旧为露仙观，又改为熊湘阁，为李芾殉节处。李芾，衡阳人，宋末出任湖南安抚使知潭州。未及半载，元军南下围攻潭州城，李芾督军民固守三月有余，最后粮尽力竭，潭州城陷落，李芾手刃妻女而自杀殉节。其幕僚帐下杨震、沈忠等，及潭州士民亦多举家自尽。据李东阳所撰《李忠节祠碑》记载，宋亡后数十年，湖南和潭州“遗民故老尚隐思之”。且“潭人至今道其事，犹慷慨泣下”。明成化五年（1469），钱澍任长沙知府，特请为之建祠祀之。① 又，李芾故乡衡阳，亦有李忠节祠。元至元中，置衡阳县学于学宫东建祠祀李芾。天历中，衡阳校官刘似移建于石鼓书院。

宁乡张浚墓与张魏公祠 据《大清一统志》记载，宁乡县有张魏公祠两处。一在县儒学左，一在县西大沩山麓，祀宋张浚。始建年代不详。明宁乡县令胡明善予以重建，杨廷和为之作记。张浚（1097—1164），四川绵竹人。宋朝一代贤相。坚持抗金，收复中原。因受秦桧排挤，贬谪永州，又判潭州（治长沙），携子张栻迁居湖南衡山。遂以湖南为基地，督师抗击南侵金兵。后病逝于湖南，追封魏国公。据杨廷和记载：张浚“寝疾”，特手书：“谕南轩兄弟曰：吾不能恢复中原，以雪祖宗之耻，死不当归葬先人墓左。葬我衡山下足矣!”② 于是乃葬之于宁乡大沩山前。其后人亦落籍宁乡。

益阳五贤祠 据记载，益阳县东二里龟台山，有“五贤”祠，祀楚屈平，蜀汉诸葛亮，宋张咏、胡寅、张栻。元益阳县尹李忠建。李忠，颍州人。在任内“廉能爱民，建五贤祠”。既去，“县人立石学旁，以纪其政”③。明代以加祀蒋信，改为“六贤”祠。后又增祀贾谊、关羽、陶侃、谢安、褚遂良、裴休、杜甫、唐介、朱熹、真德秀、岳飞、李芾、辛弃疾，又合称“十九贤”祠。

---

①参见光绪《湖南通志》卷七四《祠庙一》。

②引自光绪《湖南通志》卷七四《祠庙一》。

③引自光绪《湖南通志》卷七五《祠庙二》。

元结与零陵寓贤祠　零陵县（今永州市区）东朝阳崖，有元刺史祠。明正德八年（1513），知府曹来旬建。祀唐元结。嘉靖中，知府唐珤改寓贤祠，并合祀宋黄庭坚、苏轼、苏辙、邹浩、范纯仁、范祖禹、张浚、胡铨、蔡元定。后推官万元吉又增祀杨万里及子长儒。据曹来旬《元刺史祠堂记》载：唐广德元年（763），元结任道州（治今道县）刺史，“德政文学卓然为一时天下望”。而永泰中，元结尝从春陵至零陵，“爱郭中水石之异”，遂泊舟寻访，“得崖与洞”。因崖东向，故以“朝阳”名之，并建茅阁，又刻铭于崖下。“朝阳水石，始为绝胜”。唐宋以来，“风景声华，传播人口”。柳宗元、周敦颐“诸贤”，均“游观吟咏”其间。至今崖洞之名仅存，而“壮丽之迹已泯”。故特建元刺史祠于朝阳崖，“其在上也以美其政，其在下也以美其俗”①。

湖南对岳飞的祠祀　南宋坚持抗金、“精忠报国”的岳飞，曾权知潭州兼荆湖东路安抚总管，率“岳家军”转战湘东、湘南，征抚拥众十万的曹成军。又出任荆湖南北制置使，率大将牛皋等，“水擒杨幺”，平定洞庭湖区的农民起义。岳飞与湖南关系十分密切，历史上深获湖南人的敬仰。元明时期在湖南各地即多建“忠武王祠”或“精忠祠”等以供奉祀。其中，确建于元明的，有茶陵和岳阳的岳忠武庙。湘东、茶陵岳忠武祠二处，一在西门外，又名青云庵；一在西郭山侧，名精忠祠，祀岳飞。明代张治曾亲临供祀，特作《岳忠武祠诗》。洞庭湖滨巴陵（今岳阳）岳忠武王庙，在县北七里山下，明成化中建，祀岳飞。此外，祁阳有精忠祠，在县东二里，祀宋岳飞；宁远精忠祠，在县北，祀宋岳飞；江华精忠庙，在县西；攸县有岳忠武庙，附东城隍庙左；邵阳岳武穆祠，在县南，祀宋岳飞。这些祠庙，可见于《大清一统志》与光绪《湖南通志》的记载，但始建年代均不详。

龙阳典史青文胜与惠烈祠　青文胜，夔州人，明洪武中，任龙阳县（今汉寿）典史。据《明史·青文胜传》记载：龙阳濒临洞庭湖，常遭水患，历年来欠交赋租达数十万石，“死者相踵”。文胜目睹此情，深为感慨，毅然赴京，“为民请命”。但他接连三次上疏，“不报”。在绝望中，遂自缢于午门“登闻鼓”下。明太祖朱元璋得悉后“大惊”。怜悯文胜“为民杀生”，下诏宽龙阳租赋，每年定额为二万四千余石，大大减轻了龙阳百姓的负担。邑人特建祠祀之。

①引自光绪《湖南通志》卷七五《祠庙二》。

其妻子贫困，无法“归养”，龙阳拨公田百亩相赠。至万历十四年（1586），诏有司春秋致祭，并名其祠为“惠烈”。

第七节 风俗

一、风土民情

明朝李东阳曾作《长沙竹枝词十首》，对当时湖南长沙一带的社会生活情景与风土民情有逼真和生动的描述，现引录数首如下：

三十六湾湾对湾，人家多住白茅间。直过洞庭三百里，长沙城北是彤关。

南船北船满洞庭，萧公祠前牲酒馨。二妃枉作君王后，君看君山山自青。

潭州城边多野田，黄芽白苇远连天。莫言楚国无生理，亩地于今倍值钱。

湘江水深天下清，何如陇头秋月明。离人到此不得醉，况是高楼吹笛声。

江头彩旗耀日明，船上挝鼓不停声。湖南乐事君记取，五月五日潭州城。①

潭州，即长沙。彤关，应就是现在所称的铜官，唐代即以釉下彩瓷器名著遐迩。“三十六湾”，在今湘阴县境。湘江在此经三十六折汇入洞庭，为湘江下游特有的一大景色。从李东阳的描述看，当时，湘江和洞庭湖船只云集，南来北往，长沙已成为重要的交通枢纽和一大都会；铜官的瓷器业依然兴盛，而长沙以铜官窑闻名于世；长沙城郊有宽广的田野沃土，但随着经济的发展，田土“倍值钱”，即地价上涨；湘江水清天下闻，岸边高楼传笛声，如逢五月五日端午节，彩舟挝鼓竞渡，更为一大乐事。但“三十六湾”和湘江下游地区的老百

①引自《沅湘耆旧集》卷一〇。

姓，居住的还多为茅草屋。整体看来，明代的湖南长沙及湘北地区，经济发展水平还有限，长沙老百姓还并不是那么富裕。

元明时期留下的史志文献，对长沙和湖南各地当时的一般社会生活、风土人情与时尚，也多有记述。如：

明崇祯《长沙府志》卷一《风俗》载："元志云：风纯古，恬于世利而好修。俗多慷慨，尚节规而耻为不义。学者勤于礼，耕者勤于力。民以网罟为业，渔利饶而无积聚。……要以劲直任气，好文尚义，流风未泯。""士类刻意清修，乡绅亦崇节励行。""民不习技艺，而拙于封殖。"这些记载，与唐宋以前大体类似。当时长沙地区，民风纯朴，尚节义，勤于耕读，生活温饱。

明隆庆《岳州府志》卷七《风俗》载：岳州（今岳阳地区）"人性悍直，士尚义。居山野者力耕桑，近水滨者业网罟。俗尚淳朴，不事华靡"。又引《一统志》云：岳州"士知义而好文。俗信巫而尚鬼。民以网罟为业。有楚遗俗，有屈原遗风。刀耕火种"。临湘县"土田肥沃，民好歌吹营作。出入舆马，以宴侈相高"。平江县，"民多劲悍，士尚节义，忿诈者"。从记载看，"悍直""尚义""淳朴"等，类于长沙及湖南其他地区。"屈原遗风""好歌吹"，则是岳阳地区的特色。因地处滨湖，网罟渔业在经济生活中占有更重要的地位。

明嘉靖《常德府志》卷一《风俗》载："吾郡人多淳朴，少宦情，厥为旧矣。风气日开，则皆向文绩学，擢巍科跻仕者，项背相望……所谓少宦情者，不患其不多也。"又云："以郡当孔道，人聚五方，气习日移，尚侈靡者，僭礼逾分之不顾者，竞利健讼之弗已。所谓淳朴之风或几于熄矣。""本府，民食鱼稻，以渔猎山伐为业……不忧冻馁，亦亡千金之家。此概言楚俗，而吾郡至今则然。"又云："武陵古望邑，衣冠礼乐为名区，文物甲湖右。""人才为湖南之冠。"看来，常德地区，素称"鱼米之乡"，生活较富裕，民性淳朴，礼乐"名区"，文物之乡。但至明代中叶，即嘉靖年间，风气已有较大变化，向文学、应科举的多了，"尚侈靡""竞利健讼"，淳朴之风少了起来。

明嘉靖《衡州府志》卷一《风俗》载："州滨溪峒，其民刚劲勇悍，刀耕火种。"

衡阳，"卫邑杂处，武弁之家，世享厚禄，以饮食、宫室、器用、仆马相高，邑人化之，渐流于侈"。

耒阳，"士耽文学，礼从简易，男女饮食多用古礼。但比年以来，登垄逐末，黜素崇华，虽仆隶卖佣，亦轩然以侈靡争雄长。往往僭礼逾分，无所严惮”。

常宁，“客户间主，军民相杂，耳濡目染，以讼为能”。

安仁，“自昔风俗简古，人多质实。竭力耕稼，仅足一岁之用。一遇水旱，辄至艰食。妇人纺绩，男子不事商贩”。

桂阳州，“其俗尚鬼……民情易怨而难感，好讼而不狡。一鞠得情，自相输服”。

蓝山，“民质朴，而似流于迂。性偏刚，而渐惑于伪”。“妇女勤织，农功颇懈”。

明代“衡州府”辖区较现在的衡阳市地区为广，所包括的蓝山、常宁、桂阳等，均地“滨溪峒”，至今多瑶族杂居，故民“质朴”“俗尚鬼”，尚农桑而耕作粗放，不事商贾，生活不富裕。但元明数百年间，随着经济社会的发展，特别是明王朝设置卫所屯军的地方，卫邑相间，客户大量移入，军民杂处，民情风尚发生了较大变化。至嘉靖年间，“逐末”，“崇侈”，“健讼”，已渐成风。

宋杨万里记载：永州地区，“山川木石之奇，生其间者多秀民。其人士行义，文学骏发而焯著，视中原无所与逊”①。万里认为永州山川秀丽奇特，所以多出俊才，而其人行侠仗义，文学方面的发展尤为突出，与中原地区相比较并无逊色。这可能与唐代元结、柳宗元等文学大师，先后为官永州的影响与遗风有关。而宋代理学先驱者周敦颐，又正是出自于永州地区，这也不无关系。

明黎淳记载：武冈州（今属邵阳地区），“当湖南僻处，江山清淑，……入有明来，天子崇尚仲尼之道，以淑诸入学者，始皆谈诗书、履仁义，自相约束于规矩。其游歌辟雍者，皆知以砺行检身、勤职为务”②。从这段记载看，明代邵阳武冈一带，山川清淑，生态环境好，士人谈论的是诗书，讲仁义，严于律己。各行各业的人，也都知勤奋努力，忠于职守。

清道光《宝庆府志·谈俗》引录不少元明时期的记载。如：邵阳“事简而民淳”（明左长史颜廷榘序）。新化“民俗简朴，颇有古意”（《古碑亭记》）；“火耕水耨，饮食还给，不忧冻馁，亦无千金之家，信巫鬼尚淫祀”（《舆地图》）。新宁“风醇俗美，士皆佩服经训，揖让有仪”（元张图南《学记》）。城

①参见光绪《湖南通志》卷四〇《风俗》。

②黎淳：《武冈州重修庙学记》，见《湖南文征·元明文》卷一八。

步“知书尚义，民俗质朴”（元赵长翁《书院记》）。①

宝庆即今邵阳。从所引记载看，邵阳地区，元明时期，民俗仍“简朴”，士风好，生活温饱。这与长沙、岳阳等地大体相似。由于邵阳多处山区，苗、瑶等土著民族较多，故“火耕水耨”、崇巫信鬼等。这是其民情风尚的特点。

辰州府（治今沅陵县），“多山少田，民性纯朴。居山谷间，至有皓首不识官府者”。永顺府（治今永顺县），“渔猎养生，刻木为契”。“重农桑，男女合作”，“风尚纯朴，耕凿外不事商贾”。②

这里记载的是武陵山区和湘西地区的状况：山多田少，常常以渔猎补为生计，不事商贾；民性则纯朴，偏僻的村寨有的人到老还不知官府衙门在什么地方；文化相当落后，甚至“刻木为契”，完全不识文字。

二、时令节庆

湖南各地，汉唐以来所产生和形成的时令节庆方面的一些习俗，元明时期依然盛行。同时，也会有新的发展和演变。

湖南重“端午”，特喜龙舟竞渡。历代文人笔下多有描述。明朝李东阳亦作有《竞渡谣》。现引录如下：

> 湖南人家重端午，大船小船竞官渡。彩旗花鼓坐两头，齐唱船歌过江去。丛牙乱桨疾若飞，跳波溅浪湿人衣。须臾欢声动地起，人人争道得标归。年年得标好门户，舟人相惊复相妒。两舟睥睨疾若仇，戕肌碎首不自谋。严诃力禁不得定，不然相传得瘟病。家家买得巫在船，船船斗捷巫得钱。屈原死后成遗事，千载传伪等儿戏。众人皆乐我独悲，莫遣地下彭咸知。③

这里的“湖南人”，应主要是指长沙地区的人。从李东阳的诗句看，当时湖南和长沙地区十分看重过端午节，届期必须举行彩船（即“龙舟”）竞渡，盛况空前。但这一习俗在明代已有新的发展变化。如：竞争越来越激烈，“人人争道”，两舟相遇甚至视若仇敌，到了要“戕肌碎首”的地步。而之所以如此，则是认为夺“标”取胜的才是“好门户”，否则会罹病瘟。为此，竞渡时须请

---

①引自光绪《湖南通志》卷四〇。

②引自光绪《湖南通志》卷四〇。

③引自周寅宾校点《李东阳集》（三）《南行稿》，岳麓书社，2008 年。

巫师坐镇船上，以求神力相助。此类习俗，在宋元以前都未见有记载。五月五日，竞渡吊屈原的本意已被淡忘。李东阳只好一声叹息！

明代湖南各地的方志，对时令节庆习俗多有记载。现以所见长沙、岳阳、常德等地方志为例，择要引述如下：

明崇祯《长沙府志·风俗》载：

元旦　设香烛楮钱、米面食果品、酒醴，奉天地家神宗祖。四鼓起拜，家族大小男女，交错醅酬，谓之贺年。晨出，用爆竹择方与时之吉，亲友各交贺会饮。乡民或以傩神行城社间。

元宵　剪纸为灯，或悬之庭户，或携之行，至有龙灯、鳌山、踏球者，城市彻夜游观。好事者，放火炮起火。各乡社敛资庆神，遂唱歌为乐。谓之祈年。

清明　俗，人插桠，谓之记年华。设酒淆祭先墓，标纸钱于上，去墓草而加土，谓之扫墓。

四月八　造乌饭，庵寺尤甚，请诸檀越为浴佛会。

端午　户悬萦藤蒲艾，切蒲研雄黄于酒，饮之。且以涂小儿。仍佩符蒜辟毒。往来馈粽，名角黍。坊市造龙舟，竞渡夺标，俗以为禳灾，实屈原之遗事也。士民结彩舟，沿江游玩。

夏至　乡民祀土神，为社饮。

六月六　城市各设醮禳灾。至晚，合醵尽欢。或演戏。

中元　设羹饭酒食，祝先祖，凡五日。以纸为衣冠，包经钱，至晚焚之，名曰荐祖。

中秋　城市设酒赏月。以月之明晦，定来岁元夜阴晴。

重阳　以茱萸泛酒，米面为糕，或登高剧饮为乐。

十月　朔，祭扫先墓，如清明礼。

冬至　家设羹饭贺冬。士大夫亲友交相贺。

腊月　廿四日祀灶神。岁暮，家人具宴团年。除夕，放爆竹，鸣金鼓，少者为长者行辞年礼。仍祀灶及家神先祖，合家再饮，更桃符守岁。

所载长沙地区的时令节庆，与宋元前有许多继承性，但也有明代的一些新的习尚。如：元旦即大年初一，以傩神游行城乡；端午竞渡以为禳灾；夏至，乡民祀土神为社饮；六月六，设醮禳灾，演戏为乐；“中元”，即七月十五日，设酒食，“祝先祖”，焚纸衣纸钱，荐祖；农历十月，再次扫墓，“如清明礼”

等，均应为元明时代始在长沙地区流行起来的风俗。

明隆庆《岳州府志·职方考》载：

岁时，会集祷祠击鼓，男女踏歌，谓之歌场。

元正献岁，邻里饮相庆，十二日罢。谓云开节。

春社后，遇好天色，上山拜扫，寒食止。

四月八日，取羊桐叶淅米为饭，祀神及祖。

濒江诸庙有船，四月中择日下水，击画鼓，集人歌棹，端午罢。实竞渡，以为禳灾。疾病，就水际设盘祀神，酒肉犒棹鼓者。或为草船泛之，谓送瘟。

五月十三日，龙生，可种竹。

这里记载的是岳阳地区元明时代颇有特点的习俗。如端午竞渡，同时又作草船，送“瘟神”等，是第一次见诸史志记载；宋代《岳阳风土记》，以五月三日为“龙生日”，而明代为五月十三日，前后可能是发生了变化。

嘉靖《常德府志》卷一《风俗》载：

元旦　是日，男妇晨兴，各盛服拜祖先。毕，拜父母及以次尊长。然后出谒亲族邻里。不相见者投刺，大约三五日，与他方略同。所异者，惟出必择吉方与吉时，及三日不扫除耳。

立春　观土牛，以牛首红白等色占水旱等灾。以勾芒鞋帽占寒燠晴雨。人家近有以生菜作春盘茹春饼，亲友会饮，谓之春台席。

上元　剪纸为灯，糊以竹格，饰以五彩，有绣球走马莲花诸类。虽无闽浙刻丝剪绢等项，亦颇精巧。好事者作成灯谜，夜则相聚以猜，名曰“打鼓灯”。妇女相邀，成队宵行，名曰“走百病”。各家以椒为汤，入荠菜糤果诸物，人至而饮之，谓之时汤。又作面窝如鸡子，大者十二，以象十二月。每窝标记某月，用甑蒸之，如炊饭然。久之，取视水浅深有无，以稽某月之水旱，悉多有验。至十八日烧灯，以草为船，实以纸马，送至江浒焚之，谓之禳灾。

社日　鸠钱买牲礼，赛会相饮而罢。乡村即以是日浸破种谷。

清明　插柳于门，人能辟邪。具牲礼扫墓，以竹悬纸钱而插之，谓之标坟。

端午　民间颇重是节。是日，悬艾于户，切菖蒲、析雄黄泛酒饮之。用箬叶裹米为粽，如羊角形，彼此相馈。亲党则加以牲礼鞋袜之类，谓之追节。各坊市刳木为舟，长十余丈，染五色，选善桡者，相竞中流。旧时名为吊屈，近则因争胜负，至殴伤溺死者多矣。

中元　各家备牲礼，以祀祖先。祀毕，即以品物送亲邻。

中秋　设酒果对月饮之，曰赏月。即以月之明暗定湖鱼之有无及来岁元宵之晴雨。

重阳　饮茱萸酒，蒸菊花糕。

冬至　前数十年，俗以为重。每作米面食相馈，及坊衢中交贺，略如元旦仪，愚少时犹及见之。今则否矣。惟近时士夫家行祀先礼，乡人渐效之。

岁除　岁将尽数日，乡村多用巫师，朱裳鬼面，锣鼓喧舞竟夜，名曰还傩。二十四日，扫舍宇祀灶。除日，易门神桃符春帖。姻友之家，以酒果之类，互相馈遗。作米面食，具淆酒，以为迎新，聚饮之。储至夜，烧竹爆辟瘟。丹饮分岁酒，或不寐守岁。

从记载看，明代常德地区时令节庆方面的习俗，大体与长沙、岳阳等地相类似，不少已见于唐宋前的文献记载，世代相沿。但其中，如元宵节猜灯谜，妇女结队“走百病”；清明“插柳于门”；中秋赏月，“以月之明暗定湖鱼”丰歉；除夕前数日“还傩”等，其地方特色很明显，且均第一次见诸史志记载。言及“冬至”，作者说数十年前，民间十分重视，其仪式如过“元日”，即过阴历年那么隆重，后来发生了变化，嘉靖时仅祀先人而已。说明一些习俗，在元明数百年间前后也有演变。

三、丧葬婚嫁

民间丧葬婚嫁习俗礼仪，元明史志中记载不多。今仅就所见略加征引。

明隆庆《岳州府志·职方考》中教谕李鉴《移俗论》载：

丧葬送终大事，风俗最重者也。平江士夫之家，不作佛事固多，然自余民间。初丧，必集男女诣社庙，行礼三朝暮，云为死者脱诸罪苦。姻亲盛张金鼓，厚载酒食，薄暮往而娱尸。饮至夜分，或达曙。诸七日、百日、周岁、三年，必设斋醮，云超度西方。否者竟取嘲笑，谓之不重父母。①

①引自隆庆《岳州府志》卷七《职方考》。

当时平江县流行的丧葬习俗，颇具特色。当然风俗会因地而异，湖南其他州县不尽相同，但从中可窥一斑。

明崇祯《长沙府志》卷一有关于婚丧习俗的记载：

冠不三加，婚不亲迎。近日，士大夫家始行之聘礼，妆奁视家厚薄。丧不加殓，棺衾丰厚，男女昼夜哭吊。有赙仪，亲友行祭，各散帛为礼。雅好佛事，士大夫家颇厌之。独民家亲友间，或演戏伴灵。婚丧僭用金鼓细乐，则陋俗也。葬重堪舆选择，不以财吝其亲，贫富皆然。①

长沙地区婚嫁素无亲迎礼仪，崇祯年间士大夫家始兴行聘之礼。办丧事，与平江县境有某些差异，如“好佛事”。然“金鼓”“娱尸”“伴灵”等，则相类。

嘉靖《常德府志》卷一《风俗》载：

近来士人家丧祭，颇依家礼祈祷，不使巫觋。但正寝中堂，比比多列佛老及诸神像，或镂或绘，务为繁侈，旦夕供祀致虔。

桃源县，嫁娶不亲迎，丧事用浮屠。

常德地区，原依楚俗，丧事必使巫觋。至明嘉靖年间，已“颇依家礼”，不再使巫觋行法事，但转而信佛老诸神，丧用“浮屠”。这可能与佛教在当地的传播与普及有关。“嫁娶不亲迎”，则与长沙等地相同。

嘉靖《衡州府志》卷一《风俗》载：

婚，亲迎礼，士夫家皆行。惟女子行嫁，率内外亲属送至其家。竟日筵宴，以饮食相尚。装奁，富家近奢。婚礼奢，有生女不举之渐。丧，古礼，士夫家间行。发引用僧用乐。郡城近年用铜鼓响器，自以为荣，不知其非。以吊客之多寡，为门户之兴衰。丧礼奢，有亲丧不举之渐。

安仁，嫁娶以财物相高；丧葬用浮屠。

酃县，婚姻尚门第，姊姨为妯娌。女嫁周岁始许归宁，婿妇眷属终年不会。生女多不举。男子既婚，自相分析。

桂阳州，婚盟不以帖，悔则辄讼。

所载衡州（衡阳）地区的婚丧习俗，有不少特色。如与长沙等地不同，婚嫁流行“亲迎礼”，且内外亲属相送，宴饮“竟日”。又如婚姻尚门第，嫁娶以

---

①引自崇祯《长沙府志》卷一《风俗》。

"财物相高"，女嫁一年后才能"归宁"（即"回门"）等，与其他地区也有差异。丧葬多用"浮屠"，请僧人做法事，"发引"等，应是明代湖南大多数地区流行的习俗。

四、服饰饮食

元明史志关于民间衣食住行习俗的记载不多，就崇祯《长沙府志》所载引述如下：

> 国初，宫室质朴，虽瓦椽，不加雕彩。衣多布帛，器用陶瓦。今则富者大厦，贫者亦完美，紬绮遍体。妇女尚罗縠、饰珠玉，器物什用金银错落矣！
>
> 吴越家，饮食多粥少饭。而长沙饔飧独厚。至宴宾，则穷奇极品。不则便以陋啬笑之。①

"国初"，即明朝开国之初，长沙人居屋衣饰均质朴无华。而一二百年后，到明朝末年，变化很大，居大厦、穿绸缎、饰金银珠玉。这应是城市上层和乡绅富户的情况，一般平民百姓可能不尽然。从记载看，长沙人"好吃"、讲究口味，传统久远，早在明代已是如此。

五、少数民族风情

明成化初，昆山（今苏州市东部）人沈瓒，任辰州（治今沅陵县）教谕。据实地目睹耳闻的素材，撰《五溪蛮图志》。此书共四集，其一《五溪风土》，记述当时"五溪"地区土著民族社会生活与风俗习惯，资料十分珍贵，对了解元明时期湖南各土著民族风情很有助益。现择要引述如下：

> **衣服斑斓**　先以楮木皮为之布，今皆用丝、麻染成五色，织花绸、花布裁制服之。上衫，皆直领。下裙，团转细襞，倒折其半。……其妇女皆插排钗，状如纱帽展翅。富者以银为之，贫者以木为之。
>
> 又以青白珠为串，结悬于颈上。或绸或布一幅，饰胸前垂下。俗曰"包肚"。未嫁，下际尖；已嫁，下际齐。②

衣服，染五色、上衫下裙，裙"倒折其半"等，与《后汉书》所载的"盘

①引自崇祯《长沙府志》卷一《风俗》。

②引自《五溪蛮图志》，伍新福校点本，岳麓书社，2012年。

瓠蛮”相似。但千余年来已发生很大变化，如以丝、麻布代替了“楮木皮”。而妇女头插银（木）“排钗”，胸前饰“包肚”，则应是唐宋以后逐步形成的新的装饰习俗，直至近代以来在湘西和武陵五溪地区的苗、侗、瑶等民族中依然流行。

> **椎髻跣足**　男子，绾椎髻于脑后。女子，绾椎髻于头顶。男女皆戴银耳环，尺围大。皆跣足，登走崖险如履平地。儿时烧铁石烙跟趾，以油蜡渍之，重趼若鞾。①

男女都椎髻绾发，耳戴大银环等俗，湘西“苗疆”和武陵五溪民族地区，在“开辟”和“归流”前，依然如此。但也有男子仅左耳戴银环的。“跣足”，则在“改土归流”前的“生苗”区很普遍。儿时用铁石烙脚掌趾，明代以后的文献已未见记载，笔者儿时在苗区也未见未闻，显然此习俗早已消失。

> **板竹覆屋**　昔皆峡山阻谷，依林架木以为之居。五溪，俗夸“辰州斗屋”。今皆连甍接栋，或覆以板竹。盖富贵不同也。②

“斗屋”，实际上就是顶尖下宽的茅草屋，直至近代在湘西和武陵五溪的偏僻山区，仍然可见。但在明代已开始发生变化，用木柱木枋构架起来、装上木板或竹板的房屋，已日益普及。

> **饮食烹饪**　在火炉床为之。如台基状，置火炉于中。一家大小饔飧在是，亲疏亦在是。屠牛羊类，先取肚肺，不濯洁生食。然后分割大块，以火燎毛，煨炙半熟，供馔。又以山鼠诸禽兽杂脍，和粟米饭，不以盐，闭藏桶罐。候腐败食之。名曰“腌鲊”。土俗，妇女不食犬肉，而男则不忌也。③

在湘西和武陵五溪地区，置火炉于其中的“火炉床”，明代或有之。但至近代，多见的是房中呈四方形的火膛，俗亦称“火炉膛”。常用于烹饪，冬天则可围坐烤火取暖。屠宰牲畜，“以火燎毛”，或有之。至于取牛羊肚肺，不洗清洁即生吃，其他史志未见类似记载。文中记述的制作腌菜的习俗，在湘西和武陵五溪地区至今仍很普遍。妇女不吃狗肉，其实是各地较普遍的现象，并不局限于“土俗”。在“五溪”各土著民族中，有不吃狗肉的，如苗族中的田姓。

---

①引自《五溪蛮图志》，伍新福校点本，岳麓书社，2012 年。

②引自《五溪蛮图志》，伍新福校点本，岳麓书社，2012 年。

③引自《五溪蛮图志》，伍新福校点本，岳麓书社，2012 年。

亲族婚姻 如张女嫁李，侯李生女，仍还张之孙为妻。虽老少妍媸贫富不能另。俗名“还谷种”。父子兄弟，一或死亡，遂纳其妻妾。唯子于生母有别焉。①

这里记述的，明代在湘西和武陵五溪土著民族中婚姻方面流行的两种习俗：一是“还谷种”，有关史志中又常作“还骨种”，或称“还娘头”，又叫“舅霸姑婚”，即姑家生女必须还嫁舅家。这在湘西和武陵五溪地区曾较普遍。土家族地区在“改土归流”后，始由官府申令禁止。苗族地区也是到近代以来才逐步废止和革除。二是夫亡寡妇“转房”。这一婚俗，在明代“五溪”民族中流行，完全可能，但不一定是普遍现象。如在一些地区的苗族中，按老规矩，丈夫死后其妻必须改嫁。

关于男女婚俗，沈瓒还有一段记述：

有处子与人私通，其父母则曰：“女色美，能悦人。”且以自喜。或与其妇苟合，则必手刃之乃已。②

在湘西和武陵五溪偏远“苗疆”，特别是“生苗”区，相对封闭，与外界接触不多，受中国传统的封建伦理观念影响较小，因而青年男女的交往也就较为自由。但已为人妻的妇女，则不可轻犯。直至近代仍多如此。

死丧殡葬 今其俗，有死丧者，哭泣尽哀。无衰麻冠绖，亲戚比邻，吊问咸至。先择地发坑，置棺其中。然后用竹篑抬尸入棺，以土覆之。③

这里所记述的，是明代“五溪”民族的一种丧葬习俗，即棺木土坑葬。亡者家属子女“哭泣尽哀”、戚友邻里吊丧等，各地习俗均如此。与汉族和其他地区的丧葬不同的是：“无衰麻冠绖”，即家属子女不披麻戴孝；不先棺殓，而是置棺于土坑后再抬尸入棺掩埋。近代以来，湖南各地少数民族中已未见有这类习俗，可能明代以后已逐步消失。

喜淫祀 疾病、兵战、出行、远归，皆有祀事。所祀之神，有马伏波、诸葛武侯、张桓王等。或三年、五年一祭，屠宰牛、羊、犬、豕及诸禽兽。一日，为羊鬼。二日，为猪鬼。三日，为牛鬼。为巫之人，戴三山帽，持铃刀，歌唱祷祝。盘旋百转，掷交以占吉凶。必得吉交，喜跃。遂切祭物，

①引自《五溪蛮图志》，伍新福校点本，岳麓书社，2012年。
②引自《五溪蛮图志》，伍新福校点本，岳麓书社，2012年。
③引自《五溪蛮图志》，伍新福校点本，岳麓书社，2012年。

燕饮如是者三日。蛮客接踵旋转舞蹈，名曰“舞鬼”。积薪于门外，燃燎而散。其有延诸蛮长，暨外客与宴者，各屠一牛，赠以金银器皿、锦缎、人口牛马。盖贫富多寡不同。俗名“做鬼”。做大鬼在“鬼门”，做小鬼在屋西角。其有追祀远亡宗祖，必会聚亲族，各备一牛，构结庐舍于旷野，推请青年男女二人为尸，设座于上，日夕不敢俯寐。男女击鼓、歌唱、戏舞，三昼宵而毕。名曰“鼓脏”。是时，乡党邻里，远近咸至。①

这里记述的是“五溪”土著民族，其中又主要是苗族，祭祀鬼神的习俗。“荆楚”、楚地和“荆蛮”、楚人，“信巫崇鬼”“喜淫祀”，即信奉众多鬼神，祭祀活动频繁，又特别崇信主持祭祀的巫师，自先秦和秦汉以来的文献即多有记载。武陵五溪地区素称“南楚”和“楚南”，“五溪”诸民族主要源于“荆蛮”，特别是苗族与楚人更为同源亲族，保持楚地楚风和楚人习俗，是很自然的。所祭祀的对象和具体形式，会因时因地而异。但湘西和武陵五溪地区苗族，特别是素为苗族聚居的明清时的原“苗疆”地区，至近代以来依然流行的定期或不定期的“椎猪”祭鬼（俗称“打家先”），以及大型的“椎牛祭祖”（俗称“吃牯脏”），这些习俗在明代已十分盛行。

①引自《五溪蛮图志》，伍新福校点本，岳麓书社，2012 年。

第七章　清代前中期湖南文化

（1644 年至 1840 年）

1644 年，清军进入北京，建立清王朝，至 1840 年鸦片战争，为清代前中期。这是中国封建社会继续独立发展的时期，也是清王朝较有作为和文治武功达到鼎盛的时期。中国统一的多民族国家得到进一步巩固和发展，社会经济得到恢复并有新的发展。同时，文化方面，清统治者积极学习和吸收汉文化，推崇儒学，重视教育，中国古代传统文化经历了又一个繁荣时期。

明末清初，湖南曾是李自成、张献忠余部和南明抗清的主要战场，继而吴三桂又一度叛据湖湘，战祸兵燹频仍，田园荒芜，庐舍为墟，居民流失散亡，给湖南造成极大的破坏和损失。此后，由于“开辟”湘西“苗疆”和“改土归流”，导致苗、瑶、侗等民族起义反抗，清王朝又曾几度用兵湖南，在局部地区和短时期内产生了某些消极的影响。但从整体来看，自平息吴三桂之乱后，在清代前中期的近 200 年间，湖南社会相对比较安定，各族居民的生产和生活条件有所改善，人口大幅度增殖，耕地面积进一步扩大，水稻等粮食产量提高，棉、茶、油桐、油茶等经济作物大面积推广，各类手工业和商业获得较大的发展。在社会经济发展的基础上，湖南的文化事业相应地获得进一步发展，古代湖湘文化也再次呈现出兴盛繁荣的局面。

首先是各级官学和书院教育的发展，尤其是雍正元年（1723），湖南单独设立布政使司于长沙和湖南、湖北乡试分闱之后，学校教育和科举在湖南获得加速发展，湘籍进士、举人大量增加，湖湘人才辈出。由于“苗瑶义学”的创办和“新生”“苗生”名额的设置及民族地区科举另编字号录取等措施的实行，湖南少数民族聚居地区汉文化和学校教育也开始有所发展。哲学、经学和“经世致用”的“湖湘学”、传统医学、史学和地学、文学艺术等，也都获得了显著的发展。湖南产生了中国历史上伟大的思想家和唯物主义哲学家王夫之，他在经学、哲学和史学等领域所留下的宏富著述，乃是古代中华文化遗产中的瑰宝。李文炤、王文清、罗典等汉学大师，先后主讲岳麓书院，在教育和经学研究方面均有突出贡献，推动了湖湘学和经世致用的湖湘学统的发展。陶澍、魏源等人在学术领域的成就，则开湖南和中国近代思想文化之先河。王万澍、严如熤、黄本骐、黄本骥、邓显鹤等在史、地学和文献学领域的成就，陈鹏年、张九钺等人的诗文作品和湘潭郭门女诗人的出现，髡残的《云洞流泉图》等画作，传世的周学霆《三指禅》、常朝宣《医学脉灯》等医学著述，无不促进了古代湖湘文化的发展繁荣，在中国古代文化史上也都是难能可贵的贡献。在宗教方面，湖南同全国一样，佛、道二教总体上已逐渐衰落。但南岳等地的古刹名观仍能维持，香火依然兴盛，并有一批高僧和名道，以及非方外人士为佛教、道教的发展和佛、道学的研究阐发，作出了贡献。由于经商迁居湖南的穆斯林增多，邵阳、长沙、常德等地新建了不少清真寺，伊斯兰教获得相当的发展。天主教于康熙年间开始传入湖南，然鸦片战争之前，信教人数并不多，发展有限。随着经济和文化的发展，加之清王朝所实施的“改土归流”等政策的影响，入清以后，湖南各民族的社会生活与风俗习惯，也发生了较为明显的变迁。如男子剃发、旗人服饰的推广等，均颇具特色。

第一节　教育与科举

一、官学、书院教育的继续发展

满族贵族建立清王朝后，为拉拢汉族上层人士，消除满汉之间因民族差异所造成的隔阂，并利用中原的传统文化维系对各民族的统治，造就能为自己所用的人才，一直比较重视传统的官学和书院教育。早在顺治九年（1652），即特颁“学校卧碑”。其碑云：“朝廷建立学校，选取生员，免其丁粮，厚以廪膳，设学院、学道、学官以教之，各衙门官以礼相待，全要养成贤才，以供朝廷之用。”① 至乾隆九年（1744），因学校教育发展，入学生童增加，又奉“上

①乾隆《湖南通志》卷四二《学校一》。

谕”，取消各府、州、县考取童生的限额，强调“入泮之数”，从实际出发，“宽其途以鼓舞之”。[①] 在湖南苗瑶民族聚居地区，雍正十年（1732），还特设“苗瑶童生”。乾隆二十一年（1756），又准改“苗童”为“新童”，改“苗学”为“新学”，“以嘉向化维新之意”。[②] 由于清朝统治者的重视和倡导，学校教育在清代前、中期迅速恢复并获得了新的发展。

湖南地区所属各府、州、县原有学宫，清前、中期多次增修重修，明末毁于兵燹的，也都先后得到重建。

长沙府学，顺治四年（1647）知府张宏猷，康熙四年（1665）知府钱奇嗣，十九年（1680）知府任绍旷、同知熊中鹤，三十四年（1695）巡抚董安国，四十四年（1705）巡抚赵申乔，乾隆十一年（1746）知府罗肃高，二十一年（1756）知府刘尚质，百余年间先后七次增修。乾隆五十七年（1792）守道西成，道光十五年（1835）巡抚吴荣光，十八年（1838）巡抚钱宝琛，又相继三次重修。（插图38）

长沙府所属县学，明末毁于兵火，清初年予以重建的有长沙县学、湘潭县学，计2所；原有县学，多次增修重修的有善化县学、湘阴县学、浏阳县学、宁乡县学、湘乡县学、攸县学、安化县学及茶陵州学，共计8所。

衡州府学，顺治九年（1652），巡道张兆罴、知府陈起潜，十三年（1656）巡抚袁廓宇，十六年（1659）知府李光座，康熙二十二年（1683）学使王孙蔚、守道朱士杰，二十九年（1690）知府崔鸣鹭，五十五年（1716）知府金依尧，雍正六年（1728）守道徐聚伦，前后八次增修。乾隆二十六年（1761）知府饶诠，嘉庆八年（1803）知府张凤枝，又两度重修。所属县学，明末圮废，清初年予以再建的有衡阳县学1所；原有县学，清前、中期多次重修、迁建或增修的有衡山县学、安仁县学、耒阳县学、常宁县学和酃县学，共计5所。

永州府学，康熙二十五年（1686）知府柯弼，雍正三年（1725）知府张廷枢，先后两次重修；乾隆三十八年（1773），署知府事宦儒章迁建。所属县学，明末毁于兵，清初年予以再建的，有宁远县学、永明县学，共计2所；原有县学，清前、中期多次重修、增修或迁建的有零陵县学、祁阳县学、东安县学、道州学、江华县学，共计5所。

---

①乾隆《湖南通志》卷四二《学校一》。

②乾隆《湖南通志》卷四二《学校一》。

插图 38　长沙府学宫大成殿（1907 年摄）

宝庆府学，顺治八年（1651）知府冯桓，十四年（1657）知府张维养，十七年（1660）知府傅鸾祥，康熙十年（1671）知府李益阳，十九年（1680）提学蒋允修，二十二年（1683）知府梁碧海，四十三年（1704）知府董绍舒，乾隆元年（1736）知府张琳，二十三年（1758）知府德兴额，前后增修九次。所属县学，明末毁于兵，清初予以重建的，有邵阳县学、新化县学、武冈州学，计 3 所；原有县学，清前、中期多次重修、增修的，有新宁县学、城步县学，计 2 所。

岳州府学，顺治三年（1646）知府马宏长，十一年（1654）知府李若星，康熙十九年（1680）知府李遇时，三十六年（1697）知府张信，四十八年（1709）知府孙道林，乾隆八年（1743）知府黄凝道，五十四年（1789）知府图尔炳阿，前后 7 次重修。所属巴陵、临湘、华容 3 所县学，明末均毁于兵，清初重建，后又多次增修。

常德府学，毁于明崇祯中，清顺治十六年（1659）知府王来庆重建。康熙六年（1667）知府胡向华，六十一年（1722）知府胡忠本，乾隆元年（1736）知府高刚，五年（1740）知府王志遴，嘉庆五年（1800）知府孙鉴，十五年

（1810）知府应先烈，相继重修。所属县学，明末均毁于兵燹，清初予以重建。计武陵县学、桃源县学、龙阳县学、沅江县学，共4所。

辰州府学，明末毁，康熙二十一年（1682）知府刘应中改建于府治东。乾隆十一年（1746）知府马惟德增修。五十六年（1791）知府陈廷庆，嘉庆二十三年（1818）知府顾振，先后两次重修。所属县学，沅陵县学1所，明末毁于兵，清初年重建；原有县学，未毁，清前、中期予以增修、重修的有泸溪县学、辰溪县学、溆浦县学，计3所。

沅州府学，明原为州学，清康熙二年（1663）巡抚周召南重修。乾隆二年（1737），升州为府，改原州学为芷江县学，知府朱炎别建府学。二十一年（1756）知府瑭珠、四十五年（1780）教授张世泽，嘉庆十一年（1806）知府蓝嘉瓒，前后三次重修。所属县学，明末毁于兵，清初予以重建的有黔阳县学、麻阳县学，计2所；另，芷江县学1所，为原州学改建，后多次增修、迁建和重修。

郴州学，原在州城内，清康熙二十二年（1683）迁建于州治西，四十九年（1710）又迁建于州城西门外。乾隆二十二年（1757）、嘉庆二十二年（1817），两次重修。所属县学，有桂东县学1所，明末毁于兵，清初重建；原永兴县学、宜章县学、兴宁县学、桂阳县学，计4所，未毁，清前、中期均多次重修、增修。

靖州学，明末未毁，清顺治十七年（1660），康熙九年（1670）、二十八年（1689），两次迁建。康熙五十五年（1716）、雍正三年（1725）、乾隆十七年（1752），三次重修。所属县学，明末毁于兵火，清初予以重建的，有绥宁县学、通道县学，计2所；原县学未毁，清前期两次迁建的，有会同县学1所。

澧州学，明末毁于兵，清顺治六年（1649）重建，后又多次重修、增修。所属县，原慈利、永定、石门县学3所，明末均毁，清初予以重建。

桂阳州学，明末未毁，清顺治九年（1652）遭火灾，十四年（1657）重建。后又多次迁建、重修和重建。所属临武县学、蓝山县学、嘉禾县学，计3所，明末均毁，清初一一重建。

在恢复重建和重修、增修原有各级学宫的同时，还新建了一批学宫，特别是在“苗疆”开辟和“改土归流”后新设置的府、厅、县，均普遍建立了学宫。

康熙四十二年（1703），开辟湘西“苗疆”，置凤凰、乾州二厅。同年，建凤凰厅学宫。雍正十一年（1733），建乾州厅学宫。

雍正五年（1727），改永顺宣慰使司为府，置永顺、龙山二县。十一年（1733），建永顺县学、龙山县学。十二年（1734）建永顺府学。

雍正六年（1728），桑植宣慰司改置桑植县。翌年，建桑植县学。

雍正七年（1729），裁革保靖宣慰司，改置保靖县。十一年，建保靖县学。

雍正八年（1730），“开辟”六里“生苗”，设永绥厅。十一年，建永绥厅学宫。

此外，新置的还有安福县（今桑植地）学宫，雍正十年（1732）知县徐腾芳创建。

总计：清朝前、中期，湖南全省恢复重建受毁的府（州）学 4 所、县学 31 所；新建府学 1 所、县（厅）学 8 所；增修、重修府（州）学 7 所、县学 26 所。

清初为防止“群聚徒党”，一度“不许别建书院”①，对书院采取抑制政策。至康熙、雍正时改而采取了支持和鼓励的政策。于是各地书院教育纷纷复兴。

衡阳石鼓书院。明末毁于兵。顺治十四年（1657），湖南巡抚袁廓宇请求恢复获准，于是加以重建。这是湖南最早得到恢复的著名书院。康熙七年（1668）知府张奇勋、十九年（1680）提学蒋永修、二十八年（1689）知府崔鸣鹭等，多次增修。此后，乾隆、嘉庆间又一再重修。

岳麓书院，明末清初亦被荒废。康熙七年，巡抚周召南予以重建，逾年竣工，基本恢复了原有规模。康熙十三年（1674），吴三桂叛乱，刚恢复的岳麓书院复毁于战火。十年之后，二十三年（1684），巡抚丁思孔又重建，置膏火田数百亩，并疏请，赐《学达性天》御书匾额及日讲经史 16 种。雍正、乾隆间，一再重修扩建。雍正帝赐膏火银千两，乾隆帝书赐《道南正脉》匾额。先后礼聘宿儒、宗师，如李文炤、王文清、罗典等，充任山长，主持教事，订制和完善学规（插图 39）。至此，岳麓书院在全国的重要地位再次获得肯定，但官学化的程度也进一步提升。岳麓书院成为当时湖南的最高学府，在全省各府县招生，应试者须是通过童子试合格的秀才。肄业生徒按月课试，分官课、馆

①见《古今图书集成·选举典》卷一七《学校部汇考十一》。

课两种。官课由湖南巡抚、学政或长沙知府出题，馆课则由山长主持。每月考课次数，初为3次，乾隆初年增为6次。每次课试都评定等级，进行奖罚。这种教育与地方官学已无多少差别。

插图39　王文清《岳麓书院学规》石碑

清代前期湖南各地原有书院，相继恢复的还很多。如：醴陵东莱书院（顺治十七年）、超然书院（顺治十三年）；益阳龙洲书院（康熙六十一年）；常宁集贤书院（康熙二十五年）；祁阳永昌书院（康熙七年）；道州濂溪书院（康熙二十五年，并御书“学达性天”额）；永明濂溪书院（康熙十四年）；宝庆府濂溪书院（顺治十五年）；辰州府虎豁书院（康熙四十五年）；郴州濂溪书院（康熙三十五年）；长沙城南书院（乾隆十年）；惜阴书院（乾隆二十一年）；醴陵近思书院（乾隆三十八年）；湘阴仰高书院（乾隆十二年）；宁乡玉潭书院（乾隆十九年）；湘乡涟滨书院（乾隆四十八年）；桃源漳江书院（乾隆九年），等等。

康熙至乾隆、嘉庆年间，湖南各地还新建了一大批书院。据初步统计，共70余所。其中，比较重要的，如：衡山观湘书院（康熙三年）、中洲书院（乾隆十年）；湘潭昭潭书院（康熙五十九年）；醴陵渌江书院（乾隆十八年）；湘乡东皋书院（康熙二十二年）；道州营道书院（乾隆二十二年）；安化崇文书院（康熙三十一年）；新化资江书院（乾隆四十二年）；东安紫阳书院（乾隆十五年）；新宁文昌书院（康熙二十四年）；常德府（今常德市）朗江书院（乾隆十六年）；桃源沅阳书院（嘉庆九年）；黔阳（今洪江市）龙标书院（康熙五年）；麻阳锦江书院（乾隆二十年）；凤凰厅敬修书院（乾隆十二年）；乾州厅（今吉首市）立诚书院（嘉庆十二年）；郴州景贤书院（康熙五十六年）、白莲书院（乾隆十九年）；慈利零阳书院（嘉庆四年）；永定（今张家界市）崧梁书院（乾隆二十六年）；桂阳州（今桂阳县）鹿峰书院（乾隆四十一年）；蓝山鳌山书院（乾隆二十九年），等等。

清前期除官学和书院外，还广泛兴办义学，作为初级教育场所。湖南所属州县均有义学，少者1所，多者10余所。在一些少数民族聚居地区，则设“苗瑶义学”和“新义学”。如：城步县有苗瑶义学5所，新宁县有新义学2所，绥宁县有苗瑶义学5所，古丈坪厅（今古丈县）有新义学3所，保靖县新义学12所。嘉庆初，在湘西“苗疆”实施“屯政”以后，在有屯各厅县又增设了一大批“屯义学”和“苗义学”，并划拨一部分屯田租谷充膏火膳食。计：凤凰厅设屯义学27馆、苗义学25馆；乾州厅（今吉首市）设屯义学8馆、苗义学10馆；永绥厅（今花垣县）设屯义学13馆、苗义学19馆；古丈坪厅设苗义学4馆；保靖县设屯义学2馆、苗义学12馆。5厅县共设屯义学50馆、苗义学70馆。

二、乡试“分闱”与湖南举子业的发展

清王朝继承并发展了前朝的科举制度。各义学、蒙馆童生之优俊者，经考试入府（州）、县（厅）学。各级官学生员有定额，湖南按朝廷定例，每府学额设廪生40名、增生40名（唯沅州和永顺府为新设，廪生各30名、增生各20名），每直隶州学额设廪、增生各30名，每县（厅）学额设廪、增生各20名。各府、州、县（厅）学生员之优俊者定期参加各省考试，称乡试。中试者为举人。清初年，湖南地区属湖广行省，布政使驻武昌，湖南士子均须远赴武昌参加乡试。当时要渡过浩瀚的洞庭湖和波涛汹涌的长江，十分艰险，一旦风浪袭来，往往船翻人亡，士子们视为畏途。因此，每届乡试，能去武昌参加考试的人并不多。康熙三年（1664），分置湖广右布政使驻长沙，湖南独立建行省，但乡试仍统一在武昌举行。又几经地方官奏请，至雍正元年（1723），改湖广右布政使司为湖南布政使司，同时湖南、湖北分闱，在长沙开设试院，单独进行乡试。翌年，湖南第一次在长沙举行乡试。从此，湖南各地士子生员更方便参与乡试，经乡试、会试，中举人、成进士的人数大为增多。嘉庆年间，在镇压乾嘉苗民起义后，清朝当局对湘西“苗疆”的苗、汉士子参加乡试，实行另编字号分别取中举人的办法，予以照顾。于凤凰、乾州、永绥、保靖4厅县另编“边”字号，每届参加乡试的士子在30名以上者，“于本省额内取一名”；又于凤凰、乾州、永绥3厅另编“田”字号，参加乡试的苗生在15名以上者，

额外取中1名。①

由于学校教育的发展和科举考试的各项有关措施的实行，在清代前中期湖南中举的和登进士第的人数，较明代又大大增加。据初步统计，自顺治九年（1652）开科，至道光二十年（1840），共75榜，湖南成进士的有441人。其中，一甲第一名状元1人、一甲第二名榜眼5人、一甲第三名探花6人。鼎甲人数在全国各省中仅次于江苏（117人）、浙江（75人）、安徽（21人）、江西（18人）、山东（14人），居第六位。同期中举人的，则多达数千人。这些进士和举人中，不乏俊秀和杰出人才。如：

罗人琮，字宗玉。桃源人。清初，支持南明，在桃源一带组织民团抗清，兵败被捕入狱。获释后锐意上进。顺治十八年（1661）成进士。这是湖南清代最早的一名进士。历任知县，均有政绩。康熙七年（1668），升任四川监察御史，疏请整顿吏治，选拔贤才，以及炼铁、铸钱，禁止摊派“火耗”等急务。后因揭发江南臬司贪污案，遭反噬，被免职归里，不复起用。居家以诗文自适，乐善好施，声望极高。湖广总督喻武功称之为“乡国之仪型，廊庙之峻望”，并赠“地上神仙”匾额。卒年九十。著有《最古园集》《紫萝山人集》等。

车万育（1632—1705），字与三，一字双亭，号鹤田，又号敏州。邵阳人。家境贫寒，少时与两兄万备、万有昼耕夜读，互为师友。康熙三年（1664）成进士，选庶吉士。历官户科给事中，充十五年（1676）会试同考官。升兵科掌印给事中，复掌登闻鼓。在任，疏论河工、漕运弊端，昭雪民间冤狱，揭发官场秽迹，直声震天下。学问赅博，善书法。所著《声律启蒙》，蜚声江南，历代流传不衰。还著有《历代君臣交警录》100卷，《萤照堂明代书法石刻》10卷，《集唐诗》16卷，《奏疏》10卷等。子鼎晋、鼎丰、鼎贲皆有名。

文志鲸，字石涛，桃源人。康熙三十年（1691）进士。授检讨，值南书房，大学士张玉书器重之。督学浙江。因遭诽左迁知郃都，改泸州。在任有政声。重入翰林，晋侍讲，充子史精华馆总裁，教习庶吉士。晋鸿胪寺卿，迁奉天府丞，代府尹。卒于官。一生好学不倦，能文章，重名节，三典乡试，均称得士。

陈鹏年（1663—1723），字沧洲，湘潭人，康熙三十年（1691）进士。历

①见《苗疆屯防实录》卷二九，伍新福校点本，岳麓书社，2012年。

任浙江西安知县、江宁和苏州知府，河道总管兼总漕运等。有政声，为一时廉吏和名臣。鹏年还是有清一代优秀的文学人物。

杨超曾（？—1742），字孟班，武陵（今常德）人，康熙五十四年（1715）进士。选庶吉士，授编修。雍正朝入直南书房，出任陕西、顺天府学正，迁奉天府尹、刑部侍郎。乾隆初，巡抚广西，升兵部尚书，署两江总督，复改吏部尚书署安徽巡抚。为官清正廉明，所至多惠政。乾隆六年（1741），受召回京任职，因父丧归里，旋病卒。谥文敏。著有《杨文敏集》16卷。

陈大受（？—1750），字占咸，号可斋。祁阳人。雍正十一年（1733）进士，授编修。高宗亲试翰詹诸臣，大受居第一。累迁礼部、吏部侍郎。出为安徽巡抚。复调巡抚江苏、福建。所至政绩卓然。调兵部尚书，转吏部尚书，直军机处协办大学士。因平金川，晋太子太保署直隶总督。以积劳病逝。谥文肃，入祀贤良祠。

彭维新（1680—1769），字肇周，号石原。茶陵州（今茶陵县）人。康熙四十五年（1706）进士。选庶吉士，授编修。转翰林院检讨，迁赞善、谕德。历典山西、陕西乡试，督学山东、浙江，均称得士。擢少詹事。先后出任直隶、河南、浙江按察使、布政使，以侍郎衔巡抚江苏。所至均有政声。以功升左都御史，相继转刑部、户部、兵部三部尚书，两度官协办大学士。他持身廉洁，清操毅然，以忤亲王权贵，三次被黜，但屡踬屡起，宠信不减。致仕归里，以著述自娱，优游林下凡19年而卒。著有《墨香阁诗文集》传世。

陶澍（1779—1839），字子霖，又字云汀，号髯樵、桃花渔者，安化人。嘉庆五年（1800）举于乡。两年后成进士。先后任江南、陕西道监察御史，迁户部、吏部给事中。又累官川东道、山西和福建按察使、安徽巡抚、两江总督兼江苏巡抚及两淮盐政。所历均除弊兴利，政绩斐然。特别是开辟上海至天津的海运，备获各方赞许。魏源称这一举措，“利国、利民、利官”，为“东南拯弊第一策”。擅诗文，又长于名物考论，著述甚富。有《印心石屋诗文集》《蜀辅日记》《陶渊明集辑注》《靖节年谱考异》等多种著作传世。其务实的政风、学风及革新思想，直接对魏源等中国近代著名人物产生了很大影响。

彭浚，字宗臣，衡山人。嘉庆十年（1805）以会试第一名进士及第（即状元），授修撰、侍讲。历任福建正考官、内阁侍读学士、太仆寺少卿、奉天府丞兼学政等。一生以培育人才为要务，分校会试卷，五鼎甲皆出其门下。视学奉天，裁革陋规，捐薪添置考棚，集诸生讲解经义。又设成文公所，置学田，资助举人会试。自奉节俭，为官数十年，寒素一如未第之时。

何凌汉（1772—1840），字云门，又字仙槎。道州（今道县）人。家世贫寒，自幼聪敏好学，16岁府试第一。嘉庆十年（1805），与彭浚同榜，以一甲第三名成进士（即探花）。授翰林院。先后出任广东、福建、山东、浙江等省考官。升祭酒，督学山东学政。官至工部尚书，兼署礼部、户部事，又兼顺天府尹，充经筵讲官。卒，赠太子太保，谥文安。为官勤奋廉明，所至有政声。在朝，凡议事定制，秉公直言，实事求是，不拘旧章。尤爱惜人才，常访察品学兼优之士。工于诗文，善书法，时朝廷重大诰册文字，皆出其手。所书碑版，传为珍品。著有《云腴山房集》。子何绍基、绍业、绍祺、绍贤，皆有名。

石承藻，字黼庭。湘潭人。嘉庆十三年（1808），举进士一甲第三名（探花）。初授编修，历任御史、刑科掌印给事中。博学多识，而为人坦直尚义气，时人称之为“石猛”。曾上疏劾罢工部尚书。后以母丧归乡。值县民与江西商人械斗，受牵连被议，左迁光禄寺署正。旋卒。

胡达源（1777—1841），字清甫，号云阁。益阳人。幼承家学，20岁入岳麓书院，师从罗典。嘉庆二十四年（1819），殿试一甲第三名进士（探花）。初入翰林院，先后授侍讲学士、侍读学士、编修。历任国子监司业、詹事府少詹事、日讲起居注，领实录馆事。典试云南，视学贵州。为官清正勤谨，有政声。致仕归里，又主讲长沙城南书院。他一生博览群书，熟谙经史，崇奉理学，工于诗文。著有《闻妙香轩诗文集》《弟子箴言》等。

李星沅（1791—1851），字子湘，号石梧。湘阴人。道光十二年（1832）进士。授编修。主持四川乡试，督广东学政。后历官知府、按察使、布政使、巡抚等。二十六年（1846）升云贵总督。以平定缅疆，加太子太保。二十九年（1849）因病解职回籍。太平军起，奉命以钦差大臣驰赴广西，办理军务。因兵败忧郁而死。谥文恭。著有《李文恭公奏议》《李文恭公诗集》和《李文恭公文集》。

第二节　哲学、经学

一、王夫之的哲学与学术思想

清朝前中期的儒林、学界，出现了一批著名的思想家和学术领军人物，诸如王夫之、方以智、黄宗羲、顾炎武、颜元等。而其中又以湖南的王夫之为最。他独树一帜，是中国古代伟大的唯物主义哲学家与进步的思想家。

王夫之（1619—1692），字而农，号姜斋。衡阳人。因晚年筑室石船山下，故人称船山先生。他生当明朝末年，经历了明清鼎革的大震荡和自身颠沛流离的生活，其后半生的40余年间，一直隐居林下，研经治史，潜心著述，留下近百余种著作。最主要的代表作有《周易外传》《尚书引义》《读通鉴论》《宋论》《张子正蒙注》《噩梦》和《黄书》等。20世纪80至90年代，经杨坚等整理编辑成《船山全书》，由岳麓书社出版。

在政治观点上，王夫之主张统一，反对国家分裂，这是他进步思想的重要内容。在《读通鉴论·秦始皇》篇中，王夫之充分肯定了秦始皇完成中国统一大业的丰功伟绩，认为秦始皇废封建置郡县是“势之所趋”。他主张改革，具有“趋时更新”的“法后王”思想，并从变革的思想出发，总结了明朝灭亡的原因。他还提出“循天下之公”，“不以一人疑天下，不以天下私一人”；[①]主张选贤使能，“以天下之禄位，公天下之贤者”[②]。

在哲学领域，王夫之总结和发展了中国古代唯物主义思想，用“道”和“器”阐明精神与物质的关系，提出“天下唯器而已”[③]；“据器而道存，离器而道毁”[④]。即是说，精神性的“道”是由物质性的“器”所产生的，“道”依存于“器”。这是朴素的唯物主义观点。王夫之还批判了宋明理学家的“理在

---

①《黄书·宰制》，中华书局，1979年。

②《读通鉴论》卷三，载《船山全书》第十册，岳麓书社，1988年。

③《周易外传》卷五《系辞上传》，中华书局，1977年。

④《周易外传》卷二《大有》，中华书局，1977年。

气先”“理生气”的唯心主义。并针对唯心论者“先知后行”的观点，强调知行统一。在坚持唯物主义的同时，王夫之还继承和发展了中国古代朴素的辩证法思想。他在张载“一物两体”思想的基础上，提出“合二以一者，既分一为二之所因有”①。认为世界上没有不含矛盾的事物，运动是阴阳对立引起的，是事物固有的属性，从而否定了从老子到宋明理学家坚持的形而上学的绝对静止观。他运用“理势统一”的历史进化思想研究和分析历史，认为“理在势中”，国家的治乱存亡，制度的迁移更举，皆“理势之必然”，从而得出人们必须善于审时度势、及时变法的结论。王夫之的这些光辉的唯物辩证思想是难能可贵的，对后世产生了积极的影响。

王夫之的学术思想，在许多方面体现出对宋代形成和兴起的湖湘学的承续和发展。在人性论方面，湖湘学的传统肯定人欲合理，认为“圣人不绝欲”。王夫之也是如此，并进一步提出和论证了“理寓于欲”和“理欲皆自然”的命题，认为“离欲而别无理”；在知行观上，王夫之批判程朱的“知先行后”说，明确提出“知行始终不相离”，并肯定“行”的主导作用，在岳麓书院读书时还组织“行社”，突出一个“行”字。这显然是受到重践履和以经世致用学风著称的湖湘学学统的影响，而王夫之也光大和发展了湖湘学派的知行观。② 湖湘学虽属宋明理学的学派之一，但它主张把理学同经世致用结合起来，讲求务实，因而岳麓湖湘弟子多是一些“留心经济之学”的经世之才。湖湘学派的这一学术宗旨，也给王夫之以很大影响。他以毕生精力研究传统的经史之学，但他批判理学和王学末流的空疏，而致力于经史的辨析、总结，注重以史为鉴、习经致用。正如湖湘学的大师胡安国把《春秋》看成“经世大典”一样，王夫之称“为史者”乃记“经世之大略”。③

二、清前中期湖南的经学家与“朴学”

宋明理学家们治经，与传统汉学不同，偏重以己意阐发义理，史称“宋学”。至清代，这种宋学已走向极端，造成学术上的空疏僵化，引发许多儒林学者的不满，转而重视考据训诂，注重事实论证，于是汉学又代之而起。重新兴

①《周易外传》卷五《系辞上传》，中华书局，1977 年。

②参见陈谷嘉：《岳麓书院名人传》，湖南大学出版社，1988 年。

③《读通鉴论》卷六，载《船山全书》第十册。

起的汉学，又称“朴学”（即“乾嘉考据学”）。而清朝统治者大兴文字狱，迫使大批文人儒士埋头故纸堆，更促进这种重考据的汉学的发展。湖南在清代前中朝，也出现了一大批这样的经学家，诸如李文炤、王文清、罗典、车无咎和王元复等。他们在经学研究领域都有相当深的造诣，为湖湘学的承传和乾嘉考据学的兴起发展作出了贡献。

李文炤（1672—1735），字元朗，号恒斋。善化县（今长沙市地）人。康熙五十二年（1713），中乡举。荐选穀城教谕，未赴。主讲岳麓书院多年，并曾出任山长。他精究宋明理学，于“六经”传注、舆图象纬，无不贯通。析疑辨难，多有创见。其经学著作甚富，为《四库全书总目》存目的，有《周易本义集解》14卷、《周礼集注》6卷、《春秋集传》10卷、《近思录集解》14卷、《正蒙集解》9卷。此外，传世的还有《家礼拾遗》5卷、《太极解拾遗》1卷、《道德经解》1卷、《十三经源流释》及《中庸讲义》等。

关于《周易本义集解》，《四库全书提要》云：李氏自序谓，朱熹的《周易本义》于辞多得之，而于象未深考，故为其补葺。释经以象数为主，释传则以义理为归。各条载朱子《本义》全文，而以己说附于后，于变爻互体言之特详，而所释诸象则大抵随文附会。而时人评其《十三经源流释》云：“洞悉经书旨趣，故言之凿凿……但记其书之晦冥表著，与注疏之来历耳。至于经义之未及也，得此阐明，如暗室中之一炷矣。”①

王文清（1688—1779），字廷鉴，号九溪。宁乡人。雍正二年（1724）进士。历任九溪卫学正、岳州府教授等。经大学士朱轼推荐，任中书科史书，迁宗人府主事。曾与修《三礼》《律吕正义》，校勘经史。以父老乞归养，遂绝意仕进，闭门著述。乾隆十三年（1748），受湖南巡抚陈宏谋聘请，出任岳麓书院山长，掌教10余年。王氏独治“朴学”，学识渊博。经学著作甚多，但多毁于兵火。所著《周礼会要》，由《四库全书》存目。《四库提要》称，此编以《周礼注疏》浩繁，但约括诸说，略疏字义，以便读者。经学方面还著有《周易中肯》《三礼图》《丧服解》《仪礼分节句读》等。

《清史·儒林传》载：“明清之际……专精经术绝少，康熙时有王先生九溪，独治朴学，淹贯群儒，卓然为一代鸿儒。”所谓“朴学”，即汉学。在学术

---

①李芳华：《李恒斋先生行述》，载《恒斋诗文集》卷十二。

上王文清实际是宋学转为汉学的开端人物，为乾嘉学之先驱。他一反宋学的空疏与望文生义，注重训诂和实证，对经书的一字一句都必须扒梳源流始末，诠释其义。根据自己的治学经验，他特撰《读经六法》和《读史六法》（插图40），要求学生读经做到：正义、通义、余义、疑义、异义、辨义；读史做到：记事实，玩书法，原治乱，考时势，论心术，取议论。王文清这种务实的学风及其严谨的治学态度，对于继承发扬湖湘学的学统和岳麓的优良学风起了积极的作用。

插图40 王九溪《读书法》碑

罗典（1718—1807），字徽五，号慎斋。湘潭人。乾隆十六年（1751）进士。官至吏、工二科给事中，鸿胪寺少卿。以母老辞归。主持岳麓书院27年。工于治经，著述甚富。所著有《凝园读易管见》《凝园读书管见》《凝园读诗管见》《凝园读春秋管见》，以及《凝园诗钞》和《罗鸿胪集》等。其中，《凝园读春秋管见》14卷，为《续修四库全书提要》著录。因注《易》始于京城寓所“凝园”，故以为冠名。“管见”，则为罗氏自己的疏解。清严如熤评曰：罗典虽以制艺名于时，而其精力专注则在儒家经典。他治经，因古人文字简练质朴，没有多余词语，于是他即经诂经，一字一字进行批注，一句一句进行疏通。字句皆有确切注脚之后，则通之一章，又通之全篇。治诗，则宗小序。小序为古序，大序是今序。罗氏只录小序，而弃大序。每章之下，先集传，录朱熹《诗集传》的相关内容，再“集说”，录各家有关论述，最后作“管见”，即自己的疏解。

车无咎，字补旃，邵阳人。康熙四十六年（1707）拔贡。曾赴武昌应乡试未中，居家授徒著书终身。他平生综研经籍，学识精湛，且穷究心性，内行纯笃，不屑以文人名世。与同县王元复、衡阳王敔、攸县陈之驱，共称“楚南四家”，被尊为一代儒宗。著述宏富，有《承雅堂文集》和《韵书论略》等书行世。

王元复，字能愚，号悭斋，邵阳人。康熙五十二年（1713）贡生。经学深邃，文行纯粹，为一时理学之冠。与车无咎等齐名，又同王敔、汉阳王戬，共称“楚中三王”。他于“六经”传注、程朱绪言，旁及舆图象纬、内经，参同契诸书，无不析疑辨难，一归于正。尤精于《易》《皇极经世书》《洪范内篇》和《律吕新书》。晚年与车无咎、李文炤及宁乡张鸣珂，同讲理学于湖湘间，学者翕然宗之。李文炤特别敬佩王元复，所著诸书多寄元复，请予手定。湖南学政潘宗洛，认为车无咎为文精深，而王元复则为文博大。著述多散佚，仅《榴园管测》5卷著录于《四库全书总目·子部存目》。

杨可震，字又西，一字畏庵。新化人。自幼博览群书，尤喜经学。但屡困举场，遂开馆授徒，发愤著述。乾隆十一年（1746），以岁贡选绥宁训导。三年后病卒于任所。可震为学，特重居敬穷理，反对释道。他上窥孔、郑，下括程、朱，返本归原，将考据和义理熔于一炉。著有《易经证》《书经省括》《诗经的》《春秋礼记备要》《太极析解》和《洪范九畴论》等传世。

段起玲，字百朋，别号松庐。新化人。乾隆十五年（1750）岁贡。居家授徒，终身未出仕。数十年如一日，研习经学，有名于时。著有《四书朱注疏》36卷，及《由衷言内外篇》《松庐文集》等传世。《四书朱注疏》，将朱熹集注疑难与众说悖谬不合之处，加以汇集，按《十三经注疏》体，对朱子所注原义予以阐发。此书对于探讨朱熹思想，至今仍不失参考价值。

第三节 文学、艺术

一、清前中期湖南传统诗文的发展

清代湖南的诗文作家阵容及其成就，特别是近体诗，较明代又有超越。其代表人物以刘友光、陈鹏年、张九钺、欧阳辂等，及郭门闺秀诗人，最为突出。

刘友光，字杜三，攸县人，明末举人，入清为沙河知县，擢行人，未赴，卒。诗、文、书法俱佳，所至为群士推服，名重一时。其诗作多佚，散见于《攸舆诗钞》等诸家选本。清邓显鹤《沅湘耆旧集》合各选本，辑其遗诗129首。《攸舆诗钞》编者称：刘友光诗“五七言古体，苍郁奥衍，如三代彝器，光彩不可逼视。其近体五言，则句响泉流，韵飘云裔，婉丽入摩诘之室，沉着登少陵之堂。七言清新警异，无刻画之迹，而兴致油然”①。评价颇高。今观之，友光诗风格清新，语言朴质，富于生活气息，而以元明鼎革、世道变迁，诗中又常带一种忧郁之情。兹引录五言、七言数首：

乐江南

君自乐江南，不知湘水长。君本湘江人，不闻湘水香。妾家小门巷，宛转渡寒塘。芙蓉三四里，步步有鸳鸯。送君从此去，宝马穿垂杨。杨柳丝百尺，不系紫骝缰。只知弄春风，吹我玳瑁床。蒙君不记忆，述此人意伤。浮云蔽白日，明月入虚廊。是君少年时，赠作耳边珰。君今在何处，犹是昔时光。照花不入户，移影出高墙。君亦低头否，此中有故乡。②

送葛震甫还洞庭

楚客三千里，何堪说送人。四松真可念，三径老来邻。耆旧伤归棹，兴亡阅此身。大湖渔舫在，烟雨足垂纶。③

沙河苦旱，余以六月抵任，遂连得大雨

薄饼银葱事宛然，晓风残月忆当年。到门偶有随车雨，披草先寻行菜泉。涕泪受官何至此，悲歌问俗不如前。先人弹罢南薰曲，犹有桐乡父老传。④

张兵宪以夏日游岳麓诗索和，次韵奉酬

闲遣青骢复屋间，凭阑时一待云还。少陵寂寞空怀麓，太傅风流只看山。日落帆随青草去，月来僧启翠微关。百年胜会惟今日，更有何人许共攀。

衡阳路尽此崔巍，急管传呼后骑催。金筒销沉芳草合，玉虬缥渺阵云开。天高曾许灵均问，魂去难招宋玉哀。江北江南杨柳在，清新独有庾公才。⑤

湘潭陈鹏年，生于康熙年间，清代湖南最早的进士，为官颇著政声。他学识渊博，工于诗文，擅填词，且书法亦甚佳。著有《道荣堂诗文集》62卷和

①引自《沅湘耆旧集》卷四十五。
②引自《沅湘耆旧集》卷四十五。
③引自《沅湘耆旧集》卷四十五。
④引自《沅湘耆旧集》卷四十五。
⑤引自《沅湘耆旧集》卷四十五。

《沧洲近诗》10卷。邓显鹤称他是湖南自明代李东阳之后“一人而已”。《沅湘耆旧集》辑其古体诗51首、近体诗91首。

邓显鹤称：“公诗和平大雅，原本忠孝，根柢性情。虽偶尔游览之作，皆皎然不欺其志。”曹一士《沧洲近诗·序》云：“公诗不必规规焉模仿杜氏而默与之会，由其性情笃挚刚直，学术阔大缜密，政事岂弟精勤，故见之于词，时而沉雄悲壮，时而容与流连，时而藻耀高翔，时而希声疏越，变态非一，莫不原本忠孝，比物连类，虽率尔游览赠答，未尝不因以自见其志，其与杜氏，盖水乳而臭味也。”① 陈氏的诗风得之杜甫，关心民间疾苦，不以奇峭为工，而因秉性笃挚刚直，历经宦海沉浮，故多感时言志，写景抒情。兹引录数首：

京江即事

京江四月无雨泽，井泉竭尽秧苗枯。小麦待收怕久涝，欲晴欲雨天踟蹰。长吏常如风中走，朝向金陵暮虎阜。上官箕毕好不同，万姓雨旸复何有。醮坛击鼓空纷纷，绿草飞天天不闻。昼夜干风煽地裂，昏霾沴气成黑云。刈麦要晴秧要雨，天公惆怅难自主。古时驰道遍天涯，江上行人尽尘土。②

纪事一首

京江九月地屡震，二旬动摇无已时。大声如雷细如裂，高垣短屋愁倾攲。居者奔逃各露立，夜眠昼食咸惊疑。远自维扬暨吴郡，近从白下连瓜仪。山鸣海沸一时并，兹语传说尤怪奇。自注：是年八月内，淮南沿海十盘场海沸，漂没多死者。九月内，镇江、象山如牛鸣，竟一夕。我皇御极本敬胜，四海宁谧民恬熙。江左偏隅蒙眷顾，宵旰轸念同郊圻。今年御书垂诰诫，协恭一语悬穹碑。尧汤年中水旱数，天心仁爱良易窥。此岂靖共失臣职，纷纷灾祲人所为。江边累臣久废置，三年鼠泣天听卑。遥瞻北极祝明圣，严城戍角心酸悲。③

重九后二日

匝月渡江去，归来秋已深。白云依旧岫，黄叶满前林。鸡黍邻人会，丘园隐者心。一庵留海岳，栖泊到于今。

---

①引自《沅湘耆旧集》卷六十三。

②引自《沅湘耆旧集》卷六十三。

③引自《沅湘耆旧集》卷六十三。

地僻秋逾爽，山空月苦明。星河同汩没，江海自澄清。玉砌尘无染，琪花露暗生。高城眠未稳，霜鹘夜啼声。①

除诗词外，陈鹏年传世的散文作品亦甚多。包括各类序、跋、记和碑铭等。文笔流畅，语言精练，不乏佳作。如所撰《鲁亮侪诗集·序》：

古之学人，多专精一业，以终其身。当其冥心幽讨，往往屏去一切，甚至寝食俱废。即所涉欢愉疾苦，变态不一。惟此性情嗜好，期毕力于是，以求有当。由是学成而名于当时，传之后世。乃纪载所称，博物闳览君子。又且采掇群言，浸淫往古，出入百家，旁搜远引，以备当代缓急之用。二者交称。要之，人各擅其能，未可以彼此争胜负也。②

张九钺（1721—1802），字度西，号紫岘。湘潭人。乾隆二十七年（1762）举人。屡试礼部不第，以明通榜进士分发。历任江西南丰、峡江、南昌、莲花和广东始兴、保昌、海阳知县，有政声。因捕盗不力落职。自此遂游历各地山水，专意吟咏，留下大量优秀诗词，诗坛尊为“陶园诗老”。晚年返回湘潭，主讲昭潭书院十余年。著有《陶园诗集》28 卷，《文集》12 卷，《诗馀》（即《秋蓬词》）2 卷。

张氏作诗，承继唐人，题材广泛，绘景咏物，抒情感怀，清新豪逸，风格颇类李白。长洲吴云《陶园诗集·序》评曰：“先生之诗，腾天潜渊，阳开阴阖，性灵清洒，才气旁魄，其力无所不到。各体诸极精能，当为乾隆时一大宗。”③ 兹引录数首如下：

石壁俯太湖

寻花无远近，以意顺所适。石壁摩空青，太古气不涤。攀缘憩豆房，指点露渔宅。松拿虬螭形，磴拾麋麚迹。蹑石身欲飞，其下沉沉黑。狂歌具区来，洗尽美人色。秋风动摇之，吴楚浩一白。我行将有期，踏臂坐地席。残樽向泥饮，白发良足惜。茶灶陆天随，虾菜范少伯。谁乞五湖长，念此山中客。④

---

①引自《沅湘耆旧集》卷六十四。

②引自《湖南文征》卷五九，岳麓书社，2008 年。

③引自《沅湘耆旧集》卷九十二。

④引自《沅湘耆旧集》卷九十二。

昭陵滩竹枝词三首

昭山孤秀彻昭潭，南上昭陵水石参。石似樗蒲水金碧，澄明五色冠湖南。

十里山门水浅深，棹歌欸乃短长吟。人生不作湘中客，谁识云山韶濩音。

昭陵滩上建宁乡，城郭荒芜半夕阳。只有桃花自开落，更无茅屋祭昭王。①

耒阳谒杜文贞公祠二首

叠嶂长滩卷白银，悬崖老树压修筠。英雄濩落诬牛酒，行客凄凉奠藻萍。万里朝廷终不到，一方将帅是何人。中兴稷契经纶在，犹向荒江惜此身。

遗墓何缘委夕阳，樵夫指点话荒唐。长悬光焰为衡岳，可葬骚人是楚湘。异代罗含俱有宅，生平李白亦他乡。惟余江海飘零者，每过空祠泪几行。②

唐仲冕，字六枳，号陶山，善化（今长沙市）人。乾隆五十八年（1793）进士。历官海州、通州知州，苏州府、福宁府知府。擢福建按察使，迁陕西布政使、陕西巡抚。所至勤求民瘼，振兴士风，兴利除害，有政声。以老病乞休，侨居金陵（今南京市）。卒年75岁。工诗文，著有《陶山诗录》30卷、《陶山文录》8卷。《沅湘耆旧集》录其诗201首。

前人对唐仲冕诗作，评价甚高。如嘉定钱大昕云："陶山诗笔力横绝，字字心花结撰，不肯拾人余唾，而实无一字无来历。抒写怀抱，能达难显之情，而不入于俚鄙佻巧之习。夫惟大雅，卓尔不群。吾辈但当退辟三舍而已。"③ 仲冕虽居官数十年，仕途通达，但其诗却少官场酬和与风花雪月，而多感时抒怀言志，忧国忧民，内容贴近生活，语言朴质无华。兹引录数首如下：

田间父老与语

吴民不畏官，况亲履阡陌。从吏勿鞭呵，缓颊问雨泽。野老前致词，伫立手负戟。为言好菜花，且喜青青麦。麦期充饼饵，菜足榨膏液。又种

---

①引自《沅湘耆旧集》卷九十四。

②引自《沅湘耆旧集》卷九十四。

③引自《沅湘耆旧集》卷一百十八。

荷花草，粪田无硗瘠。今年胜往年，春华已驿驿。愧无足民才，闻之手加额。天特恤民勤，民应趁土脉。满地皆黄金，践踏吁可惜。时方庆蠲租，无事烦五籍。朝无吏打门，夜有鸡栖栅。幸勿逐嬉游，善自弥衅隙。吾宽未可狃，来者有刻核。水懦易招猛，束湿恐转迫。闻言各点首，老幼相扶掖。前村聒乌盐，来绕双凫舄。①

纪 漕

诏征东南漕，其政宜清肃。爰命抚臣起自注：谓岳小瀛中丞，廉介卿所独。小民困征输，毋俾溢斗斛。往时苦军丁，求索无足欲。今当立法始，犯者加刑戮。公言三首县，倡率流行速。吴邑多山田，产米异常熟。选择若过严，浮滥反易足。因地而制宜，民情乃悦服。当其定议时，群疑方满腹。我公持以坚，玺书特褒录。自注：上谕："今年清漕，惟江南办理最妥，朕早有所闻。"善政原旧章，积重岂难复。请看繁华地，贵粟贱珠玉。②

自省回州石湫道中

茅屋沙田傍石湫，晓风斜峭野云收。海中潮涌闻奔马，天末山横见卧牛。民隐暗筹车轼上，春光才到柳梢头。相逢父老殷勤问，麦陇青青得雨否。③

触 目

春来无日不川途，触目惊心愧绾符。寒食清明人上冢，石田茅屋吏催租。一身岂仅衰年病，万姓都如刺史瘰。等是东风偏阁雨，坐令南亩麦苗枯。④

欧阳辂（1767—1841），初名绍洛，字磵东，一字念祖，新化人。父基文，工于诗。绍洛自幼承家学，酷爱诗词。乾隆五十九年（1794）中乡举。后多次会试，未能及第，于是云游四方。所到之处，士大夫览其诗文，闻其议论，莫不折服。据记载：其"性野逸，不修威仪。敝衣垢履，岸然公卿大夫间，剧谈豪饮，旁若无人"。但写作态度严谨，尤注重字句锤炼。尝言："作诗务苦吟，切戒自恕。一字未妥，一韵未安，必穷日夜探索以求改。改而不妥，则姑置之，

①引自《沅湘耆旧集》卷一百十八。
②引自《沅湘耆旧集》卷一百十八。
③引自《沅湘耆旧集》卷一百十九。
④引自《沅湘耆旧集》卷一百十九。

或屡改而不安，则竟削之。”并强调，诗词应“以品格风骨、气味神韵为尚，尤以简炼矜贵、浑成无迹为主。次则讲求音节”。认为“音不调，亦足为诗累”①。著有《硐东诗钞》10卷，其中《沅湘耆旧集》收入3卷，363首。

清陶澍《硐东诗·序》评曰：“先生才气纵横，……博学多通”，“为诗炼骨入声，融神于气。初从义山以窥老杜，奡而为昌黎，滉而为东坡，晚乃自出一队，天马行空，神龙见首，既雄且杰，而跌宕昭彰，如风水相涣，自然而成，不能辨其为李为杜为韩、苏矣”②。其诗作题材广泛，然多即事抒怀，贴近民间生活实际，无官场气息，而以久困科场，仕途受阻，诗中也难免流露出稍许失落与郁郁之情。现引录数首如下：

南溪课耕归独酌书怀三首

今晨喜晴煦，川途展游行。行行欲何为，言省南亩耕。新禾被丘陇，雨泽亦已盈。屈指及来朔，岁事当有成。连年困饥歉，比屋多戒声。闾里苟无乏，亦免夙夜惊。乃知衣食累，贤愚同一情。畴能遗物好，独无身世营。

日暮农务散，歌呼满墟陌。偶逐樵侣行，遂归林下宅。栖鸟在庭树，新月上檐隙。空廊交荷风，爽气生几席。妻孥具觞豆，菹笋满黄赤。移欢就清旷，卮酒聊自适。我生岂不足，胡乃百虑积。所憾无可谈，耿耿怀在昔。

在昔吴与杨，吾里称闻人。孙侯自北归，意气绝等伦。晚交得邓子，肝胆久益亲。自与数子游，绵延三十春。每见必相就，每聚必浃旬。诸老既化去，邓子亦远宾。此意谁与俱，老病日见臻。庶几肆吟览，无为频怆神。③

霜　夜

城上宵柝欲三更，井梧风动霜叶鸣。霜叶鸣不已，客子揽衣起。起看门外霜气浓，一庭霜月烟蒙蒙。霜月无情作寒晕，大似欲传冰雪信。朝来把镜惊独看，无数霜华上双鬓。④

①引自《沅湘耆旧集》卷一百二十九。

②引自《沅湘耆旧集》卷一百二十九。

③引自《沅湘耆旧集》卷一百二十九。

④引自《沅湘耆旧集》卷一百三十。

渌口送邢皓尹湖北

一樽酒，为君寿，江头急鼓催落日。使君立马望天末，我亦扁舟欲东发。我有冰雪三条弦，临行弹向征人前。人生意气亦何有，好官不过多得钱。前年楚中大帅死，白日襄樊闭城市。今年官军诛贼魁，贼徒溃败如尘埃。承平未可忘戒备，或恐余党潜蒿莱。我有光明一尺铁，寒如凝冰皎如月，请君持此靖遗孽。功成他日归去来，与子相期金箓台。①

南昌送别所亲归楚

欲融不融城上雪，欲落不落江上月。江上月，皎如雪。清秋已过月又圆，可惜圆时照离别。楚江天寒梦泽深，楚山万里何萧森。送君南向楚天去，楚山楚水愁人心。岳阳城外重湖绕，湖中一点君山小。山前丛竹泪斑斑，怨魂吟向霜天晓。君行听此哀吟声，写入十年羁旅情。北山前约倘相待，看余濯发沧浪清。②

湖南历代皆有闺秀诗才，入清后更盛。其中，清代中期的湘潭，郭门女诗人的成就尤为突出。

郭步韫，号独吟，湘潭人。自幼熟读经史，人称女博士。适同邑邵某，早寡。夫家甚贫，以纺织维持生计，后乃依弟以居。善作诗，并以诗授诸侄。侄女郭友兰、佩兰及侄孙女漱玉、润玉等均有诗名，人以其为郭氏闺秀诗学之权舆。著有《独吟楼集》传世。《沅湘耆旧集》收入68首。其诗多凄婉之音，所谓“如城笳戍角，寒泉幽咽，哀蝉秋鸣，孤鹤夜警”③ 者也。现录引数首如下：

虫　声（之一）

戍鼓逼残更，阶虫送苦声。西风三径冷，斜月半帘清。荒陇知无梦，羁魂想易惊。更来秋枕畔，添我别离情。④

梅　花

藐姑仙人谪几时，垂垂自发两三枝。频邀静赏送新句，那许纤尘蒙素姿。霁雪长亭鸦去远，寒天小院鹤归迟。春风二月多桃李，冷蕊疏香知

①引自《沅湘耆旧集》卷一百三十。
②引自《沅湘耆旧集》卷一百三十。
③引自《沅湘耆旧集》卷一百八十四。
④引自《沅湘耆旧集》卷一百八十四。

未知?①

初　春

春日融融独启扉，闲阶缓步静忘机。冰开小沼鱼初出，帘卷东风燕未归。②

早　春

徐步园中始觉春，闲阶雪后迥无尘。初滋草色青犹浅，乍长苔痕绿未匀。岁月自荒愁里过，风光漫向眼前新。凭栏细念浮生事，离合悲欢一梦声。③

立　秋

飒飒西风满竹楼，庭梧一叶已惊秋。乍闻清籁趯然喜，奈入黄昏变作愁。④

秋　晚

窄窄庭楹短短墙，残秋景物倍凄凉。一声征雁孤窗晚，数点黄花满院香。衰病暗随时共解，离愁肯与夜争长。几番只怨西风切，日暮西风更断肠。⑤

郭友兰，字素心，湘潭人，郭步韫侄女。苏州风丹山之妻，早寡，依母家以居。自幼随姑学吟咏，遂工于诗。著有《咽雪山房集》。据兄女润玉云：其姑“椎髻布裙，躬亲操作，时藉歌咏，强自陶写”。又“尝博引古贤女事，反复训勉”。⑥ 诗作多反映闺中孀居生活，感叹身世，触景生情，或引古抒怀，词语朴实清秀。现录引数首：

秋意用尤展成先生韵

秋意西来爽，晴岚淡远空。星流天汉外，月净露华中。萤火燃东壁，荷衣裂晚风。无端蛩振羽，唧唧满蒿蓬。

秋风何处起，疏竹变新腔。幽径蛩吟月，深林叶打窗。寒砧多激楚，风铎太冲撞。不寐看诗赋，忘言倒玉缸。

①引自《沅湘耆旧集》卷一百八十四。

②引自《沅湘耆旧集》卷一百八十四。

③引自《沅湘耆旧集》卷一百八十四。

④引自《沅湘耆旧集》卷一百八十四。

⑤引自《沅湘耆旧集》卷一百八十四。

⑥引自《沅湘耆旧集》卷一百八十九。

秋色清如许，苍然接翠微。日含残雨淡，风引薄云飞。雁影澄江净，人烟古渡稀。楼高堪极目，坐久竟忘归。①

挽黄节母

瑶池冰雪作心肝，回首嫣帏影尚寒。节烈久成千古憾，孝慈难得一身完。名传邑乘标松竹，谱入词坛播芷兰。我亦与君同命蹇，拈豪先已泪阑干。②

寻　梅

老干花应着，支筇上岭颠。香浮孤屿外，路认竹林边。断岸留残雪，疏钟破晚烟。美人何处是，惆怅夕阳天。③

题毛姑履中楼便面

两美相依姑射仙，有人遥睇海云边。须知泽畔驱羊日，雾鬟风鬟更可怜。

柳毅传书遂夙因，张生煮海术尤神。丹青不画团圞日，孤负楼头两玉人。④

郭润玉（1797—1838），字笙愉，别号壶山女士。湘潭人。清中名臣李星沅之妻。著有《簪花阁诗集》和《簪花阁遗稿》各1卷，共存诗205首。另有与李星沅酬唱的《梧笙唱和集》。其诗，以写景题画和酬赠为主，清丽精工，意境雅淡。评家云：“郭氏一门风雅，湘南闺秀盛莫与京者。而其薰袭，亦各有畦畛焉。笙愉才思清婉，故依情发韵，不尚刻镂，而亦不事哗嚣。微妙之言，时见名贵。”⑤ 如：

题峡山寺

合沓拥秋山，微闻钟磬声。千古一松龛，独立云峰上。飞瀑自纵铮，古木何苍莽。江渚月华明，白鹤频来往。⑥

春　阴

半阴半雨日昏黄，几度春阴锁画廊。倦绣人随春共懒，卷帘风与燕争

---

①引自《沅湘耆旧集》卷一百八十九。

②引自《沅湘耆旧集》卷一百八十九。

③引自《沅湘耆旧集》卷一百八十九。

④引自《沅湘耆旧集》卷一百八十九。

⑤引自《沅湘耆旧集》卷一百八十七。

⑥引自《沅湘耆旧集》卷一百八十七。

忙。人情只解怜飞絮，天意分明护海棠。指点石阑瑶砌外，茸茸芳草暗池塘。①

次韵和石梧送春

杨花开遍柳丝丝，曾倩东风与护持。三径落花知小别，一庭芳草废相思。疏帘好月招同坐，远树斜阳下独迟。几度留春春不住，题笺莫笑阿侬痴。②

和淑仪（二首）

曾记江干判袂时，秋云如絮雨如丝。于今远隔三千里，可忆春闺共咏诗？

东风习习雨纤纤，二月春光到镜奁。花影半栏帘半卷，又添离绪上眉尖。③

郭漱玉，字六芳，号琼泉。郭润玉之姊。擅长乐府体诗。诗格工练，具唐人风韵。有《绣珠轩集》，存诗116首。另作《论诗》8首，表达她在诗歌上的一些主张见解。其诗，“绝去藻绘，时露风骨，《到家》《咏古》诸作，尤得古乐府之遗，非寻常闺阁语可比”④。现引录数首如下，供赏阅。

到　家

初六整行装，初七泊河侧。初八到湘潭，水天共一色。直从雨湖西，行过雨湖北。黄犬卧当门，吠我疑是客。报道远人来，笑语帘栊隔。女侄忽旋归，叔母似相识。兄弟俱长大，一一美风格。相见叙离情，烛光如昼白。娇痴四妹小，鬓云才覆额。牵我薄罗衫，索我旧诗册。久坐情愈亲，团坐屋逼仄。阿爷自外回，顾女喜尤剧。呼女问归程，来踪可追忆。初六整行装，初七泊河侧，初八到湘潭，水天共一色。风尘果劳苦，艰难行不得。阿爷闻之笑：归程但咫尺。男儿仗剑游，立功向沙碛。十年还故乡，两鬓霜雪积。我昔上长安，到处鸿留迹。归时杨柳青，去时荷叶碧。不知客路难，那知家居逸。女闻阿爷言，自愧还自惜。依依语深夜，斜月照

①引自《沅湘耆旧集》卷一百八十七。

②引自《沅湘耆旧集》卷一百八十七。

③引自《沅湘耆旧集》卷一百八十七。

④引自《沅湘耆旧集》卷一百八十七。

松柏。①

将进酒

将进酒，君莫辞。今日不饮明日迟。明日花较今日老，今日花非昨日好。为君满酌琉璃卮，劝君饮及少年时。君不见劳劳尘世多热客，口干舌焦饮不得。②

和南屏弟咏古·明妃

竟抱琵琶塞外行，非关图画误倾城。汉家议就和戎策，已胜边防十万兵。③

再咏明妃

问谁倡此和亲议，满面胡沙掩朔风。寄语君王休念妾，而今觉是画图中。④

柳枝词（二首）

东风几日画初春，剪绿搓黄分外新。一样蛾眉偏逊汝，晓妆妒杀镜中人。

湘江十里荡层蓝，旖旎春光月正三。知尔曾经离别憾，怕教人唱望江南。⑤

二、清代前中期湖南书画成就

清前中期湖南的书画艺术又有新的发展，取得一定的成就。见于史志记载的书法家和画家相当多，但遗憾的是有墨迹传于后世的却较少。

髡残，字石溪，又字介丘，号白秃，自称残道者，晚署石道人。武陵（今常德）人。生于明神宗万历四十年（1612），俗姓刘。母早逝，少弃举子业。清顺治九年（1652）40岁，削发为僧。曾历游名山大川，后在南京受衣钵于高僧浪杖人，住牛首山，仍往来于江南、湖广间。善画，尤工山水，长于干笔皴擦。作画笔墨高古，设色清淡，而境界幽深，独树一帜。《云洞流泉图》为其

①引自《沅湘耆旧集》卷一百八十七。
②引自《沅湘耆旧集》卷一百八十七。
③引自《沅湘耆旧集》卷一百八十七。
④引自《沅湘耆旧集》卷一百八十七。
⑤引自《沅湘耆旧集》卷一百八十七。

代表作品，现存于北京故宫博物馆。传世的还有《苍翠凌天图》等。（附图54、55）

清张庚《国朝画征录》评曰：髡残的山水画，“奥境奇辟，缅邈幽深，引人入胜”。然“此种笔法，不见于世久矣！盖从蒲团上得来，所以不犹人也”。即作为前朝遗老和山林隐逸，有一种清高与超凡脱俗的意境。

易祖栻，字张有，一字淑南，别号啸溪。湘乡人。父宗瀛，工诗文，举博学鸿词科。祖栻幼承家学，由监生直修书馆，亦工诗善文，尤精于书画。乾隆帝在藩邸时，极推重其书画作品，特为之赋《题易祖栻墨竹诗》。乾隆十三年（1748），祖栻献画册，乾隆帝命画《雨中山翠图》，遂名著于京师。后曾官青浦县主簿、柳州府经历等。著有《啸溪诗稿》，已佚。

法智，清初书法家，僧人。一号破门，庵名石浪居。本扬州人，入籍衡阳，住南岳飞来船下。精书法，草书尤臻妙境，时称湖南第一。亦善画，风格出入晋唐之间。又善作诗，著有《破门诗集》。

丁一焯，清书法家，清泉县（今衡阳市）人。康熙年间生员。善弹琴，工草书。初学怀素，难脱其窠臼。一日观剧，偶得启发，笔法遂大进。人以此比张旭。时著名学者宜兴储大文特作《南岳老人行》赠之。

韩李思，一作季思，字蝶斋。清画家。芷江人。无妻室儿女，一生寄居僧舍。善画山水树石，皴染工致，平远浓素，各尽其妙。兼习人物佛像。性慷慨负气，极好酒，卖画所得尽花于酒肆，终因醉酒而死。

刘瑸，字斐章，衡阳人。约康熙、雍正间在世。画家。画宗法宋、元，擅长山水、翎毛、花卉，形象逼真传神，生气灌注。后又习西洋画。尝以西洋画法为巡抚王之枢作《牙签万轴图》，效果极佳。年七十隐居山林，后无疾而终。

夏光洛，字禹书，号秘庵，别号卧云道人。益阳人。书法家。性好山水，尤爱梅花。性情傲兀，鲜与人交。年四十得疾，自撰墓志而卒。善书法，尤精飞白。与同邑郭璁龄、李都藩齐名，时谚谓“益阳书法称三绝，李真、郭草、夏飞白”。

郭璁龄，字阆凤，一字椒园。益阳人。书法家。父宏岐，善书法。璁龄书法精妙过于其父。求其翰墨者填门，人得其片纸以为宝。尤长于草书，以“郭草”，与“李真”“夏飞白”并称“益阳书法三绝”。性情恬淡，不喜营求，贫困终身。

陈发祥，字瑞岩，祁阳人。清代女画家。父母均善画，幼受熏陶。长于水墨花卉，间作山水。其题《水墨山水》诗自称“出笔源于老米”，即宋代著名画家襄阳米芾。亦善作诗。惜诗画均未传世。

何常师，字协一，号博亭，平江人。书画家。岁贡生。学使吴省兰待以国士礼。曾读书岳麓书院，山长罗典深加器重。善诗文，长于书画，书法尤精，讲求笔法。积40余年之劳，几乎临遍古今法帖。著有《书法评》等。

陈梅仙（1795—1827），字香雪，汉寿人。女书法家。幼聪慧，长通书史。以母病，年三十始嫁于宁乡文士黄本骥。书法善于小篆，喜治秦汉印学。黄本骥收藏金石文字甚多，她尽出其所藏，加以临摹，书艺益精，名声大噪。卒后，黄搜其遗墨装潢成册，题为《香雪阁遗篆》，并作序。梅仙诗文亦有名，著有《梅影集》。

刘愔，字黔台，一字书舫。宁乡人。画家、诗人。家富有，性旷怡，喜交名士，与胡达源、邓显鹤等均友善。由生员捐纳授官，为山东圣庙启事，得遍览孔林、泰山诸胜，特作《东郡小游图》，公卿题赠满轴。得荐进京，入如意馆。试画，以“万绿丛中一点红”题画幅，称旨。又作《潇湘八景图》进呈，诏充内选南苑供奉官。以母老请致仕。后遍游吴越及湘中名胜，以其所见丽色佳景绘为画稿，题名《卧游小册》。归里筑悟香亭，以书画自娱。有《画稿》2卷，《悟香亭诗稿》4卷。

何绍业（1799—1839），字子毅，何凌汉之子，何绍基孪生兄弟。由荫生补兵部员外郎。善书法，精绘画，尤工山水花鸟。其画清超绝俗。湖南图书馆藏其《山水图》1幅。（附图56）

张宜尊，字少白，澧州（治今澧县）人。乾隆道光间在世。曾官凤阳、休宁等县知县。擅长于作画，尤工山水。亦精书法，字得米芾、黄庭坚遗意。湖南图书馆藏其《花卉图》1幅。（附图57）

夏恒（1790—1839），字一卿。攸县人。道光九年（1829）进士，选庶吉士。改吏部考工司主事。善诗文，亦工绘画。著有《一卿遗稿》，湖南图书馆藏其画作《竹石图》。（附图58）

周凤徽，字惠桐，别号凤徽女史、倚琴阁女史。长沙人。何绍业侄媳。有文才，工书画。湖南图书馆藏有周凤徽团扇《山水图》。据其子何维朴光绪九年（1883）题识称，此画作于“五十年前”，即应作于道光初年。（附图59）

梁煦，字咸熙，号闲溪居士。长沙人。道光咸丰间裱匠，工山水花卉。道光十九年（1839）绘有扇面《花卉图》，现为湖南图书馆收藏。（附图60）

此外，清前中期有一些湘籍重臣、名士，虽不是以书画著称于世，但工书法，并有墨迹留于后世。如湖南的科举状元彭浚，官至尚书、卒赠太子太保的何凌汉，政绩卓著的两江总督陶澍，累官云贵总督、两江总督兼督河道的李星沅等。(附图61、62、63)

在书画艺术发展的同时，湖南在清前中期还出现了不少雕刻家。见于史志记载的代表人物有：

夏洞贤，字芰裳，益阳人。约清前期在世。庠生。幼颖悟过人，日诵万言，为文挥笔立就。尤精镌刻，其微雕人称神技。曾于桃核上刻苏轼游赤壁故事，船窗、几席、人物悉具。著有《芰裳杂俎》36卷。

张钞，字丽安，湘潭人。篆刻家。约清乾隆时在世。善于缪篆摹印，又能刻瓷。作人物鱼藻，或写意，或为铁线界画，时人视为绝技。

谭锡瓒，字建侯，号师曼。茶陵人。约乾隆年间在世。篆刻家。生员。篆刻作品精妙，单刀尤称绝技。其子谭荫祺，亦为篆刻家，作品颇有父风。

沈谷生，桃源人，约清中叶在世。雕刻家。精微雕。曾在桃核上雕刻苏轼游赤壁图。上刻一舟，蓬篰清晰，窗门可启闭，窗内刻一人作远眺状。下刻苏轼《前赤壁赋》全文。画面形象分明，极为细致工巧。

三、民族民间口头文学

自进入清代，特别是“苗疆”的“开辟”和土司地区“改土归流”之后，湖南民族地区民间口头文学获得很大发展，传承下来的各类口头文学作品数量相当多。

湖南的湘西、湘南少数民族聚居地区，自“开辟”和“改土归流”后，由于中央封建王朝和地方官府军事政治统治与经济剥削的加强，内部社会经济结构的变化，导致民族矛盾和社会各种矛盾的激化，接连爆发了乾隆初年粟贤宇、杨清保等领导的苗、瑶、侗民族起义和石柳邓、吴八月、石三保领导的乾嘉苗民大起义，以及道光年间赵金龙、雷再浩领导的瑶民大规模起义。在这些起义和反抗斗争中，涌现出大量悲壮的英雄人物和英雄事迹，在苗、瑶、侗民族人民心中留下了极其深刻的印象，为他们世世代代深深地怀念。这为民间口头文学创作提供了丰富的材料源泉。因此，反映起义的英雄人物和英雄斗争事迹的诗歌和传说故事，在这一时期的民族民间口头文学中占有突出的地位。

乾嘉苗民大起义后，民间所产生的反映这次起义的诗歌，数量相当多，流传甚广，在湘西及相邻黔东北的苗族地区几乎妇孺尽知。这些诗歌多短小精练，铿锵有力，充满激情，爱恨分明，感人至深。从体例看，多七言句，也有自由体，均讲究押韵。现录引几首代表性作品如下：

石三保义题歌

桐油树上砍三刀，此地嗅有生人燥。穷苦兄弟跟我走，大贵果拐注：苗语音译，意为富户和当官的人。我不饶。

歌唱吴八月

坪陇吴八月，苗家大英豪。驾起蓑衣能够腾云飞，跨起木凳能当战马跑。练就一身好武艺，山擒虎豹水擒蛟。腊尔山上举义旗，响应纷纷如海潮。七省官兵压不住，日夜奋战歌声高。打得清军心胆寒，毛骨悚然乱窜逃。八月生就英雄胆，专找虎豹拔须毛。谁知苗山出败类，一株大树朝天倒。英雄虽死威犹在，留得英名传万朝。

消灭敌人保家乡

阿哥出门去打仗，妹将桶里的苞谷都扫光；磨成苞谷菜粑送阿哥，好让阿哥路上莫断粮。出门莫把后头念，有妹在家扶爹娘；阿哥记住妹的话，消灭敌人保家乡。

三年打不开龙门寨

官占田来民占坡，苗家被撵进山窝窝。官有万兵，我有万山；你来我去，你去我来。三年打不开龙寨，五天走不到张匹马。将军惨，将军惨，将军败在聂果管。

反映乾嘉起义的传说故事，经湘西自治州和贵州松桃县民族工作部门收集、整理和翻译的，据初步统计已有一百多个。这些传说故事，有对起义领袖智慧和勇敢的歌颂，有对起义中一些战斗的描述和记忆，也有对清朝官兵虚弱本质的揭露和嘲讽，生动形象，且多富于传奇色彩。例如：

《守塞记》，叙述起义青年领袖吴天半，善用计谋，巧布机关。他领导起义军坚守某村寨，用竹筒装满火药，挂在树上，清兵进攻时被炸得血肉横飞。吴天半乘势带领众人，骑着板凳，挥舞大刀追杀。清兵疑神疑鬼，抱头鼠窜。

《草鞋记》，叙述起义军困守在叭喇叭竿山上，为了下山取盐，怕敌人乘虚进攻，便倒穿草鞋下山。清兵看见了草鞋印，以为山上来了援军，立即撤退几十里。起义军取盐回来时，又倒穿着草鞋上山。清兵见到草鞋印，又以为起义军已经逃走，山寨空虚，于是蜂拥而上，进攻山寨，结果被严阵以待的起义军全部歼灭。

湘南江华、新宁等瑶族地区，在赵金龙起义之后，同样也产生和流传不少关于起义斗争的歌谣和传说。

在民间歌谣方面，如《赵金龙造反》歌：

> 余下歌支且莫唱，且唱八寨赵金龙。金龙原住永州府，住在江华县里人。打起刀枪招兵马，八寨洞里闹腾腾。金龙金凤同金花，武艺千般练到家。手提刀枪舞上阵，手脚高强登上天。口含飞刀放大箭，烧死官兵万万千。……

歌词生动地描述了瑶族英雄赵金龙，率领瑶族人民反抗封建王朝和地方官府的压迫剥削，屡次打得官兵丢盔弃甲，从江华一直打到常宁，给清王朝以沉重打击。最后，终因寡不敌众，壮烈牺牲。

又如《千秋岁》歌：

> 把酒奉来，寨上红梅开。旌旗舞，映尘寰。将士齐举杯，解襟畅开怀，来来来，同饮一杯再添菜。鲲鹏方展翅，万里宏图在。神威抖，沙场迫，旗展凯歌奏，马去捷报来。快快快，杀尽胡满兴瑶寨。

据传说，这是瑶民起义另一领袖赵福财，在一次战斗胜利后的庆功会上所作歌词。其生动地记述了瑶民起义军胜利后的喜悦，但他们并未沉醉于一次战斗的胜利，而是要鲲鹏展翅，再抖神威，直到消灭清军，兴盛瑶寨。表现了起义瑶民要战斗到底的英雄气概。

传说方面，流传下来的主要有《赵金龙的传说》。由一系列小故事组成，如《金龙出世》《金龙出大洞》《智取新城》《赵金龙夜袭新田县》等。这些故事的内容，包括了赵金龙的成长经历、组织领导江华以及蓝山等地瑶民起义、大战清军的全过程，而以起义斗争为主。其中，最精彩和传播最广的，则首推《金龙出大洞》。

《金龙出大洞》讲述的是这次起义中一次最著名的战役，即“祠堂圩之战”，完全是纪实性的文体。据故事讲述，赵金龙起义后，屡败清军，势力迅猛发展。朝廷大为震惊，急忙遣常德提督海凌阿和宝庆协副将马韬二人，率领大军前去征剿。赵金龙闻讯后，商议对策，选定有利地形，在蓝山的祠堂圩进行一场伏击战。并派遣一位乡绅出面迎接海、马二将军，杀猪屠羊招待，以麻痹清军，将他们引入伏击圈。赵金龙乘清兵不备，率领起义军四面突起，结果全歼清兵，海凌阿和马韬亦死于非命。起义军更加威声大震。由此“金龙出大峒，海马归池塘”的故事，就迅速传开了。

湘西土家族聚居地区，自宋元以来建立的土司制度，在历史上曾发挥了一定的积极作用，但至后期却日趋腐败，“土民”受土司的压迫剥削愈益加重，反抗情绪也就日益增长。因此在“改土归流”前后，产生和流传一批诉说和揭露土司残暴统治的传说故事。如《锁“飞牙角”》《鸡腿哪里去了》《玩火龙》《计除蛇精》《火烧覃侯伯》《锦鸡姑娘》等。这批传说故事，往往采用拟人化的手法，表现土家族人民的反抗意识和斗争精神，具有代表性和典型性。

如《锁“飞牙角”》的传说故事，叙述某土司“王”上山观景，看到周围的大山都朝向土司城，犹如万马归朝。但唯有叫“飞牙角”的一座山，偏偏朝着相反的西方。土司“王”怒不可遏，传令要将它锁住。于是征调十万岩匠，在“飞牙角”的山顶上打眼，用铁链锁住它的“鼻梁”。“飞牙角”为了报仇，投胎做了土司儿子，并让他患上一种鼻子发痒的怪病。而每次发痒时，就需要用人血医治。为治这种怪病，土司“宫”内的男男女女都被杀光了。最后，只剩下土司“王”一人。儿子的鼻子又发痒了，就举刀杀了自己的父亲。由此，“飞牙角”又归回原位，土王的江山也就倒了。

又如《锦鸡姑娘》，传说一个叫春哥的土家族后生，上山砍柴时，发现一只锦鸡快被一条大蟒蛇吞噬，春哥就奋不顾身，砍死蟒蛇，救了这只锦鸡。后来为了报恩，锦鸡变成一位美丽的姑娘，与春哥相爱成亲。但按照土司的陋规，在成亲之夜，新娘必须先与土王同房三个晚上，实行“初夜权”。在正要同房时，聪明的锦鸡姑娘，用法术将土王变成了床前的踏板，为土民除去一大害。

“改土归流”后和清朝前中期，湖南各少数民族地区，产生和流传大量的反映日常社会生活的民间歌谣。其中，最具代表性和典型性的要数苗族的“苦歌”和土家族的“哭嫁歌”。

湘西苗族地区，自“开辟”建制设官和“改土归流”，特别是在镇压乾嘉苗民起义和傅鼐创设“屯田”制度之后，苗族人民所受的封建压迫日益严重，生活苦不堪言。因此在民间产生和流传许多反映和倾诉所遭受的种种苦难的歌谣，统称之为“苦歌”。现录引数首如下：

屯田苦

一望谷子九望田，年年没有米过年；苗家为啥这样苦？为啥天下不一般？苗家开的大好田，傅鼐贼子来霸占；土寸不留我一分，瘦了苗家肥了官。

控诉傅鼐

苗家受苦是何因？只因傅鼐坏良心。田地充公无寸土，房屋烧掉化灰烬。夏荒草根难饱肚，冬冷无棉难暖身。抚胸想到伤心处，好比钢刀扎在心。傅鼐贼子真狠毒，丧尽天良害人民。苗家苦难大如山，血海深仇记儿孙。

长工谣

吃了晌午得半天，过了六月得半年。长工等望岁月满，短工只望日西偏。

湘西土家族地区，自“改土归流”后，打破了长期相对封闭的状态，在汉文化的全面影响下，社会经济和政治体制发生变革的同时，中国封建伦理和汉族地区的一些传统习俗也得到传播。因而产生了一些既受汉文化影响，又有自己民族特色的民间歌谣。其中，在永顺、龙山等地广泛流行的《哭嫁歌》，最具代表性。

“哭嫁”是土家族的一种婚姻习俗。土家族妇女在出嫁前半个月甚至一两个月内，由邻里亲友和家人，每个晚上陪伴出嫁姑娘相对而哭，由此逐步形成相对定型的《哭嫁歌》。其歌词主要是诉说离别之情、父母养育之恩，以及对出嫁后生活的嘱咐和种种担忧。由于“改土归流”后，土家族的婚姻逐步从自由婚配转化为“父母之命，媒妁之言”的包办和买卖婚姻，因此《哭嫁歌》更成为土家族妇女对男女不平等的封建礼教的大倾诉，包含了许多抨击包办婚姻的不合理的内容。根据整理版本，大体可分为“哭爹娘”“哭哥嫂”“别姊妹”“骂媒人”“哭露水花”“哭露水帕”“哭梳头”“哭穿衣”“辞祖宗”和“哭上轿”等。土家族的妇女《哭嫁歌》，贴近现实生活，思想性和艺术性均较强，是一部优美的民间抒情长诗。现摘引几段歌词如下：

如“娘劝女”：

哪个女儿不出嫁，哪个男儿不出门；男儿上学怕先生，女儿出嫁怕开声。鸡已叫，天已明，母女开声惊动人；明朝轿前封赠你，万事大吉都顺心。

新娘与陪人“对哭”：

新娘：如果我是个男儿家，堂屋种种都有分，神堂写字也有名。

陪人：如今是个女儿家，神堂打钟钟不响，堂屋点灯灯不明。

“骂媒人”：

板栗开花球对球，背时媒人想猪头。媒人是个赶山狗，吃了这头吃那头。豌豆开花排对排，背时媒人想穿鞋。娘家又夸女婿好，婆家又夸嫁妆多。树上鸟儿骗得来，岩坎猴儿骗得走。骗得我爹点了头，骗得我娘开了口。

第四节　史学、地学

一、湖南史学成就及文献编纂

清代前、中期，湖南传统史学进一步发展。史学领域人才辈出，各门类的史学著述相当丰富。诸如王夫之、王文清、罗绕典、王万澍、严如熤、黄本骐、黄本骥、邓显鹤、陶澍等人，在史学方面都有突出的贡献，留下不少有价值的传世佳作。

编年类，最重要的代表作有黄本骐的《历代纪元表》和《历代统系录》。黄本骐，字伯良，号花耘。宁乡人。嘉庆十三年（1808）举人。与弟本骥文史俱有名。《历代纪元表》，1卷。以干支序年系历代纪元之年表，起自汉文帝三年（前177），终于清道光元年（1821）。表内对正统年号，皆用大字填写，对汉之新莽、唐之武周、东晋之十六国和五代之十国，则悉用小字登载。《历代统系录》，凡6卷。卷首有统系图、国号歌等。书中记载起自三皇五帝，迄于明代，凡正统帝王及偏安或已称帝号者之姓名、年号。历代帝王书其姓名、世系、初封爵号及元年干支、在位年数、改元次数等。如非本支代立者，则说明继篡原因及其朝政得失。二书均辑入《三长物斋丛书》和《古今史学萃珍》。

除黄本骐的著述外，清代湖南还有三部编年类著作较有价值：

《竹书纪年考证》1卷，湘潭张九镡撰。此书取《竹书纪年》有关《诗》《书》《春秋》者进行考证，述其得失。清嘉庆十七年（1812）刊行于《笙雅堂文集》。《续修四库全书提要》著录，言其“行文斐然可观”。

《鉴撮》4卷，衡山旷敏本撰。此书为简要通史。宋以前取材于宋人黄继善《史学提要》，并加以充实。宋以后则为自己续纂。卷首有自序，后载七言《历代国号歌》及《纪年节略》。起自盘古氏、三皇五帝，止于明末。各朝以帝王为主线，记载重大史事，内容简明。有清乾隆四十年（1775）刻本，后又重刻与续刻。又有《岣嵝丛书》本，并编入《古今史学萃珍》。

《十六国年表》22卷，武陵（今常德）孔尚质撰。《四库全书总目提要》称：此书取明人伪撰后魏崔鸿《十六国春秋》改写成编年体。然“体例多不允协”，“纲目互异”，“惟末附《舆地图》一卷，古今地名，排比颇明，差为易于寻览”。有开万楼抄本传世。《四库全书总目》存目。

别史杂史类，主要有王夫之、汤彝、王万澍及方显等人的著述。

王夫之撰有《永历实录》26卷。此书卷一，为南明永历帝朱由榔本纪，后为列传25卷，共永历一朝人物108传。其死节、佞幸、宦者、叛臣各传，尤为他书所未详。列传中宗室、臣工为他书所不载者，有嗣韩王、嗣通山王、黄奇遇、黄公铺、陈世杰、管嗣裘、朱昌时、闻大成、鄢见、满大壮、杨进喜、吴霁明等。农民军首领高必正、李来亨等，皆为立传，记其战功，存其事迹。以上均有裨史实。唯夫之在朝仅逾一年，后事仅得之于传闻，所记年月常与他书记载不符。现有清同治四年（1865）金陵书局《船山遗书》本及《船山全书》第十一册点校本（岳麓书社，1992年）。《续修四库全书提要》著录。

《盾墨》4卷，汤彝撰。汤彝，字幼尊。清善化（今长沙）人。生活于嘉庆道光间。此书乃其于道光十二年至十四年（1832—1834）在粤督卢坤幕中参议军事时作。书中记载当时岭南若干重大用兵事件，述其历史源流，为当局提供善后对策。卷首有自序及居溥、成毅诸序。卷一为“壬辰征瑶记”，“八排兵事考”；卷二为“壬辰征台记”，“台湾内附考”；卷三为“粤海捕盗记”，“海盗考”；“越南内讧防边记”，附“越南檄文”，“越南建置疆域考”，附表文、“越南元号录”；卷四为“英吉利兵船记”，“市舶考”，附“西洋通市诸国”，“西洋至中国海道”，“澳门西番”，“绝英吉利互市论”。有清道光间刻本传世。

王万澍著有《衡湘稽古》和《湖南阳秋》。其子国牧又作《湖南阳秋续编》。王万澍，字霍霖。常宁人。雍正、乾隆间诸生。专攻于湖南地方古史研究。

《衡湘稽古》，5卷。自题“衡湘野人述”。书中大意以衡湘为古帝王巡狩都会之区，春秋时芈楚兼并，圣人屏之，后人遂忘其先之盛。于是历述伏羲、神农、黄帝、少昊、颛顼、帝喾、尧、舜、夏、商以迄周昭。每事标举其纲，杂引群书为目，所摭多采自《路史》等书。其编辑之法，略与廖道南《楚纪》相似。有清乾隆刻本传世。《四库全书总目》存目。

《湖南阳秋》，原名《湖南春秋》，凡16卷。书文采录正史有涉湖南者，仿朱熹《通鉴纲目》义例，汇为一编。起自汉，止于隋。隋以后资料亦已收集，尚未执笔编纂，万澍即呕血身亡，卒年44岁。其书于乾隆三十八年（1773）奉旨征求遗书时，抄录上呈，因“春秋”之名与经书孔子《春秋》同，遂易名“阳秋”。这是湖南有史以来第一部系统的编年体地方史。现存清同治九年（1870）常宁唐训刻本和光绪二十七年（1901）黄甲草庐刻本。同邑王绅《湖南阳秋例言》述其始末甚详。

《湖南阳秋续编》，13卷。起自唐，止于元。乾隆间，王万澍去世后，其子国牧取其所遗隋以后之史料，依原书体例，续成此编。有光绪二十七年（1901）刻本传世。

方显撰有《平苗纪略》1卷。方显，字敬旷，清巴陵（今岳阳）人。康熙末贡生，官至四川巡抚。此书记载，雍正四年至八年（1726—1730）其任贵州镇远知府时，协助川云贵三省总督鄂尔泰用兵平定“苗疆”，推行“改土归流”之事。书中取材戎马枕戈所见所闻，叙述详赡。撰于雍正十一年（1733）。现存同治十二年刻本。《续修四库全书提要》著录。

俞益谟撰《办苗纪略》8卷。这是由为官湖南的外籍人士编写的第一部关于湘西苗族的专史。俞益谟，字嘉言。宁夏人。曾官湖广提督。此书记述康熙四十二年（1703）“辰州红苗为乱”，俞益谟率湖南驻军从征，连陷各苗寨，直逼天星寨（今凤凰县境），“红苗乞降”，于是“开辟”凤凰、乾州（今吉首）二厅之事。首载地图，次言明以来用兵湘西“红苗”之得失及近时启衅之由。后为条议案牍纪事诸文。有清刊刻本传世。《四库全书总目》存目。

史评史论类，最有影响和价值最大的要数王夫之的《读通鉴论》和《宋论》二书。此外还有万机的《史评略补》、周士仪《史贯》等。

王夫之《读通鉴论》，30卷。此书成于康熙二十六年（1687）。书中所论，秦史1卷，两汉史8卷，三国史1卷，两晋史4卷，南北朝史4卷，隋史1卷，唐史8卷，五代史3卷。据《资治通鉴》所列帝王世系，每卷又分若干篇。每篇则选此一时期历史事件、历史人物若干，进行分析评论，于史实皆略而不载。末附《叙论》4篇，阐明著书宗旨。书中颇多卓见，堪称夫之史论之代表作。如阐释历代法制沿革，主张因时制宜，反对“泥古过高而非薄方今”；评论各代政治利弊得失，反对滥用“刑名威力之术”，强调推行宽简之政；评价历史人物，反对褒贬失当，提出应“因其时，度其势，察其心，穷其效”，“通古今而计之”。其书有清王嘉怡抄本（湖南省博物馆藏）、《船山遗书》本。现又有《船山全书》第十册点校本，岳麓书社，1988年。

《宋论》，15 卷。此书体例与《读通鉴论》同，可视为其续篇。全书按两宋诸帝顺序分编，其中前 14 帝，即北宋太祖、太宗、真宗、仁宗、英宗、神宗、哲宗、徽宗、钦宗及南宋高宗、孝宗、光宗、宁宗、理宗各为 1 卷，末 4 帝度宗、恭帝、端宗及赵昺合为 1 卷。每卷选择史实、人物若干，予以分析评论。作者着重阐发宋代社会矛盾，对宋廷始创猜疑之法，痛抑才智之士，无情搜刮百姓，滥用恩赏，君昏暗，奸邪当道，诬枉成风等黑暗政治多所指责。主张提高将帅权力，以防外敌进攻，指出秦桧得势，即在于刻忌武将篡位之故。认为党争误国，贻害无穷，但肯定王安石志在利国，与蔡京有严格区别。所论多切中时弊。其书有清王嘉恰抄本（藏湖南省博物馆），清道光二十年（1840）《船山遗书》初刻本，清同治、光绪《船山遗书》本。现又有《船山全书》第十一册点校本，岳麓书社，1992 年。

《史评略补》，万机撰。万机，字南村。清善化（今长沙）人。康熙时贡生。家贫多难，刻苦为学，勤奋著作。此书起自汉魏至唐五代，对史事、人物进行评述。《湖南通志》著录。《湖南文征》国朝（清）文卷八十三载有韩乐《史（评）略补序》。

《史贯》，12 卷。周士仪撰。周士仪，郴州籍衡阳人。此书为其史论要作。王夫之作序：言“周子读书穷理，必求其可以贯者而后已。《史贯》一书，吾知其于理有合也”①。有清康熙十七年（1678）刻本。北京图书馆藏书。

清代前、中期，在对前朝及本朝湘籍名人和中国古代重要历史人物的研究方面，湖南也有不少成果，留下一批颇有价值的年谱和传记。

如：王开琸《周子年谱》和《南轩公年谱》。王开琸，字云樵。宁乡人。道光元年（1821）举孝廉方正。历掌本县和外县书院。《周子年谱》，系王开琸取宋度正本加以增订而成的，主要记载周敦颐 24 岁至 57 岁之活动经历，述及家事、行谊、学术、政绩等。前有睢园、度正序及朱熹所撰周子《事状》。谱后有潘光嗣所撰墓志及开琸跋文。有道光十二年（1832）刻本传世。北京大学图书馆藏有原刻本。《南轩公年谱》，1 卷。南轩即张栻。作者据《宋史》《南轩集》《朱子文集》等纂成此谱。前半部分多记谱主之父张浚经历，后半部详述谱主事迹。谱前有郭世闾序及王景章又叙。谱后有作者跋。道光十九年

①参见新编《湖南省志》第二十九卷《著述志》（上册），湖南人民出版社，2003 年。

(1839) 刊刻。上海师大图书馆藏原刻本。

《陈恪勤公年谱》1 卷，唐祖价撰。唐祖价，字介人。湘潭人。谱主陈恪勤，即陈鹏年，湘潭人。康熙三十年（1691）进士，累官河道总督。雍正元年(1723) 积劳成疾卒于工所。谥恪勤。此谱据国史本传及方志、行状、碑传、诗文集等资料编成。所记以仕历为主，涉及耿精忠附和吴三桂叛乱时浙江、西安情况，及鹏年任英武殿总裁时，《方舆全书》《月令辑要》诸书之纂修情况等。前有谱主像 2 幅，后有作者跋文。有乾隆二十七年（1762）、五十七年(1792)，道光二十五年（1845）刊刻本。

《靖节先生年谱考异》2 卷，陶澍撰。陶澍（1779—1839），字子霖，号云汀。安化人。嘉庆七年（1802）进士。官至两江总督。卒谥文毅。此书为其考证晋陶渊明年谱之作。书中首列宋王质《栗里年谱》、吴仁杰《陶靖节年谱》，再据陶渊明原著，参以南朝宋颜延之著作，《晋书》《宋书》《南史》本传及历代诸家之说，为之辨证。关于陶渊明的籍贯，其考认为故居原在浔阳（今江西九江）上京，因火灾徙柴桑之南村，后又还上京，而非《明一统志》引《图经》所云“元始家宜丰”。关于陶渊明生卒时间，此考认为生于晋哀帝兴宁三年（365），卒于南朝宋元嘉四年（427）。葬于德化县楚城乡（即原浔阳县柴桑）之面阳山东。书中引用资料丰富，论证有据。其书始刊于道光十九年(1839)《靖节先生集》，后收入各种陶渊明集。《续修四库全书提要》著录。

《何文安公行述》1 卷，何绍基等撰。何文安，即何凌汉（1772—1840），清道州（今道县）人。嘉庆十年（1805）进士，官至工部、户部尚书。卒赠太子太保，谥文安。何绍基（1799—1873），字子贞。凌汉之子。长于诸经注疏、说文考证，又为清代著名书法家。此书载其父生平事迹，并辑祭文、挽联附后。有道光二十年（1840）刻本传世。又孙殿起《贩书偶记》著录。

《孔子年表》《湖南按察使赠巡抚傅鼐传》，魏源撰。《孔子年表》，分上、下两栏。上栏记年号，略述历史大事及孔子行踪所在。下栏记孔子年岁、事迹、言行。对《史记》《论语》等记年、记事之误，用按语加以订正。此书编入魏源《古微堂外集》。上海图书馆藏有光绪四年（1878）淮南书局刊行本。《湖南按察使赠巡抚傅鼐传》，系魏源于嘉庆末应辰沅永靖兵备道姚兴洁之请，为其纂修《屯防志》和《凤凰厅志》时所撰。傅鼐（1758—1811），字重庵。顺天宛平（今北京丰台）人。原籍浙江山阴。由吏员入为府经历。乾隆五十二年(1787)，分发云南广南府经历。以军功擢宁洱知县。六十年（1795），乾嘉苗民起义爆发，云贵总督福康安督师进剿，傅鼐奉檄赴军营司饷运。后授凤凰厅同知。起义失败后，受命“总理边务”，处置“善后”，实施“苗防屯政”。升辰沅永靖道，擢湖南按察使，兼署布政使。卒于任。此传记载傅鼐在湘事迹甚详。对于研究乾嘉苗民起义及湖南“苗防屯政”颇有参考价值。辑入《皇清经世文编》。

《蔡忠烈公年谱》1 卷，邹汉勋等撰。邹汉勋，新化人。蔡忠烈，即明蔡道宪（1615—1643），字元白，号江门，泉州晋江（今属福建）人。崇祯十年（1637）进士。任长沙府推官。崇祯十六年（1643）张献忠军陷长沙，道宪被执，磔死，时年二十九。谥忠烈。本谱原由新化邹汉勋编辑，后经邓显鹤复审修订，善化劳崇光参与审订。谱中记事翔实，有按语，作注释，记载出处，并逐条记其本年所作诗文。后附崇祯十六年八月丙戌长沙陷后至次年长沙收复对其封赠、建祠等情况，并录有其别传、墓志铭等。收入清道光十三年（1833）、光绪六年（1880）、光绪二十七年（1901）《蔡忠烈公遗集》。

《李文正公年谱》1 卷，朱景英撰。朱景英，字幼芝，晚号研北翁。清武陵（今常德）人。乾隆十五年（1750）举人。官北路理审同知。是编为其所撰明茶陵李东阳（谥文正）年谱。此谱前载《明史》本传。谱自谱主正统十二年（1447）六月九日诞生起，至正德十一年（1516）七月二十日 70 岁去世止，记其主要事迹、仕历，不详其著述。收入清嘉庆八年（1803）陇下学易堂刊《怀麓堂集》卷首、清刊《怀麓堂诗稿》。

《关圣郎君年谱》（以下简称《年谱》）、《关壮缪年表》（以下简称《年表》），卢湛撰。卢湛，字濬深。桃源人。此《年谱》《年表》，系据宋胡琦所编《（关羽）年谱》增补而成。《年谱》载于清刊本《汉寿亭侯关公全集》（北京图书馆藏书）。《年表》载于清康熙三十二年（1693）、乾隆三十四年（1769）、嘉庆八年（1803）、道光九年（1829）所刊《关圣帝君圣迹图志全集》（上海图书馆、首都图书馆藏书）。表分纪年、本传、时事三栏。纪年栏，自延熹三年（160）诞生时起，至建安二十一年（216）去世止。本传栏，记其一生事迹，较胡琦谱详。时事栏，记当时军政大事。表后附《考》，按年叙谱主事迹，并考证其年龄。《考》后附《世系图》。其书对研究关羽生平及当时历史，有一定的参考价值。

与元、明两朝一样，湖南学者在清前中期也编辑了具有重要史料价值的大型文献典籍，其代表作即传世的《皇清经世文编》。

《皇清经世文编》，又名《皇朝经世文编》，凡120卷。贺长龄、魏源辑编。贺长龄，清善化（今长沙）人。此书系贺长龄在江苏布政使任内，邀当时为其幕友的魏源为之选编。成书于道光六年（1826）。所编为清初至道光五年之官方文书、论著、奏议、书信、笔记等。分学术、治体、吏政、户政、礼政、兵政、刑政、工政8纲、65目。共收录700余家著述，2230余篇。正文前还编有生存作者姓名、姓名总目专集、别见3编，简介入编各家简历及其著作。此书集清军入关至道光初名人、学者经世论文之大成，且分门别类，便于检索查阅，乃研究清史的重要参考资料。有清道光七年（1827）等刊刻本、石印本传于世。中华书局出有点校本，更名《清经世文编》。

继《皇清经世文编》之后，魏源又仿宋臣鉴唐、汉臣过秦之举，集有明一代之有关历史资料，编纂《明代食兵二政录》，共78卷。这是清代湘人编纂的又一部经世致用的大型典籍。书中采集了明代300年之重要文章议论。分食政、兵政两大类，下又各分13项和24项。惜原书全本已失传。仅魏源《古微堂集》抄本与光绪四年（1878）《古微堂集》刻本，载有《明代食兵二政录·叙》。

在漕政海运方面，有《江苏海运全案》12卷，陶澍撰。又《筹漕篇》，魏源撰。陶澍《海运全案》，专录道光五年（1825），江苏藩司所属苏、松、常、镇四府与太仓一州，额漕耗米1633000余石，用船1520只，自六年（1826）二月初十从吴淞放洋海运，至八月初八全部运抵天津，经验米大臣穆彰阿等兑收完竣的整个事件始末。此次行动是清代通过海道进行大规模漕运之创举，且任务完成出色，水程4000余里，往返两次，不溺一人，不毁一船，正额颗粒无损，迭奉谕旨嘉奖。澍其时任江苏巡抚，为此次海运之倡议者与督办，事成后特撰辑此书。有道光江苏官刻本传世。《续修四库全书提要》著录。其时，魏源来往于江苏巡抚陶澍、布政使贺长龄两幕之间，协助筹划海运漕粮。事后，据其掌握的材料，乃作《筹漕篇》，分上、下两篇。均收入《魏源集》。

在军事史方面，最有价值的著作为魏源《湖南苗防录》，严如熤《洋防辑要》《三省边防备览》和《苗防备览》诸书。

《湖南苗防录》，系魏源于嘉庆二十年（1815）前后，应辰沅永靖兵备道姚兴洁之请，为其纂修《屯防志》《凤凰厅志》时所辑。其书今不见传。《皇清经世文编》卷八十六载有其所作《湖南防苗录叙》，言“历代以来皆蛮患，而明始有苗患”，经历乾隆末楚苗之乱，总结以往经验教训，“爰掇其形势、沿革、抚驭得失为篇，以金鉴来世”。《皇清经世文编》卷八十八所载魏源《防苗》

《乙丙湖贵征苗记》，应是该书辑文。

严如熤（1759—1826），字炳文，一字苏亭，号乐园。溆浦人。素习舆图、兵法、星卜之书，留心军事。《洋防辑要》24卷，乃严如熤从《读史方舆纪要》《天下郡国利病书》《纪效新书》《金汤借箸》等书中，采辑有关海舆地理、海防作战等资料编撰而成。卷一绘列各省沿海海岸及岛屿图；卷二、卷三述清朝海防制度；卷四至卷八为沿海疆域地理考；卷九至卷十五记江南、浙江、福建、广东沿海自明以来之海防事略、兵力布置、海防政策等；卷十六以后言海战战术、战略、武器、海洋气候及海运、盐务等。此书是研究明清海岸地理、军事防御之重要著作。有清嘉庆刻本、道光十八年（1838）重刻本。

《三省边防备览》14卷，为严如熤服官陕南时所撰。如熤在陕南20年，对于川、楚、陕三省交界处之政情、民俗甚为熟悉。书中所记该地之地理、军制、经济、风俗，资料丰富，对于研究地方史和清史具有较高史料价值。道光二年（1822）初刻，十九年（1839）重刻。

《苗防备览》22卷，系严如熤以幕僚身份辅佐湖南巡抚姜晟，平息乾嘉间湘黔苗民起义时所撰。此书主要依据档案公牍及湘、黔、川边地方志乘资料辑成。书中记载湖南凤凰、乾州（今吉首）、永绥（今花垣）三厅，和永顺、保靖、麻阳、泸溪、沅陵、辰溪、古丈等县，以及贵州铜仁、松桃和四川秀山、酉阳等厅、县之山川形势、兵防、民俗等，采集资料丰富，对研究苗族等少数民族社会历史和清王朝对西南民族地区的政策及军事举措，具有重要参考价值。有嘉庆二十五年（1820）初刻本和道光二十三年（1843）重刻本传世。

金石考证领域，黄本骥的研究成果最为显著。黄本骥，字虎痴，宁乡人。本骐之弟。道光元年（1821）举人，官黔阳县教谕。他先后编撰有《古志石华》《金石萃编补目》和《隋唐石刻拾遗》等著作传世。

《古志石华》，30卷。传世有道光八年（1828）《三长物斋丛书》本和道光十六年（1836）补刻本。此书为我国第一部辑录古代墓志碑全文并加以考证之专著。道光以前出土之墓志，凡见载于拓本者，采录达十分之七八。出土而复佚，仅见于传抄者，考辨甄录尤为详备。书中按语，除录前人成说外，多出自本人考证，并纠正了故籍中某些讹误。这对于研究古史和历代人物，颇具史料价值。

《金石萃编补目》，3卷。此书系道光中黄本骥为湖南巡抚吴荣光主编《筠清馆金石记》所撰草目。其编辑方法，以王昶《金石萃编》为蓝本，凡其已录著者均不再录。所录者，自三代以下，按年编次，备录原文，并加以考释。历经6年，底稿始成，原名《金石萃编补遗》。总卷数多于《金石萃编》。后吴荣光左迁，将稿携去。吴卒后，其原稿流入道州何绍基手中。又由陆增祥加以补充，编刊为《八琼室金石补正》130卷本。黄本骥则将自己保存的该书草目，加以编辑，改名为《金石萃编补目》。此目，起自三代，迄于辽、金，再加西夏、高丽、越南、日本诸碑，共计2000余条。传世有《聚学轩丛书》本。

《隋唐石刻拾遗》，2卷，附录1卷。据此书唐仲冕序称：道光初，黄本骥至陕西访仲冕，博索周秦以来石刻疏证之，得毕沅《关中金石记》所遗隋唐志铭70余种，为宋以来皆未取者，严加甄别，精审采择，编辑成书。复将唐仲冕所摹《唐莒襄公碑》，附于开元之末。该书可补毕记之未备。有《聚学轩丛书》本行于世。

黄本骥在姓氏和职官、建置沿革等研究方面，也颇有造诣。撰有《姓氏解纷》《历代职官表》《郡县分韵考》等专著多种。特别是《历代职官表》，至今仍不失为古代官制研究的重要参考书。中华书局于1965年以《三长物斋丛书》本为底本校勘重印。上海古籍出版社于1980年再次重印。

除黄本骥的著述外，清代前、中期湖南在金石考证方面的重要著述，还有湘潭陈鹏年的《瘗鹤铭考》2卷。瘗鹤铭，在江苏镇江焦山，为我国著名摩崖刻石。铭石曾崩坠于长江之中。康熙间，鹏年官江宁知府，募工从水中曳出，计得五石，上存七十七字。遂又备采前人之说，加以考证，编成是书。有康熙五十二年（1713）精刊本传世。

清前、中期，湖南文献考订校勘和编辑刊刻之风颇为盛行。其中成绩最为显著的有衡阳王敔、邵阳邓显鹤。

王敔（1656—1731），字虎止，号蕉畦，王夫之的次子。一生埋头于搜集、整理、刊刻其父亲遗著。所居湘西草堂为王夫之故宅，也是他整理刊刻船山著述之处，因此后人称王敔所刻为“湘西草堂刻本”。从康熙四十年（1701）至雍正初年，他前后分3次刊刻了10多种船山著述，现仍传世的只有《王船山先生诗稿》2种和《王船山书集》5种。王敔以毕生精力对船山遗著进行校勘、补正、注释和考证，所据又是王夫之手稿或第一次抄本，因此，其刻本最为可靠。但这些刻本传世不久，到雍正、乾隆年间因内容多有尊明反清思想，受“文字狱”牵连，先后被清廷查禁。据近人陈乃乾《禁书目录》记载，被列入

“禁书”的有15种之多。①

邓显鹤（1777—1851），字子立，号湘皋，新化人。嘉庆九年（1804）中乡举。道光六年（1826）选为宁乡县训导。13年后引疾归乡。曾主讲邵州濂溪书院。自幼喜吟咏，著述甚勤，而其最大贡献在于对湖南文献的搜集、整理和考订刊刻。他大力搜集湖南前人诗文，经整理，编成两大部诗集，自己刊行于世。一是《资江耆旧集》60卷，全书起于明止于清，共收入441人诗作4400余首，并另著《资江耆旧集小传》4卷。二是《沅湘耆旧集》200卷，汇集明初至清道光二十一年，1699名湘籍人物的诗作15681首。后又辑成《沅湘耆旧集续编》100卷和《沅湘耆旧集小传》20卷。同时，他遍寻楚中掌故人物诸书，重新刊印周圣楷的《楚宝》，并进行增益、考订、辨析，编成《楚宝增辑考异》40卷，《外篇》5卷。又与邹汉勋校勘王船山遗书经部38种，计150卷，刊刻行世。还编订周敦颐《周子全书》9卷，搜辑和校勘元欧阳玄《圭斋文集》18卷，均亲自为之刊刻行世。

二、湖南地学的发展与方志编纂

清代前、中期，湖南传统地学获得相当大的发展，各类地理专志和省、府、州、县地方志的编纂，出现了前所未有的兴盛局面。

在中外舆地志和地方杂记方面，湘籍学者和在湘外籍人士编纂的主要著述有：

《舆地图考》，1卷，夏逢芝撰。逢芝，益阳人。生平不详。据其自序称，此书是取新化邓可策《舆地图》与五芝堂潘氏图合编之《中外舆地图册》。中国部分，主要采邓本。外国部分，则仿潘氏。中有说明，使之能置案头查阅。其书有清乾隆七年（1742）稽古楼刊本。咸丰九年（1859）新化龚景行、长沙张思考得是图，稍正后来因革。将山川、疆域、赋税、关榷、职官及驻扎处，皆列于各图之左。

《舆地沿革表》，40卷，杨丕复撰。丕复，武陵（今常德）人。此书历时4年撰成。卷首为九州总图。卷一至卷四为总纲。后36卷，按历史顺序分纪，上起唐虞，下迄清代。始于盛京，终于贵州。每表于建置沿革之下复有附录，述

①参见新编《湖南省志》第二十卷《新闻出版志·出版》，湖南出版社，1991年。

其山水脉络源流。书中资料翔实，被誉为地理名著。书稿成于道光初年，藏于家中未刊。其孙琪光光绪十四年（1888）刊于金陵。后收入《杨愚斋先生全集》。

《黔南职方纪略》，9 卷，罗绕典撰。绕典（1790—1854），字兰陔，号苏溪，安化人。道光九年（1829）进士。此书系其为官贵州时所著。书中记载贵州贵阳、安顺、兴义、普安、大定、都匀、平越、黎平、遵义、怀仁、镇远、思州、思南、石阡、铜仁、松桃等府、州、厅、县历史沿革、山川形势、土地面积、居民人口、民情风俗等，而于土司建置及民族分布聚居等事，记载甚详。对研究西南民族历史文化具有资料价值。有道光二十七年（1847）刊刻本传世。

《楚南苗志》，6 卷，段汝霖撰。汝霖，湖北汉阳人。举人出身。乾隆十三年至十八年（1748—1753），官永绥厅（今花垣县）同知。任内受湖南巡抚谕委，编纂此书，以备当政者参阅。前 5 卷，记湘西苗族种类、风俗、物产、语言、服饰及历代控御抚治之法。末 1 卷，附载湖南瑶人、土人（今土家族）及粤西“六寨蛮”语言、风俗、服饰等。所录多出自见闻所得。对研究湘西和西南少数民族历史文化具有史料价值。有乾隆二十三年（1758）刻本，藏北京图书馆。《四库全书总目》存目。伍新福点校本，收入《湖湘文库》，2008 年由湖南人民出版社出版。

《奉使纪胜》，陈阶平撰。阶平，字安魁，号雨峰。乾隆时从军。道光四年至十三年（1824—1833），任镇筸镇总兵（驻今凤凰县城）。此书记其于道光九年（1829），奉命往祭南岳、炎陵庙、虞舜庙及途经各府、州、县所见所闻，并引用大量史料，系统叙述各地名胜古迹及有关传说，内容丰富，文字简练，为纪游佳作。《小方壶斋舆地丛钞》辑录。

《琉球入学见闻录》，4 卷，图 1 卷。潘相撰。潘相，安乡人。乾隆六年（1741）拔贡，任武英殿校书。旋保充琉球官学教习。此书潘相自序谓：琉球自明初始通朝贡，遣子入官学，遂渐染华风。历朝历封之使皆有著录，唯徐葆光之《中山传信录》、周煌之《琉球国志》考证颇详。相与入学陪臣郑孝德、蔡世昌同居 4 年，逐条详问，又参阅其国人程顺则等所编诸书，加以考订而为是书。意在“志历代声教之盛，俾来学之士不昧于所自”。有乾隆四十五年（1780）刻本。

《海东札记》，4 卷，朱景英撰。朱景英，字幼芝，号研北。武陵（今常德）人。乾隆十五年（1750）举乡试第一。历任福建宁德，台湾鹿耳门、北路理番同知，署汀州、邵武知府。此书为其官台湾时所撰，凡4卷，分8门。

《三省山川风土杂识》，1卷，严如熤撰。此书首言：陕西之汉中、兴安、商州，四川之保宁、绥定、夔州，湖北之郧阳、宜昌交界处，有一片犬牙相错，其长林深谷往往跨越两三省，难以界划之地。“一隅有事，边徼悉警”。书中记述和分析了这一地区以终南山（秦岭）为主体涉及周边地域的地理形势，及山水、交通、物产、民情、边防、地方治乱等。其书成于嘉庆十年（1805），后增辑为《边防要览》。收入《问影楼丛书》《关中丛书》和《丛书集成初编》。

清代前、中期，由湘籍学者及宦游湖南的外籍人士编纂的，关于湖南境内山水、名胜古迹、书院的专志，数量不少。如：

《衡岳志》，8卷，清初衡山知县、四川阆中朱衮和湖北襄阳袁奂修纂。有康熙三年（1664）刻本。又《南岳志》8卷，乾隆年间衡山知县、河北宁晋高自位和本县学者旷敏本修纂。乾隆十八年（1753）刊刻。

《莲峰志》，5卷，王夫之撰。莲峰，即莲花峰，南岳七十二峰之一。朱熹、张栻同游南岳时曾留居该地，后人为之建有二贤祠。此志约撰于明崇祯末。传世有清同治《船山遗书》本。

《九疑山志》，4卷，浙江富春詹惟圣纂修。詹惟圣，康熙元年（1662）以江华知县权宁远县事，次年取旧志重辑此编。有康熙刻本。《续修四库全书》著录。又《九疑山志》4卷，乾隆嘉庆年间宁远知县、云南元江吴绳祖与原清泉县训导、本县贡生樊在廷纂修。有嘉庆元年（1796）刻本传世。

《桃源洞志》，桃源僧人兰岩撰。约作于雍正乾隆间。有清刻本传世。《续修四库全书提要》著录。

《洞庭湖志》，14卷。陶澍督修。县学训导、华容綦世基于乾隆五年（1740）创纂志稿，仅成4卷即去世。乾隆五十八年（1793），岳州府教授、湘潭夏大观补辑成6本。华容举人、安徽六安州丞万年淳，于道光元年（1821）受时任安徽巡抚的陶澍之命修订，增为14卷。最后由陶澍审订并作序。道光五年（1825）刊行。此志纂修前后历时70余年，是第一部全面记载洞庭湖区历史、地理、经济和文化的专志。

《湘水记》，清代湖南著名学者、宁乡王文清撰。乾隆十九年（1754），王文清亲往粤西桂林阳朔，探寻湘江之源，后撰成此书。证实湘江源于阳朔山下之洞潭，入零陵汇潇水，至衡阳汇蒸水，再至沅江汇合沅水。认为潇湘、蒸湘、沅湘合称“三湘”，为湘江之纬。此可作一说。《小方壶斋舆地丛钞》和道光

《洞庭湖志》均辑录。

《九江考》，湘潭夏大观撰。“九江”之争，自汉至清，由来已久。此文列举《寰宇记》《汉志》《蔡沈书传》三家之说，认为唯宋初胡旦以洞庭为九江之论符合《禹贡》原意。而汇入洞庭之“九江”为何？又有数说，大观综合宋代曾彦和与朱熹两种意见，提出应是湘、沅、沅、辰、酉、资、澧、潇、蒸九水。《小方壶斋舆地丛钞》、道光《洞庭湖志》辑录。又，湘乡易宗涒撰《九江辨》，亦主洞庭湖为“九江”之说，认为浔阳之“九江”为附会。此文载于《湖南文征》。

《炎陵志》，4卷，酃县（今炎陵县）教谕、湘潭彭之昙撰。康熙六十年（1721）朝廷遣专吏祭祀炎帝陵，之昙陪随，事后作此志。当年刊刻，至道光时已残缺不全。宁乡王开琸，道光年间掌教酃县洣泉书院，又纂修《炎陵志》8卷（及首1卷末1卷），载述有前志佚文，内容更为丰富。这是至今传世的第一部完整的关于炎帝陵的专志。道光八年（1828）刊行。

《长沙府岳麓志》，8卷，首1卷。浙江山阴（今绍兴）赵宁纂辑。康熙二十二年至二十六年（1683—1687），赵宁任长沙府同知，曾首修《岳麓书院志》，凡6卷（有康熙刻本）。此志因前志增修。书中内容以岳麓书院为主，统揽全岳麓山之景观，并叙及长沙城南和惜阴两书院。康熙二十六年（1687）刊行。

《城南书院志》，4卷，余正焕纂。余正焕，字星堂。长沙人。嘉庆六年（1801）进士。嘉庆二十五年（1820）以母忧归，掌教城南书院。道光初主持迁建城南书院于妙高峰原址，事毕辑成此志。有道光五年（1825）长沙城南书院刻本，二十四年（1844）增刻本。

《玉潭书院志》，10卷，周在炽纂。周在炽，宁乡人。玉潭书院，在宁乡县东门外。旧址在县治左，原名玉山书院，明嘉靖中创建，毁于兵火。清乾隆十九年（1754）迁建，湖南巡抚陈宏谋为之更名。后纂辑此志。有乾隆三十二年（1767）刻本。

清前、中期，湖南纂修了大量的省、府、州、县地方志。一般均为宦游湖南的外籍人士主修，由湘籍学者和当地文人撰稿。

明代仅有《湖广通志》，内容包括现今湖北、湖南两省。湖南于康熙三年（1664）与湖北分治设省后，开始单独修志。乾隆和嘉庆年间先后纂修了两部《湖南通志》。

乾隆《湖南通志》，174 卷，首 1 卷。湖南巡抚、广西桂林人陈宏谋监修，欧阳正焕等纂。正焕，字尧章，号竹浛。衡山人。乾隆十年（1745）进士，官御史。后主讲岳麓书院。此志为湖南分治后首修省志，有乾隆二十二年（1757）刻本。《四库全书总目》存目。

嘉庆《湖南通志》，219 卷，首 3 卷、末 6 卷。湖南布政使、浙江余姚翁元圻修，浙江上虞王煦等纂。此志历时 4 年修成，嘉庆二十五年（1820）刊刻。内容较前志大为增加，且于前志订讹补缺甚多。

清代全省所修的府（州）、县（厅、卫）志甚多。据初步统计共 412 部，至今尚传世的约 350 部。① 其数量远远超过明代。其中，出自名人之手和堪称佳作的不少。如：

乾隆《长沙府志》，50 卷，首 1 卷。长沙知府、河南吕肃高修，岳麓书院山长、宁乡王文清纂。明代和清康熙年间，长沙均修有府志。王志于前志讹误多有订正，新增内容甚多，卷帙逾前一倍半，是长沙府古方志中门类最为齐全者。又，乾隆《宁乡县志》，亦为王文清所撰。

乾隆《衡州府志》，33 卷，首 1 卷。衡州知府、江西丰城饶佺修，衡山旷敏本纂。此志分 30 门，各门皆有小叙，编为韵语。新增内容较多，如各县蠲免各种租赋情况、宋元两朝乡举名单、历代外籍名人在衡活动等，并首次记载东汉耒阳蔡伦造纸和收录李白、韩愈、柳宗元、刘禹锡、文天祥等在衡诗作。

康熙《永州府志》，24 卷，首 1 卷。永州府知府、辽宁辽阳刘道著修，南岳隐士、江苏镇江钱邦芑纂。此志首次记载岳飞平定桂岭、途经永州大营驿，刻石留题，及汉蔡邕流寓道州等史事。原刻本现藏日本国会图书馆。

道光《永州府志》，18 卷，首 1 卷。永州知府、江苏沭阳吕恩湛等修，浙江会稽（今绍兴）宗绩辰纂。此志为宗绩辰早年流寓湖南、主讲永州濂溪书院时受聘纂修。全志虽仅置 18 卷，但每卷又多分上、中、下三册或上、下两册，故卷帙浩繁，总计约百万言，搜采资料丰富。其中，“风俗志”增设方言专篇，记各地方言俚语、俗谚物名及土音分类；所附瑶俗，特作瑶人“俗姓考”“叛服考”“古今因革考”等章节，尤著特色。此志在湖南府郡志中属上乘之作。

康熙《宝庆府志》，38 卷，首 1 卷。宝庆府知府、河南兰阳（今兰考）梁

---

①参见新编《湖南省志》第二十九卷《著述志》（上册），湖南人民出版社，2003 年。

碧海修，本郡宿儒刘应祁纂。此志按班固《汉书》体，作纪、表、志、传、艺文。正卷凡19门181目。其中，“人物传”分22类，收录达千人，诸如诸葛亮、关羽、岳飞、文天祥等在此地的活动，均有记载；“艺文志”占10卷，载历代诗文近千篇，均富于资料价值。

乾隆《宝庆府志》，84卷，首1卷。宝庆知府、广东潮阳郑之侨纂修。郑之侨任宝庆知府达7年，政绩卓著。此志为其亲自纂辑，搜采资料丰富，陈述谨严。根据本郡地理及民族状况，于“兵防”“理苗”记载尤翔实。《续修四库全书提要》称，郑氏此编乃郡志中之“杰作”。

嘉庆《武冈州志》，30卷，首1卷。武冈知州、湖北咸宁许绍宗纂修，许绍宗门生、新化邓显鹤编辑。此志首为编年体大政记，再依次设图、表、书、考、传、记、外篇。其体裁自具特色，并收录不少有关民族、藩封、变乱等重要史料。

嘉庆《常德府志》，48卷，首1卷，附文征9卷、丛谈1卷。常德知府、江西宜黄应先烈修，陈楷礼纂。楷礼，武陵（今常德）人，举人，著名地方文献学家。常德府于乾隆五十八年（1793），曾修有府志，凡24卷。由时任常德府知府、陕西李大霳主修，湖广总督毕沅监修，并属清代著名方志学家章学诚纂稿。原本已佚。此志系陈楷礼以章学诚“乾隆府志”遗稿为底本，沿用其体例与资料，并兼采各县成书，纂辑而成。《续修四库全书提要》称：其凡例各条井然有序，分门别类悉合史裁，全篇搜采宏富，叙事立论简当，允推名作。

乾隆《直隶澧州志林》，26卷、首1卷、末1卷、附补编1卷。澧州知州、顺天宛平（今北京市）何璘修，安乡教谕、湘乡黄宜中纂。此志载有何璘《书〈李自成传〉后》及《题奉天玉和尚塔院》，首次提出李自成起义失败后，隐居石门夹山寺为奉天玉和尚之说，并对《明史》记载表示质疑。

康熙《辰州府志》，8卷。辰州知府、辽东（今辽宁）鄢翼明纂修。此志，载有湘西“苗疆”《各哨所总说》《永（顺）保（靖）总说》及历代“苗徼”，于研究湖南苗族、土家族历史文化有史料价值。现存卷一、卷五至卷八，藏北京图书馆。

乾隆《沅州府志》，50卷、首1卷。沅州府知府、长白（今吉林）正白旗人瑭珠等修，朱景英等纂。景英，武陵（今常德）人，乾隆十五年（1750）乡试第一，曾官台湾海防同知，有文名。沅州升府后首任知府朱琰，于乾隆七年（1742）撰有府志稿。此志系在其基础上增辑而成。志中所记山川古迹之名称由来，锦江等书院创建始末，打花鼓、舞龙灯、打春等民族民间习俗，具有较高史料价值。

又乾隆《沅州府志》，40卷、首1卷。沅州知府、浙江萧山张官五修，芷江知县、江苏江宁龚琰纂。志中记述唐以来的战事及镇抚“苗疆”史事50多起，对五代两宋“南江诸蛮”起义、明代苗民归叛、南明抗清战事、李自成余部抗清及雍正间“改土归流”，均有较详记载。资料翔实，记叙清晰，亦为府志中之佳作。

嘉庆《郴州总志》，43卷、首1卷、末1卷。郴州知州、贵州兴义朱偓修，原甘肃文县知县、郴州陈昭谋纂。全书资料丰富，对前志讹误多所订正。而所录何达宪《古桂阳郡考》、齐占南《水道提纲》等，尤具史料价值。

乾隆《永顺府志》，12卷、首1卷。张天如纂修。张天如，浙江会稽（今绍兴）人。拔贡。永顺府知府。此志为永顺置府后首修府志，对永顺（含古丈）、龙山、桑植、保靖四县历史沿革、户口和民族分布、土司制度与“改土归流”、民族风俗习惯等，均记载甚详，采录资料丰富。

嘉庆《沅江县志》，30卷。署沅江县事、蒙古族人唐古特修，嘉道名宦、湘籍著名学者、安化陶澍等撰。此志图文并茂，资料丰富，被称为邑志中之佳作。所载诸葛亮、王安石、岳飞等在沅江的事迹，黄巢军经沅江破朗州10万兵、杨幺筑子母城以抗岳飞进攻等重大兵事，尤具史料价值。又，嘉庆《安化县志》，亦由陶澍撰稿。

第五节　科学技术

一、湖南传统医学的成就

清代前、中期，湖南传统中医药学进一步发展，民间出现的名医和留下的医学专著甚多。

常朝宣，号妙悟子。长沙人。因病，遂肆力学医，尤潜心脉理，尝谓医家首重切脉，犹作文首贵认题。著有《医学脉灯》。此书首列脉神，十二经，五脏正脉、平脉、病脉、死脉、真脉、冲阳、太溪、太冲、部位解。次列二十八脉、各病宜忌脉、脉要歌、死脉歌、矫世惑脉辨、妊娠脉、天和脉。后列《素问》60年运气治病之纪及奇经八脉。其所论述，多采自张景岳、萧通隐、李濒湖之说，间参以己见，学者展卷即可知测脉之理。有清乾隆十四年（1749）刻本传世。《湖湘名医典籍精华》收录此书。

黄钤，字映庭，号朗垣。长沙（一作善化）人。乾隆时举人。历任衡山、临湘教职。庚子（乾隆四十五年，1780）冬，其师汪亦山（涛），官河南汝州刺史，寄赠《勿药单方》一书，共收方800余。钤乃在该书基础上增辑有效验方470余，撰成《验方增辑》。是书分上、下2卷。上卷列补益门、虚劳门、吐血门等28门；下卷列咽喉门、心胃门、腹痛门等36门。全书共分64门，所选方多系食物及常用之品，均为经验有效者，道听途说之方药概不录入。有清乾隆五十九年（1794）余庆长刻本传世。

郑玉坛，字彤园。长沙人。生活于乾隆、嘉庆间。自幼喜读其父所录医书，遍览家藏医书，于晚年撰成《彤园医书》行世。共含书4种，凡22卷。其中《彤园初集大方脉》6卷（卷一、卷二为《食寒心法集解》，卷三、卷四为《幼科心法集解》，卷五、卷六为《伤寒杂病医方合编》）；《彤园二集小儿科》4卷；《彤园三集妇人科》6卷；《彤园四集外科》6卷。另有《彤园本草》5卷，缺载。郑氏在编撰此书时，认为《御纂医宗金鉴》，集医学之大成，故以其为蓝本，广搜各家之说，结合自身临床经验，于每科标举品题于前，随症附方集解于后，颇具医学价值。有乾隆六十年（1795）刻本，嘉庆元年（1796）清光绪二十五年（1899）重刊本。《湖湘名医典籍精华》收录其书3种。

鲍相璈，字云韶。善化（今长沙市）人。幼时见世人多以良药自秘，心甚鄙之，发愿欲广求验方，公诸于世。历20年，展阅古今载籍，访问私家良方，经过筛选，辑成《验方新编》。本书有8卷本与16卷本，卷数不一，内容相同。按病分类99项，包括内、外、妇、儿、五官、急救、杂治等。所录医方，皆具有简、便、验、廉之特点。自清道光二十六年（1846）刊行面世以后，在国内外医学界和社会上广为流传，备受赞赏。从道光至民国各个时期均有翻刻，香港，日本东京、横滨等地亦有多种刊本。此外，还有《增订验方新编》《增广验方新编》《选录验方新编》《国医录验方案大全》等增删衍化本。《湖湘名医典籍精华》收录此书。

陶之典，字五徽，号憺庵。宁乡人。顺治中以拔贡，授安亲王府教习，擢内阁中书。工诗文，兼通医学。著《伤寒源流》6卷。此书卷一、卷二为源集，叙次六经、标本、传变、并合、在经、越经及汗吐下后诸见症之原。卷三至卷五为流集，条分各症经络、归属、表里、浅深，施治主方之要。卷六为源流药方，列源集药方113种，流集药方127种。所列240方，除采王叔和113方外，余为所集后世名方。书中编次井然，诠注清晰，内容丰富，检索方便。有清康熙三十六年（1697）刻本传世。《湖湘名医典籍精华》收录。

周诒观，字湘门。湘潭人。少习举子业，屡试不售，弃儒从医。数十年间，起沉疴者，百无一失，成为一代名医。著《秘珍济阴》3卷。此为妇科医书，凡3卷153目。卷一为调经门、求嗣门、胎前门；卷二为胎产病；卷三为产后病及妇科杂病，并附方歌及医案。书中吸取前代名医精华，参以其师周于纶、陈树惠两家秘传，结合本人数十年行医心得，精心纂集，内容清晰，使用方便，深得医界好评。传世有道光十年（1830）刻本。《湖湘名医典籍精华·妇科卷》载录。

罗国纲，字振占，号整斋。湘乡人。少习举业。喜读医书，后弃儒从医，治验甚多。晚年将一生临证所得，撰成《罗氏会约医镜》20卷。此书包括《脉法》1卷，《治法精要》1卷，《伤寒》2卷，《瘟疫》1卷，《杂证》8卷，《妇科》2卷，《本草》3卷，《儿科》与《疮科》1卷，《痘科》1卷。传世有乾隆五十四年（1789）刻本。《湖湘名医典籍精华》载录。

黄朝坊，字妙山。醴陵人。生活于乾嘉间。继承家医传统，又师从名医匡邦宝，于行医授徒之暇，越数十春秋，三易其稿，于嘉庆九年（1804）撰成《金匮启钥》35卷。此书因以历代医家著述，多各执一偏，《内经》《金匮》之奥旨，“重门深锁橐钥”而莫启，故命此名。① 原书24卷，现行本29卷，除卷首为序、原序、凡例、目录外，计《男科》9卷、《寒温热痢》5卷、《妇科》5卷、《幼科》4卷、《痘科》6卷，全书共200万言。是编本《内经》《金匮》之旨，旁征博稽，折中诸说，力求论理当，论证详，论治切，使读者一目了然。所分各科，皆首论经络、脏腑、四诊八纲，继论各科病症。论后继歌，歌后继脉，务使脉证相勘。脉后列方，正方之外，间附要方，以应急用。方后继案，举生平所获，间附前人奇验者以证之。其书原为写本，时隔56年后，由其裔孙倡募刊行。有清咸丰十年（1860）刻本传世。《湖湘名医典籍精华》收入其书

---

①参见新编《湖南省志》第二十九卷《著述志》（上册），湖南人民出版社，2003年。

三种。

李宾门，醴陵人，自幼体弱多病，遂好读医书。嘉庆九年（1804）师从攸县名医贺鸿磐，内外小儿方脉，无不研究，而于瘟疫尤为着力。其行医，诊治精细，疗效显著。嘉庆二十五年（1820）瘟疫流行，因深感自己无法分身遍救，乃取诸书所载证脉方药，删除繁冗，择其简要、有益治疗者编辑成《瘟疫辑略》，共3卷。意在使阅书行医者，“得治病之法，而又参之以变，不至拘方泥药，斯可运用不穷矣”①。有道光八年（1828）刻本传世。

贺升平，字奠邦，号鸿磐。攸县人。困而好学，安贫嗜古，精研医道，活人甚众。年八十余卒。所著《脉要图注》，又名《图注脉要详解》，凡4卷。卷一有脉之名义、脉之部位、脉位图说等73目；卷二有二十八脉、脉象歌诀、浮脉之要、沉脉之要等69目；卷三有骨度名位、十二经脉、起止歌诀等69目；卷四有形身之诊、脏腑之诊、营卫之诊、气血之诊等58目。书中不仅详述寸、关、尺三部九候诊法，明晰二十八脉，而且搜集历代各家之说，对形身、脏腑、阴阳、五行、骨度、血气、颜色、声音之诊，条分缕析，并列以图说，证以心得，使学者易于领会和掌握。传世有乾隆四十八年（1783）刻本，嘉庆五年（1800）、光绪间重刊本。《湖湘名医典籍精华》收录此书。

蔡贻绩，号乃庵。攸县人。约生活于乾嘉年间。天资慧敏，博学慎思。初业儒。以自幼多病，几濒危殆，幸赖姻丈茶陵名医陈学周多方调理，乃获痊愈，并力劝其习医，传授脉法。遂弃儒攻医，精研经旨，博采众方。行医50余年，活人无算，从游者众。晚年总结研习医理心得及临床经验，撰成《医学四要》，凡18卷。此书内含《医学指要》6卷、《医会元要》1卷、《伤寒温疫抉要》5卷、《虚损失血集要》6卷。分别刊于嘉庆和光绪年间。前两集属于基础医学著作，阐述中医生理、病理、诊法、治则、方剂等。后两集，着重阐发伤寒、瘟疫、虚损、失血四大症之病理和诊治经验。《湖湘名医典籍精华》辑录《医学指要》《医会元要》《伤寒温疫抉要》3集。

熊应相（1702—1785），字廷良。衡山人。相传，其家50代行医。后家道中落。应相乃日事耕种，夜读祖传医书。勤奋不倦，终成一代名医。著有《金针三度》（3卷）和《三针并度》（3卷）。《金针三度》，阐发乾坤奥旨，坎离

①参见新编《湖南省志》第二十九卷《著述志》（上册），湖南人民出版社，2003年。

精义，子母夫妻之生克，牝牡阴阳之配偶。对于脉诀一道，尤枕葄功深，寻出候内候外秘奥，别开脉学生面。《三针并度》，上卷注释汪讱庵《医方集解》，增入腑标及脏标；中卷为自制方法，列所创汤剂70余方；下卷为医案，列本人有效经验案例100余，多为治难、重、危症者。二书均有民国三年（1914）刊本存世。《湖湘名医典籍精华》辑录。

文起，字梦弼。衡山人。少攻举子业，通经史百家，屡试不举，乃弃儒学医，精于小儿麻痘。著有《痘科辑要》（5卷）、《麻科辑要》。《痘科辑要》，卷一论痘源、气血、虚实寒热；卷二论初热及治法；卷三论发热、寒热并作，头痛等症；卷四论异痘、水痘、赤痘；卷五为诸方、药剂。后附《续集》《三集》《别集》，为补充性、总论性文39篇。《麻科辑要》，收录论麻症、轻重顺逆，出疹之家四大忌、医家三大忌等文54篇。二书均有嘉庆六年（1801）刻本、道光九年（1829）重刻本存世。《湖湘名医典籍精华·儿科卷》收录其《痘科辑要》。

周学霆，字荆盛，自号梦觉道人。邵阳人。生活于乾嘉间。13岁应童子试，拔前茅。归途患水肿，误服药，几濒于危。由是改而习医。据传说，曾得异人传授导引之术。直至七十高龄，冬穿单衣，挥扇于大雪中无寒色，盛暑衣重裘坐烈日下而无热意。饮十斗不醉，经旬不食亦不饥。他毕生钻研医学和养生之术，遍游三湘四水，扶危济困，为人治病，治愈疑难怪病无数。积40余年之经验，著《三指禅》《医学百论》《外科便览》《医案存》等医书。现存者仅《三指禅》一书。

《三指禅》，凡3卷。卷一，为总论、脉学源流、定脉部位、寸尺解等文43篇；卷二，为男女尺脉异论、痨症脉数论等文21篇；卷三，为温病脉论、暑热脉论、痢症脉论等文18篇。全书共载文81篇，附《三指禅赋》。其大旨根据《灵》《素》《难经》等脉学原理，加以阐发，具体说明诊脉部位、方法及凭脉断病，进行医疗等问题。书中论说明晰，措辞清雅，深得后世医界好评。现有道光七年（1827）、光绪八年（1882）刊本存世。此后，国内外有多种翻刻本流传。《湖湘名医典籍精华》辑录。

二、天文、算学的初步发展

清代前、中期，湖南文人在天文研究领域最突出的代表是许伯政。

许伯政（1700—1784），巴陵（今岳阳）人。精天文，通经史。著《全史日至源流》33卷。辑入《四库全书》，并有《碧琳琅馆丛书》《芋园丛书》刻本及八千卷楼抄本传世。此书著作主旨，在于稽考经史传注中之至朔气闰是否符合实际天象，并纠正记载之误。前3卷论述推步方法，实为其推算至朔之历术原则。言天周宜用360度，日法宜用96刻，宫次非恒星一定之居。岁实奇零，积久始觉损益，不宜概为四分日之一。后30卷，排纂长历，分代纪年。上起轩皇，下迄明崇祯十六年（1643），前后4000多年之朔闰，丝牵绳贯，一一可按谱而稽。其书的推算尽管还存在着不同程度的差异，但在200多年前能达到这样的准确性，仍属难能可贵。至今书中的某些部分仍有一定的参考价值。

在天文方面，清前、中期湖南还有一些研究成果。如：石门吴家庆著有《天官书纂》，湘阴黎光祕著有《星宗格要》，长沙黄渌著有《浑天仪象法》等。

数学方面，长沙李锡蕃有一定的成就。李锡蕃，字晋夫。生活于清中期，通晓数学。著有《借根方勾股细草》1卷。锡蕃认为西方之借根方即中国算法中之天元（即古代九章方程，相当于今代数中之一元方程式），经研算得例数十题，著作此书。甫脱稿，即病卒。后同邑丁取忠为之梓行，编入《白芙堂算学丛书》。

又，清泉（今衡南）谭学元，通晓天文算学，曾自制浑天仪、窥远镜诸器物。撰《推历指掌》《九章算法适中》《三角形纲目》等书。惜未见传世。仅《湖南通志》著录。

三、农桑技术的发展

清前、中期，湖南农业的耕作方法、灌溉和施肥等技术有了提高和改进。如宁乡县自乾隆以后，“凿井挑塘，筑坝蓄水，点滴不肯轻泄；沿河两岸横江垒坝，架筒车汲灌。其车法或牛拖，又有手挽脚踏者，随高低用之”。“粪田方法，薅草坯烧火土，采青草，拾豚豕狗粪，沤田池。栽插后，用石灰散布田中，能杀虫、肥土。又或用棉枯、桐枯、菜枯及牛骨灰者。秋获甫毕，即犁田蓄水，曰打白水，以七、八月为美，九、十月次之，有‘七金、八银、九铜、十铁’之谚。”在山区，“山农治山，三伏以锄转土覆草于下，候雨过炎蒸腐之，以美疆土。一岁种烟，再岁种薯、荞、粱、粟，三岁种芝麻”①。可见，田地灌溉设

①同治《宁乡县志》卷二四。

施和工具已相当齐备，掌握了各种施肥和保持土地肥力的方法，山地种植还知多种作物轮种。

为提高单位面积产量，清前、中期湖南有些地方已推广双季稻的种植。如同治《醴陵县志》记载："田所宜惟稻，岁两熟，有早、晚两种。山阿之田，地气冷，仅一熟。莳稻早不过立夏，晚不过芒种；晚亦两种，夹莳早稻缝中者曰亚禾……视他邑岁一熟者为劳苦。"又云："通治二熟禾，虽间亦有莳中稻、糯稻者，特百分一耳。"这说明醴陵地区，最迟在清中叶已大面积种植双季稻。又如衡阳县，"初无晚稻，蒸水春夏善涨，频岸民田多潦，而山田苦旱，谷食恒不足"。乾隆中，有刘汉典者，在广东驾船，得晚稻种，"散诸其乡，至今赖其利。每荐新谷，耆老必尸祝刘翁"①。

清前、中期，种桑养蚕技术在湖南也进一步推广和发展，出现了一些专门总结这方面生产技术和方法的农书。传世的有：

茶陵谭之纪撰《增订蚕桑成法》2卷。有乾隆间抄本，孙殿起《贩书偶记续编》著录。

何安石、魏默深（魏源）辑《蚕桑图说合编》1卷，包括桑说5条、蚕说10条、图说16条。有高州富文楼刊本，《续修四库全书提要》著录。

俞昌会撰《蚕桑谱》。俞昌会，顺天宛平（今北京市）人，道光中任桂阳州知州。此书为其官桂阳州时所辑。言桂阳边地，山多于田，民虽知勤，皆务稼穑，而不知蚕桑，故编此书以授种桑养蚕之法。有道光间刊本传世。《湖南文征》辑黄诚为此书所作《蚕桑谱序》。

第六节　宗教

一、佛教与佛学研究

（一）湖南古刹名寺的兴衰变迁

长沙麓山寺。明末毁于兵燹，四周竹木砍伐殆尽。至清代，又复中兴。顺

①同治《衡阳县志》卷六。

治十五年（1658），首议重修麓山寺，12 年后由僧人智檀全面着手进行修复。智檀俗姓冯，陕西省汉中县人，诸方参请，足迹遍布大江南北，过江西，到长沙，入住麓山寺，结草庐而居，凡 7 年。康熙十年（1671），得提督张勇的支持，邀集各地军政要员，捐资复建该寺前殿、大殿、法堂、方丈，约 5 年而工竣。又一年，藏经阁始建成。但不久，又遭兵火大部分被毁。到康熙二十年（1681），始由其嗣法门人阿诺文惺禅师，得赵云岑之助，重修后殿，薛柱斗则出钱修复前殿，塑弥勒像，程仕吾施财塑韦驮像，赵又复建山门一座，遂使该寺规模宏远，焕然一新。清代麓山寺，诗僧辈出，先后出了智檀、文惺、弥嵩、天放、笠云等，皆曹洞宗僧人，工诗能文，善书画，名重一时，都有著述行世。如智檀，曾著《岳麓衡书》《剪曼篇》《滇游集》《望云草》。文惺，字阿诺，著有《妙法连华经笺》30 卷、《南岳游仙记》《岳麓杂咏》《晓云诗集》若干卷。弥嵩，字续灯，著有《三会语录》《南岳山居诗》《岳麓山居诗》《中庵后草》。天放，著有《十笏斋诗集》，编纂《麓山寺志》3 卷。

长沙开福寺。清代，开福寺先后修建过 4 次：第一次是顺治十七年（1660），沙门佛国当住持时募修。第二次是康熙八年（1669），总兵卜世龙倡捐重修。巡抚周召南、藩司郎永清、臬司孝荣宗、推官胡壮生助修天王殿。第三次是乾隆三十七年（1772），寺后制造火药，寺宇被焚，巡抚梁国治命僧募修。第四次是乾隆六十年（1795），又因在寺后制造火药，引起火灾，灾后复为修葺。嘉庆十一年（1806），书法家韩葑，为写山门对联：“紫微栖凤，碧浪潜龙。”光绪十七年（1891）陈海鹏题“古开福寺”横额，一并为之泐石。

衡山南台寺。乾隆嘉庆年间，寺僧分移寺产于南岳庙之西廊，建私庵，曰“老南台寺”，原寺遂废。清末，淡云、妙见师徒，苦心筹措，又重新修建，略具丛林规模。包括外山门，中轴线为关圣殿、大雄宝殿、方丈室（楼上为藏经阁）。东边厢房依次为客堂、斋堂，西边厢房依次为禅堂、祖堂。此外，西边还有华严阁以及其他附属房屋等。淡云，字慧日，湖南衡阳人，曾任祝圣、南台、福严、大善、清凉各寺住持，颇受僧俗崇敬，有“佛门迦叶”之称。

衡山福严寺。清代，先后有淡云、玄妙、海岸等高僧在福严寺活动过。据雍正十三年（1735）统计：该寺有田 226 亩 4 分 5 厘。[①] 有上天狮子、圣僧入

---

①参见新编《湖南省志》第二十七卷《宗教志·佛教》，湖南人民出版社，1999 年。

定、一柱撑天、镜台流月、丹凤衔书、石竿垂钓、三生共话、烟雨飞华、金鸡衔粟、石鼎焚香等十大胜景。乾隆五年（1740）清廷赐给《大藏经》一部。

衡山上封寺。清代，曾有几位诗僧驻锡于此。如：

异目，字长庵，南昌（今江西省南昌市）人。康熙初，应巡抚周召南请住上封寺。著有《语录》及《上封寺志》行世。擅诗，当时名流显官如王澶宏、车万育等相与唱和。

木照，字寄云，号竹轩，俗姓王，湘潭县人。嗜诗，与刘元熙游，诗益进。先后任长沙（今属望城区）桐溪寺、南岳上封寺方丈，后住长沙开福寺，开创湘春吟社，著有《杯渡集》。

寄禅（1851—1912），名敬安，湖南省湘潭县人，是清末著名诗僧。因燃指供佛，世称八指头陀。曾住持过南岳上封寺。出版过《嚼梅吟》《白梅小集》《八指头陀诗集》等。

清代上封寺经济情况，据雍正十三年（1735）统计：拥有水田448亩1分，所居僧徒赖以为生，间或有游人布施。① 上封寺成为清代南岳山上的一个规模较大的丛林。

衡山祝圣寺。康熙四十四年（1705），偏沅巡抚赵申乔为准备迎接康熙皇帝南巡，迁胜业寺于沙坪，改原胜业寺为“行宫”。康熙五十三年（1714）住持晓堂改行宫为祝圣寺，此为祝圣寺得名之始。雍正初，继晓堂为住持的淡远，奉命重修。并把一度迁在沙坪的胜业寺，迁回原址。继淡远为住持的先后有前参、佛格。其时寺宇寥落，佛格乃于乾隆十二年（1747）进行大规模维修，当时祝圣寺不但殿堂庄严雄伟，而且风景极其优美，有“祝圣十景”：中亭测日、双阁凌霄、松涛泛月、翠柏撩云、猿知入定、鹤惯听经、炉霭天香、山钟自动、岳云光檐、瀑布流厨。咸丰以后，有擅长雕刻艺术的心月和尚，按照毗陵天宁寺石刻五百应真像拓本，新刻五百罗汉像，嵌在新建的罗汉堂内壁上。清末在祝圣寺当住持比较著名者有淡云、佛乘等人。

沩山密印寺。明代，寺院经济趋于衰落。神宗万历年间，又遭遇两次大火，殿堂焚毁殆尽。清代，密印寺殿堂、法物渐次恢复。主其事者有慧山、灵源、伟悦、大参、能远等人，其他著名僧人还有明智、明洌、明应、揆庵、实舒、

①参见新编《湖南省志》第二十七卷《宗教志·佛教》，湖南人民出版社，1999年。

巨翔、明权、实照、濬明、寄禅等10余人。而以慧山出力最多影响最大，其时寺僧达700人。清顺治十二年（1655）慧山重建大佛殿（又名万佛殿），殿高7丈，陶砖为之，每砖模佛一尊，殿内供奉三大佛像，其中一尊为纯檀镂刻，后供三大士像。同年，建寒山殿，在大佛殿之前，内塑裴休像。顺治十三年（1656）建警策殿，在大佛殿后，内塑千手千眼观音像。康熙八年（1669）募资铸铁瓦盖在万佛殿上。康熙十年（1671）沙门灵源募铸铜钟一口，重5048斤。康熙三十年（1691）沙门伟悦增建山门。乾隆五年（1740）七月请颁得藏经一部，年底，送到寺中。道光九年（1829）沙门大参复请藏经一部。道光十七年（1837）沙门能远，独建阁于万佛殿右，高5丈7尺，知县方炳文为撰碑记，并写匾联以赠。

浏阳石霜寺。宋代曾盛极一时。元明两代，处衰落时期。入清后，又逐渐中兴。临济宗僧人连尊，为开山祖师庆诸禅师重建塔基，塔上刻有“唐青原第五世普会诸禅师塔”，今塔犹存。雍正十三年（1735）重修大佛殿。乾隆五十九年（1794）修山门、两廊，次年续有增建。光绪五年（1879）重修大悲阁。寺院管理体制，为法门丛林，分六房僧人依次待继为住持。

除上述古刹名寺外，湖南境内在清代早期还兴建了几处后来较为著名的佛教寺院。如：

灵云寺。在长沙府长沙县桃花洞（今望城区白箬铺镇桃花村）。顺治五年（1648）由僧人戒虚募化土地一块，后僧人不韵在此建草屋以居，取名灵云寺。旋因战乱沦为废墟。至康熙二十五年（1686），敬堂禅师予以重建，遂成佛教一大丛林。后光绪年间，该寺住持福慧又加以修葺。民国时期列长沙八大丛林之一。现寺宇已毁。

庞山寺。康熙中，建于衡州府衡阳县（今衡阳市）南门。寺址为唐代著名佛教居士庞蕴故宅。

（二）清代湖南高僧与佛学研究

清代，仍有一些高僧来到湖南，参禅弘法，为佛教宗义的发扬和在湖南的传播作出了贡献。如禅宗的道忞、天培、弘储，净土宗的衍义等。

道忞（1585—1674），明清之际僧人。一名木陈，俗姓林，潮州（今广东省潮安）人。嗣天童密云圆悟，属临济宗。清顺治十六年（1659）赐号宏觉禅师，曾受召见，有《奏对集》。继密云圆悟主天童寺法席，曾一度住持益阳龙牙寺（今桃江县境内）。康熙十三年（1674）卒。

天培，清代僧人。俗姓刘，名常鑑，吉水（今江西省吉安市）人。嗣法道忞弟子本邃。曾游居洞庭君山。清康熙三十五年（1696），住持南岳祝圣寺。新岁闻爆竹声，作偈云："顶门声发响如雷，大地山河岁月催。始信从前空费力，一重拨尽一重灰。"① 殁后，建塔天柱峰下。

弘储（1604—1672），字继起，号退翁。兴化（今江苏省兴化市）人。早岁出家，为开法三峰（今江苏常熟）的汉月法藏（1573—1635）门下大弟子。主苏州灵岩山最久。晚以南岳缁素之请，住持福严寺。清初，常暗中保护坚持民族气节的明朝遗臣。清顺治八年（1651）竟被株连，好义者争救之，久而得脱。而节操不少改，或以前事相戒，弘储说："自反无愧，即有竟外风波，久当自定。"又说："忧患得其宜，汤火亦乐国也。"② 居南岳3年，吴人唯恐失之。复迎归。生平著述甚多。有关湖南者有《浮湘录》5卷，《南岳禅传记》《南岳勘古》各1卷。其门人金赋原直住南岳福严寺和德山乾明寺（今常德市），楚奕原豫往长沙云盖寺（今望城），大播弘储禅风，广流江汉间，时称福严、云盖为"甘露双垂"。

衍义（？—1734），字湛修，俗姓董，陕西人。初出家长安荐福寺，慕长沙麓山寺智檀禅风，入湘参学，至智檀已故，因留居泐潭寺（今长沙市开福区荷花池附近），从事修复，面貌一新。作《泐潭八景诗》以纪名胜。八景中唯莲沼最广，长逾三里，环岸曲折，宽亦里许，额曰"海会莲池"，今荷花池即其故址。晚年专修净土。清雍正十二年（1734）殁，活了80余岁。著有《泐潭剩语》4卷、《留影文集》4卷、《禅余诗草》10卷。

清代前、中期，湘籍僧人和湖南世俗学者在佛学研究领域，也有不少贡献。如：

文惺，清代湘籍僧人。俗姓周，号阿诺。湘潭人。生卒年不详。清初出家于衡山清凉寺。原不识字，经过苦读，工诗能文，精通释典。开堂南岳晓霞峰。康熙间主持岳麓寺，寺内有明万历藏经两大柜。文惺刻苦精读诠释，撰《妙法莲花经笺》凡30卷。其所笺《法华经》，系用朱蓝二笔加以批注，嘉庆时尚藏寺中。《湖南通志》著录。

著名哲学家王夫之，在佛学研究领域也颇有造诣。晚年著有《相宗络索》

---

①参见新编《湖南省志》第二十七卷《宗教志·佛教》，湖南人民出版社，1999年。

②参见新编《湖南省志》第二十七卷《宗教志·佛教》，湖南人民出版社，1999年。

一书。此书为其阐述佛教法相宗（简称相宗）义理之著作。

法相宗，源于印度佛教瑜珈宗。瑜珈宗以研核诸法实相为主旨，故我国佛教界称其为法相宗。法相宗义理繁富，但较难研读。夫之著作此书，意在系统论述相宗基本概念，使学者易于理解与摄持。全书凡29章，始于“八识”，终于“八识转成四智”。着重于精神界事物即心理分析研究。近代评家曰：“本书以八识转成四智终，是具有卓见的。”“不但提挈纲领，示学人以津梁，还入理深细，时有发挥。”并认为“治船山学不能不读此书，治中国学术史也不可不读此书”①。是研究相宗思想及其对中国哲学史影响不可不读之书。原书为稿本。其最早版本为民国十年（1921）衡阳石印本。后有民国二十二年（1933）《船山遗书》本。岳麓书社，1993年出有此书点校本，收入《船山全书》第十三册。

清代湘籍僧人净讷，撰有《宝镜三昧原宗辨谬》1卷。净讷，俗姓王，号且拙。衡州安仁人。幼孤出身，26岁在衡山紫荆峰受具足戒。后至浙江湖州弁山参瑞白明雪，嗣其法，为禅宗曹洞宗传人。唐洞山良价所著《宝镜三昧》，为曹洞宗宗典。此书论述《宝镜三昧》本义，解说云岩之重离六爻、偏正回互，阐释洞山良价、曹山本寂、石霜等五位功勋、五位君臣、五位王子之说，以彰显《宝镜三昧》原旨。收入《续藏经》。

二、道教与道家学说研究

中国道教，自明代以后逐步衰落。在湖南虽亦如此，但省内南岳等地的一些著名道观，在清代依然得到重修、扩建和不同程度的发展，并且也还兴建了少数道教宫观。同时，仍有一批湘籍的和外来的著名道士及世俗文人，为道教和道学研究、弘扬作出了新的贡献。

（一）湖南著名道观的重修、扩建

南岳大庙。康熙中重修。正川门御碑亭内，有康熙四十七年（1708）为重修南岳大庙而立的巨大石龟驮负的石碑，碑文至今清晰，系康熙皇帝御笔所题。大庙正殿，即圣帝殿，为清代后期重建。殿阔7间，周围有72根大石柱，象征南岳七十二峰。殿中供奉贴金南岳大帝——司天昭圣帝。

①王恩洋：《〈相宗络索〉内容提要》，载《船山全书》第十三册，岳麓书社，1993年。

南岳玄都观。原名半山亭，又名吸云庵。同治元年（1862），道教龙门北宗谭教清参访至此，购买该亭及周边山地2400平方米，改亭扩建，取名玄都观。以作为北宗南移之十方丛林，成为南岳山中一大道观。

南岳九仙观。始建于晋太康年间，盛于唐。宋、元、明三朝，九仙观兴废历史无从考证。清初，有武当派道士李皓白来南岳，主持九仙观。至顺治十一年（1654），为九仙观取得亡明藩室桂王遗田615亩，及荒山243亩，复率道众垦荒约400亩。九仙观遂拥有田土千余亩，成为南岳寺观所占财富之首，最为富裕的道观。其时道观宫室得到重修扩建，盛极一时。后因财产纠纷不断，九仙观逐渐衰落。

长沙云麓宫。明末毁于战火。康熙年间予以重修。咸丰间又遭兵燹。同治二年（1863），武当山太和宫道士向教辉来居此宫，募资按原貌再次重修，并增五岳殿等。

芷江天后宫。位于芷江县舞水西岸，与县城隔河相望。据同治八年（1869）《芷江县志》记载，此宫为“福建客民”于乾隆十三年（1748）所建。是湖南乃至内陆各省中最大的一座马祖庙。原占地面积6500多平方米，现存建筑面积约2000平方米。有石栏、石坊，南北有耳室，中间三进为戏台、正殿和观音堂。左为财神殿，右为武圣殿和五通神殿。全部建筑结构至今基本保持完好。

张家界朝天观。古观遗址位于张家界景区内琵琶溪。始建年代史无确切记载。清嘉庆、道光、咸丰、同治年间，曾多次重修。据嘉庆元年（1796）《重修朝天观功德碑》载：“朝天观，建自汉唐，前有灵山，后有青岩，左有马嵩岭。”又据观内道光十九年（1839）重修碑记载：张家界山巅“有庙曰朝天观，供奉真武神像”。此观应源于武当派。现仅存大量清代碑刻和古观多处遗迹。

常德太和观。明末毁于大地震。时任住持杨道长，立誓重建，恢复旧观，十方信士纷纷解囊相助。于是自清顺治戊戌（1658）十二月动工，至辛丑年（1661）八月，历经三载，乃重修玄帝宫（即太和观）。主殿仍供奉真武大帝，并增修一天门供奉王天君，增修二天门供奉赵天君，新砌石阶百余级，又于左右恢复钟楼和鼓楼。当时宫观规模宏大，道众云集，先后有王奇祥（道元）、陈瑞仙（洞真）等名道主持，定于每年八月十五日举办庙会。此后，前往大和观进香朝拜的香客、游人络绎不绝。清代二百多年间，太和观一直是湖南享有盛名的香火道场之一。

（二）湖南名道与湘籍学者对道家学说的研究

李皓白，字常庚。明末清初时为南岳九仙观道士。原籍山东青州。曾参谋于何腾蛟、左良玉军中，与南明十三镇总兵均有交往。隐居九仙观时，得南明军诸将帅不少馈赠，又得明桂王在南岳部分田地，置地筑观，使九仙观一时大为兴旺。清初衡永兵备道彭而述作有《道人李皓白传》《送李皓白归衡山序》，对李倍加赞扬。李皓白著有《琐碎录》《九仙传》，现均已不存。

谭守诚，号心月。武陵（今常德）人。性笃实，不苟言笑。曾读书于黄鹤楼，有出尘之志。与道士黄守信为友。北上抵京，师名道王常月于白云观。住观数年之久。后赴浙江传道，不知所终。

刘理授，俗名宗海，字敬义，号受元子。湖北汉川人。一生云游四方，遍访高道，武当、天台、九华、五台、庐山、华岳等道教圣地，均留有其足迹。至衡山，得松阳子许公的金丹大道，遂选居静室，笃志修炼。除精通内功外，对书法、剑术、医理等亦多有造诣。

清代湖南世俗文人对于道教理论的研究，成就最著者应数王夫之。夫之先后撰有《老子衍》《庄子解》《庄子通》《愚鼓词》等，阐发道家学说的著作。

《老子衍》，始作于清顺治十二年（1655）。后书稿被友人借去毁于火灾，康熙十七年（1678）其子敔出旧本施乙注者，复录成是编。其自序谓：昔之注《老子》者，代有不同宗派，各传异说。众说纷纭，互相糅杂。“夫之察其悖者久之”，故欲“废诸家，以衍其意”，“入其垒，袭其辎，暴其恃，而见其瑕”，① 以全面阐述《老子》。书中经文之下有小注，然后逐章加以衍解。其所作注释，除自申己意外，还引用韩非、严君平、王辅嗣等 20 家之说。其言“道”，认为“物与道为体，而物即道也”。反对离物论道。并指出“天下岂有不行而知，不见而名（明），不为而成哉”！这表明船山在阐发《老子》丰富的辩证法思想的同时，极力扬弃其唯心论观点。论者认为这就是《老子衍》的主要贡献所在。其书有清康熙湘西草堂《王船山先生书集》刻本。后收入《船山遗书》。现又有《船山全书》第十三册点校本（1993 年岳麓书社出版）。

《庄子解》，33 卷。《庄子》，原题庄周撰。据后世学者考证，实乃战国至汉初庄子学派之著作总集。凡 33 卷，其中《内篇》7 篇，《外篇》15 篇，《杂篇》

---

①王夫之：《老子衍·自序》。

11篇。船山此书，不载著作时间，可能作于《庄子通》之前。全书无序跋。每篇之首有篇解，各篇正文之下有注解，多为船山自作，亦有其子敔所作“增注”。每段之后，又有解说，综括全书篇解大意，认为《寓言》《天下》两篇为全书之序例，《列御寇》为庄子之绪言。《内篇》之文“竟皆连属”，“指归则约”，“自说自扫，无所粘滞”，且对儒家态度缓和，“不党邪以丑正”，“与老子相迎，而别为一宗”，故是庄子所作。《外篇》则非庄子之书，是其弟子与庄子学派人所撰。与《内篇》一比较，“灼然辨矣”。其中《骈拇》《马蹄》《胠箧》《天道》《缮性》《至乐》诸篇，“尤为悁劣”。至于《杂篇》，言其云“杂”，是指其“博引而泛记”。“《杂篇》言虽不纯，而微至之语，较能发《内篇》未发之旨。”故学《庄》者，须从《杂篇》中“取其精蕴”。其中《庚桑楚》篇“笼罩极大”，尤为重要，“庄子之旨，于此篇而尽揭以示人”。① 而《让王》《盗跖》《说剑》《渔父》4篇，则被定为赝作，屏不解说。其对《庄子》一书之评解，意在去前人以儒佛附会庄子，还庄子本来面貌，并在字里行间，指出其缺点所在。学者对其予以好评。其书版本与《老子衍》同。

《庄子通》，为船山就《庄子》阐发己见之作。凡为文26篇。《庄子》33篇中，有《让王》《盗跖》《说剑》《渔父》4篇被视为赝作，将其屏除。另有《徐无鬼》《寓言》《列御寇》3篇，存名而缺文。其书作于清康熙十八年己未(1679)。卷首有“是岁伏日”自叙，大意谓当时避兵山中，“枯坐得以自念：念予以不能言之心，行乎不相涉之世，浮沉其侧者五年，弗获已，所以应之者，薄似庄子之术，得无大疚愧。然而予固非庄生之徒也，有所不可两行，不容不出乎此，因而通之，可以与心人理不背”。其言“浮沉其侧者五年”，是指吴三桂叛变占领湖南的5年。具有复明思想的王船山，曾对吴抱有幻想，后经过观察与思考，毅然与之决裂并严词拒绝为其写“劝进表”，从此坚定隐居藏身、以著述终老的思想，潜心研究《庄子》，继《庄子解》之后，又写出这部著作。在这本书中，他主要是借庄子之言阐发自己的思想，其中不乏高见卓识。如提出“以物为师”(《人间世》)；“天地无往而非其气，万物无往而非其机”(《齐物论》)；“以中裁外，外乃不淫；虚中受外，外乃不窒”(《天运》)以及《逍遥游》中对“多寡、长短、轻重、大小”相互关系的论述等，都富有睿智的哲

①参见新编《湖南省志》第二十九卷《著述志》。

理。书中还对庄子“逃之空虚”，不谴是非等消极思想作了批判。其书有《船山遗书》本，1962年中华书局《老子衍·庄子通》合刊点校本及岳麓书社1993年《船山全书》第十三册点校本。

《愚鼓词》，系以乐歌述道家内丹丹法之作。首《前愚鼓乐》言“梦授”丹法，为“鹧鸪天”词10首。次《后愚鼓乐》，为“译梦”十六阕，寄调“渔家傲”，诠释所梦金丹歌词。末附和青原药地大师（即前明大学士方以智）《十二时歌》。此歌系述丹法炼精化气阶段周天火候之术。据王夫之子王敔《大行府君行述》称：船山居山中“时着道冠，歌愚鼓”①。

除王夫之外还有魏源爱好佛学，同时对道家经典也颇有研究，撰有《老子本义》(2卷)。此书前有序，论《老子》《史记·老子列传》，后有附录与跋。正文分上、下两篇，合《老子》通行本81章为68章。其《论老子》，主要论述老子思想之主旨及其渊源，比较老子之学与列御寇、杨朱、庄周等之差异，分析其与儒、佛之不同，并历述后世尚老、解老者之误。末言《老子》一书分章得失，斥河上公、傅奕、姚鼐诸家之非，独崇《淮南子》所引为最善。书中除夹句校字外，还分章引述前人注释，最后诠以己意，间于章题之下，述其分章之见。其书约成于嘉庆二十五年（1820）。道光初又曾补叙。生前未刊。现有《丛书集成初编》《万有文库》《诸子集成》等刊本传世。

益阳陈其扬，于道家经典《参同契》的研究颇有贡献。陈其扬，字禹封，号舫斋。雍正四年（1726）武举人。通经史，工书法。撰有《石函古本参同契注》传世。《参同契》，全称《周易参同契》，系道家丹经。《古本参同契》，即东汉魏伯阳撰、徐景林笺注、淳于淑通补遗《三相类》，为《参同契》原著。此书后世为注者甚多，或以错简为之，或随意加以阐释，甚为杂乱。据陈其扬自序称：乾隆七、八年间，偶于方外处得石函古本，归后审读之，条理脉络井然，遂“释积百年不解之疑”。为彰阐其书以散于人间，“因敬注而刊之”。现存乾隆刻本。又辑入《湖南文征》。

三、伊斯兰教在湖南的发展

自明末清初开始，回族穆斯林从江浙、南京等地来湖南经商，定居于长沙、

①引自侯外庐：《船山学案》，岳麓书社，1982年。

常德、邵阳等地，形成自称为“南京班”或“客班”的回族穆斯林聚居区。同时，也有因水旱灾害等，一批回族穆斯林由湖北一带来湖南投亲靠友，定居湘北津市、湘阴、华容、南县，其后裔再迁居常德、长沙等地。于是湖南各地的清真寺随之增多，伊斯兰教在这些地区也就得到了传播。

清代前、中期兴建的清真寺主要有：

长沙三王街清真古寺，又称本寺。据其奠基碑文记载，系明末来长沙定居的回族穆斯林于清康熙元年（1662）集资兴建的，建筑面积1500余平方米。这批穆斯林自称“本班”，而称清代始来定居的为“客班”，故该寺又称为“本寺”。此寺至民国年间因还债被变卖。

长沙三兴街清真客寺。据其奠基碑文记载，由被称为“客班”的回族穆斯林于康熙五十年（1711）集资兴建。该寺现已迁建于回龙山白沙井岭。

湘潭市清真古寺。位于市内莲花街。道光年间，由当地南京籍金姓回族穆斯林首倡集资兴建。

常德市清真古寺。原址沙河街。明永乐初年，翦、黄两姓穆斯林始迁祖建有清真古寺，至清初已倾颓。清顺治初年，当地穆斯林集资重建此寺。自清代以来，一直为湖南伊斯兰活动中心。

常德市东寺、西寺。东寺，原址在五铺街，道光初年建。20世纪60年代被征用改建为市合作社。西寺，原址大庆街，嘉庆年间始建。20世纪60年代被征用办工厂。

邵阳市郊白鹤潭清真寺。建于道光二十年（1840），原建筑还部分保存。

隆回县桃花坪清真寺。位于桃洪镇和平街。当地穆斯林于嘉庆年间集资筹建。道光七年（1827）建成。道光二十一年（1841）、咸丰八年（1858）又增修。建筑面积1500余平方米。清真寺还创办学校1所。

沅陵县清真寺。位于县城马路巷坡项。嘉庆年间，由陕西瞿、刘两姓回族穆斯林来沅陵为官时兴建。现经维修恢复。

此外，还有一批清真寺均应属清代前、中期建筑，但确切年代无考。如：长沙市当地蓝姓回族兴建的高塘清真寺，常德鼎城区樟树丫西藏坪、莲花冲、跑马岗、夹溪岭等清真寺，南县六岸清真寺，澧县丁堤清真寺，津市清真寺，汉寿黄家障清真寺，桃源城关、陬市、翦家岗、牛眠山、翦家溶等清真寺，益阳县清真寺，桃江晚谷冲、车门塅清真寺，邵阳市南寺、茶园头、学堂冲等清真寺，邵阳县九公桥、湖田等清真寺和银仙银桥老寺，隆回县罗白田、聂家屯、山界等清真寺。

回族、维吾尔族穆斯林进入内地后，基本上都是定居于汉族聚居地区。由于受占主导地位的汉族宗教信仰和文化习俗的影响，有部分穆斯林家族集体改变信仰而从汉俗，史称“出教”。这种现象在湖南某些地方清代前、中期即已发生。如邵阳紫塘海姓穆斯林家族，乾隆年间，族人中出了文、武举人各1人。举人及其家族后来多与汉族联姻，而汉族媳妇常自娘家带回猪肉。因此阿訇拒绝为海姓人主持丧事。海姓文、武举人恼羞成怒，遂从汉俗主丧，并将宗祠的半边占为家庙，以表示公开出教。又如桃源翦姓维吾尔族穆斯林家族，在清代出有36名秀才，他们多与汉人联姻，并改信佛教。

四、天主教入湘之始

西方的天主教，在唐贞观年间曾一度传入中国。时称景教，又名大秦教。后中断。明万历十年（1582），耶稣会传教士、意大利人利玛窦等，进入广东传教并输入西欧科学知识，获明大臣支持和皇帝的赞誉。从此天主教正式在中国内地得到传播。天主教传入湖南，则始于清初。

南明永历政权时期，南明大臣瞿式耜、庞天寿、焦琏，以及皇太后、皇后等，均受洗入教。据记载，顺治七年（1650），南明皇太后遣使赴罗马求救于教廷。当时有湘潭刘氏兄弟二人任官于南明，遂奉命随使前往。两年后到达罗马，但回国时太后已死，南明灭亡。刘氏兄弟返回故里湘潭云塘，建教堂，名圣母常堂。刘氏兄弟的后代，一支住湘潭城内，一支仍留住云塘。1784年乾隆禁教时，教堂被毁，这两支刘氏后代有的充军，有的离教，也有被杀的。只有刘家另一嫡系迁居离城70里的巴东，还保留一部分信徒。稍后，天主教又通过其他渠道传入湘潭。康熙二十四年（1685），姜修仁出任湘潭知县，离京赴任时往辞传教士南怀仁。南怀仁要求姜上任后修建教堂，姜应允。上任后建天主教堂，并有法籍耶稣会传教士穆迪来湘潭传教。姜修仁正式入教，洗名“方济各”。康熙年间，有传教士乘舟经湘潭去广州，在杨柳河停泊。湘潭蒋文生、蒋文谋兄弟听其宣讲而入教。蒋的表弟杨永会亦率妻一同入教。乾隆禁教时，蒋、杨两家后人大都改悔。有一支杨姓后代迁往衡阳城边五里牌，仍继续信教。①

---

①参见湖南省历史考古研究所编：《湖南历史资料》，1958年第4期。

康熙初年，天主教传入衡阳。第一家教徒为李英松。李英松，生于明崇祯五年（1632），先住江霞滩，后迁河口，又率其侄李开顺再迁黄沙湾。康熙初年，有耶稣会教士乘舟进衡阳，停泊黄沙湾，李英松和李开顺听其宣讲入教。后李家的亲友，衡阳北乡的郭家，南乡的罗家，东乡的张家，经李英松叔侄引进先后入教。后来黄沙湾成为衡州府天主教总堂所在地。

天主教传入长沙，是清康熙二十九年至三十八年间。

第一个来长沙从事传教活动的，是西班牙耶稣会教士陆若瑟。康熙三十八年（1699），陆若瑟在长沙修建了一座临时教堂。光绪二十八年（1902），意大利方济各会教士翁德明予以重修，其地址在今长春巷7号，现为省、市天主教爱国会、教务委员会所在地。（插图41）

插图41　长沙长春巷天主教堂（1910年摄）

此外，清康熙年间，天主教还开始传入永州、郴州、衡山、常德等地。康熙三十八年（1699），永州始建天主堂；三十九年，郴州建教堂；四十一年，衡山教友筹资建教堂；五十年，常德建教堂。

自清初以来，有一批外国传教士曾长期留居湖南，进行传教活动。其中，第一位就是西班牙传教士陆若瑟。他于康熙二十六年（1687）来华。从二十八年至三十八年（1689—1699），留居湖南达10年，传教于湘潭、长沙、永州等地。继之，有葡萄牙耶稣会教士聂若望，于康熙三十九年（1700）入湖南传教。雍正元年（1723）清廷下旨禁教，他仍隐藏在湖南进行秘密活动。聂若望管辖6座教堂，有教徒2200人。康熙、雍正年间，留住湖南传教的还有法国教士穆天尺。他于康熙三十八年（1699）来华，四十五年（1706）、四十七年（1707），两次被驱逐出境。五十年（1711），又潜入我国内地。同年七月携带两个小修士，秘密来到常德，并购买房屋作为教堂。至雍正初年，仍留在常德传教。据有关资料记载，雍正帝下令禁止天主教后，仍隐藏在湖南继续秘密传教的外国传教士，共有8人，即意籍方济各会教士叶功贤、王方济，葡籍耶稣会教士聂若望、记类思，法籍耶稣会教士卜日生、顾释泽，意籍多明我会教士陆文仁，法籍遣使会教士穆天尺。但这些人不久都先后离开了湖南。①

雍乾年间，由于一再下禁教令，不允许西洋人潜入内地传教，除个别偶尔路过外，已无长期留住湖南境内的外国传教士。至嘉庆十八年（1813），意大利传教士兰月旺潜入湖南，在湘潭、衡阳、永州等地秘密活动。两年后，即嘉庆二十年（1815），在耒阳被捕，械送长沙。第二年，奉上谕处以绞刑。清朝统治者的这种严厉的禁教政策，抑制了天主教势力在湖南的传播和发展。

五、民间信奉与祭祀

清朝虽为满族贵族所建王朝，但为稳固和维护自己的统治，入主中原后即积极吸收汉文化，继承和利用一些传统的崇祀习俗。他们不仅对原有的历代忠臣、名宦、乡贤和地方神祇的崇奉和祭祀不加排斥，多予以维护和继承，而且重修庙宇，加封爵号，御赐匾额。此外，还新建一批祠庙，以崇祀前朝和本朝的某些有较大影响的人物及地方神祇，以适应其统治的需要。如：

刘熙祚与长沙刘忠毅祠。刘熙祚，武进人，明末以御史巡按湖南。时张献忠军入湖南，连陷武陵、岳州。熙祚率兵御之于长沙。兵溃，奔衡州，再退永州。吉、桂等王，皆弃藩而逃，熙祚以兵护行。据记载："贼猝至，诸王走岭表。"而熙祚曰："御史，楚官也，不可去。"即不愿离开湖南。遂被执。张献忠先施以酷刑，后复诱降之，熙祚终不屈。囚解至宁乡，遇害。宁乡一僧人，"识公骸"，将其安葬路旁。南明宏光时，赠太仆，立祠于长沙小西门内。寻

---

①参见湖南省历史考古研究所编：《湖南历史资料》，1958年第4期。

废。清康熙中湖南巡抚赵申乔重建，于忠节祠左立祠，并撰《重建刘忠毅祠记》。①

蔡忠烈墓祠。蔡忠烈，即蔡道宪，晋江人。明崇祯中为长沙府推官，捕盗贼，惩通盗奸豪，治吉王府为奸宗人等，为长沙士民所推崇敬服。十六年(1643)八月，张献忠军陷岳阳攻长沙。蔡道宪募壮丁5000，拒守长沙城。战败被执，不屈遇害。随身四卒亦被俘拒降，请为主殓尸掩埋而后自刭死。其墓在长沙南门外醴陵坡，明长沙知府堵允锡于墓地建祠以祀。清康熙四十四年(1705)，湖南巡抚赵申乔表墓修祠，并清理祠田。乾隆十三年（1748），长沙知府吕肃高重修祠墓。道光十一年（1831），邓显鹤为宁乡训导，辑蔡忠烈公遗集及续集、年谱，并修墓祠，又得其遗像及尽节前家书手迹，摹刻祠壁间。

长沙郎公祠。在长沙育婴街，祀清布政使郎永清。郎奉天广宁（今河北地）人，湖南分治后首任布政使。据记载，时楚南刚经兵火，孑遗未安衽席。任内“正身率下，尤勤于吏事”，政绩斐然。数十年间“讴思弗替者如一日”。康熙四十四年（1705）冬，楚南士民“合辞言于有司”，请“阖省崇祀名宦”。赵申乔令所司覆实，“果如所请”。遂卜地于城建祠，“鸠工庀材”，不数月而成，并为之作《郎公祠记》。②

浏阳洞庭庙。秦汉以来，洞庭湖滨各地多建庙以祀洞庭之神。浏阳县虽不在湖滨，然物产外运往往需通过洞庭湖。清乾隆二十四年（1759），浏阳知县张宏燧，以浏人运漕至岳州，苦于“湖险”，乃立庙以祀湖神。③

益阳刘宪与刘公祠。刘宪，明益阳人，历官宁夏巡抚。任内御寇戍边，“一时人民享永清之福”，为之建生祠以祀。后官至刑部右侍郎，一度为宦奸所诬害，卒于狱。清乾隆三年（1738），秦莘田知益阳县。时朝廷发帑，修葺历代帝王陵寝及忠义祠墓。刘后人乃援例请为乃祖在益阳修祠墓祀奉。秦莘田查阅文献，核实功绩，遂于县城西拱北街建刘公祠，并撰《忠节祠记》。

南岳衡山神与南岳庙。明南岳庙奉祀“南岳衡山之神”，清因之。顺治五年（1648），南岳庙毁于火。康熙四十四年（1705），巡抚赵申乔“奉敕”重修。四十七年（1708），御制《重修南岳庙碑》，并御书匾额二：一曰“光辅紫

---

①参见光绪《湖南通志》卷七四《祠庙一》。

②参见光绪《湖南通志》卷七四《祠庙一》。

③参见光绪《湖南通志》卷七四《祠庙一》

宸”，一曰“永峙南维”。雍正十年（1732），湖南巡抚赵宏恩“奉敕”修葺，御书匾额“功宏育物”。乾隆十六年（1751），湖南巡抚杨锡绂，又“奉敕”修葺，御书匾额“灵曜南云”。嘉庆九年（1804），衡山县商人欧阳班等，呈请捐修，巡抚阿林保奏闻，复御书匾额“宅南极标”。此后又多次重修。

濂溪故居祠。在道州（今道县）西营乐乡，祀宋周子敦颐。南宋赐谥元公，元封道国公，明以元公裔孙袭五经博士，清朝因之。康熙二十六年（1687），赐额“学达性天”。

帝舜的祭祀。清康熙二十九年（1690），宁远知县李应期置祭田。四十五年（1706），知县李旭旦重修庙宇。因明朝定制，以春秋仲月上甲，县令具牲帛致祭；凡遇国家庆典，撰祭文，遣官致祭，牲用太牢。

洞庭湖神的祭祀。巴陵（今岳阳）自古有洞庭庙，祀洞庭之神，历代香火旺盛。清康熙十八年（1679），以清军平吴三桂之乱，渡湖“波涛不惊舟师”，奏捷敕封“洞庭湖之神”，遣官致祭。雍正三年（1725），加封“涵元汇利”洞庭湖之神，遣官致祭。乾隆三十一年（1766），赐“灵昭楚望”匾额。①

巴陵（今岳阳）贝勒祠。城东凤凰山及宁陵寺后各有贝勒祠，清康熙十八年（1679）建，祀大将军贝勒尚善。乾隆四年（1739），总督德沛重修。据记载，康熙十二年（1673），吴三桂叛，遣其子吴应麒踞岳州。尚善督师进讨。十七年（1678）八月，卒于军。岳阳人于其驻军地凤凰山建祠祀。

“三王”的信奉与祭祀。在湖南苗族地区，自宋元以来兴起对“三王”（亦称“天王”）的信奉，历代不衰，而入清后则更盛。乾州厅（今吉首市）三王庙，在厅北五里鸦溪；凤凰厅天王庙（又称“三侯”庙）两处，一在东门外观景山麓，一在城北30里靖疆营；永绥厅（今花垣县）三王庙，在厅城东；黔阳县（今洪江市）三王庙，有3座，一在南门外，一在新街口，一在双溪铺；城步县三侯（三王）庙，在城东南130里长安营。祠祀的均称是辰州人（或曰黔阳托口）宋代杨氏三兄弟。以其平苗事功，后遇害，苗民甚敬畏之。有冤莫辩，则赴庙盟誓饮血。因其遇害之日，正值小暑，故每年逢此节，苗族中有许多禁忌。如禁屠沽、禁嬉戏娱乐等。苗族地区有传说，乾嘉苗民起义时，清朝官兵得“三王”神力相助，如解永绥厅城之围，救道台傅鼐于阳孟寨等，最终才镇

①参见光绪《湖南通志》卷七六《祠庙三》。

压了起义。因此，嘉庆二年（1797），奉旨敕封为“靖远”“绥远”“镇远”三侯。由此三王庙又常称三侯庙。

第七节　风俗

一、风土民情

清前中期近200年间，随着经济文化的发展和社会生活的变迁，湖南各地风土民情，亦随之发生一些变化。

如乾隆《长沙府志》载：

旧志：“士多廉隅，民尚朴素，勤于农桑，拙于商贾。”而今亦不胜其变矣！……要以劲直任气，好文尚义，流风未泯。……士类刻意清修，不偕侪俗。乡绅亦崇节励行，雅志韦编。

郡地广衍冲会，鱼米薪颇饶，民不习伎艺而拙于封殖。里廛杂处，习气难同。暴黠之在五方者穴焉。故产不尽土著，差不役公家，期发征会，往往相习为逋。甚至拥膏腴，壮榱题，工服食，僭金鼓。昔称恬于势利，尔来少年豪华，恣轻肥，尚武断，相习于狎侮纵横者，未尝无也。

官室朴质，虽瓦椽不加雕彩。衣多布帛，器用陶瓦。民间馈遗简质，即一鸡黍，可以贽达官贵人。赠贺之文，每以纸轴书之。

燕客，每延入内庭，以为恭敬。

土人多散处，即父子兄弟必各居。一山之阿，多不满三户。

诸生坐舟中，多用雨盖插一仓口，示异齐民。

肩舆用竹，粗者陋甚。精者四面亦施丹护，不设瞻帷。

愚夫妇喜斗轻生。往往因鸡豚小事，辄服毒草殒命。此草名水莽藤，服之多不救。

农家酉戌后，牛多野放，待来年正二月始从山林捉回。或为人攘去，复尔构争。

呼父为爷，呼祖为爹，呼母为娘，呼儿为仔，又曰崽、曰娃子，呼叔母为婶，夫妇相称为两公婆。①

在府志撰者笔下，清前中期，长沙地区一些古风犹存，如“劲直任气”“好文尚义”；士类“清修”，“不偕侪俗”，乡绅们“崇节励行”。

但社会风气在发生变化。富人们起居豪华，讲究吃穿，起家低微的人也“张盖策舆”，即撑伞坐轿了。少年即“恣轻肥，尚武断”，“狎侮纵横者”也有。当然这可能不是普遍现象，也并非当时长沙社会风尚的主流。一般人的生活尚为简朴，居室无雕梁画栋，衣布帛，用陶瓦，送礼也很简单，造访“达官贵人”，送一只鸡也就可以了。周边农村无聚居的大村寨，土著居民都是三五户分散在各处“山阿”、田垄，长沙地区直至三四十年前依然如此。长沙地区的一些很有地方特点的方言，如呼父曰“爷”，祖父为“爹爹”，夫妻相称“两公婆”，呼儿为“崽”等，在明代已经流行。所说的吃“水莽藤”轻生等，可能有之，但非长沙独有的习俗。

道光《宝庆府志》记载：

楚俗尚鬼，唯郡为甚。往往信巫而轻医。医之世传者不数见。村医用草药以巧中者，亦时有之。

郡往民淳讼减，迩来不然。词固无情，动辄上控。阅其状则极冤，鞫其实则最渺……近时之朋党造款，远乡之乘机抄掠，尤非旧时淳朴之习。

士民业异，士恒为士，农恒为农，守其业而不徙可矣。今农不专耕，而乐趋募顾之利。士无乐群，散处田野之间，工习末技……

五邑习俗……邵阳之土沃，勤与慵相间也，勇则似其天性焉。新化之用物博，田与植皆利也，讼则似其天性也。城步之役专产繁，而与苗接壤，气有所归，未见其络绎于路者矣。武冈在融狡鸷而宁谧之，夫彝意颇驯饬。②

从记载看，邵阳地区，素来民风淳朴，士恒士，农恒农，士尚读书，农务力耕。但至道光年间，即清中叶，已发生了变迁。如民间兴“词讼”之风，士逐“末技”，农趋“募顾”之利等。所属各县邑又有特色，如说邵阳人尚“勇”，新化人善“讼”，城步人具有苗人风气，武冈人化“狡鸷”为“驯饬”。如此概言，可能有所本，但不一定都很确切。所说“尚鬼”“信巫而轻医”，这

①引自乾隆《长沙府志》卷一四《风俗志》。

②道光《宝庆府志》末卷。

应是湖南乡间当时普遍现象，邵阳地区也很突出。至今新化、娄底及益阳、安化一带，古称“梅山蛮”地，崇巫信鬼的“梅山教”遗俗仍颇流行。

清前期佚名氏《桂阳风俗记》载：

州境北衡、西永、南连、东郴州。以前明隶于衡，颇有衡风。溱水通浈，而临武习越俗。蓝山徭封。今徭俗率同内民，可谓用夏变夷，迁于乔木者也。嘉禾分州临武之地，而别自为国。要其安居和味宜服利用备器大同。其俗皆不慕奢丽，耻仆隶厮养之役。妇女操作类男子。安贫恋土，重族好儒。居皆聚族，有事则相助，亲睦笃至。然颇恃族大凌弱姓。安习常业，不尽地利。如陈傅良“拙惰苦窳”之言。今日治桂阳，教农事为最急。其讼狱、盗贼比他府州，千之一矣。①

从记载看，桂阳及所属各县，地近古越人及瑶人聚居的广东连州等地，而境内分布着大量瑶民，虽受内地汉文化的影响，“用夏变夷”，习俗风尚不断发生变化，但仍颇具特色。如：同两广一样，妇女特别勤劳，干农活不逊于男子汉；聚族而居，这与长沙地区大不相同；无“词讼”之习，偷盗抢劫相当少，不及内地州府的千分之一；“不尽地利”，耕作粗放，生产方式落后。所说的安贫恋土，不尚奢华，则湖南各地农村大都如此。“好儒”，即中国传统文化氛围较浓，这显然与东汉以来卫飒、茨充等儒士文人主政桂阳，兴教办学，不断倡导有关。

道光《永州府志》记载：

零陵，水耨火耕，鱼稻自给。……垦辟渐饶，纺织娴习，日中为市，毂击肩摩，资生粗足。昔时俗尚椎朴，婚丧之礼务崇简质，今且男厌布帛，女羞荆饰，吴绫越罗习为故常。

祁阳，地辟民聚，四达之衢，视零陵尤为烦剧。山川灵秀，代有俊民。迩者俗侈人竞。

东安，幅员虽狭，与江华埒。……铁冶之利，易于植富，而农桑之蓄，旱涝无虞，尤称沃壤。乃货殖之子，挟赢奇而走四方。

道州，民俗淳古，耕读而外他无所长。多佳竹而不能作器，有美材而不善为室。

---

①引自《小方壶斋舆地丛钞》第六帙《桂阳风俗记》。

永明，地宜黍稻，民鲜啼号贫甚者。

江华，俗亦淳古，衣布帛而不文绣，食稻粱而不珍惜，去奢崇俭，此其可风矣。

又载：

道、宁土俗，畏离乡井，专恃田园，别无生业可图。州人尚知就近贸易，宁邑则多任异地人为之。

永郡之士，质胜于文。其循礼畏法，则大略相等。

士大夫敦古尚俭，家居则布素，赴客则深衣，犹有三代遗风。

士多读书自爱，不轻履公庭。祁俗，素重读书。每村社必有塾师，子衿之良率皆闭户潜修，不入官府。其稍纵弛者，人得指数之。

东安，士流尚气而好义，培文振教之事，争先乐为。事师长尤严敬。

道州，士习朴质，重师长，亲学校，畏有司，无刁健之风。资性多沉潜，文章多醇正。士大夫出必步行，或乘肩舆，则人非议之。不肯远游，适百里外即思归。

宁远，绅士无不自爱，鲜有非分之讼。惟家自为师，人自为学。

永俗，朴而好文，俭而好礼。士以趋竞为耻。①

从记载看，清代永州及所属县邑，民俗朴质，士风淳古。人多尚气好义，重教崇文，循礼畏法，不轻履官府，“以趋竞为耻”，即淡泊名利；“畏离乡井”，耕读之外，别无所长。这些均与唐宋以来，永州地区所形成的民风民俗和文化传统相承续。但至道光初年，开始发生某些变化。如：有的地方，“男厌布帛，女羞荆饰”，追求绫罗绸缎已渐成时尚；也开始有“挟赢奇”走四方者，即脱离传统耕织，从事货殖和工艺的人等。

二、婚丧习俗

清前、中期湖南各地方志，有涉及民间婚丧习俗的一些记载，现择要引述如下：

乾隆《长沙府志》载：

论婚不亲迎，殡不大殓。唯士大夫家始行之。妆奁视家厚薄。

①引自道光八年刻本《永州府志》卷五上《风俗志》。

又有届节作服饰馈遗女家，名曰调节。此近日家饶而好盛之习也。

亲丧，有即就茔者，有停丧卜地历久始葬者。丧家散帛为礼，亲友吊奠有赙仪者，有猪羊盛馔者。昔以纸轴书祭章，今则俱用绫缎，并不屑用轴绢。乡俗雅好佛事，作道场或三日、七日，至半月为止。又，夜聚丧家于更尽时，一人鸣锣挝鼓，唱孝歌，为闹丧。其远乡，间有演戏伴灵者。每奉禁而莫之止，恶习难遽变也。

丧祭大事，往往舍戚言易，舍敬言仪，骐轴未行，木主在匮。而歌舞终朝，鼓吹彻夜，酒肉醉饱……每有亡者之身未寒，而家财萧条，田庐已破者。

婚礼，不问男女而求门阀，不择德行而专重赀财。纳币则侈陈锦绣，遣嫁则夸饰妆奁，亲迎则宝马香车，高牙大盖。竭半载经营之力，博顷刻市童之怜，何其惑也。①

看来，进入清代以后，经过百年左右的发展，长沙地区经济文化繁荣兴盛，婚丧风俗礼仪也变得十分豪华讲究。丧事大办道场，彻夜鼓吹歌舞；婚嫁重门第、讲财礼、夸嫁妆，亲迎"宝马香车"。当然这多是大户人家所为。但风俗如此，一般平民百姓也都相互攀比，致使有的人家为办丧事而破产，"身未寒"，"田庐已破"。

道光《宝庆府志》载：

（清初）婚娶必择阀阅相当者。求婚则请媒祈字，许字则有纳采问名之礼。逾年则有行聘之礼。及婚则有亲迎之礼。仪节不尚繁重，妆奁饰服，视家丰俭，亦无过侈。

丧祭，往时士大夫家多遵晦庵家礼。大小敛铭旌车服，皆如其制。亦有崇尚佛事者。然尊信葬经，迁延岁月，致十余年尚不克瘗。近始知非克慎大事焉。

（新化）婚必择门户相当者。男家通媒妁，达定启，送钗币于女家，谓之定亲。遇节令有馈仪，谓之送节。纳币亲迎，女家致回奁仪节，视家丰俭。楚南风俗，不亲迎。惟新化颇守古礼，一切礼仪，以地瘠民贫，概从简略。至家贫，自度不能婚娶，多有从三朝半岁，抱养过门为媳。过门

①引自乾隆《长沙府志》卷一四《风俗志》。

后仍给父母抱回抚养，候长大再接过门，以致有悔盟诘讼之事。

丧，旧俗竞尚浮屠。城市中则有闹丧、作孝戏慰唁。孝子亲朋丛集，杂遝歌唱。乡村贫朴，其风较少。迩来绅士皆稔知其非，暂近家礼者众，风渐近古。

葬附于祖茔，不分昭穆。亦有溺于风水，旷年不葬者。

（武冈）婚礼，各择门户。男家要媒妁通言，谓之求亲。女家征男所生时日干支，讯之日者，谓之合婚。合婚既许，则用柬书女之干支付男，谓之拨庚。执柬凭以为信。中间令节，男家致币，谓之送节。其重者谓之过礼。先期纳吉，必于数月之前，佐以礼物，谓之报日。及期，女家回奁，遣女父母兄弟或数人往送，谓之送亲。其男之亲迎者绝少。礼仪丰俭称家有无。然近以人稠地狭，多从简略。至贫不能自存者，或自幼抱养，多有以悔盟割配构讼者。

丧礼持服一遵时制。往者吊奠分帛，为费颇著。近以物力艰难，减十之七矣。闹丧、孝戏等弊，以朴素幸无。惟过信风水，葬期延搁，甚至争地致讼，情伪百出。

（城步）婚礼，自问名以至纳采、请期、亲迎，概遵古制，卓然可风。丧祭，风俗朴陋。其丧祭一遵家礼，不尚浮屠。贫穷者邻里相助。惟溺女一项不免。①

邵阳及所属县邑，至清代中期，婚丧礼仪习俗与长沙地区有不少相同或相似之处。如婚姻重门第、赀财，丧葬尚浮屠做道场、鼓乐演唱闹丧等。财礼丰俭，仪式繁简，则城乡不同、贫富有差。从婚俗看，《宝庆府志》的记载更详，自男女双方对门第、通媒妁、合生辰干支、定亲过礼，到择日亲迎等，已成定式。而这一套礼仪，很具代表性，直至中华人民共和国成立前后，湖南各地多依然如此。所记载的因家贫自幼抱养，长大再过门为媳，这在民国时期湖南乡村还较常见。在丧葬习俗方面，特别讲究“风水”，有因此延搁安葬日期，这一点长沙地区较突出。此外，丧葬也仍有不尚浮屠的，如城步一带。

《桂阳风俗记》载：

其婚祭丧礼，同列郡稍异者，结婚自童幼，大家无十岁未聘之子。婚

①引自道光《宝庆府志》末卷中《谈俗》。

日不亲迎，以富贵多子孙老妪为侍娘，主赞新妇交拜堂上，姻族童子怀女贞子、柏子，乱掷之。妇之父终其岁不见婿。惟西北乡，婿于成婚后三日至妇家，同于衡湘。其余则改岁正月，诹吉迎新婿。姻族咸在，或以童子象魁星鼓吹升堂，用朱粉笔涂婿额，以为吉云。

丧祭大敛，其子解释衣入柩，枕亲首。七日内葬者，不卜日，曰血葬。《春秋传》“渴葬”也。葬急曰渴葬，血、渴声近，故有此名。葬三日，男女毕上冢。三年，岁时必往，尤重春秋二社日。谚曰：挂六社、辟牛马。虽远祖，清明则子孙皆上冢，鸣钲炮以行，连月乃毕。①

婚丧习俗方面，桂阳地区亦颇有特点。如：婚俗，自幼订婚，多子多福的老妪做伴娘，新婿要成婚一年后正月始去岳家拜谒；丧礼，大敛，孝子入棺枕“亲首”，七日内不卜日安葬，三年内特重祭扫等。这类习俗，多未见明清其他史志记载。

道光《永州府志》，关于婚丧礼俗记载甚详。现以零陵为例，引录如下：

零陵俗，婚礼，初议婚行媒，送庚帖至男家。父母将二人年庚开列，星家评论，谓之合八字。相合者允婚，否则还其庚帖于媒氏。允婚之后，择日具礼，延媒告以某日行聘，谓之启媒。行聘之日，用鸡鱼酒豚及首饰等物，媒氏作伴，送至女家。女家以纸墨冠履等物答之，谓之回事。此初聘礼也。俗曰下定。数年后，又具礼启媒如初。以只鸡送媒，谓之开口鸡。择日具鸡、鹅、豚、折酒钱、冠饰衣帛等物，用红绳穿钱二连，一连六十，谓之连命钱。女家只收一连。又有以钱代衣服者。此再申聘，也谓之过礼。亲迎之岁，具鸡、豚、酒及钱，谓之送期。前一月，戚族里党请女家饭，谓之辞家饭。先日，行上头礼，仍具鸡、酒、豚及钱，谓花烛礼，以备女家唱歌开脸脂粉等费。是夕，女家宴会，谓之女花烛。择未字者陪女，教以安席把盏。男家亦于是夕，设宴，谓之男花烛。择年幼未娶者陪新郎。以香一炷，轮流唱和。女家亦于是日起歌堂。新嫁女高坐，择未字者二十余人，团坐唱和（此俗惟城中无）。迎娶之日，女家具牲醴，致告于先祖，谓之辞先礼。往常有锁轿之说，谓婿至女家，视女升舆，而自锁其轿门也。此礼犹存，却不亲迎矣。轿往，用鸡二只系轿旁，曰押轿。吹鼓引导，谓

①引自《小方壶斋舆地丛钞》第六帙之三。

之送亲。(在城内，用半夜出亲，取阴往阳来之意。)有送亲娘，多四人少二人。择里中贤而有福者送之。上轿时，穿青衣裙，戴青巾帕，备离娘席，开出亲伞，女哭于堂。以斗秤置堂中，将女坐于斗上，谓之坐斗。又以手握箸四十根，撒之。用箭三枝、镜一枚，并米筛一具，束之轿上，以避煞星。将行，以兄弟负而升轿。轿内择弟侄之幼者同坐，谓之拦轿门。轿底用火箱暖轿。女哭，至半途止声。至婿家，婿家以钱犒从者，始开轿，谓之开轿钱。侍娘接新妇出轿门，以织布梳授之，示勤织纺也。用巫祝一人(或以亲友)，读祝文。读毕，拜于堂上。礼毕，赞礼生吟诗，引新郎入洞房。用童男二人，执烛导之。新妇立帐内，侍娘扶新妇出帐，行交拜礼(一揖)。行合卺礼（持盏酌酒，分授新郎、新娘饮之)。解带（女以手略持郎带也)。摘花（男以手略动女花也)。巫祝仍吟诗，引出堂上，行合拜礼。(先天地，后父母，次祖先。)拜毕，请舅姑及送亲客拜。次日，女家备帖请婿，谓之回门。婿家用鸡豚鱼果，送之女家。及归仍退回。(富家加倍还之，另有冠履绸缎等物。)至三日，皆庙见。择里中有福者，于是日将嫁仪检阅，谓之检笼。此其大概也。若贫家，妇多童养。惟候长成圆配，诸礼皆省。……零陵，处子多不肯为继室，他邑亦然。故继室，虽士族皆再醮妇，不为怪嫌也。又妻妾之分不讲，家族称妾，与妾称家族，皆与妻同。此亦他邑所同也。

零俗，丧礼未能划一。大概，初丧即哭踊，去华饰，披发，用麻系之。徒跣。用讣告于亲友。(或以白书，或止遣人走报，不等。)沐浴（其水，用孝子号泣，持香楮并钱数枚，向外取之，谓之买水。袭，去旧衣穿新衣，多寡华质随家贫富，但用奇数，亲存者不用红。)纳银口中（谓之緘牙)。殓毕，移尸正室。以细灰实棺底，掩以纸，加褥其上。既入棺，加被。(褥被，绸绢布不等，随家贫富。其穿鞋者，则纳履于旁，生时所需备具。)更以灰包白炭塞两边两头，令满。子孙辈各以贴身衣，洗净实四旁，使不移动，乃盖棺。敛物忌铜器。用僧荐亡，谓之开路。设灵位布帷，遂朝夕奠。(至葬乃止。)棺头下设灯一盏，谓引路灯。子孙并宿柩侧，寝于地。（大约以七七为常。）三日成服（俗名上孝)，发无剃（多者百日，少亦四十九日)。凡来吊者，子孙俯伏于旁。吊毕，出位叩谢。每逢七，设豆饭或作佛事，烧冥钱。七七之日，忌逢七日，五七逢之，尤甚。期年设祭仪，乃哭，大祥。及三年，皆然。既择地，择吉期，先疏告于亲友。发白，（谓之开祭。）家奠，（用牲牢酒醴，逝死者平生行实，作告文读。）题主，（或请学师，或请乡之年高望重者。）发引，（戚友皆头白，或执绋而行。）用鼓吹、执事、僧巫。其神主，用童男乘肩舆捧之。（既葬，仍捧归。）有香案、食案、方相（俗曰开路神）、铭旌素幡、棺罩、金银山等物扶榇，曰举重（用十六人，或十二人，或八人）。用楮钱、芝麻梗、爆竹焚于坑内，以火酒烧之。（俗名暖坑。）乃下棺。下半衔棺，即用石灰炭末掩之，乃加土成坟。三日省墓，俗名复山。①

以上所引零陵（今永州市）地区的婚丧礼俗，很有代表性。永州府当时所属其他县邑，大同小异，而直到近代以来，湖南大多数地区依然如此。其中，如婚俗，双方合八字行聘后，数年间还要“再申聘”，送“开口鸡”“连命钱”，成婚前一夜双方各自要行“男花烛”“女花烛”礼；丧俗，子孙辈以贴身衣洗净塞棺内尸旁，孝子于灵堂夜宿于地伴灵等，则颇具特色。

三、时令节庆

入清以后，中国传统的一些时令节庆在湖南依然流行，但或有所演变，不同地区也会存在某些差异。

如，长沙地区，据乾隆《长沙府志》载：

元旦，设香烛楮钱米面食果品，酬奉天地家神宗祖。四鼓起拜。家族大小男女交错酬，谓之贺年。晨出，用爆竹择方与时之吉，亲友各交贺会饮。乡民或以傩神行城社间。

元宵，剪纸为灯，或悬之庭户，或列之街衢，或携以行，至有龙灯、鳌山、踏球者。城市彻夜游观，好事者放火炮起火。各乡社敛赀庆神，遂合唱歌为乐，谓之祈年。

清明，俗，人插柳，谓之记年华。设酒肴祭祖墓，标纸钱于上，去墓草而加土，谓之扫墓。

四月八，造乌饭，庵寺尤甚。请诸檀越为浴佛会。

端午，户悬葛藤蒲艾，切蒲研雄黄于酒饮之。且以涂小儿，仍佩符蒜辟毒。往来馈送角黍。坊市造龙舟，竞渡夺标。俗以为禳疫，实吊屈原之

①引自道光《永州府志》卷五上《风俗志》。

遗事也。

六月六，城市各设醮禳灾。至晚合醵尽欢，或演戏为乐。士大夫家晒书画、曝冠服。

中元，设羹饭酒食祀先祖，凡五日。以纸为衣冠，包经钱，至晚焚之，名曰荐祖。

中秋，城市设酒赏月，以月之明晦定来岁元夜阴晴。

重阳，以茱萸泛酒，米面为糕，或登高剧饮为乐。

十月朔，祭扫先墓，如清明。

腊月廿四，祀灶神。岁暮，家人具宴团年。除夕，放爆竹，鸣金鼓，少者为长者行辞年礼。仍祀灶及家神、先祖，合家再饮。更桃符守岁，至天明不卧。①

以上记载与明崇祯《长沙府志》大多相同，但百余年间也有变化。如崇祯年间长沙过端午节，除龙舟竞渡外，市民还扎彩船，沿江游行，至清乾隆时未见记载；乾隆时的记载中，六月六除“设醮禳灾”之外，还有晒书籍冠服，此习俗一直流行至今；崇祯时记有冬至节，乾隆《长沙府志》却未作记载。

道光《宝庆府志》载：

正月一日，为元旦。鸡鸣戒兴，先于庭前爆竹以迎新岁，次设香烛酒醴，长幼正衣冠，以次拜祖先。贴画鸡于户，悬桃符于门。晨出，择吉向方，谓之出行。是日，亲友交相拜贺，彼此办有供具留饮，又互相邀饮。有孝服者居家守侍灵次，择日拜陇墓。戊日，禁止扫地。占风之方向，以卜岁之丰凶。北主熟，南主欠。及天色明晦，明则多阳，晦则多雨。

正月七日，为人日。以七种菜为羹，剪彩纸为人，或缕金箔为人，胜贴屏帐，亦戴之头鬓。又造华胜以相遗。按艺苑，元旦画鸡于门，谨始也。七日帖人于帐，重人也。

立春，先一日，太守率僚属迎春于东郊，各行户装演故事，各官服彩簪花，押春牛于后。本日，太守行耕礼，打土牛，谓之打春。邑令别以小牛、彩鞭馈乡达。是日，悉剪彩为燕戴之，门帖宜春二字。

正月十五日，为元宵节，乡城皆门户张灯，鼓吹相闻。街市游观，午

①引自乾隆《长沙府志》卷一四《风俗志》。

夜不禁。其夕，有迎紫姑以卜将来蚕桑。

二月朔，唐时称中和节。民间以青囊盛百谷瓜果种相遗，谓之献生子。

春分日，民并置戒火草于屋上。有鸟如乌，先鸡而鸣，架架格格，民候此鸟始戒农事。

三月上巳，临流祓禊。今俗间有邀朋踏青，亦用三日，不复用巳。至妇女无一行者。

清明，设酒馔祭先墓，除草去荆棘，以纸钱挂树立于墓上，谓之扫坟。暮春，俗无秋千之戏，唯好事子弟，多放风筝，夜点烛如众星朗然。晦日饮酒，谓之送春。

四月八，浴佛节。造乌色饭相馈遗，谓之青精饭。

五月五日，为天中节。俗多采艾蒲悬之门户，以禳邪气。是日，采杂药及蓄兰为沐浴。……菰叶裹粘米，谓之角黍。本汨罗之遗风。此日并以舟楫拯之，至今竞渡是其遗风。独愚民划龙舟，多争斗，有死伤不恤者。所当深禁也。

六月六日，谓之半年节。以酒肴祀田神，或曝书籍及衣物。

伏日，作汤饼，名为避邪恶。

七月七日，俗传为牵牛织女会聚之夜。是夕，妇女陈瓜果于夜中，结彩缕穿七孔针，谓之乞巧。

七月十五日，僧尼道俗悉营盂兰会，供诸佛。

八月十五日，为中秋节。作月饼相馈遗。至暮夜，赏月饮酒，歌唱喧阗，至晓而散。

九月九日，重阳节。士民登高饮菊酒，妇人带茱萸囊。各以粉面作糕饼相馈。

冬至，阳生，君子道长，家家相拜称贺，并有致祭祖先者。

腊八日，灌佛，作浴佛会。

腊月二十四日，夜祀灶。其说，谓灶神翌日朝天，白一岁事，故先期祷之。是夜，点灯，谓之照虚耗。

二十五夜，谓之小年夜。煮赤豆作糜，夜暮合家同食。虽远出未归者亦留贮口分。

除夕岁前，或为藏钩之戏，或围炉宴饮以送寒。除夜，盛爆竹以驱恶凶。①

从以上记载看，清中叶邵阳地区在时令节庆习俗方面，颇多特色，有不少未见于长沙地方志的记载。如：正月七日“人日”，“立春日先一”太守率群僚“迎春”，二月朔“中和节”，三月上巳“踏青”，五月五日不叫端午节而称“天中节”，六月六日称为“半年节”、祀“田神”，七月七日“乞巧”，七月十五日为“盂兰会”，冬至祭祖，腊八作“浴佛会”，腊月二十五过“小年”。这些时令节庆，多见于宋元以前的文献记载，而清代时仍流行于邵阳地区，可谓古风犹存。有的节气，长沙和其他地区也流行，但内容不同。如“六月六”，长沙人设醮禳灾，并演戏为乐，而邵阳人届时祭“田神”。“伏日”，即起伏日，作为节日来过，吃“汤饼”避“邪恶”，这是湖南史志中第一次有此记载。至今湖南各地，特别是农村，仍注重“起伏”，但不是吃汤饼，而是杀叫鸡炒老姜吃。

《桂阳风俗志》记载：

（桂阳）州节候，多暖而少寒。然播种莳稻，后长沙半月。岁时景物，同列郡。其异者：

正月二十，为小忌，二月朔为大忌，皆停针不洒扫。小忌日，以茅午交压以石，曰定风。大忌晨，舂糯为糍食，竟以其余缀竹稍插田中，曰粘雀口，使不食苗。

惊蛰，则以蜃炭洒户外，数童子洒且祝。祝曰：惊蛰惊蛰，虾蟆生日，洒炭作堆，洒盐作团，以殴毒虫云。

清明，上冢。州北乡，皆以石灰垩坟顶，每岁增加。余乡不垩也。

四月八日，家煮青精饭，曰乌饭。妇女相约为酒食，食鸭卵肥菜。肥菜，莴苣也，岭南谓之生菜，自仲冬至仲夏以为常蔬。州傍岭亦重此菜。

立夏，家煮鸭卵，食羸笋。

五月五日，作龙舟，高丈余，中容数十人，百夫挽之，以轮行。自明中叶尤甚，以赛三堂神。今罢不行。

临武，正月上元灯，华丽冠湖南。州城旧以二月结寿佛灯，近遭寇乱

①引自道光《宝庆府志》末卷中《谈俗》。

而衰。

蓝山，家家为油茶，以糯及杂果、姜茗入油炒研之，沃以茗汁。客至则设之，士大夫家日设之，邮亭皆有，出蓝山数十里无此矣。①

以上所记载的桂阳州及所属县流行的时令节气，大体与中国内地和湖南各地相同，但所含具体内容和礼俗却另有特色。如正月二十“小忌”、二月朔“大忌”，“惊蛰”洒“蜃炭”、洒盐以避驱毒虫，清明上坟要在坟顶垩石灰，四月八除通常煮乌米饭之外，妇女相约另为酒食，“立夏”煮鸭蛋、食“羸笋”等，在其他州府均未见于记载。至于所说的蓝山“油茶”，制作方式及用料虽有自己的特色，但这一习俗在湘南及湘西南苗、瑶、侗族地区很普遍，至今依然盛行。

道光《永州府志》载：

春正月一日，鸡鸣戒兴，长幼悉正衣冠，拜祖先。择吉方出行，谓之出方。携椒酒拜本家尊长毕，亲戚往来相贺。三日，市不列肆，邻里互相邀饮。择日拜陇墓。弥月火炮鼓乐，其声甚哄。

立春日，结彩支棚，迎春于东郊。农夫视土牛颜色黄白多寡，以占水谷。又视芒神鞋帽穿戴与否，以卜闲忙。各官齐集，鼓吹导至县堂，谓之迎春。宁远、新田间，则有峒傜十数辈，击长腰鼓，吹笙呜呜，团圆亦随跳舞。次日鞭春如制。

正月十五日，剪纸为灯，有鳌山鱼龙诸戏。作豆糜，加油膏其上，以涂门户。先以杨枝插门，随枝所指，以酒脯及豆粥插箸而祭之。张灯于堂于门，鼓吹相闻。街市游观，午夜不禁。元宵庆游事毕，即付之火，名曰送灾。亦有藏龙首于庙中者。

春社日，各村备牲醴香楮，以祭谷神，俗称牛羊会。是日，斋戒，号社斋。

暮春，多为千秋之戏，宁远县尤盛。

清明节，插柳于门，具酒淆登陇墓，以楮钱挂树，曰挂青。……是日凌晨，汲水以新瓮蓄之。经数月而色味不变，造酒尤佳。

四月八日，浴佛节。取枫柿桐杨诸叶合春取水，浸糯米，造乌饭相馈

①引自《小方壶斋舆地丛钞》第六帙之三。

赠。盖青精饭之遗意。

四月有鸟名布谷，自呼其名，农夫听其鸣，则犁耙入田。

五月五日，为天中节。刻菖蒲结艾为人形，或葫芦形，佩之辟邪，或悬之门户以禳毒气。又以艾为虎形，或剪为小虎，粘艾叶以戴之。用竹箨包角相遗。大者谓之枕粽。取菖蒲及雄黄合酒饮之。

三闾大夫以五月五日，投汨罗江，楚人哀之。每至此日，以竹筒贮米为祭，或以菰叶裹粘米，谓之角黍。并以龙舟拯之。至今竞渡是其遗俗。

六月六日，谓之半年节。以酒肴祀家庙，亦曰拜年。盖傜峒中美俗也。士流亦有曝书及衣物者。

七月七日，晨起，儿童散发以取草露，冀发青长。此日，多定婚纳采。

七月十五日，僧人作盂兰盆会，供诸佛，募檀越荐祖考。自十一日始，家家设供，亲戚馈遗，邻里邀饮，至十四日，具楮镪寄冥间先人，皆署名字。是夕焚之。

八月十五日，为中秋节，作月饼相饷，至暮夜，家家祝月。儿童拾瓦砾为宝塔于门首，有高至丈余者，纹亦鳞绉可观。燃灯设供以为戏。

楚俗，以中秋送瓜，祝人有子，永州尤盛。

九月九日，士民并登高，饮菊酒。各以粉面作糕相遗。

十月，西成毕，各村祭社稷诸神，以报田功。

十二月八日，寺僧用果品煮粥供佛，谓之腊八粥。此月，女工成，多嫁娶。

古者，季冬先腊一日，大傩。谚云：腊鼓鸣，春草生。村人并击细腰鼓，扮金刚力士形，以驱疫。

季冬二十四日夜，祀灶神。翌日，朝天，白一岁善恶事，故前期祷之。是夜逐处燃灯，谓之照虚耗。

二十三或二十四、二十五夜，谓之小年夜。煮赤豆作糜，合家同食，虽远出未归者亦分贮之。小儿及童婢皆与。名曰口数粥。村落燃火炬照田亩，烂然遍野，以祈丝谷，谓之照田蚕。

除夜，爆竹相闻，围炉宴饮以送寒。是夜祀先祖，聚饮彻宵，谓之团年，亦曰守岁。①

从记载看，道光初年永州地区流行的时令节庆，大体与湖南其他地区相同。但也有其他地区史志所未记载的习俗。如清明，插柳于门，清晨汲水蓄之，数月后以酿酒；端午，以菖蒲结艾刻人形、葫芦形，或刻虎形和小虎，佩之以避邪；六月六日，祀先祖"拜年"；中秋送瓜，期生子，孩儿以瓦砾砌"宝塔"于门户等。这些可能是永州地区特有的风习，或是入清百余年来所发生的演化。

四、少数民族风情

清前中期和"改土归流"前后，湖南民族地区各土著民族的习俗风情，已有所变迁，但特色仍十分突出。清康熙后期阿琳所纂《红苗归流图》、乾隆初年段汝霖的《楚南苗志》、乾隆中的《湖南通志》等，均多有记载。现将这些文献涉及的苗、土家、瑶等几个民族的风情习俗的记载，择要引述如下：

（一）苗族

居处　苗人房舍，不同民居。多草盖，概系六柱，敞前半，安置器具，后半织壁以栖。右设火床，床中安一火炉，炊爨饮食，及冬月男女环坐，烘火御寒。夜即举家卧其上。虽翁媳亦无间。惟令夫妇共被，以示区别耳。床前畜牛、马，……左旁安碓，为舂杵之所。并置灶，为煮酒及客至烹宰之用。盖历来相沿，千家一辙也。今亦间有陶瓦、砖墙，修理坚实。乃富苗为经久计，且防同类盗窃，及避风火之虞耳。

斩木结茅，以蔽风雨。其室卑陋。近亦有建瓦屋者。无层次定向，亦无窗牖。墙垣缭以茅茨。檐低门矮，出入必俯首。内设一大榻，高四五尺，中设火炉，炊爨坐卧其上，曰火床。翁姑子妇兄弟妯娌，男女杂卧。即客民宿其家，亦与之杂处，不以为怪。惟析居，乃另置床。人处其上，而牛马鸡犬，即处其下，盖防盗也。②

居处多茅草房，内设火炉、火床等，这些尚类于元明时代。但少数富裕户，开始兴建瓦屋、砖墙，则是苗疆"开辟"和"归流"后所发生的变化。所记无窗牖、缭以茅茨、门檐低矮，上居人、下关畜禽等情形，70多年前笔者孩提时在老家尚多见。

---

①引自道光《永州府志》卷五上《风俗志》。

②伍新福校点：《楚南苗志》卷四，岳麓书社，2008年。

耕作、饮食 树栽之术，虽苗地未尝无也。镇筸（今凤凰县）田少山多，所食半食杂粮。苗人相被阳坡，荷锸执锄，披其榛莽，纵火焚之，待其灰烬，而后播种焉。盖以谷种借暖气易于萌蘖也。谓之刀耕火种。间有平衍处，所种稻田，则与民无异。①

苗人多于高山峻岭斩刈草木，候烈日暴干，纵火焚之。略加锄治，播种杂粮，以充自食。谓之刀耕火种。……各属苗人，亦有娴习水耕之处，然人事去民间远甚，而所食亦多用杂粮。所获稻谷，大率负至市集，易换盐布也。②

日常两餐，春夏三餐。所食多粟米，或以杂粮为饵糍。渴饮溪水。客至或煮姜汤，或胡椒汤，以示敬。不知五味为何物，得盐则遗其类，各以一撮置掌中舐之，以为美。近日至城市易盐者颇多，而僻远之苗尚不知其味者。入市交易，止负土物，如杂粮布绢之类。粮以四小盅为一升，布以两手一拓为四尺。易盐、易蚕种、易器具，以通有无。③

所记“刀耕火种”，秦汉以来常见诸史志记载，是湖南山区一种传统的耕作方式。苗族聚居于山区，“改土归流”前后仍以这种耕作方式为主。偶尔有少量平地，苗民耕种稻谷的技术，与“民”（即汉人）大致类似。主产系杂粮，故以为主食。由于“归流”前同外界长期隔绝，交通阻塞，苗民很难吃到盐，清朝前中期，苗、瑶等民族聚居的山区，大体仍如此。但说“不知五味”，则不符合实际。苗、瑶诸山区民族，善制腌酸菜，喜吃酸辣，素来如此。乾隆《楚南苗志》撰者显然并不了解当时的实情。“归流”设厅前后，苗民进城市交易的已日渐增多，主要是以土产换购盐布之类物品，但苗民尚不擅使用斗升、尺一类量具。

服饰与纺织工艺 苗人亦知蚕务而不知遗种。每暮春，其妇女结伴入城市，各以土物之宜向民家换种，必盛其服饰。簪髻皆以银横插排列，耳垂大环，径可二寸。项着银圈，贫者以铜，或串贝为之。领缘襟袖皆饰以斑斓，缀以银纽、花片、角铃。裳用苗锦为之裁缝，而青红相间，亦杂以

①伍新福校点：《红苗归流图说》，见《楚南苗志·附录》，岳麓书社，2008 年。

②《湖南通志》卷四九。

③《楚南苗志》卷四。

花片，点缀其上，光彩陆离，各相夸示。①

苗人服饰　男子，蓄发去须，以篾织髻，蒙以假发，戴髻于首，横插簪。或银或铜锡为之。五株簪，长五寸。用马尾织网巾，束发脑后。戴二铭圈，名曰网巾圈。左耳戴银环，项戴银圈，一、二、三不拘，视家之贫富为差等焉。两手各戴铜镯。衣尚短，长不过二尺二、三寸为变。多以青布为之。亦偶有用蓝色布者。领尚红，周身衣边俱绣五彩花。衣带俱系锡皮，行动则响声铿然。腰系红带者，则为红苗也。青布为绔，绔两足亦绣花于边。青布裹膁肕，尝赤足，亦间有穿鞋者。……花苗、黑苗服饰，俱与红苗同。惟黑苗领与带皆黑，花苗领、带皆花，更于衣之胸背绣一四方大花，若补服也。

苗妇，所用髻亦与男子同。插银簪六枝，长七寸。贫者簪以铜为之。前后俱戴银梳（贫者无梳）。包四寸宽青首帕，左右皆绣花。两耳各戴银圈二。其圈圆九寸，坠两肩。项戴银圈三、四、五不等，视贫富为差。另同线系海蚌二十颗，并戴五色磁石珠一两串。青衣，五色花边，亦不甚长。周身用碎锡为饰，行动则铿然有声。裙用花布，青红相间，绣团花为饰。不穿裤，白布裹膁肕，赤足。亦间有穿鞋者。出入多负背篓，或荷锄。未缘者，中分其发，用绳扎垂于后，并有结辫者。②

惟寨长剃发，其余皆裹头椎髻，去髭须，如妇人。短衣跣足。以红布搭包系腰，着青布衫绔。富者以网巾约发，贯以银簪四五枝，长如匕，上扁下圆。左耳贯银环如盏大。项围银圈，手带银钏，腿缠青布行藤。趾如兽蹯，能履根枿、触硗确，疾如猿猱。登险阻、趋箐莽间，驶及奔马，雨着跕。

妇女，银簪、项圈、手镯、行藤，皆如男子，惟两耳皆贯银环两三圈。衣服较男子略长，斜领直下，用锡片红或绣花卉为饰。富者戴大银梳，以银索密绕其髻。腰不系带，不着中衣，以峒锦为裙，而青红间道。亦有钉锡铃、绣绒花者，或两三腰不等，与男子异。未嫁者额发中分、结辫垂后。以海䖵、锡铃、药珠为饰。冬夏俱单衣，虽严寒止两三层。行风雪中，则

①《红苗归流图说》，载《楚南苗志·附录》。
②《楚南苗志》卷四。

伛偻。①

所记衣服“斑斓”、好“五色”，男女衣领及衣边均绣花边和绒花，喜银饰，椎髻、赤足等，与宋代和元明史志所载，仍大多类似，相沿成习，但有新的发展和变迁。衣裙的布料，以青、蓝棉布为主，出现“苗锦”“峒锦”；男女服装已有明显差别，如男子上衣下裤，女子上衣下裙，男子上衣短、女子上衣较长，男子以布巾束腰等。银饰，种类和形式更多样化，穿戴的数量也增加，男女椎髻均用银簪、戴“网布圈”，但男子仅左耳戴环，且无手钏。乾隆《湖南通志》载“寨长剃发”，即开始按满人习俗男子剃发，但至乾隆中叶，即苗疆“开辟”设厅后数十年间，实际上并未普遍执行，仅由寨长作代表而已。

恋爱与婚嫁 唱歌觅偶。苗俗，至初春时，男女未婚嫁者，皆盛装服饰，负背笼登山，以樵采名往来林麓间，相对唱山歌。雄鸣雌应，漫声悠扬。每发声，则以一手自掩其耳。唱和相协者，即相悦而苟合焉。然后浼媒行聘。说者谓：盘瓠之后，牝牡自相夫妇，红苗乃其苗裔，故男婚女嫁之事，其俗如此。

苗风婚嫁。苗俗无婚嫁礼，凡男女婚定之后，及笄，约日过门。女着花领袖短衣裙，错以彩线，蔽膝，挽髻跣足，手执长柄雨伞，路远者缚鞋柄上。其父母浼少妇一二十人，围绕而行。至男村，相近男性亦浼众妇女出迎于村外田间。不相通问，席地互歌。良久，发声喊笑，拥入男室，坐牛栏上，复歌。而新妇绝不开口也。少顷，于各妇前置空碗一、牛脯二。进酒时，不饮，必两相搂肩劝饮，割牛脯下之。如是者数次。进饭数盂。无碗箸，群手团饮而食。夜不寝。及黎明，众妇拥女汲水一担，至锅侧，随哄而散。男女并未识。而每岁惟栽种收获时，一至夫家。必有妇女偕行，若防护焉。其在父母家，则仍披发如未嫁时，恣所欲为。必娠而后父母送之于归。谓之坐家。偶遇不娠之妇，必牵一牝豕娠者以归，示无虚往也。②

苗人议婚，亦犹买物。不识问名纳采之礼，唯讲牛马数目，遣牙郎往来传说撮合其间。牙郎者，即苗语“中人”也。必用牛马各五六只，始易一妻。如不足，则以银代之。待女家许诺，先将牛马、银物交足，择危、成二日迎亲。苗虽多不识字，亦知择日，盖历来相传也。新妇衣月白色布

①光绪《湖南通志》卷四九。

②《红苗归流图说》，见《楚南苗志·附录》。

衣，擎伞步行，父母兄弟、亲属相随以送。至夫家，不由大门，穴壁以入。登火床，男女杂坐。各食饭一盂、鱼肉一片、糟酒一瓯。次赴同寨伯叔家，各如数饮食之。惟酒则随量，尽醉为度。返室，即成夫妇。然合室皆宿火床，但令新郎、新妇合一被耳。其新妇之母与女偕来，必索“娘钱银”三两以归。至于男女相悦，先赴桑间，然后遣人通其父母，于跳鼓脏日，男拉女归，成其匹偶，另议牛马、财物者有之。苗俗所谓“抢亲”是也。

苗人“跳鼓脏”之后，则必继以“放野”。盖当终岁勤劳之余，至此始一大欢乐也。鼓脏之事跳至戌刻方罢。然后择寨傍旷野处，男女各以类相聚，彼此唱苗歌，或男倡女和，或女倡男和，往来互答，谓之“对歌”。其声淅沥，有能辨之者云，皆淫亵语也。相悦者，男以银钱、手镯、戒指赠女。女以花帕、苗衣赠男。甚至乘夜偕赴林间，为桑中濮上之行，亦不较。所谓“放野”也。天明乃散。其中，男未有室，女未有家，愿偕夫妇者，即相私奔。苗俗谓之“抢亲”。然后央牙郎通知女父母，议牛马酬之。①

婚嫁。苗无同姓不婚之嫌，然同族亦不相婚配。相传跳月之说，呼年少为“马郎”，集室女听其自择配者，非此地风俗也。其嫁聚，亦由父母主婚，媒妁相通，以酒肉牛只财物为聘。嫁之日，无轿马鼓吹之迎，无合卺花烛之礼。其新妇步行，自擎雨伞，负笼盛木枕被裙等物，亲属送至夫家，欢饮三日。夜则新妇与母同宿。母索婿家财物而去，名曰“娘钱”，归后乃成配偶。其母家所赠首饰簪环，或十数两、数十两不等。婿家俱照数还银，不能短少。富厚之家，择女美者，令子牵其臂，名曰“抢亲”，则女不更许人，而后挽人议财礼。其处女，有与人私通者，父母不禁，以为人爱其美。若犯其妻妾，则举刃相向，必得钱折赎而后已。夫妇不相得，则售其妻。翁有悦子妇者，则收为己妻，而为其子另聚。兄，弟故，则收其妻。②

以上所记，均为湘西“苗疆”地区“开辟”前后苗民婚俗。从具体年代看，《红苗归流图说》最早，即康熙五十年（1711），“苗疆”凤凰、乾州、永绥三厅还正处于“开辟”和建制设官过程中，所记述的应是当地苗民基本上尚

①引自《楚南苗志》卷四。

②乾隆《湖南通志》卷四九。

未受封建礼教和汉族婚俗影响的“原生态”的习俗。如：先对歌“觅偶”，后挽媒行聘，自由和自主的婚姻；普遍流行原始的“不落夫家”的习俗，即举行婚礼后不同房，新娘仍回娘家，必须怀孕后才去夫家“坐家”等。至乾隆年间，即“开辟”数十年间，开始发生了变化，而最突出的是“父母之命、媒妁之言”的包办和买卖婚姻的产生。但与汉族地区比较，未婚青年男女爱恋成婚仍保留有自由的空间。如：依然存在“放野”的习俗，男女“对歌”，先“相悦”、赴“桑中”“林间”，而后告父母议婚成亲；与元明时代一样，“处女”，即未成婚者或尚未“坐家”者，仍有男女性关系的自由等。在“开辟”“归流”前后数十年间所记载的湘西苗民婚嫁的某些风俗，近代以来，甚至迄今依旧“古风犹存”。如青年男女山野“对歌”，而唱歌发声时必以一只手掩耳；新娘出嫁，自己执伞步行，亲属相送；送亲者与迎亲人“对歌”，喝交杯酒，赴同寨吃“排家饭”等。至于所谓“苗无同姓不婚之嫌”，这应属于一种误解。由于苗族中有“汉姓”与“苗姓”之分，不同的苗姓常会使用同一个汉姓，也有同一个苗姓的却又会使用不同的汉姓。苗姓相同，绝不能通婚。而有时同一个汉姓但苗姓不同，是可以婚配的。外人不知苗族内情，于是错认为苗民“同姓”可婚。

椎牛祭鬼 红苗虽为异类，其于祀先之道，有可采焉。其名，不曰祀先而曰祭鬼。每祭，必以善价求白水牯牛，饲养若壮，择日缚牛门外花柱，众执矛而立。先让其尊者以矛刺牛胸，然后姻娅族人依序而进。一人持水于旁，随刺随泼，使血不淋漓于地。及牛死，既倒，必视其首所向，以卜吉否。若首向主人居室，则欢笑相庆，以其来歆享也。否则，众皆愀然散去，主人即惶悚涕泣，以鬼弃而不茹，将降不祥也。祭毕，则鼓刀分胙，留四肢以遣先刺者。又别割一牲，以火燎去毛，连皮煮之。曰火炟肉。众共饮酒食肉，醉饱而散。①

吃牛 苗俗尚鬼，祭名匪一。而有所谓“吃牛”者，即民家报赛之意也。每岁亥、子两月举行。先一日，杀菜牛，请苗巫，击竹筒叫号。谓之“做米鬼”。次日，宰母猪，击竹筒，请神。谓之“做雷鬼”。第三日，杀公猪祭享，谓之“做总鬼”赎魂。第四日，设酒肉各五碗、米饼十二枚，

①引自《红苗归流图说》。

置火床，烧黄蜡为香，击鼓，迎请“牛鬼”。第五日申刻，于门前左、右各置一桩，用黑、白牛各一只，白者系右，黑者系左。男妇环绕，鸣金鼓，呐喊三声。每牛用三人，各持杆枪，从左肋刺之，且刺且走，以牛倒之向背定吉凶。云牛首向内，则吉，向外则凶。杀牛后，割腿馈亲朋。胸膛送苗巫，牛首归主家，余肉及脏腑等物，煮食之，乃散。

跳鼓脏　苗俗又有所谓“跳鼓脏”者，乃合寨之公祀，亦犹民间之清醮也。越数年始一为之，亦于亥、子两月，择日举行。首事者，先期敛钱购牛。每户各杀牛一只，名曰“菜牛”。蒸米饼石余，即苗人所谓“粑粑”也。届期，男女毕集，多者千余，少亦数百，赴同寨之家，每户各食饭一着，牛肉一片，糟酒则随量饮之。然必诸家遍至也。于敞处，以木桩四根，高一丈五尺者，埋于地中，横木板，用茅草铺垫，陈设米饼、牛肉，上覆以屋，以祭众神。另盖草蓬于旁，列米饼、牛肉，以祭祖先。苗巫擎伞盖，衣长衣，手摆铜铃，口喃喃然，召请诸神。另一人，击竹筒。并以一木空其中，二面蒙生牛皮，作鼓形，一人衣彩服挝之，咚咚然。其余男子，各服伶人五色衣，或披红毡，以马尾织乌纱冠首，或剪纸为巾，以纸条垂后。苗妇亦盛饰。男外旋，女内旋，皆举手顿足。其身摇动，舞袖相联，左右转盼，不徐不疾，亦觉可视。而芦笙之音，复与歌声相应，悠扬高下，并堪入耳。谓之“跳鼓脏”。从午时至日暮，则焚膏以继，戌刻则罢。是夜，男人大欢乐，男女放野。①

乾隆《湖南通志》，也有关于苗人椎牛祭祖和“跳鼓脏”的记载，称之为“报赛”，内容大同小异，不再引录。

椎牛祭祖，乃苗族一大盛事，明代已见于记载，入清后和“归流”前后，更有发展。所谓“椎牛”（或称“吃牛”），主要是祭祀先祖。因为在苗语东部方言中，只有“鬼”，而没有“神”，所有的神和过亡先祖都笼统地被称之为“鬼”，“祭祖”也叫“祭鬼”。从上引资料看，有家祭（小祭）和合寨公祭（大祭）两大类。各户“吃牛”家祭，每年均可择日举行，合寨公祭，又叫“跳鼓脏”（也称“吃牯脏”），一般是五六年或十年左右一次，规模都相当大，杀牛多，耗资巨。其祭祀过程，除延苗巫，击竹筒，摇铜铃，做法事，请各种

①引自《楚南苗志》卷四。

“鬼”享供，为主家祈福禳灾之外，最有特点的是击鼓、吹芦笙，男女盛装，集体歌舞。即所谓“举手顿足，其身动摇，舞袖相联，左右转盼，不徐不疾”，颇为“可观”。而“芦笙之音，复与歌声相应，悠扬高下”，也甚“入耳”。说明苗族能歌善舞，且有古之“乐舞以娱神”的遗意。

（二）土家族

段汝霖《楚南苗志》附有《土志》，这是历史上关于湖南土家族的第一部民族专志，记载“改土归流”前后湘西永顺、龙山、保靖等地土家族风情习俗颇详。现择要引述如下：

> **男女服饰** 土人头裹花布巾，身着紫花布衣。（近自亦有衣青蓝布衣者）腰系杂色巾，垂绦，浅蓝裤，白布裹臁肕，草履（亦有穿鞋者）。其往来亲友家，尝用背篓负果盒及炒熟粮食相馈遗。小儿多用红绿衣绔，以示炫耀。
>
> 土妇发分两边，总梳于后，垂雁尾。（近亦有学民家发高髻者）。耳戴大银环。身穿杂色衣，外加青褡护（即背心）。衣俱尚短。蓝裙花边，白布裹臁肕，赤足着鞋。（鞋不知自制，惟向市中买用）女孩头搭黄白汗巾，杂色衣数重，卷袖露于外，蓝裙花边，白单袜，着鞋。

所说“土人”，即今土家族。男女服饰自有特点，明显不同于苗族。如：头不椎髻插簪，而是男裹花布巾，妇女发分两边、总于后；银饰少，仅妇女耳戴大银环，别无镯、钏、排钗之类银器；男子素着紫色花布衣，“近日”，即“改土归流”后，始有着青蓝布衣者；女衣尚短，加着青背心，下着花边蓝裙；男女皆腿裹白布，或草履，或穿鞋（但还不知制鞋），无“跣足”习惯。

> **居室** 土人之屋，多系三间。中一间为堂，上祀家先，列桌椅。以旁一间为卧室。置火床于室内，以木为之。其阔半室，床中穴孔。另用泥砖从地砌之，为火炉，乃炊爨之所。冬月，则合室男女坐床上，围炉向火。惟令尊长居上耳。客至，亦坐火床。夜则环炉以寝。临卧，用帐幔相隔。俾夫妇共被，以示区别。外客则令宿于别室。不似苗人，客与主共宿火床也。

从记载看，当时土家族的房屋构造，优于苗族地区，而与汉族农村地区的房屋已较相似。中间为堂屋，有神龛祀祖先，列桌椅。同样置火炉、火床，合室男女寝宿其上。但知“帐幔相隔”，且客人另宿别室，这与相邻“苗疆”的苗民又有区别。

> **耕种与纺织**　土人田少山多，刀耕火种，亦与苗同。每岁二、三月间，择山坡稍平之处，剪除草莱，暴干焚之，用牛犁耙碎其土。一人锄于前，妇女随后，撒种杂粮。秋月收获，以充日食。其无妇之家，则男子撒种。倘平处不可多得，虽高山峻岭之上，必攀援而往，锄土播种。唯不堪用牛耳。
>
> 土妇最勤，能织土绫、锦被，及苗巾、棉布、麻布等物。所用机矮而狭，坐地抛一尺长梭。其纺纱，则以小纺车置凳上，坐以纺之。土绫最厚，织方胜花，以棉纱为之。锦被，织以蚕丝，唯挑各色花纹，则购内地绒线也。苗巾，乃土人所织，而名之以苗巾，系种火麻织成，故夏月粘汗不臭。棉布亦棉纱所织。麻布则野麻为之，可作夏衣及帐。
>
> 土妇亦善养蚕。三月初，先将蚕蛾所生子置纸上，悬挂清洁处，待其蠕蠕欲动时，移置篾盘中，日采桑叶饲之。四月成茧出丝。惟蚕与茧较内地差小耳。桑则绕屋多植，山间亦有之。

湖南土家族主要聚居于武陵山区，山多田少，故“刀耕火种”同样是其传统的一种耕作方式，清前期和“改土归流”前后在土家族地区仍较普遍。至于所说的“用牛犁耙”碎土，则不符合实际。牛犁只能用于已开垦的畬地，刚砍烧的山坡地是不可行的，只能用锄头挖松。从上引记载看，当时土家妇女棉、麻纺织和养蚕缫丝的技术，与内地汉族地区已相差不大，而织锦更已成为土家族妇女的特色技能。在苗族地区通用的“苗巾”，实际上也多出自“土妇”之手。

> **婚嫁**　土俗，婚姻不识问名纳采之礼。唯先遣媒妁求允，以一牛馈女之母舅家为聘，名曰“骨种钱”。届期，亦送衣饰。迎亲时，不用轿，唯令女之兄弟戚属强有力者，负新人行。其余亲眷，女乘马，男负箱以送。将及婿家，则婿之亲眷妇女捧茶于路，迎新人，从大门入。至火床，新人偕婿并坐，即为夫妇。无交拜礼。凡土人之女，嫁人后所生女，出嫁，舅家必索“骨种钱”。又曰“谷种”。盖以此女胎于母，云其种出自舅家也。倘有女数人，则舅父必收其一，以配己子。或舅家不欲取，及无子可配，须索钱餍欲，乃得嫁。甚至舅子年小，甥女年长，亦取归。俟子长，相配。致有女长男幼，年岁不均者。

清前期和“改土归流”前后，土家族男女婚姻已是“父母之命，媒妁之言”，未见有类似于苗族的那种“对歌”和“放野”、自由婚配的记载。在婚姻礼仪方面，却有既不同于汉族又与苗族有别的某些特点，如新娘不坐轿，由自己的兄弟亲属背负去男方家；新娘进门后，无交拜礼，与新郎共坐“火床”，即成夫妻等。所载的“骨种钱”，实际上就是“舅霸姑婚”遗俗，又称“还骨种”或“还娘头”，当时在湘西土家族地区依然存在。

> **“跳年”和秋千之戏**　土人于上元节前数夜，择旷野宽平处，悬灯击金鼓作乐。聚男妇，衣彩服，周围旋走、唱歌，举手顿足，摇摆其身，谓之“跳年”，亦曰“摆手跳”。时必男女相间，由左转右，有至达旦者。歌乃土音，必能识土语乃可辨也。
>
> 土妇于春光明媚，惠风和畅之时，择平原之地，用木柱扎高架，以藤系板。衣彩服，立板上，摇曳飞扬，为秋千之戏。旁数妇，弹口琴，彼此相应，以为乐。（口琴，竹篾雕成，长五寸余，两手横担于口，以齿牙弹之，声呜呜然。）

所记“跳年”和“摆手跳”，从具体情节的描述看，应即是至今仍流传于湘西土家族地区的“摆手舞”。由于是在新年元宵节前举行，所以又称“跳年”。“择旷野”，“击金鼓”，男女着彩衣，围圈旋转舞蹈，伴以歌声，这些多类似于苗族的“跳鼓脏”。但必“男女相间”组成圆圈，这与苗族的女内男外不同，而动作多“摇摆”，更是特色。“秋千之戏”，流行很广，其他民族亦有之。当然具体形式会有差别。所说的用竹篾制成、以“齿牙弹之”的“口琴”，为土家族特有的一种吹奏乐器。据笔者访问湘西土家族友人，近代以来依然流行，但名叫“绷绷妥”，而不是叫“口琴”。名称或古今有变，也可能是段氏当时记录有误。

清乾隆年间任永顺府知府的张天如著《永顺小志》，关于土家族风俗习惯的记载，虽较简略，但资料珍贵。现亦摘引如下，可补段汝霖之不足。

> 土民散处山谷间，男女短衣跣足，以布裹头，服斑斓之衣。重耕农，男女合作。尚巫信鬼。语言侏儒，不识文字。喜垂耳圈，两耳累累然。又有项圈、手圈。性耐寒，虽隆冬止单布衣。居必择高峻，履险陟岭捷如飞。然朴拙畏官府。耕织外不事商贾，无奢华之习。今且诗书弦诵，野有秀民矣。
>
> 各寨有摆手堂，又名鬼堂。谓是已故土官阴署。每岁正月初三至十七日止，夜间鸣锣击鼓，男女聚集，跳舞长歌，名曰摆手。此俗犹存。
>
> 二、三月间，妇女结队负背笼往山采湖葱、竹笋，合唱山歌，答和

为乐。

二月社日，祭伏波将军之弟，曰祭花鬼。用羊豕鸡犬。

三月，杀白羊，击鼓吹笙，曰祭鬼。先是祭土司，次日祭伏波将军，用道士祈祷。

四月十八、七月十五夜，祀祖，又祭婆婆庙。

六月中，炊新米、宰牲，亦曰祭鬼。

九月九日，合寨宰牲，视重阳，以报士功。

十二月二十八日夜，祀祖，亦曰祭鬼，禁闻猫犬声。①

据张天如记载，“改土归流”后和乾隆初年，土家族服饰方面“跣足”、衣尚短、多用银饰等，还与苗族相类似，而与段汝霖的记载有所不同。关于“摆手舞”和“摆手堂”的记载，张氏更明确是祭祀已故土司，日期为正月初三至十七日，段氏则记为“跳年”，日期是元宵节数日。有关时令节气习俗的记载，多未见于此前各类史籍，如春日男女上山采湖葱唱歌为乐，二、三月祭伏波、祭土司，四月十八日祀祖、祭“婆婆庙”等，土家族地区特色十分鲜明。

（三）瑶族

段汝霖《楚南苗志》还附有《瑶志》，这也是历史上关于瑶族的第一部民族民俗专志。其中，所记瑶族的习尚风情颇详。兹择要引述如下：

服饰　瑶人男子蓄发，头裹小白帕，项带银圈。项下垂一牌，或银或铜为之。身穿青蓝布衣，长仅及膝，式如外套，无扣而高其领。胸前，另有织花裹肚露于外。手戴铜圈，腰系红带，着青蓝布裤，其制略短。蓝布裹臁肕，赤足。出入持棍。惟头人及读书应试者，装束与民间同。

瑶妇用发挽髻，戴小海蚌，插箭竿竹为簪。长一尺四五寸，或七根，或五根、三根不等。以小白帕束发。耳戴银圈，贫者戴海蚌。项戴银圈，项下悬一牌，或银或铜为之。青蓝布衣，高领，衣长仅及膝。手戴铜圈。胸前露织花裹肚。青蓝布裙，花边。裙比衣长一二寸。不穿裤。赤足。间有用蓝布缠臁肕，赴市中买鞋穿者。女孩服饰亦同，发后拖钱一串。②

所记载的瑶人服饰，如男子蓄发，妇挽髻、插簪，喜银饰，穿裙。男子腰系红带，以蓝布裹缠臁肕，赤足、不善制履等，颇类苗族。但也具有不少特色。

---

①引自《小方壶斋舆地丛钞》第六帙。

②引自《楚南苗志·瑶志》卷之六。

如男女均用白帕裹头或束发，发簪系以箭竹制成而非银簪；男女衣服均多以青蓝布制作，胸前都穿花裹肚；男子戴银项圈、铜手圈，银饰较苗族少，且常以铜代银。这些大多与当时瑶族所处生活环境和经济发展水平较苗族更差有关。

> **居住** 瑶人屋小，无堂室之分。惟就中掘火坑，为炊煮之所。地上安板，冬夜环火以寝。花被，无帐。虽翁媳亦共处无嫌，但令夫妇合被耳。牛、马、猪、羊诸牲畜，亦畜之于室之一隅。暑月，则秽气熏蒸，不为病。其富室及有读书应试入学者，亦多仿民家房舍建造矣。①

从记载看，房屋矮小，不分堂室，中掘火坑为炊煮之所及“环火以寝”等，颇类苗族，而与土家族、汉族地区有明显差异。所说的牲畜与人共处一室的情况，在苗族地区也存在，但瑶族地区可能更多。段汝霖所记述的，苗民那种上居人、下饲养牲畜的房屋结构，当时在湖南瑶族地区也应存在，但可能还不普遍，故在《瑶志》中未作记载。清代前期和“改土归流”前后，湖南瑶族地区已有仿照汉族地区的式样和结构，建造房屋的，但不多，仅少数富户和学习汉文化的人才会如此。

> **耕种、射猎** 瑶人锄挖山地，植荞粱菽粟诸杂粮。耕耨水田，专种晚稻。杂粮，七、八月即可收获。晚稻，至九、十月始获登场，亦缘山高泉冷、土性略寒之故。工作，男女齐集。农具亦用犁、耙，惟较民间者差小耳。
>
> 瑶人煎熬毒药涂矢，射虎豹即毙。先用一人张弩于要路，余众持利枪（名老虎枪），缘崖以逐，若履平地。驱虎豹至弩处，发矢中之。每年冬月出猎，二月乃止。②

瑶族所处为湘南和南岭山区，山多田少，开挖山土，主要种食杂粮，这与武陵山区的土、苗等民族相同。但未见“刀耕火种”的记载。有水田，因山高水冷，只能种一季晚稻。从记载看，最具特色的，是擅长以药弩射虎豹，狩猎在瑶人经济生活中占据重要地位。

> **婚姻与跳歌** 瑶俗，婚姻有从小许定，候长迎配；亦有男、女十七八，始行议婚者。男家先遣媒妁赴女家说合，用财礼十二两或十六两为聘。聘后，择期迎亲。无轿马、鼓乐。惟女家亲属送新妇，步行至婿家。新婿拜

---

①引自《楚南苗志·瑶志》卷六。

②引自《楚南苗志·瑶志》卷六。

父母及拜岳父母诸亲毕，饮酒食肉，即为夫妇。新妇无拜礼。亦有男女未定婚之先，彼此跳歌相悦，遣媒妁说合者。

瑶人稼穑登场之后，各家治酒延宾，击长鼓、吹芦笙，男女跳舞以歌，名曰“跳歌”。以此敬神，亦报享之意也。由是近瑶之民，凡有祈禳、祭赛之事，多有雇瑶人男女跳歌者。歌声皆瑶语，非善识瑶音者，不能辨也。①

从记载看，清代前期，湘南一带的瑶族，男女婚配已是“父母之命，媒妁之言”为主，甚至有从小就由双方父母为之订婚者。同时也还存在某种“自由婚”的习俗，即未婚男女先通过节庆娱乐活动相识、“相悦”，后再遣媒说合。亲迎礼仪，无轿马，新妇步行至夫家，类似苗族；新婿须拜双方父母亲属，而新妇又“无拜礼”，则应为当时瑶人婚礼一个特色。所谓“跳歌”，即秋收后，备酒延宾，击长鼓、吹芦笙，男女歌舞以庆，颇类苗族的“跳鼓脏”及土家的“跳年”，均有“敬神”（“祭鬼”）和“报享”之意。所击“长鼓”，则不同于土家和苗族的大圆鼓，而颇似朝鲜族妇女所击的那种长形鼓，近代以来在瑶族地区还能见到。

丧葬　瑶俗，亲死无祭奠之礼，无丧服之制。唯于甫经亡故之时，遍报亲朋，闻信咸集，环向一哭。哭后聚饮。即为棺殓、瘗埋。其事毕矣。②

所谓“无祭奠之礼，无丧服之制”，是按汉族传统丧葬礼仪而言的，其实苗、瑶、土家诸民族都有自己的丧葬礼制，外人不谙其情而已。所以记载均语焉不详。从上引记载看，清代前期，湘南瑶人已兴“棺殓”，再入坑安葬。这一特点，与湘西苗族挖坑镶板、置尸其中掩埋不同。

清佚名氏《桂阳风俗记》有关于“赛盘瓠”的记载。“赛盘瓠”即祭祀“盘瓠”，是瑶族传统的一种大祭祀习俗，很有特色。现摘引如下：

赛盘瓠者，本瑶祀……以木为腰鼓，长鼓四尺，短二尺。巫以练帛二三尺，画诸神悬之竿，鸣铙击鼓吹角。一人以长鼓绕身而舞，二人以短鼓相向舞，随口歌呼，旋舞旋食，酒肉醉饱。连数日，费数十金。或夜至野外，灭灯舞，曰盘黑鼓。③

①引自《楚南苗志·瑶志》卷六。

②引自《楚南苗志·瑶志》卷六。

③引自《小方壶斋舆地丛钞》第六帙。

第八章 清代后期（近代）湖南文化
（1840 年至 1911 年）

清道光二十年（1840），中英鸦片战争爆发，西方列强用火炮轰开了清帝国封闭的国门。由此，在西方列强侵略势力的影响下，中国封建经济一步步半殖民地化与殖民地化，文化领域也相应发生新的演化与变迁，中国社会开始了近代历史的进程。至 1911 年辛亥革命，维持近三百年的清王朝的统治覆亡。这是中国近代史和中国社会近代化的前期。

湖南地处中国内陆，受西方列强侵略势力的直接影响和进入近代化进程较东南沿海为晚。在清代后期即近代前期，湖南社会经济发展还相对迟缓落后，思想文化也显得较闭塞保守。但湖南近代历史又具有鲜明的特点。一方面是湘军的勃兴和曾国藩等“中兴名臣”登上历史舞台，挽救了垂危的清王朝，在全国政治、军事、经济和文化领域都产生了重大影响，湖南在全国的地位和作用从此迅速上升。另一方面，在传统教育文化继续获得发展的同时，从魏源、郭嵩焘，到谭嗣同、宋教仁、黄兴等，一批湘籍近代杰出人才的涌现，湘学经世思想传统与近代思潮的结合，至戊戌维新运动兴起，湖南成为“全国最富朝气的一省”，辛亥革命爆发湖南又成为“首应”之区，湘籍的爱国志士和革命先驱，作出了不可磨灭的历史性贡献；而在学术思想、文学艺术、教育科技与文化事业诸多方面，湖南也都获得了新的发展，成就亦蔚然可观。

第一节 教育与科举

一、传统学校教育的发展变迁

鸦片战争后和清代后期，湖南各级学宫和书院，虽因兵燹、灾害等，曾受到不同程度的影响，但仍能恢复并有所发展。

如：长沙府学。道光十八年（1838），巡抚钱宝琛曾予以重修。咸丰二年（1852），太平军攻长沙，学宫为屯兵所毁。同治三年（1864），巡抚恽世临、四年（1865）巡抚李瀚章相继进行重修。所属长沙县学，入清后一再改建、重修。咸丰九年（1859），县火药局遭灾，殃及学宫。翌年，由邑人集资修复。湘阴县学，道光三十年（1850），邑人再次重修。咸丰四年（1854），遭兵燹后又重加修葺。此外，浏阳、湘潭、醴陵、湘阴等县学宫，咸丰、同治年间均得到增修和修缮。

在湖南所辖其他府、州和县学宫，咸丰年间毁于兵，得到重建和修复的还有不少。如：茶陵州学，咸丰二年，毁于兵，八年（1858），由知州刘如玉重修；常宁县学，同治四年，大风圮正殿，邑人重修；江华县学，咸丰间毁于兵，同治四年知县吴世勋迁建；邵阳县学，咸丰九年，毁于兵，十年（1860），邑绅伍泽聆修复；永兴县学，咸丰二年，毁于太平军，同治五年（1866），阖邑增修；桂阳县学，咸丰九年毁于太平军，同治元年（1862）邑人增修。

从光绪《湖南通志》记载看，其他府州县学虽未遭兵燹灾毁，在道光以后和咸丰、同治年间，也都先后得到重修和修缮。

咸丰、同治年间，湖南各府州县学学额普遍得到增加。以长沙府为例：

长沙府学，原廪、增生各四十名，岁科各入附生二十五名，岁入武生二十名。后加广文武定额各十三名。其中，咸丰三年（1853），湖南巡抚骆秉章，以长沙、善化士民守城出力，奏加府学文武定额各三名；十一年（1861），署巡抚翟诰，以长沙、善化、湘阴捐饷，奏加府学文武定额各十名。

长沙县学，原廪、增生各二十名，岁科各入附生二十名，入武生十五名。加广文武定额各十二名。其中，咸丰三年，巡抚骆秉章，以长沙、善化士民守城出力，奏加文武定额各二名；七年（1857），以士民捐饷奏加文武定额各十名。

善化县学，原廪、增生各二十名，岁科各入附生二十名，岁入武生十五名。加广文武定额各十二名。其中，咸丰三年，巡抚骆秉章，以士民守城出力，奏加文武定额各一名；七年，骆秉章又以士民捐饷，奏加文武定额各九名。

湘阴县学，原廪、增生各二十名，岁科各入附生十五名，岁入武生十五名。加广文武定额各十名。其中，咸丰七年，巡抚骆秉章以士民捐饷，奏加文武定额各五名；八年（1858），续加文武定额各五名。

浏阳县学，原廪、增生各二十名，岁科各入附生十二名，岁入武生十二名。加广文武定额各十名。其中，咸丰七年，巡抚骆秉章以士民捐饷，奏加文武定额各四名；八年，续加文武定额各六名。

醴陵县学，原廪、增生各二十名，岁科各入附生十二名，岁入武生十二名。加广文武定额各十名。其中，咸丰七年，巡抚骆秉章以士民捐饷，奏加文武定额各六名；八年，续加文武定额各四名。

湘潭县学，原廪、增生各二十名，岁科各入附生二十名，岁入武生十五名。咸丰七年，巡抚骆秉章以士民捐饷，奏加文武定额各十名。

宁乡县学，原廪、增生各二十名，岁科各入附生十五名，岁入武生十二名。加广文武定额各十名。其中，咸丰七年骆秉章以士民捐饷，奏加文武定额各三名；八年，续加文武定额各二名；十一年，署巡抚翟诰，奏加文武定额各二名；同治元年（1862），巡抚毛鸿宾，奏加文武定额各三名。

益阳县学，原廪、增生各二十名，岁科各入附生二十名，岁入武生十五名。加广文武定额各十名。其中，咸丰七年，巡抚骆秉章以士民捐饷，奏加文武定额各二名；八年，续加文武定额各三名；十一年，署巡抚翟诰，奏加文武定额各三名；同治元年，巡抚毛鸿宾奏加文武定额各二名。

湘乡县学，原廪、增生各二十名，岁科各入附生十五名，岁入武生十二名。加广文武定额各十三名。其中，咸丰六年（1856），巡抚骆秉章以绅民团防捐输出力，奏加文武定额各三名；七年，以士民捐饷奏加文武定额各二名；八年，续加文武定额各一名；十一年，署巡抚翟诰奏加文武定额各一名；同治三年（1864），巡抚恽世临奏加文武定额各六名。

攸县学，原廪、增生各二十名，岁科各入附生二十名，岁入武生十五名。加广文武定额各十名。其中，咸丰七年（1857），巡抚骆秉章以士民捐饷，奏加文武定额各一名；八年，续加文武定额各三名；十一年，署巡抚翟诰奏加文武定额各一名；同治元年（1862），巡抚毛鸿宾奏加文武定额各一名；三年，巡抚恽世临奏加文武定额各三名；六年（1867），巡抚李瀚章奏加文武定额各一名。

安化县学，原廪、增生各二十名，岁科各入附生十二名，岁入武生十二名。加广文武定额各十名。其中，咸丰七年，巡抚骆秉章以士民捐饷，奏加文武定额各三名；八年，续加文武定额各一名；十一年，署巡抚翟诰奏加文武定额各一名；同治元年，巡抚毛鸿宾奏加文武定额各一名；三年，巡抚恽世临奏加文武定额各三名；六年，巡抚李瀚章奏加文武定额各一名。

茶陵州学，原廪、增生各三十名，岁科各入附生十五名，岁入武生十五名。加广文武定额各五名。其中，咸丰八年，巡抚骆秉章以士民捐饷，奏加文武定额各一名；同治元年，巡抚毛鸿宾奏加文武定额各一名；三年，巡抚恽世临奏加文武定额各二名；六年，巡抚李瀚章奏加文武定额各一名。①

总计，长沙府学及所属十二州县学，原有各类学额共1167名，咸丰、同治年间共增添267名。即清后期的前20至30年长沙府官学各类生员，较清前、中期增加了近四分之一，有较明显的发展。

其他常德、衡州、岳州等府，官学生员名额也都有相应的增加。只是在部分少数民族聚居的边远县（厅），如桑植、绥宁、通道、临武、蓝山、嘉禾等县，及乾州、凤凰、永绥、晃州四厅，官学各类生员仍维持道光前的定额。

湖南各府县的书院，清后期虽更为官学化，但也经历了自己最后的发展期。其中，岳麓书院与湘水校经堂具有代表性，影响最大。

清代的岳麓书院，实际上已成为湖南省的最高学府。道光二十六年（1846），侍讲学士、以母老归里的衡阳丁善庆，受聘为岳麓书院山长，至同治七年（1868），掌教事凡22年之久。上任初期，道光二十八年（1848），即将书院整修一新。咸丰二年（1852），太平军围攻长沙，书院毁于战乱。第二年，他即倡率诸生加以重建。至同治五年（1866），十余年间，先后恢复和重建文庙、御书楼、文昌阁、讲堂、斋舍、半学斋、崇道祠、濂溪祠、屈贾祠、崇圣祠、道乡台、二门、抱黄阁，以及爱晚、吹香、风雩、极高明、道中庸诸亭。

①以上数额参见光绪《湖南通志》卷六七《学额》。

其规模虽不及罗典、欧阳厚均时代，但主体建筑均已恢复，岳麓书院的教学活动得以正常进行。

同治七年（1868），刘崐出任湖南巡抚。刘崐，云南景东人，道光进士。咸丰时曾任湖南学政，十分关心岳麓书院的重建。任巡抚后，即往岳麓实地视察，召集地方官绅筹划书院整修事宜。随即动工，次年十一月落成，“规制称大备”。这是岳麓书院历史上最后一次大规模修建工程，现存书院的古建筑多为此次修建的遗物。整修书院的同时，刘崐特聘请欧阳厚均的学生、前城南书院院长周玉麒继丁善庆为岳麓书院山长。刘崐会同周玉麒，整顿书院各项章程、条规，清理学田等，深得湖南各界人士和岳麓师生的赞赏。岳麓书院呈现出最后的兴盛局面。

湘水校经堂。清代岳麓书院由于官学化，教学内容以八股时文为主，以适应科举考试之需，而崇尚“朴学”、诂经考史的学风日趋淡薄。一些经学家对此颇为忧虑和不满。为此著名经学家阮元，特独创专课经史训诂的学海堂和诂经精舍。道光十一年（1831），阮元的高足、崇尚“朴学”的吴荣光，晋迁湖南巡抚，在岳麓书院斋西隙地创办了湘水校经堂。校经堂专课经史，以经义、治事、词章分科试士，拔优为用，成为湖南第一个专门研习汉学的教育机构，对湖南学术风尚的变化、汉学的发展起了积极作用。

咸丰二年（1852），太平军攻长沙，岳麓书院遭到破坏，校经堂教学亦陷入停顿。咸丰末年，湖南巡抚毛际可，筹措经费，恢复校经堂，重开经史之课，重兴汉学之风。光绪初年，学政朱逌然，以湘水校经堂作为一个治经的专门书院，从岳麓书院分离出来，将其改设于原城南书院旧址，并正式定额20名招收生徒。湘水校经堂得到进一步发展。

在长沙地区除岳麓书院及湘水校经堂之外，清代颇著声誉的还有城南书院。乾隆十年（1745）由巡抚杨锡绂始建。岳麓书院不招童生，城南书院则兼录童生，因而获得迅速发展。道光二年（1822），巡抚左辅迁建。“与岳麓书院巍然并列，各郡士子弦诵”，成为湖南又一“通省书院”。后因“人文日盛”，又增建“日新”一斋。① 咸丰二年（1852），太平军攻长沙，城南书院堂室斋舍被毁。时任山长陈本钦予以修葺。同治九年（1870），巡抚刘崐又加以重修。

---

①左辅：《移建城南书院记》，载光绪《湖南通志》卷六八。

清代后期，长沙地区还新建了一批书院。如：

求忠书院。在长沙府城北门内古荷花池东。据记载：咸丰四年（1854），巡抚骆秉章“据郡绅曾国潢等呈称：军兴日久，殉难者多，欲求忠臣，宜培忠裔”。疏请“另建书院，额曰‘求忠’”。①

文华书院。在浏阳县南文家市。道光二十一年（1841），知县胡泰阶建。咸丰元年（1851），知县赵光裕增修。

狮山书院。在浏阳县东古港。知县胡泰阶建。后兵毁。咸丰十年（1860），知县蔡式钰迁建。

洞溪书院。在浏阳县东张家坊。道光二十一年，邑人张良赞建。三十年（1850），增修。同治六年（1867），毁于兵，旋修复。

龙潭书院。在湘潭县西南百二十里衡山县界，宋朱熹讲学处。道光二十六年（1846），知县方登贤等因旧址创建书院。

云山书院。在宁乡县西横市。同治四年（1865），县士民合建。

箴言书院。在益阳县南瑶华山。咸丰十一年（1861），时任湖北巡抚、邑人胡林翼建。

龙湖书院。在茶陵州（今县）上一都。咸丰元年，邑人谭叙伦倡建。

龙峰书院。在茶陵州（今县）下十一都。咸丰五年（1855），邑人李春辉倡建。

总计，清代后期长沙府及所属州县，由官方新建或私人创建的书院共9所。

清代后期，湖南其他地区原有书院也大多得到重修，并同样新建了一批书院。

衡州府：

清泉县岳屏书院，道光二十三年（1843）、咸丰八年（1858）、同治二年（1863），三次重修。

常宁县双蹲（集贤）书院，同治三年（1864）、八年（1869），邑绅吴觐光、唐训方先后重修。

酃县洣泉（酃湖）书院，同治二年邑绅万典璋迁建。

宝庆府：

---

①光绪《湖南通志》卷六八《书院一》。

府城濂溪书院，咸丰九年（1859），毁于兵燹。同治二年，署知府邵绶名修复。

邵阳县爱莲书院，明末已废，咸丰四年（1854）知县邵绶名重建，七年（1857），知县周玉衡等增修。

邵阳县资东书院，道光年间已废，咸丰十年（1860）邑人修复。

邵阳县稽古书院，咸丰间邑人始建。

邵阳县经正书院，同治三年（1864）邑绅范石麟等捐资公建。

新化资江书院，道光二十七年（1847），邑人迁建增修。

武冈州鳌山书院，同治九年（1870）增修。

新宁县求忠（维新）书院，咸丰元年（1851）知县戚天保始建。

岳州府：

岳阳书院，在府治东南，康熙时始建，道光六年（1826）至咸丰十年（1860），前后3次重修。

天岳书院，在平江县城东黄土岺，同治六年（1867），署知县麻维绪择地劝捐另建。

沱江书院，在华容县治左，乾隆时始建，道光二十四年（1844）典史曹应昌重修。

常德府：

朗江书院，在府学后，乾隆时建，咸丰九年郡人再次增修。

漳江书院，在桃源县东门外，始建于明，咸丰五年（1855）和七年（1857）两任知县重修。

辰州府：

虎谿书院，在府城西虎谿山，明嘉靖中建，后废。清康熙时重建。道光二十三年（1843）知府雷成朴再次重修。

溆浦县凤翔书院，咸丰三年（1853）知县陆传应建。

永顺府：

桑植澧源书院，清乾隆时建，后圮，同治八年（1869）知县曾叙笏重建。

沅州府：

芷江县钟毓书院，咸丰六年（1856）邑人创建，后毁于太平军战火。同治四年（1865）邑人修复。

乾州厅：

立诚书院，嘉庆时建，咸丰十一年（1861）毁，同治五年（1866）同知黄应诰修复。

永绥厅绥阳书院，乾隆时始建，道光二十五年（1845）同知德龄阿迁建。

郴州：

永兴县安陵书院，乾隆时始建，同治六年（1867）重修。

宜章县养正书院，乾隆末建，道光二十九年（1849）重修。

宜章谦崖书院，道光二十四年（1844）建。

宜章城东书院，同治九年（1870）建。

靖州：

绥宁虎豀书院，乾隆初建，咸丰初年两次重修。十年（1860）毁于战火。同治五年修复。

澧州：

安福县（今桑植县地）道水书院，嘉庆时建。道光二十年（1840）和同治三年（1864）两次重修。

桂阳州：

蓝山县鳌山书院，同治五年重修。

嘉禾县珠泉书院，道光初始建，同治元年（1862）重修。

永州府及所属各县，原有各书院，清后期均依然存在，但未见重修，也未建新的书院。

以上湖南各府州县（厅），自道光二十年以后，共修复、重建书院 22 所，新建书院亦为 9 所。新建书院相当于长沙地区。总计，清代后期湖南全省共新建书院 18 所。

清后期湖南传统教育的发展，还表现在各种私塾和义学的大量兴起。所谓私塾，包括学者居家收教弟子的“门馆”、豪门大户延名师教授子弟的“团馆”（村馆）和宗祠设学专教同宗子弟的“族馆”。又可分为初级的“蒙馆”和研习经文的“经馆”。这种传统教学形式，源远流长，自春秋战国时期即已产生，而秦汉后历代均有发展。因史志缺乏记载，清代以前，其详情不得而知。据新编《湖南省志·教育志》统计，常德地区在鸦片战争爆发时，城中私塾大约每衢坊 1 所，农村每乡或每村 1 所。其中，安乡县即有 160 多所，在馆徒生达 2000 余人。光绪二十年（1894），龙阳县（今汉寿县）参加县试的有 1000 多生员。其中，县龙阳书院生员仅 40 名，其余 960 多人均为私塾生徒。光绪三十一年（1905），清廷推行新学后，龙阳县仍有私塾250多所，生徒7000多人。在一些边远少数民族聚居地区，私塾也相当普及。如湘西永顺县塔卧、万坪、毛坝、王村、颗砂、勺哈、首车等人口较集中的乡村，常年有私塾3~5所，县治灵溪镇多达10余所；湘南江华瑶族自治县，光绪八年（1882）仅贝江、回龙两乡镇即有私塾48所。① 又据佘国纲《湘中教育志》载，湘中地区新化、安化、冷水江、涟源和娄底等县、市，清代末年，共有各类私塾近千处，学生万余人。其中仅安化县常安岛石（今涟源岛石乡），就有蒙馆9处、经馆8处。②

义学，是由私人出资或府县官员捐俸举办，免费供生徒读书的私学。在湘西苗族地区实行“屯田”制后，划拨一部分屯田租谷，也创办了一批义学，叫“屯义学”和“苗义学”。在其他苗瑶地区所设义学又称“新义学”（原亦称“苗义学”）。据光绪《湖南通志·学校志》记载统计：

长沙府，长沙县义学6所，善化县9所，醴陵县4所，浏阳县9所，宁乡县1所，湘乡县4所，安化县3所，益阳县2所，共计38所。

衡州府，衡阳县义学1所，清泉县4所，衡山县5所，安仁县15所，耒阳县1所，酃县12所，共计38所。

永州府，府治义学1所，零陵县1所，祁阳县5所，东安县1所，道州3所，永明县2所，江华县1所，新田县2所，共计16所。

宝庆府，府治义学1所，邵阳县2所，新化县4所，武冈州5所，新宁县5所（含新义学2所），城步县5所（均新义学），共计22所。

岳州府义学，仅平江县1所。

常德府，府治义学1所，城四隅寺观内4所，武陵县3所，沅江县1所，共计9所。

辰州府，府治义学1所，城四乡4所，沅陵、泸溪、辰谿县各1所，共计8所。

永顺府，永顺县义学7所（含新义学3所），古丈坪3所（均新义学），保靖县14所（含屯义学2所，新义学12所），龙山县2所，桑植县4所，共计32所。

沅州府，芷江县义学22所（含官学12所），麻阳县2所，共计24所。

①《湖南省志·教育志》，湖南教育出版社，1995年。

②佘国纲：《湘中教育志》，岳麓书社，1995年。

乾州厅，原义学 2 所，义学蒙馆 6 所，屯义学 8 所，新义学 10 所，共计 26 所。

凤凰厅，原义学 6 所，屯义学 27 所，新义学 17 所，共计 50 所。

永绥厅，原义学 12 所，屯义学 13 所，新义学 12 所，共计 37 所。

晃州厅，义学 2 所。

郴州，永兴义学 3 所，宜章 1 所，桂阳 1 所，桂东 1 所，共计 6 所。

靖州，州义学 2 所，绥宁 15 所（含社学 1 所、书塾 1 所、“苗瑶”义学 5 所），会同 2 所，通道 3 所，共 22 所。

澧州，州义学 1 所，安乡、石门、慈利、永定各 1 所，安福 2 所，共 7 所。

桂阳州，临武义学 2 所，嘉禾义学 1 所，共计 3 所。

总计，以上各府州县（厅），各类义学 341 所。其中，最多的为苗族聚居的凤凰厅（今凤凰县）、乾州厅（今吉首市）、永绥厅（今花垣县），分别为 50 所、26 所、37 所。从地区看，长沙府 38 所，最多；其次，永顺府（含永顺、龙山、桑植、保靖和古丈各县）32 所。岳州府及所属县，义学最少，仅有 1 所。

二、教育革新与近代学堂的兴起

清朝末年，特别是中日甲午战争失败之后，国家内忧外患，民族面临生死存亡关头，湖南和全国有识之士，为救亡图强，力求改革，掀起维新变法的高潮。与此相适应，教育开始革新，旧的传统学官、书院和学馆的教育模式受到冲击、解体，新学堂应运而生并迅速发展，学校教育的方式和内容，也开始了近代化的进程。在这方面湖南可归为全国的先行者之列。

首先，是湖南学政江标提倡新学。江标（1860—1899），字建霞，号萱圃，江苏元和人。光绪十五年（1889）成进士，授翰林院编修。他素怀大志，“心系时变，日讨中外强弱之势，慨然有矫世变俗之志”。二十年（1894），出任湖南学政。下车伊始，即“以变士风，开辟新治为己任”①。在三年任期内，采取多项变革措施。例如：

以新学课士。即在生员岁试中，突破“八股”模式，扩展命题范围，以求

①唐才常：《前四品京堂湖南学政江标传》，载《唐才常集》，中华书局，1982 年。

拔取真实人才。其试题内容，包括经学、史学、掌故、舆地、算学、词章六类，任人择报，以验平日读书实效。他尤其注重以新学取士，“有能通地球形势及图算、物理者，虽制艺不工，得置高等”①。于是，湖南士子求学，不再为八股举业所囿，而务求博览，通达时变。

整顿校经书院。湘水校经书院前身即湖南巡抚吴荣光开办的湘水校经堂。其办学宗旨，务期士子潜心向学，博达古今，养成有体用之才。这与当时岳麓书院及其他书院，以八股举业课士迥然不同。江标继承并发扬了这一传统。他在校经书院推广季课，捐廉给奖，建造书楼，广购书籍，添置天文、舆地、测量等仪器，以期“诸生于考古之外，兼可知今”。②

成立校经书院学会。在整顿校经书院的同时，江标成立校经书院学会，分算学、舆地、方言三门。算学讲求浅近实用之法，舆地授以测量绘图之术，方言攻习英语。学员不论年岁大小皆可入会，平日将所学写入札记，呈学长批阅，每季聘请专门学者考验。其中成绩优秀者，保送总理衙门及大学堂深造。这是湖南维新时期创立的最早学会，具有鲜明的辅导教育功能，为其后各种学会所效仿。③

在江标提倡新学，改革湘水校经书院的同时，岳麓书院也开始改革。时任岳麓书院山长的王先谦，倡导实学，改定章程，开设西方自然科学课程。光绪二十年（1894）六月，他发布岳麓书院《月课改章手谕》，将课程分为经、史、掌故、算学、方言五门。他亲自督课经、史、掌故，算学另立斋长，另聘方言教习。算学定额30名，译学定额40名，学期都为3年。岳麓书院章程一改，即获得熊希龄、蒋德钧、刘麟祥等人的支持，纷纷捐赠新学书籍给岳麓书院，全省士子也闻风而动，亦欲改当地书院。

继之，谭嗣同、唐才常等在浏阳创设算学馆。光绪二十一年（1895）六月，谭嗣同致书其师、素有改革思想的欧阳中鹄，提出“议变法必先从士始，从士始则必先变科举，使人人自占一门，争自奋于实学”④。并建议变法之举可“先小试于一县”，从“算学格致开始”，设立算学格致馆。欧阳中鹄极力赞许，

①唐才常：《前四品京堂湖南学政江标传》，载《唐才常集》，中华书局，1982年。

②江标：《湖南学政奏请推广书院章程讲求新学以励人才折》，载《湘学新报》。

③参见冯象钦等：《湖南教育史》，岳麓书社，2008年。

④谭嗣同：《上欧阳中鹄书》，载《谭嗣同全集》（增订本），中华书局，1981年。

并拟以南台书院为馆址成立算学馆，后因县绅们的反对暂时作罢。

光绪二十二年（1896），欧阳中鹄、唐才常等自筹经费，于县城文奎阁创办算学社，招生16人。翌年，又将算学社扩充为算学馆，设山长1人，总理1人，分理6人，任期3年。肄业生徒，由县甄别入馆，分额内、额外录取。额内以3年为限，出缺以额外前列者递补。教学与考勤诸法，兼采书院旧规与学堂新制。每次季课，由山长点名给卷，日午盖戳，日入纳卷。季课4次外，每月逢八，由山长发题，课肄业诸生，以为馆课，限2日交卷，酌奖10名。这为当时书院官课与院课旧规。另又规定，诸生每月发日记大簿一本，按日将教师所传授，还有“己所演习，看书起止，朋友讲论及有心得与发明之处，并算学外旁及何业”等，“评载其上”。① 此系采用当时学堂新规。在浏阳算学馆影响和推动下，湘乡张通典，也改东山书院专课算学、格致，湖南各地其他书院，亦多改革课程，添设数学。

光绪二十二年，湖南士绅兴创办时务学堂之议，获湖南巡抚陈宝箴的支持，并委派长宝盐法道兼署湖南按察使黄遵宪，与在籍翰林院庶吉士熊希龄负责筹备事宜。第二年，在两江总督刘坤一支持下，初步解决了经费问题，并将学堂房舍选址于长沙北门外侯家垄。在房舍兴建前，则借用小东街刘权之邸宅开学。学员按各府县分配名额，报考年龄为12～16岁。同年八月二十八日，时务学堂举行第一期入学考试，录取第一批学生40名。除正式生员外，还招收外课生，年龄可比正式生略大。学堂的功课分为“博通学”与“专门学”两大类。“博通学”包括经学、诸子学、公理学、中外史志及格算诸学之粗浅者。“专门学”，包括公法学、掌故学、格算学。入学后前6个月只读“博通学”，6个月后则自选“专门学”。

时务学堂由熊希龄任提调，总理全局。梁启超为中文教习，粤人韩文举、叶觉迈及谭嗣同、唐才常等为分教习。李维格为西文总教习，许奎垣为数学教习。光绪二十三年（1897）冬，梁启超到任，对学堂原定章程、则例，多所修订，撰就《时务学堂学约》。规定在中西学并重的基础上，“每日一课，经学、子学、史学与译出西书，四者间日为课”。遂使经书与子、史并举，西学与“四部”同列，打破了独尊儒术与内诸夏而外夷狄之传统观念。在学习方法上，

①参见《湖南省志·教育志》，湖南教育出版社，1995年。

分为专精之书和涉猎之书，前者的学习时间占每天十分之六，后者占十分之四。《时务学堂学约》又大倡民权学说，指斥君统，锋芒直指清王朝。

时务学堂所提倡的西方民权、平等学说，受到以岳麓书院山长王先谦和乡绅叶德辉等为代表的湖南守旧势力的攻击，矛头指向梁启超、熊希龄等人，激起了湖南维新派与守旧派的激烈斗争。在王先谦等人的不断攻击下，陈宝箴逐步妥协、退让，间接施压，迫使熊希龄辞去提调职务，由黄遵宪代为主持。梁启超等人被迫离开湖南。光绪二十四年（1898），戊戌变法失败，时务学堂停办，改称求实书院。

时务学堂创办虽仅一年即被迫停办，然省内外皆著声誉。在时务学堂的影响下，湖南各府州县闻风而动，改革当地书院课程，多课实学。郴州更有开办经济学堂之议。光绪二十四年秋，醴陵刘佐辑在县北清安铺创立兰宜学堂。同年冬，常德戴展诚等于常德府城东湖巷开办常德明达小学堂。邵阳滕骥于县城沙井头开办滕氏女塾。南县直隶厅士绅将考棚改建为南州中学堂。此后一两年间，湖南各地相继开办的新学堂，有新化县实学堂、宁乡县译算学堂、浏阳致用学堂、靖州算学堂、郴州经济学堂、常德明达学堂、乾州高等小学堂、永兴县高等小学堂、宁远县官立学堂、晃州官立学堂等。①

戊戌变法虽然夭折，政治改革失败，但旧学体制的瓦解和学校教育的革新，却势不可挡。光绪二十九年（1903），清廷颁布“壬寅学制”，并诏谕各省书院于省城者改设大学堂，府州县书院分别改设中、小学堂。在湖南，首先是改求实书院为湖南大学堂，改岳麓书院为高等学堂，而后合并，增加学额，增设教室、实验室等，延请俞诰庆主持校务，王先谦离任。于是完成了对岳麓、求实两书院的改造。继而，在城南书院改设师范馆（后改师范学堂），求忠书院改为忠裔学堂，校经书院与孝廉堂合并为校士馆。这样，湖南省城逐步完成了由旧式书院到新式学堂的变革。

湖南其他府州县，也开始改书院为学堂，分别设立中、小学堂。如衡阳石鼓书院改为衡阳女子职业学堂，船山书院改为存古学堂，娄底的涟壁书院改为高等小学堂，武冈的峡江、双江两书院均改为小学堂。各县的书院改革大都完成于光绪二十八年至二十九年（1902—1903）之间。三十年（1904）元月十三

①参见新编《湖南省志·教育志》；冯象钦等：《湖南教育史》。

日，清廷颁布了《钦定学堂章程》，即“癸卯学制”，统一规范各级学堂的体制，从而确立了中国近代学制的基本模式。这标志中国传统教育体制的结束，湖南与全国一样开始进入近代教育的轨道。省内各级各类新学堂纷纷建立，至辛亥革命前夕，全省的近代新式学校教育体系已基本形成。

光绪二十八年（1902），由省设立麓山高等学堂（相当于高级中学），这是湖南普通中学之始。此后，至光绪三十年，湖南所属各府州，先后设官立中学1所。据宣统三年（1911）统计，湖南九府四直隶州各设有官立中学堂1所，凤凰直隶厅也开办官立中学堂1所，全省共有官立中学堂14所。与府州中学堂开办的同时，各县如善化、新化、湘乡、宁乡、湘潭、岳阳、武冈、郴州、石门等，也先后开办中学堂，共12所。此外，浏阳、邵阳、湘阴、安化等县还在省城长沙开办了驻省和旅省中学堂，共8所。①

因官立中学堂的录取有限，为满足求学青年日益增多的需求，于是又产生了私立中学堂。湖南最早的一所私立中学堂，是光绪二十九年（1903）由胡元倓等在长沙城北创办的明德学堂。继之，有光绪三十一年（1905）禹之谟在长沙创办的唯一学堂（后更名广益中学），朱剑凡等创办的周南女学堂。此外，省城还有周震麟等创办的修业学堂，朱绥安创办的复初学堂，以及宣统二年（1910）前，先后开办的西路公学、南路公学和中路公学。（插图42）外地创办的私立中学堂，有衡阳的成章中学堂，醴陵刘佐楫创办的民主中学堂，武冈的高沙中学堂和常德刘德沛创办的三益中学。清末全省的私立中学堂共计13所。②

清末，湖南除官、私中学外，还有外国传教士在湘设立的教会中学堂。最早是长老会牧师凌霄志在湘潭设立的益智中学堂。相继开设的有长老会在常德、长沙、辰州（沅陵）开办的教会中学堂，圣公会在长沙创办的男女中学各1所，雅礼会在长沙创办的雅礼中学等。（插图43）据1914年的统计，当时湖南各地共有教会中学堂17所。③

---

①参见冯象钦等：《湖南教育史》。

②参见冯象钦等：《湖南教育史》。

③参见新编《湖南省志·教育志》。

插图 42-1　广益中学旧校址

插图 42-2　修业学校旧校址

插图 43-1　雅礼中学旧校址

插图 43-2

雅礼中学（大学堂）当年师生合影

湖南的小学教育，发轫于光绪二十八年（1902）。最先创办的是长沙县小学堂。继之，善化、衡阳、湘潭、清泉、常宁、安化、新化、永顺、保靖、黔阳、会同等县及永绥厅，先后创办各种小学。是年，全省共办有各种小学堂31所，在校学生1071人。二十九年（1903），全省各种小学堂发展到78所，在校学生达3006人。三十年（1904），又发展到140所，在校生5261人。①

光绪三十一年（1905），清廷成立的“学部”通令全国设立半日制小学，专收贫寒子弟，不收学费。湖南实际上早在光绪二十八年冬，即率先开办官立半日制学堂12所。三十一年，端方抚湘，奉命将官立半日学堂改为湖南省官立初等小学堂，并在省城附近的长沙、善化、宁乡三县先后设立四十所。初等小学招收7岁以上的学龄儿童，修业期限为5年。学生就近入学，一律走读，不寄宿，每天定时作息，实行严格的纪律管理。所学功课定为修身、读经和讲经、中国文学、算术、历史、地理、格致、体操，共8门。

光绪三十二年（1906），长沙陈润霖“以初等教育，实属国民根本”，而官本初立小学太少，遂捐资300余两，于长沙贡院西街租赁靖州会馆办私立小学，“定名楚怡小学堂”②。后发展为楚怡工业学校、楚怡中学、楚怡小学和楚怡幼稚园“三校一园”的独特体制，总称湖南私立楚怡学校。楚怡小学，素以改革旧教育，倡导新教育著称。美国教育家杜威来湘考察时，曾称赞该校是“中国最富有教育意义之小学”③。

女子小学堂，在湖南也开始兴起。最早开办的是滕氏女塾、周氏家塾等。光绪三十二年，全省办有女子学堂5所，在校女生338人。光绪三十三年（1907）正月，学部颁布《奏定女子小学堂章程》，女子小学堂取得合法地位。是年，湖南共办有女子小学堂7所，在校女生412人。④

宣统三年（1911），湖南共有各类小学堂2085所。其中高等小学堂305所，两等小学堂113所，初等小学堂1596所，女子小学堂38所，简易识字学堂13所，半日学堂17所，夜学堂3所。在校学生总计达73577人。自光绪二十八年开设新学堂以来，10年间湖南新式小学堂，从数十所发展到二千多所，在校学

①参见新编《湖南省志·教育志》。
②参见新编《湖南省志·教育志》。
③参见新编《湖南省志·教育志》。
④参见新编《湖南省志·教育志》。

生达七万多人，发展速度相当快。但校舍多系利用祠庙寺院等公房，教学设备简陋，学生年龄偏大，多数是先读几年私塾，然后再进“洋学堂”。

随着新式中、小学堂的兴起和发展，师资培养的途径和方式开始变化，近代的师范教育也逐步兴起。光绪二十八年（1902）冬，湖南首设师范馆，地址在长沙黄泥塅。翌年二月开学，在当年科举考试落选卷内挑选年龄在30岁以内、议论纯正、学识通达者入学，学制1年，期满考试合格者发给文凭，充当中、小学堂教员。同年十一月，遗址迁入城南书院，故称城南师范馆。扩充学生达百余人。由各府州厅县在所属举贡生员内挑选，保送入馆。课程设伦理及经学、中外史学、中外舆地、算学、文学、物理、化学、英文、图画、体操等。又设蒙学堂1所，即后来的附属小学，以为学生实习场所。同时还在省城创办蒙师讲习所1所，为各乡村、市镇开设小学培训师资。二十九年（1903），胡元倓、龙璋在其创办的明德学堂内，招速成师范班。接着朱剑凡在周氏家塾开办师范班及附属小学堂。

湖南省所属府州厅县，也开始筹办师范馆或师范班。如：光绪二十八年，常德知府朱其懿筹办师范传习班，熊希龄曾予襄助；沅州府在中学堂内暂设师范速成讲习科，为蒙学堂培养教习；衡山县知县与邑绅向荣等筹办衡山师范馆。二十九年，永绥厅创办师范馆，古丈厅办师范传习所。三十年（1904），湘潭县、南州厅在中学堂内开办师范班。三十一年（1905），湖南分三路设学，在改城南师范馆为中路师范学堂的同时，开办西路师范学堂于常德，创办南路师范学堂于衡阳。三十三年（1907），平江凌容众及夫人李樵松（湖南第一批留日女学生），创办平江启明女学堂，增办师范部，即后来的启明女师。

据光绪三十三年统计，湖南全省共有初级师范19所，学生1675人；师范传习所7所，学生444人。①

三、清后期的科举与最后一批湘籍进士

中国传统的旧学教育，一直是与科举取士紧密结合的。清代后期，随着传统官学、书院教育的最后发展，相应也推动了科举业又兴盛一时。科举考试仍是朝廷选拔人才和任用官吏的主要途径，千万学子则仍以中举、中进士成名作

①参见新编《湖南省志·教育志》。

为自己的奋斗目标，而大批人才精英主要也是通过科举脱颖而出的。直至光绪三十一年（1905），清廷诏令停止乡试、会试，延续1000多年的科举制度从此废除。

湖南的科举业，在清后期的几十年间，亦有发展。历年参加乡试、会试的生员数和中试名额，在逐步增加。据记载，自雍正二年至咸丰八年（1724—1858），湖南共举行乡试61次，取中举人正榜3091名，平均每次乡试中试者为50余人。咸丰以后，中举名额增多。同治元年（1862）乡试，正榜145名。中乡举人数，较咸丰前的年均数增加一倍多。应试人数，道光十二年（1832）为5000余人，同治六年（1867）应乡试者达13700人以上。会试各省中试名额不等，按应试人数钦定中额。清朝共会试112科，中试26391名，湖南为764名，不及总数三十分之一。平均每科中试者为7名左右。同治二年（1863），诏增湖南会试中额，自是湖南有一科中试10余名者。① 据光绪《湖南通志》所记进士名录统计，自道光二十一年至光绪九年（1841—1883），20科会试，湖南中试成进士者164人。其中，一甲第一名1人，一甲第二名3人，一甲第三名1人。又据统计，光绪九年以后的10科会试，湖南中试成进士者共117人。其中，一甲第二名进士2人，一甲第三名进士2人。② 从平均数看，湖南会试中试人数，光绪九年前每科为8人，此后为11人。在这批进士中，不乏国家栋梁之才，他们通过科举跻身高位，进入仕途，成为清后期朝廷的重臣和大吏，积极参与国家的政治进程，在中国近代历史发展中发挥了自己的作用。如：

周玉麒，字韩城。长沙人。生年不详，卒于光绪元年（1875）。道光二十四年（1844）进士。历任监察御史、鸿胪寺卿、太常寺卿，督理浙江学政，并主持浙江乡试。咸丰六年（1856），授内阁学士，加礼部侍郎衔，仍督浙江学政，所录多才能之士。八年（1858），以母疾乞养归里。后受聘主持城南、求忠、岳麓等书院，收授拜门弟子数千人。

魏源（1794—1857），原名远达，字汉士，后字默深。邵阳金潭（今属隆回）人。29岁中举人。曾受贺长龄延聘，编辑《皇朝经世文编》。又助陶澍筹办漕运、水利诸事。又受林则徐之托，编纂《海国图志》。道光二十四年（1844）中进士。后任兴化知县、高邮知州等，晚年弃官学佛，整理著述。病

---

①参见新编《湖南省志·教育志》。

②参见新编《湖南省志·教育志》。

逝于杭州。一生主张变法革新，御侮图强，首次提出“师夷之长技以制夷”，为中国“睁眼看世界”的第一人。

郭嵩焘（1818—1891），字伯琛，号筠仙，晚年号玉池老人。湘阴人。道光二十七年（1847）进士，选庶吉士。授翰林院编修。曾随曾国藩办团练，并注重发展湘军水师。历官广东巡抚、兵部左侍郎、礼部左侍郎，首任出使英国大臣，兼驻法国大臣。1879年，以病辞归。他力主学习西方科学技术，办铁路，开矿务，整顿内政，遭到顽固保守势力的猛烈抨击。

徐树铭（？—1899），字寿衡，长沙人。少时曾从曾国藩学。道光二十七年进士，选庶吉士，授编修。先后督学福建、浙江。又受命修治永定河、运河。光绪二十五年（1899），升工部尚书。旋病卒。他平生不事积蓄，唯嗜钟鼎书画，藏书数十万卷，至老仍勤学不倦。

王世琪（？—1917），字炳青，宁乡人。光绪十五年（1889）进士。授刑部主事，迁大理寺少卿，兼摄正卿。光绪二十三年（1897），以父丧归里。后历任法部右参、左参，总检察厅厅丞，法部左丞。辛亥革命后，由临时大总统袁世凯任为法部副大臣。

瞿鸿禨（1850—1918），字子玖，号止庵，晚年号西岩老人。善化（今属长沙市地）人。同治十年（1871）进士，授编修，晋侍讲学士。光绪二十三年，升内阁学士。先后出任福建、广西乡试考官，河南、浙江、四川、江苏学政。中日甲午战争时，上“四路”进攻之策，未被采纳。八国联军进攻北京，随慈禧太后西逃，为其撰旨，向列强妥协求和，获慈禧赏识，任工部尚书、军机大臣、政务大臣。后总理各国事务衙门，改为外务部，位居“六部”之上，又任尚书。代内阁协办大学士。光绪三十二年（1906），参与清廷预备立宪。翌年，由于与权臣奕劻有矛盾，忤慈禧意旨，被劾落职回籍。袁世凯复辟帝制，聘其为参政员，坚拒不就。后病逝于上海。

吴獬（1841—1918），字凤孙，临湘人。光绪十五年（1889）进士。任荔浦知县，有政声。嗣充乡试同考官。二十二年（1896），选沅州府学教授，兼任敦仁书院山长。戊戌变法期间参加维新运动，岳州成立南学会分会，被推为学长。有文名。治经以得经意为主，不拘一家之说。他一生致力于教学，先后讲学于临湘、岳州、通城、沅州、衡阳各府州县书院。新学堂兴起后，又曾讲学于江宁三江师范、湖南高等师范。至老不辍。

刘人熙（1844—1919），字艮生，号蔚庐。浏阳人。光绪三年（1877）进士，任工部主事。以上书言事，被外调直隶州知州。累官广西道员。三十三年（1907）返湘，任中路师范学堂监督。是年冬，任湖南教育总会会长，领衔上奏，请愿开设民选议院。辛亥革命后，任湖南都督府民政司司长。船山学社成立，任会长。投身反对袁世凯和驱逐汤芗铭的斗争。驱汤后，任湖南督军兼省长。

谭延闿（1880—1930），字组安，号无畏。茶陵人。光绪三十年（1904）进士，授编修。组织湖南宪政公会，极力推行立宪。宣统元年（1909），任湖南谘议局议长。次年任北京资政院议员。先后两次赴京，参加各省立宪派请愿，要求速开国会。又出席各省谘议局联合会，与湖北汤化龙等发起组织宪友会。辛亥革命长沙光复后，出任湖南参议院院长，兼任湖南军政府民政部长。立宪派长沙政变，被推为都督。第二年加入国民党，任湖南支部长。“二次革命”中宣布湖南独立，不久被袁世凯免职。袁死后，出任湖南省长兼督军。逾年去职。后联合桂系、直系军阀，驱逐皖系军阀、湖南督军张敬尧，乃集湖南督军、省长、湘军总司令于一身。1920 年为赵恒惕所逼下台。1922 年随孙中山前往广州，任大元帅大本营内政部长。又复任湖南省长兼督军，率军讨赵。后历任国民党中央委员、国民政府常委，并曾代理武汉国民政府主席、行政院长等职。

熊希龄（1867—1937），字秉三，凤凰县人。光绪二十年（1894）进士，选庶吉士。曾任湖南时务学堂提调，助陈宝箴、黄遵宪推行新政。百日维新期间，联合湘绅呈请整顿全省书院，力斥王先谦、叶德辉等顽固势力对新政的攻击。政变后，被革职禁锢。获释后在常德创办师范讲习所和启智书局。1905 年，得大臣端方引荐，充出洋考察五大臣参赞。旋回湘创办醴陵瓷业学堂和瓷业公司，后调任奉天盐运使。民国成立后，任袁世凯政府财政总长及热河都统。1913 年，与梁启超、张謇等组阁，任国务总理，号称“第一流人才”内阁。旋去职。此后致力于教育慈善事业。

第二节　近代思潮

一、魏源爱国经世和维新变革思想

清王朝统治建立后的一两百年，经历了康熙、雍正、乾隆盛世，嘉庆、道光已由盛而衰，至清后期，吏治日趋腐败，军务废弛，财政拮据，中国社会已危机四伏。同时，西方各国资本主义经济迅速发展，为寻找大工业原料供应地和商品销售市场，积极向海外寻找和建立殖民地，而对东方地大物博的中国，他们更是垂涎三尺、虎视眈眈。内忧外患的严峻形势，激励一些有识之士和爱国者的觉醒，他们对内要求清廷实行改革，兴利除弊，对外严禁鸦片，抵制西方资本主义入侵。鸦片战争后，更萌发打开国门，向西方学习，引进西方的科学技术，为我所用，以富国强兵，振兴中华。正是在这种思潮的引领下，传统的"经世致用"迅速向近代的经世思想发展，产生了一批早期的爱国经世人物，史称"经世派"。湖南的魏源即其中引领人物和突出代表。

魏源，道光二年（1822）中顺天乡试第二名。五年（1825）会试，与龚自珍均意外落选。二十四年（1844），始中进士。可说是大器晚成。但他博通经史，熟悉朝章国故，又广交游，早以才学著名于时。先后入湘人贺长龄、陶澍幕府，助贺编纂《皇朝经世文编》，助陶办理漕运、改革盐政和兴水利等。中进士后，曾任知县、知州。晚年潜心佛学。生平著述宏富。著有《海国图志》《圣武记》《元史新编》《明代食兵二政录》《诗古微》《书古微》等凡数十种。

魏源忧国忧民，一生力主变革维新，挽危图强。他提倡以"经术为治术"，认为"人积人之谓治，治相嬗成今古"。① 称"六经""皆圣人忧患之书"，"治久习安，安生乐，乐生乱；乱久习患，患生忧，忧生治"。② 又曰："三代以上，天皆不同今日之天，地皆不同今日之地，人皆不同今日之人，物皆不同今日之

①魏源：《皇朝经世文编叙》，载《魏源集》，中华书局，1976 年。

②魏源：《默觚下·治篇二》，载《魏源集》，中华书局，1976 年。

物。”① 断言：“天下无数百年不弊之法，无穷极不变之法，无不除弊而能兴利之法，无不易简而能变通之法。”② 这是一种历史进化论和朴素唯物辩证的观点，构成了魏源坚持主张变法维新的理论基础。

在魏源的著述中，最能反映其爱国经世和维新思想，而影响又最大的是《海国图志》。

道光二十一年（1841），魏源在京口与抗英名臣林则徐相会，二人痛国事日非，均思欲以扶危图强，十分契合。林则徐将自己在广州禁鸦片烟时，使人刺探得到的关于西方的情报，翻译的西洋书，还有购买的新闻报及所纂《四洲志》等资料，都交给魏源，嘱托他编写一部《海国图志》。于是，魏源根据林的《四洲志》与自己掌握的中外文献资料，于道光二十二年（1842）编写成50卷本《海国图志》。次年付梓问世。二十七年（1847），增补为60卷。咸丰二年（1852），又经修订、增补、刊刻，最终成100卷本。

《海国图志》，是世界上第一部由中国人编写的系统介绍世界历史地理的名著。该书系统记述了当时世界各国历史发展、地理疆域，并对各国的政治、经济、军事、科技和文化、宗教状况，作了详细介绍与探讨。书中不仅明确提出“以夷攻夷”“以夷款夷”和“师夷之长技以制夷”，完整的对外政策主张，而且还就守、战、款等问题展开广泛讨论。魏源反对丧权辱国的投降主义，注重防守。认为“不能守，何以战？不能守，何以款？”“以守为战”，而后“外夷服我调度，是谓以夷攻夷”。③ 所谓款，即接待和建立双边关系。他主张“未款之前，则宜以夷攻夷；既款之后，则宜师夷之长技以制夷”④。“威足慑之，利则怀之，公则服之。”⑤ 就是说，不能闭关锁国，要同各国打交道、来往，建立正常外交关系，而从中学习它们的长处，达到“师夷之长技以制夷”。书中警告和痛斥那些顽固守旧派：“今日之事，苟有议征用西洋兵舶者，则必曰借助外夷，恐示弱；及一旦示弱数倍于此，则甘心而不辞。使有议置造船械，师夷长技者，则必曰靡费；及一旦靡费十倍于此，则又谓权宜救急而不足惜。”并征引

①魏源：《默觚下·治篇五》，载《魏源集》，中华书局，1976年。

②魏源：《筹鹾篇》，载《魏源集》，中华书局，1976年。

③《海国图志》卷一《筹海篇一·议守》，载《魏源全集》（四），岳麓书社，2011年。

④《海国图志》卷二《筹海篇四·议款》，载《魏源全集》（四），岳麓书社，2011年。

⑤《海国图志》卷二《筹海篇四·议款》，载《魏源全集》（四），岳麓书社，2011年。

古史曰："古之圣人，刳舟楫以济不通，弦弧剡矢以威天下，亦岂非形器之末？而睽、涣取诸《易·象》，射御登诸六艺，岂火轮、火器不等御乎？指南制自周公，挈壶创自《周礼》，有用之物，即奇技而非淫巧。今西洋器械，借风力、水力、火力，夺造化，通神明，无非竭耳目心思之力，以前民用。因其所长而用之，即因其所长而制之。"① 从经世致用至西学为用，自远古创造发明到师夷之长技，这些都是魏源爱国经世思想中最积极最先进的因素，难能可贵，在当时对中国政治社会思潮和维新运动的兴起产生了积极影响。后来此书传至日本，"师夷之长技以制夷"的思想，还对日本的明治维新产生过直接影响。

二、曾国藩、左宗棠理学经世思想

咸丰元年（1851），爆发了由洪秀全等领导的太平天国起义。数年间，太平军横扫半个中国，清王朝岌岌可危。而因军备长期松弛，八旗、绿营组成的清军不堪一击，节节溃败。于是湘军应运而生，担当起镇压太平军的历史重任。湘军、淮军等地方军挽救了垂危的清王朝，湘军的将领曾国藩、左宗棠等成了清朝"中兴"名臣。这批湘军将领多出身儒士，博览经史，崇尚儒学，以理学经世。他们的道德文章和思想学风，对湖南学术传统和社会思潮影响甚大。

曾国藩（1811—1872），字伯涵，号涤生。湘乡荷叶塘（今属双峰）人。道光十八年（1838）进士。选庶吉士。供职京师，历任礼、兵、工、刑、吏部侍郎。咸丰二年（1852）以守母丧回湘。适逢太平军兴，奉命帮办团练。四年（1854）二月，发布《讨粤匪檄》，率所组成的湘军向太平军发起进攻。初，出师不利，屡败屡战。十年（1860），以钦差大臣兼两江总督，督办江南军务。主张"借洋兵助剿"，获慈禧太后信任。同治元年（1862）春，为协办大学士。遣李鸿章至沪、左宗棠入浙，勾结"洋枪队"合击太平军，又以曾国荃部围攻太平天国天京（即南京）。三年（1864），破天京城，杀忠王李秀成，加太子太保，封一等毅勇侯。后又奉命镇压"捻军"，查办天津"教案"。十一年（1872）卒于南京。赠太傅，谥文正。

曾国藩早年即精研理学，在京时曾师从著名理学家唐鉴。在宇宙观和道德观方面，他继承了理学的唯心主义和程颐的"理一元论"观点，并加以发挥。

---

①《海国图志》卷二《筹海篇三·议战》，载《魏源全集》（四），岳麓书社，2011年。

认为理在气先，存在于一切事物之中，而封建伦理原则便是理的体现。遵守封建伦理原则，就是安守本分，在人与人的各种关系中忽视这种本分，就会“乱天下”①。曾国藩曾努力探讨经世致用之学，在京时反复阅读过经世派的理论巨著、贺长龄和魏源的《皇朝经世文编》。认为“经济之学”，“吾之从事者二书焉，曰《会典》，曰《皇朝经世文编》”②。在曾国藩的“经世”思想体系中，包含着办“洋务”以求自强的思想。他认为：“欲求自强之道，总以修政事、求贤才为急务，以学炸炮、学造轮舟等为下手工夫。但使彼之所长，我皆有之”，“洋人之智巧，我中国人亦能为之”。③ 他赞成购买轮船、洋炮，而购来之后，“访募覃思之士、智巧之匠，演习试造，以勤远略”④。出任两江总督期间，他与李鸿章等在上海创办江南制造总局等军工企业，又奏派陈兰彬、容闳等率学童出国留学，学习军事、船政、步算、制造诸学，在中国近代率先举办“洋务”。

左宗棠（1812—1885），字季高，一字朴存。湘阴人。道光十二年（1832）举人。后三次会试，竟意外落第。遂绝意科举，弃辞章，钻研农学、舆地、史学、兵学以至洋务之学。十七年（1837），主讲醴陵渌江书院。二十年（1840），受其师贺熙龄之托，入两江总督陶澍家授其子，居陶馆 8 年。咸丰二年至九年（1852—1859）间，先后入湖南巡抚张亮基、骆秉章幕，赞画军事，获清廷赏识。咸丰十年（1860），以四品京堂襄办曾国藩军务，募练“楚勇”8000 人，开赴赣、浙抗击太平军。次年，任浙江巡抚。同治二年（1863），升闽浙总督。一年间，攻占杭州，控制全浙。赐太子太保衔，封一等恪靖伯。五年（1866），镇压太平军余部于广东。同年九月，移督陕甘。次年二月，授钦差大臣，督办陕甘军务。先率军镇压山东捻军，旋回师镇压回民起义。十二年（1873）冬，攻占回军最后据点肃州，加协办大学士，赐轻车都尉世职。次年，晋东阁大学士。光绪元年（1875）五月，以钦差大臣督办新疆军务，率西征大军出关，讨伐阿古柏叛匪，收复天山南、北路，驱逐沙俄势力。四年（1878）初，获全胜，晋二等侯。他建议新疆设省，加强其经济文化建设；在中俄伊犁

---

①参见刘泱泱主编：《湖南通史·近代卷》（增订本），湖南人民出版社，2008 年。

②引自《曾文正公全集·日记》卷上，辛亥（咸丰元年）七月。

③引自《曾文正公全集·日记》卷上，壬戌（同治元年）五月、七月。

④引自《曾文正公全集·奏稿》卷一四。

谈判中，积极部署战备。七年（1881），任军机大臣，旋调两江总督兼南洋通商事务大臣。十年（1884），以钦差大臣督办福建军务，部署抗法援越。次年病逝于福州。谥文襄。著有《左文襄公全集》传世。

左宗棠，崇奉儒学，而尤以程、朱为宗。早年曾手抄陆陇其《读朱随笔》一册，按理学要求修身养性。但他注重经世致用，既不满于汉学视理学为空疏之谈从而走向脱离实际的倾向，也反对理学家只讲道德文章不重艺事的治学方法，强调“非熟读经史，必不能通达事理”，同时认为“得及早为有用之学”。[①] 在实践中，左宗棠继承魏源“师夷之长技以制夷”的思想，率先开办“洋务”。太平天国战争结束后，即在福建创办了中国第一个船舶制造厂——马尾船政局，又附设船政学堂，培养制造、驾驶人才，装备水师。在督军陕甘和新疆期间，先后创办西安机器局、兰州制造局、甘肃织呢局和阿克苏制造局等。他举办洋务，始终坚持独立自主原则。并认为矿务，官办“不若包商开办”，提倡“以官办开其先，而商办承其后”[②]，注意发展民间企业。这均为后来洋务运动的发展产生了积极的引导作用。

三、郭嵩焘、曾纪泽的洋务思想与实践

戊戌维新之前，由于湘军的兴起和一大批以军功显赫、跻身高位的湘军将才的涌现，湖南地方官绅和绅权势力空前发展，致使湖南思想文化领域保守倾向较其他省更为浓厚，甚至湖南以“疾恶洋务”而著名。但同时，湖南也出现了如郭嵩焘、曾纪泽这一类先进人物，他们却又以“精解洋务”而闻于世，谭嗣同称之为“湖南之光”。

郭嵩焘（1818—1891），字伯琛，号筠仙，晚号玉池老人。湘阴人。早年游学岳麓书院，在长沙结交曾国藩、江忠源、罗泽南等。道光二十七年（1847）进士，选庶吉士。二十九年（1849），以丁忧回籍。咸丰二年（1852）太平军入湖南，随曾国藩办团练，创建湘军。三年（1853），奉命赴江西江忠源军营，协同与太平军作战。曾向江忠源建议并代撰奏稿，请置战舰，练水军，为湘军水师发端。六年（1856），受曾国藩之托，赴浙江、上海购置洋枪洋炮，开始结识洋人，接触西方科技知识。八年（1858），入值南书房。同治元年

---

①见《左宗棠全集·家书》，岳麓书社，1987年。

②引自《左文襄公全集·书牍》卷二三《与周渭臣提军》。

（1862），授苏松粮储道，迁两淮盐运使。次年，署广东巡抚。因与两广总督瑞麟不合，被黜。此后居长沙8年，潜心著述，倡议恢复湘水校经堂，并主讲城南书院。光绪元年（1875），授福建按察使，未赴任，命在总理衙门上行走。旋署兵部左侍郎。次年，署礼部左侍郎，首任出使英国大臣。四年（1878），兼驻法国公使。第二年，以病辞归。在长沙筑养知书屋，开思贤讲舍，讲学、著述以终。生平著述甚富，除奏稿、书信、日记之外，主要有《礼记质疑》《大学质疑》《中庸质疑》《史记札记》《罪言存略》《使西纪程》《玉池老人自叙》《养知书屋诗文集》《湘阴县图志》等。

郭嵩焘，早年即博览经史，国学根基颇深，有长期的理政治军经历，而又较早和较多结交洋人、接触洋务和西方的政教与科学技术，因而形成了他自己独到的一些政治思想观念。其中，最具特色和影响最大的则是他的洋务思想。

郭嵩焘在主张学西方、办洋务时强调一种"本末观"。认为"西洋立国有本有末，其本在朝廷政教，其末在商贾，造船、制器相辅以益其强"。中国欲图自强，则必须本末兼学，而根本在政教之改良。如："舍富强之本图，而怀欲速之心以急责之海上，将谓造船、制器用其一旦之功，遂可转弱为强，其余皆可不问，恐无是理！"本末相辅"以致富强，由此而保国千年可也"①。他指出早期洋务运动单纯学习西方军事技术之不足，提倡全面学习。批评李鸿章、沈葆桢等人，"专意考求富强之术，于本源处尚无讨论，是治末而忘其本，穷委而昧其源也"②。在洋务运动中，他主张"通官商之情"，商贾自办企业，认为"天地自然之利，百姓皆能经营，不必官为督率"③。郭嵩焘不满清王朝的政治腐败，要求整饬吏治。指出："天下之患，在吏治不修，纪纲废弛，民气郁塞。"首先应该"治内"，以图"自强"。④ 他出使英、法时，着意考察了西方国家的政治民主体制，并将中西作了比较。认为"三代"的圣人，"非西洋所能及；即我朝圣祖之仁圣"，亦西洋一千多年中"无有能庶几者"。然"圣人之治民以德，德有盛衰，天下随之以治乱。德者，专于己者也，故其责天下常宽"。而

---

①《郭嵩焘日记》（三），湖南人民出版社，1982年。

②《郭嵩焘日记》（三），湖南人民出版社，1982年。

③《与友人论仿行西法》，载《郭嵩焘诗文集》。

④《条议海事宜》，载《郭嵩焘诗文集》。

“西洋治民以法，法者，人己兼治者也，故推其法以绳之诸国，其责望常迫”①。就是说，君主不如民主，人治不如法治，好的民主和法治，较之君主个人的品德贤能更为重要，更加可靠。郭嵩焘诸如此类的议论精辟、独到，其思想观点在中国近代思潮中特别难能可贵。

曾纪泽（1839—1890），字劼刚。曾国藩长子。同治九年（1870），由二品荫生补户部员外郎。光绪三年（1877），袭侯爵。四年（1878），继郭嵩焘之后出任长驻英、法公使，补授太常寺卿。五年（1879），转大理寺少卿。六年（1880）初，奉命兼任驻俄公使，代崇厚赴俄谈判。前后谈判10个月有余，他沉着应对，据理力争，至第二年正月，终于达成改订的《中俄伊犁条约》，收回伊犁城外及南境特克斯河地区大片领土，一洗崇厚向帝俄屈辱丧权失地之耻。同年，迁宗人府府丞，左副都御史。九年（1883），中法战争爆发，与法“抗辩不屈”，义正词严揭露法国的侵略行径，并疏陈备御“六策”，力主加强战备，坚决抵抗。翌年，晋兵部右侍郎，与英国议定《洋药税厘并征条约》。十二年（1886），返国，帮办海军事务。向英国订购大批军舰，协助李鸿章建立北洋海军。迁兵部左侍郎，在总理各国事务衙门行走。卒于任。谥惠敏。著有《曾惠敏公全集》。

曾纪泽青少年时长期侍奉在父亲曾国藩身旁，受过严格的传统家庭教育，博通经史，工诗文，并精算学。出仕前，受洋务运动的影响，即开始接触西方科学文化，并力学英语。自早期接触西学，至长期出使海外，他逐步形成了自己颇具特色的学西方、办洋务的一套思想观点。

在同治三年（1864），25岁时，曾奉父命代笔为著名数学家李善兰与英人合译的欧几里得《几何原本》作序。“序”中他既指出欧美数学的优越之处，同时也肯定中国古代算术的价值。认为“‘九章’之法，各适其用。《几何原本》则彻乎‘九章’立法之源，而凡‘九章’所未及者无不赅也”②。此序乃是曾纪泽关于西学思想的最早阐发。

光绪四年，他嘱汪凤藻编辑英语语法书《文化举隅》，并为之写序。在“序言”中，他驳斥一味地反对西学，“守其所已知，拒其所未闻”的顽固守旧派思想，主张“就吾之所已通者扩而充之，以通吾之所未通”；“不得以其（西

①《郭嵩焘日记》（三），湖南人民出版社，1982年。

②引自《曾纪泽遗集》，《文集》卷一，《几何原本·序》，岳麓书社，1983年。

学）异而诿之，不得以其难而畏之”。同时也反对“专攻西学，不通华文”的洋奴买办思想，认为这种人“鉴其貌则华产也，察其学术情性，无以异于西域之人，则其无益于国事，亦相侔耳”①。在这里曾纪泽所表述的仍然是当时洋务派的“中体西用”的思想体系。

出使西欧后，曾纪泽在考察西方政教、物质文明，亲历西方生活的过程中，其西学、洋务思想得到进一步发展。如光绪七年（1881），在答王先谦信中写道：“西详诸国，越海无量由旬，以与吾华交接，此亘古未有之奇局。中国士民，或畏之如神明，或鄙之为禽兽，皆非也。”“平心而论”，彼诸邦，“亦诚与岛夷、吐蕃、苗瑶、獠猓，情势判然，又安可因其礼义教化之不同，而遽援尊周攘夷之陈言以鄙之耶？礼义教化虽不同，然事之不在情理中者，则虽僻在数万里之国，亦不能经行而无滞”。他认为“办洋务并非别有奥窔，遇事仍宜以吾华之情理酌之。理之所在，百折不回，不可为威力所绌；理有不足，则见机退让，不自恃中华上国而欺凌远人”②。曾纪泽主张要认清西方诸国东来的国际形势，不能固步自封；对外来西方侵略者，既不能害怕，也不可鄙视；办理中外交涉事务，要以中国自身情理为准绳，不卑不亢，当坚持的坚持，可妥协的妥协。这是一种很有见地的思想。

曾纪泽在出使英、法、俄期间，针对当时西方开始流行的对中国的一些错误观念与鄙视、污蔑，特意撰写了一篇专文，题为《中国先睡后醒论》。1886年首先发表于英国伦敦英文版《亚洲季刊》，次年香港《德臣西字报》予以转载。20世纪初，汉译全文在国内传播。文中他首先揭露和批驳，欧洲人说中国“精力业已消铄殆尽”，为“一陵夷衰微，终至败亡之国”，“其言谬也”。他认为“中国不过似人酣睡，固非垂毙也”，深信“沉睡入梦”的中国必将有警醒的一日。而两次鸦片战争、沙俄侵占伊犁、中法战争等，“已唤醒中国于安乐好梦之中”。又针对西方疑虑，三万万中国人“一时俱醒”，是否会“自负其力”，会“碍于中西之和局”，或“侵伐他国”？文中援引历史事实，作了正面回答：“决无其事！盖中国从古至今，只为自守之国，向无侵伐他国之意。”今后也绝

①引自《曾纪泽遗集》，《文集》卷二，《文法举隅序》，岳麓书社，1983年。

②引自《曾纪泽遗集》，《文集》卷五，《巴黎复陈俊臣中丞》引《答王祭酒》，岳麓书社，1983年。

无“借端挑衅，拓土域外之思”①。觉醒之后仍将和平建国，奉行和平的外交政策。曾纪泽的这篇文章，充满对自己祖国的热爱和自信，在近代国际关系史上第一次明确阐述了中国一贯奉行的和平外交思想，可赞可嘉！

四、谭嗣同、唐才常的变法思想

1894年（光绪二十年），“甲午战争”爆发，日本发动大规模侵华战争，中国惨败，割地赔款。继而，德国强占胶州湾。各列强纷纷起而效尤，掀起瓜分中国的狂潮。中华民族陷入空前危机。为救亡图强，以康有为、梁启超为首的改良派发起了变法维新运动。史称“戊戌维新”。甲午战争的失败，特别是参战湘军在战场上的惨败，刺激湖南人猛醒，一改此前闭塞、因循守旧之风，涌现一批力主变法维新的志士，湖南成为“全国最富朝气的一省”。湖南变法维新运动的领军人物，则当首推谭嗣同、唐才常。

谭嗣同（1865—1898），字复生，号壮飞。浏阳人。其父谭继洵，咸丰进士，历官户部员外郎、郎中，甘肃按察使、布政使，湖北巡抚。谭嗣同生性好侠，喜剑术。先后师事毕纯斋、韩荪农、欧阳忠鹄、涂启先和刘人熙，博览群书，好今文经学，尤喜读《船山遗书》，又兼习西方自然和社会科学著作，十分赞赏魏源、龚自珍的道德文章。曾入新疆巡抚刘锦棠幕，游历直隶、陕甘、晋、鲁、豫及大江南北诸省观察风土民情，结交名士。中日战争后，在浏阳筹建算学馆，鼓吹新学，开湖南维新之风。光绪二十二年（1896）春，至北京，与梁启超结识，得悉康有为的维新思想和变法主张。又晋谒支持变法的帝师翁同龢，畅谈洋务；广交学者名流吴嘉瑞、夏曾佑等，求教访学；赴天津参观船坞、铁路、兵舰、炮台、电线局等。同年六月，从父命捐赀为江苏候补知府，供职南京，又往返于湖北、上海。其间，与吴嘉瑞、杨文会等研习佛学，精心撰写《仁学》一书，阐发其哲学观和维新变法思想。二十三年（1897）春夏间，《仁学》稿成，又与杨文会等倡设“金陵测量会”，与梁启超等发起成立“不缠足会”，并邀请梁启超和李维格等赴长沙主教时务学堂。八月底，谒见康有为于上海。十月，弃官返湘，全力投入湖南维新运动。在他鼎力推动下，二十四年（1898）二月一日，“南学会”正式开讲，并担任议事会友和讲论会友，先后作《论中国的危急》等讲演。二月二十五日，与唐才常等集资筹办的《湘

①《中国先睡后醒论》，引自喻岳衡校点《曾纪泽集·补记》，岳麓书社，2008年。

报》创刊。又与唐才常、熊希龄等组织湖南“不缠足会”“延年会”“公法学会”等，从而迅速掀起了湖南维新运动的高潮。四月二十三日，光绪帝颁布《定国是诏》，宣布变法。因得侍读学士徐致靖推荐，被调入京。七月二十日，受光绪帝召见，与杨锐、刘光第、林旭同赏四品卿衔，在军机章京上行走，参与新政，合称军机四卿。后党密谋政变，光绪担心帝位不保，乃密诏康有为、“四卿”等设法相救。八月初三，谭嗣同夜访袁世凯于法华寺，企图劝说手握兵权的袁世凯举兵“保圣主”“清君侧”。袁当面允诺，转身却赶回天津，向慈禧太后亲信直隶总督荣禄告密。初六日，政变遂起，慈禧太后宣布垂帘听政，幽囚光绪，并派兵缉捕维新党人。康有为、梁启超等闻讯出逃。友人纷纷劝说谭嗣同走避，他一一拒绝，仅将所著《仁学》文稿托付梁启超带走保存。初九日，被捕入狱。十三日，与杨锐、刘光第、林旭、康广仁、杨深秀等六人，于北京菜市口壮烈就义。史称“戊戌六君子”。他年仅33岁。其生前著作，后人编辑成《谭浏阳遗集》和《谭嗣同全书》。中华书局于1981年出版《谭嗣同全集》增订本。

谭嗣同为当时维新变法运动中的激进派，而《仁学》一书则集中地反映了他激进的维新变法思想。《仁学》，共2卷，5万余字。其《界说》27条，为全书纲领。卷上，《以太说》；卷下，《变易》。书中，谭嗣同杂糅儒、释、道、墨各家和西方近代自然科学、社会政治经济学说，形成了自己独特的哲学观和一整套变法思想。

谭嗣同曾援引王船山关于“道”与“器”的思想，并加以发挥，说：“夫苟辨道之不离乎器，则天下之为器亦大矣。器既变，道安得独不变？”① 即是说作为“器”的现实社会已发生变化，治理社会的方式方法，即“道”，也应随之而变。这就突破了当时流行的器可变而道不可变、西方技艺可学但政治制度不可仿效的守旧思想。所以在《仁学》中，他以进化论为根据，提出“日新”的观点，力主“变法”。认为“天不新，何以生？地不新，何以运行？日月不新，何以光明？四时不新，何以寒燠发敛之更迭？草木不新，丰缛者歇矣；血气不新，经络者绝矣”！他痛斥“守旧之鄙生”，“断然曰不当变法”，是“不恤

①谭嗣同：《报贝元征》，载《谭嗣同全集》（上册），《寥天一阁文》卷第一，中华书局，1981年。

亡学亡政亡教"!①

谭嗣同的变法思想，首先包含鲜明的反对君主专制的政治民主思想。在《仁学》成书之前，他即有明确废除君主专制的主张。《仁学》进一步发挥了反对君主专制的民主思想，从理论上论证了君主专制的非合理性，对忠君死节等迂腐道德进行了犀利的批判。他说："故夫死节之说，未有如是之大悖者也。君亦一民也，且较之寻常之民而更为末也。民之于民，无相为死之理；本之与末，更无相为死之理。""止有死事的道理，决无死君的道理。"②

与谭嗣同的民主思想相联系，在《仁学》一书中，还包含了强烈的反清民族思想和革命思想。《仁学》写道："天下为君主囊橐中之私产，不始今日，固数千年以来矣。然而有如辽、金、元之罪浮于前此之君主者乎?"于是历陈辽、金、元诸朝的罪恶。然尤有"茹痛数百年不敢言不敢纪"者，即清朝统治者暴政，及其割地赔款、丧权辱国、愚民黔首等种种罪恶。③ 并认为，事实已证明变法救国，走日本明治维新和"大彼得"的道路是行不通的。只有仿效"法人之改民主"，"杀尽天下君主，使血流满地球，以泄万民之恨"。④ 即效法法国进行暴力革命才是唯一出路。

谭嗣同《仁学》，还包含有经济上的民主变革思想。他反对封建的自给自足的自然经济，揭露封建剥削所造成的贫富两极分化现象。《仁学》写道："抑尝观于乡矣，千家之聚，必有所谓富室焉，左右比邻以及附近之困顿不自聊者，所仰而以为生也。"而富室则以"剥削贫民为务"。久之，"胥一乡皆为所吞并，遂不得不供其奴役，而入租税于一家"⑤。在对封建经济不满的同时，谭嗣同表露出发展资本主义经济的倾向。他力主发展工矿企业，提出"有矿焉，建学兴机器以开之"，"有工焉，建学兴机器以代之，凡攻金、攻木、造纸、造糠咸视此。大富则为大厂，中富附焉，或别为分厂"。认为"能设机器厂，穷民赖以养"，"人皆蒙惠"。同时，主张发展商业，与西方各国贸易往来。认为"通商者，相仁之道也，两利之道也，客固利，主尤利也"⑥。

---

①引自《仁学一》(十八)，《谭嗣同全集》(下册)。

②引自《仁学二》(三十一)，《谭嗣同全集》(下册)。

③引自《仁学二》(三十三)，《谭嗣同全集》(下册)。

④引自《仁学二》(三十四)，《谭嗣同全集》(下册)。

⑤引自《仁学一》(二十)，《谭嗣同全集》(下册)。

⑥引自《仁学一》(二十一)、(二十三)，《谭嗣同全集》(下册)。

谭嗣同的变法思想，特别是在政治上的反君主专制和反清的革命思想，是十分激进的，已远远超出了改良派的思想范畴。但由于家庭出身和所处历史条件的局限，及其自幼受到的封建传统教育的影响，这种激进的革命思想，他未能付诸行动，在实践中却仍追随康有为，加入了改良维新的行列，并为此付出了自己的生命。然而谭嗣同以鲜血唤醒了改良派，使不少志士和爱国者抛弃对清王朝改良的幻想，毅然决然走上反清的革命道路。他的革命思想和牺牲精神，对中国历史发展和后来的革命者产生了深远的影响。邹容十分敬佩谭嗣同，曾题词谭氏遗像，决意“继起志勿灰”。陈天华所撰著名的《猛回头》，称谭嗣同是“轰轰烈烈为国流血的大豪杰”。

唐才常（1867—1900），字黻丞，改字佛尘，自号洴澼子。浏阳人。早年就学于长沙校经书院、岳麓书院和武昌两湖书院。中日甲午战争失败，签订《马关条约》，唐才常曾痛斥李鸿章卖国。光绪二十三年（1897），举拔贡。同年，与谭嗣同等在浏阳兴办算学会，提倡新学。又在长沙编辑《湘学报》，担任主笔，并参与创办时务学堂。翌年，与谭嗣同创办南学会、《湘报》和浏阳群萌学会，任《湘报》总撰述，宣传西方民主思想。9 月，应谭嗣同电召赴京，行至汉口，闻发生政变，遂流亡日本。在日期间，与康有为、梁启超联系，并与革命党人一道，探讨救国方略。又通过兴中会会员毕永年等，联系哥老会。1899 年冬回国。次年，在上海组织正气会，旋改名自立会，筹划起义。7 月，在上海张园召开中国国会，任总干事，宣布“保全中国自立之权，创造新自立国”，并拥护光绪帝重新当政。继之，设秘密机关于汉口，组织“自立军”七军，密布于鄂、湘、皖、赣等地，自任诸军督办，定期举义。因等待康有为汇款接济，屡延义期。8 月 9 日，秦力山所部“自立军”前军在安徽大通如期起义，失败。湖广总督张之洞勾结英国领事，包围汉口自立军起义机关，唐才常被捕。22 日，就义于武昌。遗著有《唐才常集》，中华书局 1980 年出版。

唐才常亦属维新变法时期改良派中的激进人物，有自己颇为完整的一套政治、经济、军事、文化以及外交方面的变法思想。他一方面广涉诸子百家典籍及明末清初三大思想家王夫之、黄宗羲、顾炎武的著述，从中吸取思想精华，认为：“欲救今日民穷财尽、公私窳敝之病，则必治之以管学；欲救今日士、农、工、商各怀私心之病，则必治之以墨学；欲救今日吏治废弛、弄文骫法之病，则必治之以申、韩之学；欲画五大洲大同之轨，进一千五百兆仁寿之民，则必治之以孟子、公羊之学。"① 他还"素服膺王船山之学说"，主讲时务学堂时，勉励诸生熟读《黄书》《噩梦》诸书，"时共研习"，以"发挥"王船山、黄梨洲等人的"民主民权之说，而引申其绪，以启发思想，为革命之先导"。② 另一方面，唐才常也十分注意向西方学习，从西方哲人和思想家著作中汲取营养。他曾广泛阅读达尔文、斯宾塞、赫胥黎等人的著述，认为"凡事但求有益而已，不必问其中与西也"③。正是中国古代和前人一些思想精华，与西方近代思想的糅合，形成了唐才常自己的维新变法思想。

唐才常猛烈抨击中国两千年来的专制制度，认为"国者非一人之国，君者非一人之君"，强烈反对君主独裁。④ 他极力推崇英式君主立宪和国会制，认为"国会之制，致得公理"，五大洲"以国会强者，十中居六七"。⑤ 同时也仰慕美式的民主共和制，认为华盛顿"首创民主联邦治体……后世仰食其福"；华盛顿、林肯等革命领袖，"旅天位，宅民权，屣功利，弥兵祸"，乃"大公"。⑥

在经济上，唐才常也提出了一套较完整的经济民主改革的方案。他极力主张民间发展工业，"令民间得开私厂"，认为"一切轮船、枪炮、开矿、挖河、抽水、磨麦、纺纱、织布，研之既精，而复于省府州县递验其成，则风气日开，人才日出，富强之效，如操左券矣"。⑦

为了保护民族工业的发展，建议中国自己制造各种机器，以遏制洋货。"至今日而欲通其血轮，宏其涨力摄力，诚非自造各种机器不可"。⑧

还提出仿效西方公司董事之制，设立官钱局（银行），并极力主张统一使用银钱，自行铸造，阻止白银外流，"使诸海国不得以搀杂质之洋圆，易我成色俱足之银而去"⑨。

面临"兵日增，器日利，雄猜日盛"，无时无处不隐伏战端之世界，唐才

①引自《治新学先读古子书说》，载《唐才常集》卷一，中华书局，1980年。
②引自唐才质《唐才常烈士年谱》，载《唐才常集》附录。
③引自《湖南设保卫局议》，载《唐才常集》卷一。
④引自《辨惑》（上），载《唐才常集》卷一。
⑤引自《辨惑》（上），载《唐才常集》卷一。
⑥引自《辨惑》（上），载《唐才常集》卷一。
⑦引自《拟设赛工艺会条例》，载《唐才常集》卷一。
⑧引自《拟自造各种机器遏洋货利权议》，载《唐才常集》卷一。
⑨引自《钱币兴革议》，载《唐才常集》卷一。

常认为必须“言兵”。他提出了从选将、练兵，到陆军、海军建设等一系列军事改革方案。如主张创韬略院于京师，广武备学堂于各省，于沿海广设水师学堂，严格培养和挑选将才；提出练兵，必须“三练”，除“练器”“练耳目”之外，尤要“练心”，养成“忠心、爱心、公心、实心”，做到“胜相让，败相救，生死相扶”。①

唐才常极力提倡新学，认为“新其政”“新其法”必须先“新其民”，而“新民”必得先“新学”。他呼吁“废时文帖括之业”，举办新学，“广立天文、算学、武备、舆地、格致诸科，以奔走天下士，民智乃能骤开，人才乃能崛起，国权乃能抵距”。② 为推倡新学，他与谭嗣同克服重重困难，组建浏阳算学社，成为湖南新学之发端。

在对外政策方面，唐才常反对闭关锁国，提出“通塞塞通”，尖锐地指出：“中国通亦通，不通亦通，与其通于人而失去自主之权，何如通于己而扩小民之利。”并主张仿效日本，认为“日本政学维新之局，乃道吾驰骋康庄之先路也”③。面对西方列强，他提出中国要“去其骄心固心”，“去其畏心葸心”，即坚决反对盲目自傲与自卑自贱两个极端倾向，不卑不亢，平等地与各国交往。④

唐才常的变法思想，总的看来还并未超出当时改良维新派的思想范畴，即用君主立宪代替封建君主专制，把中国引向独立、民主、富强的道路。这种变法思想，具有时代的进步性。但这在当时的中国是不可能实现的。戊戌变法的失败，促使唐才常的思想发生了革命性的转变。他组织“自立军”起义，矛头直指清王朝，走上民主革命的道路，最后献出了自己年轻的生命。

五、陈天华、黄兴和宋教仁民主革命思想

戊戌变法夭折和自立军起义失败，以及义和团运动被镇压之后，至20世纪初年，维新变法思潮迅速为民主革命思潮所取代，民族民主革命运动逐步兴起。在这一思潮和运动兴起中，湖南一批在中国近代历史上举足轻重的革命志士和民主革命领军人物，又脱颖而出，而陈天华、黄兴、宋教仁则为其中杰出的

①《兵学余谈》，载《唐才常集》卷一。

②《孟子言三宝为当今治国要务说》，载《唐才常集》卷一。

③《外交论》，载《唐才常集》卷一。

④《通塞塞通论》，载《唐才常集》卷一。

代表。

陈天华（1875—1905），原名显宿，字星台，又字过庭，别号思黄。新化人。家境贫寒，曾营小贩。15 岁始就读蒙塾。后得族人周济，入资江书院读书。光绪二十四年（1898）春，考入新化县城创办的新式的实学堂，接受维新教育。二十六年（1900）春，入长沙岳麓书院就读。二十九年（1903）初，获调省城师范馆。旋被资选送日本留学，入东京弘文学院习师范。在日本曾加入留日学生声讨沙俄企图强占我东北领土的“拒俄”运动，出席拒俄大会，参加拒俄义勇队，并书《敬告湖南人》公开信，号召奋起抗俄救国。同时还参与编辑湘籍留日学生《游学译编》，鼓吹民族革命。拒俄运动被清朝政府镇压后，他奋笔疾书，撰就《猛回头》和《警世钟》，欲唤醒国人，起而反抗外来侵略，推翻清王朝。（插图 44）是年秋，返国回湖南，襄助黄兴等开展革命活动。次年，长沙起义失败，再度逃亡日本，与宋教仁等创办《二十世纪之支那》杂志，宣传革命。1905 年 8 月，中国同盟会成立，他与黄兴、宋教仁等负责起草会章及文告，并执笔撰写了著名的《革命方略》。同盟会机关报《民报》创刊后，又积极参与撰稿和编辑工作。是年冬，日本文部省颁布《清国留学生取缔规则》，他竭力参与抗争。12 月 8 日，留万余言《绝命书》，激愤之极，投海自杀。

陈天华短暂一生，以满腔激情写下不少著述和文章，后编成《陈天华集》传世。其中以《猛回头》和《警世钟》最著名，影响最大。

两书内容，激情洋溢，悲壮感人，充满反帝爱国思想和反清民主革命思想。

首先，是强烈的反抗帝国主义侵略的爱国思想。两书详细追述自 1840 年鸦片战争以来，帝国主义列强对中国侵略的历史过程，并以唱词的形式描述当时各列强加紧瓜分中国的危急形势，痛斥清王朝的卖国媚洋：

> 俄罗斯，自北方，包我三面；英吉利，假通商，毒计中藏；法兰西，占广州，窥伺黔桂；德意志，胶州领，虎视东方；新日本，取台湾，再图福建；美利坚，也想要，割土分疆。这中国，那一点，我还有分；这朝廷，原是个，名存实亡。替洋人，做一个，守土官长；压制我，众汉人，拱手降洋。①

---

①《猛回头》，载《陈天华集》，湖南人民出版社，1982 年。

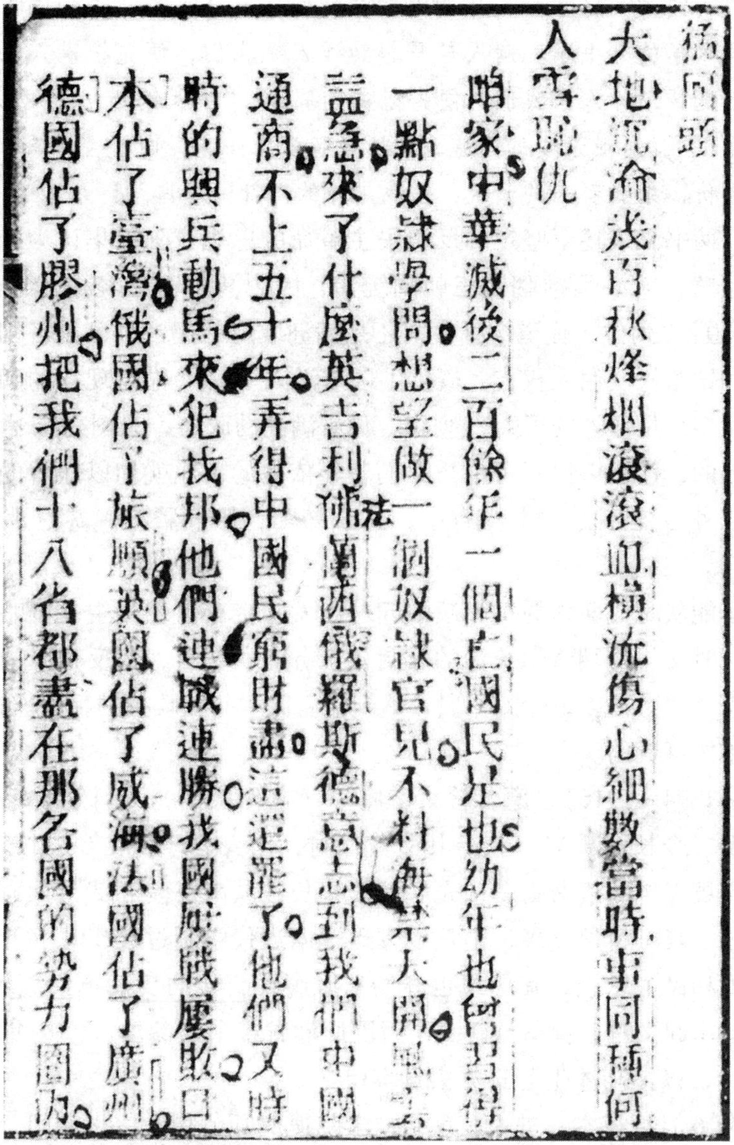

猛回頭

大地沉淪幾百秋，烽烟滾滾血横流。傷心細數當時事，同種何人雪恥仇。

咱家中華滅後二百餘年一個亡國民是也。幼年也曾習得一點奴隸學問，想望做一個奴隸官兒。不料海禁大開，風氣一齊來了，什麼英吉利、法蘭西、俄羅斯、德意志，到我們中國通商，不上五十年，弄得中國民窮財盡。這還罷了，他們又時時的興兵動馬，來犯我邦。他們連戰連勝，我國屢戰屢敗。日本佔了臺灣，俄國佔了旅順，英國佔了威海，法國佔了廣州，德國佔了膠州，把我們十八省都畫在那各國的勢力圈內

插图 44　《猛回头》刊印稿复印件

面对帝国主义咄咄逼人的侵略态势和国家岌岌可危的处境，陈天华并不畏惧，也不气馁，号召全民抗战，英勇杀敌：

洋兵若来，奉劝各人把胆子放大，全不要怕他。读书的放了笔，耕田的放了犁耙，做生意的放了职事，做手艺的放了器具，齐把刀子磨快，子

药上足，同饮一杯血酒，呼的呼，喊的喊，万众直前，杀那洋鬼子，杀投降那洋鬼子的二毛子。满人若是帮助洋人杀我们，便先把满人杀尽；那些贼官若是帮助洋人杀我们，便先把贼官杀尽。“手执钢刀九十九，杀尽仇人方罢手。”我所最亲爱的同胞，我所最亲爱的同胞，向前去，杀！……杀我累世国仇，杀我新来的大敌，杀我媚外的汉奸。杀！杀！杀！①

同时，两书又表述了坚定的反清民主革命的思想。陈天华认为，要抵抗帝国主义的侵略，就必须推翻清王朝的统治，因为清王朝已经成为“洋人的朝廷”。他写道：“列位，你道今日中国还是满洲政府的吗？早已是各国的了！那些财政权、铁路权、用人权，一概拱手送与洋人”②；“你道现在的朝廷，仍是满洲的吗？多久是洋人的了”。“列位，你看满洲的政府，只图苟全一己”，“件件依了洋人的，你道可恨不可恨！我们若不依他的，他就加以违旨的罪，兴兵剿洗，比草芥也比不上。十八省中，愁云黯黯，怨气腾霄，赛过那十八层地狱”。③

陈天华能从时代面临的重大政治问题出发，将反对帝国主义侵略放在突出的地位，同时又与推翻清朝统治的反封建任务有机结合，使反帝爱国与反清革命统一起来，并力求以革命的手段，达到建立民主共和政权的目的。这种思想，在当时是难能可贵的。

黄兴（1874—1916），原名轸，字廑午（也作庆午），后改名兴，字克强。善化龙喜乡（今长沙黄兴）人。其父黄筱村，出身秀才，在乡设馆授徒为业。家境宽裕。黄兴自幼读书勤奋，先后就读于长沙城南书院和武昌两湖书院。22岁考中秀才。其时新学方兴，书院教育迅速向近代学制过渡，黄兴开始接触西方政治学说和民主思想，其思想也开始从服膺维新转向反清革命。1900年夏，唐才常自立军起义时，曾参与密谋，后因回湘省亲未能参加。1902年（光绪二十八年）春，以“高才生”选派去日本留学。

1902年6月抵日本，进入东京弘文学院速成师范科。留学期间，在日本资本主义环境和西方文化知识以及留学生中民主革命思想的影响下，黄兴实现了自己一生中最大的转变，迅速成为一个民主共和政体的积极鼓吹者和社会活动

①《猛回头》，载《陈天华集》，湖南人民出版社，1982年。

②《警世钟》，载《陈天华集》。

③《警世钟》，载《陈天华集》。

家、革命家。他与湖南同乡蔡气学、杨毓麟等组织编译社，创办《游学译编》杂志，发表《记十八世纪法国之乱》等文，介绍西方社会政治学说，传播近代民主革命思想。1903 年（光绪二十九年）4 月，拒俄运动席卷全国，留日进步学生奋起响应，组织义勇队，黄兴被推为义勇队教官。义勇队改为学生军，又改为军国民教育会，被举为会计。军国民教育会，致力于武装起义的宣传及暗杀活动。同年夏，毕业于弘文学院，为军国民教育会第一批返国的“运动员”。自告奋勇负责两湖地区的反清斗争，开始了他反清革命的实践。

1903 年 5 月 31 日，黄兴自东京起程回国。6 月初，到达上海，会晤主编《苏报》的章士钊，并结识沪、宁等地新派人士，联络同志。在上海适遇胡元倓为筹办明德学堂来江浙招聘教员，即应聘回湘任教。7 月，返抵武汉，应邀在两湖书院作讲演。演讲直接抨击朝政，被张之洞手令书院院长将黄兴驱逐出境。离汉前，以所携带的邹容《革命军》和陈天华《猛回头》及其他从上海带来的宣传品，广赠军学各界达 4000 余部之多，始登轮回湘。

是年秋，返长沙，应邀主持明德学堂速成师范班，兼授历史、地理、博物、体操、图画等课。此间他广泛联络同志，积极宣传爱国和革命思想。11 月 4 日（九月十六日），与刘揆一、宋教仁、章士钊等秘密约会，决定成立华兴会，被推举为会长，刘揆一、宋教仁为副会长。翌年 2 月 15 日（先年腊月三十日），在明德学堂董事龙璋西园寓所召开华兴会成立大会，黄兴在会上发表讲话，提出了“国民革命”的宗旨，阐明“发难”的地点与方法。提出依靠军学界和会党，二者联络一体，审时度势，或会党，或军学界发难，互为声援；起义后先取湘省为根据地，随之各省纷起，以“直捣燕京，驱逐鞑虏”，即推翻清王朝。

华兴会成立后，黄兴即积极筹划和密谋起义。光绪三十年（1904）初春，他偕刘揆一与哥老会首领马福益秘密会谈，议定十月十日（11 月 16 日），慈禧太后七十寿辰时，发动起义，并推定黄兴为主帅，刘揆一、马福益为正副总指挥。不慎事机泄露。八月中秋节后，有会党成员陆续被捕，巡抚陆元鼎下令缉捕黄兴等人。九月十六日（10 月 24 日），官兵至住地索捕，黄兴幸事前得信，机智逃脱。月末，逃出长沙，经武汉、上海，又东渡日本。

光绪三十一年（1905）六月二十二日（7 月 24 日），黄兴与孙中山在日本东京首次见面，商组“革命大同盟事”，达成一致意见。六月二十七日，召开小范围预备会，确定党名为中国同盟会。次日，举行中国同盟会筹备会议，黄兴与陈天华等8人，被推为会章起草员。七月二十日（8月20日），在东京赤坂区日本国会议员阪本金弥住宅，召开中国同盟会成立大会，通过会章，组建机构，选举领导成员。同盟会的宗旨确定为“驱逐鞑虏，恢复中华，创立民国，平均地权”；机构设执行、评议、司法三部。由黄兴提议选举孙中山为总理，孙中山则指定黄兴为执行部庶务，居协理之职。最后在成立大会上，黄兴代表华兴会同人将其创办的《二十世纪之支那》杂志，移交给同盟会作为机关报，改名为《民报》。同盟会正式成立后，参加同盟会的人数以两湖地区居多。据统计，同盟会最初两年入会的979名会员中，湖南籍的为158人，占总数的16%多；湖北籍的有124人，其中不少均为原华兴会会员。①

同盟会成立后，黄兴即以主要精力投入组织领导武装起义。先后有萍浏醴起义、钦廉防城起义、镇南关起义、钦廉上思起义和河口起义等。宣统三年（1911）三月，又与孙中山等多次谋划、准备，发动了震惊全国的广州黄花岗起义。他身先士卒，亲率敢死队直扑两广总督署，虽负伤仍顽强战斗。这次广州起义虽然又以失败告终，但七十二烈士的鲜血没有白流，在全国引起了巨大的反响，为辛亥革命揭开了序幕。

宋教仁（1882—1913），字遁初，又作钝初、遯初、敦初，号渔父，化名犟斋、宋鍊、中岛等。湖南桃源人。出生于书香世家，其母知书达理，自幼受到良好的家庭教育。1899年（清光绪二十五年），入本县漳江书院肄业。1903年，奉母命北上，考入武昌文普通中学堂。1904年2月，与黄兴、刘揆一等在长沙建立华兴会，任副会长。同年7月，与吕大森等在武昌组织科学补习所，任文书。11月，与华兴会成员密谋发动反清起义。因事泄漏，被迫逃亡日本。先后入东京法政大学和早稻田大学，攻读法政。1905年，与程家柽等创办《二十世纪之支那》杂志。

1905年7月，孙中山自欧洲东渡日本，宋应约与孙中山会晤于杂志社。随即与黄兴、陈天华等，协助孙中山筹建中国同盟会。孙中山被推为总理，宋被推为司法部检事长。《二十世纪之支那》改称《民报》，作为同盟会机关报。黄兴赴香港后，宋教仁任《民报》庶务干事（即秘书长和执行长）。1907年4月，潜赴东北，联络民间组织“马侠”，创立同盟会辽东支部，并策划在沈阳发动

---

①参见刘泱泱主编：《湖南通史·近代卷》（增订本）。

武装起义。因事泄，复返东京。在东北期间，获悉日本欲并吞“间岛”（吉林图们江北岸一带领土）的阴谋，特查阅和收集大量资料，著《间岛问题》一书，以确凿证据，说明吉林延吉地区自古即属于中国领土。1910 年底，从日本返回上海，由于右任聘为《民立报》主笔。7 月，与谭人凤等组织同盟会中部总会，任总务干事。武昌起义后，积极促成上海、江苏、浙江等地起义，筹建临时政府。1912 年初，任南京临时政府法制院院长。临时政府北迁后，任农林总长，旋辞职。8 月，同盟会改组为国民党，任代理理事长。1913 年初，在长沙、武汉、上海、南京等地，先后发表竞选演说，主张成立“责任内阁”，反对袁世凯专权。3 月 20 日，动身赴北京时在上海火车站，突遭凶手枪击。22 日，因伤重不治身亡。时年仅 32 岁。

宋教仁自幼受曾国藩等创导的“经世致用”之学的影响，读书不务章句，而重深思夙悟。平日喜读政法与舆地诸籍，喜谈中西政治得失及古今用兵胜败。而面对维新变法的失败、清王朝的腐败无能与丧权辱国，宋教仁早在求学期间，即感叹“中国苦满政久矣”！产生和初步形成了反清的革命思想。留学日本期间，同孙中山、黄兴、陈天华等民主革命家的交往和交流，对西方民主和法制思想的接触与吸收，使他进一步形成了自己的政治思想。

在 1911 年所撰写的《论都察院宜改为惩戒裁判所》一文中，宋教仁提出：“今后吾国政治变革，结局虽不可知，然君主专制政体，必不再许其存在，而趋于民权的立宪政体之途，则固事所必至者”。① 第一次明确提出在中国必须建立民权的“立宪政体”。武昌起义后，革命党人对于选择什么样的政体，产生较大分歧。孙中山认为“民国”应实行美国式的总统制。宋教仁则主张采用法国式的“责任内阁制”，对总统的权力进行限制（当时是针对袁世凯）。同时，排除“封建官僚”和少数人（如英国的议会上院）执掌政权，“借立宪之名，行专制之实”。宋将当年英国国会通过“国会法案”，限制上院否决权，称之为“英国之国会革命”。②

“责任内阁”是与政党政治相联系的。宋教仁在《代草国民党之大政见》中，明确提出：“吾党主张将来宪法上仍采用责任内阁制，并主张正式政府由政

①《论都察院宜改为惩戒裁判所》，引自陈旭麓主编《宋教仁集》（上），中华书局，2011 年第二版。

②《英国之国会革命》，引自《宋教仁集》（上）。

党组织内阁，实行担负责任。”由“国会占多数之政党组织完全政党内阁，方举责任内阁之实”，国务总理则由众议院推出。① 正因如此，宋大力协助孙中山，将同盟会改组成国民党，积极投入选举，并取得了多数席位。但正当他代表国民党北上与袁世凯商议组阁之时，却遭到刺杀，为中国的民主宪政和政党政治，献出了自己的生命！

法治思想，即依法治国，系宋教仁政治思想的另一特点。他特别强调，要制订一部“良宪法”，把宪法视为共和政体的保障。宪法“不能因人的问题以法迁就之，亦不能因人的问题以法束缚之”。“此后政治进行，先问诸法，然后问诸人。”② 他还提出了独立的行政裁判的思想。由他起草的《中华民国鄂州约法及官制草案》规定：“法司”以都督任命之法官组成，其编制与法官之资格“以法律定之”，以“政府之名，依法律审判民事诉讼及刑事诉讼”。③ 当然这种独立的行政裁判，类于西方的“三权分立”，在当时的中国尚缺乏实施的基础和条件，但反映了宋教仁对法治的执着追求。

第三节　文学、艺术

一、诗文创作的发展及变革

清后期数十年间，随着学校教育的发展与新学的兴起，一批近代优俊人才的涌现和近代思潮的形成发展，以及开始进入的西方思想文化的影响，湖南的文学艺术，特别是在诗文创作领域，呈现出前所未有的活跃与兴盛景象。一方面，是名著于时的各类诗文作者和作品大大增加，其中有专攻诗词文章的文人名士，也有官高爵显的名臣良将、博洽经史的学术人物和思想家，还有一批满腹经纶、才华横溢的方外人士和“诗僧”，他们留下的佳作名篇为数均不少，并形成一些新的诗风流派，在中国文坛占有相当的地位，为中国和湖南近代文

①《代草国民党之大政见》，引自《宋教仁集》（下）。

②《国民党交通部公宴会演说辞》，引自《宋教仁集》（下）。

③《中华民国鄂州约法及官制草案》，引自《宋教仁集》（上）。

学的发展作出了贡献；另一方面，从创作题材和内容看，则更为广博，更加贴近现实、贴近生活，特别是由于西方列强的侵略、清朝统治的腐败无能，内忧外患，国家民族濒临生死存亡的关头，反抗外来侵略、维新变革、反清革命和救亡图强，成为时代的主旋律，于是在传统的一般山水诗与登临抒怀诗作获得新的发展的同时，产生了大量具有强烈爱国主义精神和现实主义与革命情操、忧国忧民的时事政治诗文作品，流传于世。这是湖南近代文学发展的一个重要特色。

（一）爱国诗人魏源

魏源不仅是中国近代早期的启蒙思想家，而且是成就卓著的爱国诗人。他与龚自珍齐名，并与林则徐、龚自珍等组织“宣南诗社”。其诗作主要辑为《古微堂诗集》《诗古微》《清夜斋诗稿》等，共计900余首。从题材和内容看，有大量描述田园生活与山水景色的抒情寓意诗，更有不少心系国是、评论时政，可归入政治范畴的诗篇。

魏源曾长期生活在农村，对农村生活体验较深。其诗，特别是早年诗作，对农村田园生话的描述十分真切，充满对农民大众的真挚感情。如：

村居杂兴十四首呈筠谷从兄（二首）

良农望甘泽，患苗非患暑。檐溜一宵鸣，桔槔可以去。晓闻决决声，山泉不知处。溪山不改色，苍然入庭户。迎风万绿中，杂以群蛙语。群植欣向荣，群动亦得所。始知田家乐，直与造化伍。尧时石户农，肯易轩裳苦。

村居远城邑，家酿无市沽，稻获春风香，醉急檐溜徐。阿母喜仙酿，新刍覆青蒲。饭待儿书熟，酒为儿诗储。今晨瓮渌变，色忽桃花如，潋潋霞泛盎，浥浥香浮蛆。邻媪来贺瑞，喜溢东墙隅。阿母笑留客，倒酌颜回朱。篱前对菊英，何异醉茱萸。明春娶儿妇，更酿百瓮酥。①

又如：

偶然吟十八章呈婺源董小槎先生为和师感兴诗而作（之一）

久霖桑户卧，不闻檐鹊语。中宵忽忆之，何处谋乳哺。云黑泥滑滑，岂若晴得所。苍穹各自高，溟渤各自深。霄壤曷并育？鱼鸟徒升沉。不忧

①引自魏源：《古微堂诗集》卷一，载《魏源全集》（一四），岳麓书社，2011年。

一身饥，所忧一家寒。婚嫁纵粗毕，向禽难入山。不忧一家寒，所忧四海饥。恫瘝苟不瘳，尧禹亦何为？①

在魏源的抒情咏怀诗中，有一部分是入仕前，感叹时运、发抒其怀才不遇心情的诗作。如：

杂诗六首（其二）

越嫫炫罗纨，捧心颦西市。何曾见者避，竞云西施美。东邻淑如玉，终身不窥里。性情合诗书，动辄无违礼。持此将谁授？幽寂慎终始。春光忽如遗，鶗鴂鸣不已。举世尽登徒，芳情竟何以。瑶池青鸟来，佳期斯可俟。

巍巍元始天，冥冥无处所。纵陟昆仑颠，万仞犹尘土。广成独何为，高举遗寰宇？寂寞天壤间，不与万物伍。夜仰北斗杓，旋斡杳难数。感此大化奔，惧为造物腐。灵修不早立，百岁如雨过。②

魏源的组诗《行路难》，对于朝廷不能赏识人才，用人不当，多有感慨，并在如何用人的问题上颇有见地。如其中第五首：

水性本是地中流，不逢大禹滔天浮。乐生下城七十二，庖丁朝解十二牛。死棋中有国手着，杀人方即生人药。祸福起伏塞翁马，何时何地无回薄。尧牵羊，舜荷棰，不如牧竖肱麾指。左画圆，右画方，更兼掣肘谁成章。会者不难，难者不会。虎铃解缚非二人，龙国豢屠藏一芥。起雷造冰有何技！神符只是人间纸。中流一壶洴澼洸，肯信三军待君济。九曲丝穿不如蚁，大圣有时拜桑婢。③

魏源的政治诗，多讽喻时政，呼吁改革，抒发其爱国情怀。如《都中吟》13 首、《江南吟》10 首、《新乐府》等，涉及当时经济生活、社会风尚、吏治科举等诸多方面，披露其中所存在的问题和种种弊端，表达要求维新改革的强烈愿望。面对西方列强的侵略，诗人则主张抗击侵略者，大力歌颂林则徐等将领和广大民众的抗英斗争，同时学习西方的先进科学技术，即“师夷之长技以制夷”。如：

---

①引自魏源：《古微堂诗集》卷一，载《魏源全集》（一四）。
②引自魏源：《古微堂诗集》卷一，载《魏源全集》（一四）。
③引自魏源：《古微堂诗集》卷四，载《魏源全集》（一四）。

江南吟十章（之一）

种花田，种花田，虎丘十里山塘沿。春风玫瑰夏杜鹃，午夏茉莉早秋莲，红雨一林香一川。朝摘夜开，夜摘朝开。采花人朝至，卖花船夜回。有田何不种稻稷，秋收不给两忙税。洋银价高漕斛大，纳过官粮余秸秆。稻田贱价无人买，改作花田利翻倍。下田卑湿不宜花，逋负空余菱芡蕾。呜呼！城中奢淫过郑卫，城外艰苦逾唐魏。游人但说吴民娇，花农独为田农泪。①

都中吟十三章（之二）

数开科，数开捐。开科遴材为得士，开捐输粟为助边。借问开科得何士，项槁盐车悲騄駬。宋代得一张齐贤，一榜赐第方能尔。借问开捐何所润，中外度支财益罄。漕盐河兵四大计，漏卮孰塞源孰盛！开科开捐两无益，何不大开直言之科筹国计，再开边材之科练边事？市骨招骏人才出，纵不拔十得五终得一。

筹善后，筹善后，炮台防江防海口。造械造船造火攻，未敢议攻且议守。船炮何不师夷技？惟恐工费须倍蓰。江海何不严烟禁？惟恐禁严激边衅。为问海夷何自航？或云葱岭可通大西洋，或云廓尔喀印度可窥乌斯藏。或云弥夷佛夷鄂夷辈，思效回纥之助唐。或云诸国狼狈叵测可不防，使我议款议战议守无一臧。呜呼！岛夷通市二百载，茫茫昧昧竟安在？题本如山译国书，何不别开海夷译馆筹边谟。夷情夷技及夷图，万里指掌米沙如。知己知彼兵家策，何人职司典属国。②

魏源一生喜游名山大川，故山水诗占其诗歌总数的一大半。他的山水诗，既受陶渊明、李白、杜甫、韩愈、苏轼等人的影响，吸取各名家之长，却又有自己的特色。他注重写出山水特有的个性、神韵，尤善于从山水观赏中领悟人生，领悟现实社会的诸多问题。组诗《游山吟》《游山后吟》及《出峡词》《衡岳吟》可为其代表作。现择要引录如下：

游山吟八首（之一）

登高使人欲望，临深使人欲窥。好奇好险信幽癖，此中况趣谁知之！不深不幽不奥旷，苦极斯乐险斯夷。譬如学道不深入，肤造安得穷其巇！

---

①引自魏源：《古微堂诗集》卷四，载《魏源全集》（一四）。

②引自魏源：《古微堂诗集》卷四，载《魏源全集》（一四）。

僮仆嗔笑妻孥怪，木叶风啸疑魅夔。古人狂逸天使独，华阴痛哭山贼嗤。孤竹仲雍弃千乘，只贪丘壑西南驰。此中南面安足易，何乃尚羁五斗为！山僧闵我语深夜，欲令息照尘劳非。徒留后约猿鸟笑，持赠记取千年藜。①

衡岳吟

恒山如行，岱山如坐。华山如立，嵩山如卧。惟有南岳独如飞，朱鸟展翅垂云大。四旁各展百十里，环侍主峰如辅佐。遍巡辅佐陟主峰，坐受众朝如受贺。旷莫旷于祝融之上峰，剖元气兮参鸿蒙。云外之足万尘世，云中之身万顷胸。奥莫奥于莲峰左右之涧谷，四围无见但见蔽日苍崖森古木。瀑雷日夕鸣哀玉，岳所渝发为泉石，一草一木仙灵肃。窈窕奇丽不可名，光气所酣非耳目。或疑三苗何足烦南巡，九疑苍梧事杳冥。岂知中原四岳各千里，楚地五千曷独一岳镇其坤！古称灊霍元白岳，（灊山天柱峰；《尔雅》："霍山为南岳也"；白岳兼黄山言之；武当山明世封为元岳；并衡岳而五。）并此而五如弟昆。始知南条别自有五岳，气敌岱、华、嵩、岍、恒。大断大起大回转，屹然祝融、天柱尊。回顾九疑如负扆，贺、郴、庾、桂皆藩屏。北戒南戒岳各五，衡则五岭盟主人。至今风雨月明夜，群真杂遝纷云軿。灵均、湘灵光怪气，皆是此山万古魂。杜、韩游山太草草，谁与经纬穷九能！请一挥斥扩万古，凿破浑沌惊山灵。安得以此镌岳顶，远埒岣嵝文赤青。②

（二）何绍基与宋诗派

宋诗派和宋诗运动，是活跃于中国近代文坛的一种诗潮，初始于嘉庆、道光，而盛行于同治、光绪之间。它强调作诗要有学识，重考据，诗文合一，学习宋诗艺术与风格。其主要成员多为朝廷大臣和其他官宦人物，诸如程春海、祁春圃等。何绍基则为宋诗运动最早倡导者与湘籍宋诗派的重要代表人物。

何绍基（1799—1873），字子贞，号东洲，晚自号蝯叟。道州（今湖南道县）人。何凌汉之子。道光十五年（1835），中乡试第一名，次年成进士。选庶吉士，授编修，历任国史馆和英武殿协修、纂修、总纂，国史馆提调，典福建、贵州、广东乡试主考官。咸丰二年（1852），任四川学政。四年（1854），以言事降调，遂离官场，周游名山大川，以书法著述自娱。曾主讲

①引自魏源：《古微堂诗集》卷五，载《魏源全集》（一四）。

②引自魏源：《古微堂诗集》卷五，载《魏源全集》（一四）。

山东泺源书院。同治元年（1862）后，主讲长沙城南书院和岳麓书院多年。后又主持苏州书局，校刊《十三经注疏》；复主浙江孝廉堂讲席，往来江浙间，直至病逝。

何绍基，学识渊博，经、史、小学、历算无不精研。自幼开始学诗，曾师从程恩泽，论诗推重苏轼、黄庭坚，为道光、咸丰间宋诗运动最早的倡导者。他提出写诗应“摆尽窠臼，真透心光，将一切牢骚语、自命语、摹古语、随便语、名士风情语、勉强应酬语，概从刊落。戛戛独造，本根乃见”①。因此，在创作风格上与宋诗派的模拟、雕琢之风又有所不同。诗作内容，则多为山水游记、金石书画题跋、友人唱和，以及日常生活琐事的抒写。

何绍基的山水诗和抒情诗，写得粗犷自然，形象生动，构思奇特，多有佳句。所著《金陵杂咏》绝句40首，对清军攻占太平天国天京时，焚掠暴行有所揭露，纪事抒怀，现实感较强；写于上海的《沪上杂书》，则表达了驱逐外敌，收复国土的爱国情怀。还有《溪水恶》《由澧州至荆州舟中作》等诗，直接或间接地反映了当时人民生活的困苦。这些都是较好的诗作。其代表作品辑为《东洲草堂诗钞》传世。

飞云岩（摘录）

垂天之云向空布，来为人间沛甘澍。功成气猛不自收，太古阴风莽吹沍。云欲上天天谓顽，太虚缥渺无由还。云欲回山断根络，壑秘岩扃无住着。忙云失势化闲云，云自无心不悔错。幻为百千万亿云，云云一气相合分。一云乍起一云落，一云向前一云却。一云奋舞一云懒，一云欢喜一云愕。大云睢盱母覆子，小云眘戢鱼吹水。丑云恧缩妍云笑，痴云疑立灵云诡。睡云颓散欲着床，淡云散涣偏成绮。三云四云相颉颃，十云百云不乱行。如神如鬼如将相，如屋如塔如桥梁。②

此诗为何绍基吟咏山水的代表作，长达80句，被誉为何氏七古压卷之品。诗中以变幻莫测、形态万千的云朵来比喻各种景象，笔力神奇，描写特异。

由澧州至荆州舟中作（凡八首引四首）

洞庭遥指片云东，多少田庐付水中。太息人烟何处去？风帆攲侧入虚空。

①参见新编《湖南省志》第十九卷《文化志》，2005年。

②引自《何绍基诗文集》（一），《东洲草堂诗钞》卷一〇，岳麓书社，2008年。

水意仓皇竟失归，谁分官垸与私围。良田化作芦花海，鸿雁饥来更不飞。

闲却耕牛罢服田，尚贪青草向湖边。一年筋力浑无用，瘦到儿童不忍鞭。

泥深草浅稻根陈，长遍金腮白玉鳞。价贱鱼肥休见笑，今年几个买鱼人?①

此诗系作者乘船沿西洞庭湖北上至湖北荆州时所作。正值湖水泛滥成灾，良田化为“芦花海”，田园庐舍付水中。描述沿途所见，表达了对湖区受灾民众的深切同情。

（三）“无体不工”的诗人汤鹏

汤鹏（1801—1844），字海秋，益阳人。道光三年（1823）进士。历官礼部主事、户部员外郎。十五年（1835）会试同考官。十九年（1839），晋监察御史。任内一月三上奏章，弹劾不避权贵，直声震朝廷。寻迁户部郎中。值鸦片战争失败，上疏论招募、练勇、修船、造炮、缉奸、设险等十二事，坚决主张抵抗外来侵略。著述有《海秋诗文集》《浮丘子》《明林》等传世。

汤鹏擅诗文，年未四十，诗名即已满天下。十年间，曾作诗三千余首，经芟汰，存诗2366首。自题云：“双鬓飘萧付短蓬，悲欢离合苦吟中。雕肝刻肾三千首，赢得人间号海翁。”② 林则徐评曰：“海秋于诗，无体不工。四言出入于风、雅、颂，五言，始而希踪韩杜，既而陶阮鲍谢，皆在伯仲之间。七古，则寓妥帖排奡之力于淋漓跌宕之中，合太白、昌黎为一手。五七律、五七绝均嗣响唐人。至其所为《琴操》《古歌谣》，则尤备古人之所不及备，为今人之所不能为。诗至此，可谓极天下之大观也已。”③ 陶澍评曰：“余与海秋俱生湖南。而洞庭之澎湃，衡岳之岧峣，独海秋为能以其精神气象放而之于诗歌文字之间，故其所为今文古文，斐然登作者之堂。而其古今体诗，沉雄浩荡，往复缠绵，上可以续风人骚人之脉，而下可以包括汉魏唐宋人之所有，此乃凌轹百代之才，岂直壮我湖南之色而已？甚盛甚盛。”④ 评价都很高，特别是对其“无体不工”、

①引自《何绍基诗文集》（一），《东洲草堂诗钞》卷一一，岳麓书社，2008年。

②引自《海秋诗集》卷二十六，载《汤鹏集》（二），岳麓书社，2011年。

③引自《海秋诗集》卷尾《评跋》，载《汤鹏集》（二）。

④引自《海秋诗集》卷尾《评跋》，载《汤鹏集》（二）。

古今文诗体皆精，赞许有加。

汤鹏的诗作，从题材和内容看，除一般励志、遣兴、咏怀、感时、惜别、送别、酬和、题贺之类外，以神话传说或历史上的人物故事为写作对象的相当多。尚古好古，写古人古事，寄寓感慨，此乃汤鹏作诗一大特色。《琴操二十首》《九怀三十六首》《古意八十首》《秋怀九十一首》，均属于这一类诗作。

现择录《琴操》之中3首以为例。

襄陵操

洪水兮滔天，崩山拉石兮砉然。鱼鳖摧死兮可怜，万民嗷嗷兮忧煎。忍独乐兮，昼食夜眠？俾奠定兮，聊塞吾愆。（禹治洪水，上会稽山作。）

归耕操

苕苕远游，历岁年兮，好名汩性，不如力田兮。式耕式养，为父母怜兮。父母之不怜，其他又何足言兮？归哉归哉，我罪斯捐兮。（曾子在外十有余年，惧父母之养不备而作。）

采芝操

彼晔者芝，在南山之阳。于以采之，人不我攘。彼晔者芝，在南山之阴。于以采之，人不我侵。皇农已矣，忧患累矣。一纵一横，荒厥是矣。一飞一潜，析厥指矣。维其有见矣，是以有止矣。维其有闲矣，是以有美矣。（四皓为秦博士，遭世暗昧，坑黜儒术，退居南山而作。）①

汤鹏久处官场，身历宦海沉浮，褒贬时事、臧否人物的政治类诗歌也不少。这类作品具有积极的现实意义，在思想上和艺术上均为比较优秀的作品。如采用正反两面不同的人和事为题材，所作的《蔡志行》和《严先生歌》，可为这一类诗作的典型代表。

蔡志，直隶永清人。其父死于蠹役之手，志为父报仇后自首，县官不分黑白，要将他处死。突然风雨大作，白昼竟如黑夜，值县官出来视事，忽大呼“蔡志至矣”！遂仆地暴毙。汤鹏获悉此事，无限感慨，特作《蔡志行》以记之，怒斥和鞭笞纵容蠹役滥杀无辜、颠倒是非、错判生死的昏官。严先生，为溆浦人，“治南山有声”，百姓赞誉，故诗人作歌以“美之”。今录《蔡志行》如下：

---

①引自《海秋诗集》卷三，载《汤鹏集》（二），岳麓书社，2011年。

蔡志至矣，县官骇胆栗魄当奈何？借问县官为谁欤？读书作宦，良不呆愚。乃不知杀人者死罪无赦，纵汝蠹役活其躯，五刑之设胡为乎？乃不知父不受诛子复仇，于礼于传信有诸，圣人贤人教孝同其符。鸱枭盘天飞，鹰隼在樊篱。鹰隼出击，鸱枭毛血淋漓。咄嗟饮鸩，汝岂羽虫三百六十之长不彼枭是惩，而反以鹰隼为支离。蔡志左手持白杨刃，右手持仇头，走诉县官，县官瞋目叱咤霹雳驰。不畏县官瞋目叱咤霹雳驰，为父报仇怛不疑。萋兮菲兮贝锦成，义高心苦斧钺并。元雾抟空，昏彼白昼。人不恤，天所禄，蔡志为人孝且勇，为鬼乃与天神地祇诉幽独。……维木有绳室则成，维形有镜妍媸明。为民司牧，慎莫披猖，请歌浮邱先生蔡志行。①

汤鹏的五、七绝和六绝，多倾向于写景，清新可读，不乏佳句。尤其是一些描写田园景色的绝句，贴近农村生活实际，充满农家情趣。

如：

流　水

路折小溪幽，桥偏水自流。不须作波浪，贪到海东头。②

送友人之江南

江南佳丽地，君向画中行。若问六朝事，潮声不肯平。③

故园秋思六首（之四）

白水浊水石扇开，蛇山龟山秋色来。青猿黄鹤大解事，问我抽身早晚回。④

拟田家四时乐（之三）

打稻黄云陇上斜，豆棚瓜架并周遮。江乡片片秋光好，不是农家即圃家。⑤

消夏四首（之二）

一杯两杯醇酒，三尺五尺横床。高阳池边酩酊，华胥国里徜徉。⑥

---

①引自《海秋诗集》卷十一，载《汤鹏集》（二），岳麓书社，2011年。

②引自《海秋诗集》卷二十五，载《汤鹏集》（二）。

③引自《海秋诗集》卷二十五，载《汤鹏集》（二）。

④引自《海秋诗集》卷二十六，载《汤鹏集》（二）。

⑤引自《海秋诗集》卷二十六，载《汤鹏集》（二）。

⑥引自《海秋诗集》卷二十五，载《汤鹏集》（二）。

消夏四首（之三）

鸂鶒双双掠水，蜻蜓一一凭栏。贪取竹凉荷净，忘却柳老梅酸。①

（四）曾国藩与“桐城派”“湘乡派”

曾国藩的文学素养相当深厚，其诗文成就，特别是古文创作成就及相关文论主张，在中国文学发展史上有相当影响。

曾国藩初为古文，是从桐城派文学入手。他将桐城派创始人姚鼐，列为古来圣哲之一，并曰：“姚先生指论闳通，国藩之粗解文章，由姚先生启之也。”②他继承和发展了桐城派的传统。在姚鼐倡导的义理、考据、文章三者不可缺一的理论的同时，又接受梅曾亮“因时”的观点，在此三者之外另加“经济”一条，以纠正桐城派空谈义理、脱离实际的倾向，使文章适应现实的需要，切于实用。因此其文论的一个主要内容就是阐述自己治国修身之道，以及与政事相关的人和事，以德行、政事来阐释义理，进而以德行、政事取代义理。他注重小学训诂，力求字句之精确，“以精确之训诂，作古茂之文章”③。他还在姚鼐“阳刚”与“阴柔”说的基础上，提出了“古文四象”说。所谓“四象”，即指作者与作品的气势、识度、情韵、趣味。气、识、情、趣，大抵为作者的气质、见识、情感和兴趣；而势、度、韵、味，大抵是就作品的体势、法度、音韵、蕴含而言。他认为，“有气则有势，有识则有度，有情则有韵，有趣则有味，古人绝好文章，大约于此四者之中必有一长”④。“四象”既是曾国藩的创作准则，又是他用以衡量诗文的标准。

曾国藩由于政治上位高爵显，并又善于招揽人才，不少文人名士集其门下，或与其交游，相互切磋文章辞赋，于是咸丰初年，形成了一个师法桐城文脉，而以曾氏籍贯命名的“湘乡派”。其主要成员有“曾门四大弟子”，即安徽桐城吴汝纶、贵州遵义黎庶昌、湖北武昌张裕钊和江苏无锡薛福成，以及吴敏树、孙鼎臣等。湖南则有刘蓉、郭嵩焘、李元度、曾纪泽等人。曾国藩去世后，他们通过开办书院、主持科举招揽人才，又进一步扩大了湘乡派的创作队伍。湘

①引自《海秋诗集》卷二十五，载《汤鹏集》（二），岳麓书社，2011 年。

②引自曾国藩：《圣哲画像记》，载《曾国藩全集》第十四册《诗文》，岳麓书社，2011 年。

③引自曾国藩：《家训》（同治二年三月初四日），载《曾国藩家书家训日记》，北京古籍出版社，1995 年。

④引自曾国藩：《家训》（同治四年六月初一日）。

乡派使桐城古文得以振兴，并弥补了桐城派末流空疏文风的弊端，为近代中国传统文学发展作出了贡献。

曾国藩还工于书法，行楷皆精，传世遗墨相当多。湖南图书馆、长沙博物馆等均有收藏。(附图64)

(五) 郭嵩焘的诗文成就

郭嵩焘善于诗文，亦工书法。虽大半生从政，但在处理政事之余，大部分时间和精力均致力于作文赋诗。其著作大多散佚，存世的有《使西纪程》《养知书屋遗集》等。近人杨坚将其所遗诗文整理为《郭嵩焘诗文集》，由岳麓书社于1984年出版。传世的墨宝不少，湖南图书馆、长沙博物馆等均有收藏。(附图65)

郭嵩焘的诗文，大部分是在隐退湘阴老家之前，为阐发自己的洋务思想，并与顽固派进行论争，所撰写的政论性散文。从文风看，明显受以曾国藩为首的湘乡派的影响，可归为湘乡派之列。但其文比湘乡派更为解放，语言也更为通俗流畅。

如《铁路议》云：

> 凡利之所在，国家与民共之，而又相与忘之，斯所以为大公也。民与民争则扰，上与民相匿则溃。扰者，势有不能行；溃者，情有所不能交达也。今行汽轮车，必造铁路，则请先言铁路之利害……正恐铁路之兴，非可旦夕期也。①

又如《铁路后议》开篇云：

> 泰西遍国皆机器也，中国无能效之，其必宜效者二：一曰电报，一曰汽轮车。盖中国幅员万里，驿路远者经月乃达，骤有水旱之灾、盗贼窃发之事，利病缓急在须臾之间，而所以应之常在数月之后。……有电报则信息通，有汽轮车则转运速，可以处堂户而坐制万里之外。是二者之宜行也，无待再计决也。②

以上两段文论表述的都是郭氏力主仿泰西修铁路、办电信的“洋务”思想，有理有据，语言质朴通晓，可作中国近代散文之范例。

郭嵩焘的诗作也颇多。《郭嵩焘诗文集》编为十五卷，前九卷为郭氏早年

①引自《郭嵩焘全集·文集》卷二三，岳麓书社，2012年。

②引自《郭嵩焘全集·文集》卷二三。

作品，经过他亲自整理，约300首；后六卷为晚期所作，亦约300首。共计600首左右。从题材和内容看，可分为山水写景诗与人文政治诗两大类。前者主要作于早年和致仕归乡之后，后者则多为从政期间的作品。

山水诗和写景诗，主要是描写诗人所见山川景物，纯属写景抒情。如：

过黄村

浮云薄暮有高心，归鸟投虚乱入林。斜日满村门尽掩，柳花飞处晚烟深。①

又如：

青原山

青原盘盘天所开，郁葱旷奥气佳哉。山门洞壑发幽境，晃荡烟雾藏楼台。丛林叠嶂松竹暗，一览数步千崔嵬。回栏跨空两山峙，奔湍洒落寒云堆。天风转静人语寂，鸟声自喜泉声哀。榜书丽伟照崖谷，凛凛正气排云雷。当时读书志岂异，亦有山水供谈诙。厓山震裂黄冠陨，兴废万变成寒灰。空留遗迹发吟叹，逝波不见东流回。名山大壑矗犹昔，追求往事无由陪。冲风来吹雨洒地，为我尘躅清浮埃。寒亭片石难久憩，布袜青鞋归去来。②

郭嵩焘大量的诗作均为人文诗和政治诗，以诗论评时政，或记事言志，或借景抒怀。诗中有对贫苦百姓穷困悲惨生活的同情，有对国是和政局的看法、见解，有对自己得志或失落时心情的抒发，还有对亲友和故人的怀念、感情寄托等。其诗风，虽受到宋诗派和湘乡派风格的影响，但大多都有自己的特色，与曾国藩、王闿运等人比较，郭氏的作品不像他们那么法古，而更具近代气息。如：

雨

终日雨不止，仆夫饥更啼。两年深苦旱，一雨复含凄。河广不可厉，夜深何处栖？茫茫遂春晚，犹及麦禾齐。③

“仆夫”，泛指社会下层民众。他们已深受“苦旱”，又复遭雨困，盼望晚春麦收，以解饥荒。诗人表示了深切的同情。

---

①引自《郭嵩焘全集·文集》卷一。

②引自《郭嵩焘全集·文集》卷三。

③引自《郭嵩焘全集·诗集》卷一。

又如：

入都示仲毅、叔和两弟（之一）

远行意先伤，待晓夜无寐。古壁黯孤灯，人影忽在地。凄切此时心，慷慨平生志。畴昔公家征，临风振冠珥。壮图有乖互，兹意渐失坠。连岁疲尘劳，奔走令魂悸。萧条闻夜雨，相对各憔悴。①

表达诗人远走他乡时对亲人的不舍，有志四方却又对前途感到茫然的复杂心情。

夏 至

三年三病转沉冥，一榻萧然拥药瓶。画栋迟留过乳燕，候虫次第见流萤。宵添一线愁长夜，卧比枯禅守《内经》。不道台中无分入，凭人指点少微星。②

此为晚年作品。诗人因遭顽固派猛烈攻击而致仕归隐，常借诗文排解内心的苦闷。诗中表露作者那种老年孤独、疾病缠身，深感悲寂低沉的心境。

（六）王闿运与“湖湘诗派”

王闿运（1833—1916），字壬秋，晚号湘绮老人。湘潭人。少孤贫，依叔父就学，后肄业于长沙城南书院。咸丰七年（1857）中乡举。性高旷，不慕荣利。太平天国战争期间，曾应聘馆肃顺王邸，甚受尊礼，后撰《祺祥故事》，多为肃顺讳言。继入曾国藩幕，始终拒受官。此后专事教育，先后主讲成都尊经书院、长沙思贤书院、衡州船山书院和江西大学堂，授业弟子数千人。宣统初，授翰林院检讨，加侍读衔。辛亥革命后，任清史馆馆长。病逝湘潭故里。主要著作有《湘军志》《湘绮楼日记》《湘绮楼诗文集》等，并辑《八代诗选》。工书法，行楷仿北魏马鸣寺碑，深得古味，其书法作品为湖南图书馆等收藏。（附图66）

清道、咸以来，湖南诗坛继宗唐崇宋之风后，研究、崇尚和模拟汉魏六朝诗风盛行起来，形成“湖湘诗派”，又称“汉魏六朝诗派”。王闿运为该派领袖人物。其诗学理论的核心是拟古，标榜汉魏六朝诗文，兼拟仿盛唐诗。主张为文先模仿，而后得其神理。即由形似到神似。《湘绮楼诗文集》录存湘绮诗1600余首。从内容看，其诗大多为酬唱应和亲友、描摹山水名胜之作，亦有一

①引自《郭嵩焘全集·诗集》卷一，岳麓书社，2012年。

②引自《郭嵩焘全集·诗集》卷一五。

些反映社会现实的作品。特别是从太平军起义到辛亥革命，作者所经历的一些重大事件在诗中多有反映。题材广泛，风格多样，虽取材于古，却又贴近生活。

王闿运为人处世恬淡洒脱，广交游，酬唱应和与思念亲友的诗最多。其中不乏感人诗篇。

如：

重悼师芳

初月无端入玉棂，露天如白又如青。不成眉样依明镜，遥想啼痕染素馨。自是长愁甘解脱，未应多慧误娉婷。文姬死后知音少，吟尽伤心只自听。①

畇女新逝，再作吊之

萼绿华来定有双，每随阿母在瑶窗。俱题玉篆留三岛，并结明珠到九江。风过只余花袅袅，月移谁见影幢幢。五年梦醒头成雪，愁对黄英照碧缸。②

王闿运，好远游，大半生奔走江湖，与山水名胜结下不解之缘，创作了不少具有特色的山水田园诗，其中亦不乏佳作。如：

朱陵洞瀑

众青不断色，远响惊清秋。朱陵竦孤崖，飞泉束崩流。素湍照白日，玄涧映愈幽。青天静无声，翠壁俯寒湫。空雨忽破碎，高云偶迟留。宛宛雌蜺蜷，荒荒烈飙休。③

春近四绝句（之二）

龙池壁水漾轻澌，正午风微日渐迟。杨柳未黄萱未绿，嫩春先转碧桃枝。

清寒连日泼新篘，试数梅花下酒筹。倚醉不却霜月冷，夜行初卸紫貂裘。④

还长沙，北风，顾役加班，径由陆行

弯桥已过九华兴，樟树青葱到诞登。大坨漫漫连累石，新开盆岭入

---

①引自《湘绮楼诗文集》之《诗》卷一六，岳麓书社，1996年。
②引自《湘绮楼诗文集》之《诗》卷一六。
③引自《湘绮楼诗文集》之《诗》卷一。
④引自《湘绮楼诗文集》之《诗》卷二〇《补遗》。

南城。①

《圆明园词》，在景色描摹中，能着眼民生疾苦，大胆讥评时事。虽系学唐元稹《连昌宫词》，但有变格，自出新意。兹摘引如下：

宜春苑中萤火飞，建章长乐柳十围。离宫从来奉游豫，皇居那复在郊圻。旧池澄绿流燕蓟，洗马高粱游牧地。北藩本镇故元都，西山自拥兴王气。九衢尘起暗连天，辰极星移北斗边。沟洫填淤成斥卤，宫廷映带觅泉源。渟泓稍见丹棱沜，陂陀先起畅春园。畅春风光秀南苑，霓旌凤盖长游宴。地灵不惜瓮山湖，天题更创圆明殿。圆明拜赐本潜龙，因回邸第作郊宫。十八篱门随曲涧，七楹正殿倚乔松。斋堂四十皆依水，山石参差尽亚风。甘泉避暑因留跸，长杨扈从已弢弓。纯皇缵业当全盛，江海无波待游幸。行所留连赏四园，画师写仿开双境。谁道江南风景佳，移天缩地在君怀。当时只拟成灵囿，小费何曾数露台。殷勤无逸箴骄念，岂意元皇失恭俭。秋狝俄闻罢木兰，妖氛暗已传离坎。吏治陵迟民困痡，长鲸跋浪海波枯。始闻计吏忧财赋，欲卖行宫作转输。沉吟五十年前事，厝火薪边然已至。揭竿敢欲犯阿房，探丸早见诛文吏。此时先帝见忧危，诏选三臣出视师。宣室无人侍前席，郊坛有恨哭遗黎。年年辇路看春草，处处伤心对花鸟。玉女投壶强笑歌，金杯掷酒连昏晓。四时景物爱郊居，玄冬入内望春初。袅袅四春随风辇，沉沉五夜递铜鱼。内装颇学崔家髻，讽谏初除姜后珥。玉路旋惊车毂鸣，金鸾莫问残灯事。鼎湖弓剑恨空还，郊垒风烟一炬间。玉泉悲咽昆明塞，惟有铜犀守荆棘。青芝岫里狐夜啼，绣漪桥下鱼空泣。②

在王闿运的诗作中，直接关涉太平天国战乱的即达30余首。如《建昌军中》《发祁门杂诗》《独行谣》《马将军歌》《铜关行》等。在这些诗作中，对于太平军与官军双方状况、战事的进展与胜败、战乱中老百姓的生活等，多有纪实性的描绘。如组诗《独行谣》，共三十章，四百四十八韵，凡四千四百八十五字。其中一组，描述当时长沙城被太平军围攻时的情形，兹摘录如下：

余时至乐平，千里一肩舆。平行至城根，不见官贼徒。夜投渔舟宿，烹菘肥似膏。明晨告府主，帖下架鹿卢。将相共出入，吾亦缒我腰。犹蒙

①引自《湘绮楼诗文集》之《诗》卷二〇《补遗》，岳麓书社，1996年。

②引自《湘绮楼诗文集》之《诗》卷八。

丘嫂嘲，哑哑笑悬猪。卧听沙井角，坐吹南楼笳。是时青衿散，独与彭郭居。郭生赋七哀，彭子慕廉颇。城中尚欢笑，士女纵娱游。虽闻地雷鸣，不敌瞿邓刀。如何洋炮威，近欲欺中华。厉阶蚩尤兵，矢石更磺硝。兵火终自焚，利器岂防躯。（其五）①

（七）谭嗣同与诗界革命

谭嗣同，政治上是一位激进的维新改良志士，在文学上同样也是一名勇敢的革新家。在戊戌变法前的一两年间，为开通“民智”，宣扬改良派的政治主张，他与梁启超、夏曾佑等几乎同时提出了“诗界革命”的口号，提倡“新文体”，作“新学之诗”，对传统古文形成猛烈的冲击。

谭嗣同初习文，从桐城派古文入手，将其与魏晋六朝文结合起来，骈文、散文杂糅，内容充实，绝少浮词泛语。后投入维新运动，为宣传鼓动变法，大力提倡和亲身实践通俗化、社会化的“报章文体”，并曾用口语报告化的词句编写南学会讲义，用通俗浅近的白话文撰写和发表文章，在当时产生了广泛和深刻的影响。如发表于《湘报》的《论湘粤铁路之益》，以及《论学者不当骄人》《湘报后叙》《群萌学会序》等文，或提倡变法，或宣传新学，或介绍西学，行文通晓流畅，用词遣字通俗易懂，已与现代语言十分接近。现录《论湘粤铁路之益》为例。其文云：

今日之世界，铁路之世界也。有铁路则存，无则亡；多铁路则强，寡则弱。西人为统计之学者，校稽环球各国铁路之长短，列为图表，惟美国最长，惟中国最短。而各国安危盛衰之数，率以是为差。问国富，亦辄举铁路以对，其效莫铢发爽也。俄人注全力于亚洲，于是经营西伯利亚大铁路，自森彼得罗堡以达海参威，绵亘三万余里。美人将从而拓之，复由海参威而东至于卑令海峡，渡海以达于美洲。昔之苦美洲孤立于西半球，由欧、亚而往，非数十日海程莫达者，今且陆行不二十日可周绕地球，而美、欧、亚三洲遂接轴，如在户庭间。壮哉观乎?②

谭嗣同在实践“新文体”和“报章文体”的同时，又积极推动“诗界革命”，作“新学之诗”。他留存下来诗歌作品近二百首，其中大部分为政治抒怀诗，但也不乏写景抒情的山水诗。其诗通俗易懂、感情真挚，关注人民疾苦和

①引自《湘绮楼诗文集》之《诗》卷九。

②引自《谭嗣同集》（下册）之《报章文辑》，中华书局，1981年。

国家命运，多充溢着强烈爱国维新思想和蓬勃向上的积极精神。现引录数首如下：

六盘山转饷谣

马足蹩，车轴折，人蹉跌，山岌业，朔雁一声天雨雪。舆夫舆夫尔勿嗔，官仅用尔力，尔胡不肯竭？尔不思车中累累物，东南万户之膏血。呜呼！车中累累物，东南万户之膏血。①

此为政治抒情诗，作于光绪十四年（1888）。是年夏，作者自甘肃归湖南，途经六盘山。其诗，直抒所见，感慨深沉，表达了作者对下层苦难民众的无限同情，对肆意搜括民财的贪腐朝廷和官府的无情讥讽。

崆　峒

斗星高被众峰吞，莽荡山河剑气昏。隔断尘寰云似海，划开天路岭为门。松拏霄汉来龙斗，石负苔衣挟兽奔。四面桃花红满谷，不应仍问武陵源。

崆峒，山名，在甘肃固原境。此诗作于光绪十五年（1889），为写景抒情的山水诗。境界恢宏，描摹景物雄奇有力，充满蓬勃向上的精神。

金陵听说法三首（之一）

而为上首普观察，承佛威神说偈言。一任法田卖人子，独从性海救灵魂。纲伦惨以喀私德，法会盛于巴力门。大地山河今领取，庵摩罗果掌中论。②

此诗作于光绪二十二年（1896）。时作者由北京经天津、上海至南京，从杨文会学佛。该诗即为听杨文会说法时所作，为其倡导“诗界革命”的代表性作品。这种新体诗，基本上保持了旧体诗的格律形式，掺杂了佛、儒、耶稣三教典故，以及一些方言和外语释译词。

（八）爱国诗僧释敬安

释敬安（1851—1912），字寄禅。俗姓黄，名读山。湘潭人。少以孤贫出家，16岁披剃于湘阴法华寺。后致力于诗文，得王闿运指授，才思日进，为湘绮楼四大弟子之一。寻赴南岳祝圣寺，遍参十万大德。光绪三年（1877），于宁波阿育王寺佛舍利塔前，剜脊肉燃灯以供佛，并烧二指，由此自号“八指头

①引自《谭嗣同集》（上册）之《莽苍苍斋诗》卷一，中华书局，1981年。

②引自北京大学：《近代诗选》第二卷《谭嗣同》，人民文学出版社，1963年。

陀”。1902年，宁波天童寺迎为首座。

1908年，推为宁波僧教育会会长。辛亥革命后，当选为中华佛教总会会长。1912年，圆寂于北京法华寺，藏骨于天童寺前青风山冷香塔院。

释敬安不仅是清末一位全国著名的高僧，而且是中国文学史上为数不多的爱国诗僧之一。平生作诗1900余首。光绪二十四年（1898），《八指头陀诗集》于湖南初次刊行。刊行过的诗集还有《嚼梅吟》《白梅诗》《八指头陀诗续集》。岳麓书社1984年出版《八指头陀诗文集》。从内容看，其诗的主要特点是强烈的爱国精神。以诗声讨帝国主义对中国的侵略罪行，歌颂爱国将士的英勇抗敌精神；谴责投降派丧权辱国的可耻行径；揭露封建社会黑暗现实，对民生疾苦予以深切的同情；热烈赞美中华壮丽秀美的河山。作为一名高僧，当然也会有不少谈玄说佛、宣扬佛法的作品，有的也会流露出某些消极厌世的情绪。他最著名的诗篇是白梅诗，故人称之为“白梅和尚”，以与诗人樊增祥的“红梅布政”相对应。诗风多法于晚唐，自然高淡，超凡脱俗，清新隽永。后期有感于国家内忧外患，人民流离失所，诗作更多反映社会现实，诗风也转入沉郁凝重。现引录其诗数首如下：

咏白梅

了与人境绝，寒山也自荣。孤烟淡将夕，微月照还明。空际若无影，香中如有情。素心正宜此，聊用慰平生。

月下对梅

高冷不宜人，萧然自绝邻。四山残月夜，孤驿小桥春。暂对翻疑雪，清香不是尘。逋仙犹认影，谁复识其真？

雪后寻梅

积雪浩初晴，探寻策杖行。寒依古岸发，静觉暗香生。瘦影扶烟立，清光背月明。无人契孤洁，一笑自含情。

答顾居士

高寒谁过老僧家，扫雪呼童自煮茶。寂寂茅斋万山里，坐看冻雀啄梅花。

赠吴渔川太守六首（之一）

强邻何太酷，涂炭我生灵。北地嗟成赤，西山惨不青。陵园今牧马，宫殿只飞萤。太息芦沟水，惟余战血腥。

感事二十一截句附题冷香塔（之四首）

落月哀猿不可听，声声欲唤国魂醒。莫教遗恨空山里，谁认啼鹃望帝灵？

联盟无奈岛夷强，合并何堪属国亡。欲巩皇图凭佛力，白头垂泪礼空王。

茫茫沧海正横流，衔石难填精卫愁。谁谓孤云意无着，国仇未报老僧羞。

法运都随国运移，一般同受外魔欺。踏翻云海身将老，独立人天泪自垂。①

（九）“龙阳才子”易顺鼎

易顺鼎（1858—1920），字实甫，晚号哭盦，龙阳（今汉寿）人。平生诗作万余首。最主要的诗集为《四魂集》，光绪二十二年（1896）刊刻，共七卷两册。包括《魂北集》《魂东集》《魂南集》和《归魂集》，并附有《魂海集》。其中“魂北”“魂东”两集是光绪二十年（1894）、二十一年（1895）两年间所作，内容主要反映中日甲午战争的情形与感怀；《魂南集》为诗人乙未年（1895）参加援台抗日运动的全部诗作；《归魂集》则是作者从台湾返回大陆后的作品。传世诗集还有《癸丑诗存》《出都诗录》《吴船诗集》《喧南集》《甬东集》和《四魂外集》等。

易顺鼎为诗，屡变其体，自成风格，但主要崇尚中晚唐，是中国近代中晚唐诗派的代表人物。与樊增祥齐名，又与宁乡程颂万、湘乡曾广钧并称“湖南三诗人”，世称“龙阳才子”。他在中日甲午战争期间所创作的一些诗篇，充满爱国激情，深获世人赞誉。但数量最多又最能代表他的艺术水平的，乃是其行役游览诗作。兹录数首如下：

登黄鹤楼放歌

楚天万古双高楼，岳阳黄鹤吾曾游。岳阳已化湖云去，黄鹤仍留江月住。江风江月自年年，几度武昌人系船。天际相逢各无恙，白云招我南楼上。呼酒快登楼上头，斜阳正红鹦鹉洲。掲来鼓枻潇湘尾，吊罢灵均还吊祢。天地中间不平气，积成数卷伤心史。炎汉孤忠一正平，难将故态狂奴

①以上数首均引自《八指头陀诗文集》，岳麓书社，2007年。

比。愿随鱼腹葬骚人，耻学龙头号名士。洲上之草何青青，洲边水作三掛声。我有万斛泪，凝为一片冰。监厨借面世何限，骂坐解衣吾尚能。人言黄祖鸡狗耳，我道曹公亦竖子。铜雀千春台榭荒，赤乌一炬楼船死。周郎年少人中龙，差堪快意惟火攻。碧眼孙郎漫坐大，称臣屈膝非英雄。三国霸图都寂寞，我来但听梅花落。狂歌痛饮不求仙，更比青莲高一着。君不见，吴宫花草余荒烟，称帝称王绝可怜。老仙骑鹤去不还，玉京亦在虚无间。人间最幻惟富贵，天上最幻惟神仙。神仙富贵莫须有，安得长江变美酒。①

望巫山

瑟瑟三分水，苕苕十二峰。日光明素瀑，岚色茂青松。神女今何在，巫咸不可逢。惟应云气异，缥缈见行踪。②

水调歌头·青溪小住

曾过蒋山否，烟雨怕登临。六朝残梦何处，鸥影卧秋深。多少龙蟠虎踞，多少莺歌燕语，流水杳难寻。湖为莫愁好，一碧到如今。

台倚凤，洲呼鹭，峭寒侵。消他几度斜照，换尽绿杨阴。可怜江山千古，输与红箫尺八，不付劫灰沉。四百画桥月，依旧荡波心。③

易顺鼎所作“竹枝词”，民歌色彩颇浓厚，富有情趣。今摘引数首：

巴陵竹枝词（二首）

岳阳女儿能驾船，三篙两桨数文钱。与郎要赌神前咒，撑到洞庭王庙边。

君山竹子泪斑斑，目断苍梧人未还。输与渔娘好福命，生来不上望夫山。④

三峡竹枝词九首（引三首）

峡山遮月月难来，溪女踏歌歌莫哀。郎似西陵峡中月，一生相见不多回。

香溪人去几时归，万里龙沙雪打围。溪上老翁愁欲绝，女儿生得似

①引自《易顺鼎诗文集》（一），第一编《诗集》，湖南人民出版社，2012年。
②引自《易顺鼎诗文集》（三），第三编《词曲集》。
③引自《易顺鼎诗文集》（三），第三编《词曲集》。
④引自《易顺鼎诗文集》（三），第三编《词曲集》。

明妃。

楚客扁舟抱一琴，千峰月上绿萝深。莫弹三峡流泉操，中有哀猿冷雁音。①

（十）“南社”革命诗人宁调元

宁调元（1883—1913），字仙霞，号太一。醴陵人。南社诗人。少入渌江书院，后肄业于明德学堂，结识黄兴等，加入华兴会。光绪三十一年（1905），东渡日本留学。在东京加入同盟会。旋回国，在上海参与创办中国公学。1906年，回长沙与禹之谟发起公葬陈天华于岳麓山。复赴上海，主编《洞庭波》杂志（后更名《汉帜》），宣传反清革命。又避走日本，掌《民报》庶务。萍浏醴起义爆发，回国策应，在岳阳被捕，囚长沙监狱3年。其间以书信联系，参与筹建南社。获释后赴北京，负责《帝国日报》编辑。辛亥革命后，曾在上海参加民社，创《民声报》，一度出任三佛铁路总办。后因策动反袁，事泄，被捕。1913年9月25日，被袁世凯、黎元洪杀害于武昌。

宁调元，是反清民主革命志士，同时又是著名的南社诗人。在他的短暂一生中，两度入狱，囚禁达3年之久。在狱中读书不止，吟咏不辍，作诗近600首，这在中国乃至世界文学史上都是少见的，被尊之为“监狱诗人”。后刘谦等辑其诗为《明夷诗钞》《明夷词钞》《叹逝集》和《南幽百绝句》。柳亚子又编成《太一遗书》。1988年湖南人民出版社出版《宁调元集》。在诗的创作上，他主要学唐人，深受杜甫诗风的影响。他的诗作，充满反清反帝、视死如归的爱国主义思想和革命精神，反映了一个民主革命家的精神风貌。特别是收入《明夷诗钞》二卷的100多首诗，均为在长沙狱中的作品。其中，有对死难同志的悼念和亲友的怀念，也有感时咏物和自励之作等。这些诗，感情真挚，风格凄厉哀伤。如：

哭禹之谟烈士二十首（之两首）

前仆后继待阿谁，埋骨荒丘自古悲。遥忆去年今日事，不堪死别共生离。

千古英雄巨浪东，壮心未展吐长虹。石榴五月红如火，谁识思君泪更红。②

---

①引自《易顺鼎诗文集》（一），第一编《诗集》，湖南人民出版社，2012年。

②引自《宁调元集》之《太一诗存》卷二，湖南人民出版社，2008年。

哭杨卓林武士二十首（之两首）

起陆龙蛇继者谁，英雄肝胆亦慈悲。剧怜大雪申江夜，一诀竟成永别离。

一天风雨二陵秋，摇落空林百卉柔。毅魂若教长不昧，定回弱水向东流。①

吊秋竞雄女侠十首（之一首）

巨浪三千东复东，眼中多少可怜虫。若论女界牺牲者，千古一人秋竞雄。②

秋夜怀人三十什（之两首）

秋风秋雨剧凄凉，楚甸年年吊国殇。剩有头颅抛未得，鞭尸何日报荆王？

慷慨忧时涕与俱，太丘人物一时无。平生曾祝荆卿墓，我亦酣歌燕市夫。③

秋怀四首（之两首）

正是葭苍露白时，珠帘卷处暮云垂。九秋院落梧桐老，斜日关河班马嘶。泪洒金人榛莽莽，魂销玉阙黍离离。不知何处吹羌笛，又诉新愁与客知。

风栖露冷上江楼，望渺天涯客思悠。祸水连天谁起陆，胡尘卷地恰当头。魔天漫自谈公理，奴界何缘得自由。欲把秦风编楚些，大家相约赋同仇。④

蕉叶叹

蕉叶纷披秋复秋，新芽嫩蕊抽复抽。光阴如水流复流，时不重来愁复愁。⑤

红　杏

红杏隔墙几树开，东风吹梦到阳台。此情此恨无人觉，泪没当年宋

①引自《宁调元集》之《太一诗存》卷二。
②引自《宁调元集》之《太一诗存》卷二。
③引自《宁调元集》之《明夷诗钞》卷一。
④引自《宁调元集》之《朗吟诗草》卷二。
⑤引自《宁调元集》之《明夷诗钞》卷一。

玉才。①

二、通俗小说和戏剧的兴起

（一）小说

清后期和近代之前，湖南小说作品极少。宋代始有桃源戴植《鼠璞》1卷，列入中国小说书目。明代有祁阳邓球《闲适剧谈》5卷、桃源江盈科《雪涛四小书》和酃县（今炎陵县）韩朝维《晴窗缀语》4卷。清前中期有长沙江有溶撰、衡阳邹统鲁增补《明逸编》10卷，长沙黎士宏《仁恕堂笔记》1卷。这几部著作，虽列入小说作品，见于史籍记载，但并不为一般人所知，更未在民间传播，在中国小说史上还谈不上什么地位和影响。清代后期和鸦片战争以后，由于外敌入侵，内政腐败，一批先进的文人志士，为救亡图存，先是倡言维新改良，继之鼓吹反清民主革命。为开通民智，启发民众觉醒，在创“新学”和“新学之诗”的同时，他们也重视小说的社会作用，倡导通俗小说的创作；加之西方文化的进入，也改变了人们轻视小说的传统观念，于是小说创作迅速兴盛起来，湖南也出现了小说作家和小说作品。但在辛亥革命之前还比较少，当时刊发面世的仅有《洗耻记》和《狮子吼》两部作品。

《洗耻记》，章回小说。署汉国厌世者著，冷情女史述。1903年日本印刷，湖南苦学社发行。全书分上下两卷，但未见下卷。上卷六回，写一个名叫明易民的人在国亡之后，与贱牧王相抗，被贱牧王借洋兵镇压。其子仇牧，此前已被送往上海，在父亲兵败身亡之后，决心继承父亲遗志，准备应邀前往襄南另一义师，再共同起兵。卷首有《苦学社主人记》，谓：“以事返湘，访旧友冷情女史，女史以近作《洗耻记》抄示予，读竟，深讶海内民族主义发达之速。”②由此可见，作者“冷情女史”系湖南人，生平籍贯不详。此书逐回末尾，均附鼓动性诗句，如“文字收功日，全球革命潮”；“手执金刀九十九，痛饮自由一杯酒”。内容体现了作者的民族主义思想和反清革命的热情，但故事流于空想，说教多于描写，艺术上还算不上成功之作。

《狮子吼》，章回小说，陈天华著。陈天华留学日本期间，与孙中山等发起成立同盟会，参加同盟会机关报《民报》的编辑工作。同时开始写作长篇小说

---

①引自《宁调元集》之《明夷诗钞》卷二。

②参见新编《湖南省志·文学艺术》，五洲传播出版社，2004年。

《狮子吼》，在《民报》上连载。1905 年 10 月，为抗议日本政府颁布《清国留学生取缔规则》，愤而投海自杀。当时《狮子吼》仅写了 8 回，未能完稿。

这部仅写完 8 回的小说，强烈地表现了作者对祖国的热爱和激进的革命精神。卷首“楔子”即宣言：中国绝不能走亡国灭种的路，必须通过革命达到国家富强和人民幸福。作者用浪漫主义的手法，描写革命党人的活动，并构想了一个舟山“民权村”，作为理想的社会蓝图；塑造了“狄必攘”“孙念祖”等革命者形象，他们具有强烈的反清革命和爱国思想，力图唤醒民众起来共同斗争。作品所宣扬的民主革命思想和爱国主义精神，在当时对于人民群众的觉醒和反清民主革命运动的开展，起到了积极的推动作用，不愧为辛亥革命前夜的一声“狮吼”。作品笔力劲练，语言通俗，但整体上说艺术水平不够高。

（二）戏剧

湖南的戏剧文学创作始自明代。最早见于史载的为明嘉靖年间，靖州许潮编写杂剧 24 种，合刊为《泰和记》；万历年间，武陵（今常德）龙膺编写《蓝桥记》《金门记》传奇。清初，湘潭黄周星著有传奇《人天乐》；衡阳王船山著有传奇《龙舟会》。乾隆年间，湘潭张九钺著有传奇《六如亭》。道光年间，湘潭张声玠著有《玉田春水轩杂出》。[①] 总体来看，至 1840 年前，湖南戏剧作家和作品还相当稀少，社会影响不大，并且多为案头文学，未能与当时戏曲班社的演出结合，因而也就难于流传。

鸦片战争后到辛亥革命前夕，湖南戏曲文学作家和作品依然不多，传世的仅有杨恩寿的传奇戏剧作品，此外陈天华著有杂剧《黄帝魂》一种。

杨恩寿（1835—1891），字鹤俦，号蓬海、朋海，别号蓬道人。长沙人。少聪慧，7 岁能赋诗，15 岁始应童子试，17 岁得获秀才。同治九年（1870），举应天乡试。光绪初，授湖北都转运盐使司运使，旋升湖北候补知府。光绪三年（1877），以候补知府充湖北护贡使。后因官缺过紧，辞任远赴云南等地做幕客。此后漂泊四方，沉沦下僚，抱负无以施展。他性情旷达，善诗文，尤酷爱创作戏曲。著有《鸳鸯带》《姽婳封》《理灵坡》《桂枝香》《桃花源》《麻滩驿》《再来人》等 7 种传奇。后《鸳鸯带》散失，余 6 部合刊为《坦园六种曲》流传于世。另著有《词馀丛话》《续词馀丛话》等戏曲理论著作。此外，还留

①参见新编《湖南省志·文学艺术》。

存《坦园日记》手稿8卷，记载了许多湖南演剧的史料，包括观演剧目及出演的演员、班社等，是研究湖南和中国近代戏曲史的重要资料。

关于自己的创作，杨恩寿《坦园日记》中自评曰："吾半生所造，以曲子为最，诗次之，古赋、四六又次之，其余不足观也。"可见其对戏曲创作的自诩。近人评曰：在晚清文人的杂剧和传奇创作走向衰落之际，"作为一个有着强烈封建正统观念的儒家士子和睿智的戏曲理论家，杨恩寿站在传统儒家的立场上创作传奇，反映时代动乱，关心民生疾苦，真实再现封建末世知识分子的现实处境和人生价值，其剧作虽掺杂着较为浓厚的封建意识，却具有强烈的现实意义"①。这一评价较为中肯、客观。

《姽婳封》《理灵坡》《麻滩驿》贯穿同一主题，即歌颂忠肝义胆的节烈之士，以期人们携起手来，共同抵抗外国列强的侵略。《姽婳封》取材于林四娘传说故事，讲述山寨大王寇魁与苟军师，用金钱贿赂青州绅士，引诱恒王出城招抚，然后里应外合，将恒王杀死。林四娘闻讯后率兵出城，进攻山寨，战败自刎。后靖逆将军与孔有征联合，杀死寇魁和苟军师，并为恒王和林四娘建忠烈祠，以旌表之。《理灵坡》，取材于明末张献忠农民起义军进攻长沙城发生的故事。时张献忠陷武昌，占岳阳，进攻长沙。司理蔡道宪受命守城。湖广总督尹先民开城投降，蔡道宪率本部迎战，英勇抗击，失败被俘，不屈而惨遭杀害。幕僚凌国俊等6人，为蔡道宪收尸，安葬于理灵坡，之后一同自杀殉难。《麻滩驿》为《理灵坡》姊妹篇，也取材于明末史实，以对抗张献忠农民军为背景。描写崇祯末年浙江萧山人沈至绪任湖南道州守备，任荆州都司的女婿四川人贾万策，在与张献忠军战斗中殉职，女儿云英遂随父居道州。张献忠攻占长沙后，遣降将尹先民攻道州。沈至绪率部迎敌，先杀尹先民，后在进兵麻滩驿时中箭身亡，尸体落入敌军之手。沈云英率女兵夜劫敌营，夺回父亲遗体。朝廷封其为游击将军并任道州守备。这两部剧作，受历史和时代的局限，对农民起义军的评价难免会有偏颇，甚至仇视和丑化，但热情歌颂了蔡道宪及六幕僚危难受命、忠于职守和慷慨赴死的忠义气节与沈至绪父女尽忠职守、英勇顽强的战斗精神，特别是塑造了一位机智勇敢的女英雄形象。这是应该充分予以肯定的。

《桃花源》，取材于晋陶渊明《桃花源记》。其创作意图，系以世外人的身

①参见陈书良主编：《湖南文学史》，湖南人民出版社，2008年。

份评论当世兴亡，发泄作者内心对现实的不满。其中还借东晋抗击北方民族入侵中原的淝水之战，揭露当时尖锐的民族矛盾。有剧词云："强奴欺人太甚，有此一战，亦可雪朝廷之愤，伸中国之威矣!"更明显地是呼吁人们奋起抵御列强，保家卫国，表达了作者对国家民族命运的忧虑和反抗外来列强侵略的强烈愿望。

《再来人》和《桂枝香》，均是以科举为题材，表达作者对越来越腐败的科举制度的认识与批判。《再来人》，记叙福建一个70多岁的老儒生，屡试不第，最终郁郁而终。然而他投胎转世后的再生者，却状元及第，飞黄腾达。作者以此痛斥科举制度的残酷，并寄托自己的幻想。《桂枝香》，则叙写一位年轻士子与京城一个名旦相恋，以爱情相激励，屡试不中后终成状元的故事。剧作旨在歌颂男女爱情的美好和力量，同样也是作者自己科场失意心态的一种虚幻寄托。

清后期，文人戏曲创作虽很少，但这一时期地方戏却获得很大的发展，戏曲班社大量增加，从事戏曲的职业艺人中具有一定文化的人，根据历史演义、章回小说、民间传说故事，或新创或改编的剧目不少。

湘剧。为湖南地方大剧种，分"长沙湘剧"和"衡阳班子"两个流派。

长沙湘剧，习称"湘剧"，用长沙官话演唱，流行于原长沙府所属各县，即湘、资二水流域的湘中地区。兴起于明中期，清同治、光绪年间，达到全盛时期。积累了800余支音乐曲牌，1000多个大小传统剧目。其中代表剧目有《封神榜》《西游记》《目连传》《精忠传》《拜月记》《琵琶记》《白兔记》等，大多为历史题材。历代有湘剧班社数百个。长沙老郎庙早年保留有清康熙三年（1664）"福秀班"牌。乾隆末年创办的"九麟"科班，为湖南已知的最早的戏剧科班。道光后期创办了湘剧著名的"五云"科班。同治初年，由杨巩出资接办，人称"新五云"。湘潭的老永和与春和班，宁乡的同和班等，也相继而起。（插图45）长沙的"五云"班，至光绪二十七年（1901），最后一科结业，历时近60年，为湖南戏曲开科班次最多的科班。光绪三十四年（1908），一名沈姓下江商人，仿效北京戏园，在太平街孚嘉巷设立宜春茶园，聘湘剧班演出。这是长沙湘剧设立剧院（戏园）之始。（插图46）继之，因宜春园场地太小，当时痴迷湘剧的长沙官绅叶德辉，遂将自己苏家巷怡园私宅的后园，及邻近的织机巷的隙地，又兴建一所同春园。同时开办同春班。宣统二年（1910），又邀仁和、庆华二班并入，演职人员达300余人。其出演的许多折子戏，如《打猎回书》《扫松下书》《描容上路》《叫城战荡》等，均成为湘戏舞台的艺术

插图 45　光绪二十四年同和班戏报

精品。

衡阳班子，又称“衡州大戏班子”“衡阳汉班”等，后统称“衡阳湘剧”。流行于衡阳、郴州及株洲部分市、县，并延及江西永新、广东乐昌等地。相传源于明嘉靖衡州太守冯正伯由外地带来的戏班。清乾隆年间编纂的《清泉县志》有《目连》《观音》等演出剧目的记载。咸丰年间，出现了“老天源”“老吉祥”等著名戏班。传统剧目有连台本戏 6 部、整本戏 113 部、散折戏 465 折。代表性戏目有《醉打山门》《雁门关》《打碑杀庙》《一天太守》等。

汉剧。为湖南地方大戏剧种，俗称“常德班”“沅河戏”，流行于洞庭湖西

插图 46　光绪年间太平街宜春园场景

部湖区和沅水、辰水、澧水流城，远及鄂西南、黔东、川东（今重庆市属地）。常德老郎庙旧藏有“永乐二年华胜班置”字迹的太平水缸，表明汉剧产生的年代至少可追溯到明代前期。历代汉剧戏班、科数以百计。其中有天元、瑞凝、文华、同乐四大著名戏班。天元班成立于明代。清道光二十五年（1845），由桃源寺坪李标主办，发展为规模最大的科班。所演的“岳飞戏”“宋江戏”和全部“封神戏”合称“三大连台”，特受欢迎。光绪二十六年（1900）成立的同乐班，受欢迎的剧目有连台戏《施公案》《紫金山》和《天马山》等。

祁剧。旧称“祁阳班子”“祁阳戏”“楚南戏”。发祥于祁阳，流行于衡阳、邵阳、零陵、郴州和怀化等地区和广西、赣南、粤北、闽西一带。起源于明代中期，全盛于清代道光、咸丰年间。历代班社数百，有史可考者 84 个。梅兰芳曾赞称“祁阳子弟遍天下”。传统剧目有 941 个。其中，清末艺人陈玉官编演的《胭脂判》《当金锣》等剧目，流传甚广。

荆河戏。旧有“上河戏”“上河路子”“大班子”“大台戏”“楚剧”“汉剧”等称谓。1949 年后一度称“湘剧”。流行于荆江沿岸的湖南澧县、津市和湖北荆州、沙市一带，远及黔、川部分地区。明永乐年间，开始形成。清咸丰、同治年间获得大发展，可考科班达67个、戏班52个，传统剧目514个。代表性剧目有《百子图》《楚宫抚琴》《大回荆州》《双驸马》《沙滩会》和《翠屏山》等。

花鼓戏。最具湖南地方特色的小戏剧种。因流行的地域不同，又分成各具不同特色的分支剧种。

长沙花鼓戏。流行于原长沙府所属十二县以及湘中、湘东和洞庭湖地区，以长沙官话为舞台语言，源于民间歌舞。最早记载见于清乾隆三十年（1765）《长沙府志》，名曰“灯戏”。最早的职业戏班，为宁乡路土坝班，约成立于同治年间。同时有科班怀德堂兴起，清末发展为兼唱湘戏的半台班，艺术渐臻完善。传统戏目有210多个，其中以《放风筝》《生死牌》《刘海砍樵》等剧目最具特色，脍炙人口。

岳阳花鼓。旧称“花鼓子”“瓮琴戏”。为清嘉庆、道光年间在新墙河流域民间歌舞基础上形成的剧种。流行于岳阳、临湘一带及湘鄂、湘赣毗邻数县。以湘北岳阳方言为舞台语言。传统剧目123个。因曾参与游傩演剧，受傩戏影响，创编了一批大本戏，如《孟姜女》等。

邵阳花鼓戏。发祥于邵阳，源于对子花鼓、车马灯。主要流行于今邵阳市及周边新化等县。清咸丰年间，出现了职业戏班。有传统剧目230多个，代表剧目有《打戏子》《摸泥鳅》《打鸟》《送表妹》等。共有职业或半职业戏班50余个。咸丰末，开始有女性从艺，在湖南的民间小戏中最先拥有女艺人。

常德花鼓戏。俗称“喀喀戏”“灯戏”“杨花戏”“柳子戏”等。流行于澧水和沅水下游地区。清乾隆、嘉庆年间，由当地民间歌舞、傩戏并融合外来腔调综合发展而成。道光十年（1830），石门夹山寺旁立有“禁演唱花鼓夜戏”石碑。此后依然流行并发展。清末还曾与地方大戏同台演出。传统剧目有130多个，其中《清风亭》《乌龙院》《潘金莲裁衣》等是代表性剧目。

零陵花鼓戏。流行于永州市和祁东、常宁、衡南、新宁、新邵一带，以及桂东、粤北、赣南部分地区，原有祁阳花鼓灯和道县调子戏两个流派。约在清咸丰年间合成为一个剧种。历代有30余个职业或半职业班社，传统剧目152个，代表性剧目有《云南寻夫》《打安徽》《赶子牧羊》《萝卜劝夫》等。

衡州花鼓戏。俗称“马灯”“地花鼓”“花灯”等。约在道光年间，形成剧种。主要流行于湘南各地。传统剧目百余个。其中《打鞭进城》《打铁》《重相逢》《五更劝夫》《下南京》等为代表性剧目。

傩堂戏。民间小戏剧种，由巫师还傩愿的酬神歌舞发展而成。这种剧种有浓厚宗教色彩，流行很广，湖南各地和各民族地区均曾有其演唱活动。最早是清康熙年间，即有大本戏《孟姜女》演唱的记载。同治年间，逐步脱离酬神的傩坛，登上高台演出。剧目分傩坛正戏、傩坛小戏、大本戏 3 类。大本戏除《孟姜女》外，《庞氏女》《龙王女》《桃源洞》等亦为代表性剧目。

三、近代湖南的书画艺术成就

（一）何绍基、黄自元等湘籍书法家

清代后期湖南在书法艺术方面有相当的成就，特别是出现了何绍基、黄自元等全国著名的书法大家，为中国书法传统的继承和发展作出了极为可贵的贡献。

何绍基（1799—1873），学识渊博，工经术辞章，精说文考订之学，又为“宋诗派”的倡导者，擅诗词。但其成就最显、后世影响最大的应属书法。

何绍基的书法成就，当首推楷书，但行草、篆书亦工精，自有特色。他的楷书，初习颜真卿，取颜字结体的宽博而无疏阔之气。后涉猎柳公权，同时掺入北魏碑刻及欧阳询、欧阳通父子书法，构成险峻茂密的特点，卓然自成一家。小楷则兼取晋代书法传统，笔意含蕴。他的行草书，熔篆、隶于一炉，骏发雄强，独具风貌。篆书，中锋用笔，又掺入隶笔，而带行草笔势，亦自成一格。从其一生前后书法发展来看，早年秀润畅达，徘徊于颜真卿、李邕、王羲之和北朝碑刻之间，有一种清刚之气；中年渐趋老成，笔意纵逸超迈，时有颤笔；晚年的书法乃臻炉火纯青。何绍基留下的墨迹不少，济南大名湖历下亭楹联杜甫名句“海右此亭古，济南名士多”，即他所书。历下亭东壁《重修历下亭记》石刻，也出自其手笔。（附图 67、68）

黄自元（1837—1918），字敬舆，号澹叟。安化人。清末书法家。同治七年（1868）中进士第二名（榜眼），授编修。历充顺天乡试同考官、江南乡试副考官，迁河南道、陕西道监察御史，知宁夏府。后致仕，居长沙。

黄自元一生勤于书法。幼从祖父黄德濂习字，常悬腕书写，锻炼臂力。初仿颜体，又摹柳体、欧体，博采各家之长，自成中国书法史上的“黄体”。同治帝生母病逝，被诏撰写《神道碑》。他跪地悬腕书写，工整匀称，受赞赏，赐以“字圣”名号。所书《玄秘塔》，还有《九成宫醴泉铭》《正气歌》等，由长沙周墨香书画店木刻拓印发售，并作为当时蒙学习字教材，广为流传。其

实黄自元除楷书之外，亦精于行草。湖南图书馆、长沙博物馆分别藏有其草书和行书作品。(附图69、70)

在何绍基、黄自元之外，清后期湖南较著名的书法家，见诸史料记载或有作品传世的还有不少。有一些湘籍朝廷重臣、大吏及文化名人，虽不以书法名于时，然从留下的遗墨来看，亦有相当的造诣，特色鲜明。现择其中的代表性人物与作品记叙如下：

胡焯，字光伯。武陵（常德）人。道光二十一年（1841）进士，选庶吉士，授编修，官侍读。工楷书，其作品为湖南图书馆收藏。(附图71)

左宗棠（1812—1885），字季高、朴存，湘阴人。咸同四大“中兴”名臣之一，亦工书法，行楷自成一家。湖南图书馆和长沙博物馆均藏有其行书作品(附图72)

谭钟麟（1822—1905），字文卿，茶陵人。咸丰六年（1856）进士，累官陕甘、闽浙、两广总督。工于行草。湖南图书馆藏其行草中堂。(附图73)

郭崑焘（1823—1882），原名先梓，字仲毅，号意城、卧云山人，晚号樗叟。湘阴人。道光二十四年（1844）举人，官内阁中书。工书，行书、小楷尤精。湖南图书馆、长沙博物馆均藏有其代表作品。(附图74)

李桓（1827—1891），字黼堂，号叔虎。湘阴人。李星沅之子。廪贡生，历官江西布政使、江西巡抚。工书法。湖南图书馆藏有李桓行书纨扇等遗作。(附图75)

何燮，字鼎丞，号存存子、悟误道人。拔贡。咸丰十一年（1861）官知县。工书。其作品为湖南图书馆收藏。(附图76)

李郁华（1837—1902），字韦仲、果仙，号瓠叟。新化人。同治七年（1868）进士，翰林院庶吉士，授编修。官至河南道监察御史。工书法，行书尤精。(附图77)

符翕（1840—1902），字子琴，号石叟、朋石散人。曾官广东长乐、阳山知县。工书善画，精篆刻，且自成一家。(附图78)

陈启泰（1842—1909），字伯屏，号臞庵，长沙人。同治七年进士，选庶吉士，授编修。官至江苏巡抚，有政声。卒于任所。擅书法，尤工行书。笔法苍劲、厚实，自有特色。湖南图书馆藏有陈启泰行书联和行书文团扇。(附图79)

张百熙（1847—1907），字冶秋，长沙人。同治十三年（1874）进士，曾官工、礼、吏、户各部尚书，卒赠太子少保。行楷颇具工力。湖南图书馆藏其

行书联和诗文团扇。（附图 80）

欧阳中鹄（1849—1911），字节吾，号瓣姜。浏阳人。曾任内阁中书，派协修会典，兼方略馆校对。谭嗣同、唐才常曾从其学，师生共同筹划，创办浏阳算学社，推行新学。工书法，尤精于楷书。湖南图书馆所藏《节昭明太子启》团扇，可作其代表作品。（附图 81）

李辅燿，字补孝，号幼梅、又梅、和定居士、竹粲野史。湘阴人。李星沅之孙。同治九年（1870）优贡。官候补道。工书画、篆刻。湖南图书馆藏李辅燿《跋右军帖》纨扇。（附图 82）

黄均隆，字册盦、策安，晚号蠹翁。湘潭人。光绪二年（1876）进士。曾官陕西道监察御史。工书法，精楷书。湖南图书馆藏其作品（附图 83）

刘人熙（1844—1919），字艮生，号蔚庐。浏阳人。光绪三年（1877）进士，任工部主事。后官至广西道员。三十三年（1907）返湘。先后任中路师范学堂监督、湖南教育总会会长等职。辛亥革命后，曾任湖南督军兼省长。湖南图书馆所藏刘人熙楷书文扇面，字迹十分清秀端庄，堪称楷书上乘之作。（附图 84）

龙湛霖（1837—1905），字芝生。攸县人。同治元年（1862）进士，授编修。历官刑部右侍郎、江苏学政等。工于楷书。湖南图书馆藏其作品。（附图 85）

余嵩庆，字子澂。武陵（常德）人。光绪二年进士。历官户部主事、湖北知府。工书法，楷书尤精。湖南图书馆藏其作品。（附图 86）

陶觐仪，安化人，陶澍之孙。光绪十一年（1885）举人。工篆书。湖南图书馆藏陶觐仪篆书文扇面，书于光绪六年（1880）。字迹清秀端庄，为湖南近代少见的篆书作品。（附图 87）

（二）近代湖南绘画艺术成就

近代湖南产生了一批书画名家。同时，不少湘军将领和大吏重臣，也擅长作画，甚至跻身著名画家之列，如彭玉麟等。这都有力地促进和推动了湖南近代绘画艺术的发展。他们留下一些珍贵的绘画作品，成为湖湘文化的重要遗产。

彭玉麟（1816—1890），字雪芩，又字雪琴，亦号退省山人、退省散人、退省庵生、蓉菊主人等。衡阳人。道光三十年（1850）由副贡保训导，后入曾国藩湘军幕，任水师主将。官至兵部尚书。卒后赠太子太保。与曾国藩、左宗棠、胡林翼合称清“中兴”四大名臣。他虽官高爵显，为朝廷重臣，但一生却酷爱作画，为清末著名的湖南花卉画家。

彭玉麟擅画梅，对梅花情有独钟。因少时与衡阳故里女子戚梅姑有白首之盟，后梅姑不从父母将她另配他人而殉情以报，彭玉麟由此感伤至极，常画梅花图、吟梅花诗，以志梅姑之情。数十年间作梅花图不下万本，每成一画，必题诗，并钤“伤心人别有怀抱”“一生知己是梅花”印以衬之。作品流传甚广，尤以湖南、江苏、浙江、江西为多，总计不下千轴。光绪元年（1875）所绘《墨梅图》，为日本《现存支那名画目录》著录。所作《巨幅墨梅图》，老干繁枝，纷披挺秀，墨色浓淡变化有致，为其晚年成熟的代表作，现由湖南图书馆收藏。彭亦擅画兰竹、白鹤、仕女。咸丰十一年（1861）精绘的《仕女图》，藏浙江省博物馆。部分作品已流往海外。（附图 88、89）

汤蠖，号涪庵，善化（今长沙）人。生当清道光前后。10 岁开始学画，及长弃科举，专攻绘画，兼习古文词。其画始师黄公望、倪瓒，后广涉唐宋元明诸大家，而讫于明末董其昌。他不囿于古人而古法无不备。晚年画风苍润老成，卓然一家。曾为陶澍作《印心石屋图》呈送清廷内府珍藏。传世画作较多。湖南图书馆藏有《汤蠖山水卷》《汤蠖着色山水轴》《汤蠖山水扇面诗画册》等。其中如《枯树竹木图》作于道光二十三年（1843），笔法苍劲明快，画境清旷空灵，为中晚年的代表作。（附图 90）

王大猷（1787—1864），石门人。道光元年（1821）举人。曾官知县、知州。湖南图书馆藏有王大猷《蛱蝶花卉图》，绘于道光二十三年（1843）。（附图 91）

刘云鹤（？—1867），新宁人。咸丰二年（1852）投湘军。累官总兵，加提督衔。同治六年（1867）与捻军战，重伤而死。湖南图书馆藏刘云鹤《花卉图》。（附图 92）

张世准，字叔平。永绥（今花垣县）人。道光二十三年（1843）举人，官刑部主事。久居京师，与山阴周棠同名于时。长书法，善篆刻，工山水画，又擅写墨梅和竹。传世作品较多，湖南省博物馆、图书馆及民间均有收藏。代表作有《水墨梅花立轴》《花卉图屏》等。其画继承文伯仁、释弘仁、查士标、吴历诸家而有所创新。以画名而书亦苍老，画端题词皆精。（附图 93、94）

徐棻（1812—1896），字芸渠，长沙人。道光二十一年（1841）进士，选庶吉士，散馆改内阁中书协办侍读，又官起居注主事。咸丰三年（1853）返湘，办团练，筹饷助剿太平军。赐四品卿衔。后主讲城南书院、岳麓书院达 25

年。巡抚吴大澂以其主讲书院，堪称“师人师”奏陈，赐重赴鹿鸣宴，加二品卿衔。擅诗文，著有《鹿鸣雅咏》。工书画，擅画山水花鸟。湖南图书馆藏其书画作品。（附图95）

曾纪泽（1839—1890），曾国藩长子。历官兵、户、刑、吏四部侍郎，加太子少保衔。工四体书法，亦工绘画。咸丰七年（1857）所绘《山水图》扇面，现藏湖南图书馆。（附图96）

葛本植，字绪堂。湘潭人。生当道光、光绪年间。工画，尤擅画兰竹。咸丰九年（1859）绘《佛手兰竹图》扇面。现由湖南图书馆收藏。（附图97）

刘功玮，字叔寄，号云舸。攸县人。生当道光、光绪间。工山水。咸丰十一年（1861）所绘《三秋冷艳图》扇面，由湖南图书馆收藏。（附图98）

李寿芝，字雀秋，号荇仙。长沙人。生当道光、光绪年间。擅绘画，工兰石。湖南图书馆所藏《兰石图》，绘于同治十一年（1872），可为其代表作品。（附图99）

袁峻，字石箴。湘潭人。生当道光、光绪间。善画竹石。咸丰五年（1855）所绘《竹石图》团扇，藏湖南图书馆。（附图100）

沈翰（1842—1913），字泳孙，一字秋尊，号醉白，别号解道人、醉白山人、醉白道人等。浙江山阴（今绍兴）人。系流寓湖南的著名画家。同治七年（1868）来湖南候补官职。光绪二十六（1900），署理永顺知县。离官后寓居长沙授徒，入门弟子数十人。湘籍名画家萧俊贤、雷氏三兄弟等均承亲授，僧苍崖和尚亦问其画法，为清末湖南画坛祖师之一，对湖南书画艺术发展影响甚大。

沈翰山水画师元名家黄公望、倪瓒，气势雄伟，不作枯寂相；花卉则宗明代白阳山人陈淳。临摹古画，绘写兰菊，纵逸脱俗。他居湘年久，作品在湘流布亦多。湖南图书馆藏其《山水扇面画屏》8件，为国家二级藏品。此外，湖南图书馆还藏有《山水巨幅立轴》《墨竹图》《林亭幽趣图》等；长沙博物馆藏有《铁耕斋图》。这些均为沈翰中晚期佳作。（附图101）

尹金阳（1835—1919），字和伯，号和光老人、和光道人。湘潭人。有文名，尤工于作画。曾国藩甚重其人，欲予以官，不受，乃命其子纪泽从之学。家贫，尚气节，卖画为生。长于画草虫花卉，师法宋、元人，缜密工雅，冷逸有神韵。喜画梅，笔法超群，遒劲高古。齐白石曾问画梅之法，采其笔意。又擅画人物。湘潭市图书馆所藏《渔翁得利图》，形神兼备，精妙绝伦。湖南图书馆所藏《水仙腊梅图》团扇和《花卉图》轴，笔法苍润，明快秀丽，为其较

成熟的佳作。(附图 102)

彭楚汉(1830—1912),字习之,号纪南。湘乡人。随曾国藩创办湘军水师,历任福建水师提督、长江水师提督、湖南巡抚。军旅和政事之余,喜作画,尤擅画梅。所绘团扇《墨梅图》,为湖南图书馆收藏。(附图 103)

王之春(1842—1906),字爵堂。衡阳人。文童出身,后入湘军。累官山西、安徽、广西巡抚。湖南图书馆藏其画作《空谷幽兰图》。(附图 104)

胡元直(1853—1893),长沙人。湖南图书馆藏胡元直《仿石谷子意山水图》团扇。(附图 105)

陈范(1860—1913),原名彝范,字梦坡,晚年更名蜕,号蜕庵。衡山人。光绪二十五年(1899)捐纳铅山知县,旋因"教案"落职,移居上海。次年购办《苏报》。曾聘章士钊为《苏报》主笔,开辟"学界风潮"专栏,介绍邹容《革命军》和章太炎等人文章。《苏报》案发,逃亡日本,结交孙中山等革命党人。回上海后被捕,系狱一年半。获释后走醴陵。辛亥革命时,参加湘桂联军援鄂。民国成立后,曾任《太平洋报》编辑,又与仇亮办《民生报》。擅作画,尤工于山水。湖南图书馆藏有陈范《寒江独钓图》轴。(附图 106)

释苍崖,清后期南岳僧人。字松涛,号云樵子、石云、南岳山僧。衡山人。生卒年月不详。善画,工山水,宗法沈翰。所绘《山水图》长卷和《人意山水图》团扇,由湖南图书馆收藏。(附图 107)

张星凯,字少燮,长沙人。晚清画家。专工花鸟。湖南图书馆藏张星凯《花鸟图轴》1 件。(附图 108)

何维朴(1844—1925),字诗荪,何绍基之孙。同治六年(1867)副贡,官内阁中书。晚年寓居上海,售书画篆刻为业。其画以山水著称,清远高妙,湖南图书馆和长沙市博物馆均有收藏。(附图 109)

周家昫,字爱陶,别号田伽山人。长沙人,生卒年不详。光绪时贡生。工画,精于山水、花卉。长沙市博物馆所藏《山水图》四条屏,笔墨秀丽滋润,格调娇雅。(附图 110)

此外,根据史料记载,还有几位近代颇有名气的湘籍画家,但很遗憾,笔者未能收到他们的遗墨。如:

李文莼,字云根,湘潭人。清道光时画家。博学多艺,能以竹苇木石制作舟车网钓等艺术品,人称精妙。又善弹琴,书法、篆刻亦皆入能品。尤精于画,当时著名画家沈道宽,称其画作湘外无与为比。

文敏，字鹿野，湘潭人。生卒年不详。工于画。曾画扇赠同乡名儒罗汝怀，深为罗所赏识，以其画示当时诸名士，由是名声渐著。诗亦颇工，且自矜其诗，而不以画自许。然论者皆以为其画胜于诗。

卢廷忠，字恕斋，湘潭人。曾客居芷江授徒，故又有芷江人之说。长于画山水、人物、花卉、翎毛，有宋、元画家风格。尝游大江南北，所交皆名士，其画作为时人争购之。年八十五卒于武陵（今常德）。

四、民族民间文学的发展

清代后期，湖南各少数民族的民间口头文学又有新的发展，流传下来的各类歌谣、传说故事等民间文学作品相当多，并且从题材和包含的内容看有新的拓展，在表现艺术方面也更趋完美和成熟。

（一）民间歌谣

近代以来，由于清王朝统治的腐败和西方列强侵略的影响，湖南民族地区和各少数民族所受的剥削压迫更为深重，社会各种矛盾更加突出。因此这一时期产生了一批反映社会矛盾和国家政治时事的歌谣。其中，有对所遭受的苦难的控诉，有对清朝统治者的不满与讥讽，有对外国侵略者的声讨和谴责。如：

庚子年歌

庚子年，庚子年，超过嘉庆十八年。有人饿得没活路，煮起泥巴当稀饭。吃它几碗肚子鼓，眼睛几翻见阎王。百人之中留二三，千家万户断炊烟。（土家族民歌）

光绪靠洋人

光绪帝，坐北京，天心不顺。李鸿章，是奸臣，私通国外顺洋人，想害中国人。那洋人，道法大，外国皇帝坐天下，到处把令发。（土家族民谣）

瑶人穷

瑶人穷，一天三餐苦菜根。葛麻叶子当腰带，芭蕉叶子当斗篷。瑶人苦来瑶人穷，挂起锄头斗桶空。卖儿卖女难过日，山主逼租到年终。瑶人苦，苦到头，替人种植替人收。种下杉树没有份，种下苞谷交山租。九冬十月收割了，人锁仓门泪双流。生在青山叶排排，死在青山无人埋。尸水流在人身上，骨头丢在望乡台。（瑶族民歌）

长工苦

正月里来正月正，大户人家请长工。价值讲的二吊二，围腰草鞋讲掉哒。二月里来二月中，背起铺盖去上工。慢慢走来慢慢擦，不见老板烟和茶。（土家族民歌）

挖　芒（节录）

上山挖芒（蕨根）山高路远土又硬，山上土硬蕨台难长葛也难发根。挖了这边山冲又挖那边高山岭，挖得满山土红手起血泡也难挖到葛一捆。……年成不好缺粮少米才是挖芒补，挖点芒粑养活生命把灾荒度。（侗族苦歌）

在清后期湖南少数民族民间歌谣中，以男女爱恋为题材的情歌仍占有很大的比重，且在表现手法和艺术上也有进步。如：

女：韭菜开花细绒绒，有心恋郎不怕穷；只要二人情义好，冷水泡茶慢慢浓。

男：满山荞子开白花，情妹爱我我爱她；情妹爱我人品好，我爱情妹会当家。

（土家族情歌）

女：后生你生得实在乖，好比那枝上脆甜脆甜的山楂；我本想伸手来摘一颗，又怕树刺把手扎。后生哟！红红的山楂熟透了，你几时过来把话答？

男：一个隔在一边山，一个隔在一边岭；姑娘哟！你站在那边高山上，好比彩虹伴彩云；其实呀！彩虹哪有你美丽，你的容貌盖世多精灵；姑娘哟！我化成春风过山来，轻轻吻你衣襟；风吹过山你莫嫌凉，我要数你衣心有几根？

（苗族情歌《爱慕歌》）

想妹多，一天到晚泪梭梭；妹不晓得弟落泪，眼泪汪汪成大河；房间床铺推走了，堂屋推成四方桌。久未见情郎，一天日子一年长。好比小鸟窝里等，时时想看外出娘。

（瑶族恋情歌）

男：花仙出口是歌章，容颜端正是歌娘，生就一对唱歌嘴，长成一副唱歌肠。

女：桃花不赛桂花香，油水哪有河水长，高飞哪能同雁比，唱歌哪能比贵郎。

女：铜打铁锅底子薄，寒林年少不晓歌，好比阳鸟初试翅，飞出山林不晓窝。

男：高山打鼓名声远，松柏高高叶又青，朝中挂起龙凤榜，金字招牌早有名。

（瑶族“歌堂对歌”之《赞歌》）

十八年华我结个情人相距路遥远，一年四季难得相会见一面。各住一村又一寨，很久没有相见常常思念心发呆。

（侗族爱情歌《情人病》）

在湖南民间歌谣中，还有一种“劳动号子”，包括船工号子、岩工号子、放排号子和拖木号子等等。湘西土家族地区流传的劳动号子丰富多彩，其中《酉水船工号子歌》又最具历史和文学价值。

“酉水号子”，以酉水流域的船工，在酉水源头酉阳、龙山一带撑船到酉水末尾古丈、沅陵的船上生活为背景，以沿途码头、地名、滩名为线索，将所见所闻编成号子歌词，沿途传唱。主要表现船工们的艰苦劳动和生活中的欢乐与忧愁，同时再现了酉水沿岸的自然地理景貌和风土人情。从近代流传下来的歌词达数百句之多。

如：

辰州上来十八滩，两边尽是桂竹山。人说桂竹无用处，小小桂竹撑大船。二字岩，丢过河，王村饮酒笑呵呵。有钱大哥喝四两，无钱大哥把手搓。

这是主调，演唱时每句中间还加上衬调帮腔。如：

石堤码头（众：嗨嘿）好地方（众：嗨嘿），撑船哥哥（众：嗨嘿）扰家乡（众：嗨嘿），称肉打酒（众：嗨嘿）醉昏昏（众：嗨嘿），豆腐煮鱼（众：嗨嘿）味道香（众：嘿）嘿哟（众：嗨嘿）吆嗬吆嗬（众：嗨嘿）。

（二）传说故事

清后期，湖南民族地区由于民族矛盾和社会各种矛盾的激化，又曾发生过多次大规模的起义和反抗斗争，由此产生了许多关于领袖人物机智勇敢和大无畏战斗牺牲的传说故事。其中，瑶族的《雷再浩的传说》、侗族的《姜映芳的故事》颇有代表性。

雷再浩（？—1847），新宁瑶族人，与同县李辉、广西全州李世德等参加天地会支派青莲教，并共议成立“棒棒会”，在湘桂边进行秘密反清活动。道光二十七年（1847）九月，聚集瑶、汉农民发动起义。雷再浩发布《讨满檄文》，揭露清王朝的罪行，号召各族民众团结起来，推翻清廷的腐朽统治，声势迅速壮大。清廷调集官兵，并纠合当地地主武装，向起义军发动大规模进攻。雷再浩率起义军转至全州，与李世德部会合，进入五排瑶山，建立根据地，凭借山险数次大败来犯之敌。十一月，清廷集合湘、桂两省官兵进行围攻，未能得逞，又采取威逼利诱手段分化起义军内不坚定分子，里应外合，使起义军遭受伏击，李世德阵亡，雷再浩率余部退回新宁。十二月，遭江忠源所部袭击，因叛徒出卖陷入敌手，被押往长沙，英勇就义。

《雷再浩的传说》讲述的就是这次起义的故事。通过许多小故事，歌颂起义领袖雷再浩机智勇敢和起义军的英勇战斗精神，嘲讽清廷官兵的怯懦无能，对起义英雄们表达了无限的哀思和缅怀之情。

姜映芳，贵州天柱侗族人，咸丰、同治年间湘黔边侗族农民起义领袖。这次起义失败后，在湖南新晃、芷江、靖州和贵州天柱、锦屏、黎平等侗族地区产生和流传了许多关于姜映芳的传说故事。如《姜大王》《折树阻敌》《聪明的姜牧童》《治服张二王》《神力无比》《夜宿台拱》《织云揭竿》《虎口逃生》《红衣九天》《便水斩曹》等。这些故事，叙及姜映芳的出身和组织领导起义的经过，热情地赞颂姜映芳的机智和勇敢战斗的精神，表达了对这位领袖人物的深切怀念。有的故事还具有神话传奇色彩。

如《折树阻敌》，说的是姜映芳单人匹马去晃县（即今新晃）凉伞一带组织兵员，敌人发现后就派一支兵马去追捕他。姜映芳见敌人追来，竟勒马屹立不动。待敌人步步逼近时，他折断一棵鼎罐粗的大杉树，顺手将杉树的枝丫捋光，在马背上舞动起来，如同舞一根巴茅草那样轻松。敌人一见吓得屁滚尿流，急忙转身就跑。等敌人逃跑后，他就将这根杉木折成几段，就地架成一座小桥。后来这座桥被当地人命名为“姜王桥”。

清后期，湖南民族地区流传的关于民间机智人物的传说故事也较多。其中，苗族《谎江山》和瑶族《老九哥》两部系列故事最有代表性。这些故事，爱憎分明，对比强烈，风趣诙谐，群众喜闻乐道。

《谎江山》，又译成《反江山》《翻江山》，是一个庞大的故事群，大大小小有几十个故事。传说，谎江山是个穷苦人，一无孩子老婆，二无家业，专靠卖柴过活。但他聪明机智，善于用“谎”术与恶势力作斗争，并且每次都能以智取胜。

如《谎江山》中《一根木棍换匹马》，传说：

昔年有个人，名叫谎江山，人们常呼老谎。老谎精灵，特善用谎。有一天，他拿苞谷粑粑，分别暗藏于路边。距一丈，藏一个，一连藏了数十个，旁人莫知。适有一土官骑马而来，意欲诓之。老谎便砍下树枝，剥去树皮做成一根白棍。待土官快到身边时，老谎手打一棍，口喊一声：“一根光棍讨得吃，打到哪里吃到哪里！”喊毕，即到路边取得粑粑一个。行有丈余，又打一棍，口喊：“一根光棍讨得吃，打到哪里吃到哪里！”又取得粑粑一个。接二连三地打去，共得粑粑10余个。土官看见了，心甚爱之。对老谎说：“伙计！借棍打一下看。”老谎说：“这是根宝棍，不能随便借给别人！”土官更加垂涎。于是说：“用我的马换，行不行?”老谎同意了，将棍子送予土官。土官将棍接过来，一直往前打去，得到粑粑甚多。暗笑道：“宝棍竟落在我手里了！”老谎知道粑粑已所剩无几，立即鞭马飞奔而去。土官再打几棍，粑粑没了。得知受骗，但悔之晚矣！

《老九哥》中的《倒补银子一百一》，讲述的是这样一个故事：

老九哥为穷兄弟们办了很多好事，大家都很喜欢他。可是财主恨死了他，总要想办法报复一下老九哥。

老九哥每天都砍柴卖，几个财主计上心来，他们打死一只白猫，放在老九哥常歇气的地方。一天，老九哥挑着百十斤柴去卖，放下来歇气。一个财主走过来看见老九哥就说：“你为什么压死了我的白猫?”老九哥一看，白猫离他还有几步远，用手一摸是冰冷的，心中就明白了，于是对财主说：“一个白猫值多少钱？我赔你一个就是了。”

财主说：“我这白猫是东边叫，西边舞，昨天拿到街上卖，银子出了五百五，我不肯卖，又加三条大水牯。”

老九哥见财主如此贪得无厌，不叫他倒霉吃点亏，是不会死心的。于是就一口答应：“好吧，明天你到我家里去拿银子。”

第二天，老九哥将一个烂饭瓢摔成个四块，并将大门关上，用凳子顶起把烂饭瓢放在凳子上。财主背一个大口袋来了，一到门口就喊开门。连叫几声无人答应，他就一推大门，只听见“哐”的一声响，饭瓢掉在地上分成四块。老九哥看得清清楚楚，等财主进了屋，他才从房子里慢慢走出来。

财主一见就说："老九哥，你是不是想赖掉我的白猫钱呀？"

老九哥走出堂屋来，一见地上的烂饭瓢，故作惊讶地说："不好了！你怎么把我的宝饭瓢打烂了！快赔我的宝饭瓢！"

财主毫不在意地说："一个烂饭瓢值得几个钱？快赔我的猫钱来吧！"

老九哥一本正经地说："我这个宝饭瓢呀！它是：敲锅锅有饭，敲盆盆有肉。萝卜片子炒三下，块块成肥肉。昨日拿到街上卖，银子出了六百六，我还不肯卖，又加三百斤干腊肉。"

财主一听，舌头伸出来半天缩不进去。白猫抵饭瓢，还要倒补老九哥银子一百一。

第四节　经学、史地学

一、湖南近代经学

清代后期，湖南出现了一批著名的经学家，有分量的经学专著也不少，形成湖南近代经学的繁盛局面。其中，当首推魏源的经学研究成就；罗泽南、罗汝怀、郭嵩焘、王先谦、皮锡瑞、王闿运等在经学方面也都很有造诣，均堪称湖南近代著名经学大家。

魏源，主张"经世致用"，以"经术为治术"，于是精研经籍，写下大量经学著作，是中国近代早期经世派中著述最多的今文经学家。其中，以《书古微》《诗古微》和《古微堂四书》等最具代表性和学术价值。

《书古微》，12 卷。光绪四年（1878）刊刻问世。此书为魏源发明今古文微言大义的主要经学著作之一，也是清代今文学派的重要著作。书前有作者于咸丰五年（1855）自撰的《书古微·序》。据序称，作《书古微》，所以发明两汉《尚书》今古文微言大义。魏氏集历代今古文《尚书》注疏之大成，并对某些注释有所发挥。同时认为《古文尚书》《尚书孔氏传》均系伪作，东汉马融、郑玄所注《古文尚书》亦非孔安国真本。通篇专析两汉异同，以为同今古文无关者，不加深究，也不尽守欧阳、大小夏侯家说。

《诗古微》，20卷。道光二十年（1840）刊刻。此书为《书古微》之姊妹篇，亦为魏源发明今古文微言大义的主要经学著作。书前有作者自撰《诗古微·序》。其序云：《诗古微》，“所以发挥齐、鲁、韩《三家诗》之微言大义，补葺其罅漏，张皇其幽渺，以豁除《毛诗》美、刺、正、变之滞例，而揭周公、孔子制礼正乐之用心于来世也”①。

卷首1卷，上编6卷，通语全经大义；中编10卷，答问逐章疑难；下编3卷，辑古序，演外传。此书乃集历代诸家注释疏证《诗经》之大成。

《古微堂四书》，包括《大学古本发微》《孝经集注》《曾子发微》《小学古经》等4种，是魏源研究发明《四书》大义的经学著作，有清抄本传世。

此外，魏源还撰有《易象微》《大戴礼记微》《禹贡说》《公羊春秋古微》《孝经集传》《论语孟子类编》等。合计共13种，于经部各类，均有撰编、笺解、注释、发微等专门著述传世，开湖南近代经学之先河。

罗泽南（1808—1856），字仲岳，号罗山。湘乡人。廪生，举孝廉方正。早年居家授徒。咸丰二年（1852），与弟子王鑫、李续宾等倡办团练，镇压衡山一带会党起义，保知县。次年，应曾国藩召率勇赴长沙，协同扩编为湘军，参与镇压太平军。先后以功授道台、加按察使和布政使衔。咸丰六年（1856），率军攻武昌，中弹重伤，不久卒于军营。

罗泽南系湘军创建者之一和著名将领，亦为湖南近代经学大师和名儒，其门徒多为湘军悍将。其学以程朱为宗，将宋明理学与经世思想相结合，为近代湘学的发展作出了突出贡献。一生著述甚富，主要代表作有《周易附说》《西铭讲义》《小学韵语》等。

《周易附说》，1卷。撰于咸丰四年（1854）。咸丰九年（1859）刊刻。书前有咸丰五年（1855）正月二十四日湘乡罗泽南在九江营次的题识。此书为罗氏注释《周易》之专著，首列原文，次为罗氏附说，阐发己意，层次分明，学术性和可读性强。

《西铭讲义》，1册。撰于道光二十九年（1849）。咸丰七年（1857）刊刻。1935年铅印。此讲义附于朱熹《西铭解义》之后，二者皆循“伊川”学之要旨，予以发挥。

---

①引自《魏源集》上册，中华书局，1976年。

《小学韵语》，1 册。撰于道光二十八年（1848）。光绪五年（1879）刊刻。是书以朱熹《小学》为原本，撮其大要辑成，又复取古人注疏附于其下。对于考究朱熹理学要旨颇多助益。

罗汝怀（1804—1880），字念生，晚年自号梅根居士。湘潭人。少时即苦嗜形声训诂之学，潜心钻研诸家著述。道光十七年（1837）举拔贡。明年赴京，廷试落第。主讲醴陵渌江书院两年。以亲老辞归，就近授馆。二十六年（1846）后，专治经学，亦注重经世之学，所论团练、积谷、保甲、禁烟等篇章，颇为当道所重。咸丰中，曾赴曾国藩军营，互论政事。后辞归。此后以辑录为事，参与《湖南通志》编纂，并辑成《湖南文征》200 卷。晚年选授芷江、龙山训导，皆不就。其学行一以崇实，反对近世汉学、宋学之分。经学著述有《周易训诂大谊》《禹贡义案》等。

《周易训诂大谊》，3 卷。原书已佚，光绪《湖南通志·艺文志》《湖南文征》等均著录。罗氏认为，说《易》各家无专言训诂者，因取汉丁宽《易说》训诂举大谊之意，著是篇以补其阙。此书大抵依据《说文》，于汉唐诸儒之说，亦择别征引。

郭嵩焘，早年即博览经史，以病辞官后，10 余年间，复潜心经学研究，辨正释疑，著述甚富。所著《礼记质疑》《大学章句质疑》《中庸章句质疑》《周易释例》《毛诗余义》等，均为中国和湖南近代经学的精品力作。

《礼记质疑》，又名《礼记郑注质疑》，49 卷。光绪十六年（1890）思贤书局刻本。湖南图书馆藏。全书约 55 万字，前有郭氏光绪十六年《礼记质疑·自序》。其序云：读船山《礼记章句》，寻其意旨，“有疑辄标识简端，乃益求之注疏，讨论其源流得失。积久而疑愈多，于是求之《仪礼》《周官》经，推测其立言之旨。……即经以求之，而后儒所以为离合得失，可循考而知也”①。可见此书乃郭氏注释、纠正《礼记》之疑误而作。

《大学章句质疑》，1 卷。光绪十六年（1890）湖南思贤讲舍刻印。湖南图书馆藏。此书前有光绪十六年郭氏自序和同年七月王先谦序。王序称：郭为“《大学章句质疑》既有年，先谦得始受读，卒业，谨推其义而为之说曰：《大学》一书，圣功王道备矣。……先生此书还古本之旧观，息数百年之辩争，使

---

①见《郭嵩焘全集》之《经部三》，岳麓书社，2012 年。

大义粲然复明于业，为功于学术治道甚巨”①。郭氏对《大学》评价甚高，此书乃推其义而纠其误，与《礼记质疑》同为他注释疏证经书之姊妹篇。书中各条项，均先列原文，后附按语，可读性强。

《中庸章句质疑》，2 卷。光绪十六年思贤讲舍刊刻。湖南图书馆藏。是书依朱子章句辨正，郭氏质疑附于章句之后，而分章一仍朱子之旧。此书亦为郭氏注释疏证经书之作。

皮锡瑞（1850—1908），字鹿门，善化（今长沙）人。光绪八年（1882）举人。后三试礼部不第，遂潜心讲学著述。他景仰西汉今文经学大师伏生，署所居为“师伏堂”。学者因称“师伏先生”。曾任桂阳龙潭书院讲席，主讲江西南昌经训书院。维新运动兴起，极言变法之不可缓。由南昌返湘后，任南学会会长，先后讲演 12 次，贯穿汉、宋，融合中西，结合时事，宣扬变化图强，听者动容。戊戌政变后，被革去举人身份，逐回原籍，交地方官严加管束。3 年后得开复。晚年历任湖南高等师范馆、中路师范学堂、长沙府中学堂讲席。他博通群经，于今文经学造诣尤深。学术上主张解经当实事求是，不党同妒真，对各家持论较为公允。经学著作宏富，多具指示经学途径之用。代表作有：

《今文尚书考证》，30 卷。光绪二十三年（1897）皮氏师伏堂刻本。湖南图书馆藏。此书前有光绪二十三年正月王先谦序，有凡例 8 条，卷端署名善化皮锡瑞著。各卷卷末均有受业袁宗谦、夏承庆校。

《尚书古文疏证辨正》，2 卷。光绪二十二年（1896）长沙思贤书局刻印本，湖南图书馆藏。此书为皮氏《经学丛刻》之一。并有皮锡瑞自序。书中各项均先列《尚书》原文，后附皮氏疏证；凡皮氏释文，标“辨曰”二字，以示与原文区别。

《古文尚书冤词平议》，1 卷。光绪二十二年思贤书局刻本，湖南图书馆藏。皮锡瑞自序称：《尚书》一书，“自东汉古文阳之于前，东晋古文假之于后，宋以来又各创异端，迄今纷纷，莫衷一是”。故“非可对勘而明，予疏证，既为正，乃于是书更作平议，冀以持两家之平焉”。书中各条项原文为顶格大字，平文低一格小字双行，便于检阅。

《尚书大传疏证》，7 卷，札记 1 卷。光绪二十二年（1896）师伏堂刻印，湖南图书馆藏。此书为皮氏研究注释疏证《尚书》之专著，亦皮氏《经学丛

①王先谦：《大学章句质疑·后序》，载《王先谦诗文集》，岳麓书社，2008 年。

刻》之一。书前有夏敬观序。卷一：唐传、尧典；卷二：虞传；卷三：禹贡、汤誓、盘庚、西伯等；卷四：洪范；卷五：金滕、梓材；卷六：多士、毋逸、周传、甫刑；卷七：略说尚书大传补遗、札记。

《王制笺》，1卷。光绪三十四年（1908）思贤书局刊印。湖南图书馆藏。皮氏自序称：今据清俞樾说王制为素王所选之制，疏道证明其义有举而措之者。专据今文家说，不用古周礼说，纠其失误，择要注疏，后儒之说或采一二，为附以己意，候达者理之。全书先列原文，大字排印，后排注解，小字双行，眉目清楚，便于检阅。

《春秋讲义》，2卷。宣统元年（1909）鸿飞印制局印本。湖南图书馆藏。此书为皮氏教授高等、中路师范、长郡中学学生的讲义，多发前人之所未发。

《孝经注疏》，2卷。光绪二十一年（1895）师伏堂刻本。湖南图书馆藏。此书亦为《师伏堂丛书》之一。卷端题：孝经郑注疏卷上，书前有皮氏自序。

《经学通论》，5卷。光绪三十三年（1907）湖南思贤书局初刻。湖南图书馆藏。全书内容为专题讨论《易》《书》《诗》《礼》《春秋》五经。其中有《易经通论》30篇、《书经通论》33篇、《诗经通论》38篇、《三礼通论》52篇、《春秋通论》56篇，总计209篇。此书集中皮氏经学研究成果，是其最具代表性的经学著作。

王闿运（1833—1916），宗今文经学，主治《春秋》，而于《易》《书》《诗》《礼》各经亦有造诣，一生经学著述宏富，为湖南近代经学重要代表人物。其代表作如：

《春秋公羊传笺》，11卷。为王氏笺注《公羊传》之专著。传世有清代桂阳刘映黎、李金刻本及光绪二十四年（1898）东洲抄本。均藏湖南图书馆。

《穀梁申义》，2卷。为王氏注释笺正《春秋穀梁传》之专著。光绪十七年（1891）初刻。后辑入《湘绮楼全集》。

《论语集解训》，2卷。光绪十七年（1891）衡阳东洲讲舍初刻。后辑入《湘绮楼全集》。

《尔雅集注训》，19卷。光绪二十九年（1903）衡阳东洲讲舍初刻。辑入《湘绮楼全集》。此乃王氏注释笺正集解《尔雅》之专著。

《周易说》，11卷。传世有清湘潭王氏湘绮楼稿本4册，又有东洲书舍《湘绮楼全集》本。另有王氏《篆书周易白文》手迹3册，存湖南图书馆。此书为王氏注释解说《周易》之论著，集历代诸家注《易》之大成，间附己见，是其经学著作之代表作之一。

《尚书大传补注》，7 卷。光绪二十一年（1895），仁和江标湖南使院初刻《灵鹣阁丛书》本。后辑入《湘绮楼全集》。是书为王氏注释笺正《尚书》之专著，与《尚书笺》是姊妹篇。

《尚书笺》，30 卷。光绪二十九年（1903）衡阳东洲讲舍《湘绮楼全集》本初刻。是书亦为王氏笺解《书经》之专著，与《尚书大传补注》同名于世。

《湘绮楼诗经评点》，20 卷。此书为王氏评点《诗经》之专著。原稿已佚，由其门人湘潭周逸辑著，亦为稿本，存湖南图书馆。

《周官笺》6 卷。光绪二十二年（1896）衡阳东洲讲舍初刻。辑入《湘绮楼全集》。此书为王氏笺注《周礼》之专著，另又有《礼记注笺》为姊妹篇。两书在清末民国初已名于世。

《礼记注笺》，17 卷。现存清光绪三十一年（1905）许铭彝抄本，湖南图书馆藏。

除上述经学大家之外，湖南近代经学领域还有一批颇有成就的经学研究者及传世经学著述。如：

岳麓书院著名山长欧阳厚均，著《易鉴》38 卷。

湘阴陈洪道，治《易》经，著《天文易贯》10 卷、《易义解补》10 卷。

长沙萧寅显，邃于《易》，自汉以下讲《易》诸家，无不详览，去各家支离之说，著《易象阐微》5 卷、《大易图解》1 卷。

新化唐学廉，治《易》经，著《易古舆钞》12 卷。

长沙王先谦，博涉群经，著《尚书孔传参正》《诗三家义集疏》，编辑《皇朝经解续编》。

新化黄鹤，工《四书》，著《四书异同商》28 卷、《四书异同商补订》。

道州何绍基，精工小学，著《说文声订》《说文段注驳正》，又著《措道味斋经说》。

衡山戴（敖曰），注释辑编《大学分类证史》58 卷。

长沙丁叙忠，撰《读易通解》12 卷。

二、湖南近代史学

清后期，湖南在史学方面获得了较大的发展，湘籍人士编撰的各类专史、专志和地方志大量增加，研究的领域和范围明显扩大。特别是由于近代维新改良思潮的兴起和传播，人们开始“开眼看世界”，开始关注西方各国的科学技术与治国理政之道，于是出现一批涉足世界各国历史和现状的研究者和史地学著作。

（一）魏源、王先谦的史学成就

魏源的主要贡献，当然是他所倡导的“经世致用”和“师夷之长技以制夷”爱国维新变革思想。但为阐发和论证自己的思想观点，却常常借助于史学。他不仅注重研究当朝和前代的历史，而且开拓了世界历史地理的探究。集中反映魏源爱国维新思想的《海国图志》，实际上就是中国近代史学中一部开拓性的史学巨著。此外，他在史学研究领域的代表作，还有《圣武记》《元史新编》《道光洋艘征抚记》等。

《圣武记》，14 卷，纪事本末体史书。鸦片战争后，魏源痛愤时事，考遍史馆秘书，并参阅阁官士大夫私家著述，以歌颂清前期“盛世武功”为名，抒发他维护国家统一和领土主权，反对外国侵略的爱国思想。此书初刻本成于道光二十二年（1842）七月，二十四年（1844）增补修订，二十六年（1846）第三次增修重刻。全书分开创、藩镇、外藩、土司、苗、瑶、回民、海寇、民变、兵变、教匪、武事记录等，下系四十二目，按年代顺序，系统叙论清王朝初年迄道光年间，征剿和平定边疆及国内变乱诸军事。所搜集的资料较丰富，论述亦颇精当。如论及乾隆末年湘黔边苗民起义缘由及其历史教训，魏源指出：“以予所闻乾隆六十年红苗之役，盖与当时奏牍颇殊”，即认为当年官吏们的奏牍所言，与史实不合。据他所闻，起义的缘由，实际是当初，“苗未变也，畏隶如官，官如神。兵民利焉，百户外委利焉，司土者利焉。永绥厅勾补苗讼窃牛于官，而阖寨为病，遂激石满宜之乱，虽旋扑灭，而苗祸已胚。盖苗积忿永绥尤甚。始厅设苗巢，城外寸地皆苗，不数十年尽民地。兽穷则啮，于是奸苗倡逐客民，复故地，而群寨争杀百户响应矣”①。魏源认为，苗民素来畏官如神，老老实实，奉公守法。而进入“苗疆”的官兵和汉人百户外委等，却乘机盘剥欺压苗民。因四川来的贩牛客的牛失窃，勾补苗寨受诬陷，“合村为病”，激起事变，成为了这次大起义的导火线。而设厅之后，大批汉民（客民）涌入苗族地区，通过各种手段侵吞和兼并原属于苗民的土地，致使苗民失去生计，于是被

①《圣武记·乙卯湖贵征苗记》，载《魏源集》下册。

迫起而为自己的生存斗争。即围绕土地问题而形成的社会和民族矛盾的激化是当时苗民起义的一个根本原因。魏源的这些论述，完全符合历史实际，颇有见地。

《元史新编》，95卷，纪传体史书。魏源完稿后，曾由欧阳俌、邹代过勘补续成。光绪三十一年（1905）刊刻。全书包括本纪14卷，列传42卷，表7卷，志32卷。此书对元朝典章制度、沿革地理、将相人物、风土人情，均作了较为详尽的叙述，并对明代官修《元史》作了正误补缺。其中，魏源着重补充先元四朝史迹与治河、钞法等，以及旧史讳载的一些史事。但本纪自元世祖以下全沿袭邵远平《元史类编》，志则多本钱大昕《氏族表》和《艺文志》等，同时还采用了部分外国史料。至今仍有其史料价值。

《道光洋艘征抚记》，不分卷。光绪四年（1878）上海申报馆初刊印。此书原名《夷舶寇海记》《夷艘寇海记》《夷艘入寇记》《夷船入寇记》等。此书分上下两篇，详记鸦片战争经过。作者抨击英国走私鸦片和侵华罪行，痛斥清政府腐败无能和割地赔款、屈膝投降；赞扬林则徐、邓廷桢等人和三元里人民的斗争事迹，为研究鸦片战争提供了不少重要的史料。

王先谦（1842—1917），字益吾，号葵园。长沙人。同治四年（1865）进士，选庶吉士，授编修。历迁侍讲，升国子监祭酒，江苏学政。光绪十五年（1889），离职回湘。先后主持思贤讲舍、城南书院和岳麓书院。1917年病逝。他博览群书，综四部于一身，治学重考据校勘，会集群言，发明己意，学术上多有成就，而史学尤为突出。论及王先谦的史学成就，则大多首先推崇其巨著《东华录》；还有《合校水经注》《汉书补注》《后汉书集解》《元史拾补》，以及《日本源流考》《五洲地理志略》等，均为中国近代史学中很有价值的史学著作。

《东华录》，又称《十一朝东华录》，共630卷。成于光绪十年（1884）。十三年（1887）上海广百宋斋铝印。又有光绪年间长沙王氏刻本。此书编年体史书，从清天命朝始，至同治十三年（1874）止。雍正以上各朝，系因乾隆中蒋良骐所撰《东华录》补充修订而成，虽有所删节，但内容更丰富。乾隆以下各朝，全为王氏新纂。作者除参阅历朝卷帙浩繁的《实录》外，还广泛采集了诸如《圣训》《本纪》《会典》《方略》《大臣列传》，以及官修史书和宫廷档案文献等他所能看到的资料，往往又补充了《实录》的不足和疏漏，至今仍不失为一部治清史的重要史料书籍。

《汉书补注》，120卷。光绪二十六年（1900），长沙王氏虚受堂初刻。此书以颜师古《汉书注》为底本，采宋元以来，尤重采清人注疏《汉书》的成果，抄集百余万言，为之补正，校勘版本，梳理史事，考订制度。不但资料丰富，而且考证也较翔实，至今仍是研究西汉史的必备书籍。

《后汉书集解》，120卷。民国十二年（1923）长沙王氏虚受堂刊刻。此书以南朝刘宋范晔《后汉书》为底本，主要参考唐李贤《后汉书注》、清惠栋《后汉书补注》等史籍，广征博采，集解而成。精校版本之异同，订正记载之讹误，诠释名物典章，着力甚深。然仅完成30卷作者已逝。嗣后王氏门人长沙黄山接续后90卷而始成书。集《后汉书》研究之大成，至今不失为研究考证《后汉书》之佳作。

《蒙古通鉴长编》，4卷。清稿本，湖南图书馆藏。近年有影印本行世。此书系王氏根据《元史》、魏源《元史新编》、曾廉《元书》等关于元代的史书编撰而成，并旁及诸家杂史及诗文集等，可补《元史》之不足。王氏又撰有《蒙古史四编》，内容丰富，史料翔实，与《蒙古通鉴长编》同名于世，均为研究元史、蒙古史的必备之书。

《日本源流考》，22卷。此书从第一代天皇神武建国大和，即东周惠王十年（前667）始，迄明治二十六年，即清光绪十九年（1893）止，以编年体形式，记载了日本122个天皇共2560年的历史。这是中国学者所撰写的第一部编年体日本通史，也是中国第一部世界国别史。

《五洲地理志略》，36卷。宣统二年（1910）湖南学公所初刻。此书乃王氏研究编辑的世界五大洲的地理专志。卷一至卷四，亚洲大清国26行省；卷六，日本国；卷七，缅甸、安南等18国；卷八，爪哇；卷九，印度；卷十，阿富汗；卷十一，土耳其；卷十二、十三，俄罗斯；卷十四、十五，澳洲、夏威夷、汤格群岛；卷十六至十八，非洲埃及、摩洛哥等68国；卷十九至二十三，美洲美国、巴西等国；卷二十四至三十六，欧洲英吉利、法兰西、意大利、比利时等国。所记虽都简略，且难免会有不确之处，但在当时对于国人了解世界还是发挥了积极的作用。

（二）清后期湖南其他重要史学著作

《湘军志》，16卷。王闿运撰。光绪十一年（1885）初刻。此书又名《湘军水陆战记》，属军事类史书。全书16篇，各自为卷，全面记述湘军的组建、成军、治军和曾国藩、曾国荃、胡林翼、左宗棠、李鸿章等统军镇压太平军、捻军及回、苗起义的全过程，史料价值颇高。因王氏对曾国藩的三次大败，及对于湘军，多有讥讽贬鄙之词，抨击曾国荃尤为激烈，对于左宗棠、沈葆桢对湘军的讥讽亦有记载。出书后，曾国荃极为不满，于是又有王定安撰《湘军记》，为曾氏兄弟进行辩解。然王氏《湘军志》已名于当世。

《湘军记》，20卷。东湖（今武昌）王定安撰。光绪十五年（1889）江南书局初刻。王定安长期居曾国藩兄弟幕府，熟悉湘军史实、掌故、文书。奉曾国荃之命，作《湘军记》，以抗辩王闿运在《湘军志》中对曾氏兄弟的贬损之辞。此书叙事，起自道光三十年（1850）太平军兴起，止于光绪四年（1878）新疆设置郡县。王定安自光绪十三年（1887）至十五年（1889），历时三年成书付梓，与《湘军志》并行于世。全书资料翔实，可作研究湘军及镇压太平天国和捻军、少数民族起义的重要参考书。王定安又撰《曾文正公大事记》，是研究曾国藩生平事迹的重要参考书之一，已收入岳麓书社1986年出版的《曾国藩年谱》。

《勘定新疆记》，8卷。魏光焘撰，光绪二十五年（1899）刊印。魏光焘（1837—1911），字午庄，邵阳金滩（今属隆回）人。初投湘军，入曾国荃部办老湘军营务，后从左宗棠赴甘肃、新疆，累官至陕甘总督，迁云贵、两江、闽浙总督。辛亥革命卒于家。此书对于平定新疆之役，将帅指挥，攻战谋略，官民节义，及新疆设郡县之事，均一一记载，可为研究中国新疆近代史的重要参考。

《国朝耆献类征》，又名《国朝耆献类公正初编》，简称《耆献类征》，720卷。李桓编撰。光绪十年（1884）湘阴李氏初刻。十七年（1891）增补。李桓（1827—1891），字叔虎，号黻堂，湘阴人。廪生。历任按察使、督粮道、布政使，署江西巡抚等。同治二年（1863），调陕西。旋返湘，变产招军，组楚军义胜营。经武昌登船时，失足跌倒中风，因此开缺归乡。晚年潜心著述，著有《宝韦斋类稿》《宝韦斋官书》《宾退记说》《明论》等10余种。《国朝耆献类征》，包括《总目》《通检》《满汉同姓名录》《钦定宗室王公功绩表传》《钦定外藩蒙古回部王公表传》等表传和类传。其中类传484卷，分宰辅、卿贰、使臣、郎署、疆臣、监司、守令、幕僚、将帅、村武、忠义、孝友、儒行、经学、文艺、卓行、隐逸、方技等19类。所附《国朝贤媛类征》，分孝、敬、慈、节、烈、义6类。作者根据清史馆传记和诸家碑传、墓志、文集、丛钞等数百种历史文献，摘抄编写而成。记载清天命元年（1616）至道光十三年（1833），满汉朝野人物传略史事，达万人以上。集清代人物掌故之大成，资料翔实宏博，至今仍是清史研究的重要资料之一。

《国朝先正事略》，60卷。李元度撰。同治五年（1866）初刻。光绪十三年（1887）上海点石斋石印。1991年岳麓书社点校本出版。李元度（1821—1887），字次青，又字笏庭，号天岳山樵等。平江人。道光二十三年（1843）举人。入曾国藩湘军幕，参与镇压太平天国。历官盐运使、按察使，迁贵州布政使，卒于任。曾纂修光绪《南岳志》、同治《平江县志》等多部方志。是书择选清朝表率人物500人，附见者608人，分名臣、名儒、经学、文苑、遗逸、循良、孝义7门，每人一传。这是清代撰写的一部综合性大型人物传记，颇具史料价值。

《船山师友记》，17卷，卷首1卷。清罗正钧撰。光绪三十三年（1907）初刻。1982年岳麓书社以点校本出版。罗正钧，字顺循，晚号劬庵。湘潭人。光绪十一年（1885）举人。历官知县、知府，以道员署山东提学使。后辞官归湘，受委派赴日本考察学务。又任湖南学务处提调。晚年专事著述。有《船山师友记》《左文襄公年谱》《王壮武公年谱》《官书拾存》《辛亥殉节录》等传世。《船山师友记》，共收王船山师友154人传略，征引丰富，史事可信，为今人研究王船山必备书籍之一。

《使西日记》，2卷。曾纪泽撰。光绪十七年（1891）辑入王氏刻《小方壶斋舆地丛钞》。是书为曾氏奉命出使英、法、俄等国期间日记，起自光绪四年（1878）七月，止于十二年（1886）九月，记载沿途见闻，及出使期间与英、法外交活动，赴俄谈判收回伊犁等事，兼及西方政事、风俗及心得，对于当时国人了解西方很有助益，并为研究近代中外关系史提供了有价值的资料。

《使俄草》，8卷。王之春撰。光绪二十一年（1895）上海文艺斋刻印。王之春（1842—1906），字爵棠。清泉（今衡阳）人。官至安徽、广西巡抚。此书为王氏光绪二十年（1894）出使俄国期间，游历英、德、法等国日记。起自光绪二十年十月十六日，止于次年闰五月十七日。对所经各国山川险隘、气候变化、宫廷政治、炮舰军械、民俗民情及中外贸易情况等，记载颇详。并附有舆图与图说。有史料价值。已收入台湾《近代中国史料丛刊》。

《西征纪程》，4卷。邹代钧撰。光绪十七年（1891）辑入王氏《小方壶斋舆地丛钞》。邹代钧，新化人。是书为邹氏于光绪十二年（1886）随刘瑞芬出使英、俄途中所写日记。内容详载沿途所经各国地理、历史、民情、物产、经济、政事等，尤其是有对我国东南沿海疆域险要，及西方列强在东方的殖民侵略活动的考察，对南海古代交通、史地沿革亦有记载和考证。是一部重要的外交史料书籍。

三、地理方志

湖南地理方志的研究和编撰，在清后期数十年间呈现出一种兴盛的局面。涉足这一领域的官方与民间人士相当多，一大批地理志书相继问世。

（一）总志、通志的编纂

在这一领域重要的成就，首先是罗泽南撰写的《皇舆要览》和光绪版的《湖南通志》的编纂。此外，还有《湖南考古略》《广湖南考古略》和《湖南全省掌故备考》等。

《皇舆要览》，9卷。据罗泽南自云，撰于"庚戌""辛亥"两年，即1850—1851年。传世为咸丰元年（1851）稿本。湖南图书馆存。记述黄河、长江源流及全国各行省道路、水运漕运、山川形势、防御、盐政、赋税、理财之道等，并言及相邻各国及海外、西洋各国形势。是一部综合性地理志书，颇有资料价值。传本罕见，是一部未列入《中国古籍善本书目》的善本书。

光绪《湖南通志》，288卷，首9卷，末19卷。李翰章、卞宝第修，曾国荃、李元度等编纂。光绪十一年（1885）长沙府学尊经阁初刻。首列诏谕8卷，末附杂志19卷，分纪闻、述异、摭谈、辨讹4子目。正文起自地理志，终于文艺志，包括地理、建置、赋役、食货、学校、典礼、武备、封建、名宦、职官、选举、人物、方外、祥异、艺文等15志。志下再分子目若干。以纲统目，以简御繁，条理尚明晰。凡为图90，为表2，为目60有余。从篇幅看，较嘉庆本省志增加五分之一。新增内容，以围绕标榜湘军军功为主。人物志特设技术目，辑存湖南历代能工巧匠、国手名医；祥异志记载自周迄清日月食、日犯行星、太阳黑子、极光、客星、彗星、流星等天象史料近千条；食货志新立榷税一目，记载清廷在镇压太平天国时，抽捐助军饷等；杂志中立辨讹一目，续志以纠误。这些均别具一格，为他志所不及。所绘舆图，大都出自新化邹氏舆地世家之手，详赅精审，也独具特色。

《湖南考古略》，12卷。卢峻、成业襄编纂。光绪二年（1876）读我书室初刻。卢峻，湘潭人；成业襄，宁乡人。全书分99门，依类编次为天部、地部、人部、物部。系采辑明、清《一统志》、省志、府州厅县志所记资料，证以史传而成。是书体例依类分条记叙，文字简明，资料丰富，且信实可证，是湖南地理和考古方面有价值的参考书和工具书。

《广湖南考古略》，30 卷。题“同德斋主人”编。光绪十四年（1888）鸿尘斋石印。正文分 23 门，体例与《湖南考古略》近似，依类分卷，每类分条，按朝代次序叙。凡关湖南天文地理、山川水道、关隘形势、城池堤堰、古迹陵墓、田赋榷税、盐法钱法、物产矿藏、封里名宦、苗防兵事、书院人物、金石典籍等，无不搜罗，备载周详。是书名为《考古略》，实为湖南地方专门史志，至今仍有裨于了解和掌握湖南古今史地知识。

《湖南全省掌故备考》，35 卷。王先谦撰。光绪十四年长沙初刻。王氏《汉书补注》和《虚受堂诗文集》已著录。是书乃王氏据地方史志、诗文集辑录汇编而成，有史料价值。

（二）各地编撰的方志、专志

清后期湖南各府州厅县编纂了大量方志，新编的山川、寺庙、书院等专志数量也颇多。初步统计，有府州志 8 部，县厅志 80 余部，各类专志 30 余部。其中，不少为出自名家手笔的佳作。现择要记叙如下：

《湘城访古录》，17 卷。陈运溶撰。光绪二十年（1894）初刻。陈运溶，善化（今长沙）人。是书首列汉唐以来长沙古城历史疆域图 12 幅，沿革表、街巷表 2，共分 12 类，约 20 万字。作者检阅引用有关古籍典册 400 余种，择要钩玄，删节增补，著录长沙府城及附郭善化、长沙两县的掌故约 500 余条，依类胪列，编辑成志。可补长沙府志及善化、长沙诸县志之未备。凡所采录，附艺文于各条之下，使史事相互关联，意各有属，溯源穷流，事俱典雅，反映了历史名城长沙之故貌，是了解和研究长沙历史地理、风土人情、政教习俗的重要历史文献。

同治《浏阳县志》，24 卷，卷首 1 卷，卷末 1 卷。王汝惺等修，邹焌杰等纂，同治十二年（1873）刻本。王汝惺，山东诸城人，同治五年（1866）浏阳知县。邹焌杰，原名见龙，又名振杰，字云阶，浏阳人。道光二十年（1840）进士，授编修，官至广西浔州府知府。是志上承浏阳明清诸旧志，本嘉庆《浏阳县志》，新增道光、咸丰、同治三朝史事。分图考、舆地、营建、食货、学校、祀典、兵防、祥异、职官、选举、人物、列女、艺文、杂志等 14 门，下设 112 目，共约 30 万字。突出浏阳特点，如物产记述了浏阳纸、茶油、苎布、土布、花炮等名牌产品 10 余种，兵事详记道光、咸丰年间浏阳正义堂起义及太平军在浏阳的活动事迹等；而对于嘉庆县志增益变通尤多，推陈出新，颇见撰修者的创新意识。

同治《续修宁乡县志》，44卷，卷首1卷，约40万字。郭庆飏修，童秀春纂。同治六年（1867）刻本。郭庆飏，湖北黄陂人，同治二年（1863）任宁乡知县。童秀春，字伯雍，号圭农，宁乡人，道光二十七年（1847）进士，授翰林院检讨，充国史馆编修。是志上承嘉庆《宁乡县志》，下续道光、咸丰、同治三朝近事。分4门41目。地理疆域附险要图，并载历代用兵重地；选举增列保举；兵防记团练；赋役附仓储、官田、官地；人物占全书三分之一，尤重忠孝节烈。记事较旧志更详，并多有创新。

光绪《湘潭县志十二篇》，陈嘉榆等修，王闿运等纂。光绪十五年（1889）刻本。是志上续嘉庆旧志，下连道光、同治年间罗汝怀、王荣兰《湘潭县志稿》。同治初年，县令邑绅以罗王志稿，嘱王闿运更编，王因故未能按时编就。光绪初年，王荣兰之子王启原，承父遗稿，参与编纂新志。光绪十三年（1887），由王闿运删削增补总其成，次年脱稿。王氏以图志名篇，将图、表、传3类，分隶各门，独创清末方志新体例。全书12篇，尤以山水、人物、赋役、货殖诸篇最为出色，为王氏精心之作；事纪篇，上溯汉高祖五年（前202），下迄光绪十二年（1886），两千多年历史，横无佚史，竖不断线，在方志中尤为罕见；人物篇采集宋元以前先贤列传，均注明载籍，言简文省，事迹昭然。此志一出，海内共赞，推为名作。

同治《衡阳县图志》，12卷。罗庆芗修，殷家俊、彭玉麟编纂。同治十三年（1874）刻本。罗庆芗，大兴（今属北京市地）人，曾任湘潭、衡阳知县。殷家俊，湘阴人，候选知县。是志上承嘉庆旧志，下增道光、咸丰、同治三朝史事，正文分11门7目，约40余万字。全书类目新颖简明，搜采宏富，图表精审，为清末邑乘之佳作。

光绪《邵阳县志》，10卷。李炳耀、李大绪修，黄文深纂。光绪三年（1877）刻本。李炳耀，奉天大兴人，同治六年（1867）任邵阳知县。李大绪，江西德化（今属九江）人，邵阳知县。黄文深，湖北汉阳人，咸丰元年（1851）邵阳知县，后升永州府知府。是志成书于光绪三年，记事止于上一年，分10门70目，约20万字。内容详人物，占篇幅的二分之一，于邵阳历代人物记载独详；兵事详述太平军石达开部围攻宝庆府城情形，皆有史料价值。

同治《城步县志》，10卷，同治六年文友堂刻本。盛镒源修，戴联璧、陈志升编纂。是书上承乾隆旧志，下增嘉庆、道光、咸丰三朝城步史事，分10卷、40门。书中关于城步历史沿革记载详备，而此前无考；对于明弘治初年苗族李再万，清雍正中瑶人蒲寅山，乾隆初苗、侗族票贤宇、杨清保起义等史事，皆为详记，堪称得其体要；地理志中舆地诸图，有图考小序等，体例简明，史事翔实，为清代方志佳作。

光绪《湘阴县志》，34卷，卷首1卷，卷末1卷。郭嵩焘等纂修。光绪六年（1880），湘阴县志局初刻。正文分4类27门，约60万字。郭氏一反旧志体例，首以图志名志书，舆图首列经纬，依次为总图、城郭、古城、水道、二十九局地势诸图；又分乡以志地，分条以志山，分源流曲折以志水，以表记人物事迹，以志记典章制度文献。不仅形式一新，而且考证翔实，论述严谨。人称为中国近代方志上乘之作。

同治《桂阳直隶州志》，27卷，首1卷。汪敩灏修，王闿运等编纂。同治七年（1868）初刻。是志上承嘉庆旧志，新增嘉庆、道光、咸丰、同治史事。正文分15篇、10志、1纪、143传、36表、66图，约43万余字。其中货殖传为王闿运亲笔撰写，1万余字，细叙全州矿产土特产之概况利益；人物等类目，记载太平天国史料1万多字；洞瑶志，详述瑶族历史源流、风俗习惯和宗教信仰等，并较客观地评价瑶民起义；山川篇，仿《水经注》体裁以水为纲，兼及山脉胜迹、物产民情、神话传说，亦一一入卷。诸如此类均颇有特色。此志素以体例严谨、类目新颖、文笔精湛、字词典雅著称于世，近人誉之为“鸿篇巨制，条贯古今”之佳作。①

光绪《东安县志》，8卷。黄心菊等修，胡元士、王闿运等编纂。光绪二年（1876）初刻。黄心菊，江西金溪人，东安知县。胡元士，本邑人，附贡生。是志以乾隆旧志为蓝本，新增乾隆、嘉庆、道光、咸丰、同治诸朝史事。正文分7门25目，约8万余字。师法郭嵩焘《湘阴县志》，分乡志地，分条记山，分源流曲折以志水。搜集宏富，辩论精确，体裁悉合史传，文笔典雅秀丽，堪与清末湖南名志（光绪）《湘潭县志》和郭嵩焘《湘阴县志》媲美。

光绪《重修南岳志》，26卷，李元度纂修。光绪九年（1883）刻本。是志上承乾隆《南岳志》和道光初《南岳志辑要》，下续道光、咸丰、同治、光绪

①参见新编《湖南省志》第二十九卷，《著述志》，湖南人民出版社，2003年。

四朝史事。正文分14类，约30余万字，系八修《南岳志》。首列李元度序，及光绪九年《重修南岳志·序》；次列五岳山、岳庙图等八帧，详标七十二峰及精绘衡岳胜迹；图说录存南岳历史变迁事论，形势记南岳之奇峰秀水，并附历代名人南岳游记和诗文题辞；祠庙详记南岳庙沿革及历代诸家诗文碑记；前献录存上古三代迄清光绪名士墨客443位之生平略历和游览南岳史迹；又记老君、西王母等释道人士260余人，为考索中国道士天师、禅师和尚的珍贵资料；寺观记载也详于前志，寺院宫观达154所；古迹由前志十数处增至129处；金石记碑帖石刻题辞诗文150余件，详记有禹碑原文。内容宏富，考证精审，为南岳诸志之上品。

同治《岳麓书院续志》，4卷，卷首1卷，卷末1卷。丁善庆纂修。同治六年（1867）刊刻。丁善庆（1790—1869），字伊辅，号养斋。清泉（今衡阳）人。道光二年（1822）进士，主讲岳麓书院20余年。著有《左氏兵论》《养斋集》等。此志纂修于同治六年，纪事亦止于是年。参与纂修编辑的还有安化刘岳等10余人。志内除大量补充前志未收录的历代佚文之外，还录入大量时文及历史文献。

丁善庆又纂修《岳麓书院续志补编》1卷。自成一篇，排列于《续志》之后。有同治十二年（1873）续修刻本。因湖南巡抚刘崑于同治七年至八年（1868—1869）对岳麓书院进行了历史上最大的一次修葺，时湖湘人士盛赞其功德，故特新修《补编》以志其盛举。是篇收录刘崑《重修岳麓书院记》以及《修复书院札》《修复文庙及亭台庙宇札》等文献17篇。

第五节　科技、工艺

一、湖南近代科技的肇端和初步发展

清代后期，在经世致用思潮、新学兴起和西方科技开始传入的推动下，湖南在科技领域，特别是数学方面，取得了显著成绩，并在全国占有一定地位。

清末数学家华世芳撰《近代畴人著述记》，录取全国数学家30余人，其中湖南籍者7人，即丁取忠、邹汉勋、邹汉池、李锡蕃、黄宗宪、左潜和曾纪鸿。

丁取忠（1810—1877），字肃存，号果臣、云梧。长沙人。出生于书香世家，道光十二年（1832），开始研习数学。十七年（1837）入长沙城南书院，师事名儒贺熙龄。同学中邹汉勋和表弟李锡蕃也喜爱数学，他们志同道合，常相互切磋数学问题。在校期间，著《数学拾遗》一书，由邹汉勋作序，于咸丰元年（1851）刊刻。翌年，在邹汉池协助下，撰成《舆地经纬度里表》。咸丰十年（1860），应邀入湖北巡抚胡林翼幕，校刻图书，同时继续钻研数学。次年末，著名数学家吴嘉善，慕名专程来访，互相切磋，遂成莫逆之交。同治四年（1865），奉调至曾国藩创办的江南制造局，参与翻译西方科技著作。九年（1870），返回长沙，聚集黄宗宪、左潜、曾纪鸿等一批学生，一道从事数学书籍的整理编辑和刊刻。逾年，编成《粟布演草》。此后，又率学生们全力投入《白芙堂算学丛书》的编辑和刊刻。费时六七年，耗尽自身精力和家产，终于大功告成。光绪三年（1877）病逝。

在《数学拾遗》一书中，他依据法国杜德美著数学著作中文译本，详予诠释，并加例演算。对于古今算家未尽之旨多有发明，并提出三元一次不定式方程组整数解的新方法。

《舆地经纬度里表》，以魏源《海国图志》为依据，运用三角学知识，推算出各地至北京的距离和所处方位。虽由于“魏书”本身存在一些误差，推算未尽精核，然足备参考。

《粟布演草》，撰于同治十年（1871），以高次方程解整存零取的复利息问题，名于一时。

《白芙堂算学丛书》，共收数学著作43种89卷。初收《笔算》《勾股术》《天元一术》《今有术》《平三角术》《天元名式释例》《分法》《弧三角术》《天元一草》《开方术》《测量术》《天元问答》《平方术》《差分术》《方程天元合释》《平圆术》《盈朒术》《四元分名式释例》《立方立圆术》《方程术》《四元草》等21种。后又补辑当时著名数学家曾纪鸿《圜率考真图解》、黄宗宪《求一术通解》及丁取忠本人的《数学拾遗》等20种。光绪三年（1877）重刊时又补入2种。时至今日，此书仍为我国著名数学丛书之一。

李锡蕃（1823—1850），字晋夫。长沙人。丁氏表弟，同学于城南书院，爱好数学，尤精于代数。曾用借根方一法解勾股和，发例得数十题。因困童子试，未及脱稿早逝。后由吴嘉善为之补正，刻成《借根方勾股细草》1卷，括78题，衍为25法传世。又由丁取忠收入《白芙堂算学丛书》。

黄宗宪（1846—1891），字玉屏，号小谷。新化人。同治十年（1871）走长沙，师从丁取忠，研习古今算书。著有《求一术通解》《容圆七术》。丁取忠编《白芙堂算学丛书》，他是主要助手，担负《八线对数表》《天元勾股细草》《百鸡术衍》《算法圆理括囊》等书校勘工作。

左潜（1842—1874），字壬叟，湘阴人。左宗棠之侄。精习算术，著有《缀术释戴》《缀术释明》等。

曾纪鸿（1848—1877），字栗诚，湘乡荷叶塘（今属双峰）人。系曾国藩次子。荫举人。充兵部武选司郎官。聪敏好学，习西方语言，通天文、地理、舆图，尤精算法。曾协助丁取忠纂辑《粟布演算》。自著《对数详解》。又得黄宗宪协助撰就《圜率考真图解》，收入《白芙堂算学丛书》。

除数学之外，清后期湖南科技领域成就突出、影响较大的还有舆地学与地图绘制技术。其代表人物为世代传承、刻苦精研舆地学的新化邹氏。其中，邹汉勋及其孙邹代钧尤著名于世。

邹汉勋（1806—1854），字叔绩，一字绩父。新化罗洪村（今属隆回县）人。其父邹文苏，岁贡生，不乐仕进。研习经学，通晓舆地，著《地理今释》10卷。汉勋少时好学，精研天文、算学、音韵、考据、舆地。后从江忠源与太平军作战，于庐州战死。著述甚多，广涉经史，舆地学方面有专著《左氏地图说》。又参与《新化县志》《宝庆府志》，以及贵州贵阳、大定、兴义、安顺各府志的编修，被誉为方志大家。而最能表现其舆地学与地图绘制技术的造诣和水平的，则是为魏源《海国图志》绘制列国地图。

《海国图志》有插图30幅，由邹汉勋绘制。在地图绘制中，邹汉勋仿传统地图“计里画方”绘法而出新意。率先采用经纬度组成方格，按比例视为若干里，并改360度和60方为24向；又以各种标示符号、颜色代表城市、乡村、山川、路桥、疆界等，创立了中国式地图图例绘法。由此开始了传统舆地学到近代地图学的过渡，初步形成近代邹氏舆地学。

邹代钧（1854—1908），字甄伯，号沅帆。少承家学，精研舆地，弘扬和发展邹氏舆地学，成就卓然。光绪十二年（1886），以随员从太常寺卿刘瑞芬出使英、俄，广购西洋地理图籍，潜心研读。又参照公尺与华尺比率，创制中国舆图尺，以作绘制地图的准绳。回国后，应湖广总督张之洞邀请至武昌，主绘《湖北全省地图》。又在武昌创立译印西文地图公会，集资编绘中外地图。戊戌变法时，回湖南协助新政，主持编辑《湘学报》舆地门，又在南学会主讲舆地。光绪二十八年（1902）赴北京，受聘为编书局总纂，兼京师大学堂地理总教习。又充《钦定书经图说》总纂兼校对官。后返回武昌，病逝。

邹代钧著述甚富。主要有《湖北地记》《直隶水道记》《中国海岸记》《中俄界说》《日本地记》等20余种。舆地学会所绘印的地图，则主要有《中外舆地全图》《亚洲列国图》《皇朝省图》《湖北全省分图》《湖南全省分图》《西藏全图》等10余种，共730余幅。这些地图册大都用中国舆地尺测绘，并首创以铜版彩色印刷，精美可观，亦颇为准确。一时风行全国，至今仍不失其参考价值。

其他学科湖南相对都较薄弱，仅有个别研究者及少量专门著述见诸记载与传世。如物理学有罗长裿的《测绘仪器考》，医学方面有黄皖的著述。

罗长裿，湘乡人。《测绘仪器考》，系罗氏辑刊的测绘仪器专著，于古今中外测绘仪器均略有考证，约光绪二十二年（1896）成书。是书分历代仪器和新法仪器两部分。历代仪器有权象、旋盖漏、司南车、浑天仪、子午仪等；新法仪器有度时表、记限仪、奇林仪、量田镜、风雨表、寒暑表、航海通书、画图器等。在当时对于这些物理仪器的了解和推广使用发挥了作用。

黄皖，长沙人。著《黄氏医绪》14卷，附《救伤集成》1卷，有光绪三十年（1904）长沙经铿黄氏家塾存畿堂刻本传世。是书乃黄氏对其家传医学及临床施治经验的总结，对于中国传统医药学研究有参考价值。

二、传统工艺的传承、发展与名牌产品

清后期，湖南的传统工艺得到传承和发展，并形成一些富于特色的地方名牌产品。

湘绣。系以长沙地区为中心的湖南地方传统刺绣工艺的总称，与苏绣、粤绣、蜀绣并誉为中国传统四大名绣。其渊源久远。早在2500多年的长沙楚墓出土了龙凤图案的绣品，2000多年前的长沙西汉墓出土刺绣衣物，工艺纯熟，相当精美。正是这种刺绣技艺，此后在民间世代得到传承。明末清初，长沙已有专门经营刺绣品的作坊和商店。清同治《长沙县志》载："省会之区，妇女工刺绣者多，事纺织者少，大家巨族以锦绣相侈尚。"咸丰、同治年间，长沙东乡袁家冲袁魏氏，天资聪颖，自幼酷爱刺绣。她先在东乡袁家冲、沙坪一带授徒100余人，后又往来于西乡渔湾市、湬湾市、三汊矶一带授艺。由此长沙刺绣已遍及城乡，刺绣遂成为专门行业，"湘绣"一词也自同治以后见称于世。袁

魏氏被公认为“湘绣”鼻祖。光绪二十四年（1898），当时著名湘绣艺人胡莲仙与子吴汉臣，在长沙开设了第一家自产自销的“吴彩霞绣坊”。此后，长沙城内绣庄不断涌现，到清末已有26家，绣工逾万人，年产绣品2万多件，其中以被面、枕套等日用品为主，也有少量高档画屏。湘绣工艺的发展进步，宁乡画师杨世焯亦功不可泯。1904年他移居长沙，开设了春红簃绣庄，兼收门徒，自产自销。他深入绣坊，绘制绣稿，创造多种针法，并将绘画雕刻技艺引入刺绣艺术之中，进一步提高和丰富了湘绣技艺，使以长沙为中心的湖南民间刺绣发展成为一种独特好工艺。由于绣品精良，湘绣开始享誉全国。20世纪初湘绣传往欧、美，成为中外驰名的中国高档艺术品。（附图111）

湘绣的传统工艺，首先是用线极有特点。丝线经过荚仁液蒸发处理后，再裹竹纸拭擦，使丝线光洁平整不易起毛，便于绣工操作。织花线每根染色都有深浅变化，绣后出现自然晕染效果，而湘绣绣线的颜色达200多种。湘绣擘丝技术极为精细，使绣件绒面花型具有真实感。湘绣的针法，汲取苏绣的套针加以发展，以掺针为其特色。掺针，俗称“乱插针”，又可分为多种，如接掺针、拗掺针、直掺针等。还有旋游针、盖针等多种针法，则为湘绣所独有的针法。湘绣的针法达70种。构图是以中国画为蓝本，以针代笔，以线晕色，既有绘画之笔墨神韵，又有刺绣特有的表现力。早期湘绣以绣制日用装饰品为主，后来逐渐增加了绘画性作品，诸如花鸟、山水、人物、走兽等，各种题材的画稿均能制绣，还创造和发展了特异的双面绣。

醴陵陶瓷。醴陵盛产陶土、瓷土等多种陶瓷原料，自古即为中国重要陶瓷器生产地。清雍正七年（1729），邑人廖仲威在沩山开设陶瓷厂，所生产的白瓷和釉下彩瓷器享有声誉，青花亦颇盛行。白瓷胎质细润，釉面光洁，时称“白如玉，明如镜，薄如纸，声如磬”。

光绪三十年（1904），凤凰人熊希龄与醴陵举人文俊铎等于醴陵创设湖南官立瓷业学堂，开发细瓷产品。三十三至三十四年（1907—1908），瓷业学堂研制出草青、海碧、艳黑、赭色和玛瑙红等多种釉下彩颜料。绘画名师和陶画班学生，经过反复研制，采用自制釉下彩色料，运用国画双勾分水填色和“三烧制”法，生产出令人耳目一新的釉下五彩瓷器。产品瓷质细腻，画工精美，清新雅丽，别具一格，釉层下五彩缤纷，画面栩栩如生，具有较高的艺术价值与使用价值，得到业内人士和国内外舆论的极大关注。1909年和1911年，醴陵釉下五彩瓷分别参展武汉劝业会、南洋劝业会和意大利国际赛会，先后获得金牌

奖。(附图112)

浏阳烟花鞭炮。浏阳素有“鞭炮之乡”的声誉，生产鞭炮已有近千年的历史。清朝末年，浏阳鞭炮生产已相当发达，产品不仅广销全国各地，且已成为出口大宗。光绪三十年（1904），长沙、岳阳海关开关之初，鞭炮作重要土货出口，即达1万余担。至宣统二、三年，出口数量增至5万担。当时浏阳几乎家家户户生产鞭炮，有“十家九爆”之称。

浏阳烟花鞭炮生产，工艺精湛、配方科学、造型独特、品质精美、燃放安全，且音响洪亮、花色艳丽、气味芬芳。其制作技艺已被列入第一批国家级非物质文化遗产名录，获得保护和传承。

第六节　报业与书业

一、《湘学报》《湘报》与湖南近代报业兴起

维新运动期间，湖南创办了第一份期刊（杂志）《湘学报》，接着又编辑出版第一份新闻日报《湘报》。这两种报刊，虽然不久都先后停办，但开湖南近代报业之先河，功不可没。此后，清末民初，新创办的报刊日益增多，湖南近代报业得以兴起。

《湘学报》创办于光绪二十三年（1897）春。时任湖南学政江标，推行新政，改革长沙校经书院。调整增置新学课程，设立学会，同时筹备创办杂志。当年三月二十日（4月22日）杂志正式创刊，定为旬刊，雕版线装，每期约30页，由校经书院出版发行。初名《湘学新报》，自第21期开始正式改称《湘学报》。前一时期由江标自任督办，蔡钟睿为总理，唐才常、陈为益为主笔。从第24期后改由新学政徐仁铸和署按察使黄遵宪任督办，冯应龙任校理。

《湘学报》自订的创立宗旨，是“开民智而育人才”，讲求“中西有用之学”，“以学术为本”，以明教养，以图富强。每期首录谕旨及新政奏章，下设史学、掌故（后改时务）、舆地、算学、商务、交涉六大栏目，与校经书院课程一致。各栏内首刊论说，次录问答，末附书目等，间或选刊新改文牍和转载其他维新报刊文章。每栏皆设专人撰稿编辑。唐才常任史学、掌故、交涉三栏

目撰编，自撰稿最多，署名者达58篇。其他著名撰稿人还有杨毓麟、邹代钧、易鼐等。

光绪二十四年（1898）六月二十一日（8月8日），由于新旧势力的斗争日趋激化，在湖南守旧派的强大压力下，《湘学报》被迫停刊。总计出刊45期。

《湘报》创刊于光绪二十四年（1898）二月十五日。初为半官方性质，由熊希龄、谭嗣同等集资筹办，巡抚衙门按月津贴银200两。同年七月，停发津贴，改为商办。开设报馆，自办印刷厂，采用机器铅印。单面印刷，每张约8000字。报馆设董事会、撰述、报友（即今特约撰稿人）等。蒋德均、王铭忠、梁启超、李维格、谭嗣同、邹代钧、唐才常、熊希龄8人任董事，戴德诚、梁启超、樊锥、何来保、谭嗣同、唐才常6人任撰述，报友有易鼐、毕永年等。

《湘报》不再强调以学术为本，更加强了政治性的宣传鼓动，更贴近维新变法的现实。所设栏目，有论说、奏疏、电旨、公牍、本省新政、各国时事、杂事、商务等。所发表的论说文章，思想言词均很激进。与时务学堂、南学会关系密切，相互支持，共同构成当时湖南维新运动的三个主要阵地。

戊戌政变后，守旧势力疯狂反扑，时务学堂、南学会相继被停办，《湘报》亦于同年九月初一日（10月15日）被迫停刊。7个月有余，共计刊印发行177号。

《湘学报》和《湘报》，存在的时间虽都不长，影响却很大。梁启超主编的《清议报》评论戊戌维新时期的报刊，将《湘学新报》与《时务报》《知新报》并提，认为三报在中国“鼎足分峙，彪炳一时”。日报则以《湘报》与《国闻报》并列为国内“巨擘”。而废除八股以后，还有人翻印两报刊，将《湘学报》汇编为《湘学报大全集》和《西政丛钞》，《湘报》曾编辑为《湘报类纂》，亦可见两报在全国影响之大。

在戊戌变法夭折至辛亥革命前的10余年间，一方面是受在日本的湖南留学生中的革命宣传家如陈天华、宋教仁等创办《游学译编》《洞庭波》等革命刊物的影响，另一方面，当时的清政府为形势所迫，决定开办官报，于是在湖南出现了创办报刊的浪潮，各地相继创办了一批报刊。

创办的官报有《湖南官报》和《长沙日报》两种。

《湖南官报》，光绪二十八年（1902）四月创刊，由湖南洋务局监督办理。形式、刊期均同此前的《湘报》，每月汇订2册。内容包括谕旨、中外大臣奏疏、本省各衙门公文、告示、中外近事。中国近事首京师，次本省，再次各省，涉及政、教、交涉、农商、工艺等。外洋近事，包括各国风土人情、学术工艺、政教条约、会盟战乱等，均从华洋各报选录。此报发行至光绪三十一年二月三十日（1905 年 4 月 4 日），因经费不继，改为旬刊，另办《长沙日报》。

《长沙日报》，创刊于光绪三十一年四月，日出铅印 1 大张，格式略仿《申报》。稿件须先由抚院文案核定，纯系官报。宣统元年（1909）二月增出半张"副张"，为湖南报纸有副刊之始。此报以"防乱"和保皇为宗旨，内容反映了清末湖南立宪运动的一些情况，对某些封建思想和封建迷信曾加以批评，同时也刊发过对湖南的经济、文化、教育有所建议的论文。由于当时风气闭塞，阅报者少，经抚院札饬各县派销，仍只发行千余份。

湖南各地民间创办的报刊主要有下列数种：

《郴州政学征信报》，光绪二十七年（1901）创刊，为湖南最早的县报。湖南师大图书馆现存该报 5 册。3 日刊，木刻，毛边纸印，每期 4 页，约 5000 字，每月合订为 1 册，分上谕、馆说、奏议、时论、格致、时事等专栏。除馆说外，几乎全部转载外省报纸。编辑、馆址、售价均无记载，馆说亦无署名。有说此报为曹典球创办，曹系时务学堂学生，光绪二十六年（1900）自立军起义失败，他也被通缉，逃匿柳州。次年创办此报。

《湖南白话报》。湖南图书馆现存 1 册，为光绪二十九年（1903）四月十二日至二十日报纸。木刻活字印刷，每日 3 页，约 2400 字。每页中缝均印有"湖南白话报"字样及日期。但未见出版机关、创刊日期、报价。内容有上谕电传、论说、食土须知、中外新闻、西学俗谈等栏。除上谕外，全系白话。

《湖南演说通俗报》。从湖南图书馆所存该报 10 期报刊看，此报为旬刊，创刊于光绪二十九年（1903）五月中旬，长沙木刻活字印刷，每期约 50 页，1.6 万字左右。封面有曾国藩之孙曾广钧的题签，但未载明发行人和编辑。报纸首列上谕电传，次为两页插画，内容是孝子、列女、清官及新式枪炮等。次分政治、时事、实业三栏，每栏分"汇编"和"白话演说"两部分，末为改写的"湘中近事"和"中外大事"。

《俚语日报》。社址在长沙，报纸已佚，关于创办时间和内容等有不同传说。其一是光绪二十九年，由陈作新与长沙市高等学堂学生革命团体负责人陈宗海（邵阳人）创办，以宣传革命，馆址在长沙贡院西街。也有说系宋教仁所办。

《衡山白话自治报》，湖南图书馆现存 1 册。宣统元年（1909）出版，衡山宣讲所编。木刻版，毛边纸印刷，17 页，约 8000 字。内刊 3 篇有关地方自治的上谕、奏折，均附白话解释。宗旨为推行地方自治。

二、湖南书业的发展

（一）官方刻书与官办书局

湖南传统的雕版刻书业，肇始于北宋，历代都有所发展，至清代后期达到了鼎盛时期。据统计，刻印的书籍明代为 243 种，清代有 5336 种，而绝大多数是清后期数十年间刻印的。其中，包括官刻、家刻、坊刻和社团刻印不同方式。

所谓官刻，即由官署、官立书局和书院、学堂所刻印的。这一部分刻书，相对于家刻和坊刻而言，数量较少，但选材审慎，校勘严谨，纸张、字体和墨色也较考究。从内容看，主要是地方志、公牍及一些达官名人的文集等。其中影响较大的，如：同治九年（1870）湖南抚署刻印的《李中丞遗集》3 卷，光绪二年（1876）湖南粮道署刊刻的贾谊《新书》10 卷，同年宜章学署刊刻的钟范《南平捍寇日记》，光绪十一年（1885）长沙府学尊经阁刊刻的 288 卷《湖南通志》，光绪二十一年（1895）湖南鹾署刊刻的《宋元明诗》6 卷，光绪二十二年（1896）巡抚陈宝箴督刊的《湖南全省舆图》，光绪二十五年（1899）湖南粮道署刊刻的胡林翼《朝文忠公政书》，光绪二十六年（1900）湖南商务局刊刻的《约章分类辑要》38 卷，宣统二年（1910）湖南学公所刊刻的王先谦 39 卷《五洲地理志略》等。

清后期湖南出现了一批官办书局，所出书籍的数量和质量均较可观。如：

湖南书局，也称湖南官书局。前身即长沙府学尊经阁。同治十一年（1872）扩大改组而成。局址初设城北荷花池，后迁回城南府学内。先后刻书约 40 余种。如所刊刻的《十三经注疏》330 卷、《湖南文征》190 卷、《古经解汇函》23 种附《小学汇函》14 种、《西洋史要》4 卷等，均很有影响。

传忠书局，前身为咸丰十一年（1861）巡抚毛鸿宾及郭嵩焘等设立的“忠义书局”。局址设上黎家坡，由曹耀湘主持其事。先编刊了《曾文正公全集》，后又刻印了《孝经》《庄子郭注》《陶靖节集》等几种古籍。后并入思贤书局。

思贤书局，源自光绪七年（1881）郭嵩焘设立的长沙思贤讲舍。该讲舍设立后，除讲学外，还兼事刊书，曾刊刻刘蓉《刘中丞奏议》20 卷。光绪十六年（1890）王先谦回湖南，接替郭嵩焘主讲思贤讲舍。为扩大刊书规模，在讲舍内设立了一个专门校书刊书的机构，定名思贤书局。至辛亥革命为止，思贤书局共刊刻各类书籍达78种，远远超过湖南书局。所刊大多是传统经史、诗文著作，也有一些实用性较强的地理、医药和理财方面的书籍。如皮锡瑞的《经学通论》《皮氏经学丛刻》，郭嵩焘的《中庸章句质疑》《大学章句质疑》，王先谦的《荀子集解》《庄子集解》《合校水经注》《日本源流考》，桓宽《盐铁论》，袁枢《通鉴纪事本末》，屠道和的《本草汇编》，曹典球的《外国地理讲义》等，先后刊刻发行，均深受学者欢迎，为湖南刻书业的发展和传统文化的传承作出了贡献。

清后期湖南各地书院、学堂刻书不很普遍，数量相对较少，且集中于几个著名书院。如长沙岳麓书院刊有《岳麓书院志》及续志12卷；求贤书院刊有《时务通考》82卷；衡阳船山书院（东洲讲舍），在王闿运主持下刊刻最多，有《船山遗书》64种304卷、《皇清经解》16部1070卷、《湘军志》16卷、《尔雅集解训》19卷等。

（二）私家刻书与书坊、书肆

清后期，湖南达官显贵和名士文人辈出，私家刻书蔚然成风，遍及城乡，涌现一批很有成就和影响的编辑刻书名家。其中，应首推邓显鹤。还有黄本骥、郭嵩焘、丁取忠、魏光焘等数十家。

邓显鹤（1777—1851），字子立，一字湘皋。新化人。嘉庆九年（1804）举人。官宁乡训导凡13年。晚年主讲邵阳濂溪书院。工诗古文，以诗文名噪一时。著有《南村草堂诗钞文钞》，世人比之全祖望《鲒埼亭集》。然平生却以搜集整理楚南文献自任，在这方面用力最勤，至老不懈，成就最大。而先后整理编辑和刊刻的各类著述甚多。如：

《沅湘耆旧集》，240卷，60册。邓氏及其子邓琮编辑。道光二十三年（1843）由新化邓氏南村草堂初刻；二十四年（1844），新化邓氏小九华山楼再次刊刻。此集收录沅湘一带明清诗人1699人、诗作15681首。后又辑成《沅湘耆旧集续编》100卷和《沅湘耆旧集小传》20卷。

《资江耆旧集》，60卷，附《资江盛世》1卷。邓氏编辑。道光二十年（1840）新化邓氏家刻，20册。收资江流域各县明清名人诗作，计411人，诗作4400余首。并另著《资江耆旧集小传》4卷。

此外，又辑成《楚宝增辑考异》40卷，《外篇》5卷；还与邹汉勋校勘王夫之遗书38种，计150卷；考订周敦颐《周子全书》9卷，搜辑和校勘欧阳玄《欧阳圭斋文集》18卷，均亲自为之刊刻印行。

黄本骥的个人编著，多由宁乡黄氏三长物斋刊刻。如《历代职官表》6卷，道光二十六年（1846）三长物斋初刻，光绪五年（1879）膺古斋再次刊刻；《古志石华》，30卷，道光二十六年三长物斋刊刻。此外，还刊刻《三长物斋诗略》《三长物斋文略》等。黄氏著述又合辑为《三长物斋丛书》，25种，251卷，有道光二十七年（1847）知敬学斋刻本，光绪四年（1878）夏氏古香阁重校刻本。

皮锡瑞的著作家刻的也不少。如：《尚书大传疏证》10卷，光绪二十二年（1896）皮氏师伏堂刻；《汉碑引经考》，6卷，光绪三十年（1904）皮氏师伏堂刻；《今文尚书考证》30卷，光绪二十三年（1897）皮氏师伏堂刻；《师伏堂丛书》，18种，78卷，40册，光绪三十年至三十三年（1904—1907），善化皮氏师伏堂刻本。

王先谦的著述，家刻的较多。如：《诗义标准》，14卷，卷首1卷，宣统三年（1911）长沙王氏虚受堂刻；《续古文辞类纂》，34卷，光绪八年（1882）王氏虚受堂刻；《十一朝东华录》625卷，光绪年间长沙王氏也有刻本；《王先谦自定年谱》3卷，光绪三十四年（1908）王氏虚受堂刊刻。

此外还有不少家刻的名人著述。如李星沅《李文恭奏牍》22卷，同治四年（1865）湘阴李氏芋香山馆刻；杨岳斌《杨勇悫公奏议》16卷，光绪二十一年（1895）问竹轩刊刻；郭嵩焘《玉池老人自叙》，光绪十九年（1893）郭氏养知书屋刊刻；罗正钧《左文襄公年谱》10卷，光绪二十三年长沙萃文堂刻等。

随着刻书业的发展，清后期数十年间，各种名号的兼营刻书和销售的书坊、书肆大量涌现。而最集中的则是刻书业发达的邵阳、长沙地区。

据统计，宝庆（今邵阳）的书坊、书肆有堂号可考的约30余家。其中著名的，如经国堂、经元堂（后改称书屋）、益元堂、经畬堂（后改称书局）、务本堂（后改称书局）、澹雅堂（后改称书局）、尚德堂、劝学书社、和记书庄等。这些书堂、书社、书局所刻印的书籍，除少量在本地以成品出售外，大多数是以毛页成帙批发给长沙、衡阳、常德等地区以至外省的书商，再由书商在当地装订裁齐发售。

长沙地区，据粗略统计也有14家。其中，小嫏嬛山馆、章氏经济堂（经济书局）、共赏书局、梁益智书局、船山书局等，刊刻发行书籍均较多。如：善化章氏经济堂刻售的，有《八代诗选》《汉魏六朝百三名家集》《昭明文选点评》等；小嫏嬛山馆刻售的，有周寿昌《宫闺文选》《玉函山房辑佚书》等5部丛书等；船山书局刊行《皇朝经解》1070卷，是卷帙浩繁的巨著；梁益智书局刊行《胡氏丛刻》《镜珠精舍杂撰》等。

第七节　宗教

一、天主教与基督教势力的发展

清后期，湖南地区的宗教状况有一些新的变迁。而最突出的特点，则是天主教和基督教，挟借西方列强的侵略势力和不平等条约，获得快速发展。

（一）天主教

天主教所设湖广教区，原由秦晋代牧区代管。道光十八年（1838），湖广教区脱离秦晋代牧区，成为独立教区，李文秀（Jos Rczzolti）为首任代牧。咸丰六年（1856），罗马教廷将湖广教区分为湖北与湖南两个教区，方来远（Michel Na Vanno）为湖南首任代牧。光绪五年（1879），湖南教区又分为湘南和湘北两教区。湘南教区由意大利籍方济各会会士南熙（Ezechias Banei）为首代牧，湘北教区由西班牙籍奥斯定会会士罗安熙（S. Torre）代理。光绪十六年（1890），西班牙籍奥斯定会会士方类斯（L. P. Perrz）任主教。

自湖南教区分为湘南、湘北两教区后，教徒增多，教会势力得到进一步发展，有了正式教堂与独立教区。意大利方济各会和西班牙奥斯定会的传教士陆续来湖南，扩展传教事业。光绪二十七年（1901），衡阳、清泉（今属衡阳）、衡山、耒阳、常宁、永州（零陵）、东安、邵阳、湘潭、武陵（常德）、石门、澧州（澧县）、岳州（岳阳）、临湘、长沙等地均立有教堂。方济各会，辖长沙、衡阳、湘潭、零陵、邵阳5个教区。奥斯定会（奥古斯丁会），分辖常德、岳阳、澧县3个教区。据统计，光绪三十年（1904），全省约有天主教堂（含分堂）95所，教徒6954人。

清后期，湖南开始建立修道院。但至辛亥革命前，见于记载的还只有男修道院3处：

衡阳圣心修道院。创办于道光十三年（1833），是天主教在湖南开办的第一所男修道院。同治元年（1862），湘潭、衡州发生“教案”时，该修院停办，修生转汉口寄读。四年（1865）重建。光绪二十六年（1900），衡阳“教案”发生，又被毁。二十八年（1902），意籍教士翁德明接任主教，恢复修院，并利用“庚子赔款”新建院舍。

石门修道院。西班牙传教士方类斯于光绪十七年（1891）开办，因当地群众反洋教，后停办。

长沙安多尼修道院。光绪二十六年（1900）翁德明主教创办。后由意籍教士华日新、马辙先后继任院长，开办10余年。

（二）基督教

中国习惯将16世纪欧洲宗教改革中形成的抗议宗派系，统称之为基督教，也称耶稣教或新教。鸦片战争以后，基督教传入我国东南沿海沿江一带。至同治年间，基督教各宗派相继传入湖南。

伦敦会。第一个进入湖南传教的基督教传教士，是英国基督教伦敦会的杨杨非（John. Griffith）。他以武昌为据点，于同治七年至光绪二十六年（1868—1900），先后7次进入湖南，但多次被驱赶，未能立足。二十六年（1900）以后，武昌伦敦会派英人孙荣礼（Wilson J. Wallsoc）及华人宁学等多人来湘活动。先后在岳阳、湘潭、湘乡、柳州、耒阳、常德、汉寿、祁阳、东安、长沙成立伦敦会。但至民国元年（1912），伦敦会在各地的教堂和财产先后转售给长老会、循道公会、复初会和内地会。伦敦会从此在湖南消失。

北美长老会。为新教主要宗派之一，鸦片战争后传入中国。该会首批来湘的是凌霄志（W. H. Lingle）和梅克医生（Dr. E. o. Machle）。两人于光绪二十年（1894）由粤北连州进入湘南临武传教，租屋设堂。两年后被房主族人捣毁，后又由当地政府重建，是为湖南第一座教堂。进入民国后，长老会改名中华基督教会。据1930年统计，当时传道人达500多人，其中美国男女传教士有70余人，教徒有2688人。

南美基督教复初会。光绪年间传入湖南，创办湘北、湘西两个区会。光绪二十六年（1900）四月，美国复初会派海维礼（W. E. Hoy）来岳州，购买一所民房做会址，不久因义和团运动兴起而离开。翌年，海氏再来岳州。二十八年（1902）伦敦会将其在岳州全部教产售与复初会。海氏用以开办教会、学校，设医疗所，建妇女学堂，借以推动传教事业。接着又购地新建教堂，扩建医院，创办求新学堂（后改傍湖书院）。三十一年（1905）后大批美国传教士和医生相继来岳州。三十三年（1907）建甫普济医院，改傍湖书院为湖滨大学，改女子学堂为贞信女中。进入民国后，湘北区会在临湘、华容、桃林、梅溪桥、城陵矶等各地建立教堂，教徒达500余人。

复初会湘西区会。始建于光绪三十年（1904）。是年，英格兰柯伯伦长老会克威廉医生（Dr. WilliamKelley）来辰州（今沅陵）传教。经他要求，英使馆同意将辰州“教案”赔款的一半（约5000英镑）交给他在辰州办医院和学校。他于辰州城东购地，建成医院和学校，并要求转为复初会在华成员。由此复初会在湖南有了第二个据点。三十四年（1908），复初会又派韩理生（F. K. Heinrichsohn）等来辰州传教。进入民国后，正式建立湘西区会，教徒发展到600多人。

遵道会。创立于1803年，1850年组织差会向海外布道。光绪二十六年（1900）一月，派德慕登（C. N. Dubs）夫妇来湖南。因阻于义和团运动，二十七年（1901）五月三十日，德慕登才到湖南，因租房困难、言语不通，加之湘人反帝情绪强烈，故又离湘避居庐山。同年十一月，第二次入湘到长沙，租屋布道。二十八年（1902）十月，在长沙东牌楼附近购地，修建教堂和住宅。同年底，开办诊所和小学。次年，派人去湘潭并购地。三十年（1904）发展到醴陵、攸县和茶陵，在各地办男女学校。三十一年（1905），美国布道会监督布伦福（S. C. Breyfogel）带3名青年传教士到沅陵开办教会。又由湘西进入贵州。进入民国后，布道会并入遵道会。民国十九年（1930），湖南遵道会分成3个教区：

第一区，长沙、湘潭和株洲，教牧师15人，教徒935人；

第二区，醴陵、攸县、茶陵，教牧师21人，教徒918人；

第三区，湘西，教牧师14人，教徒414人。

内地会。为英、美等国基督教对中国派遣传教士的差会组织，创立于1865年。入湘传教，始于光绪元年（1875）秋。内地会传教士吉德（C. H. Judd）由汉口到岳州，租住民房传教。不数日，被当地民众驱逐出境，房屋被毁。两年后，他又重来湖南，经常德、桃源、辰州进入贵州、四川。此后，内地会德国籍教士源源来湘，全面开展传教活动。据统计，光绪二十八年至民国十五年（1902—1926）间，发展总堂15处、支堂81处、布道所96处，德国传教士70

人，教徒3531人；开设医院2所、诊所11所、小学21所、孤儿院2所。①

循道公会。18世纪产生于英国。光绪十九年至二十一年（1893—1895），循道公会传教士湖北人张益之等三次被派入湘，在湘潭、衡阳、衡山、安仁、益阳一带游行布道。二十六年（1900）英人任修本（C. C. Warren）等人入湖南游行布道。二十八年（1902）开始在长沙租屋建房。三十三年（1907），成立循道公会湖南教区，任修本为第一任教区长，辖长沙、浏阳、益阳、平江、湘阴、邵阳六处教会。其后伦敦会将其零陵、祁阳和东安教会，转交给循道公会。同年，又增加了衡州、永州、郴州三处教会。自此循道公会发展为基督教在湖南最大的教派。进入民国后，定名为中华基督教循道公会。

信义会。为基督教路德宗最早的主要教派之一，进入湖南始于光绪二十八年（1902）。主要为北欧挪威、芬兰、瑞典三国传教士。二十九年（1903），挪威传教士戈德白（J. A. O. Gotteberg）倡议，邀请驻长各宗派差会代表集会，协商教区的划分。结果挪威获得湘中地区，芬兰获得湘西一带，瑞典居湘北。从此分别取名为湘中、湘西、湘北信义会。

此外，清末民初进入湖南的基督教的教派和差会，还有浸信会、圣洁会、基督复临安息日会、景则会等。基督教进入湖南的时间虽晚于天主教，但发展速度和势力却已超过天主教。如省会长沙，宣统二年（1910），城内共有教堂11所，除北门外1所教堂为天主教教堂外，其余10所均属基督教各差会所有。据民国初年统计，湖南全省共有18个基督教差会，男女传教士482人，总堂（公会）63所，支堂235所，布道区409处。

（三）湖南发生的“教案”

咸丰至光绪年间，湖南接连发生了数起“教案”：咸丰十一年（1861），湘（潭）、清（泉）、衡（州）“教案”；光绪十二年至十五年（1886—1889）石门“教案”；十七年（1891）开始的周汉反洋教斗争；光绪十八年至二十二年（1892—1896）临湘“教案”；二十二年至二十三年（1896—1897）河伏烧堂“教案”；二十五年（1899）岳阳捣毁教堂案；二十六年（1900）衡州“教案”、辰州“教案”。这些“教案”的发生，均是由于外国传教士强买强占土地房产兴建教堂，或平日欺压平民百姓，激起公愤，民众群起反抗而致。而其结

①参见新编《湖南省志》第二十七卷《宗教志》，湖南人民出版社，1999年。

果都以西方各国政府强行干预，以此要挟清政府赔款和惩处涉事官民了结。其间，所发生的衡州“教案”和周汉反洋教斗争，在全国的影响最大。

衡州教案，是湖南省内发生的最大的一次教案。

光绪二十六年，在声势浩大的义和团运动的影响下，衡州府（今衡阳市）民众于七月三日，捣毁英国基督教堂。衡州知府裕庆深夜派人赶赴黄沙湾天主堂，告知此事，要传教士火速避开。四日清晨，中国籍神甫曾伦佑进城核实，告知副主教任德高。任即派曾去府衙求兵护堂，裕庆拒而不见。正午，大批民众涌入黄沙湾天主堂，传教士董哲西被群众当场殴毙，任德高仆地佯死得以幸免，后被教徒藏匿于家，继而逃往汉口。时湘南教区主教范怀德及传教士安守仁，在耒阳巡视，闻讯当即乘船返回衡阳，意欲赴汉口求救于法国领事。七日正午，船抵衡阳厘卡，被人发觉，民众即乘船包围，范怀德被迫靠岸，弃舟登陆，准备逃跑。结果、范、安二人均被岸上的群众拦住打死。衡阳的天主堂、主教府、育婴堂都被付之一炬。

光绪二十七年（1901），清政府派湖南洋务局督办蔡乃煌与湘南教区副主教任德高谈判。四月六日签订衡州教案处理条款：衡阳居民邵千太、邵德涉、杨本祥、杨赛玉处斩；严办李兴国、苏起年等5人；在衡阳湘江东岸为范怀德、董哲西、安守仁3人建白石牌楼；在衡阳棠湾由地方官出资购地新建教堂，官府在全省张贴布告，允许传教自由，保护传教士和教徒安全；育婴堂失散的孤儿，由地方政府协助，悉数寻找送还教堂；赔偿衡阳天主教海关银37万两；传教士回湖南传教，地方官派兵沿途护送；将衡永郴桂道台隆文、衡州知府裕庆撤职，永不叙用，衡州府停止文武考试5年。条款十分苛刻，而外国传教士和教会势力，正是利用这些条款，在湖南获得了更迅速的发展。

周汉（1842—1911），字铁真，笔名“周孔徒”，宁乡人。世袭云骑尉出身。18岁投湘军。先后参与镇压太平军、回民起义和收复新疆之役。同治九年（1870）后，佐刘锦棠总理军务，升至陕西候补道。光绪十九年（1893），告病假回湘。

鉴于外国传教士和教会的种种劣迹和非法行径，周汉十分愤慨。于光绪十七年至十八年（1891—1892），先后编撰和刊印了《天猪教》《齐心拼命》《谨遵圣论辟邪》《鬼教该死》《擎天柱》《禀天主邪教》等通俗图画和宣传品，揭露和谴责天主教会和传教士的罪恶，其中仅《鬼教该死》即印制了80万册，利用各善堂发行，遍及全国，产生了巨大反响。

光绪十七年（1891）九月，美国驻华公使田贝联系其他列强使馆，“警告”清廷总理衙门，要求镇压反洋教运动，惩处周汉。清政府迫于压力，遂将周汉革除候补道，交宁乡地方官严加“管束”，不准再来长沙。二十三年（1897）底，德国派兵占领胶州湾。周汉得悉消息后，万分愤慨，立即从宁乡来到长沙，又印发大量反洋教宣传品，散布长沙、湘潭等十数州县，劝众人速将“耶稣妖巢”（指教堂）烧毁。英国领事就此照会湖南巡抚陈宝箴，恐吓威胁，要求惩处周汉。二十四年（1898）3月，周汉被拘捕，监禁于长沙。两年后，义和团运动爆发，翰林科左绍佐等在京议释周汉，称之为“湖南义师”，但未被采纳。宣统二年（1910）周汉病重出狱，次年7月逝世。

二、佛教与佛学研究

进入近代后，中国佛教总体上呈现日渐衰落的趋势，在湖南亦是如此。但湖南各地的名寺古刹，还依然能维持，香火较旺；而各宗派也均有传人，且出现一些佛学修养较高深的知名僧人。此外，湖南还产生了一批著名的“佛教居士”，诸如魏源、谭嗣同等，他们也曾精研佛学，为弘扬佛教思想作出了贡献。

（一）清后期的湖南名寺古刹

长沙麓山寺。清前期多次修葺，且诗僧辈出。进入近代后，住持笠云（1837—1908），又以诗名于世，著有《听香禅室诗集》8卷。他住持麓山寺期间，修复太平天国攻打长沙时被毁的山门和弥勒殿。在山门嵌上原有石刻的“古麓山寺”横额，和“汉魏最初名胜，湖湘第一道场”门联。光绪三十一年（1905），笠云东游日本，受到日本佛教界的欢迎。清末著名文学家苏曼殊，曾于光绪二十九年（1903）游麓山寺，特作《岳麓山图》。

长沙开福寺。清代前期曾4次大修。嘉庆十一年（1806）书法家韩葑为山门写对联：“紫微栖凤，碧浪潜龙”。但未刻。光绪十七年（1891），陈海鹏题写“古开福寺”横额，一并为之泐石。此前光绪十二年（1886），王闿运、寄禅、笠云等19名士、高僧，在开福寺组织碧湖诗社，一时传为文坛盛事。次年，徐树钧撰《长沙开福寺碑》。今存。光绪末年，笠云又于寺内创办湖南僧立师范学堂。宣统二年（1910）湘阴郭大痴又撰《紫微山古开福寺记》，由长沙萧荣爵书写，刻碑嵌于寺内墙壁。额题篆书，碑文行书，字体刚劲。今亦存。（插图47、48）

长沙上林寺。唐建，原址在长沙市西区仓后街。清末诗僧八指头陀曾任该寺住持。光绪二年（1876），湘乡人曹耀湘居士，聘请近代著名佛教居士安徽杨文会来长沙，在上林寺创设长沙刻经处，刊印佛经，经销佛学书籍。

南岳南台寺。乾隆、嘉庆间，寺僧曾分寺产于南岳庙之西廊，另建私庵，原寺遂废。清末，淡云、妙见师徒，竭力筹措，重新修建，又略具丛林规模。包括外山门，中轴线为关圣庙、大雄宝殿、方丈室，方丈室楼上为藏经阁。东边厢房，依次为客堂、斋堂，西边厢房依次为禅堂、祖堂。此外，西边还有华严阁以及其他附属房屋等。

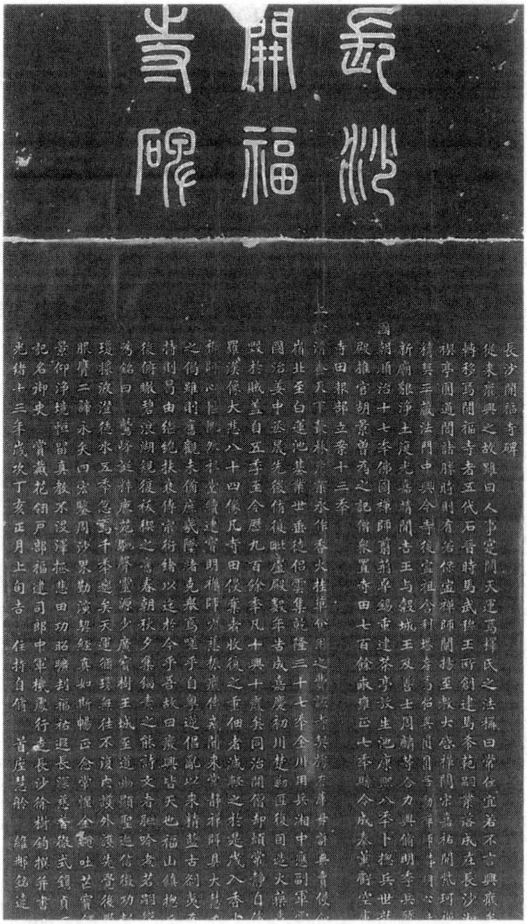

插图 47　徐树钧《长沙开福寺碑》

淡云，字慧日，衡阳人，曾任祝圣、南台、福严、大善、清凉各寺住持，为僧俗所崇敬，有“佛门伽什”之誉。光绪三十年（1904），日本禅宗僧人梅晓六休远游南岳，朝礼祖塔。按传承法系，梅晓六休为南台寺石头希迁42代法孙。他见南台寺正在修复，遂许赠《大藏经》一部。光绪三十四年（1908），果将铁眼版《大藏经》5700余卷全部送至南台寺。王闿运为此特撰《南台寺日本僧赠藏经记》，以志其事。

南岳上封寺。清代后期仍为南岳衡山规模较大的佛教丛林之一。清末著名诗僧寄禅（1851—1912），即八指头陀，曾住持上封寺，留下不少诗篇。

南岳祝圣寺。乾隆十二年（1747）曾进行过大规模维修。咸丰年间住持心月，擅长雕刻艺术，按照昆陵天宁寺石刻五百应真像拓本，新刻五百罗汉像，嵌于新建的罗汉堂壁上。至清末，在祝圣寺当住持的著名僧人，还有淡云、佛乘等。

宁乡密印寺。清前期多次修葺。道光年间，沙门大参复请得藏经一部；沙门能远，建阁于万佛殿右，高5丈7尺，知县方炳文为撰碑记，并书匾联以赠。

浏阳石霜寺。唐代即为中国佛教禅宗著名寺院之一。元明，寺史不详。清代逐渐中兴。至光绪五年（1879），又重修大悲阁。其寺院管理体制，为法门丛林，分六房僧人依次待继为住持。进入民国后尚有香火田112亩。

石门夹山寺。唐代著名禅宗僧人夹山善会所建。后历代多次维修，建筑雄伟，规模可观。宋代临济宗名僧圆悟为住持，著《碧崖录》一书，流传全国，远及朝鲜、日本，产生了国际影响。清澧州知州何辚曾撰文，说李自成兵败后曾隐居此寺，号奉天明玉，死后其徒野拂为之建石塔。此史事存疑待考。

插图48　郭大痴《紫微山古开福寺记》碑

（二）清代后期湖南名僧

恒志（1811—1875），名无来，俗姓谭，衡山县人。家境贫寒，少时曾受雇于寺院。后从衡阳罗汉寺法空出家，受戒于培元寺无漏和尚。随后云游江浙，参访名宿。旋返湘居南岳祝圣寺，专修禅定。又往福严寺自成处参访，乃“大悟”。此后在罗汉寺闭关6年；在衡阳紫云峰、衡山万寿寺，主持建立禅关。距紫云峰30里，有岐山仁瑞寺，因官绅私占寺田而颓废。南岳默庵探访遗址，爱其幽静，遂迎邀恒志同往恢复。恒志在此，凿井垦田，不少禅僧携粮而来，一起伐木开林，依岩结宇，名声远播，居士、信士乐为布施。岐山仁瑞寺得以恢复，建成一座规模严整的禅宗丛林。

香火旺盛，信徒云集。晚清湖南禅僧大多出自恒志门下。

默庵（1839—1902），名果仁，俗姓周，衡阳人。幼年就读衡阳雁峰寺旁私塾，尝替僧人抄写《金刚经》，有所悟，遂动出家之念。咸丰七年（1857），离家潜往衡山南峰寺拜普照为师。受戒后，随郴州法云学天台宗教义。后与淡云同住南岳己公岩，修习禅观。同治元年（1862），参访五台、九华、金山、焦山诸名山大寺。又回南岳，住祝圣寺，潜心阅读《大藏经》。他不仅对佛学经典融会贯通，而且对音韵、医药、算数，均有研究。居南岳福严寺时，常为四众讲唯识，晚年又专修净土。光绪二十八年（1902），64岁，终于南岳大善寺。著述甚富，主要有《法华便蒙钞》《楞严易知录》《教观经网宗释义纪》《金刚经刊定记会本》《唯识劝学篇》《续人天宝鉴》《阅藏日记》《近僧纪略》等刊行传世。其门人遍及湖湘，以道阶、佛乘等为最著。

竺云（1837—1908），名芳圃，俗姓陈，江苏江宁人。出家于长沙县黎仙寺。擅长诗歌与书法，为清代著名诗僧。咸丰九年（1859），曾于黎仙寺组织梅花诗社。同治十一年（1872）冬，任麓山寺住持。后历游全国各地名山古寺，每到一处，即景赋诗。光绪十一年（1885），任长沙上林寺住持。次年，参与王闿运在开福寺组织的碧湖诗社。三十一年（1905），东游日本，著日本纪行诗《东游记》一卷。三十四年（1908）卒。传世诗作有《听香禅室诗集》。

道阶（1870—1934），俗姓许，名常践，号晓钟，别号八不头陀，衡山人。光绪十五年（1889）出家于衡阳智胜寺，拜真际为师。是年冬，从耒阳金钱山碧崖受具足戒。返衡后，禁语坐禅，精进不懈。旋往岐山仁瑞寺习禅。闭关坐禅两年。十九年（1893）春，又到南岳随默庵阅《大藏经》，并遍学天台、资首、慈恩、禅、律各宗教义。二十一年（1895），在衡州西神寺讲《法鹤授手》。继而又于永兴龙角山讲天台教观。二十二年（1896）后，历任衡州罗汉寿、雁峰寺，南岳上封寺、培元寺，永兴西竺庵教授师。二十六年（1900），任耒阳金钱山寺住持，宣讲《弥陀要解》《二时课诵》，凡90天。是年冬，天坛传戒，参加受戒者达300余人。二十七年至三十年（1901—1904），三次受宁波七塔寺邀请，讲《法华经》等。后出国，周游印度求舍利。历经南洋群岛、缅甸、锡兰（今斯里兰卡）等地，得玉佛6尊，佛牙、佛骨各1颗（节），贝叶经1函，舍利1瓶48粒，年余返国。

光绪三十四年（1908），赴北京，请颁《大藏经》。翌年秋，《大藏经》印成。宣统二年（1910），受请于衡州南云寺讲《弥陀疏钞》。同年夏，再去北京，在广济寺成立僧自治研究会。又与李翊灼等建立佛学研究会。翌年夏，发起建立中央佛教公会、佛教僧林会。冬，被钦定为法源寺住持。民国成立后，曾负责主编《新续高僧传四集》以作宋代《宋高僧传》之续。还赴日本，参加东亚佛教大会，被举为副会长。最后，再游印度、南洋各地。卒于南洋怡保三宝洞。

（三）魏源、谭嗣同与佛教、佛学

魏源，是一位虔诚的佛教信徒和佛学爱好者，一生与佛教关系密切。据记载，早在道光八年（1828），魏源游杭州，特会晤钱伊庵居士东甫，“从闻释典，求出世之要”；他“潜心禅理，博览经藏”。此间，延曦润、慈峰两法师，还为其讲《楞严》《法华》“诸大乘经”①。咸丰六年（1856）秋，他再游杭州，“寄僧舍，闭目澄心，危坐如山，客至亦不纳，即门生至戚，接二三语，便寂然若忘”②。晚年更虔诚向佛，“专心净业”。自称“菩萨戒弟子”，并取“承贯”为法名。他会集《佛说大乘量寿庄严清净等觉经》等佛经译本，嗣后将《无量寿经》《观无量寿佛经》《阿弥陀经》和《普贤行愿品》辑成《净土四经》，于咸丰八年（1858）刊刻行世。还自撰《净土四经·总序》《无量寿经·会译序》《观无量寿佛经·叙》《阿弥陀经·序》和《普贤行愿品·叙》等文，阐发佛学禅理。另又会译《佛说摩诃阿弥陀经论》1 卷，有光绪三十年（1904）刻印本。魏源在佛学研究领域的造诣相当深厚，为近代佛学的发展作出了贡献。

谭嗣同与佛教的关系也很密切，曾与北京吴雁舟、南京杨文会等佛教居士往来。特别是杨文会为当时有名的佛教学者，生平以流通佛典为己任，因此谭嗣同得以遍览三藏，对佛学日益精深。他主要研究华严宗和唯识宗的理论。据梁启超《谭嗣同传》载：谭嗣同“探华严性海之理，而悟世界无量、现身无量、无人无我、无去无往、无垢无净，舍救人外更无他事之理。探相宗识浪之理，而悟众生根器无量，故说法无量，种种差别，与圆性无碍之理。自是益豁然贯通，能汇万法为一，能衍一法为万，无所阻碍，而任事之勇猛，亦益加”。可见谭嗣同对佛经探究和领悟之深。他正是吸取佛学精华，又广征博采经史各家学说，形成了自己独特的哲学思想体系。所著《仁学》一书即多引佛家语言，明显受佛学思想的影响。

---

①参见魏耆：《邵阳魏府君事略》。

②参见李柏荣：《魏默深师友记》。

三、道教与道家学说研究

（一）清后期湖南的古道观

清后期，道教依然处于衰落状态。在湖南历代所建的道教古宫、古观，一般都只勉强得以维持。但也有少数宫观得到修缮和重建，如南岳大庙、玄都观，慈利五雷山道观，长沙陶公庙等；此外，还新建有几处道观，如长沙县的河图观、南岳祖师殿等。

南岳大庙。始建于唐，历代均重修扩建。现存殿宇多为清康熙在位后期大修所留下来的。殿宇结构分东、中、西三路，中路九进：棂星门、奎星阁、正川门（山门）、御碑亭、嘉应门、御书楼、大庙正殿（圣帝殿）、寝宫和北宫门。其中，七进圣帝殿，光绪八年（1882）重建。重檐歇山顶式，殿阔7间，周围有石柱72根，高7丈2尺，象征南岳七十二峰。殿顶饰有大小蟠龙和道教八仙人物，殿中供奉贴金南岳大帝——司天昭圣帝。

南岳玄都观。原名半山亭。创建于南朝齐、梁间。同治元年（1862），道教龙门北宗谭教清参访至此，购买该亭及周围山地2400平方米，改亭扩建，始名玄都观，以作北宗南移之十方丛林。谭教清原计划捐修玉皇殿，后改为三清殿。前为山门灵官殿，左右是东西庑。其时，适逢翰林编修谭鑫振游南岳，于此小憩，询悉其情，遂大力协助，会同地方士绅，筹集资金。历时19年，于光绪六年（1880）落成。谭鑫振亲笔书额“十方玄都观”，并立碑撰文，记修观始末。湖南省道教协会现设于此观。

衡山祖师殿。位于海拔1000余米的南天门。始建于道光年间。后陆续又有增建、修缮。现存大殿落成于宣统元年（1909），供奉真武大帝神像。

长沙云麓宫。居岳麓山顶，为道教第二十三洞真虚福地。明末道观遭兵燹，康熙年间曾予以重修。咸丰年间，又毁于太平军战火。同治二年（1863），武当山大和宫道士向教辉来此居宫，招集道友募资，按昔日规模，重修云麓宫。除原殿之外，还增建五岳殿、天妃殿于正殿左右，并建宫门。后抗日战争时，遭日军飞机轰炸，部分受毁。抗战后又修复。

长沙河图观。位于长沙县水塘乡鳌鱼村，是中国目前保存完好的一座道教全真龙门派坤道道场。由龙门派15代武当山易本立道长，创建于同治二年（1863）。面积开阔，山门独特，配有“河图”“洛书”，故名河图观。创建后，坤道们以玄医秘方扶危救难，诵经拜忏，香火旺盛。进入民国后，由易本立道长之徒第20代罗浩明（道号罗明原）继任住持，逐渐成为全国有名的坤道院。

长沙陶公庙。位于长沙县榔梨镇临湘山。创建于南朝梁天监年间。据传，陶侃之孙陶淡及其侄陶恒，自幼好道，习天文，通医术，隐迹临湘山，修道辟谷，炼形凝气。后叔侄同时登真，肉躯不朽，乡民立庙以祀。现存庙宇，为光绪十九年（1894）扩建而成。于平地建山门、戏台，依山垒石梯48级而上，再建三楹两殿，即陶公正殿。正殿原存陶公肉身，敬奉在里层深处神龛内。（历经1400多年，毁于1968年“文革”浩劫。）殿内供陶公泥塑像，民国年间换成木雕像。庙中碑匾楹联甚多。自宋代以迄民国，许多名人如朱熹、吴大澂、翁同龢、罗典、同治皇帝、王文韶，及民国后的一些书法家，均留下了珍贵墨宝。

（二）道家学说研究著述

传统道家学说研究，实际上主要是对老庄思想和著述的研究。清后期的湖南，世俗学者文人也有涉足这方面研究的，留下一些传世著述。如：

《老子本义》，1卷。魏源著。此为魏源阐明《老子》大义的著作之一，包括《老子本义·序》、《史记·老子列传》、《论老子》4篇、《老子本义》上下篇，以及附录与跋，共计约6万余字。据魏氏自序云：书成于嘉庆二十五年（1820），道光初，“补叙于此”。光绪二十八年（1902）初次刊刻。此后版本甚多。

《庄子集解》，8卷。王先谦撰辑。宣统元年（1909）湖南思贤书局刊刻。王氏自序云：“余治此有年，领其要得二语焉，曰：喜怒哀乐，不入于胸次。窃尝持此以为御生之经，而果有益也。噫！是则吾师也。”他信奉老庄之言，多年来研究《庄子》。于是，他兼采诸家注传之长，“间下己意”，而成此《集解》。时称是书为《庄子》集注本上乘之作。

又《庄子集解》，10卷。郭庆藩撰辑。光绪二十年（1894）长沙思贤讲舍刊刻。郭庆藩（1844—1896），原名立壎，字孟纯，自号子瀞。湘阴人。郭嵩焘之子。援例任通判。以参与镇压太平军，保叙浙江任知府。光绪七年（1881）后，病休居家10年。后以道员转江苏。主持扬州运河修浚工程，颇著成效。郭氏经学造诣较深，曾专注《庄子》研究。是书详录历代各家对《庄子》一书的注释，并阐发己见。书前有王先谦序和河南郭子玄撰《庄子·序》。

《韩非子集解》，20卷。王先慎撰。光绪二十三年（1897）刊刻。王先慎，字慧英，长沙人，王先谦从弟。清末官教谕。是书以宋乾道本《韩非子》为蓝本，兼采诸说，对其中舛误、伪脱，则据它本订正。各条先引原文，后附诸家注释，王氏注释均署“先慎曰”。这颇类王先谦集解《荀子》之法。卷首尚载有佚文若干条，这更优于《韩非子》其他注释本。

四、伊斯兰教在湖南的发展

（一）回族穆斯林陆续入湘

明朝初年，回、维将领率所部屯驻常德、宝庆（邵阳）等地落籍，是为伊斯兰教传入湖南之始。此后，陆续有外省回族穆斯林来湘经商定居，特别是清末民初尤多。如清道光、咸丰年间，一批穆斯林从南京来湖南经商，定居长沙、湘潭、常德、邵阳等地，形成自称“南京班”或称“客班”的穆斯林聚居点。其中，哈、张、沙、麻、金几姓多经营花纱绸布，马姓经营的马恒记百货店和徐姓的徐长兴清真馆，都成为了当时著名的穆斯林商户。同时，也有相邻地区的回族穆斯林因天灾人祸，进入湖南投亲靠友的。如湖北沔阳一带穆斯林因连年水灾，家园被毁，迁入湘北津市、华容、南县和湘阴定居，其后裔又再迁居常德、长沙和株洲，主要有定、魏、马、王、何诸姓。① 这都不断扩大了伊斯兰教在湖南各地的传播。

清后期，随着回族穆斯林不断迁入，湖南各地原有的清真寺有的又作了扩建和修缮。如：

隆回桃花坪清真寺。道光二十一年（1841）加修了后殿，咸丰八年（1858）又新立了寺前门牌头，在清真寺隔壁还增修了7间店铺。此后，又进行过多次修缮。

常德清真古寺。咸丰十一年（1861）进行了重修。寺内大殿前檐大梁上刻有“大清咸丰岁次辛酉拾壹年又一次重修”字样。大厅“古今唯一”匾额，落款为光绪二年（1876）“钦赐黄马褂、紫金锁，提督军门、镇南将军马如龙”。

同时又新建了一批清真寺。如：

湘潭莲花街清真古寺。道光年间，由当地南京籍回族穆斯林金姓牵头兴建。

常德炮坪金陵寺。光绪年间，当地南京籍穆斯林集资兴建。后抗战时期被日军飞机炸毁。

邵阳白鹤潭清真寺。道光二十年（1840）始建。

---

①参见新编《湖南省志》第二十七卷《宗教志》。

邵东梅塘清真寺。光绪十八年（1892）始建。

新晃方家屯清真寺。同治年间建。

凤凰县城清真寺。光绪年间建。

邵阳市女寺。清末马翎翼捐租募资创办清真女学堂，后民国年间改为女寺。

五、民间信仰与祭祀

楚俗崇巫鬼、喜淫祀，至近代仍如此。湖南地区对于天地山川河湖之神、风火龙神、先祖圣贤、名宦忠良、孝子烈妇及各类名人的崇拜与祠祀，至清后期依然兴盛不衰。以长沙府城（含长沙县和善化县治）为例，见诸于光绪《湖南通志》记载的有：

社稷坛，在府城北门外。

神祇坛，在社稷坛侧。

先农坛，在社稷坛侧。

厉坛，在府浏阳门外校场坪。

关帝庙（武庙），在府东北飞虎寨。

文庙（孔庙），府城有两处。分别在长沙府学宫、长沙县学宫。（今天心区文庙坪、开福区学宫坪。）（插图49）

福湘安农龙神庙，在府治东北。

风神庙，在府东北。

火神庙，在府西坡子街。（即今长沙火宫殿）

江神庙，在府西门外橘子洲上。咸丰年间毁于兵火，同治中修复。

吕祖庙，在藩城堤，祀敕封爕元赞运纯阳演正警化孚佑帝君。

刘猛将军庙，在天心阁下，祀元指挥使刘永忠。

王公祠，在北门内，祀明侍郎王伟。

赵公祠，在北门，祀巡抚赵申乔。

贤良祠，在北门中铺。

李中丞祠，在北门，祀巡抚李发甲。

省城隍庙，在府东北，关帝庙左。光绪三年（1877）始建。

府城隍庙，在府东北，关帝庙右。咸丰九年（1959），毁于火。同治十二年（1873）修复。

名宦乡贤忠义孝悌节孝诸庙，在学宫左右。

插图 49-1　长沙孔庙崇圣殿

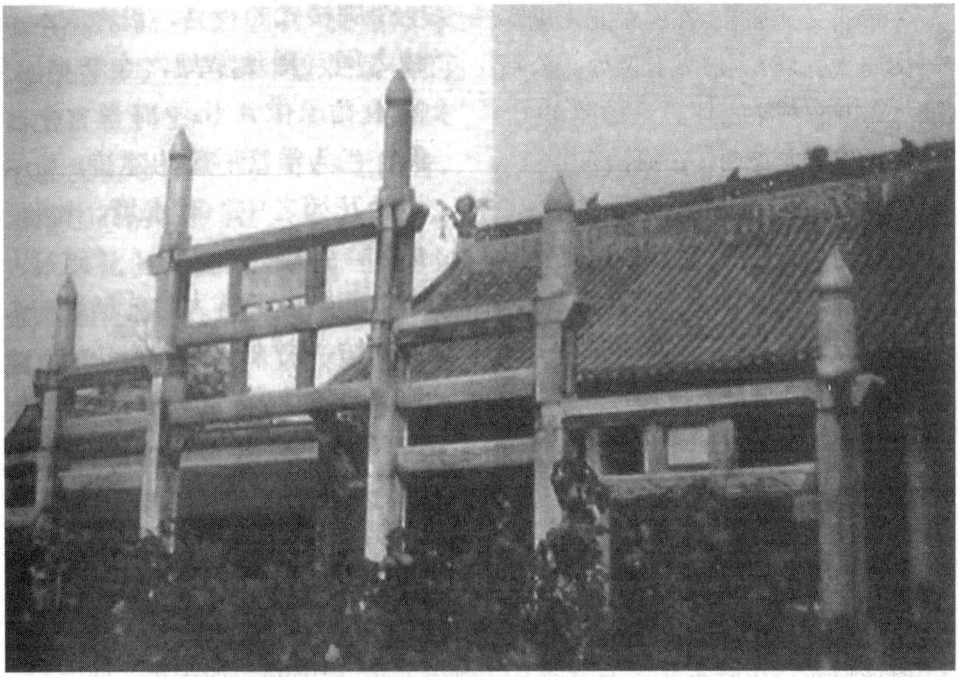

插图 49-2　长沙孔庙棂星门遗迹

昭忠祠，在贤良祠后。

局关祠，在府城飞虎寨前。

七神祠，在按察司署内。

十二忠祠，在府城北门内古荷池东。

表忠祠，在府城北门内古荷池东。

曾文正祠，在府城北小吴门碑石塘。祀大学士两江总督一等毅勇侯曾国藩。同治十三年（1874）奉敕建。

三公祠，在府城隍庙右（今长沙市三公里）。祀故巡抚骆秉章、张亮基，布政使潘铎。同治十三年（1874）奉敕建。

彭忠壮祠，在皇仓街湘乡试馆。祀记名布政使福建汀漳龙道彭毓橘。同治十年（1871）奉敕建。

刘忠壮祠，在府东北宝南街。祀广东提督刘松山。光绪二年（1876）奉敕建。

炎帝庙，在长沙府城内长史司。

灵妃庙，在长沙县东 20 里。祀秦武陵令罗君用之女及其弟。

吴王祠，在长沙县北，祀汉长沙王吴芮。

长沙定王庙，在长沙县东北一里，祀汉景帝之子长沙王刘发。

张公祠，在北门内，祀汉长沙太守张机。

五忠祠，在北门内，祀晋谯王司马承、宋潭州通判孟彦卿等。

向公祠，在北门内，祀制置副使向士璧。

江陵王庙，在义和坊，祀元湖广行省左丞相阿里海牙。

陶真人庙（陶公庙），在榔梨，祀陶淡及侄陶恒。

李真人庙，有三：一在锦绣都花果园；一在淳化都龙潭山；一在省城城隍庙左。

龙王庙，在长沙县东南榔梨对河潭阳洲。

风神庙，在龙神庙右。咸丰九年（1859）毁于火。同治五年（1866）修复。

忠义祠，在长沙县河西白芙塘，祀赠太常寺卿衔照盐运使例赐恤丁锐义。咸丰八年（1858）奏准本籍自建。

贞烈祠，在城内三泰街彭氏宗祠右，祀贞烈女谢彭氏。同治九年（1870）奉敕建。

马王庙，在稻田前，祀五代楚王马殷。

韩公祠，在学院署右（今长郡中学老校址）。祀汉长沙太守韩玄。

朗公庙，在南门内老城南书院下，祀普济真人朗公。

水府庙，在小西门外。

青龙庙，在县南湖港。

屈子祠，有二：一在县西岳麓书院左；一在府学左。祀屈原。光绪元年（1875）改建。

舞阳侯庙，在县西，祀汉樊哙。

汉文帝庙，在县西岳麓山前。

贾太傅祠，在县西濯锦坊贾谊故居，祀贾谊。

乌程侯庙，在县西，祀汉长沙太守孙坚。

陶公祠，在县南，祀晋长沙公陶侃。

慕道祠，在岳麓书院内，祀宋潭州守朱洞、李允则等。

濂溪祠，在岳麓书院左，祀宋周子敦颐。

岳神庙，在岳麓书院左。

道乡祠，在岳麓书院左，祀宋邹浩。

崇道饲，在岳麓书院内，祀宋朱子熹、张栻等。

真文忠祠，在县南门内天妃宫侧，祀宋真德秀。

南轩先生祠，在城南书院妙高峰，祀宋儒张栻。

陈屈两贤祠，在妙高峰南轩祠前楹，祀陈良、屈平。道光二十四年（1844）城南书院院长陈本钦建。

前后五忠祠，在妙高峰与两贤祠同堂异室。前五忠祠祀晋湖州刺史谯王司马承等，后五忠祠祀宋知潭州兼安抚使李芾等。道光二十四年（1844），陈本钦与邓显鹤、黄本骥、左宗植议建。

李忠节祠，在府治出北熊湘阁，宋潭州守李芾殉节处。

刘忠毅祠，在小西门内，祀明末巡按御史刘熙祚。

蔡周二忠祠，在县西，祀明推官蔡道宪、知府周二南。县西又有蔡忠烈祠，祀蔡道宪。

蔡忠烈墓祠，在南门外醴陵坡。蔡道宪墓地。咸丰二年（1852）毁于兵火，同治十二年（1873）重修。

郎公庙，在育婴街，祀清布政使郎永清。

任赵二公祠，在南门外吉祥庵侧，祀清知府任绍旷和驿盐道赵廷标。

吕太守祠，在八角亭，祀清长沙知府吕肃高。

李太守祠，在鸡公坡，祀清长沙知府李拔。

此外，光绪《湖南通志》未载，长沙地区还有几处比较重要的祠祀。如：

船山祠。祀明末清初大思想家王夫之。原为城南书院附属建筑，在今长沙天心区妙高峰上。同治九年（1870），时主讲城南书院的郭嵩焘为首倡建。后抗日战争中毁于战火。（插图50）

插图50　船山祠旧照

左文襄祠。在长沙市旧北正街。祀陕甘、两江总督，大学士左文襄公宗棠。光绪十一年（1885）左宗棠病逝后，湖南巡抚奉命在长沙建立专祠以祀。后毁于“文夕”大火。

在长沙为数众多的祠庙及各种繁杂的祭祀习俗中，最具典型性和代表性、最富于地方特色的，应是火宫殿与祭祀火神的庙会。

长沙火神庙，初名火宫殿，又名乾元宫。始建于明万历五年（1577），清乾隆十二年（1747）重修。后损毁严重，道光六年（1826）省城绅商筹资重建。正殿即火神庙，供有3米多高的泥塑火神像。左为弥陀阁，右为普慈阁（财神殿）。咸丰三年（1853）皇帝特为长沙火神庙御书“德威烜赫”匾额。

插图 51　咸丰御书匾额

（插图 51）同治十一年（1872）郭嵩焘为火神殿撰楹联两副。其一曰：

十万家烟火闾阎，神贶胥恬，民生永利；

百二载山川城郭，经涂四达，宝殿常新。

火神殿前坪建一座戏台，两边台柱上镌有清代湘籍大书法家何绍基所书楹联：

象以虚成，具几多世态人情，好向虚中求实；

味于苦出，看千古忠臣孝子，都从苦里回甘。

戏台后矗立一座雕龙画凤和人物浮雕大牌坊，面向坡子街。牌坊中门上，为清代另一大书法家长沙黄自元所书“乾元宫”三字。牌坊至今犹存，但“乾元宫”三字已为“火宫殿”所遮盖。

长沙火宫殿供奉的火神为祝融。清代长沙火神庙的祭祀，分官祭和民祭。在每年农历春节和六月二十三日祝融大帝诞辰之日举行。官祭，由长沙府主持，湖南巡抚主祭，长沙、善化两县文武官员数百人参祭。民祭则由民间社团主持，府城百姓参加。当日，在举行祭祀礼仪的同时，有盛大的庙会。主要内容为祭祀、社戏、民间小吃、民间手工艺品展销、民间说唱和杂耍等。祭祀仪式后还连唱“大戏”（即湘剧）3 天。演唱的剧目有《目连救母》《岳飞传》及各种“公案戏”等数十种。

长沙火宫殿的这种火神庙会文化习俗，世代传承不衰。至今，长沙火宫殿，成为一家饮食名店与一座火神庙紧密相连的一个独特的多元文化的载体和平台，名闻遐迩，在国内外享有盛誉。（插图 52）

湖南其他各府县，民间建祠祭祀的大多类似于长沙府和长沙县，但还有一些各有地方特色的祠庙祭祀。如：

插图 52　长沙火宫殿正殿

洞庭湖滨的湘阴县，祀洞庭神的洞庭神庙，祀二妃的黄陵庙；巴陵（今岳阳）的巴山庙，祀君山之神的湖山庙，祀湖神的洞庭庙、青草湖神庙，祀二妃的湘妃庙。

浏阳县文庙。祭孔祀典规模恢宏，仪节繁杂，很有地方特色。所祀除孔子及其弟子之外，还增加历代大儒。如周敦颐、程颢等“东庑四十先贤”，左丘明、张载、程颐等“西庑三十九贤”；范仲淹、欧阳修、张栻等“东庑三十二先儒”，黄仲舒、韩愈、魏了翁等“西庑三十一先儒”。浏阳名儒邱之稑（1781—1850），道光九年（1829）专程赴曲阜孔庙考察古乐，创制了一套独特的浏阳文庙祭祀古乐，在 19 世纪中国典仪乐坛独树一帜。浏阳古乐与曲阜古乐，构成南北相辉映之势。（插图 53）

浏阳还有杨孝子祠（俗称“麻衣庙”），唐宋以来一直祭祀不绝。20 世纪 90 年代中，笔者曾从大围山避暑寓所，前往山下白沙镇麻衣庙参与过一次祭典。

湘潭县，祀宋包拯的包公庙，祀中湘王何腾蛟的中湘王庙。

宁乡县，祀三国名臣蒋琬的蒋公庙，祀宋宰相张浚的张魏公庙。

插图53　浏阳文庙

益阳，资水河畔“单刀赴会”处，祀关羽的关濑庙；还有祀胡林翼的胡文忠祠，蒋琬故宅的蒋公祠，祀唐褚遂良的褚公庙。

茶陵，祀神农、赤松子的炎帝陵庙；祀李东阳的李文正祠。

衡阳，除久负盛名、历年香火旺盛的南岳大庙外，还有独特的衡山仙上峰帝舜庙，岣嵝峰（祝融峰）大禹庙，石鼓山诸葛武侯庙，清泉县（今属衡阳市）帝喾庙等。

耒阳，祀蔡伦的蔡侯庙，祀汉谷朗的谷府君庙，祀晋罗含的罗公祠，祀杜甫的杜公祠。

常宁盘古峰盘古祠，这是湖南近代还仅存的一座祀盘古的祠庙。

酃县（今炎陵县）炎帝庙，自宋代以来，一直祭祀不绝。

零陵县的帝舜庙，汉代以后几经变迁，但一直祭祀不绝；还有祀唐元结、宋苏轼等的寓贤祠。

祁阳县，祀帝舜及湘君、湘夫人的潇湘庙，祀唐颜真卿、元结的颜元二公祠。

道州（今道县），元结所建的帝舜祠，唐阳城所建的崇应祠，祀唐李靖的李卫公庙，祀宋寇准的寇莱公祠，祀宋周子的濂溪故居祠。

宁远县的帝舜祠，九疑湘妃祠，皋陶庙。

武陵县（今常德市）祀后稷的谷王庙，善德山的善卷祠。

华容、安乡、常德、桃源、沅陵、辰溪、溆浦等沅水中下游各县祭祀东汉征“五溪蛮”的马援伏波庙。

黔阳、乾州（今吉首市）、凤凰、永绥（花垣）均有三王庙，又称三侯庙；乾州还有祀夜郎侯的竹王庙。

郴州的义帝祠，祭祀被项羽遣人杀害的义帝。

靖州，祀宋魏了翁的魏侍郎祠；靖州、绥宁、会同、通道祭祀唐末五代“飞山蛮”首领杨再思的飞山庙。

明清以来，湖南各地家族宗祠祭祀盛行，至清末亦如此。

在长沙地区（含浏阳、宁乡），历史上有记载，并有遗迹可考的较著名的大宗祠不少。如：

长沙戥子桥陈氏宗祠。系长沙善化陈氏祭祀本族祖先的祠堂。陈氏为长沙大姓之一，唐末五代自江西迁湖南，代有闻人，晚清著名地理方志学者陈运溶即其一。陈氏祠堂始建年代不详。德国人柏石曼于1908年至1909年在长沙考察时曾摄下陈氏宗祠照片。（插图54）当时该宗祠建筑规模还相当可观。20世纪50年代先后改设为邮局学校和戥子桥小学，祠堂建筑相继被拆除。

插图54　长沙戥子桥陈氏宗祠（1909年摄）

长沙县北山常家祠堂。建于光绪年间，为明代开国大将军常遇春之后常氏家族的一支，从衡阳迁居长沙后所建。建筑面积2000多平方米，进深三栋，依次为大门、前厅、天井、中厅、戏台、上厅，全由花岗石柱支撑，气势恢宏。至今基本保存，已列为长沙市文物保护单位。

浏阳白沙刘氏宗祠。始建于咸丰四年（1854），光绪二十二年（1896）重建前栋，占地1600平方米，建筑面积1100平方米，为青砖青瓦庭院式格局。1927年9月11日，秋收起义队伍曾在该祠堂驻扎。（插图55）

插图55　浏阳白沙刘氏宗祠

宁乡高氏宗祠。始建于嘉庆四年（1799），系高氏迁宁乡始祖孟宗公第三子之支祠。祠堂内的戏台，装饰十分精美。光绪年间，族长高诗放曾特邀长沙湘剧戏班来祠堂唱戏。高诗放，同治年间投楚军，屡立战功，官至记名提督。其孙高继青为革命烈士。高氏宗祠建筑，至今基本保存。（插图56）

在湖南其他地区，如衡阳，据光绪年间记载：“衡民一姓一公祠，祠始祖也。岁一祭之。其祠多在城邑，其期多在冬至前后。其礼，先日宰羊豕，次日质明行事。鼓乐既作，族众毕至。酒三献，肴三俎。一孙主祭居中，二孙分祭居左右。祭毕，合族以次拜公祠。而外有支祠，有家祠。支祠一姓或数所，或十余所，皆在乡不在邑。其祭只及一支之祖，岁再祭之，本支子孙咸至。家祠即

插图 56　宁乡高氏宗祠

家之祖堂，祭只及其家祖尔。”①

第八节　风俗

一、时令节庆

清后期，流行于湖南的传统时令节庆，基本上为明清以来的承续。时节虽同，但具体习俗往往会有所演化变革，且不同地区又会有不同的地方特色。

光绪年间《湖南通志》所开列的“时令”有：正月一日（三元之日），正月七日（人日），立春，正月十五日，正月末日，春分，社日（春社），寒食，

①光绪《衡山县志》卷二〇《风俗》。

四月八日，五月五日（端午），五月十三日（龙生日），七月七日（牵牛织女聚会之夜），七月十五日（僧尼道俗营盘供诸佛），八月十四日（为小儿“天灸”以“厌疾”），九月九日（登高），十月朔日（秦岁首），十月十六日（盘古氏生日），十二月八日（腊日），岁暮（宿岁）。总计全年凡十九时节。

上引记载，显然不全面，也不确切。如湖南至今仍十分通行的“六月六”“八月十五”（中秋），居然不记。而所载的“正月末日”、五月十三日“龙生日”、八月十四日小儿“天灸”，十月十五日“秦岁首”、十月十六日“盘古生日”，在湖南又并未普遍流行，不知何所本？

以下再引湖南境内数县的资料为例。如：

据光绪十八年《桃源县志》记载，该县流行的时令节气有：

正月一日（“三元之日”），正月七日（“人日”），立春，正月十五日，社日，寒食，清明，三月三日，五月五日，夏至，六月六日，七月七日，七月十日至十五日（中元，荐祖），八月中秋，九月九日，十一月冬至节，十二月八日（“腊日”），岁暮（宿岁饭）。

关于各时令节气的具体习俗，该志多引《岁时记》和《通志》（应即光绪《湖南通志》），少数为当时纂者自己的记述，如：

> 正月一日。是日，男女皆夙兴盛服，热香燃烛、荐茗焚楮币。先拜祖龛，以前仪。谒里祠，或择吉方吉时，拜大门外，谓之出行。反，遍拜尊长，侪辈方交拜。有顷，或入近庙行香，亦谓出行。乃谒亲邻，不相见者投刺，谓之贺节，约三五日。与他方俗略同。男妇各以其业为试。士试笔墨，女试针线。三日不扫除舍宇。
>
> 夏至日。《岁时记》以夏至日食粽，与今俗小异。今夏至日，但多为食饮。意盖取助阴，不拘食粽也。
>
> 七月十五日。是日，城乡市聚多投盂兰会，并聚优伶演目连救母故事。
>
> 十一月冬至节。巨族于宗祠会祭，序齿分胙，有如礼者。
>
> 岁暮。旧志：二十六日以后，具酒脯荐祖先。团团会食，谓之年饭。作米食黍……环饼之属相遗，谓之馈岁。除日，易门神桃符春帖。至夜爆竹、宴饮，曰团年。围炉火或竟夜不寐，曰守岁。室中遍处燃灯，曰

照夜。①

从湖南各地传统习俗来看，以上所记桃源地区的时节，仅缺少十二月二十四日过“小年”。而时节的具体礼俗、禁忌等，如正月初一，男要试笔墨，女要试针线；十二月二十六日，开始团聚，叫“吃年饭”，除夕又再宴饮，叫“团年”，并且室内满屋烛光“照夜”等，颇具特点。此前也未见于记载。按通行习俗，除夕是“火”，即围炉升火，正月十五夜才是“灯”。所谓除夕“照夜”之说，似可待考。

光绪三年《善化县志》载：

元旦。乡村，择吉时，少长衣冠，以次持香出门，向吉方三揖，谓之出天行。陈果脯，焚香拜宗堂家神毕，复向外拜之，为敬天地众神。亦有先内祀而后外祀之意。然后以少拜长，谓之拜年。城中，旧俗，多以天明出行，至戚友家登堂交贺。亦有呼门投帖者。

元宵。张挂彩灯，有走马鳌山花爆烟火之戏。乡间，则坟墓送灯，田园焚柴，豚栅鸡楼皆置灯烛，并有金鼓爆竹龙灯竹马狮子等戏。彻夜不息。

社日。《荆楚岁时纪》：四邻牲醪会社，先祭而后飨其胙。今俗，祀神聚饮不定。惟是日歇工，相戒动土。尊敬土神。

寒食、清明。上冢。用本色纸剪缠竹枝，谓之春条，插冢上，祭拜。……农家播种多在清明前后，唯不过谷雨。

上巳。士绅多结伴出游，踏青修禊。时茶芽初发，揉绿炒青之村，香满里巷。至游民演采茶戏，每于二、三月，乡僻聚观……殊为恶俗。近日奉示严禁，此风少息。

三月三日。今俗，多以所余谷芽，和鼠耳草作饼相遗。以厌时气。

五月五日。刈葛藤蒲艾，悬之门户。多造船，象龙形，竞渡中流，观者盈岸。

六月六日。晒衣物书画，谓不生虫。农民五更时，割雄鸡祀田神，谓之祭鄁官。

七月七夕。城乡多陈瓜果于庭，向星拜之，谓之祀星。犹是乞巧遗意。

七月初十至十五。陈肴果，接公祖，剪纸衣包楮，焚送之。亦有诵经

①光绪《桃源县志》卷之一《风俗》。

施食，祀无主孤魂，谓作盂兰会。

八月十五。乡城率以菱藕月饼相馈遗，设酒赏月。妇人祈子者，乡间多于园圃采瓜为验，谓之摸秋；城中则以金鼓花红，令小童衣冠，捧南瓜至祈子家，谓之送秋。

十月初旬，祭扫先墓。初十日，并冬至，多入宗祠，合族祀祖，于敬宗收族之道，最为近古。

腊月二十四日，谓之小除。设果品送灶神，除夕迎之。

岁晚，务闲，击鼓迎年，扫屋尘，换春联，剪彩纸为福寿吉祥等字，悬贴门闼。择日合家聚饮，谓之团年。乡城大同小异。

除夕，响爆竹，祀内外神毕，以少拜长，谓之辞年。亦有围炉宴饮至夜分者，谓之守岁。①

当时的善化县治，与长沙府、县同城，辖今长沙市西部地。所记载的时节，与上引《湖南通志》及《桃源县志》，大多相同或相类似。但所载“上巳”节，这是在湖南各地史志中首次出现。所谓“上巳”，是指三月上旬的巳日，多在三月八日。为古传统时节，《后汉书》即有记载，内容是于东流水上洗涤，祓除疾病。后历代有变迁。长沙地区在清代末年，是日出游，采春茶，演采茶戏。“岁晚”，过小年之后，除夕前，“击鼓迎年”，合家聚饮“团年”，也颇有特色。

光绪元年《衡山县志》载：

新岁一日，为元日。昧爽启户，向吉方出行。入设香楮酒果，拜祖。毕，卑少以次拜贺尊长，饮酒献酢，如礼。自此，亲友往来互相拜贺。城市择日列肆。

正月十五夜，为元宵。先数日，剪纸为镫，或悬庭户，或列街衢。或数十人，击鼓鸣锣，舞龙灯，跳狮子，百戏并作。谓之闹元宵。观者如堵。

五月五日，为端阳节。门首挂菖蒲艾叶，饮雄黄酒，小儿佩符蒜，涂雄黄于额，以祛病解毒。裹糯米为粽，如角黍状，彼此相遗。河滨造龙舟，竞渡。端午前后，或道或巫，为纸船若龙舟状，首尾系锣一、鼓一，至人门首，击且唱，谓之收瘟。妇女竞以米投之。

六月六日，晒衣服书籍。

①光绪《善化县志》卷一六《风俗》。

七月十五日，为中元节。僧寺设盂兰会。民家延僧道，设荐祖道场。或剪楮为衣，设筵，祭毕即焚化。

八月十五日，为中秋节。设酒赏月。亲朋以月饼相遗。

腊月二十四日，为小年节。是夕，薄设宴会。

除夕，盛爆竹，家人宴饮，曰团年。或围炉达旦，谓之守岁。门首贴春联及门神。又以彩笺凿为棂格状，中嵌人物及吉祥字，甚精致，贴门栏。①

与上引桃源、善化的记载相比，《衡山县志》所记述的时节最少。如三月三、四月八、七夕、九月九、冬至等，均不见记载。这应属于编纂者的疏忽遗漏。而关于端午习俗的记载，却颇有特色。即在端午节前后，由巫、道为纸船，系锣鼓，至各户门前，谓之“扫瘟”。明清以来其他史志尚未见类似记载。

光绪四年《道州志》载：

元旦。早起，择利方出行，彼此交拜。家供油果膏糍之属。午晏，合家团坐，谓之团年。余日，互相款洽为春觞，多醉态。

上元节。观灯，以初十为始，编竹为龙，蒙以布，游于城乡。或造鱼虾狮象之类，结队随行。掲鼓鸣钲，鼓舞达旦。间有贾其技勇，执戈扬盾、为弄狮子戏。

惊蛰日。以石灰遍洒墙户，避虫蚁。

社日。祭社，乡村操豚会，甚众。

清明节。插柳于门，大小皆入宗祠。祭毕饮福，为合食之礼。先后数日，以次祭奠坟墓。谓之挂扫。

四月八日。浴佛节。妇女多造青精饭。

五月端午。城市龙舟竞渡于东西洲，鼓声喧震，观者如堵。家造角黍，切蒲屑拌朱砂雄黄，和酒饮之。正午涂小儿额顶掌心。云可稀痘。多采艾草为汤沐，避疮疥。

六月六日。祭土神。

小暑。食菽。大暑。食谷。择日试新。忌用鸡，以其音类饥也。

七月七日，七夕。妇女设瓜果，穿针乞巧。

①光绪《衡山县志》卷二〇《风俗》。

中元节。供祖先。前二三日迎神，至日制冥衣楮钱送之。

中秋。以月饼相馈遗。士人多为文宴，饮酒达旦，名曰赏月。

重九。摘茱萸，煎油茶饮之。造重阳酒，间或结伴登高。

立冬后，多酬神庙、举婚葬事。

腊月二十四日，为小年节。合家斋戒供素品，以祀灶。

除夕，为大年节。家家换桃符，贴门神。晚迎灶神，遍祀家庙。老少坐以守岁。爆竹之声彻晓。①

上引关于道县一带的时节记载较全。其中，元旦，即大年初一，设午宴，合家“团年”，这与其他地区在除夕或岁末吃团年饭不同；记载“惊蛰日”，洒石灰于墙脚门角，其他方志未见记载，但这一习俗在湖南各地实际上相当流行；所记煎“油茶”、煮“青精饭”（即“乌米饭”），这一习俗在湘西南山区各族由来久远，至今依然流行。

二、婚丧习俗

清代后期，湖南各地在婚嫁丧葬方面，大体都仍是古风犹存。但不同地区往往仍有特点，并且也出现某些趋向近代化的变迁。

如光绪三年《善化县志》载：

嫁娶。古礼见于今者，惟嫁娶焉。订聘书庚，用钗钏缣帛，凭媒互交，谓之订庚。此纳彩问名意也。将婚，男家备物告期，谓之报日。女家饰送奁物，谓之铺房。此请期纳征意也。城中多亲迎，乡间凭媒妁往返。用双鹅，此亲迎奠雁之意。盖古所谓雁即鹅也。入门交拜合卺，以次拜舅姑谒宗堂，谓之庙见。次日新妇，备枣栗巾履，献舅姑，谓之拜茶。此即告庙告虔意也。庆贺宾朋、合宅长幼俱于中堂，以贽见新妇，谓之分大小。亦有集聚新房，令新夫妇捧茶奉客，谓之闹房……其不合于古者，如彩舆入时，门厨丁脔割鸡牲，形势凶恶，殊失家礼。婚嫁岁在十六七岁时，殊失古人三十而娶、二十而嫁。

丧葬。自殡殓以至安葬，士族多遵家礼，有不作佛事，按家礼从宜从简行之者。初丧，成服发讣，亲友相吊。治丧题主开吊，发白酒食布帛之

---

①光绪《道州志》卷一〇《风土》。

资，多至数百金，以为不如是，则俭其亲。……三虞之祭，率以七日为度，谓之应七。至作佛事、道场，僧道罗列，招亡诵经，明器所费不赀。延师觅吉，有迟至数月或年余未葬者。结墓多用石工斧凿。经营一墓，须数月告竣者。近日士绅之家多此举动。①

上述记载可代表长沙地区，婚葬习俗大体与明清以来史载相合。其中，婚俗，新娘彩舆进门时杀鸡，十六七岁就结婚，即早婚，此种现象增多；丧葬方面，更注重看吉日，为此迁延数月不下葬，也更讲究“石工斧凿”，经营一座坟墓往往历时数月。县志编纂者认为，这些是以前没有的或未见于记载的。

光绪元年《衡山县志》载：

婚嫁。凡纳彩问名、纳征请期、亲迎奠雁诸古礼，未能尽遵。然其间，有从俗而不悖于古者。二姓结婚，先以媒妁通言，两俱允许，然后约期订盟。为红绿两书，并载男女支干，而互执之。及将成婚，男先以礼物馈问女氏。既乃送头盖簪珥诸服物，并告婚期。有用启者，有但用通名拜书。内夹一帖，书某月日合卺大吉者。迎女之日，备舆马送原媒，先告女氏。随以彩轿往迎。其礼物，则有生鹅一双、辞堂福酒荤素各一具，并奠女氏之堂，而婚礼备矣。新妇入门及庙见诸礼，均从朱子。女家妆奁丰俭随人。然富室婆妇，亦间有计较厚奁者，每为知礼者所讥。

丧葬。小殓后，或延僧道讽经拜忏，开设道场。或不用僧道，但行家礼，或遵行家礼仍延僧道。大殓后，停棺于室，或逾月而葬，或逾数月而葬。至期开筵设奠，姻亲毕集。惟酷信风水之家，谋获吉壤，避忌过多，甚至有迟之数年而不葬者。②

从以上记载看，衡阳地区的婚丧习俗，与长沙地区多类似。但有稍异者，如将成婚，男方须送头盖簪珥诸物至女家，并送双鹅（代雁）之外，还要送荤素酒席各一具，奠女氏之堂；丧事，先“小殓”，再“大殓”。此类习俗，长沙未见于记载。

光绪四年《道州志》载：

婚礼多尚门第，喜结旧亲。初行下定礼仪，仪物无多。次则行聘，用厚币索女庚帖，谓之送年。自是而上头，而报日。众礼毕备，始定期。先

①光绪《善化县志》卷一六《风俗》。

②光绪《衡山县志》卷二〇《风俗》。

日，结彩张灯，为酒食，以召亲友。父醮子于堂上，曰伴郎。及夕，制催妆，启用二鹅，以代雁，鼓乐彩轿，送至女家，曰迎轿。此亲迎之变也。新妇至门，以二妇逆迎而入，曰示娘。入室先拜甑机，取中馈纺绩之意。次庙见，次拜翁姑亲属。及夜合卺，曰交亲。明日，婿往女家，曰拜门。但取新妇巾帨簪花往，拜谒殆遍，女父母厚款之。曰卯筵。但多索歌堂钱耳。至嫁女之家，连夕设花筵以待。母女环坐，命戒而哭。亲邻姊妹间以歌唱，音袅袅可听，彻夜不休。诘旦，随妆奁以行，只兄弟一人偕媒氏往送之。即日必归，虽远无留宿者。

丧。始死，沐浴具衣衾殓于地，供含饭，子女环哭，亲邻共守之。越日乃殓，设灵哭奠，讣告诸戚，三日成服。吊唁毕至，各分白布一段，曰散孝。亲属设筵于灵，曰上饭。七日开奠，作道场，曰应七。四十九日，曰满七。行封丧礼。或有在月内即葬者。不论年月。过此则择地选期遥遥莫必矣。比葬，先期请亲友典仪，设家奠，然后戚族以次奠赙。厚者用羊豕，余则否。亦有各出分金，同制祭帐者，最简便。日三侑食，中夜行朝祖礼，始迁柩出。俗重题主。请亲友或长官为之。祖奠毕，引柩登山，候吉时下矿，祭告后土。归安灵于庙。款宾友，曰回丧。三日上坟，曰复山。

又云：始死，则邻里毕聚，击鼓高歌，名曰闹丧。是以死为乐也。广延僧道，礼忏诵经。富家或大作水陆道场，名曰超度，所费不赀。又多信青乌之术，聘请堪舆，远觅风水。兄弟多者往往以房分相争，致淹丧事……亟为改正者也。①

道州（道县），处湘南山区。所载婚丧习俗，与湘中衡阳、长沙地区仍有不少相似之处，但特色突出。婚姻，如喜结“旧亲”，应即俗称的“亲上加亲”；新妇进门先拜“甑机”，即锅灶用具和纺纱、织布机；新娘出嫁前夕，邻里姊妹相聚唱歌；成婚后第一天，新郎带着新娘的头巾簪花，去女方家“拜门”，女方多索“歌堂钱”。丧葬时，“击鼓高歌”，以“闹丧”；七日开道场，四十九日下葬；吊丧送“祭帐”，请“长官”主奠礼等。这些均有地方特色，为其他州县所未见或少见。

①光绪《道州志》卷一〇《风土》。

三、特色饮食

由于所处自然地理条件、生态环境和人文传统的差异，各地在历史上都逐步形成了各具特色的饮食习惯，产生和发展了自己的饮食文化。

湖南以省城长沙为代表的湘菜，与京菜、津菜、苏菜、辽菜、粤菜、川菜、鲁菜齐名，为中国著名的八大菜系之一；湖南还有一些风味独特的名菜佳肴和地方小吃。在清后期的数十年间，湘菜技艺获得了充分发展，湘菜进入它的全盛时期，而不少著名菜肴和风味小吃，也正是产生和形成于这一时期。

据记载，从清中叶开始，长沙城内即陆续出现一批以湘菜著称的菜馆。这些菜馆统分为“轩邦”和“堂邦”两类。轩邦专营菜担，挑卖民家，承制酒宴，如“长盛轩”“紫云轩”“聚南珍”等数家；堂邦以经营堂菜为主，有“旨阶堂”“先恒堂”“菜香堂”“嘉宾乐”“庆星园”“同春园”“六香园”“菜根香”等十家，时称之为“十柱”。随着政治、经济、文化、交通的不断发展，特别是由于湘军的兴起，湖南和长沙在全国的地位和影响大为提升之后，南来北往的官宦商贾、文人墨客日益增多，堂邦菜馆的生意日益兴隆，更多的湘菜馆应运而生。“天居乐”“天然台”“玉楼东”“挹爽楼”“曲园”“裕湘阁”等菜馆酒家相继出现。到清末，堂邦经营范围越来越大，专业厨师和从业人员愈来愈多，各自以拿手招牌菜招揽生意，招徕食客。一批厨师集资，在长沙城内的永庆街兴建了厨师祖师庙宇——詹王宫。厨师们相互切磋烹饪技艺，收徒传艺，研制一些特色名菜，由此初步形成了湘菜的烹饪技术理论，促进了湘菜的发展和传播。

湘菜代表性的菜肴，有创制于同治年间的“麻辣子鸡”和“鸭掌汤泡肚”（又名“口蘑汤泡肚”）。麻辣子鸡，以湖南特产的嫩子鸡为原料，加上多种调料烹制而成，菜品色泽红亮，具有麻辣香鲜、外焦内嫩的独特风味。鸭掌汤泡肚，以猪肚尖和鸭掌为主料，以口蘑、豆苗为配料，用多种调料精心烹制而成，肚尖脆嫩，汤清鲜美。这两种菜肴以长沙百年老店玉楼东烹制的最为有名，长沙民谣云：“麻辣子鸡汤泡肚，令人常忆玉楼东。”

湘菜中传统名菜“炒细牛百叶”“红煨鲍鱼”“清炖牛肉”“酱汁肘子”和“松鼠桂鱼”等，大多也都是创制于清末和20世纪初。其中“炒细牛百叶”，细如发丝，白似银线，色泽鲜艳，口味香辣、脆嫩、微酸，极为爽口。此菜与“红烧蹄筋”“牛脑髓”并称“牛中三杰”，成为长沙百年老店“李合盛”清真酒家的传统名菜。

湘菜名肴中还有“东安子鸡”。最初创制于湘南东安，称“醋鸡”，清末民初引入长沙，经官宦商贾食客的宣扬，成为酒宴上的名肴。该菜造型美观，色泽鲜艳，营养丰富，具有香、甜、酸、辣、脆、嫩等特点。闻之生津，食之不厌。

长沙和湖南其他地方，均有独特的风味小吃。见诸记载创制或盛行于清后期和清末民初的也不少。如：

双燕馄饨。馄饨，又称饺饵，已有两千多年的历史，湖南尤为盛行。20世纪初，馄饨摊贩李冬生携子侄于长沙南门口开店经营馄饨，以馄饨形如燕子，取俗谚“燕饮而乐”之意，又喻由湘北来长谋生，北燕南飞，故取其店名为“双燕”。该店的馄饨制作精细，汤鲜馅美，由是生意兴隆，名噪一时，并致使长沙馄饨店纷纷兴起，长沙街头巷尾随处可见。

油炸臭豆腐。相传臭豆腐源于北京，大约100多年前传入长沙，又按湘人口味加以改制，成为别具风味的“闻起来臭吃起来香”的长沙臭豆腐。制作过程，是将黄豆为原料制作的豆腐用特制的卤水浸泡，再用茶油经文火炸焦，佐以麻油、辣椒粉等调料。黑如墨，香如醇，嫩如酥，软如绒。远闻虽味臭，入口却浓香，风味独特，食之难忘。

武冈米花。源于武冈，至清代后期和民国年间已广泛流行于邵阳、长沙和湘中一带。因武冈曾设都梁郡，故又称为“都梁米花”。米花本为民间家庭自制，近代以来出现走街串巷专制米花者。因“花”“发”谐音，寓意发达吉祥，“爆米花茶”乃成喜庆婚娶、迎送宾客之佳品。

五味汤（姜盐芝麻茶）。据光绪《桃源县志》载：“擂茶，合茶姜芝麻盐米茱萸，以阴阳水和饮之。一名五味汤。相传马援制以避瘴。”这实际上类似至今长沙、常德等地仍普遍流行的姜盐芝麻茶，或再加添炒豆子。家庭待客必备此茶。此一习俗，可能与古称长沙和湖南气候“卑湿”有关，喝此汤以祛湿气。

四、少数民族习俗及其变迁

由于“改土归流”和开辟“苗疆”，特别是镇压湘西南粟贤宇、杨清保起义与湘西乾嘉苗民起义之后，清政府实施了“兴教”“化导”以及一系列强制性的“移风易俗”政策措施，促使湖南少数民族地区和土、苗、侗、瑶诸民族的传统生活方式和习惯风俗，在清中后期100多年间，以前所未有的速度发生了变迁。

龙山县，原属永顺土司辖区，为土家族和苗族聚居地。据同治年间的《龙山县志》（卷七）记载：

“土民淳直畏官长，力田种山而外，鲜逐末，不尚奢华。富者皆令子弟读书应试，文武两庠，班班辈出。”土民设“摆手堂”，“男女聚集跳舞长歌，名曰摆手……累出示禁之，不能止”。又载：“土妇善织锦裙被之属”，但“向不知制履，市之肆中。近则自制，与客妇等”；“男女衣服……土民渐与客民同。惟土女习耳贯多环，累累然几满”。

龙山县境内的苗族，“俱系剃发熟苗，久已编入土民甲保内”。其俗“短衣跣足……左耳贯环如臂钏”，“其妇女项排银圈数个，两耳并贯银环”，“近男子左耳亦有不贯环者”。

从雍正年间“改土归流”，至同治年间，已 130 余年，龙山县的“土民”（即土家族），依然很淳朴，以农为本，不尚奢华。但读书的人增多，汉文教育已有较大发展，民族的风俗习惯也在改变。如服饰已“渐与民同”，即逐步“汉化”；过去不知“制履”，即做鞋子，近来学会了，所做的鞋子与汉民的已无差别。然而土家的“摆手堂”和男女集聚跳摆手舞的风俗依旧流行，“禁而不止”。龙山境内的苗族属“熟苗”，男子不再蓄发椎髻，左耳戴银环的习惯也正在改变，已有不再戴银环的。

古丈坪厅（今古丈县），建厅前先后属永顺土司和永顺县，亦聚居着土家族和苗族。据光绪三十二年（1906）《古丈坪厅志》（《民族志》）载：“昔人云：土人……虽轻生好斗，而朴拙淳直，稼穑而外，不事商贾”，“不事奢华，颇有古风”。然“近日土人大都移易旧风，仕宦为将吏显名者多人，一切同于民籍”，即与当地汉人已没有大的区别。

又载：“土俗，各寨有摆手堂，每岁正月初三至初五六夜，鸣锣击鼓，男女聚集，摇摆发喊，名曰摆手，以祓不祥。此旧俗。今亦不尽有此堂。”“土籍，婚不禁同姓，以牛布五谷为聘礼，近亦有同姓之禁矣。”

“土人”“土籍”即土家族。古丈的土家族，同样很淳朴，以农为本，但在民族习俗方面的变化似乎较龙山更大。过去盛行“摆手”，至清末仍设有“摆手堂”的村寨已不多，“摆手”的习俗不那么流行；以前婚姻不避同姓，清末已有同姓不婚的禁忌。

又据其记载：苗族，妇女“头带银梳，以银丝密绕其髻，裹以青绣帕，腰下系带……苗女未嫁者，额发分中，结辫垂后”。“苗俗，多有不安祖先者，年节或祭中柱，或祭火床。倘家门不顺，则椎牛祭鬼。正月亲友聚会，则打猴儿鼓、摆腰调年，男女歌和。”“苗祭，五月逢子、寅、午日，专祭祖先”，“小暑节前，辰、巳两日为禁日，祀天王”。“六月吃新亦大节”。

从记载看，至清后期，古丈坪厅的苗族传统习俗还保留较多。如堂上不设神龛，祭祖于“中柱”；遇不顺，“椎牛祭鬼”；打猴儿鼓“调年”；小暑节前祀“天王”等，均依然流行。

乾州厅（今吉首市），康熙后期“开辟”设厅之前，大部分为“生苗”聚居区。据同治《乾州厅·苗防志》载：“苗人，前唯寨长剃发，余皆裹头椎髻……上衣短马褂，下不着衣，唯衣长裙，青红相间，自成文衫，亦有绣花卉者。上衣下裙，以层数多者为美。”又云：“近日渐习民俗，男皆剃发，不戴耳环，女亦着衷衣，裹脚，昔年异矣。”

宣统《永绥厅志》（卷六）载：永绥厅（今花垣县），“苗俗，惟寨长剃发……近则皆知剃发矣”。“今男女服饰亦如汉装，惟项圈耳环尚未去耳”。婚礼，“男子求婚，央媒妁至女家说合，即以火炮酒肉送女家，谓之插香。迨将亲迎之夕，男家备钱物颈圈首饰裙布，交媒送女家，谓之过礼。婚日，女父母兄嫂姊妹，以及伯婶旧表偕至，新妇寻窗户耳门而入，登坐火床，不行合卺礼。夕食已，与父母等至同寨，轮流宴饮，谓之吃排家饭。此为各里现行普通例。有行亲迎用鼓乐、花轿，戚友以礼贺男家，谓之看亲”。

以上记载，可代表湘西原“生苗”区的情况。男子“剃发”不再椎髻，本是“开辟”时“生苗”“归诚”的条件之一，但实际上并未普遍实行，而只是“寨长剃发”；此外，左耳仍戴银环。苗族妇女，“开辟”置厅后也还是上衣下裙，不着衷衣，穿青红相间或绣花的长裙，跣足。显著变化是发生在乾嘉起义被镇压之后。至同治年间，男子，都按清朝的习俗剃发，也不再戴耳环；妇女，平时不再穿长裙，改裙为裤，时兴裹脚，不再跣足。婚礼，通行的是央媒说合、插香、过礼，父母亲属送亲，进屋坐火床，不行合卺礼，去同寨各户吃“排家饭”等，但也开始有用花轿、鼓乐迎亲的。

绥宁县，素为苗、侗、瑶等少数民族聚居地区。据同治《绥宁县志·风俗》载：“彝俗，俗穿青衣，自染自缝，不食隔夜米，谓之避疫；买卖旧无契约，刻木为质，今已革去。惟半里近粤西侬种，男结髻，带圈环，女穿细褶裙，与诸里稍异。近来广设义学，渐知观感，衣冠改换，子弟入泮者尤多俊雅焉。”

又载：“傜俗，采苟麻皮织为布，买五彩绒挑斑为衣。耕山而食，鬻薪为业。蓬头跣足，负物戴于首。娶亲吹牛角、打铜鼓，祷神不揖不跪，但作屈伸之像。近回渐摩懿教，俗亦丕变矣！”

所记载的“彝”，其实为侗族；“侬种”，即广西壮族，与其接近的“半里”聚居着苗族。从记载看，绥宁境内的侗、苗、瑶等，服饰和生活习俗都各有特色。如侗族，“穿青衣，自染自缝，不食隔夜米（饭）”等；苗族，椎髻带圈环，“穿细褶裙”等；瑶族，穿五彩绒斑衣，“蓬头跣足”，“娶亲吹牛角”等。但至同治年间，或已“革去”，或“衣冠改换”，或亦“丕变”，均程度不一地发生了变化。

同治《永州府志·风俗志》载：“近年来，熟徭纳粮当差，令行禁止，与民无异；生徭杂处山谷，自食其力，不为民害。”所辖各县：

江华县，“山瑶”，“归化以来，淳朴奉公”；“三宿平地瑶”，“每宿佥点一人为千长，又立瑶老约束”，经济较宽裕，称“富瑶”。

新田县，“高山瑶”，“其俗椎髻跣足，衣服斑斓，语言侏离，上下险阻如坦途；好击腰鼓，大者如柱，长或逾寻，负以二人，击其一面，男女罗列笙歌跳舞”。“平地瑶，聚族而居，衣服饮食不异于民”。

永明县（今江永），“熟瑶，例为户籍，服物与编氓无异”，“顶山畲种，性喜射猎”。

宁远县，“九疑诸瑶”，“声教广被，抚绥有方，小事质于峒长，大事理于县官”；“高山瑶习俗犹旧，平地瑶则多读书能文”。

道州（今道县），“瑶居，大率阻山凭险，斩木结茅，以蔽风雨”，“近亦多结瓦屋”。“马江、白岭、乱石、石源、横岭诸瑶，服饰多与居民同”，“他处妇女，皆椎髻跣足，两耳贯银环三两圈，衣服喜斑斓”。

从记载看，永州及所辖江华、新田、永明、宁远、道州等州县境内，分布着大量瑶族，称呼不一，发展水平和生活习俗也各有差异。但大致可分为两类：一是“熟瑶”“平地瑶”及江华的“山瑶”、宁远“九疑诸瑶”，“归化”较早，发展水平较高，多能文，“与民无异”，“衣服饮食不异于民”，生活习俗变化较大；另一部分为“生瑶”“高山瑶”及道州除马江、白岭、乱石等地“诸瑶”之外的瑶族，居处山地，尚不入编户，发展水平一般较低，“习俗犹旧”，还是“椎髻跣足”“衣服斑斓”，喜银饰等，但生活习俗多少也在发生变化，如从“斩木结茅”安身，到“多结瓦屋”以居。

从语言方面看，清后期和清末民初，湖南境内各世居少数民族均保持着自己的民族语言。但随着民族地区兴教办学，汉文化教育的推广，以及同汉人交往的增多，语言也在发生变化。有一部分已开始改讲汉话，更多的则是既保留自己民族的语言，同时又习汉文讲汉话。如同治年间，龙山县的土家族子弟“读书应试”，“文武两庠，班班辈出”；“平地瑶”已“多读书能文”。又据记载：城步、绥宁一带，“苗、傜错居，多能汉语识字”①。但仍有相当多的只能讲本民族语言，不懂汉语，这主要是原来的“生苗”“生瑶”及边远村寨的一些少数民族。

湖南原土著少数民族均无自己民族的文字，或曾有过某种文字，而后来也失传了。元明之际开始进入湖南的维吾尔族、回族，到清代后期，除阿訇等极少数人能识阿拉伯经文之外，一般均改用汉语，习汉文。清王朝在镇压粟贤宇、杨清保起义之后，禁止当地苗、瑶使用“从前捏造”的“篆字”。这说明苗、瑶民族历史上曾有自己的文字，并且渊源久远，因它形似汉代以前的篆体字。清朝统治者加以禁止，应是造成这一民族文字失传的主要原因。

①光绪《湖南通志·苗防五》。

附 图

图　版

附图 1　高庙遗址出土 7000 年前陶器上的凤鸟纹

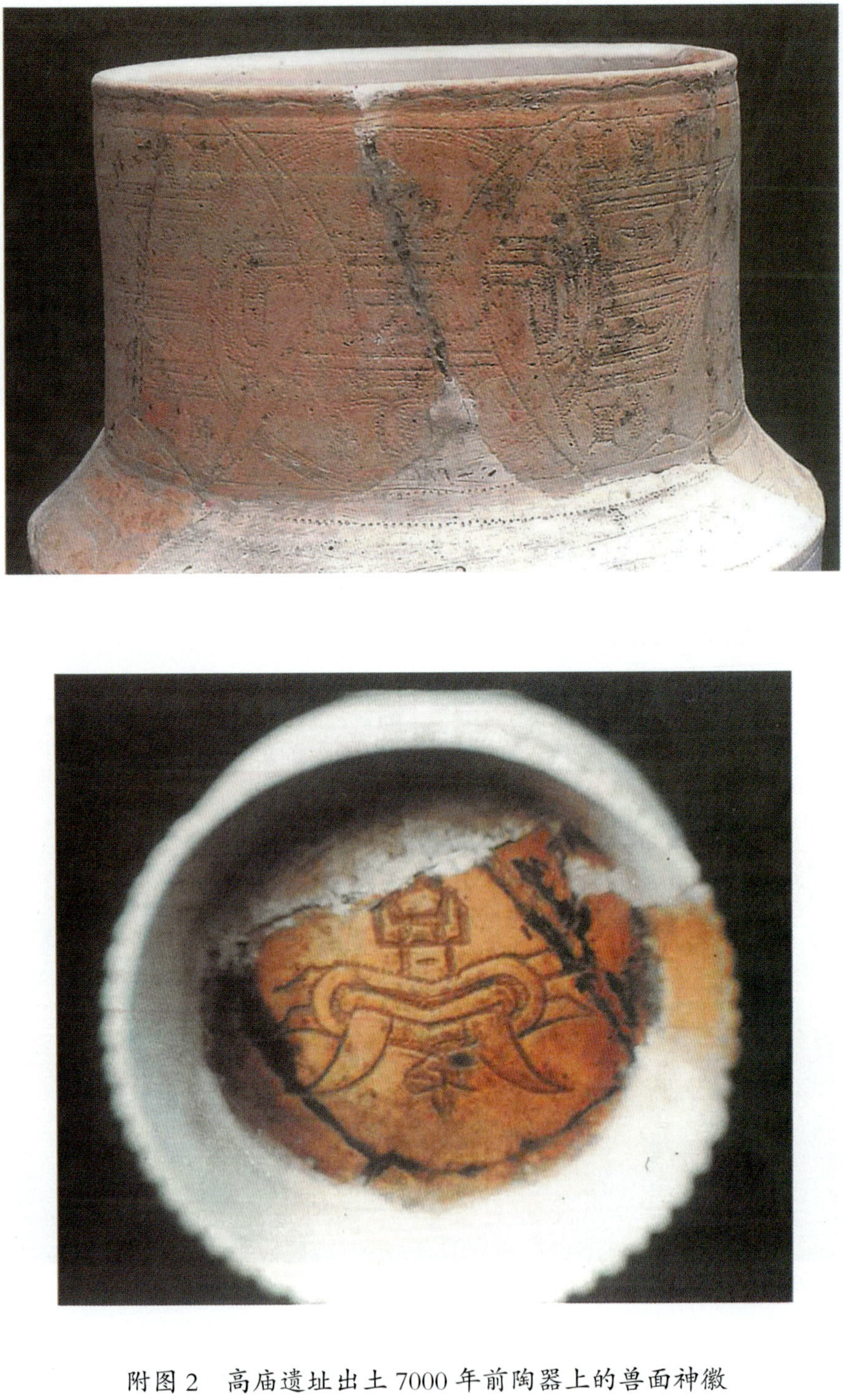

附图 2　高庙遗址出土 7000 年前陶器上的兽面神徽

附图 3　湖南大溪文化红陶壶、盆

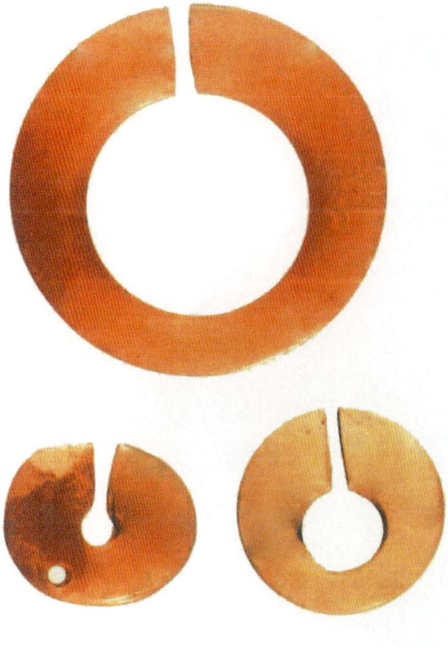

玉玦

玉环　玉坠

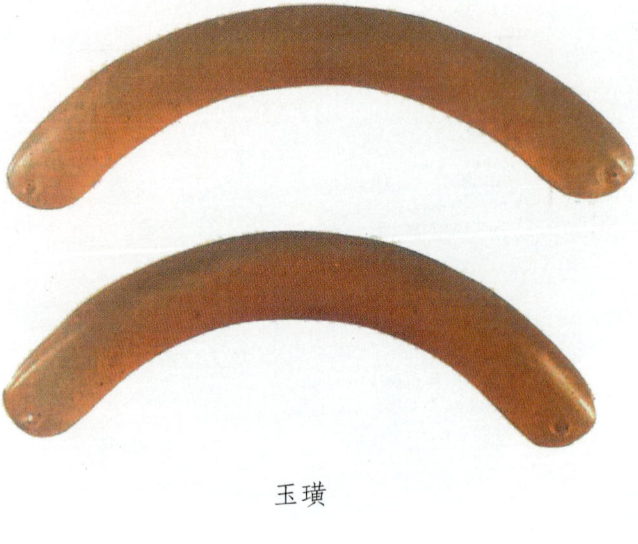

玉璜

附图 4　城头山文化遗址出土的玉器

兽面纹提梁卣

四羊方尊

人面方鼎

附图 5　湖南商代青铜器(一)

皿方罍

皿方罍铭文

附图6　湖南商代青铜器(二)

“戈”卣

乳钉大铜铙

象纹大铜铙

附图 7　湖南商代青铜器(三)

醴陵青铜象尊

长沙青铜豕兽

附图 8　湖南商代青铜器(四)

铭文铜爵

石门兽面提梁卣

衡阳青铜牛尊

附图 9　湖南商代青铜器(五)

云纹甬钟

铭文“士父”铜钟

附图 10　湖南西周青铜器(一)

云纹蹄足鼎

长足鼎

附图 11　湖南西周青铜器(二)

湘潭“旅父甲”铜尊

长沙望城高砂脊铜尊

附图 12　湖南西周青铜器(三)

西周“楚公豪”戈

附图 13　湖南西周青铜器(四)

平盖牛角竖耳云纹鼎

涡云纹铜鼎

附图 14　湖南楚青铜器(一)

青铜缶

青铜提梁盉

附图15　湖南楚青铜器(二)

益阳出土的"楚王"戈

菱形宽叶铜矛

带鞘铜短剑

附图 16　湖南楚青铜器(三)

草叶纹四山字铜镜

草叶纹五山字铜镜

云雷地八连弧纹铜镜

附图 17　湖南楚铜镜

黑漆朱绘狩猎纹漆卮

凤马鼓座

黑漆朱绘云纹尊

附图 18　湖南楚漆器

琉璃珠

琉璃璧

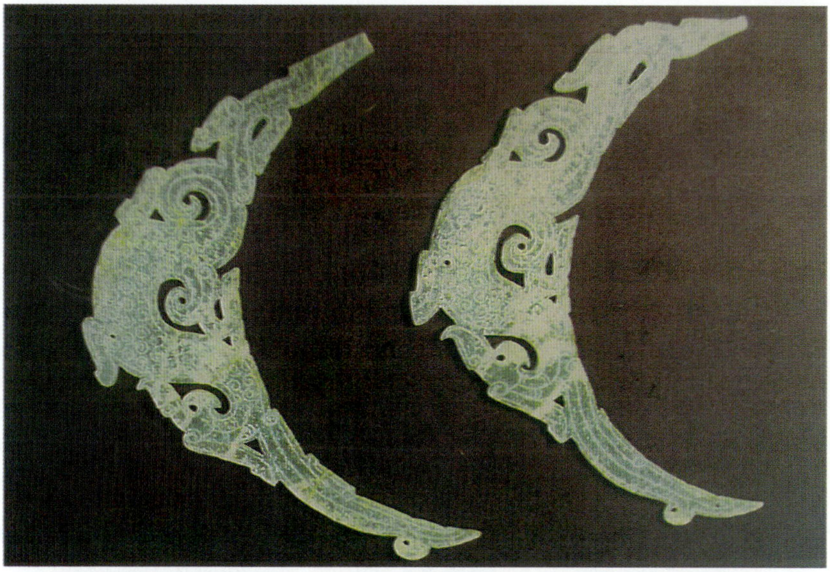
龙凤玉佩

附图 19　湖南楚琉璃、玉器

缯书

楚人信期绣品

附图 20　湖南楚丝织、绣品

人物龙凤帛画

人物御龙帛画

附图 21　楚帛画

濮式人物柄匕首

濮式剑柄

附图 22　湖南“蛮”“濮”族文化遗物

越式蚕纹尊

越式水生动物纹提梁壶

越式涡纹鼎

附图 23　湖南古越人文化遗物

虎钮錞于

虎纹铎

附图 24　湖南“巴人”文化遗物

非衣画

彩绘帛画

附图 25　长沙马王堆汉墓帛画

瑟

竽

律管

附图 26 长沙马王堆汉墓乐器

附图 27　马王堆汉墓出土的乐队木俑

导引图帛画(部分)

导引图复原图

附图 28　马王堆汉墓医学导引图

素纱禅衣

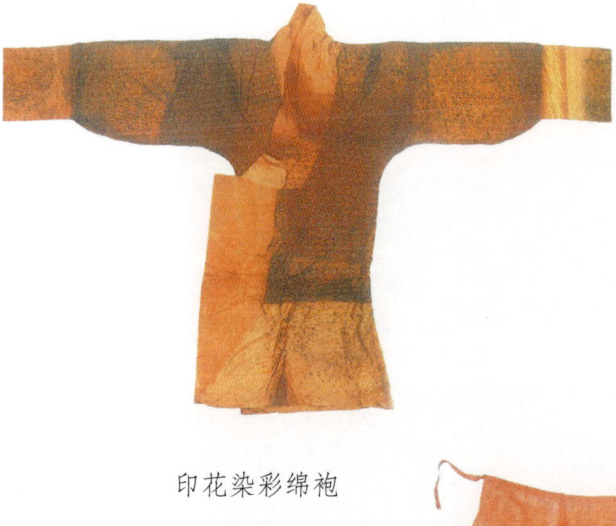

印花染彩绵袍

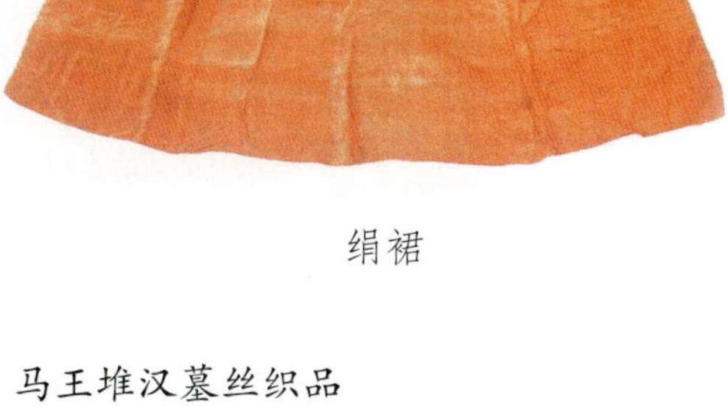

绢裙

附图 29　马王堆汉墓丝织品

铺绒绣

绢地“长寿绣”

附图 30　马王堆汉墓丝织绣品(一)

罗地“信期绣”丝绵袍

对鸟菱纹绮地“乘云绣”

附图 31 马王堆汉墓丝织绣品(二)

漆鼎

漆盘

漆耳杯

附图 32　马王堆汉墓漆器(一)

粉彩圆盒

长方形粉彩漆奁

云纹漆案

附图 33　马王堆汉墓漆器(二)

彩绘棺头

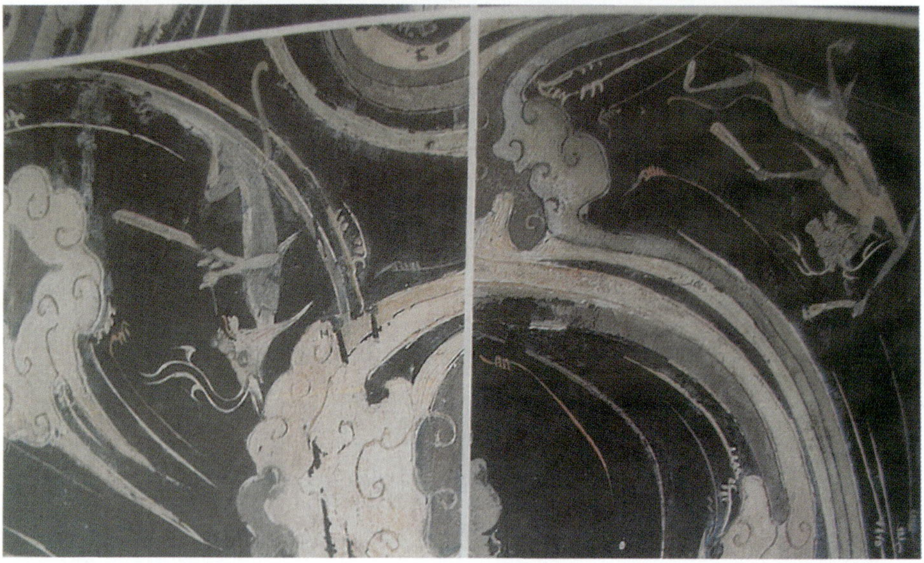

黑地彩绘棺(局部)

附图 34　马王堆汉墓漆彩绘工艺

东汉长沙褐釉方格纹四系罐

三国湘阴窑青釉方格四系罐

附图 35 湖南东汉、三国青瓷器

湘阴窑窑址出土南朝青瓷莲花尊

湘阴窑窑址出土“太官”文字瓷器

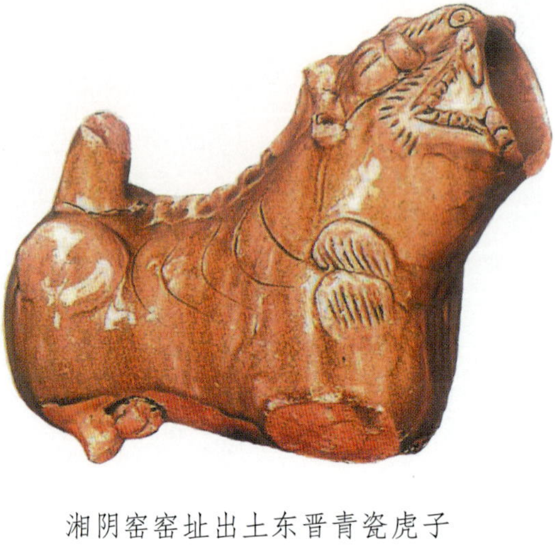

湘阴窑窑址出土东晋青瓷虎子

附图 36　湖南晋代湘阴窑青瓷(一)

青瓷虎子

鸡首壶

盘口唾盂

附图 37　湖南晋代湘阴窑青瓷(二)

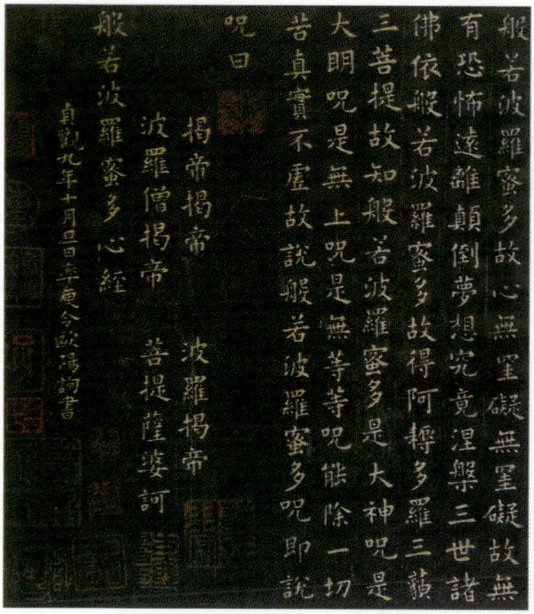

楷书帖（部分）

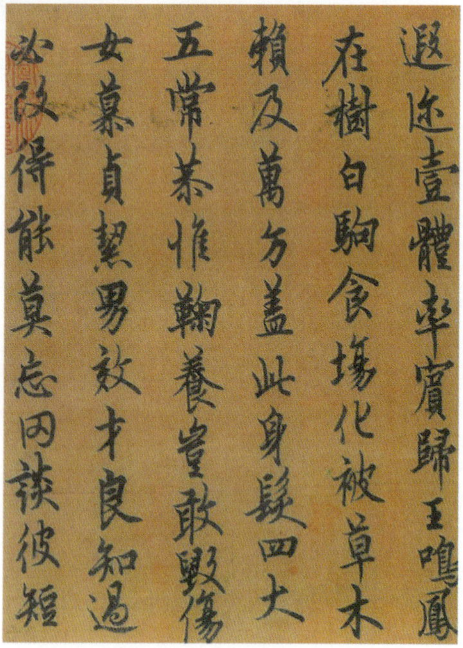

行书《千字文》（部分）

附图 38　欧阳询字帖

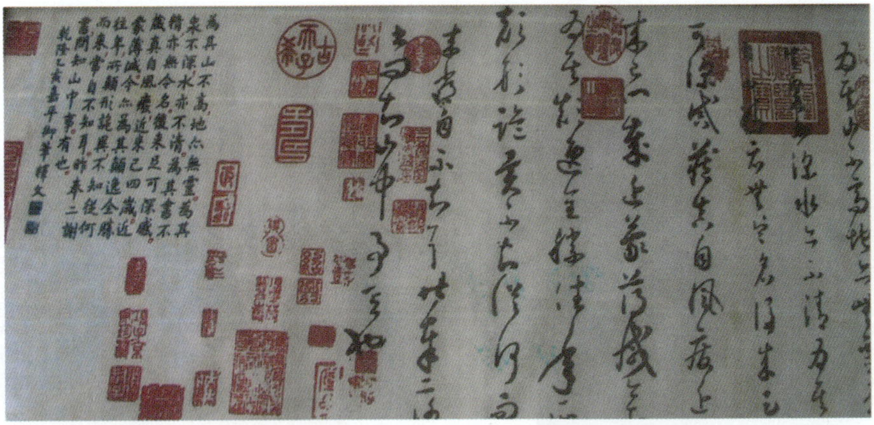

清宫廷御藏帖

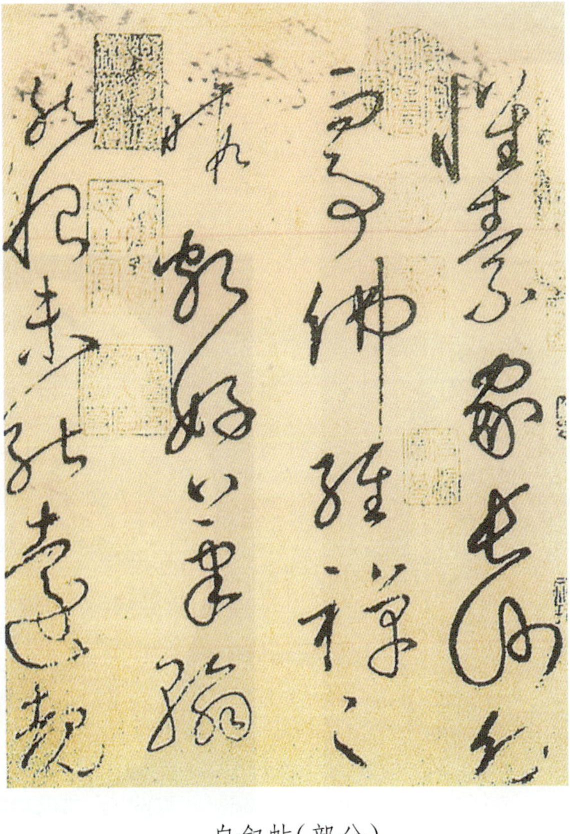

自叙帖(部分)

附图 39 怀素墨迹

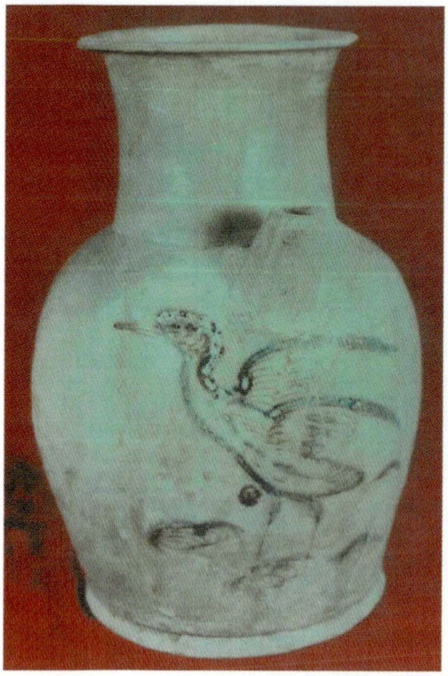

花鸟壶

人物罐

宝塔纹壶

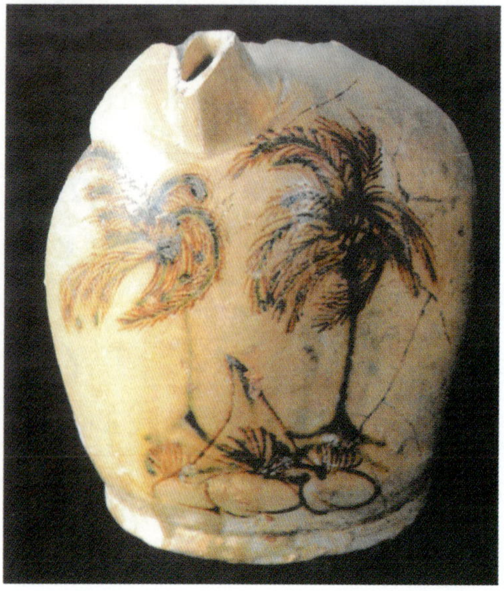

椰树纹壶

附图 40　长沙铜官窑彩绘瓷器(一)

花间小鸟壶

飞龙纹瓶

附图 41　长沙铜官窑彩绘瓷器(二)

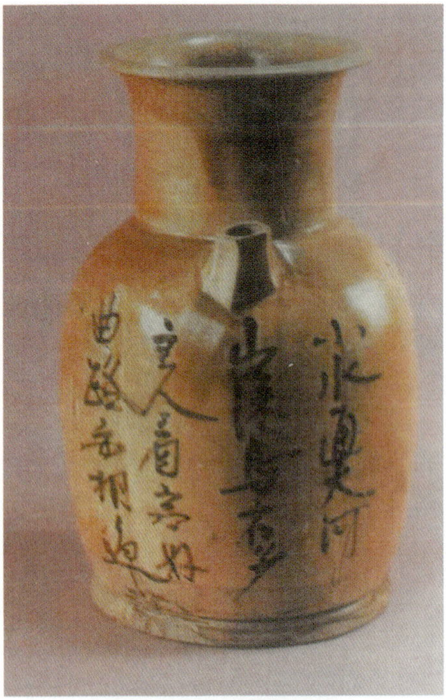

诗文瓷壶

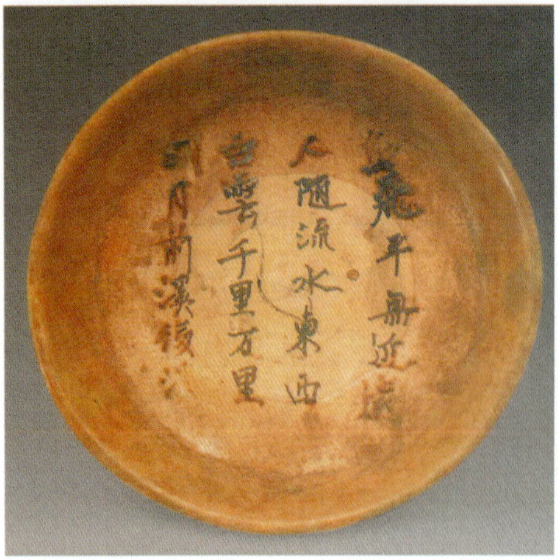

诗文瓷盘

诗文瓷罐

附图 42　长沙铜官窑诗文瓷器

隋代青瓷多足砚

隋青瓷酱褐釉莲花瓶

附图 43　隋唐湘阴窑青瓷(一)

莲花纹瓶

印花唾盂

印花碗

附图 44 隋唐湘阴窑青瓷(二)

青黄釉莲瓣纹瓶

附图 45　五代衡州窑瓷器

绿釉横柄壶

绿釉背水壶

酱釉双鱼背水壶

附图 46　长沙铜官窑釉下彩瓷器(一)

青釉褐绿彩兽座枕

青釉莲花高足杯

附图 47　长沙铜官窑釉下彩瓷器(二)

三猿捕鹭图(藏美国博物馆)

猴猫图

附图 48　易元吉画作(一)

双猿图

猴戏图

附图 49　易元吉画作(二)

绿釉堆塑、佛塔

《金玉满堂》印纹碟

粉地褐绿彩牡丹纹瓶

附图 50　宋代衡山窑瓷器

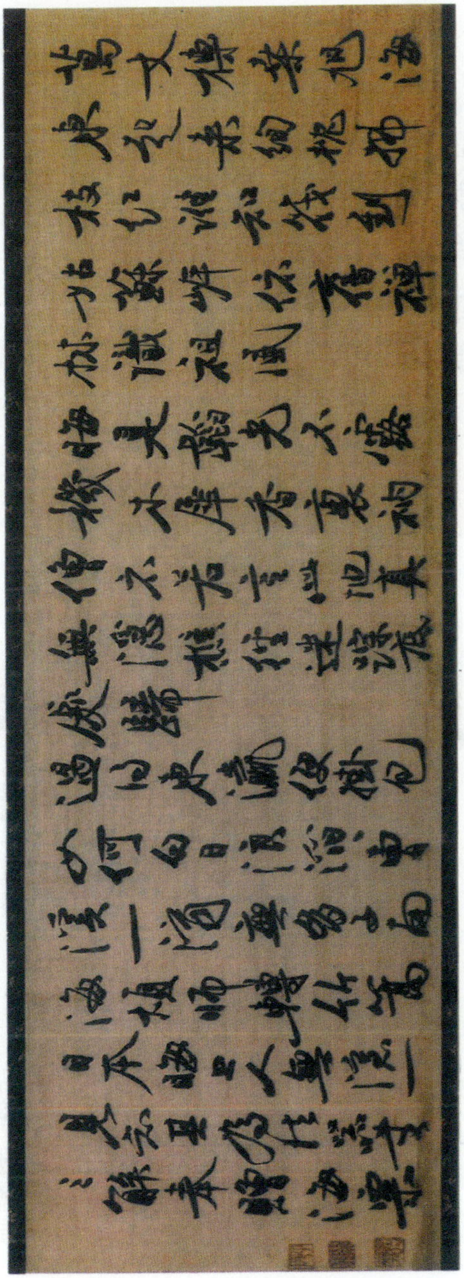

自书"三绝句"赠日本僧人

附图 51　冯子振遗墨(一)

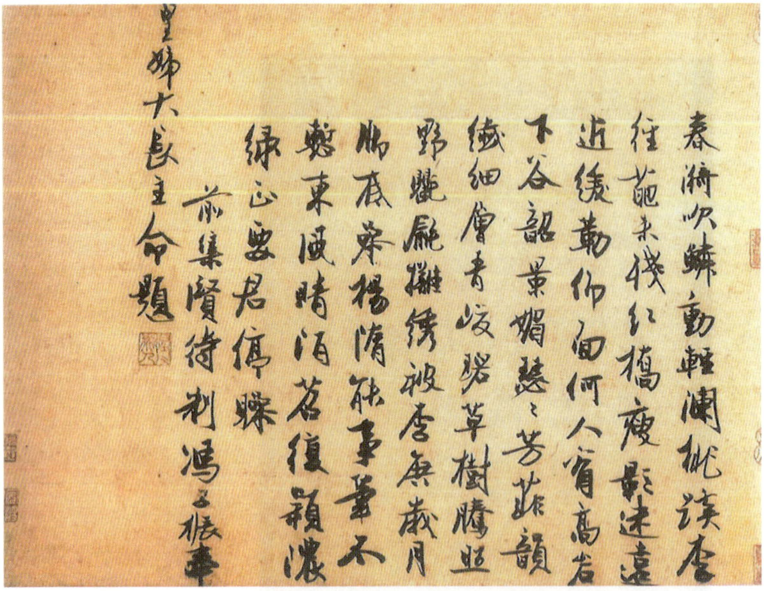

虹月楼记

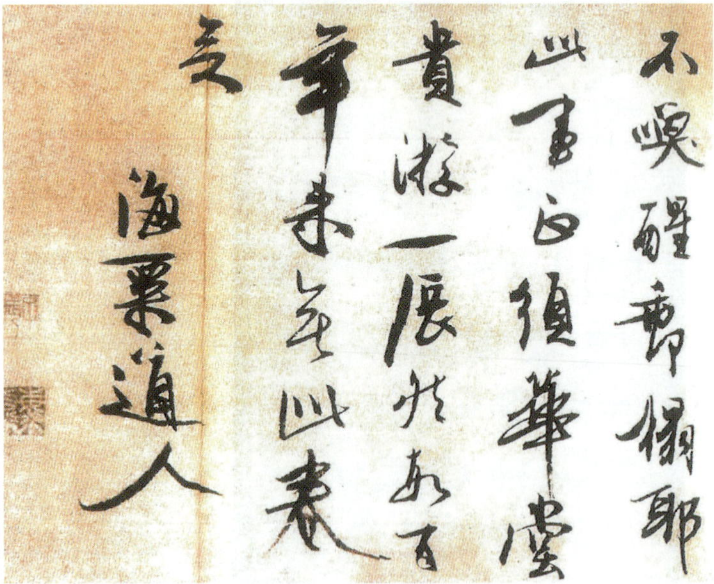

题易元吉草虫图卷

附图 52　冯子振遗墨(二)

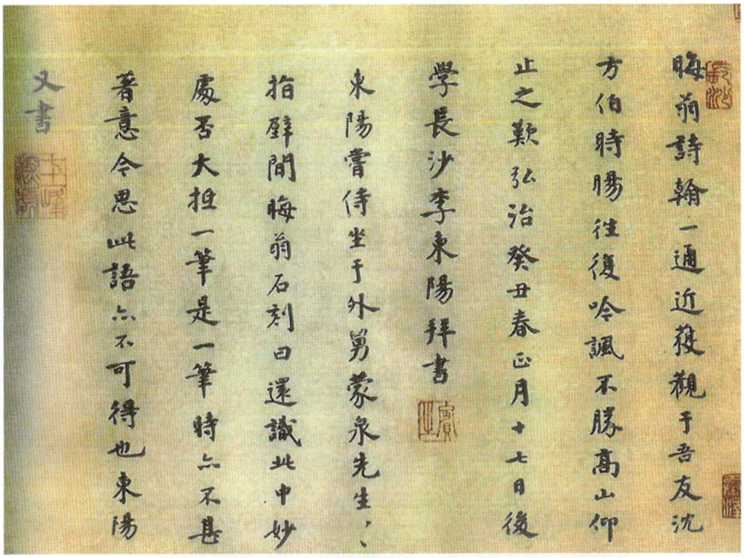

楷书

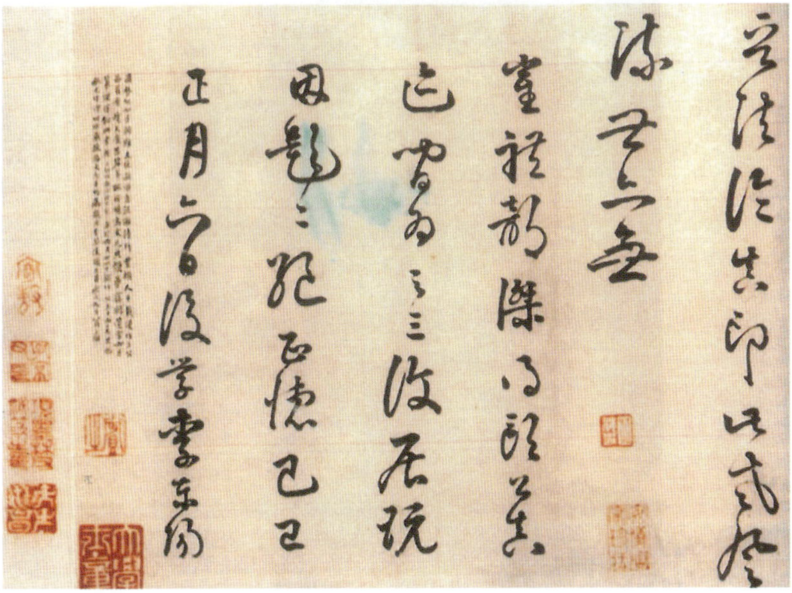

草书

附图 53　李东阳遗墨

髡残山水画

附图 54　髡残画作(一)

髡残山水画

附图 55　髡残画作(二)

附图 56　何绍业山水图轴

附图 59　周凤徽山水图团扇

附图 60　梁煦花卉图

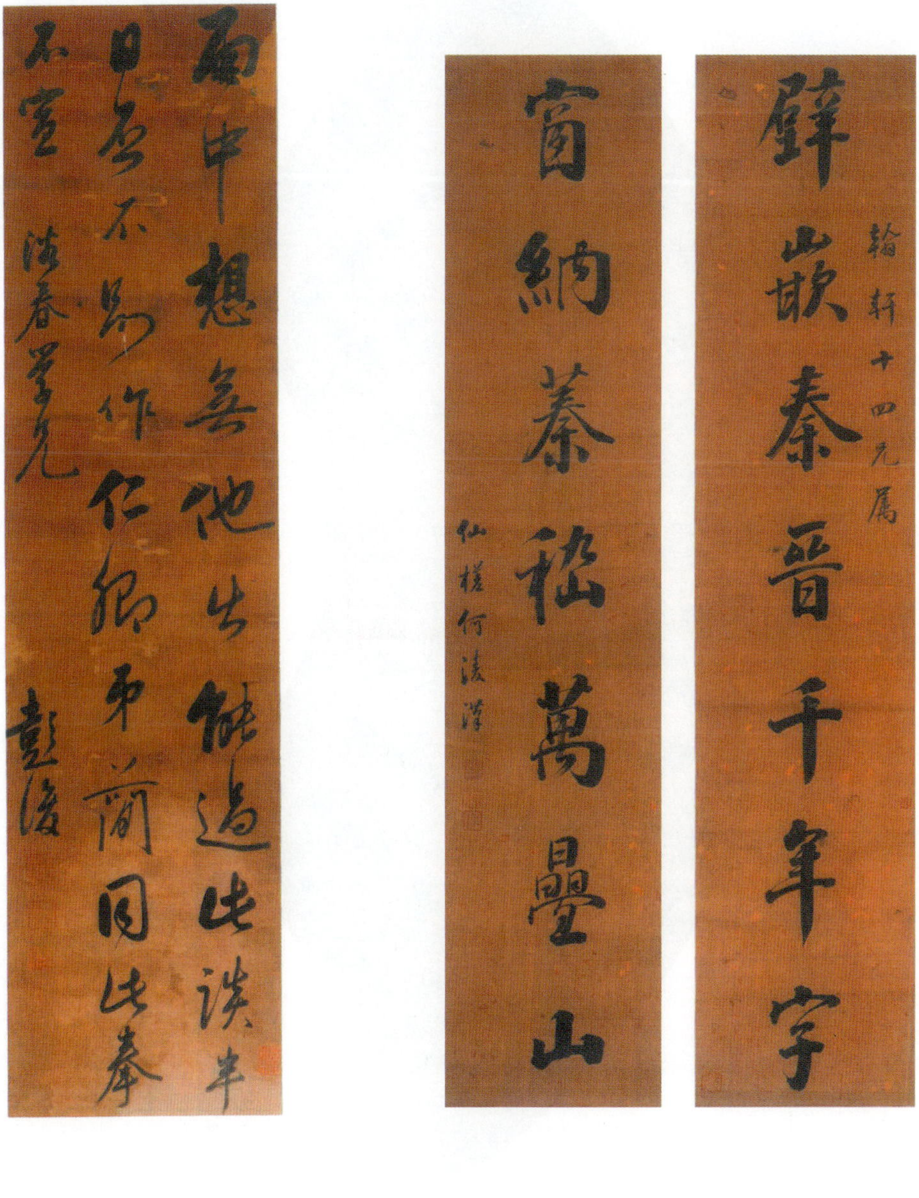

附图 61　彭浚、何凌汉行书联

附图 62　陶澍行书扇面·节录唐李程《五色赋》文

附图 63　李星沅墨迹·年过半百忽归与

行书团扇

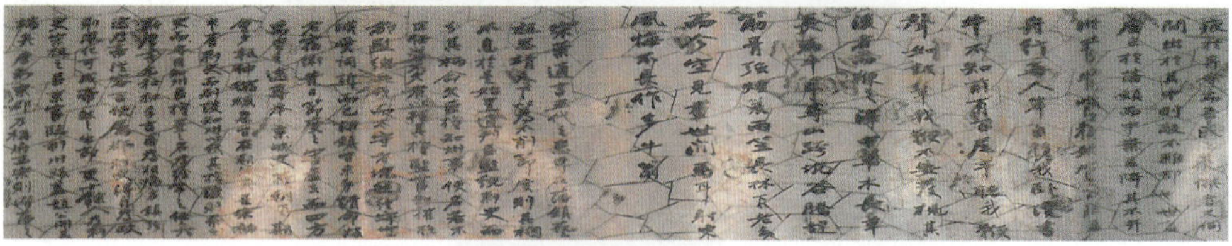

行书长卷

附图 64　曾国藩遗墨

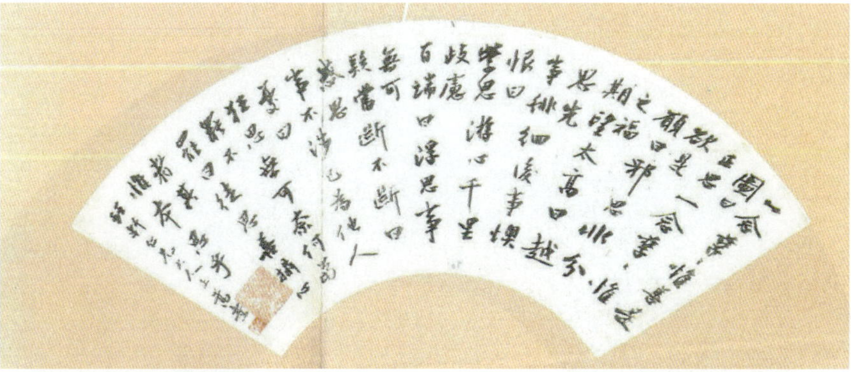

行书扇面

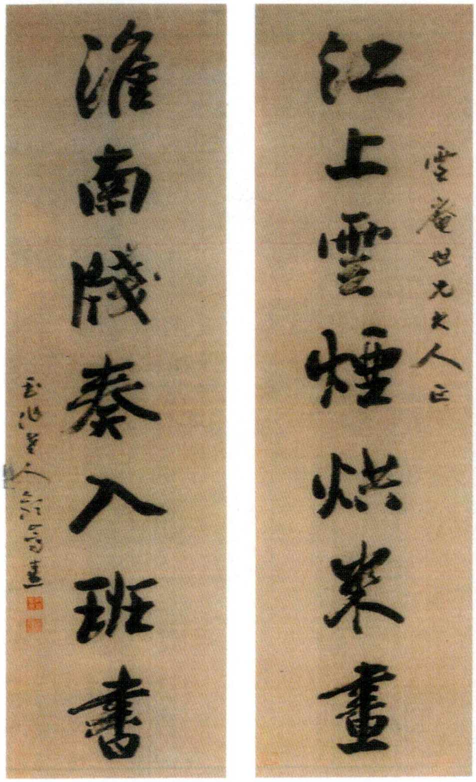

行书联

附图 65　郭嵩焘遗墨

楷书联

附图 66　王闿运遗墨

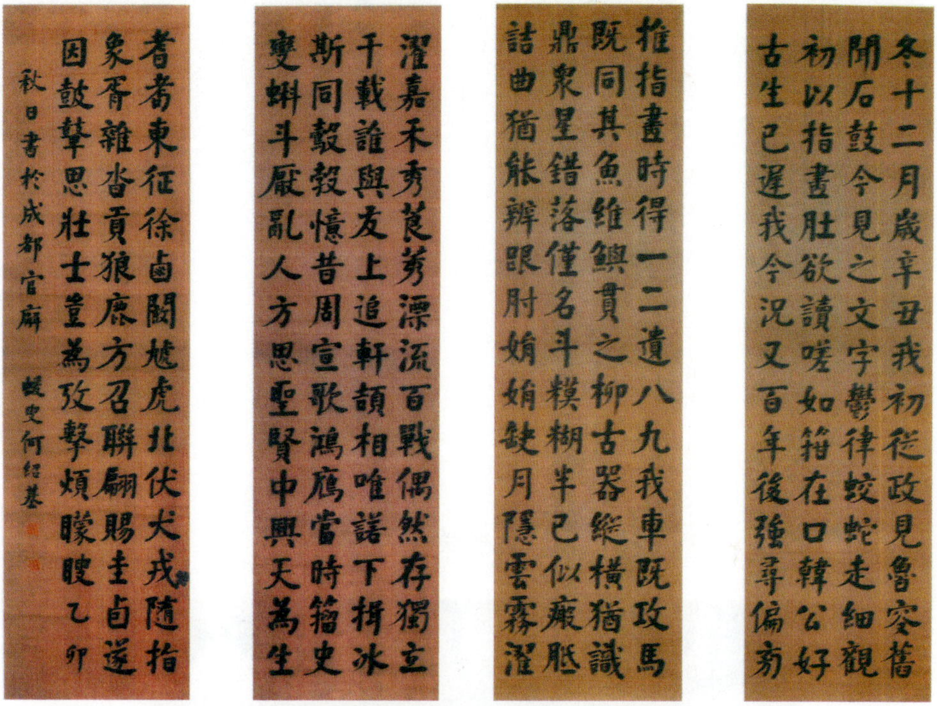

楷书苏东坡石鼓诗屏

附图 67　何绍基墨迹(一)

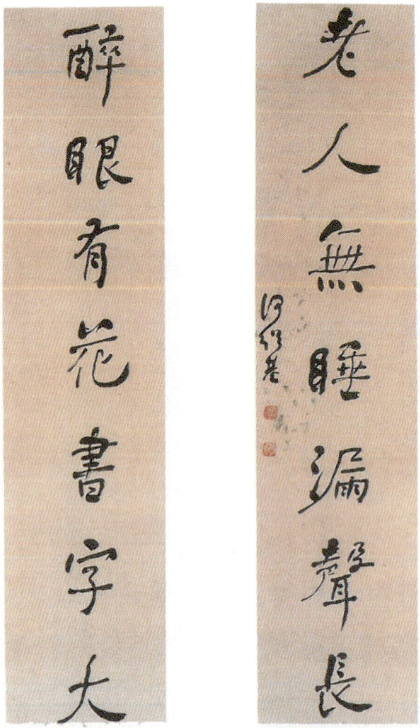

行书联

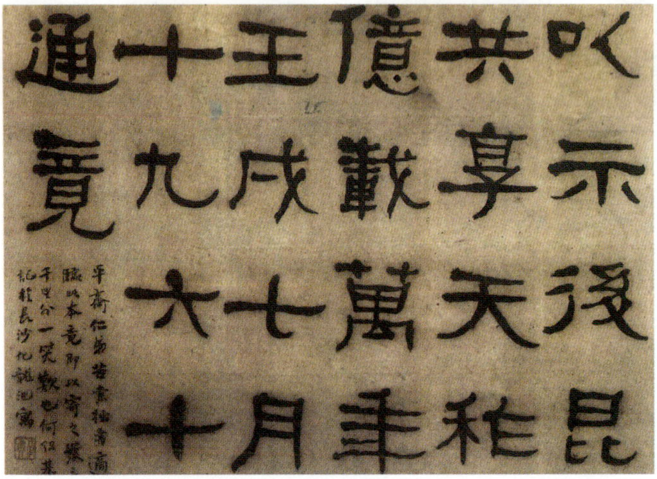

隶书帖(局部)

附图 68　何绍基墨迹(二)

草书团扇

楷书联

附图 69　黄自元墨迹(一)

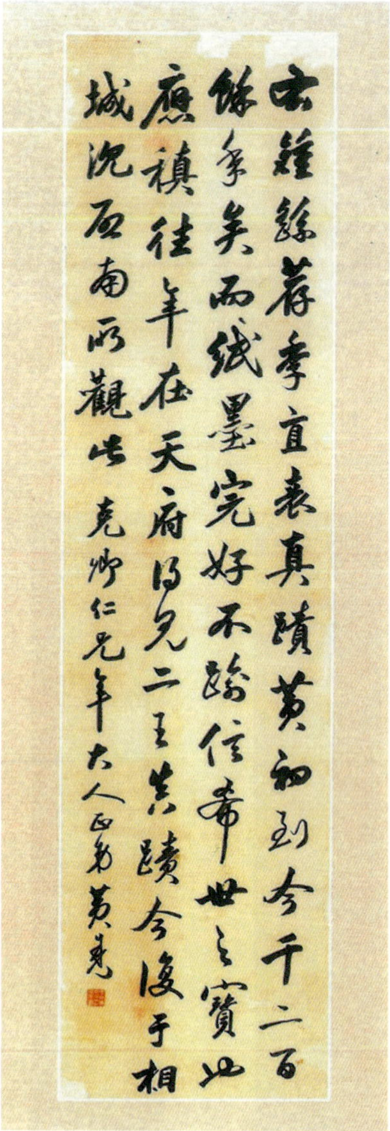

跋钟繇《荐季直表》轴

附图 70　黄自元墨迹(二)

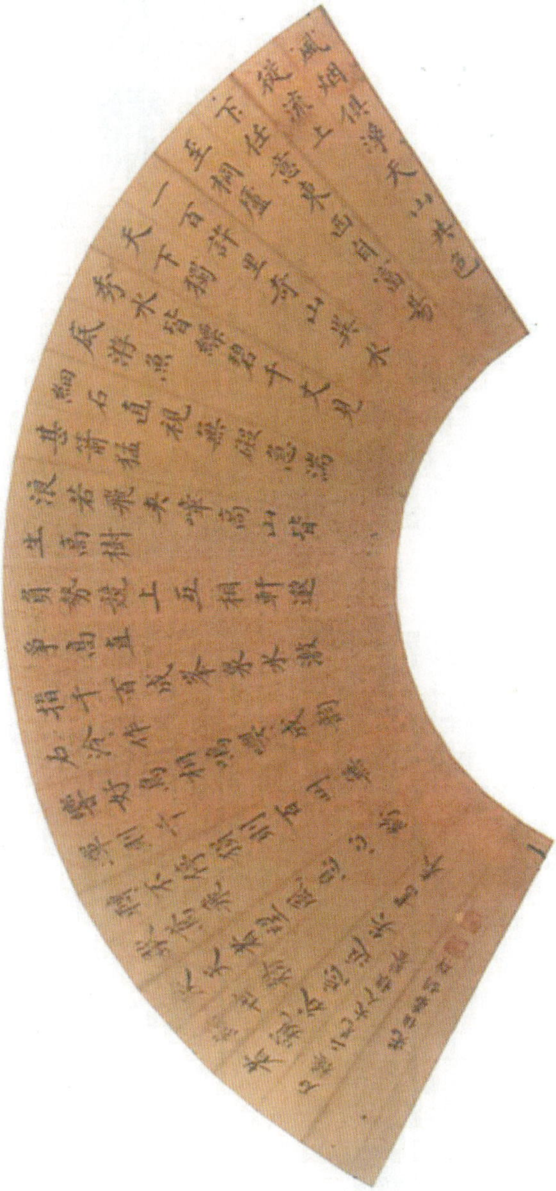

附图 71　胡焯墨迹

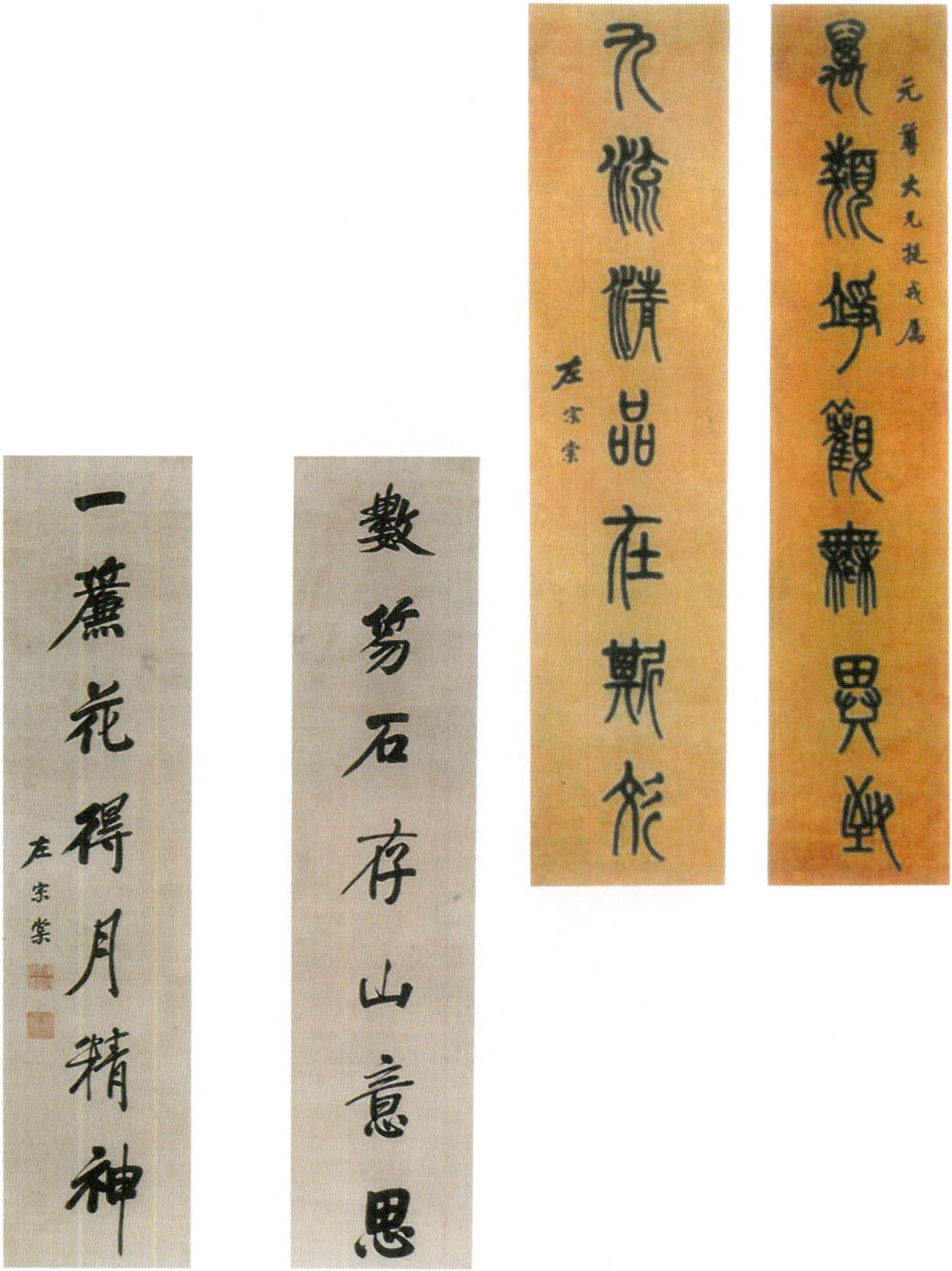

附图 72　左宗棠行书、篆书联

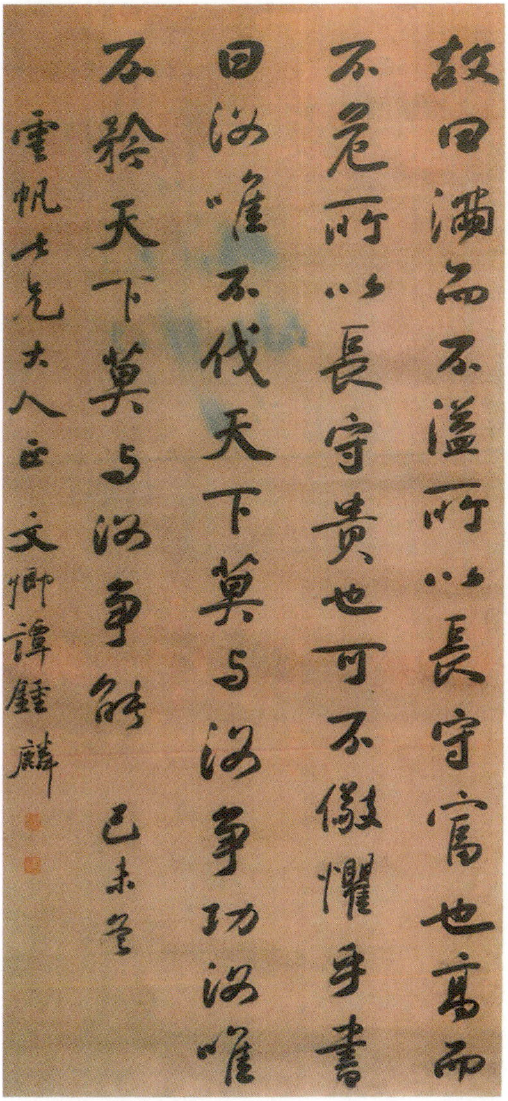

附图 73　谭钟麟行草中堂

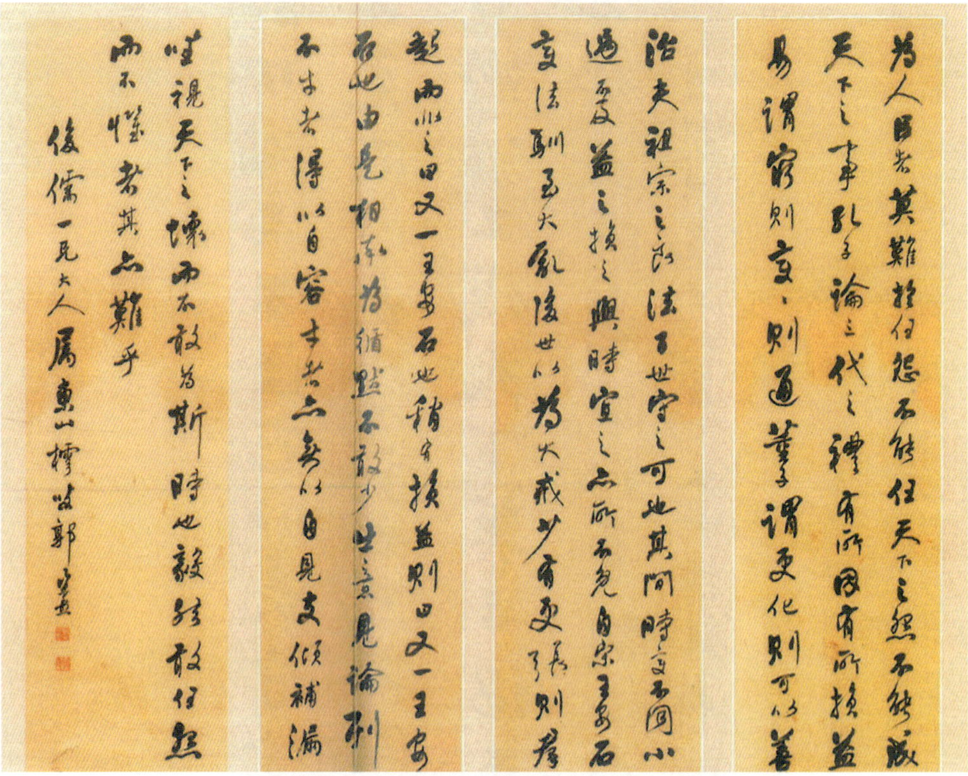

附图 74　郭崑焘行书四条屏

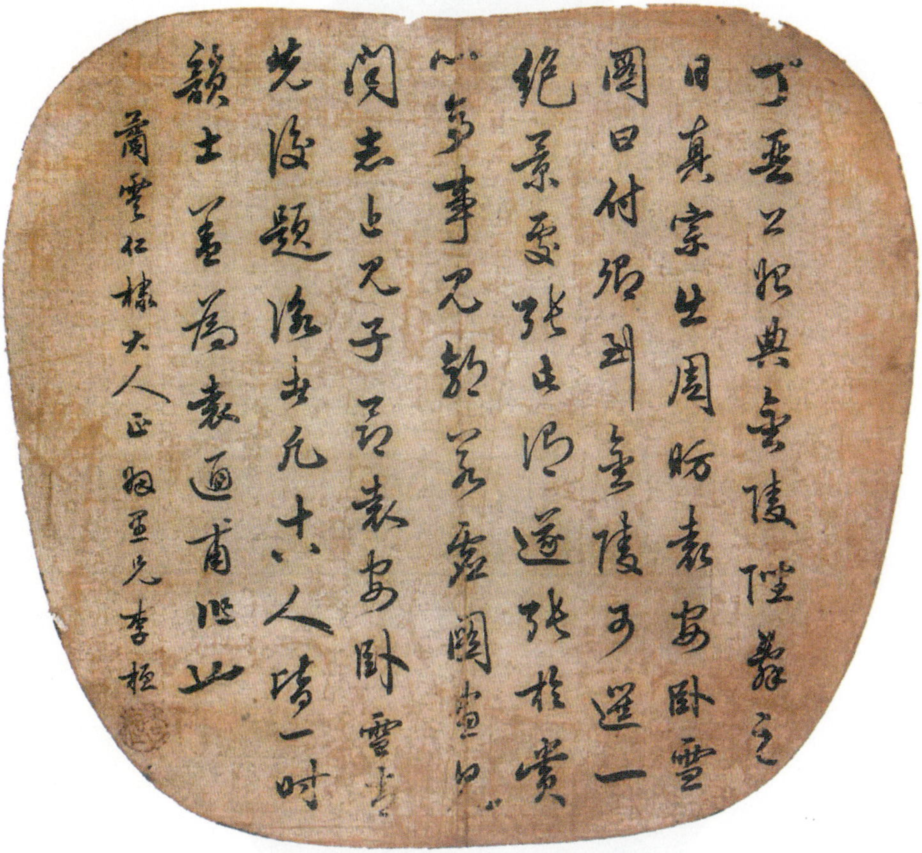

附图 75　李桓行书纨扇

附图 76　何燮行书文扇面

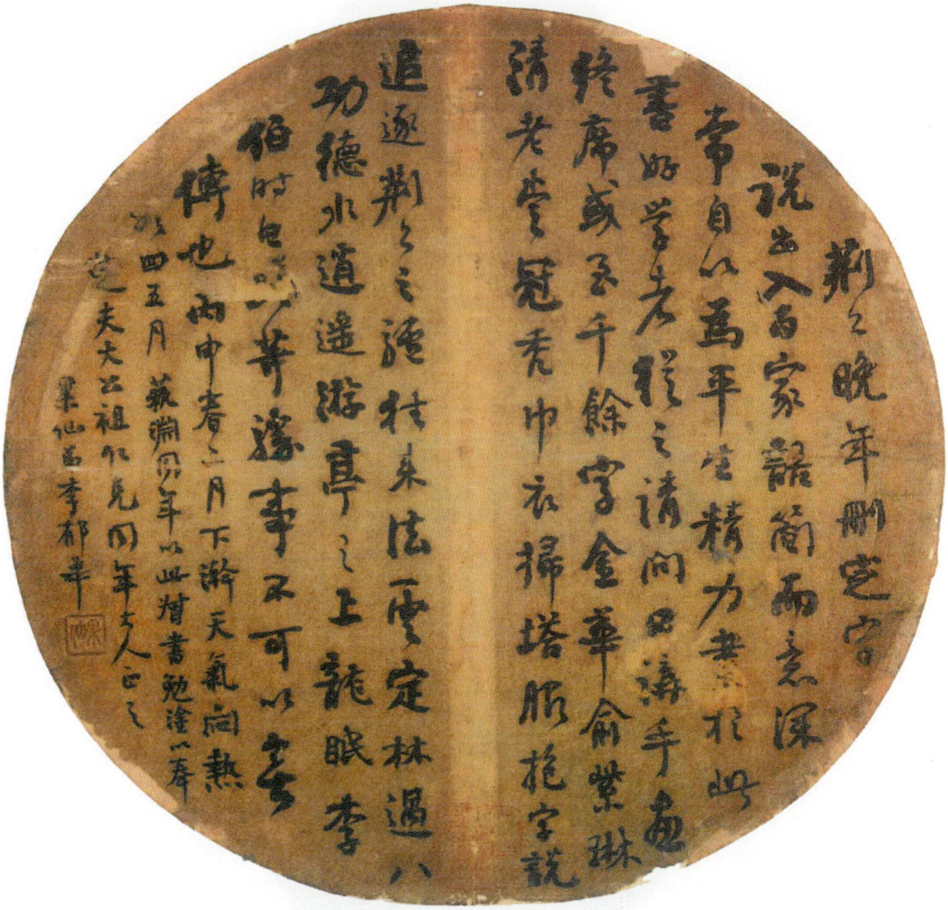

附图 77　李郁华墨迹

附图 78　符翁墨迹

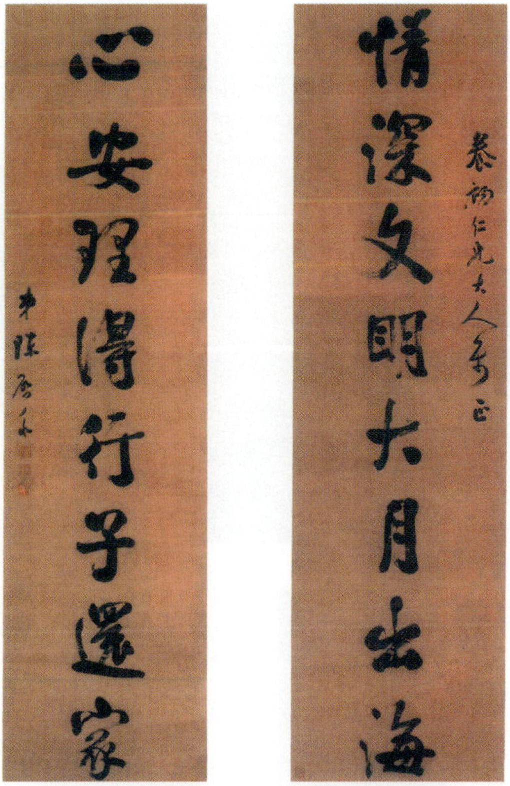

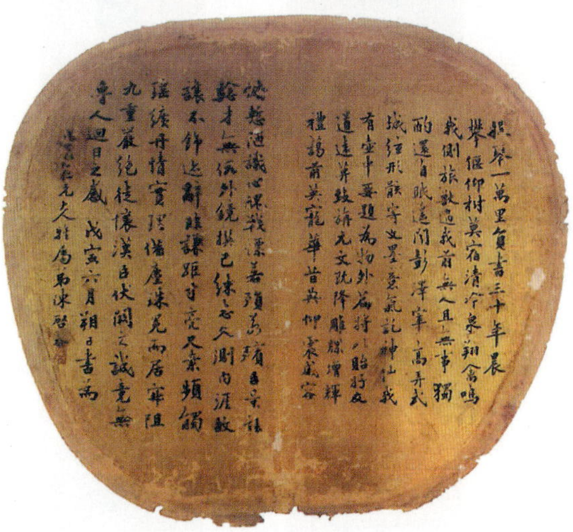

附图 79　陈启泰行书

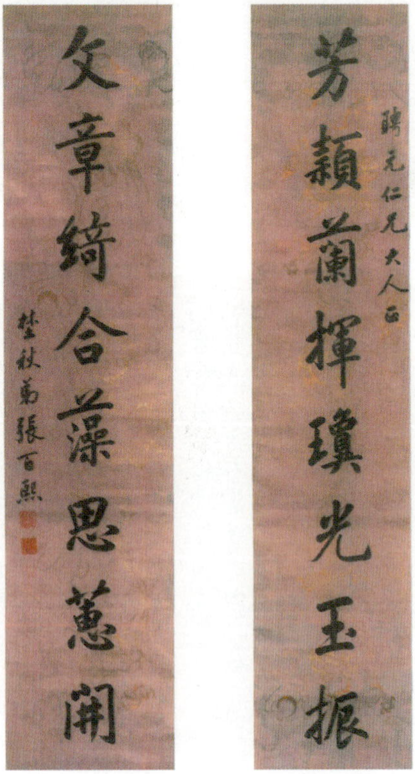

附图 80　张百熙行书

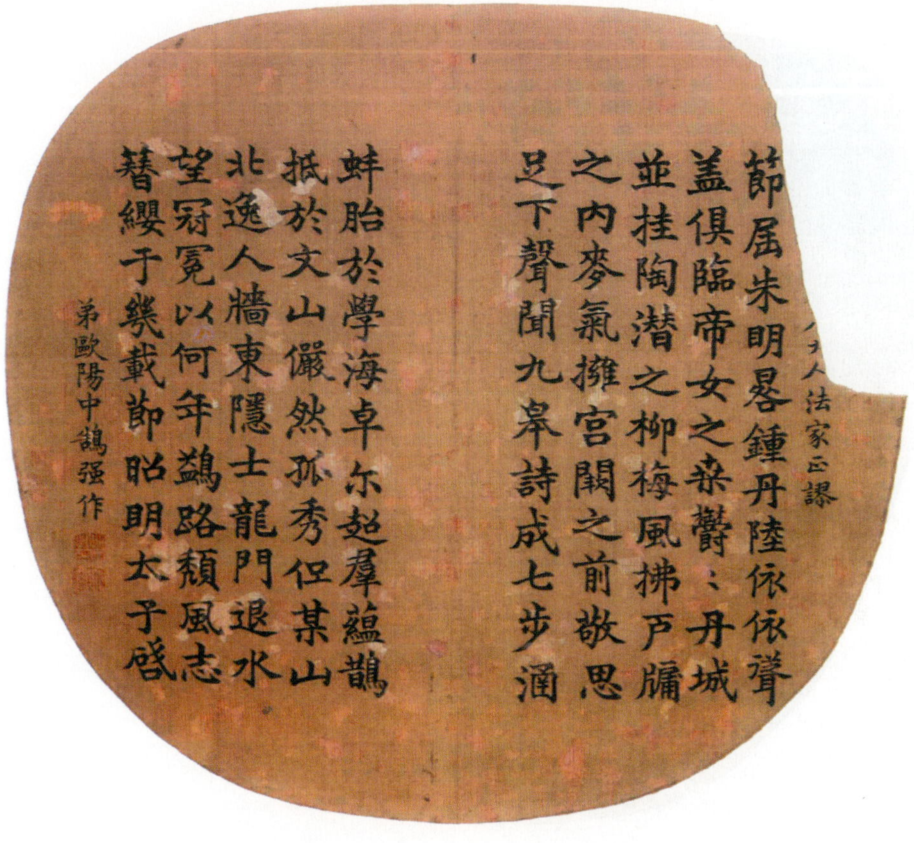

附图 81 欧阳中鹄《节昭明太子启》团扇

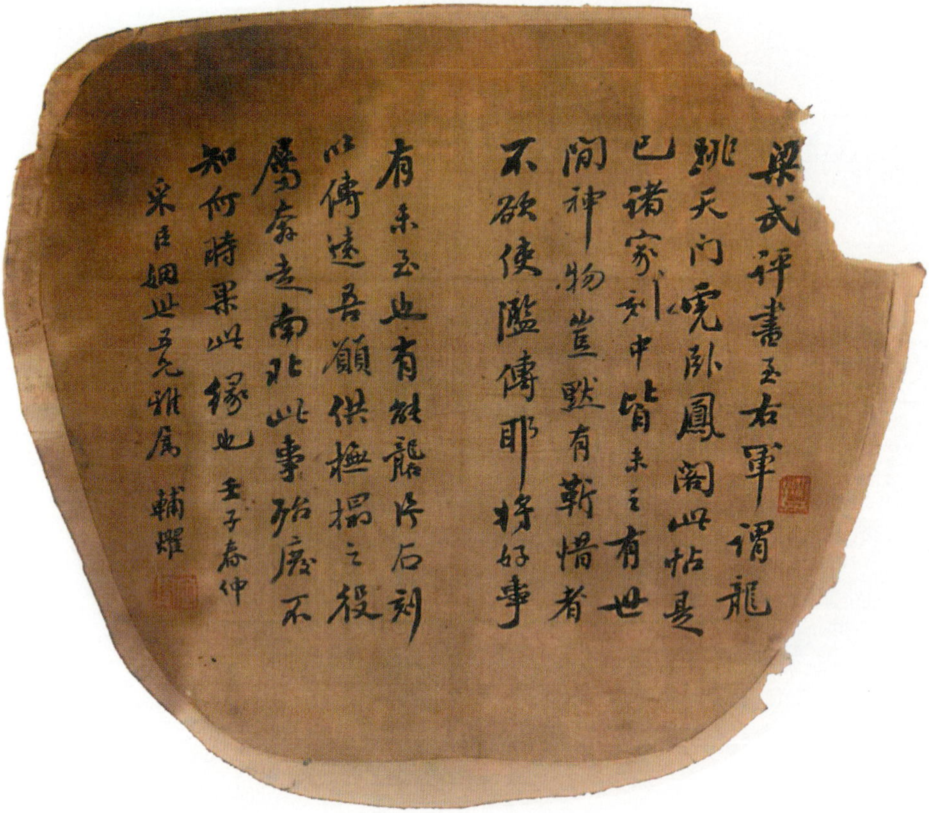

附图 82　李辅燿行书《跋右军帖》

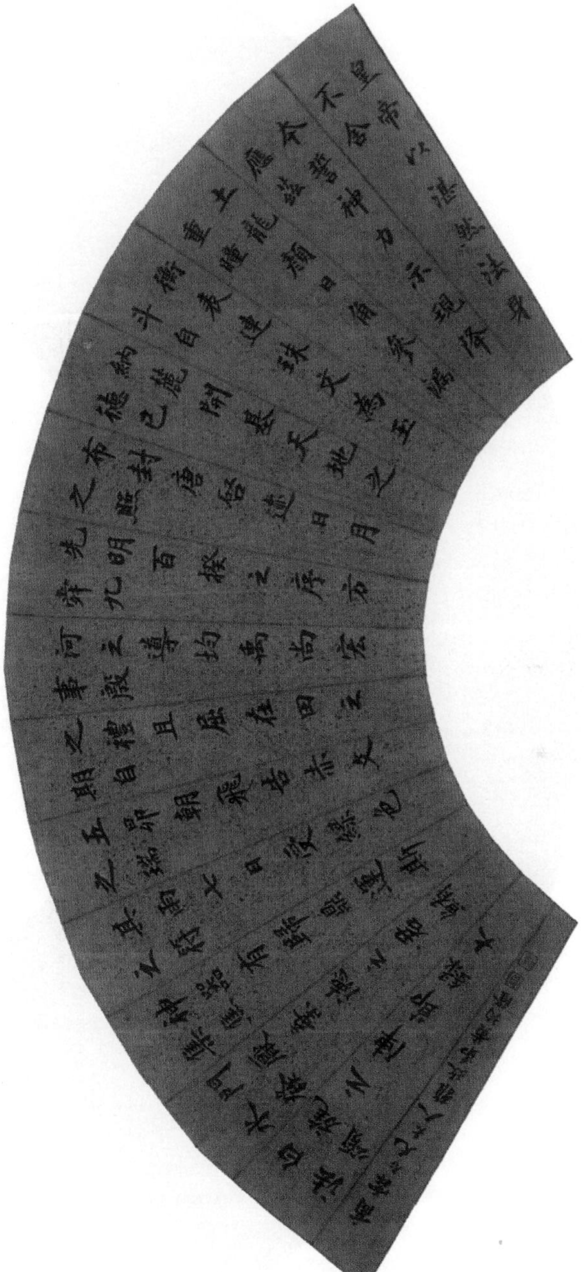

附图 83　黄均隆节录梁简文帝《大法颂》文

附图 84　刘人熙楷书跋管道异画竹题识

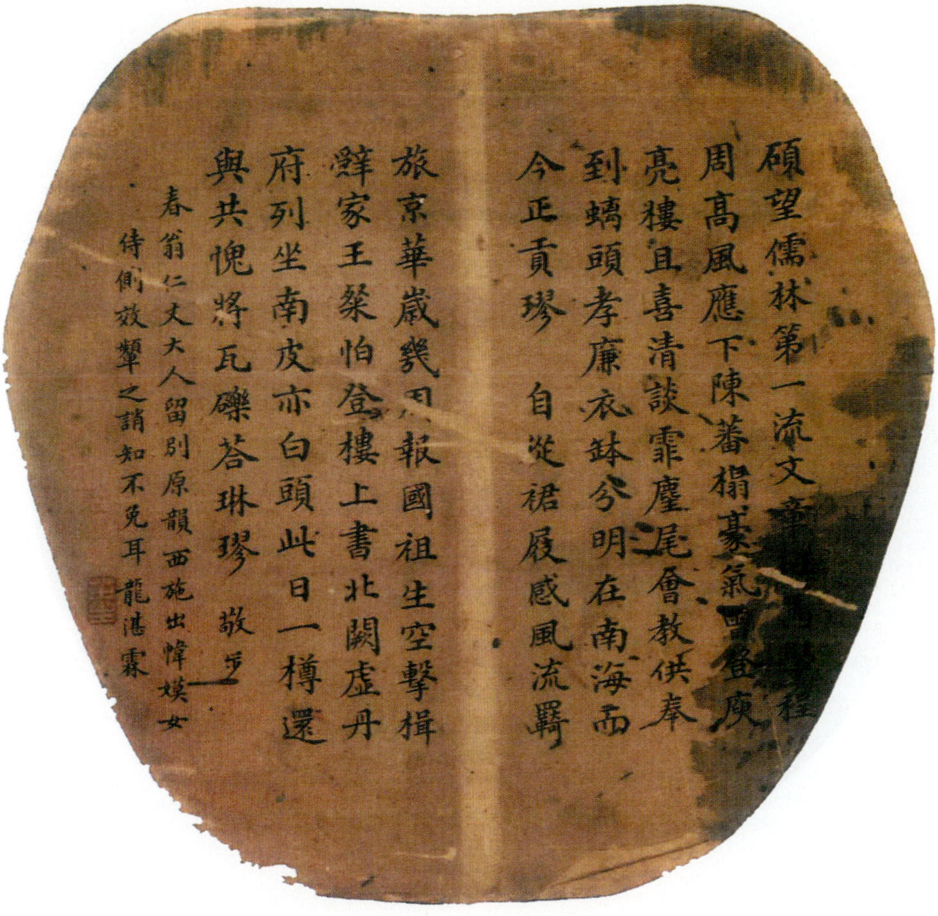

附图 85　龙湛霖楷书七言诗纨扇

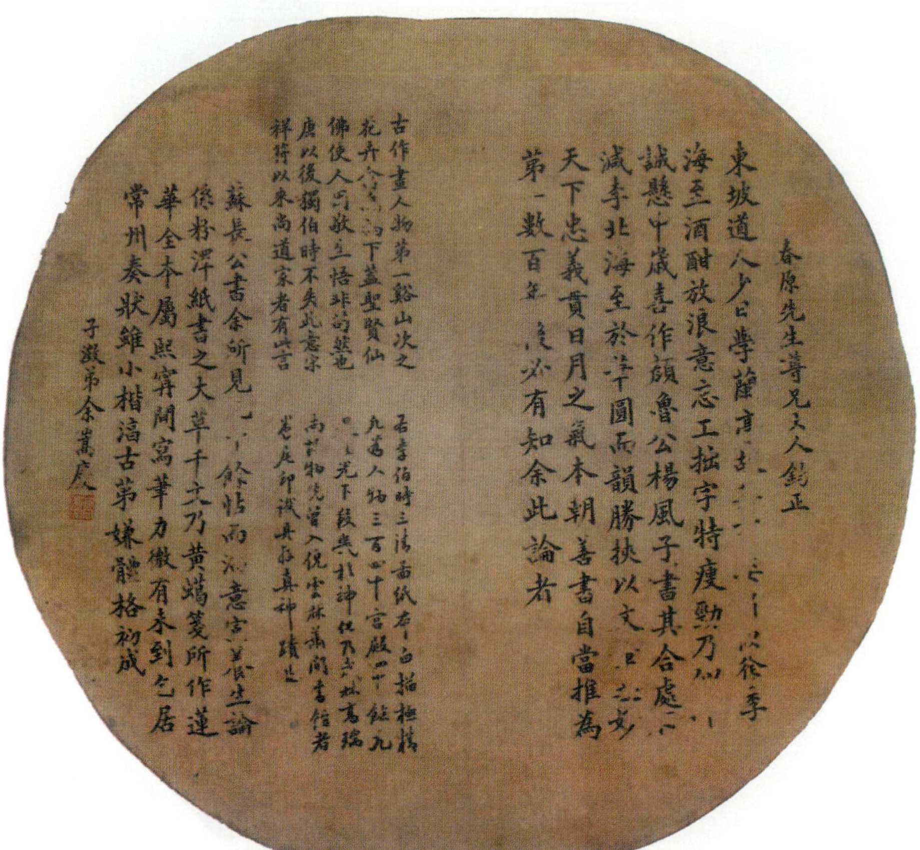

附图 86　余嵩庆楷书文团扇

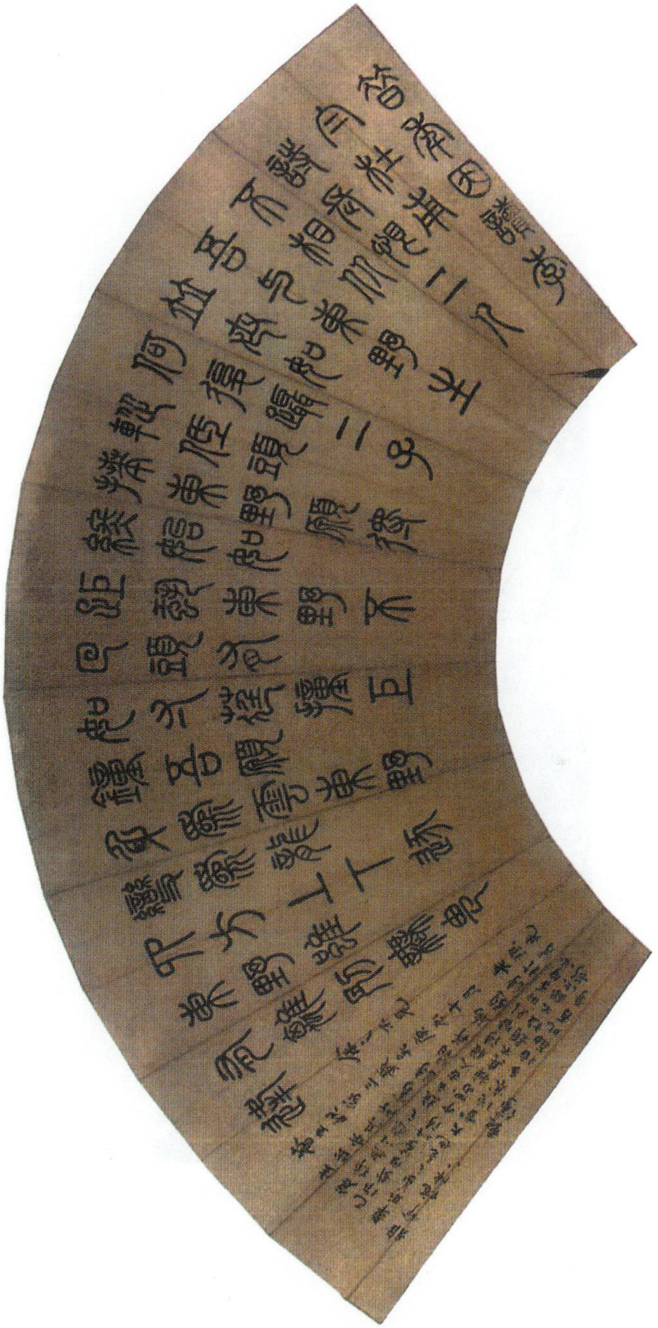

附图 87　陶觐仪篆书扇面

附图 88　彭玉麟墨梅图

附图 89　彭玉麟兰竹图

附图 90　汤蠖仿米敷文云山图团扇

附图 91　王大猷蛱蝶花卉图团扇

附图 92　刘云鹤花卉图

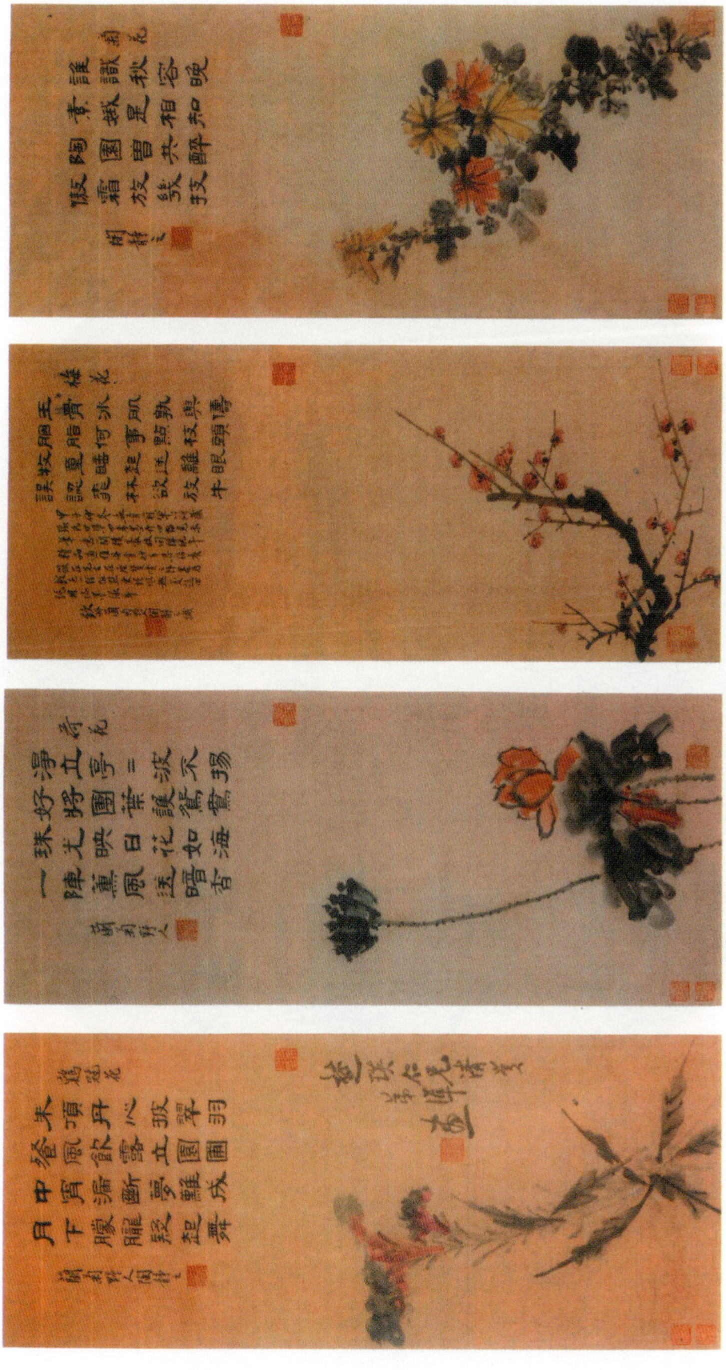

附图 93　张世准花卉图屏

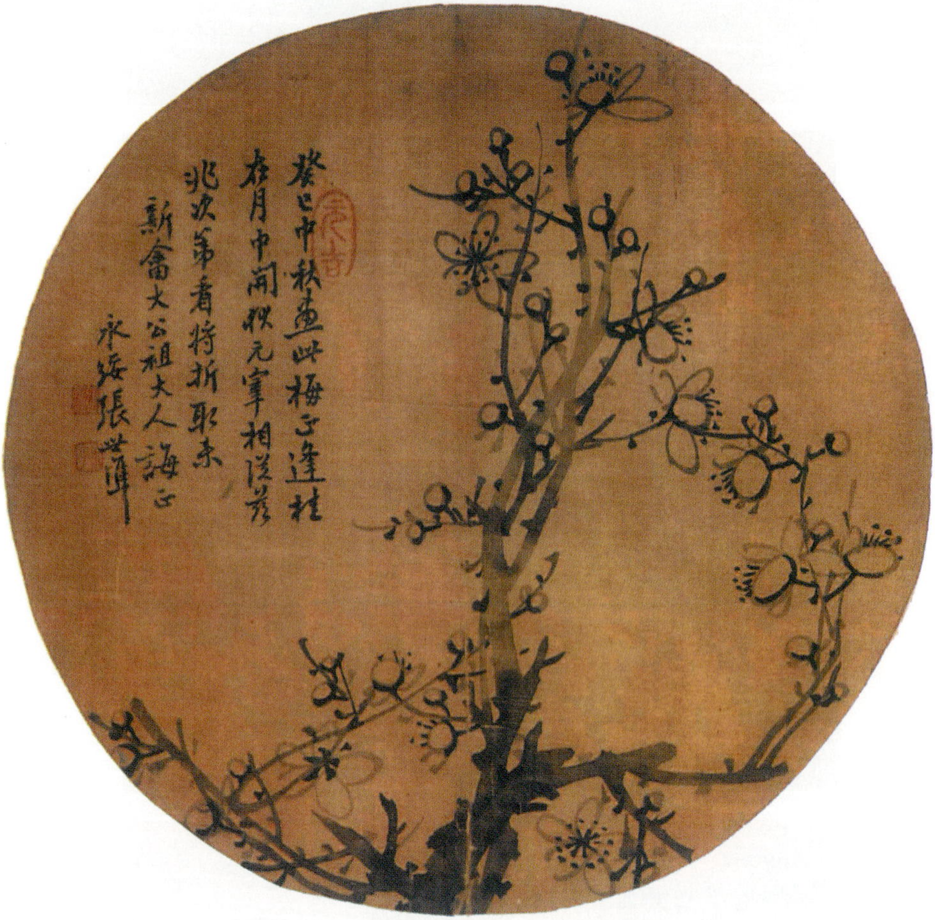

附图 94　张世准墨梅团扇

跋唐李思训采莲图卷

花卉图轴

附图 95　徐棻书画作品

附图 96　曾纪泽山水图

附图 97　葛本植佛手兰竹图

附图 98　刘功玮三秋冷艳图

附图 99　李寿芝兰石图

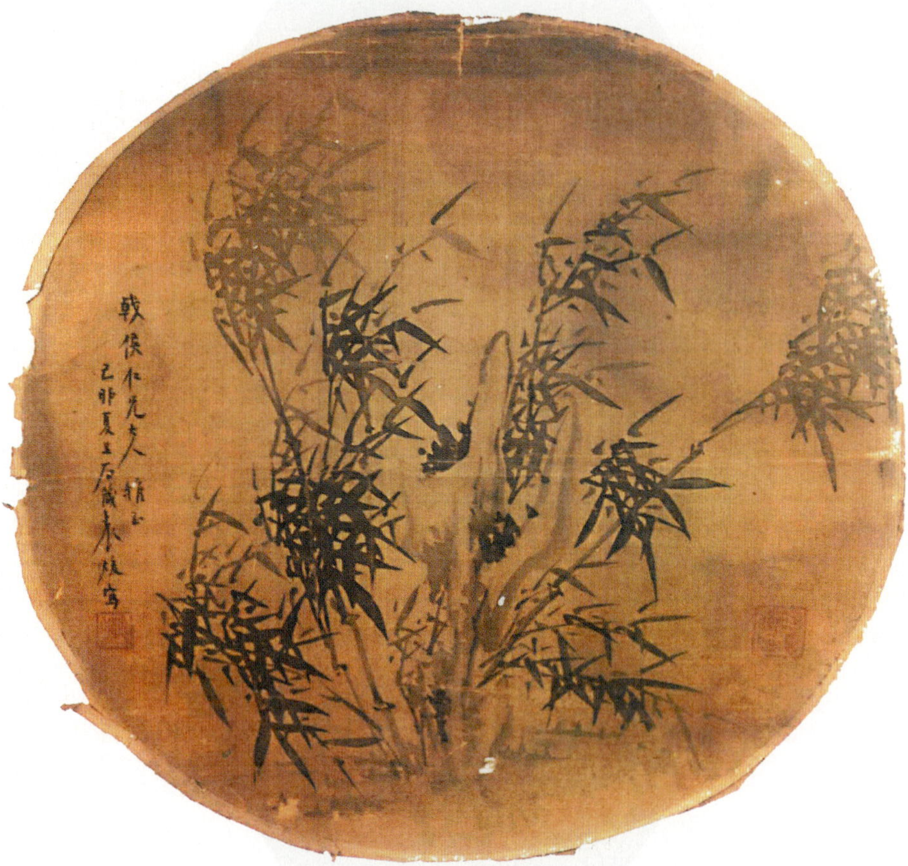

附图 100　袁峻竹石图团扇

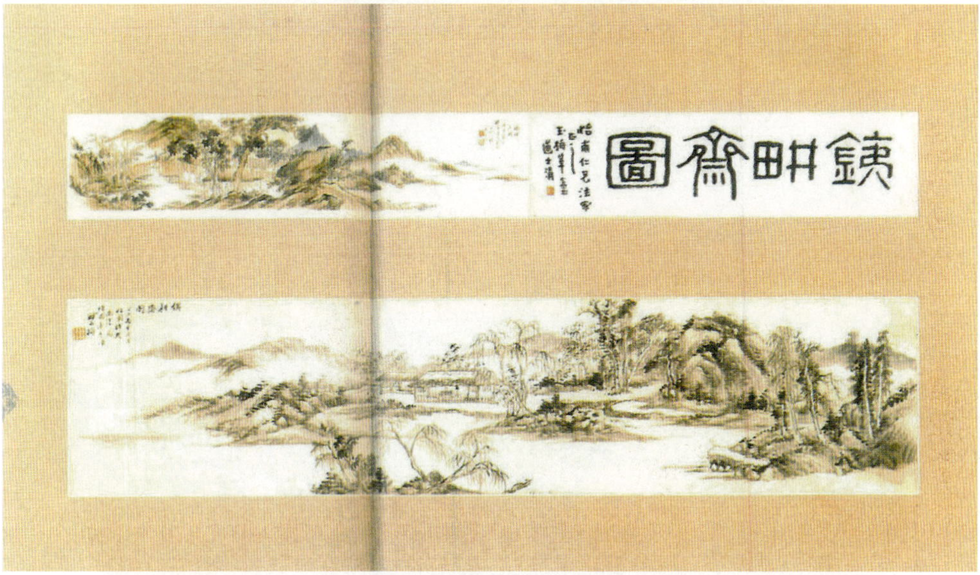

附图 101　沈翰铁耕斋图

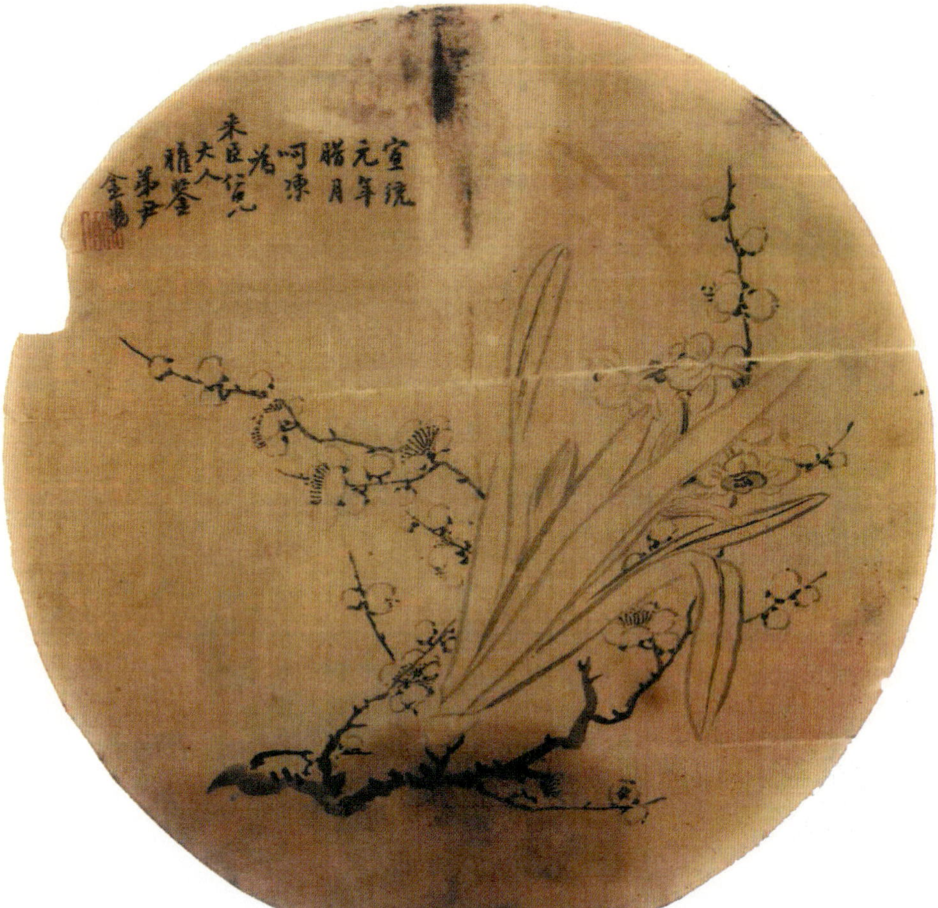

附图 102　尹金阳水仙腊梅图团扇

附图 103　彭楚汉墨梅图

附图 104　王之春空谷幽兰图

附图 105　胡元直仿石谷子意山水图团扇

附图 106　陈范寒江独钓图

临耕烟散人意山水图团扇

山水图长卷

附图 107　释苍崖画作

附图 108　张星凯花鸟团扇

附图 109　何维朴山水图四屏

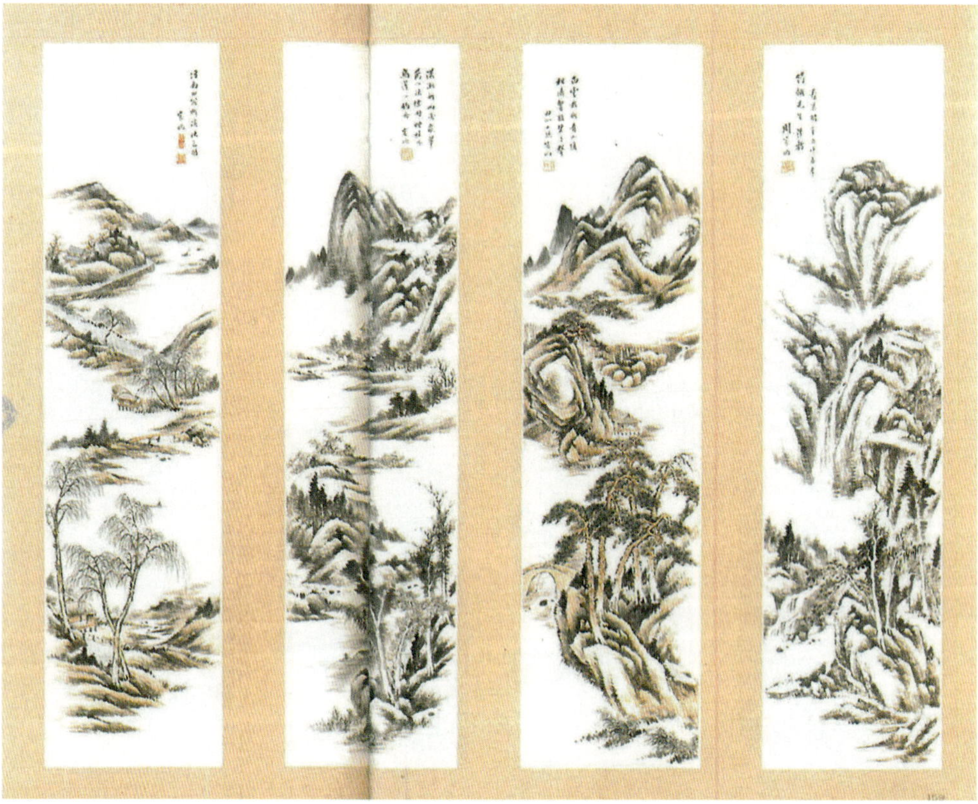

附图 110　周家昀山水图四条屏

胡莲仙湘绣荷鹤图

罗斯福总统湘绣像（一九三三年）

附图 111　湘绣作品

釉下五彩山水人物图瓶

附图 112　醴陵瓷器

后 记

素称“十年磨一剑”。经数十年的研究积累，历多个寒暑春秋，年届八十，完成了《湖南文化史》的写作，并荣幸列入“湖南省社会科学基金重大委托项目”，今交出版社付梓出版。能将此书奉献给我的国家和民族，奉献给学术界，留给后学者和后代，感到莫大的欣慰！

20世纪七八十年代，我开始专攻民族史和湖南地方史研究，先后主编、撰写和出版了《湖南通史》(古代卷)、《苗族史》、《中国各民族宗教与神话大词典》(苗族卷)、《中国苗族通史》（上下册)、《苗族文化史》、《苗族历史探考》、《苗族史研究》、《湖南通鉴》（古代)、《湖南民族关系史》、《论评与考辨》(文集）等学术专著。此外，还参与《湖南省志》《人物志》《民族志》等专志和中央文史馆《中国地域文化通览》(湖南卷）的撰写，以及《湖湘文库》多部古籍的校点编辑工作。正是这些专著、专志的研究和编撰，为《湖南文化史》积累了丰富的资料，打下了较厚实的基础；而源远流长、绚丽多彩，又富于特色的湖湘文化，更引起我极大的兴趣，于是下决心撰写一部系统、全面的湖南文化方面的专史。在古稀之年，勤奋不懈，笔耕不辍，最终写下70多万字的书稿，圆了本人的一个小“梦”，了却自己一桩宿愿！

在本书的研究和写作过程中，曾参考了近30多年来学术界同仁的一些研究成果和出版的著述，并从中引用了部分资料。如有关湖南各地文物考古发掘、长沙楚墓、马王堆汉墓等资料和研究著述；湖南第一次新编《湖南省志》的《著述志》《文学艺术志》《教育志》《宗教志》《民族志》《新闻出版志》等专业志书；刘泱泱主编的《湖南通史·近代卷》、冯象钦等主编的《湖南教育史》、陈书良主编的《湖南文学史》、彭继宽等主编的《湖南少数民族文学史》等专著。此外，由我主编和主要撰稿的《湖南通史·古代卷》，为这部文化史的撰写提供了重要参考和不少资料线索，黄启昌、刘佑平等当年历史研究所的同仁，曾参与撰写了该书的部分章节。现特在此一并说明，以表达对有关研究者和著作者劳动成果的尊重。

本书所附图片，大部分采集于湖南图书馆编辑的《湖南图书馆馆藏字画选》（北京图书馆出版社）和《清风画韵》（湖南人民出版社）、湖南省文物考古所编《湖南考古漫步》（湖南美术出版社）、湖南省博物馆等编著《长沙楚墓》（文物出版社）、长沙市文物局编辑的《长沙馆藏文物精华》（湖南美术出版社）、《文史拾遗》（湖南省文史研究馆内刊）等文物和书画出版物，特在此予以说明，并对湖南图书馆、湖南省博物馆和省文物考古所、长沙市文物局和市文物考古所、湖南省文史研究馆《文史拾遗》的相关负责人，以及这些书刊图册的编辑整理人士，专致谢意！在图片资料收集过程中，湖南省文物考古所吴铭生研究员和省文史研究馆陈先枢研究馆员，大力支持和热情相助，并直接提供了一部分珍贵图片，在此由衷地表示感谢！

湖南省的有关领导和相关部门的同志，特别是省委宣传部李湘舟副部长和省社科规划办骆辉主任，十分重视这一研究成果，给予了充分肯定和大力支持。本书的编撰和出版，得到湖南省社会科学院和湘学研究院、湖南省参事室和文史馆、岳麓书社的领导和相关人员，特别是刘建武院长，贺培育和刘云波副院长，李跃龙馆长和马美著副社长等，大力支持、襄助。在查阅古籍图书和收集资料的过程中，我院图书馆肖喜雨、钱明、杨斌等同志热情接待，提供了优质服务；原历史研究所的老同事刘泱泱副所长和闵群芳研究员，现任所长王国宇研究员，省文史馆龚笃清研究馆员等，积极给予支持，提供有关图书资料。本书付印前，我院文学所廖承良研究员，曾帮助通校全部书稿。有关本书出版的具体事宜，还有劳我院科研处陈文胜处长和卢刚同志做了不少工作。本人谨在此一并致以真诚的谢意！

伍新福

2015 年 5 月于长沙德雅村

图书在版编目(CIP)数据

湖南文化史/伍新福著.—长沙:岳麓书社,2016.12(2025.3 重印)
ISBN 978-7-5538-0553-5

Ⅰ.①湖… Ⅱ.①伍… Ⅲ.①文化史—湖南省 Ⅳ.①K296.4

中国版本图书馆 CIP 数据核字(2016)第 010942 号

HUNAN WENHUASHI
湖南文化史
作　　者:伍新福
责任编辑:刘　文
责任校对:舒　舍
封面设计:罗志义

岳麓书社出版发行
地址:湖南省长沙市爱民路 47 号
直销电话:0731-88804152　0731-88885616
邮编:410006

版次:2016 年 12 月第 1 版
印次:2025 年 3 月第 2 次印刷
开本:710mm×1000mm　1/16
印张:48.75
字数:820 千字
书号:ISBN 978-7-5538-0553-5
定价:168.00 元

承印:长沙超峰印刷有限公司

如有印装质量问题,请与本社印务部联系
电话:0731-88884129